文 / 白 / 对 / 照

資治通鑑

第四册

〔宋〕司马光　　编撰

〔清〕康熙　乾隆　御批

〔清〕申涵煜　　点评

萧祥剑　　主编

中华文化讲堂　　译

团结出版社

目 录

资治通鉴卷第四十　汉纪三十二

起旃蒙作噩，尽柔兆阉茂，凡二年。

【译文】 起乙酉（公元25年），止丙戌（公元26年），共两年。

【题解】 本卷记录了东汉光武帝建武元年、二年间的历史。这是群雄争霸的两年：赤眉立帝，颠覆更始政权，西北局势发生重大变化，赤眉后期势力逐渐削弱；绿林军瓦解；刘秀的汉军不断壮大，平定河北，建立东汉政权。光武帝消灭各方割据势力，开始部署全国统一战争，不战而攻下洛阳。光武帝推行教化，清吏治，淳风俗。光武帝大将南讨时军纪不严，导致南人降后再反。光武帝北讨被逼反的渔阳太守彭宠受挫，统一进程被延缓。

世祖光武皇帝上之上

建武元年（乙酉，公元二五年）春，正月，方望与安陵人弓林共立前定安公婴为天子，聚党数千人，居临泾。更始遣丞相松等击破，皆斩之。

邓禹至箕关，击破河东都尉，进围安邑。

赤眉二部俱会弘农。更始遣讨难将军苏茂拒之；茂军大败。赤眉众遂大集，乃分万人为一营，凡三十营。三月，更始遣丞相松与赤眉战于荔乡，松等大败，死者三万馀人。赤眉遂转北至湖。

蜀郡功曹李熊说公孙述宜称天子。夏，四月，述即帝位，号成家，改元龙兴；以李熊为大司徒，述弟光为大司马，恢为大司空。越嶲任贵据郡降述。

【译文】建武元年（乙酉，公元25年）春季，正月，方望和安陵人弓林一起拥立前定安公刘婴做天子，召集了他们的同党几千人，一起在临泾县居住。更始帝刘玄调遣丞相李松等人去击败他，但是都被他们的人给杀了。

邓禹来到箕关，击败河东郡都尉，包围了安邑县。

赤眉军二部都在弘农郡会合。更始帝刘玄派遣讨难将军苏茂抵挡他们的进攻；结果苏茂军大败。赤眉军大集合之后，于是分一万人组为一营，一共是三十营。三月，更始帝刘玄调遣丞相李松和赤眉军在荔乡作战，李松等人大败，多达三万人都死了，于是赤眉军辗转向北来到湖县。

蜀郡功曹李熊劝说公孙述应该称为天子。夏天，四月，公孙述登基为皇帝，号成家，改年号为龙兴；让李熊担任大司徒，公孙述的弟弟公孙光任大司马，公孙恢为大司空。越嶲人任贵率郡来向公孙述投降。

萧王北击尤来、大枪、五幡于元氏，追至北平，连破之；又战于顺水北，乘胜轻进，反为所败。王自投高岸，遇突骑王丰下马授王，王仅而得免。散兵归保范阳。军中不见王，或云已殁，诸将不知所为，吴汉曰："卿曹努力！王兄子在南阳，何忧无主！"众恐惧，数日乃定。贼虽战胜，而惮王威名，夜，遂引去。大军复追至安次，连战，破之。贼退入渔阳，所过虏掠。强弩将军陈俊言于王曰："贼无辎重，宜令轻骑出贼前，使百姓各自坚壁以绝其食，可不战而殄也。"王然之，遣俊将轻骑驰出贼前，视人保壁坚完者，敕令固守；放散在野者，因掠取之。贼至，无所得，遂散败。王谓俊曰："困此虏者，将军策也。"

【译文】 萧王刘秀在元氏县向北攻打尤来、大枪、五幡等贼，追他们到北平县，接连几次都打败了他们；之后又在顺水的北面作战，乘着胜利之势，草率进击，反而被他们打败了。萧王刘秀一个人逃到高岸上，遇见突骑王丰，王丰下马，把马让给萧王刘秀骑，萧王刘秀因此才免于一死。失散的那些兵卒退回原地防守范阳县。在军队里没有看到萧王刘秀，有人说他已经被杀害了，众将士都不知该怎么办才好，吴汉说："只要你们努力就一切安好，王兄的儿子（刘縯之子，刘秀之侄子）在南阳郡，我们哪里需要担心没有国君呢！"众人都很害怕，几天之后，大家才安定了下来。由于害怕萧王刘秀的威名，贼寇虽然已经战胜，可是在夜里，就都离开了。大军又攻打到安次县，连续作战，都把贼寇打败了。贼寇兵败之后，进入渔阳郡，到过的地方，都对百姓加以掳掠。强弩将军陈俊对萧王刘秀说："贼寇他们没有粮秣装备，我们应该命令装备轻巧的军队出现在贼寇的前面，让百姓各自坚固壁垒，拒绝向贼寇提供粮食，这样我们就可以不交战而消灭他们了。"萧王刘秀很是同意他的说法，就调遣陈俊带领装备轻巧的军队立刻出现在贼寇的前面，看到那些人民防守壁垒坚固完备的，就命令他们继续坚守；食物放散在旷野之上的，就将它们取回来。等到贼寇到来的时候，他们得不到粮食，肯定就会散失败走。萧王刘秀对陈俊说："能够让这些贼寇被围困住，可全是将军的计策啊。"

冯异遗李轶书，为陈祸福，劝令归附萧王；轶知长安已危，而以伯升之死，心不自安，乃报书曰："轶本与萧王首谋造汉，今轶守洛阳，将军镇孟津，俱据机轴，千载一会，思成断金。唯深达萧王，愿进愚策以佐国安民。"轶自通书之后，不复与异争锋，故异得北攻天井关，拔上党两城，又南下河南成皋以东十三县，降者十馀万。武勃将万馀人攻诸畔者，异与战于士乡下，大破，斩勃；轶闭门不救。异见其信效，具以白王。王报异曰："季文多诈，人不能得其要领。今移其书告守、尉当警备者。"众皆怪王宣露轶书；朱鲔闻之，使人刺杀轶，由是城中乖离，多有降者。

【译文】 冯异寄信给李轶，向他说明祸福的道理，并且劝他归附萧王刘秀；李轶知道长安已经是一个危险的地方，可是因为伯升被杀身死的事情，他的心里很是不安定，就回信对冯异说："刚开始，我原本和萧王刘秀计划一起建造汉朝，可如今我镇守在洛阳城，将军你负责驻守孟津，都是特别重要的地方，千年才难得有一次这样的机会，只要我们两个人心思相通，其义足可断金。希望你能够向萧王刘秀深深地表达我的意思，我愿意来辅佐国家，使人民安居乐业。"经过通信以后，李轶不再和冯异交战，所以冯异也能顺利向北攻打天井关，攻克了上党郡的两个城邑；接着，河南郡成皋县以东的十三个县又被他攻下了，投降的士兵有十多万人。武勃带领一万多人，去进攻那些反叛的人，冯异和他在士乡交战，打败了他，斩了武勃；可是李轶紧紧地关着城门不去营救。冯异看见他劝降的信奏效，就把情况详细地报告给了萧王刘秀。萧王刘秀回信给冯异说："季文生性欺诈，不是一般人就能抓到他紧要的纲领的。如今我们应将信寄给太尉并告诉他，让他加紧警戒防备。"大家都很奇怪萧王刘秀公开李轶书信的这一做法。朱鲔听到了这件事，就立马派人前去刺杀李轶。因此城里的人大部分都背离了他，也有很多人投降了。

朱鲔闻王北征而河内孤，乃遣其将苏茂、贾强将兵三万馀人渡巩河，攻温；鲔自将数万人攻平阴以缀异。檄书至河内，寇恂即勒军驰出，并移告属县，发兵会温下。军吏皆谏曰："今洛阳兵渡河，前后不绝。宜待众军毕集，乃可出也。"恂曰："温，郡之藩蔽，失温则郡不可守。"遂驰赴之。旦日，合战，而冯异遣救及诸县兵适至，恂令士卒乘城鼓噪大呼，言曰："刘公兵到！"苏茂军闻之，阵动。恂因奔击，大破之。冯异亦渡河击朱鲔，鲔走；异与恂追至洛阳，环城一匝而归。自是洛阳震恐，城门昼闭。

异、恂移檄上状，诸将入贺，因上尊号。将军南阳马武先进曰："大王虽执谦退，奈宗庙社稷何！宜先即尊位，乃议征伐。今此谁贼而驰骛击之乎？"王惊曰："何将军出此言？可斩也！"乃引军还蓟。复遣吴汉率耿弇、景丹等十三将军追尤来等，斩首万三千馀级，遂穷追至浚靡而还。贼散入辽西、辽东，为乌桓、貊人所钞击略尽。

【译文】朱鲔听说萧王刘秀打算向北讨伐，可是河内郡势力单薄，于是就命令他的将领苏茂、贾强带领三万多兵卒，渡过巩河，去进攻温县；朱鲔又亲自带领几万人，进攻平阴县，因而牵制冯异的势力。檄书一来到河内郡，寇恂立刻率领自己的军队，赶快出城，而且还转告所属各县的人，让他们命令军队到温县与他们会合。军吏都劝谏说："如今有洛阳的军队在渡黄河，前后连续不断；我们应该等大军全部到齐了，才可以出兵。"寇恂说："温县，是河内郡的最后一道屏障，一旦失去温县，河内郡就不能被守住了。"于是，派兵尽快赶去。第二天交战的时候，冯异派来的援兵还有众县的军队刚好到达，寇恂命令士兵登到

5

城墙上，击鼓呼喊，大声说道："刘公的军队到了！"苏茂的军队听到了这句话，整个军阵都被惊动了。寇恂想趁机追击，结果反而被打败。冯异也渡过黄河攻击朱鲔，朱鲔被迫逃走；冯异和寇恂一直追他们到洛阳城，绕城一周才回去。从此，洛阳城都处于震动恐惧的状态，即使是白天，城门也牢牢关闭。

冯异、寇恂把军情都向上报告了，众将士都入宫庆贺他们的大胜，并且想要趁机呈上他们对萧王刘秀的尊号。将军南阳人马武首先上前说："即使大王坚持谦逊退让，可是我们历朝的江山社稷怎么办呢？我们认为您应该先登上帝位，再商量征讨的事情。像我们现在连正式的名号都没有，就东闯西杀，到底谁才是贼呢？"萧王刘秀吃惊地说："将军怎么敢讲这话？理应处斩！"于是就率领军队回到蓟县。刘秀又命令吴汉带领耿弇、景丹等十三位将军去追击尤来等贼寇，砍了敌人一万三千多个首级，一直紧追到浚靡县才回来。贼寇分散进入辽西郡、辽东郡，没想到却被乌桓、貊人袭击，他们的人几乎被杀光了。

都护将军贾复与五校战于真定，复伤疮甚。王大惊曰："我所以不令贾复别将者，为其轻敌也。果然，失吾名将！闻其妇有孕，生女邪，我子娶之；生男邪，我女嫁之；不令其忧妻子也。"复病寻愈，追及王于蓟，相见甚欢。

还至中山，诸将复上尊号；王又不听。行到南平棘，诸将复固请之；王不许。诸将且出，耿纯进曰："天下士大夫，捐亲戚，弃土壤，从大王于矢石之间者，其计固望攀龙鳞，附凤翼，以成其所志耳。今大王留时逆众，不正号位，纯恐士大夫望绝计穷，则有去归之思，无为久自苦也。大众一散，难可复合。"纯言甚诚切，王深感曰："吾将思之。"

资治通鉴

【译文】都护将军贾复和五校在真定县作战，贾复受伤很严重。萧王刘秀吃惊地说："我之所以不让贾复再带领其他的军队，就是因为他轻视敌人。果然，我又损失了一员名将！我听说他的妻子已经怀孕，如果生的是女孩，我就让我的儿子娶她；反之，如果生的是男孩，就让我的女儿嫁他；不要他再为自己的妻子和儿女担心。"过了不久，贾复的病痊愈，他在蓟县追到萧王刘秀，两个人见面之后，非常高兴。

萧王刘秀回到中山郡，众将士又重新呈上他的尊号，可是萧王刘秀还是不肯同意。等走到南平棘县的时候，众将又坚持恳求他，可是萧王刘秀依然不答应。等众将士出去之后，耿纯进到萧王刘秀的房间对他说："天下追随我们的那些士大夫，他们抛弃自己的亲戚，离开热爱的故土，追随大王出生入死，大家肯定是期望能够仰攀龙鳞，依附凤翼，来完成自己的心愿。可如今大王拖延时间，违背大家的心意，不正名位，我生怕士大夫的心中从此对我们绝望，因此计谋穷尽，就有回到家乡的念头，不愿意让自己长时间在外劳苦。大家一旦分散了，可就很难再聚合在一起了。"耿纯言辞诚恳真挚，萧王刘秀听了之后深受感动，就对他说："我会再考虑这个问题的。"

行至鄗，召冯异诣鄗，问四方动静。异曰："更始必败，宗庙之忧在于大王，宜从众议！"会儒生彊华自关中奉《赤伏符》来诣王曰："刘秀发兵捕不道，四夷云集龙斗野，四七之际火为主。"群臣因复奏请。六月，己未，王即皇帝位于鄗南；改元，大赦。

邓禹围安邑，数月未下，更始大将军樊参将数万人度大阳，欲攻禹。禹逆击于解南，斩之。王匡、成丹、刘均合军十馀万，复共击禹，禹军不利。明日，癸亥，匡等以六甲穷日，不出，禹因得更治兵。甲子，匡悉军出攻禹。禹令军中无得妄动，既至营下，因传发诸将，鼓而并进，大破之。匡等皆走，禹追斩均及河东太守杨宝，遂定河东，匡等奔还长安。

【译文】在走到鄗县之后，萧王刘秀召见冯异，并向他询问各个地方的动静。冯异说："更始帝刘玄肯定会失败的，宗庙的存亡，全部在大王的身上，所以我们应该听从大家的建议！"此时，恰好赶上儒生强华从关中捧着《赤伏符》来觐见大王，说："刘秀发兵捕不道，四夷云集龙斗野，四七之际火为主。"（意思是说：刘秀出兵，逮捕那些不施行仁道的人，四面八方的蛮夷都愿意归向他，就好像天上的云层那样可以很快密集地汇集在一起，天子在野外和那些不施行仁义道德的人相抗战。自从汉高祖开国之后的二百二十八年，将以火德为主。）臣子们趁机又上奏恳请进呈尊号。六月，己未日（二十二日），萧王刘秀在鄗县的南边登上皇帝宝座，更换年号为建武元年，并下令大赦天下。

邓禹包围安邑县，可是几个月都久攻不下，更始帝刘玄的大将军樊参带领几万人渡过大河的北边，打算进攻邓禹；邓禹在解县的南面迎战，把他给杀了。王匡、成丹、刘均把他们的军队合并起来，一共有十多万人，又一起去攻打邓禹，结果邓禹的军队失败了。第二天，癸亥日（二十六日），王匡等人认为是干支的最后一天，所以决定不出兵。邓禹得以修整军队，在甲子日（二十七日），王匡派出所有的军队进攻邓禹。邓禹命令所有军队不得擅自行动。等王匡的军队来到营垒旁边之后，邓禹就传令让所有的将士出动，击鼓然后共同攻打，大败王匡军队。王匡等人逃走，邓禹再度追击，击杀了刘均和河东郡太守杨宝。于是，邓禹平定了河东郡，王匡等人逃回了长安。

【乾隆御批】 世以光武信图谶为非，然时乘丧乱，众志未齐，出险，济艰，自不得不假神道以设教耳，此不足为盛德之累。观后窦融之言，可知向亦作论及之。

【译文】 后世大多非议光武帝信奉图谶，然而当时正直丧乱之后，加上众心不齐，光武帝铤而走险，济世艰难，自然就不得不假借神道施行教化，但这丝毫不损害他复兴汉室的大德。看了后面窦融的言论，可知早已有人也论及这点。

张卬与诸将议曰："赤眉旦暮且至，见灭不久，不如掠长安，东归南阳；事若不集，复入湖池中为盗耳！"乃共入，说更始；更始怒不应，莫敢复言。更始使王匡、陈牧、成丹、赵萌屯新丰，李松军掫，以拒赤眉。张卬、廖湛、胡殷、申屠建与隗嚣合谋，欲以立秋日貙膢时共劫更始，俱成前计。更始知之，托病不出，召张卬等入，将悉诛之，唯隗嚣称疾不入，会客王遵、周宗等勒兵自守。更始狐疑不决，卬、湛、殷疑有变，遂突出。独申屠建在，更始斩建，使执金吾邓晔将兵围隗嚣第。卬、湛、殷勒兵烧门，入战宫中，更始大败。嚣亦溃围，走归天水。明旦，更始东奔赵萌于新丰。更始复疑王匡、陈牧、成丹与张卬等同谋，乃并召入；牧、丹先至，即斩之。王匡惧，将兵入长安，与张卬等合。

【译文】 张卬和众将商量说："赤眉军早晚都会来的，我们用不了多久就会被他们灭亡。与其这样，我们还不如把长安那些财物掠夺了，然后再向东回到南阳郡；事情如果没有成功，我们就进入江湖池溪做盗贼好了！"于是他们就一起进宫，向更始帝刘玄进言；更始帝刘玄很是生气不答应，张卬等人也就不敢再说什么了。更始帝刘玄命令王匡、陈牧、成丹、赵萌到新丰县驻军，李松驻军撤城，来抗击赤眉军。张印、廖湛、胡殷、申屠建和隗嚣共同谋划，打算在立秋的那一天行貙膢之祭的时候，一起把更始帝刘玄劫持了，共同完成他们以前的谋划。更始帝刘玄知道这件事之后，假装以身体有病不方便出席为借口，召张印等人进宫，打算把他们杀了；唯有隗嚣称病没有进宫。刚好赶上门客王遵、周宗等人领兵自卫。更始帝刘玄犹豫不决，张印、廖湛、胡殷怀疑事情有所变化，于是就突然出走；只有申屠建还留在那里，于是更始帝刘玄就把申屠建杀了，并让执金吾邓晔带领军队去包围隗嚣的住处。张印、廖湛、胡殷带领军队，火烧宫门，进入宫里作战，更始帝刘玄被他们打得大败；隗嚣突破重围，逃回了天水郡。第二天早晨，更始帝刘玄为了投奔赵萌，便向东到新丰县。更始帝刘玄开始怀疑王匡、陈牧、成丹和张印等人一起计算谋害他，就把他们都召来了；陈牧、成丹先到，就被他杀了。王匡害怕，便带领军队进入长安，和张印等人会合。

赤眉进至华阴，军中有齐巫，常鼓舞祠城阳景王，巫狂言："景王大怒曰：'当为县官，何故为贼！'"有笑巫者辄病，军中惊动。方望弟阳说樊崇等曰："今将军拥百万之众，西向帝城，而无称号，名为群贼，不可以久。不如立宗室，挟义诛伐，以此号令，谁敢不从！"崇等以为然，而巫言益甚。前至郑，乃相与议曰："今迫近长安，而鬼神若此，当求刘氏共尊立之。"

先是，赤眉过式，掠故式侯萌之子恭、茂、盆子三人自随。恭少习《尚书》，随樊崇等降更始于洛阳，复封式侯，为侍中，在长安。茂与盆子留军中，属右校卒史刘侠卿，主牧牛。及崇等欲立帝，求军中景王后，得七十馀人，唯茂、盆子及前西安侯孝最为近属。崇等曰:"闻古者天子将兵称上将军。"乃书札为符曰:"上将军"。又以两空札置筒中,于郑北设坛场,祠城阳景王,诸三老、从事皆大会。列盆子等三人居中立,以年次探札,盆子最幼,后探,得符;诸将皆称臣,拜。盆子时年十五,被发徒跣,敝衣赭汗,见众拜,恐畏欲啼。茂谓曰:"善藏符!"盆子即齧折,弃之。以徐宣为丞相,樊崇为御史大夫,逢安为左大司马,谢禄为右大司马,其馀皆列卿、将军。盆子虽立,犹朝夕拜刘侠卿,时欲出从牧儿戏;侠卿怒止之,崇等亦不复候视也。

【译文】赤眉军来到华阴县之后,看到军队里有一个齐地之巫,常常伴随着击鼓而跳舞,用来祭祀城阳景王刘章,巫者随口胡乱地说:"景王大怒说'本应该做天子,为什么又要做贼呢?'"凡是那些嘲笑巫者的人都得了病,这件事惊动了军队里的人。方阳为方望的弟弟,向樊崇等人进言说:"如今将军拥有兵力达百万之多,如果向西边京城进军,却没有正义的名号的话,则会被百姓称为众贼,不能保持很长的时间;我们不如立个宗室,以正义的理由,前去征讨,以此来发号施令,试问有谁敢不听从!"樊崇等人认为方阳的话很正确,而且巫者的话越来越灵验。等他们继续向前到达郑县的时候,就互相商量着说:"如今我们已经逼近长安,而且按照鬼神的旨意也是这样,我们应该寻找到刘氏,共同拥立他为天子。"

在此之前,经过式县的赤眉军劫持了前式侯刘萌的儿子刘恭、刘茂、刘盆子三个人,并且让他们跟着。刘恭自幼学习《尚书》,跟随着樊崇等人到洛阳,向更始帝刘玄投降,又被更始帝刘玄封为式侯,做侍中,留在长安。刘茂和刘盆子被留在军队里,归属右校卒史刘侠卿,从事牧牛的事。等到樊崇等人打算立刘氏为皇帝的时候,他们在军队里寻觅景王的后代,一共找到七十多人，可是只有刘茂、刘盆子还有前西安侯刘孝是景王最近的亲属。樊崇等人说："听说古代天子所带领的军队都称为上将军。"于是就将"上将军"三个字写在木简上，作为符命，又拿两片没有写字的木简一块儿放在篚里。为了祭祀城阳景王，他们在郑县的北方设置祭坛，众三老、从事都需要参加大典。让盆子等三人排在中间站着，并且根据年纪大小的顺序抽取木简。由于盆子最年幼，所以他最后抽取，抽到了有符命的木简；众将士都向他俯首称臣，行下跪拜大礼。盆子这时刚十五岁，披头散发，光着脚走路，穿着破烂不堪的衣服，汗迹发黄，看到大家如此下跪行礼，心里怕得想哭。刘茂对他说："你把这个符命藏好！"于是盆子就把它咬断，扔掉了。任命徐宣做丞相，樊崇为御史大夫，逢安是左大司马，谢禄担任右大司马，其他的人都做列卿、将军。盆子虽然被称为皇帝，但是，还是早晚得向刘侠卿跪拜行礼。他时常想跟牧童一起出去玩耍，可是侠卿很不高兴地阻拦了他，樊崇等人也不再问候探望他。

秋，七月，辛未，帝使使持节拜邓禹为大司徒，封酂侯，食邑万户；禹时年二十四。又议选大司空，帝以《赤伏符》曰"王梁主卫作玄武"，丁丑，以野王令王梁为大司空。又欲以谶文用平狄将军孙咸行大司马，众咸不悦。壬午，以吴汉为大司马。

初，更始以琅邪伏湛为平原太守。时天下兵起，湛独晏然，抚循百姓。门下督谋为湛起兵，湛收斩之。于是吏民信向，平原一境赖湛以全。帝征湛为尚书，使典定旧制。又以邓禹西征，拜湛为司直，行大司徒事。车驾每出征伐，常留镇守。

邓禹自汾阴渡河，入夏阳，更始左辅都尉公乘歙引其众十万与左冯翊兵共拒禹于衙；禹复破走之。

【译文】秋天，七月，辛未日（初五），光武帝刘秀差遣使臣拿着符节去任命邓禹做大司徒，封他为酂侯、食邑一万户；邓禹这时候二十四岁。后来皇帝刘秀又商量选举大司空，由于《赤伏符》上面说"王梁主卫作玄武"，丁丑日（十一日），刘秀派野王县令王梁为大司空。根据谶书的记载，刘秀让平狄将军孙咸兼任大司马一职，可是大家都不高兴。壬午日（十六日），刘秀只好派吴汉做大司马。

起初，琅琊人伏湛被更始帝刘玄任命为平原郡太守。这时，天下四处兴起军队，只有伏湛安然无事，安抚人民。门下督曾谋划为伏湛兴起军队，但是伏湛将他们抓起来杀了。于是，吏民都特别相信他，便归向他，平原郡全境就是靠着伏湛才得以保全。伏湛被光武帝刘秀征召，并命为尚书，负责审订旧制一事。于是刘秀又派邓禹向西进行征讨，任命伏湛做司直，管理大司徒的一切事务。刘秀每次出去讨伐的时候，经常让他留下镇守。

邓禹想要进入夏阳县，就必须从汾阴县渡过黄河。更始帝刘玄的左辅都尉公乘歙带领十万士兵和左冯翊的军队一起在衙县抗击邓禹；邓禹依旧将他们打败被迫逃走。

宗室刘茂聚众京、密间，自称厌新将军，攻下颍川、汝南，众十馀万人。帝使骠骑大将军景丹、建威大将军耿弇、强弩将军陈俊攻之。茂来降，封为中山王。

己亥，帝幸怀，遣耿弇、陈俊军五社津，备荥阳以东；使吴汉率建义大将军朱祐等十一将军围朱鲔于洛阳。八月，进幸河阳。

李松自撤引兵还，从更始与赵萌共攻王匡、张卬于长安。连战月馀，匡等败走，更始徙居长信宫。

赤眉至高陵，王匡、张卬等迎降之，遂共连兵进攻东都门。李松出战，赤眉生得松。松弟况为城门校尉，开门纳之。九月，赤眉入长安。更始单骑走，从厨城门出。式侯恭以赤眉立其弟，自系诏狱；闻更始败走，乃出，见定陶王祉。祉为之除械，相与从更始于渭滨。右辅都尉严本，恐失更始为赤眉所诛，即将更始至高陵，本将兵宿卫，其实围之。更始将相皆降赤眉，独丞相曹竟不降，手剑格死。

【译文】 宗室刘茂在京、密二县间召集了很多人，自称为厌新将军。颍川郡、汝南郡都被其攻下了，人数达十多万。光武帝刘秀命令骠骑大将军景丹、建威大将军耿弇、强弩将军陈俊去进攻他。刘茂前来投降，光武帝刘秀封他为中山王。

己亥日（七月无此日），光武帝刘秀亲自到达怀县，命令耿弇、陈俊的军队驻扎在五社津，以戒备荥阳县以东的进攻；命令吴汉带领建义大将军朱祐等十一位将军到洛阳，包围朱鲔。八月，军队又向前进到了河阳县。

李松从撤城带领军队赶回来，跟随更始帝刘玄和赵萌共同到长安去进攻王匡、张卬。可是连续交战了一个多月，王匡等人被打败逃走了，更始帝刘玄就迁到了长信宫去居住。

赤眉军到高陵县的时候，王匡、张卬等人迎接并且向他们投降，于是，他们一起联兵攻击东都门。李松出城迎战，却被赤眉军活捉了。李松的弟弟李况做城门校尉，于是就打开城门，把他们放了进来。九月，赤眉军进入长安。更始帝刘玄一个人骑着马逃走，从厨城门出去。式侯刘恭由于赤眉军拥立他的弟弟为皇帝，就把自己关在诏狱里；后来听说更始帝刘玄被打败逃走了，这才肯出诏狱，见定陶王刘祉。刘祉帮他解下刑具，共同跟随更始帝刘玄到渭水边。右辅都尉严本，担心更始帝刘玄走失，被赤眉军杀害了，就把更始帝刘玄带到高陵县，严本带领军队的警卫，事实上是把他包围了。更始帝刘玄的将、相都投降在赤眉军旗下，只有丞相曹竟没有投降，他手里拿着宝剑，被击杀而死。

辛未，诏封更始为淮阳王；吏民敢有贼害者，罪同大逆；其送诣吏者封列侯。

初，宛人卓茂，宽仁恭爱，恬荡乐道，雅实不为华貌，行己在于清浊之间，自束发至白首，与人未尝有争竞，乡党故旧，虽行能与茂不同，而皆爱慕欣欣焉。哀、平间为密令，视民如子，举善而教，口无恶言，吏民亲爱，不忍欺之。民尝有言部亭长受其米肉遗者，茂曰："亭长为从汝求乎，为汝有事嘱之而受乎，将平居自以恩意遗之乎？"民曰："往遗之耳。"茂曰："遗之而受，何故言邪？"民曰："窃闻贤明之君，使民不畏吏，吏不取民。今我畏吏，是以遗之；吏既卒受，故来言耳。"茂曰："汝为敝民矣！凡人所以群居不乱，异于禽兽者，以有仁爱礼义，知相敬事也。汝独不欲修之，宁能高飞远走，不在人间邪！吏顾不当乘威力强请求耳。亭长素善吏，岁时遗之，礼也。"民曰："苟如此，律何故禁之？"茂笑曰："律设大法，礼顺人情。今我以礼教汝，汝必无怨恶；以律治汝，汝何所措其手足乎！一门之内，小者可论，大者可杀也。且归念之！"初，茂到县，有所废置，吏民笑之，邻城闻者皆蚩其不能。河南郡为置守令；茂不为嫌，治事自若。数年，教化大行，道不拾遗；迁京部丞，密人老少皆涕泣随送。及王莽居摄，以病免归。上即位，先访求茂，茂时年七十馀。甲申，诏曰："夫名冠天下，当受天下重赏。今以茂为太傅，封褒德侯。"

【译文】 辛未日（初六），光武帝刘秀下诏封更始帝刘玄为淮阳王；吏民如果有人敢伤害他的话，罪名和"大逆"一样；将他送到官府，封为列侯。

起初，宛地人卓茂，宽宏大量，遵守仁义美德，恭敬长辈慈爱幼小，安然恬静，为人坦荡，以学道为最大的乐趣，雅正朴实，不注重浮华的外表，自己的行事作风都在清浊之间一点都不偏激。从少到老，从来没有和谁竞争过，乡里的那些老朋友，就算行事才能和卓茂不同，可是也都很敬爱和仰慕他，并且对他心悦诚服。哀帝、平帝年间，卓茂做密县县令。他一向爱民如子，经常用善言善行来教导大家，从来没有口出恶言，吏民彼此相亲相爱，也都不忍心去骗他。曾经有人说所属亭长接纳了他赠送的米肉，卓茂说："是亭长主动向你要的呢，还是你因为自己的事情托他帮你而请他接受的呢，还是感觉他平时对你们有恩惠而馈赠的呢？"那个人说："是我自己给他拿去的。"卓茂说："送给他才接受的，那你为什么还要说呢？"那个人说："我私下里听说贤德圣明的国君在位的时候，人民根本不需要害怕官吏，官吏也不会向人民索要钱财珍品。可如今我怕官吏，因此才送他米肉；官吏最终接受了我所送的，所以我才前来告诉你们啊。"卓茂说："你自己本身就是一个目中无法的人！人们之所以可以住在一起而没有混乱，和那些禽兽有很大的区别，是因为人们心中有仁、爱、礼、义，知道大家彼此对事对物要尊敬。只有你不想修治，难道你能够远走高飞，离开人间吗？官吏自然不能够依靠自己所拥有的威势权力强行求取。可是亭长一向都是个好官，一年四季送些东西给他，也是礼啊！"那个人说："如果是这样的话，那么官府的法律文件为什么又要禁止呢？"卓茂笑着说："律令是为大法所设置的，而礼是用来顺从人情的。今天我用礼来教你，你对我一定不会有怨恨厌恶；但是如果我要用律令来办你，你肯定就不知道该怎么办了！官府里面，情节轻的我们可以论罪，重的就可以被杀戮了。你姑且回去好好想一想吧！"以前，卓茂刚到县城的时候，有所废弃搁置，管吏和民众就嘲笑他，旁边县城的人知道了也都讥笑他没有才能。河南郡为他设立守令，卓茂一点也没有嫌弃之意，还是像过去一样认真办事。几年之后，教化很有成效，达到了路不拾遗的状态；当他升官到京城去做丞相的时候，密县的老老少少都流泪为他送行。等到王莽暂时代理天子的事务来施行法政的时候，卓茂就假装生病又回去了。等到光武帝刘秀登基的时候，先派人寻找过卓茂，卓茂这时已经七十多岁了。甲申日（十九日），光武帝刘秀下诏说："你的名声为天下第一，理应接受天下的重赏。现如今派卓茂做太傅，封为褒德侯。"

【乾隆御批】 赇赂之渐率滥觞于馈遗。卓茂力作奸民，似矣。使猾吏因米肉不问，肆行苞苴，援礼废律害民，又可训乎？此亭长亦予以薄谴为宜。

【译文】 收受贿赂大都是从接受小的馈赠开始的。卓茂据理斥责奸民，这是对的。假使猾吏因接受米肉一类的馈赠而不被追究，从而肆意收受贿赂，而卓茂只是援用礼义教化百姓，对猾吏却废止法律不用，以致损害百姓，这又怎么能够成为准则呢？因此，对这位亭长也应当给予适当的谴责。

【申涵煜评】 亭长受民米肉，茂不加责，而反与民相诘难，是长厚人体悉人情处，然不可以为训，故曰其行己在清浊之间。至民既遗之而复相讦，是诚敝民。商鞅曰："言令便与不便者，皆乱也。"盖指此类。

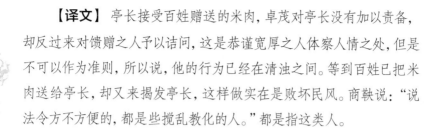

【译文】 亭长接受百姓赠送的米肉，卓茂对亭长没有加以责备，却反过来对馈赠之人予以诘问，这是恭谨宽厚之人体察人情之处，但是不可以作为准则，所以说，他的行为已经在清浊之间。等到百姓已把米肉送给亭长，却又来揭发亭长，这样做实在是败坏民风。商鞅说："说法令方不方便的，都是些搅乱教化的人。"都是指这类人。

◆臣光曰：孔子称"举善而教不能则劝"，是以舜举皋陶，汤举伊尹，而不仁者远，有德故也。光武即位之初，群雄竞逐，四海鼎沸，彼摧坚陷敌之人，权略诡辩之士，方见重于世，而独能取忠厚之臣，旌循良之史，拔于草莱之中，真诸群公之首，宜其光复旧物，享祚久长，盖由知所先务而得其本原故也。◆

诸将围洛阳数月，朱鲔坚守不下。帝以廷尉岑彭尝为鲔校尉，令往说之。鲔在城上，彭在城下，为陈成败。鲔曰："大司徒被害时，鲔与共谋，又谏更始无遣萧王北伐，诚自知罪深，不敢降！"彭还，具言于帝。帝曰："举大事者不忌小怨。鲔今若降，官爵可保，况诛罚乎！河水在此，吾不食言！"彭复往告鲔，鲔从城上下索曰："必信，可乘此上。"彭趣索欲上，鲔见其诚，即许降。辛卯，朱鲔面缚，与岑彭俱诣河阳。帝解其缚，召见之，复令彭夜送鲔归城。明旦，与苏茂等悉其众出降。拜鲔为平狄将军，封扶沟侯；后为少府，传封累世。

【译文】 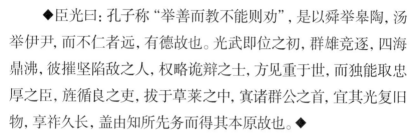◆司马光说：孔子曾经说过，"善于推荐选用有善行的人，教导没有才能的人，人民就会相互劝勉"。因此虞舜举用皋陶，商汤举用伊尹，而那些不仁的人就会被他们远远地抛弃，这就是那些有德之人之所以在位的原因。光武帝刚登基的时候，群雄相互竞争，天下混乱，当世非常看重那些摧毁坚阵、攻破强敌的猛将，以及擅长谋略、雄辩无碍的策士，可是只有那些能够为皇帝选取忠厚的臣子，表扬嘉奖善良的官吏，在平常的地位中拔举起来，并被安置在众公之前的，或许才能让汉室恢复振兴，享受长久的国运，这是知道先专心致志去做他应做的事，并且得到它根本的原因。◆

众将包围了洛阳几个月，由于朱鲔坚决防守而一直未能攻下来。因为廷尉岑彭曾经是朱鲔的校尉，光武帝刘秀就派他前去说服。朱鲔在城上，岑彭在城下向朱鲔讲述成败利害关系。朱鲔说："大司徒被谋害的时候，我曾经也参与了他们的谋划，而且还劝谏更始帝刘玄不要派萧王刘秀向北讨伐，我清楚地知道自己的罪过实在是很大。所以不敢投降！"岑彭回来，把详细的情况都报告给了光武帝刘秀。光武帝刘秀说："办大事的人，就不应该忌恨那些小怨。朱鲔今天如果向我投降的话，他的官职爵位就都可以保住，哪里还需要杀罚呢！滔滔不绝的黄河之水可以作为我说话的凭证，我绝对不会反悔！"然后岑彭又去告诉朱鲔，朱鲔从城上把绳索放下来，说："如果你一定要我相信的话，你可以凭借它而上来。"岑彭走到绳索前准备攀登而上，朱鲔见他如此真诚，就答应了投降。辛卯日（二十六日），朱鲔的双手被绳索反绑着，和岑彭共同来到河阳县。光武帝刘秀帮他把绳子解开，召见他，又命令岑彭当天夜里就把朱鲔送回城去。第二天早晨，朱鲔和苏茂等人带领所有的士卒，出城向光武帝刘秀投降。朱鲔被任命为平狄将军，封为扶沟侯；后来又做了少府，封赐传了几代。

帝使侍御史河内杜诗安集洛阳。将军萧广纵兵士暴横，诗敕晓不改，遂格杀广。还，以状闻。上召见，赐以棨戟，遂擢任之。

冬,十月,癸丑,车驾入洛阳,幸南宫,遂定都焉。

赤眉下书曰:"圣公降者,封为长沙王;过二十日,勿受。"更始遣刘恭请降,赤眉使其将谢禄往受之。更始随禄,肉袒,上玺绶于盆子。赤眉坐更始,置庭中,将杀之;刘恭、谢禄为请,不能得,遂引更始出。刘恭追呼曰:"臣诚力极,请得先死!"拔剑欲自刎。樊崇等遽共救止之。乃赦更始,封为畏威侯。刘恭复为固请,竟得封长沙王。更始常依谢禄居,刘恭亦拥护之。

刘盆子居长乐宫,三辅郡县、营长遣使贡献,兵士辄剽夺之,又数暴掠吏民,由是皆复固守。

【译文】光武帝刘秀命令御史河内人杜诗到洛阳去抚慰安定人民。将军萧广却放纵自己的兵卒在洛阳强暴凶横。杜诗告诫他,他却还不改正,就被击杀了。回来之后,他将情形向光武帝刘秀报告。光武帝刘秀召见他,赐给他棨戟,并提升了他的官职。

冬季,十月,癸丑日(十八日),光武帝刘秀来到洛阳,住在南宫。于是,刘秀就决定把都城给定在那儿。

赤眉军写信给更始帝刘玄说:"圣公如果投降的话,就封为长沙王;一旦多过二十天,就不再接受投降。"更始帝刘玄命令刘恭前去恳请投降,赤眉军也派将领谢禄前去接受投降。更始帝刘玄随从谢禄,袒露着上半身,把印玺组绶进呈给刘盆子。赤眉军叫更始帝刘玄坐下,并把他安置在庭中,想要把他杀了;刘恭、谢禄就替他求情,却没有被答应,就把更始帝刘玄带出去了。刘恭追着喊说:"微臣实在是倾尽全力去保护你,我请求能够先死!"他拔剑想自杀;樊崇等人赶紧共同拯救阻拦他。于是就把更始帝刘玄给放了,并封他为畏威侯。刘恭又坚决替他请求,希望能够封他为长沙王。更始帝刘玄常常跟随着谢禄一起居住，刘恭也拥戴保护他。

刘盆子住在长乐宫，三辅郡、县、营长差遣使者进献物品，士兵经常劫夺百姓的财富，又多次向吏民施以暴力掠夺，吏民于是就又都回到了自己的营寨坚守。

百姓不知所归，闻邓禹乘胜独克而师行有纪，皆望风相携负以迎军，降者日以千数，众号百万。禹所止，辄停车拄节以劳来之，父老、童稚、垂发、戴白满其车下，莫不感悦，于是名震关西。

诸将豪桀皆劝禹径攻长安，禹曰："不然。今吾众虽多，能战者少，前无可仰之积，后无转馈之资；赤眉新拔长安，财谷充实，锋锐未可当也。夫盗贼群居无终日之计，财谷虽多，变故万端，宁能坚守者也！上郡、北地、安定三郡，土广人稀，饶谷多畜，吾且休兵北道，就粮养士，以观其敝，乃可图也。"于是引军北至栒邑，所到，诸营保郡邑皆开门归附。

【译文】正当人民不知道该归向谁的时候，听说邓禹趁着胜势，单独克敌制胜，况且军队行动纪律严明，大家都仰望他的风声。于是就拖着小孩背着老人来迎接他的军队，投降的人每天以数千来计算，人数号称有一百万。邓禹每停留在一个地方，总是停下车子，持着符节，慰勉招致大家，父老儿童也都在他的车边站满了，他们没有一个不感到欢心喜悦的，于是邓禹名声大震，都传到了函谷关以西的地方。

众将领豪杰都劝邓禹，让他直接进攻长安，邓禹说："不可以。如今我们虽然有很多人，可是真正能够作战的人却很少，而且前面没有可仰赖的粮食，后面没有运粮的援助；然而赤眉军近期刚刚攻取长安，财物米谷十分充足，与它的锋芒锐势相比，我们实在不能相抗。盗贼大多儿住在一起，却没有对一天的完整计划，即使财物米谷很多，然而世事变化多端，又怎么能够在那里坚守呢！上郡、北地、安定三个郡，土地面积广大，却人烟稀少，而且米谷富饶，六畜众多，我们可以暂时在北道上停止进军，在靠近粮食丰足的地方，培养士兵们的气势，等到赤眉军自己被败坏，我们才可以想办法去制服他们。”于是，邓禹便带领军队向北到栒邑县。他们所到的地方，众营堡郡邑都打开城门，归降并亲近他。

上遣岑彭击荆州群贼，下犨、叶等十馀城。

十一月，甲午，上幸怀。

梁王永称帝于睢阳。

十二月，丙戌，上还洛阳。

三辅苦赤眉暴虐，皆怜更始，欲盗出之；张卬等深以为虑，使谢禄缢杀之。刘恭夜往，收藏其尸。帝诏邓禹葬之于霸陵。中郎将宛人赵熹将出武关，道遇更始亲属，皆裸跣饥困，熹竭其资粮以与之，将护而前。宛王赐闻之，迎还乡里。

【译文】 光武帝刘秀命令岑彭去攻打荆州城的那些贼人，攻下了犨、叶二县等十多座城。

十一月，甲午日（三十日），攻下了亲自到达怀县。

梁王刘永在睢阳县称帝。

十二月，丙戌日（十二月无此日），攻下了返回到洛阳。

三辅都苦于赤眉军的残暴酷虐，而且更加同情更始帝刘玄，想暗地里偷偷地把他救出来；然而张卬等人都深深地一直为此事在忧虑担心，于是就派谢禄去杀死他。

刘恭夜里偷偷地前往，去收藏他的尸体。光武帝刘秀命令邓禹将他的尸体埋葬在霸陵。中郎将宛人赵熹打算出武关，在路上又遇到了更始帝刘玄的亲戚，都没穿衣服穿还光着脚，饥饿疲倦到了极点，赵熹便将自己所有的钱财和粮食都给了他们，并且护送他们前进。宛王刘赐知道这件事之后，打算把他们迎回自己的故乡。

隗嚣归天水，复招聚其众，兴修故业，自称西州上将军。三辅士大夫避乱者多归嚣，嚣倾身引接，为布衣交；以平陵范逡为师友，前凉州刺史河南郑兴为祭酒，茂陵申屠刚、杜林为治书，马援为绥德将军，杨广、王遵、周宗及平襄行巡、阿阳王捷、长陵王元为大将军，安陵班彪之属为宾客，由此名震西州，闻于山东。马援少时，以家用不足辞其兄况，欲就边郡田牧。况曰："汝大才，当晚成。良工不示人以朴，且从所好。"遂之北地田牧。常谓宾客曰："丈夫为志，穷当益坚，老当益壮。"后有畜数千头，谷数万斛，既而叹曰："凡殖财产，贵其能赈施也，否则守钱虏耳！"乃尽散于亲旧。闻隗嚣好士，往从之。嚣其敬重，与决筹策。班彪，稚之子也。

【译文】等到隗嚣回到天水郡之后，他又召集自己的部下，重新整治父辈给他所留下来的基业，自称是西州上将军。三辅士大夫逃难的，很多都来归附隗嚣，隗嚣也谦逊地去接引他们，并且像平民一样与他们结交为朋友；以和平陵人范逡为师友，前凉州刺史河内人郑兴做祭酒，茂陵人申屠刚、杜林做治书侍御史，马援做绥德将军，杨广、王遵、周宗以及平襄人行巡、阿阳人王捷、长陵人王元做大将军，安陵人班彪等做宾客，于是名声震动了整个西州，甚至传到了华山以东地区。马援小的时候，因为家里面不太富裕，钱不太够用，于是告别他的哥哥马况，打算到边塞那边的郡县去耕田放牧，马况说："你身上有大才，不过应该在很晚的时候才能够有所成就。一个很好的工匠是从来都不向别人显示自己还没有雕琢好的玉石的，我暂时就顺从你所喜好的，让你去耕田放牧吧。"于是，马援就来到北地郡耕田放牧。他经常对他的宾客说："大丈夫胸怀大志，你穷困的时候应当更加坚定自己的信念，在年老的时候就应当使自己更加雄壮。"后来他们家有几千头牲口，万斛米谷之数。不久，他却叹息说："凡是那些财产大增的人，都应该以能救济穷困百姓，施与自己的恩泽为最重要的事情，否则，他就只是个守财奴罢了！"于是马援就将自己的所有产业全部送给他的亲戚朋友。后来听说隗嚣喜好有才能的人，就去追随他了。马援很是被隗嚣尊敬器重，和他一起决定策略。班彪，是班稚的儿子。

初，平陵窦融累世仕宦河西，知其土俗，与更始右大司马赵萌善，私谓兄弟曰："天下安危未可知。河西殷富，带河为固，张掖属国精兵万骑，一旦缓急，杜绝河津，足以自守，此遗种处也！"乃因萌求往河西。萌荐融于更始，以为张掖属国都尉。融既到，抚结雄桀，怀辑羌虏，甚得其欢心。是时，酒泉太守安定梁统、金城太守库钧、张掖都尉茂陵史苞、酒泉都尉竺曾、燉煌都尉辛肜，并州郡英俊，融皆与厚善。及更始败，融与梁统等计议曰："今天下扰乱，未知所归。河西斗绝在羌、胡中，不同心戮力，则不能自守，权钧力齐，复无以相率，当推一人为大将军，共全五郡，观时变动。"议既定，而各谦让。以位次，咸共推梁统；统固辞，乃推融行河西五郡大将军事。武威太守马期、张掖太守任仲并孤立无党，乃共移书告之，二人即解印绶去。于是以梁统为武威太守，史苞为张掖太守，竺曾为酒泉太守，辛肜为燉煌太守。融居属国，领都尉职如故；置从事，监察五郡。河西民俗质朴，而融等政亦宽和，上下相亲，晏然富殖。修兵马，习战射，明烽燧，羌、胡犯塞，融辄自将与诸郡相救，皆如符要，每辄破之。其后羌、胡皆震服亲附，内郡流民避凶饥者归之不绝。

【译文】起初，平陵人窦融家历代都在河西做官，对于当地的风土习俗相当了解，和更始帝刘玄的右大司马赵萌关系很是要好，私下对兄弟说："天下的安危不是我们这些普通人就可以猜测出来的。可是，河西这个地方非常富足，临近黄河，地理形势十分险固，张掖属国拥有一万骑精锐的骑兵，万一有紧急的情况，我们断绝黄河的渡口，就足以防守自保，所以这里是个不怕灭绝的地方啊！"于是窦融就凭借与赵萌的关系而请求到河西去。赵萌将窦融推荐给更始帝刘玄，更始帝刘玄命令他到张掖属国做都尉。窦融到了张掖属国之后，安抚当地人民并且结交英雄豪杰，怀柔辑睦羌虏，很得他们的好感。这时，酒泉郡太守安定人梁统、金城郡太守库钧、张掖郡都尉茂陵人史苞、酒泉郡都尉竺曾、敦煌郡都尉辛彤，都是州、郡之中很有才华的人，窦融和他们都交情甚好。等到更始帝刘玄失败的时候，窦融和梁统等人商议说："如今天下混乱，我们不知到底该归向谁了。由于河西地处偏僻交通隔绝在羌、胡的中间，如果我们不能做到心志相同，一起出力的话，我们就很难防守自己。然而两军的权势相同，力量相当，就更没有办法去统率军队了。我们应该推举一个人做大将军，为共同保全五个郡，来观察时局的变化。"商议决定以后，他们却各自谦虚地互相推让。后来按照名位的次序，大家一起推举梁统做大将军；梁统坚持拒绝，大家就推举窦融兼管河西五郡大将军的事。武威郡太守马期、张掖郡太守任仲都孤立无援，没有其他人和他们一起做伴，于是他们俩就一起上书说明他俩的实际情况；然后就解下印章组绶而默默地离开了。于是，梁统被派去做武威郡太守，史苞为张掖郡太守，竺曾任酒泉郡太守，辛彤当敦煌郡太守。窦融停留在张掖属国，像从前一样兼任掌管都尉之职；设置从事，督察五个郡。河西这个地方民俗朴实，而且窦融等人施政也宽大平和，所以整个河西上下相亲相爱，安定富足。他们在此训练兵马、锻炼战技，熟悉警报，羌、胡等人来侵袭边塞的时候，窦融总是亲自带领兵卒和众郡去营救，而且都能赴敌并且不失期契，每次敌人都被他给打败了。后来，羌人、胡人都因此很是震惊，便归顺于窦融，亲近归附，内部各郡流亡的人民以及躲避灾荒的也都不断地归附于他。

王莽之世，天下咸思汉德，安定三水卢芳居左谷中，诈称武帝曾孙刘文伯，云"曾祖母，匈奴浑邪王之姊也"。常以是言诳惑安定间。王莽末，乃与三水属国羌、胡起兵。更始至长安，征芳为骑都尉，使镇抚安定以西。更始败，三水豪桀共立芳为上将军、西平王，使使与西羌、匈奴结和亲。单于以为："汉氏中绝，刘氏来归，我亦当如呼韩邪立之，令尊事我。"乃使句林王将数千骑迎芳兄弟入匈奴，立芳为汉帝，以芳弟程为中郎将，将胡骑还入安定。

【译文】 王莽在任的时候，天下人都很是思念汉朝君主对他们的恩德，安定郡三水县卢芳住在左谷里，骗大家说他就是武帝的曾孙刘文伯，说"曾祖母，是匈奴浑邪王的姐姐"，常常拿这句话在安定郡一带欺骗大家。王莽末年，就和三水属国羌、胡一起兴起军队。更始帝刘玄到达长安之后，任命卢芳做骑都尉，让他镇守在此并且安抚安定郡以西地方的百姓。更始帝刘玄失败之后，三水县豪杰打算一起拥立卢芳做上将军、西平王，并命令使者和西羌、匈奴通过结亲来增进彼此之间的友好关系。单于认为："汉氏中途断绝来往，如今刘氏又来归顺，我也应当像呼韩邪立他一般，让他尊敬并侍奉我。"于是就命令句林王带领几千骑兵，把卢芳兄弟迎进匈奴，拥立卢芳做汉帝，任命卢芳的弟弟卢程做中郎将，带领胡人骑兵回去，进入安定郡。

　　帝以关中未定，而邓禹久不进兵，赐书责之曰："司徒，尧也；亡贼，桀也。长安吏民遑遑无所依归，宜以时进讨，镇慰西京，系百姓之心！"禹犹执前意，别攻上郡诸县，更征兵引谷，归至大要。积弩将军冯愔、车骑将军宗歆守栒邑，二人争权相攻，愔遂杀歆，因反击禹，禹遣使以闻。帝问使人："愔所亲爱为谁？"对曰："护军黄防。"帝度愔、防不能久和，势必相忤，因报禹曰："缚冯愔者，必黄防也。"乃遣尚书宗广持节往降之。后月馀，防果执愔，将其众归罪。更始诸将王匡、胡殷、成丹等皆诣广降，广与东归；至安邑，道欲亡，广悉斩之。

　　【译文】 光武帝刘秀以为关中还没有被安定，可是邓禹又长期不进军，于是光武帝刘秀就赐书信指责他说："司徒，是唐尧；亡贼，是夏桀。长安吏民惶恐不安，眼下没有可依附可归顺的，你应该按时进攻征讨，来镇定安慰西京的百姓，维系百姓之心！"可是邓禹还是坚持以前自己的想法，另外要想进攻上郡众县，还需要再征召军队，运输粮食，回到大要县。积弩将军冯愔、车骑将军宗歆防守栒邑县，两个人为了争夺权势，就互相攻击，最终，冯愔把宗歆给杀了，趁机就赶紧反击邓禹，邓禹就命令使者向朝廷报告。光武帝刘秀就问使者："你知道冯愔最亲近喜爱的人是谁吗？"使者回答说："是护军黄防。"光武帝刘秀衡

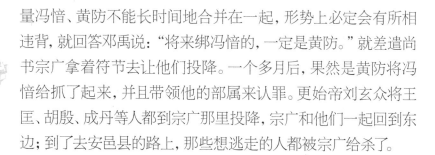

量冯愔、黄防不能长时间地合并在一起，形势上必定会有所相违背，就回答邓禹说："将来绑冯愔的，一定是黄防。"就差遣尚书宗广拿着符节去让他们投降。一个多月后，果然是黄防将冯愔给抓了起来，并且带领他的部属来认罪。更始帝刘玄众将王匡、胡殷、成丹等人都到宗广那里投降，宗广和他们一起回到东边；到了去安邑县的路上，那些想逃走的人都被宗广给杀了。

愔之叛也，引兵西向天水；隗嚣逆击，破之于高平，尽获其辎重。于是禹承制遣使持节命嚣为西州大将军，得专制凉州、朔方事。

腊日，赤眉设乐大会，酒未行，群臣更相辩斗；而兵众遂各逾宫，斩关入，掠酒肉，互相杀伤。卫尉诸葛稚闻之，勒兵入，格杀百余人，乃定。刘盆子惶恐，日夜啼泣，从官皆怜之。

帝遣宗正刘延攻天井关，与田邑连战十余合，延不得进。及更始败，邑遣使请降；即拜为上党太守。帝又遣谏议大夫储大伯持节征鲍永；永未知更始存亡，疑不肯从，收系大伯，遣使驰至长安，诇问虚实。

【译文】冯愔叛变之后，率领他的军队向西边的天水郡进军；隗嚣迎击他，在高平县冯愔被他打败，并且将他所有的粮食装备等都收归己有。于是，有使者按照邓禹的吩咐，临时以光武帝刘秀的命令，拿着符节，任命隗嚣做西州大将军，并且可以根据自己的判断独立处理凉州、朔方郡的事情。

冬至后第三个腊日，赤眉军准备了音乐，好好地宴请宾客，可是酒还没开始喝，臣子们就在下面争论不休；而那些看关的人都被越进宫墙的士兵们给杀了。士兵们在此掠夺酒肉，彼此杀伤。卫尉诸葛稚知道这件事之后，率领军队进宫，击杀了一百多人，这样才安定下来。刘盆子见到这种情形心里很是害怕，日夜不停地哭泣，身边跟随他的那些官员见到发生这样的事情也都很同情他。

光武帝刘秀命令宗正刘延去攻打天井关，可是和田邑连续交战十多次，刘延没有能攻破继续前进。等到更始帝刘玄失败之后，田邑差遣使者去向光武帝刘秀请求投降；田邑被任命为上党郡太守。光武帝刘秀又调遣谏议大夫储大伯拿着符节去征召鲍永；可是鲍永由于不知更始帝刘玄现在到底是死是活，于是就怀疑他并且没有答应投降，先把大伯抓了起来，并差遣使者赶到长安去，探听消息是否属实。

初，帝从更始在宛，纳新野阴氏之女丽华。是岁，遣使迎丽华与帝姊湖阳公主、妹宁平公主俱到洛阳；以丽华为贵人。更始西平王李通先娶宁平公主，上征通为卫尉。

初，更始以王闳为琅邪太守，张步据郡拒之。闳谕降，得赣榆等六县；收兵与步战，不胜。步既受刘永官号，治兵于剧，遣将徇泰山、东莱、城阳、胶东、北海、济南、齐郡，皆下之。闳力不敌，乃诣步相见。步大陈兵而见之，怒曰："步有何罪，君前见攻之甚！"闳按剑曰："太守奉朝命，而文公拥兵相拒。闳攻贼耳，何谓甚邪！"步起跪谢，与之宴饮，待为上宾，令闳关掌郡事。

【译文】 起初，光武帝刘秀和更始帝刘玄一起在宛县的时候，娶了新野人阴氏的女儿丽华为妻。这一年，光武帝刘秀便调遣使者去迎接丽华和他的姐姐湖阳公主、妹妹宁平公主共同来到洛阳；封丽华为贵人。更始帝刘玄的西平王李通娶宁平公主为妻子，于是光武帝刘秀就征召他做了卫尉。

起初，更始帝刘玄曾派王闳做琅琊郡太守，张步占据着那个郡不让他做太守。于是王闳便告诉他说如果投降的话，就可很随意地得到赣榆等六个县；王闳收集军队和张步交战，却没能打胜。自从张步接受刘永的官职称谓以后，就在剧县训练军队，泰山郡、东莱郡、城阳县、胶东县、北海郡、济南郡、齐郡，都被他所命令的将领给攻下了。王闳自知军队的力量敌不过张步，于是就去求见张步。张步却陈列大批的军队来见他，特别生气地说：“我究竟有什么罪？你以前要对我攻得那样厉害！”王闳按着剑说：“我身为一郡太守，遵守朝廷的命令办事，而你却以拥有军队来和我相对抗。我那时只是攻打贼寇罢了！怎么能说厉害呢！”张步站起来，然后向王闳下跪认罪，和他一起吃饭喝酒，以待贵宾的方式来款待他，并且同意王闳管理全郡的事。

二年（丙戌，公元二六年）春，正月，甲子朔，日有食之。

刘恭知赤眉必败，密教弟盆子归玺绶，习为辞让之言。及正旦大会，恭先曰：“诸君共立恭弟为帝，德诚深厚！立且一年，殽乱日甚，诚不足以相成，恐死而无益，愿得退为庶人，更求贤知，唯诸君省察！”樊崇等谢曰：“此者崇等罪也。”恭复固请，或曰：“或宁式侯事邪？”恭惶恐起去。盆子乃下床解玺绶，叩头曰：“今设置县官而为贼如故，四方怨恨，不复信向，此皆立非其人所致。愿乞骸骨，避贤圣路！必欲杀盆子以塞责者，无所离死！”因涕泣嘘唏。崇等及会者数百人，莫不哀怜之，乃皆避席顿首曰：“臣无状，负陛下，请自今已后，不敢复放纵！”因共抱持盆子，带以玺绶；盆子号呼，不得已。既罢出，各闭营自守。三辅翕然，称天子聪明，百姓争还长安，市里且满。后二十馀日，复出，大掠如故。

【译文】 二年（丙戌，公元26年）春季，正月，甲子朔日（初一），发生日食。

刘恭知道赤眉军肯定会失败，于是就在暗地里教他的弟弟盆子让他归还印玺组绶，学习说谦辞逊让的话。等到元旦那天，会见大臣的时候，刘恭先说："大家一起拥立我的弟弟做皇帝，这份恩德对我们来说实在是太深厚了！他被立为皇帝也快一年了，可是混乱的局面却一天比一天厉害，我担心他实在不能够承受大家的重托，恐怕死了对大家来说也没有什么利弊关系，希望他能退位做个平民，而你们再找一个贤德明智的人做皇帝，还恳请大家能够好好地考虑一下我说的话！"樊崇等人向皇上谢罪说："这些都是我们的罪过。"刘恭又坚决请求让皇帝退位。有人说："这是式侯应该管的事情吗？"刘恭心里很害怕，就转身离开了。盆子见此情景就下床解下身上的印玺组绶，向大家磕头说："如今我们设置了天子却一直在做贼，天下人对我们有所怨恨，不愿意再信服归向我们，这都是所立的人不适当造成的后果。希望大家能够让我退位，把机会留给那些贤能的人！如果一定要通过杀我来负这个责任的话，那我也不会因此而逃避的！"说完这话就在一旁落泪叹息。樊崇和参加朝会的几百人，都特别地怜悯同情他，于是便离开坐席，跪下磕头说："都是我们不好，才辜负了陛下，请求从今以后，肯定不会再有人胡作非为了！"就一起抱着盆子，帮他把印玺组绶系好；可是盆子喊道，这实在是不得已而为之啊。散会出宫以后，各自紧闭营门，自行防守。三辅一致响应，称赞天子聪明，人民都抢着回到长安，城市乡里都快满了。二十多天后，赤眉军又再次出动，大肆掠夺百姓，像过去一样残暴。

刁子都为其部曲所杀，馀党与诸贼会檀乡，号檀乡贼，寇魏郡、清河。魏郡大吏李熊弟陆谋反城迎檀乡，或以告魏郡太守颍川铫期，期召问熊，熊叩头首服，愿与老母俱就死。期曰："为吏悦不若为贼乐者，可归与老母往就陆也！"使吏送出城。熊行，求得陆，将诣邺城西门；陆不胜愧感，自杀以谢期。期嗟叹，以礼葬之，而还熊故职。于是郡中服其威信。

帝遣吴汉率王梁等九将军击檀乡于邺东漳水上，大破之，十馀万众皆降。又使梁与大将军杜茂将兵安辑魏郡、清河、东郡，悉平诸营保，三郡清静，边路流通。

【译文】刁子都被他的部下所杀，剩余的同伙和众贼在檀乡会合，称为檀乡贼，檀乡贼对魏郡、清河郡的百姓进行掠夺。魏郡大吏李熊的弟弟李陆打算在城里反叛，来迎接檀乡贼，有人就把这个消息告诉了魏郡太守颍川人铫期。于是铫期就召见李熊并且详细地询问，李熊磕头承认，希望他和自己的母亲一起受死。铫期说："与其在城中做官，还不如做贼快乐，你可以回去和老母一起去投靠李陆，我不反对！"铫期还派吏将他送出城去。李熊出城，找到李陆，快到邺城西门的时候，李陆心中惭愧不已很是感动，为了向铫期谢罪就自杀了。铫期叹息感慨，很是惋惜，于是就用礼来埋葬他，还恢复了李熊原来的官职。于是，郡里的人都佩服他的威仪诚信。

光武帝刘秀调遣汉统领王梁等九位将军进攻邺城东边漳水附近的檀乡贼，打败了檀乡贼，十多万人都投降了。光武帝刘秀又派王梁和大将军杜茂统率军队全部集中在魏郡、清河郡、东郡，平定了所有的营堡，三个郡都因此清静了，而且前进的道路畅通无阻。

庚辰，悉封诸功臣为列侯；梁侯邓禹、广平侯吴汉皆食四县。博士丁恭议曰："古者封诸侯不过百里，强干弱枝，所以为治也。今封四县，不合法制。"帝曰："古之亡国皆以无道，未尝闻功臣地多而灭亡者也。"阴乡侯阴识，贵人之兄也，以军功当增封，识叩头让曰："天下初定，将帅有功者众，臣托属掖廷，仍加爵邑，不可以示天下。此为亲戚受赏，国人计功也。"帝从之。帝令诸将各言所乐，皆占美县；河南太守颍川丁綝独求封本乡。或问其故，綝曰："綝能薄功微，得乡亭厚矣！"帝从其志，封新安乡侯。帝使郎中魏郡冯勤典诸侯封事，勤差量功次轻重，国土远近，地势丰薄，不相逾越，莫不厌服焉。帝以为能，尚书众事皆令总录之。故事：尚书郎以令史久次补之，帝始用孝廉为尚书郎。

起高庙于洛阳，四时合祀高祖、太宗、世宗；建社稷于宗庙之右；立郊兆于城南。

【译文】庚辰日（十七日），光武帝刘秀封所有功臣作列侯；还把四个县的食邑都赐给了梁侯邓禹、广平侯吴汉。博士丁恭建议光武帝刘秀说："古代封诸侯的时候，为了使干强枝弱，便于治理，从来都没有超过一百里见方之地。可如今封四个县的食邑，和古代的法制相违背啊。"光武帝刘秀说："古代都是因为不行仁政才导致亡国，却从来没有听说是因为功臣的封地多而被灭亡的。"阴乡侯阴识，是贵人阴丽华的哥哥，因为战功光武帝刘秀应当增加封赏，阴识磕头谦逊地说："如今天下刚刚平定，将帅有功的人很多，因为臣是后宫的亲属，多次晋升爵位增加食邑，已经没有什么脸面去面对天下人。这是亲戚接受赏赐，其他人应该根据功勋来接受赏赐。"光武帝刘秀就听从了他的意见。光武帝刘秀让大家都说出自己心里所喜欢的封邑，每个人都想要好的县城；只有河南郡太守颍川人丁綝只要求把本乡封给他就满足了。有人问他为什么，丁綝说："我能力微薄，功劳也小，能够封个乡亭侯就已经足够了！"光武帝刘秀顺从他的志愿，封他为新安乡侯。郎中魏郡人冯勤被光武帝刘秀命令主管诸侯的封事，冯勤根据功勋大小等差别，国土的远近，地势的厚薄，彼此没有差错，没有一个人对他不满意的。通过此事，光武帝刘秀认为他很有才能，便将尚书众事都交给他负责。按照以往的规矩：只有资深的令史才能将尚书郎一职依次补实，直到光武帝刘秀才开始用孝廉做尚书郎。

这一年，在洛阳修建高庙，四季和高祖、太宗、世宗共同祭祀；在宗庙的右边修建社稷；在城南修建祭天之坛。

长安城中粮尽，赤眉收载珍宝，大纵火烧宫室、市里，恣行杀掠，长安城中无复人行；乃引兵而西，众号百万，自南山转掠城邑，遂入安定、北地。邓禹引兵南至长安，军昆明池，谒祠高庙，收十一帝神主，送诣洛阳；因巡行园陵，为置吏士奉守焉。

真定王杨造谶记曰："赤九之后，瘿杨为主。"杨病瘿，欲以惑众；与绵曼贼交通。帝遣骑都尉陈副、游击将军邓隆征之，杨闭城门不内。帝复遣前将军耿纯持节行幽、冀，所过劳慰王、侯，密敕收杨。纯至真定，止传舍，邀杨相见。纯，真定宗室之出也，故杨不以为疑，且自恃众强，而纯意安静，即从官属诣之；杨兄弟并将轻兵在门外。杨入，见纯，纯接以礼敬，因延请其兄弟皆入，乃闭阁，悉诛之，因勒兵而出。真定震怖，无敢动者。帝怜杨谋未发而诛，复封其子为真定王。

【译文】长安城里粮食都被赤眉军吃光了，于是就把收集来的珍珠宝物运走，在宫室、市里大规模放火，任意杀人抢劫，没有人敢在长安城里行走；然后又率领兵卒向西去，号称有一百万人，从南山辗转抢掠各城邑，最终来到安定郡、北地郡。邓禹率领军队向南到长安，在昆明池驻军，拜谒祭祀高庙，并且把十一个皇帝的神主牌位给收集完之后，送到洛阳。趁着这个机会又去看了看帝王的茔墓，并派吏士来为它们奉行祭祀和看守。

真定王刘杨造谶书说："赤九之后，瘿杨为主。"（意思是说：高祖的九代孙，应该由长肿瘤的刘杨做国君。）刘杨身体上长了很多肿瘤，想通过这个来迷惑众人，而和绵曼贼交往。光武帝刘秀命令骑都尉陈副、游击将军邓隆去征召他，刘杨却紧闭城门不愿意接见他们。后来光武帝刘秀又命令前将军耿纯拿着符节前往幽、冀二州，所经过的地方，安慰犒劳王、侯将相，而暗地里却命令将士们把刘杨抓起来。等耿纯到达真定县，留在驿站馆舍里的时候，便邀请刘杨与他相见。耿纯，是真定宗室的后裔，所以刘杨对他也没有什么好怀疑的，况且自己兵卒强盛，而耿纯的神情安详，刘杨就带着随从的那些官吏过来见耿纯；刘杨让其他兄弟带领强兵在门外。刘杨进去之后，见到耿纯，耿纯很有礼貌地接待他，对他也很恭敬，而且还邀请他的兄弟都进来；于是，耿纯命人把所有的门窗关好，将他们全部杀了，之后就带领军队出来。真定县的人们听说这件事情之后既震动又害怕，没有一个人敢轻举妄动。光武帝刘秀可怜刘杨的阴谋还没开始发动，就被诛杀了，心里有所过意不去，就又封刘杨的儿子刘德为真定王。

二月，己酉，车驾幸修武。

鲍永、冯衍审知更始已亡，乃发丧，出储大伯等，封上印绶，悉罢兵，幅巾诣河内。帝见永，问曰："卿众安在？"永离席叩头曰:"臣事更始,不能令全,诚惭以其众幸富贵,故悉罢之。"帝曰:"卿言大。"而意不悦。既而永以立功见用,衍遂废弃。永谓衍曰:"昔高祖赏季布之罪,诛丁固之功;今遭明主,亦何忧哉!"衍曰:"人有挑其邻人之妻者,其长者骂而少者报之。后其夫死,取其长者。或谓之曰:'夫非骂尔者邪?'曰:'在人欲其报我,在我欲其骂人也!'夫天命难知,人道易守,守道之臣,何患死亡!"

大司空王梁屡违诏命,帝怒,遣尚书宗广持节即军中斩梁;广槛车送京师。既至,赦之,以为中郎将,北守箕关。

【译文】二月,己酉日(十六日),光武帝刘秀亲自到达修武县。

鲍永、冯衍知道更始帝刘玄确实已经死亡的消息,就为他办身后事,并放出储大伯等人,将印玺组绶封好呈上,把所有的军队都给解散了,以幅巾束首而来到了河内郡。光武帝刘秀见了鲍永,问他说:"你的部下都在哪里呢?"鲍永离开坐席,跪下磕头,说:"我侍奉更始帝刘玄,却不能帮他保全性命,心里实在惭愧,而我清楚地知道我的部下都希望富贵,所以我把他们全部解散了。"光武帝刘秀说:"你这番话说得很好。"可是,心底里却嫌他归降得太晚,有点不太高兴。后来,鲍永由于立功被光武帝刘秀重用,冯衍却被光武帝刘秀废除。鲍永对冯衍说:"从前汉高祖刚平定天下的时候,赏赐了有罪的季布,却诛杀了有功的丁固,如今我们遇到了贤明的天子,还有什么好担心的呢!"冯衍说:"有人招惹邻居的妻妾,其中那个年长的就骂他,可是年轻的那个却向他表示友好。等到她们的丈夫死后,他就选择那个年长的做他的妻子。有人对他说:'那个年长的不是骂你的吗?'他说:'对别人来说,当然是要那个向我示好的人;但是对我来说，却应该要那个骂人的！'天命是很难预测的，人道却是很容易就能够坚守的，我们守住人道的臣子，哪里还会忧虑死亡呢！"

由于大司空王梁多次违背光武帝刘秀的诏令，光武帝刘秀很是生气，就调遣尚书宗广执持符节马上赶到军队里把王梁给杀了；宗广把王梁关入囚车，押送至京城，来到京城之后，光武帝刘秀不仅赦免了他，还派他做中郎将，防御北边的箕关。

壬子，以太中大夫京兆宋弘为大司空。弘荐沛国桓谭，为议郎、给事中。帝令谭鼓琴，爱其繁声。弘闻之，不悦；伺谭内出，正朝服坐府上，遣吏召之。谭至，不与席而让之，且曰："能自改邪，将令相举以法乎？"谭顿首辞谢；良久，乃遣之。后大会群臣，帝使谭鼓琴。谭见弘，失其常度。帝怪而问之，弘乃离席免冠谢曰："臣所以荐桓谭者，望能以忠正导主。而令朝廷耽悦郑声，臣之罪也。"帝改容谢之。

湖阳公主新寡，帝与共论朝臣，微观其意。主曰："宋公威容德器，群臣莫及。"帝曰："方且图之。"后弘被引见，帝令主坐屏风后，因谓弘曰："谚言'贵易交，富易妻'，人情乎？"弘曰："臣闻贫贱之知不可忘，糟糠之妻不下堂。"帝顾谓主曰："事不谐矣！"

【译文】壬子日（十九日），光武帝刘秀任命太中大夫京兆人宋弘为大司空。宋弘推荐沛国人桓谭做议郎、给事中。皇帝命令桓谭弹琴，而且特别喜欢他音调繁杂的乐声。宋弘知道这件事之后，心里很不高兴；暗地里看到桓谭从宫中出来，就穿了端庄的朝服，坐在府里，差遣官吏把他召来。桓谭到了，宋弘不给他座位，就开始责怪他，并且说："你是能自己纠正错误呢，还是要丞相通过法纪来检举你呢？"桓谭磕头认错；很长时间之后，宋弘才允许他回去。后来，光武帝刘秀在宫殿上和大臣相见的时候，光武帝刘秀令桓谭弹琴。桓谭见到宋弘在，便失去了他平时弹琴的仪态。光武帝刘秀感到困惑，就问桓谭原因。这时，宋弘就离开坐席，脱下官帽，向光武帝刘秀谢罪说："微臣之所以把桓谭举荐给陛下，是期望他能够用忠正的方法去引导陛下；可是，他却让朝廷沉湎于靡靡之音，这是臣的过错。"光武帝刘秀就改正容色而向大家认错。

湖阳公主刚守寡，光武帝刘秀和她共同讨论朝中的大臣，并暗中观察是否有符合她心意的人。公主说："宋公无论是威仪容止，还是道德器量，都是那些臣子赶不上的。"光武帝刘秀说："我正打算为你考虑这件事。"于是，光武帝刘秀接见了宋弘，光武帝刘秀让公主坐在屏风后面，就对宋弘说："谚语说：'显贵了，就换朋友；富有了，就换妻子。'你感觉这是人之常情吗？"宋弘说："微臣只听说贫贱时候的朋友不能够忘记，患难时候的夫妻不能够离异。"光武帝刘秀回头对公主说："这件事情成不了了！"

【申涵煜评】 汉家法不严，贤者不免。光武起自布衣，令姐湖阳主临轩择配，至为宋弘所拒，充类之尽，犹是卖珠儿丁外舍习气。

【译文】 汉朝的家法不严，贤能的人也不能避免。光武帝起自布衣，他的姐姐湖阳公主在屏风后面选择夫君，直到被宋弘拒绝，就事理做充分的推论，就像馆陶公主私幸一个叫董偃的卖珠儿的习气一样。

帝之讨王郎也，彭宠发突骑以助军，转粮食，前后不绝，及帝追铜马至蓟，宠自负其功，意望甚高；帝接之不能满，以此怀不平。及即位，吴汉、王梁，宠之所遣，并为三公，而宠独无所加，愈怏怏不得志，叹曰："如此，我当为王。但尔者，陛下忘我邪！"

是时北州破散，而渔阳差完，有旧铁官，宠转以贸谷，积珍宝，益富强。幽州牧朱浮，年少有俊才，欲厉风迹，收士心，辟召州中名宿及王莽时故吏二千石，皆引置幕府，多发诸郡仓谷禀赡其妻子。宠以为天下未定，师旅方起，不宜多置官属以损军实，不从其令。浮性矜急自多，宠亦很强，嫌怨转积。浮数谮构之，密奏宠多聚兵谷，意计难量。上辄漏泄令宠闻，以胁恐之。至是，有诏征宠，宠上疏，愿与浮俱征；帝不许。宠益以自疑。其妻素刚，不堪抑屈，固劝无受征，曰："天下未定，四方各自为雄。渔阳大郡，兵马最精，何故为人所奏而弃此去乎！"宠又与所亲信吏计议，皆怀怨于浮，莫有劝行者。帝遣宠从弟子后兰卿喻之。宠因留子后兰卿，遂发兵反，拜署将帅，自将二万馀人，攻朱浮于蓟。又以与耿况俱有重功，而恩赏并薄，数遣使要诱况。况不受，斩其使。

【译文】当光武帝刘秀征讨王郎的时候，彭宠曾经命令突骑去援助军队，运输粮食，才使得粮食前后没有断绝。等到光武帝刘秀追赶铜马军到蓟县，彭宠依仗自己功劳之高，期盼的愿望也很高；可是光武帝刘秀对待他，却一直都未能满足他的愿望，因此心中愤恨不平。等到光武帝刘秀登基之后，吴汉、王梁，曾经是彭宠的属下，他们都做到了三公，只有彭宠没有任何晋升，更加快悒，心里感觉很是不得志，感叹地说道："像我这样的人，就应该被封为王，并不只是像现在这样，那肯定是陛下把我忘记了！"

这时，北方的各州都四分五裂，只有渔阳郡情况还比较好。原来这个地方设置有铁官，彭宠就通过倒卖铁矿来买米谷，累积了大量的钱财，而自己更加富裕强大。幽州牧朱浮，年轻有才干，想通过对社会公德及习俗的严格规划，来收敛那些士子的心，把州里那些德高望重的人，以及王莽在位之前两千石官吏征召过来，都把他们接引安置到幕府里，将所有郡仓库里的米谷发出来，供给他们，抚养妻儿。彭宠感觉天下混乱还没有安定，一直发生战争，不应设置那么多官员来损耗粮食，于是就没有听从他的命令。朱浮个性矜夸急躁，自以为是，彭宠性格也执拗好强，结果使他们俩之间猜忌怨恨辗转相积。彭宠多次被朱浮诬告陷害，使他入罪，秘密上奏给光武帝刘秀说彭宠私自聚集了很多军粮，居心叵测。但是光武帝刘秀又常常将秘密故意泄露出来，让彭宠知道，并以此来要挟恐吓他。到了这个时候，有诏书征召彭宠，彭宠就上奏给光武帝刘秀说，希望能够和朱浮一起被征召；可是，光武帝刘秀却怎么也不答应。彭宠越来越猜疑自己的能力；而他的妻子本性刚强，从来不能忍受被别人如此地压抑屈辱，就努力地劝说他不要接受征召，说："如今的天下还没有安定，那些有势力的人都在四方各自割据称霸，渔阳是个大郡，兵马最精良，我们为什么要因为被别人所上奏而抛弃这里前去呢！"于是彭宠就又和亲信的部下商议，可是部下也都对朱浮怀恨在心，没有人劝他前去。光武帝刘秀命令彭宠的堂弟子后兰卿前来开导他；可是，彭宠就以此为由把子后兰卿扣留在了渔阳郡，出兵造反，并任命部署将帅，亲自统领两万多人，到蓟县去攻打朱浮。又因深知和耿况都有大功，可是对他们的赏赐都特别微薄，于是就多次差遣使者去邀请并诱惑耿况归顺；可是，耿况不接受，并把他的使者给斩了。

延岑复反，围南郑。汉中王嘉兵败走。岑遂据汉中，进兵武都；为更始柱功侯李宝所破，岑走天水。公孙述遣将侯丹取南郑。嘉收散卒得数万人，以李宝为相，从武都南击侯丹，不利，还军河池、下辨，复与延岑连战。岑引北，入散关，至陈仓；嘉追击，破之。

公孙述又遣将军任满从阆中下江州，东据扜关，于是尽有益州之地。

【译文】反叛的延岑围了南郑县。汉中王刘嘉的军队被打败之后逃走了。延岑就占据了汉中郡，并向武都县进军；未料想却被更始帝刘玄的柱功侯李宝给打败了。延岑被迫逃到天水郡。公孙述调遣将军侯丹去攻打南郑县。刘嘉把剩下的那些伤残的士兵顿了一下，得到几万人，派李宝做丞相，从武都县向南进攻侯丹，失败之后，把军队带回到河池县、下辨道，接着又和延岑一连交战几次。延岑带兵往北走，来到散关，到达陈仓县；刘嘉追赶进攻之下，终于把他打败了。

公孙述命令将军任满阆中县直下江州县，再向东占领扜关，这样就得到了益州全部的土地。

辛卯，上还洛阳。

三月，乙未，大赦。

更始诸大将在南方未降者尚多。帝召诸将议兵事，以檄叩地曰："郾最强，宛为次，谁当击之？"贾复率然对曰："臣请击郾。"帝笑曰："执金吾击郾，吾复何忧！大司马当击宛。"遂遣复击郾，破之；尹尊降。又东击更始淮阳太守暴汜，汜降。

夏，四月，虎牙大将军盖延督驸马都尉马武等四将军击刘永，破之；遂围永于睢阳。

故更始将苏茂反，杀淮阳太守潘蹇，据广乐而臣于永；永以茂为大司马、淮阳王。

【译文】辛卯日（二月无此日），光武帝刘秀回到洛阳。

三月，乙未日（三月无此日），大赦天下。

更始帝刘玄在南方还有很多的大将没有投降。光武帝刘秀把众将召来商讨军事，将檄文扔到地上生气地说："郾县是这里面最强盛的，宛县次之，应当派谁去攻打它呢？"贾复毫不犹豫地说："微臣请求攻击郾县。"光武帝刘秀笑着说："执金吾攻打郾县，我还有什么好担心的呢！大司马应该去攻击宛县。"于是，秀命令贾复去攻打郾县，并将它一举拿下；最终尹尊向他投降。后来贾复又向东边进攻更始帝刘玄的淮阳郡太守暴汜，暴汜也投降了。

夏天，四月，虎牙大将军盖延督率驸马都尉马武等四个将军攻打刘永，刘永被打败；结果，就把刘永包围在睢阳县。

因为前更始帝刘玄的将军苏茂反叛，杀死了淮阳郡太守潘蹇，并且占领广乐城而向刘永称臣；刘永派苏茂做大司马、淮阳王。

吴汉击宛，宛王赐奉更始妻子诣洛阳降；帝封赐为慎侯。叔父良、族父歙、族兄祉皆自长安来。甲午，封良为广阳王，祉为城阳王；又封兄缤子章为太原王，兴为鲁王；更始三子求、歆、鲤皆为列侯。

邓王王常降，帝见之甚欢，曰："吾见王廷尉，不忧南方矣！"拜为左曹，封山桑侯。

五月，庚辰，封族父歙为泗水王。

帝以阴贵人雅性宽仁，欲立以为后。贵人以郭贵人有子，终不肯当。六月，戊戌，立贵人郭氏为皇后，以其子彊为皇太子；大赦。

【译文】当吴汉攻打宛县的时候，宛王刘赐和更始帝刘玄的妻子来到洛阳向他们投降；光武帝刘秀封刘赐做慎侯。他的叔父刘良、族父刘歙、族兄刘祉都是从长安来的。甲午日（初二），封刘良为广阳王，刘祉为城阳王；光武帝刘秀还封他哥哥刘縯的儿子刘章为太原王，刘兴为鲁王；更始帝刘玄的三个儿子——刘求、刘歆、刘鲤为列侯。

光武帝刘秀见到邓王王常投降，非常高兴，说："如今我见到了王廷尉，终于不需要再为南方担心了！"于是就任命他为左曹，封为山桑侯。

五月，庚辰日（十九日），光武帝刘秀的族父刘歙被封为泗水王。

光武帝刘秀由于阴贵人一向宅心仁厚，宽宏大量，就打算立她做皇后，因为郭贵人有儿子，阴贵人一直都没有答应。六月，戊戌日（初七），光武帝刘秀立郭氏为皇后，她的儿子刘强封为皇太子；大赦天下。

丙午，封泗水王子终为淄川王。

秋，贾复南击召陵、新息，平之。后部将杀人于颍川，颍川太守寇恂捕得，系狱。时尚草创，军营犯法，率多相容，恂戮之于市。复以为耻，还，过颍川，谓左右曰："吾与寇恂并列将帅，而为其所陷，今见恂，必手剑之！"恂知其谋，不欲与相见。姊子谷崇曰："崇，将也，得带剑侍侧。卒有变，足以相当。"恂曰："不然，昔蔺相如不畏秦王而屈于廉颇者，为国也。"乃敕属县盛供具，储酒醪，执金吾军入界，一人皆兼二人之馔。恂出迎于道，称疾而还。复勒兵欲追之，而吏士皆醉，遂过去。恂遣谷崇以状闻，帝乃征恂。恂至，引见；时贾复先在坐，欲起相避。帝曰："天下未定，两虎安得私斗！今日朕分之。"于是并坐极欢，遂共车同出，结友而去。

【译文】丙午日（十五日），光武帝刘秀封泗水王的儿子刘终为淄川王。

秋季，贾复向南进攻召陵县、新息县，将这两地平定了。因为贾复属下的部将在颍川郡杀了人，颍川郡太守寇恂秉公执法把他给抓起来，关到了监狱里面。这时候还是军队刚刚建立的时期，军营里面如果有谁犯法的，对他们大部分人都是可以包容的，可是寇恂在市场上就把他杀了。贾复认为这件事情对他来说是极大的羞辱，一回来，经过颍川郡的时候，就对那些亲近的部属说："我和寇恂都是将帅，我的部下却被他这样所害，如果今后见到寇恂，我一定要用手中的剑亲手杀死他！"寇恂知道他的想法之后，不想和他见面。寇恂的外甥谷崇说："我是一位将军，可以随身佩带剑侍候在你的身边；如果有突然的事情发生，也一定能够与他相对抗的。"寇恂说："你这样说就是你的不对了。从前蔺相如没有害怕秦王，却甘心被廉颇侮辱，他为的是整个国家。"就下令属县盛设饮食器具，储备淬酒；执金吾的军队来到郡界，每个人都享有两个人的酒食。寇恂出城，到路上迎接，却立刻以生病为缘故转身就往回走。贾复带领军队想去追他，可是吏士都喝醉了，后来就回去了。寇恂差遣谷崇把情形报告给朝廷，于是光武帝刘秀就征召寇恂。寇恂到达后，光武帝刘秀接见了他；这时贾复已经先在座位上了，想站起来回避一下。光武帝刘秀说："天下还没稳定，两只老虎又怎么能因为一些个人恩怨而争斗不休呢？今天就由朕来调解。"于是，他们两个人就坐在一起，非常高兴，后来还乘同一辆车，一起出宫，结成朋友之后才离开。

【乾隆御批】　不知部将杀人之非，反欲仇执法之太守，妄斯甚矣！特时方需材，不得不委曲解纷，以收其用，观于"天下未定"二言可知。否则，光武何如主，而作和事老人耶？

【译文】　不知道自己的部将杀人犯法，反而想杀秉公执法的太守，真是狂妄太甚！只因当时亟需人才，光武帝才不得不委曲求全进行调解，以收纳人才，为己所用，看了"天下未定"这两句话就可知道。不然，光武帝是何等英明的君主，怎么会做和事佬呢？

八月，帝自率诸将征五校。丙辰，幸内黄，大破五校于羛阳，降其众五万人。

帝遣游击将军邓隆助朱浮讨彭宠。隆军潞南，浮军雍奴，遣吏奏状。帝读檄，怒，谓使吏曰："营相去百里，其势岂可得相及！比若还，北军必败矣。"彭宠果遣轻兵击隆军，大破之；浮远，遂不能救。

盖延围睢阳数月，克之。刘永走至虞，虞人反，杀其母、妻；永与麾下数十人奔谯。苏茂、佼彊、周建合军三万馀人救永；延与战于沛西，大破之。永、彊、建走保湖陵，茂奔还广乐；延遂定沛、楚、临淮。

【译文】　八月，光武帝刘秀亲自带领众将士去攻打五校贼。丙辰日（廿六日），光武帝刘秀就来到了内黄县，在羛阳将五校贼打得大败，他的部属五万人都降服了。

光武帝刘秀命令游击将军邓隆帮助朱浮去攻打彭宠。邓隆在潞县的南方驻扎军队，朱浮驻军在雍奴县，命令官吏把情形都报告给了朝廷。光武帝刘秀读了檄文，非常生气，对派来的官吏说："两军的营地相差一百里路那么远，在形势上哪里能互相帮助呢! 等你回去之后北军肯定就被打败了。"彭宠果然命令精锐的部队去攻打邓隆的军队，并将他打得大败; 可是朱浮距离他们太远，以至于不能去帮助他们。

资治通鉴

盖延包围睢阳县好几个月，才把它给攻下了。刘永逃到虞县，虞县人却叛变了他，还把他的母亲、妻子给杀害了; 刘永和几十个部下被迫逃到谯县。苏茂、佼强、周建把军队联合起来，一共有三万多人，去营救刘永; 盖延和他们在沛郡的西边打仗，大败他们。刘永、佼强、周建逃到湖陵县去防守，苏茂逃回广乐城; 于是沛郡、楚郡、临淮郡被盖延平定了。

帝使太中大夫伏隆持节使青、徐二州，招降郡国。青、徐群盗闻刘永破败，皆惶怖请降。张步遣其掾孙昱随隆诣阙上书，献鳆鱼。隆，湛之子也。

堵乡人董䜣反宛城，执南阳太守刘驎。扬化将军坚镡攻宛，拔之; 䜣走还堵乡。

吴汉徇南阳诸县，所过多侵暴。破虏将军邓奉谒归新野，怒汉掠其乡里，遂反，击破汉军，屯据淯阳，与诸贼合从。

【译文】光武帝刘秀命令太中大夫伏隆去招降郡国，执持符节出使青州、徐州。青、徐二州的盗贼们知道刘永被打败了，都特别担心想恳请投降。张步命令他的佐助孙昱跟随伏隆到朝廷进呈奏书，奉上鳆鱼。伏隆，是伏湛的儿子。

因为堵乡人董䜣在宛城叛变，拘捕了南阳郡太守刘驎。扬化将军坚镡攻打宛城，将他拿下; 董䜣这才逃回了堵乡。

吴汉攻打南阳郡众县，在所到过的地方，多是对百姓进行欺凌。破虏将军邓奉谒告才回到新野县，看到吴汉掳掠他的乡里，心中感到很是愤怒，于是就反叛他，并且打败了汉军，派兵占领了淯阳县，与那些叛贼在南北会合。

九月，壬戌，帝自内黄还。

陕贼苏况攻破弘农，帝使景丹讨之。会丹薨，征虏将军祭遵击弘农、柏华、蛮中贼，皆平之。

赤眉引兵欲西上陇，隗嚣遣将军杨广迎击，破之；又追败之于乌氏、泾阳间。赤眉至阳城番须中，逢大雪，坑谷皆满，士多冻死。乃复还，发掘诸陵，取其宝货。凡有玉匣殓者，率皆如生，贼遂污辱吕后尸。邓禹遣兵击之于郁夷，反为所败。禹乃出之云阳。赤眉复入长安。延岑屯杜陵，赤眉将逢安击之。邓禹以安精兵在外，引兵袭长安；会谢禄救至，禹兵败走。延岑击逢安，大破之，死者十馀万人。

廖湛将赤眉十八万攻汉中王嘉；嘉与战于谷口，大破之，嘉手杀湛，遂到云阳就谷。嘉妻兄新野来歙，帝之姑子也。帝令邓禹招嘉，嘉因歙诣禹降。李宝倨慢，禹斩之。

【译文】九月，壬戌日（初二），光武帝刘秀从内黄县回来了。

陕州盗贼苏况攻下了弘农郡；光武帝刘秀派景丹去攻打他。可是恰巧景丹去世了，征虏将军祭遵去讨伐弘农郡、柏华郡、蛮中城的贼寇，把他们都平定了。

赤眉军率领军队打算往西到达陇县，隗嚣命令将军杨广去迎击，把他们给打败了；又追着败军到达乌氏县、泾阳县两个县之间，将他们打败。赤眉军来到阳城县番须谷里，正好赶上了大雪，坑谷里到处都布满了雪，有很多兵卒都被冻死。于是，他们又往回返，挖开那里的陵墓，把珍贵的货物都盗走了。凡是那些用玉盒子装着进棺材的，大多数都像活人一样，盗贼于是就污辱吕后的尸体。邓禹命令军队在郁夷县进攻他们，反而被他们打败了；邓禹就从云阳县离开了，赤眉军又回到了长安。延岑在杜陵县驻扎军队，赤眉军的将军逢安攻打他。邓禹感觉逢安精锐的部队都在外边，于是就带领军队攻打长安；刚好赶上谢禄的救兵赶到，邓禹的军队被他们打败落荒而逃。延岑攻打逢安，把他们打得大败，有十多万人都死了。

廖湛统领十八万赤眉军进攻汉中王刘嘉，刘嘉和他在谷口县交战，把他们给打得大败，刘嘉亲自把廖湛杀了，就回到云阳县有粮食的地方。新野人来歙是刘嘉妻子的哥哥，也是光武帝刘秀姑妈的儿子。光武帝刘秀命令邓禹去招降刘嘉，刘嘉就跟着来歙到邓禹那里投降。见到李宝那么傲慢，邓禹就把他给杀了。

冬，十一月，以廷尉岑彭为征南大将军。帝于大会中指王常谓群臣曰："此家率下江诸将辅翼汉室，心如金石，真忠臣也！"即日，拜常为汉忠将军，使与岑彭率建义大将军朱祜等七将军讨邓奉、董䜣。彭等先击堵乡，邓奉救之。朱祜军败，为奉所获。

铜马、青犊、尤来馀贼共立孙登为天子。登将乐玄杀登，以其众五万馀人降。

邓禹自冯愔叛后，威名稍损，又乏粮食，战数不利，归附者日益离散。赤眉、延岑暴乱三辅，郡县大姓各拥兵众，禹不能定。帝乃遣偏将军冯异代禹讨之，车驾送至河南，敕异曰："三辅遭王莽、更始之乱，重以赤眉、延岑之酷，元元涂炭，无所依诉。将军今奉辞讨诸不轨，营保降者，遣其渠帅诣京师；散其小民，令就农桑；坏其营壁，无使复聚。征伐非必略地、屠城，要在平定安集之耳。诸将非不健斗，然好房掠。卿本能御吏士，念自修敕，无为郡县所苦！"异顿首受命，引而西，所至布威信，群盗多降。

【译文】冬季，十一月，光武帝刘秀派廷尉岑彭为征南大将军。光武帝刘秀在君臣大会中指着王常对臣子们说："这个人曾经统率下江的那些将士辅助汉室，忠心像金石一样坚硬，真是个忠臣啊！"于是当天，王常就被光武帝刘秀任命为汉忠将军，并派他和岑彭带领建义大将军朱祐等七个将军去征讨邓奉、董䜣。岑彭等人先进攻堵乡，邓奉去营救它。打败了朱祐的军队，朱祐被邓奉俘虏。

铜马、青犊、尤来那些剩下的贼寇一起拥立孙登做天子。孙登被他的将军乐玄给杀死了，乐玄率领他的部下五万多人投降。

邓禹自从冯愔叛变之后，声明和威望都有所损伤，粮食又相对匮乏，战争多次因此失败，归向亲附的人一天比一天分散。赤眉、延岑在三辅施行暴力作乱百姓，郡、县的那些豪门大族各自拥有军队，邓禹一直都未能把他们平定了。光武帝刘秀就调遣偏将军冯异代替邓禹攻打他们，并把他们亲自送到河南县，对冯异下令说："三辅遭受王莽、更始帝刘玄的作乱之后，再加上赤眉、延岑给他们造成的灾祸，当地的百姓都穷困到了极点，没有一个可以依托的地方。将军如今奉令征讨那些不遵纪守法的人，营堡那些打算投降的，就命令他们的首领到京城；把那些百姓解散了，让他们专心去从事农业；以此来破坏他们的营堡，不留给他们再聚集的机会。并不是一定要掠夺土地、攻城屠杀才叫作征讨攻伐，最重要的是平定战乱，安抚并集聚当地的人民。那些将士并不是不善于战斗，只是喜欢掳掠而已。你本来就擅长驾驭吏士，期望你能够自行修饬，不要让郡、县的人民再那么受苦了！"冯异跪下磕头，接受命令，带领军队向西前进；所到过的地方，都广泛地布施威严信用，有很多盗贼都投降了。

◆臣光曰：昔周人颂武王之德曰："铺时绎思，我徂惟求定。"言王者之兵志在布陈威德安民而已。观光武之所以取关中，用是道也。岂不美哉！◆

又诏征邓禹还，曰："慎毋与穷寇争锋！赤眉无谷，自当来东。吾以饱待饥，以逸待劳，折箠笞之，非诸将忧也。无得复妄进兵！"

帝以伏隆为光禄大夫，复使于张步，拜步东莱太守，并与新除青州牧、守、都尉俱东。诏隆辄拜令、长以下。

【译文】◆司马光说：从前周朝人称赞武王的美德说："宣扬令人怀念的美德，我追求的只是安定天下。"是说帝王的军队，其志向只是为了传布威望美德，安定人民罢了。现在看看光武帝能取得关中，用的就是这个方法。这样难道不是很好吗？◆

光武帝刘秀于是又把邓禹给征召回来了，说："注意点，一定不要和那些实力已经快完了的贼寇交战！赤眉贼粮食缺乏，就应该到东边来。我们以饱足来等待他们的饥饿，用安逸来等待他们的疲惫，就好像折杖击打一样，相当容易，这就不是将士应该担心的，不可以再随便进军！"

光武帝刘秀派伏隆做光禄大夫，又出使到张步那儿去，任命张步为东莱郡太守，并且和刚任命的青州牧、太守、都尉一起来到东边。诏令伏隆可任命令、长以下的官职。

十二月，戊午，诏宗室列侯为王莽所绝者，皆复故国。

三辅大饥，人相食，城郭皆空，白骨蔽野，遗民往往聚为营保，各坚壁清野。赤眉虏掠无所得，乃引而东归，众尚二十馀万，随道复散。帝遣破奸将军侯进等屯新安，建威大将军耿弇等屯宜阳，以要其还路，敕诸将曰："贼若东走，可引宜阳兵会新安；贼若南走，可引新安兵会宜阳。"冯异与赤眉遇于华阴，相拒六十馀日，战数十合，降其将卒五千馀人。

【译文】十二月，戊午日（三十日），光武帝刘秀下令那些被王莽断绝的宗室列侯，都可以恢复原来有的那些封国。

当时赶上三辅大闹饥荒，城里面人吃人的现象层出不穷，基本上已经空虚了，尸骨遍布原野。前朝遗留下的那些人民经常聚集到一起而形成营堡，并且各自都加强壁垒，去清除原野。赤眉军到这里掳掠时，没有得到什么有价值的东西，于是就带领军队又回到了东边，还剩下二十多万人，在军队行进的时候就四分五裂了。光武帝刘秀命令破奸将军侯进等人在新安县驻军，建威大将军耿弇等人驻扎在宜阳县，来拦截他们回去的路，命令众将士说："贼寇要是跑到东边去的话，我们可以带领宜阳的军队到新安县来会合；贼寇即使跑到南边去，我们也可以率领新安的军队到宜阳来会合。"冯异和赤眉军在华阴县相遇，相抗两个多月，交战几十次，终于把赤眉军降服了，共有五千多人。

资治通鉴卷第四十一　汉纪三十三

起强圉大渊献,尽屠维赤奋若,凡三年。

【译文】 起丁亥(公元27年),止己丑(公元29年),共三年。

【题解】 本卷记录了光武帝建武三年至五年间的历史。这是群雄逐鹿中原的激烈时期,也是光武帝平定天下卓有成效的三年。消灭赤眉军,东汉扎根洛阳。冯异入镇关中,阻止公孙逊北上。光武帝分派将领或亲征,并灭群雄,使中原大局初步稳定。在平定群雄过程中,因不当逼反邓丰等三叛将,最终也将其扫平。交趾、西域各国归附。窦融归附后,对隗嚣实行牵制。当时四分天下的局面,光武帝已占三分,处绝对优势。

世祖光武皇帝上之下

建武三年(丁亥,公元二七年)春,正月,甲子,以冯异为征西大将军。邓禹惭于受任无功,数以饥卒徼赤眉战,辄不利;乃率车骑将军邓弘等自河北度至湖,要冯异共攻赤眉。异曰:"异与贼相拒数十日,虽虏获雄将,馀众尚多,可稍以恩信倾诱,难卒用兵破也。上今使诸将屯渑池,要其东,而异击其西,一举取之,此万成计也!"禹、弘不从,弘遂大战移日。赤眉阳败,弃辎重走;车皆载土,以豆覆其上,兵士饥,争取之。赤眉引还,击弘,弘军溃乱；异与禹合兵救之，赤眉小却。异以士卒饥倦，可且休。禹不听，复战，大为所败，死伤者三千馀人，禹以二十四骑脱归宜阳。异弃马步走，上回溪阪，与麾下数人归营，收其散卒，复坚壁自守。

【译文】 建武三年（丁亥，公元27年）春季，正月，甲子日（初六），冯异被命令做征西大将军，邓禹因为没有任何功劳而心里感到无比惭愧，用饥饿的兵卒多次向赤眉军求战，可是总是失败，于是就带领车骑将军邓弘等人由河北县渡河到湖县，请求冯异和他们一起去进攻赤眉军。冯异说："我和贼寇对战了几十天，虽然那些有本领的将士曾被他们俘虏，可是我们还剩下很多人，可以通过对他们建立起来的信任去慢慢地引诱他们，让他们投降。单凭用军队去打败他们是很困难的。皇上如今命令众将士在渑池县驻兵，迎击他的东边，让我去攻击它的西边，经过一次作战就成功，这是万无一失的好计谋！"邓禹、邓弘没有听从光武帝刘秀的旨意，邓弘就和赤眉军作战到黄昏。赤眉军假装被打败了，抛弃粮食等装备就逃走了；可是实际上，车子上装的都是土，只是把豆子盖在了它的上面，当士兵饥饿的时候，就争先恐后地想办法去得到它。于是赤眉军又把军队带了回来，进攻邓弘，邓弘的军队被打得溃不成军混乱而逃；冯异和邓禹联合军队去营救他，赤眉军稍微退后。冯异感到士兵们饥饿疲倦，可以暂且休息一下。可是，邓禹没有听他的话，又前去作战，结果被赤眉军打得大败，有三千多人死伤，邓禹只带了二十四个骑士逃脱险境才回到宜阳县。冯异丢弃战马奔跑着，登上回溪阪，和几个部下一起回到他们的营地，把那些士兵又聚集起来，重新加强防御自守。

【乾隆御批】 韩信背水之战，何尝非置之死地而后胜哉？禹、异之败，其必有致败之由。谬以饥卒激战为禹罪，则是不知兵机而贻畏难选懦者流以口实矣。谓禹为忿兵无成，或庶几焉。

【译文】 韩信背水之战，又何尝不是置之死地而后取胜呢？邓禹、冯异的失败，其中一定有导致失败的原因。荒谬地用"饥卒求战"作为邓禹的罪过，就是不懂得用兵的机宜而把话柄留给畏难怯懦之辈。说邓禹因忿兵无成，这大概还差不多。

辛巳，立四亲庙于雒阳，祀父南顿君以上至春陵节侯。

壬午，大赦。

闰月，乙巳，邓禹上大司徒、梁侯印绶；诏还梁侯印绶，以为右将军。

冯异与赤眉约期会战，使壮士变服与赤眉同，伏于道侧。旦日，赤眉使万人攻异前部，异少出兵以救之；贼见势弱，遂悉众攻异，异乃纵兵大战。日昃，贼气衰，伏兵卒起，衣服相乱，赤眉不复识别，众遂惊溃；追击，大破之于崤底，降男女八万人。帝降玺书劳异曰："始虽垂翅回溪，终能奋翼渑池，可谓失之东隅，收之桑榆。方论功赏，以答大勋。"

【译文】 辛巳日（二十三日），光武帝刘秀在洛阳修建四座亲庙，祭祀父亲南顿君以上到春陵节侯。

壬午日（二十四日），大赦天下。

闰月，乙巳日（是年闰二月。闰二月不应放在二月之前，疑此"闰月"是"二月"之误，而下文"二月"为"闰月"之误。如为二月，戊子朝，乙巳应为十八日；闰二月，戊午朔无乙巳日），邓禹把大司徒、梁侯的印信给交了上去；光武帝刘秀下令归还梁侯的印信，并且派他做右将军。

冯异和赤眉军约好交战的日期，让将士们都改变了装束，衣服和赤眉军的相同，在路边埋伏。等到第二天的时候，赤眉军派一万人去进攻冯异的前方，冯异只用少数兵去救援它；贼寇见到他势力如此微弱，就把所有的人马都派出来去攻击冯异，冯异就让军队去大战。黄昏的时候，看到贼寇的气势衰竭，冯异之前埋伏的壮士忽然起来，衣服和他们的相同，便使赤眉军区分不出来到底是敌是友，众将士就惊散了；冯异追赶过来攻击他们，在崤谷之底把他们给打得大败，男女八万人因此被降服。光武帝刘秀颁下玺书慰劳冯异说："从前，你虽然在回溪阪止息没有胜利，可是如今终于能在渑池县高飞大有作为，可以说是在开始的时候有所损失，然而在最后却获得了成果。朕要根据军功来进行赏赐，来酬答你的大功。"

【乾隆御批】 光武帝当汉祚已绝，崛起春陵，其功同于开创立庙之制。祖高祖而帝四亲，正胡寅所云，无不可者。乃惑于张纯、朱浮之迂说，而徒其亲庙于章陵，不独大宗、私亲语属无谓，试问帝之当为元帝后，又何说耶？以中兴之朝比入继之藩，寅说岂可为据？

【译文】 光武帝面临汉室皇位已经断绝的局面，崛起于春陵，他中兴汉室的功勋，可以和开国创立祭庙制度相同。他效法高祖而在太庙设立四世亲庙，正像胡寅所说的，是没有什么不可以的。他被张纯、朱浮的迂腐之论所迷惑，将四世亲庙迁移到章陵，不只大宗、私亲一类的话属于无稽之谈，试问光武帝自认为应当是元帝的后代，又怎样来解释呢？至于胡寅把中兴之朝和入继之藩相提并论，又怎么能够作为依据呢？

【申涵煜评】 光武中兴，实犹开创，与定陶、中山继体不同，即追尊所亲，未为不可。而乃立庙别祀，上接元帝之传者，借大义以收服人心，不得不如此，不然，萧道成与衍何尝非一族。

【译文】 汉光武帝刘秀时期的中兴盛世，实际上如同开创一个新的王朝，与定陶、中山继承王位不同，即使为所亲近的人追加尊号，也不是不可以的。而就立庙另外祭祀，刘秀尊奉元帝为父，成为他的传承者，借大义来收服人心，却不得不这样，否则，萧道成与萧衍又何尝不是一个宗族的呢。

赤眉馀众东向宜阳。甲辰，帝亲勒六军，严阵以待之。赤眉忽遇大军，惊震不知所谓，乃遣刘恭乞降曰："盆子将百万众降陛下，何以待之？"帝曰："待汝以不死耳！"丙午，盆子及丞相徐宣以下三十馀人肉袒降，上所得传国玺绶。积兵甲宜阳城西，与熊耳山齐。赤眉众尚十馀万人，帝令县厨皆赐食。明旦，大陈兵马临雒水，令盆子君臣列而观之。帝谓樊崇等曰："得无悔降乎？朕今遣卿归营，勒兵鸣鼓相攻，决其胜负，不俗强相服也。"徐宣等叩头曰："臣等出长安东都门，君臣计议，归命圣德。百姓可与乐成，难与图始，故不告众耳。今日得降，犹去虎口归慈母，诚欢诚喜，无所恨也！"帝曰："卿所谓铁中铮铮，佣中佼佼者也！"戊申，还自宜阳。帝令樊崇等各与妻子居雒阳，赐之田宅。其后樊崇、逢安反，诛；杨音、徐宣卒于乡里。帝怜盆子，以为赵王郎中；后病失明，赐荥阳均输官地，使食其税终身。刘恭为更始报仇，杀谢禄，自系狱；帝赦不诛。

【译文】 赤眉军剩余人马都向东边的宜阳县逃去。甲辰日（是年闰二月无甲辰日，而二月甲辰应为十七日），光武帝刘秀亲自带领全部军队，摆好严密的阵势来等待他们。赤眉军在途中突然遇到大军，惊吓得都不知该如何是好，于是就派刘恭去向他们恳求投降，说："盆子带领一百万人马向陛下投降，您打算怎样对待他呢?"光武帝刘秀说:"孤不会把你们处死的。"丙午日(是年闰二月无丙午日,而二月丙午应为十九日),盆子和丞相徐宣以下三十多人都把上衣脱去,露出手臂来投降,并把所得的传国印信交给光武帝刘秀。把兵器战甲在宜阳城的西边堆积起来,差不多和熊耳山一样高。赤眉军还有十多万人马,光武帝刘秀命令宜阳县的厨子把食物准备好,赏赐给他们。第二天早晨,让大批士兵陈列在洛水边,给盆子的君臣列队观看,光武帝刘秀对樊崇等人说:"你们有没有后悔投降的?朕如今派你们回营,带兵击鼓相攻,决定彼此的胜败,我不想勉强地让你们服从。"徐宣等人磕头说:"臣等走出长安东都门,君臣通过商议,才决定归顺圣上。百姓只能和他们享受现有的成果,却不能在刚开始的时候和他们一起商议,所以没有告诉大家。如今我们能够投降,就好像离开了虎口,回到慈母身边一般,打心底里高兴,没有一丝怨恨!"光武帝刘秀说:"你就是所谓铁中刚利的部分,一般人中的佼佼者!"戊申日(是年闰二月无戊申日,而二月戊申,应为廿一日),光武帝刘秀从宜阳县回来。命令樊崇等人各自都和妻子在洛阳居住,并赐给他们田地住宅。后来,樊崇、逢安叛变,被杀掉了;杨音、徐宣也在家乡去世。光武帝刘秀可怜盆子,让他做赵王的郎中;他生病之后,瞎了眼睛,无奈就派他做荥阳县的均输官,并且把均输官的田地都赐给他,让他一辈子都享用此赋税。刘恭为了给更始帝刘玄报仇,把谢禄杀了,年纪老了却又被关进了监狱;光武帝刘秀赦免了他的罪,不杀他。

二月,刘永立董宪为海西王。永闻伏隆至剧,亦遣使立张步为齐王。步贪王爵,犹豫未决。隆晓譬曰:"高祖与天下约,非刘氏不王；今可得为十万户侯耳！”步欲留隆，与共守二州；隆不听，求得反命，步遂执隆而受永封。隆遣间使上书曰：“臣隆奉使无状，受执凶逆；虽在困阨，授命不顾。又，吏民知步反畔，心不附之，愿以时进兵，无以臣隆为念！臣隆得生到阙廷，受诛有司，此其大愿。若令没身寇手，以父母、昆弟长累陛下。陛下与皇后、太子永享万国，与天无极！”帝得隆奏，召其父湛，流涕示之，曰：“恨不且许而遽求还也！”其后步遂杀之。帝方北忧渔阳，南事梁、楚，故张步得专集齐地，据郡十二焉。

帝幸怀。

吴汉率耿弇、盖延击青犊于轵西，大破降之。

【译文】二月，刘永立董宪为海西王。刘永知道伏隆到剧县，也差遣使者封张步为齐王。张步贪图王爵，迟疑很久却一直没有决定。伏隆开导说：“高祖和天下人约定，只有刘氏才可以被封王。如今已能做个十万户的侯了！”张步想把伏隆留下，和他一起防守青、徐二州；但是，伏隆没有听，要求回去向光武帝刘秀报告使命的执行情况，于是张步就把伏隆抓了起来，没有办法才接受了刘永的封赐。伏隆趁机派了一个人向光武帝刘秀上书说：“臣子伏隆奉命出使，表现不好，结果却被凶恶的叛徒囚禁了；虽然身处困顿的境遇里，可是，为了朝廷就算牺牲生命，也在所不惜。又，吏民知道张步叛逆，从心底里都不想归附他，期望可以按时进军，不要以臣子伏隆为念！我最大的愿望就是能够活着回到朝廷，被自己的主管官吏诛杀。假使不幸死在了贼寇手中，那么，我的父母、兄弟以后就只能靠陛下帮我好好照应了。期望陛下和皇后、太子永远享受万国对我朝的朝贡，和上天一样没有尽头！”光武帝刘秀得到伏隆的奏疏，于是就召见了他的父亲伏湛，伤心地流着眼泪给他看，说：“我恨不得现在答应他们的条件而让他们马上把伏隆放回来！”后来，张步就将伏隆杀了。光武帝刘秀正在担心北方渔阳郡，南方正对梁、楚用兵，所以张步能够拥有齐地，占领十二个郡。

光武帝刘秀亲自到达怀县。

吴汉带领耿弇、盖延在轵县西边攻打青犊的那些贼，把他们打败了，从而使他们投降。

【乾隆御批】 伏隆见危，授命，正气凛然。光武“且许求还之言”，姑以宽慰其父耳岂！真欲其诡辞幸免乎？

【译文】 伏隆临危授命，正气凛然。光武帝所说的“恨不得暂且许诺张步封王爵而求得伏隆生还”的话，只不过是用来安慰伏隆的父亲而已！怎么会像光武帝所诡辩的那样，真的要让伏隆幸免呢？

三月，壬寅，以司直伏湛为大司徒。

涿郡太守张丰反，自称天上大将军，与彭宠连兵。朱浮以帝不自征彭宠，上疏求救。诏报曰：“往年赤眉跋扈长安，吾策其无谷必东；果来归附。今度此反虏，势无久全，其中必有内相斩者。今军资未充，故须后麦耳！”浮城中粮尽，人相食，会耿况遣骑来救，浮乃得脱身走，蓟城遂降于彭宠。宠自称燕王，攻拔右北平、上谷数县，赂遗匈奴，借兵为助；又南结张步及富平、获索诸贼，皆与交通。

【译文】 三月，壬寅日（十六日），司直伏湛被派做大司徒。

涿郡太守张丰以无上大将军为名造反，和彭宠的军队相会合。朱浮由于光武帝刘秀没有亲自讨伐彭宠，于是就上奏疏求救。光武帝刘秀下诏回答说：“前几年的时候，赤眉贼在长安横行霸道，我计算着他们的粮食没有了，就肯定会到东边来；果真不出我所料，他们前来归向亲附。如今衡量这些叛贼，在形势上不可以长久生存，其中肯定有自相残杀的。如今军队粮食等储备不充实，所以在等待后继之麦！"朱浮城里的粮食都被吃光了，出现了人吃人，刚好耿况命令军骑前来相救，朱浮才得以脱离险境而顺利逃走，于是蓟城向彭宠投降。彭宠自称是燕王，攻取右北平郡、上谷郡几县，把财物都赠送给了匈奴，以此向其借兵来相助；又向南结合张步和富平、获索众贼寇，都和他们往来。

帝自将征邓奉，至堵阳。奉逃归淯阳，董䜣降。夏，四月，帝追奉至小长安，与战，大破之；奉肉袒因朱祐降。帝怜奉旧功臣，且衅起吴汉，欲全宥之。岑彭、耿弇谏曰："邓奉背恩反逆，暴师经年，陛下既至，不知悔善，而亲在行陈，兵败乃降；若不诛奉，无以惩恶！"于是斩之。复朱祐位。

【译文】光武帝刘秀亲自带领兵将去讨伐邓奉，到堵阳县。邓奉逃回到了淯阳县，而董䜣投降。夏季，四月，邓奉被光武帝刘秀追赶到了小长安，光武帝刘秀和他交战，把他打得大败；邓奉也袒露着上身，通过朱祐而向他们投降。光武帝刘秀因为邓奉过去是有功之臣，而且他们之间的嫌隙也是因为吴汉才发生的，打算完全原谅他。岑彭、耿弇劝谏说："邓奉背恩叛变，连续几年对百姓残暴掳掠，陛下来到以后，又不知悔改，而还亲自在军阵里，等到军队被打败的时候才肯投降，如果您不杀邓奉的话，今后就没有办法去惩戒坏人了！"于是，将他斩了，并恢复了朱祐的官位。

延岑既破赤眉，即拜置牧守，欲据关中。时关中众寇犹盛，岑据蓝田，王歆据下邽，芳丹据新丰，蒋震据霸陵，张邯据长安，公孙守据长陵，杨周据谷口，吕鲔据陈仓，角闳据汧，骆延据盩厔，任良据鄠，汝章据槐里，各称将军，拥兵多者万馀人，少者数千人，转相攻击。冯异且战且行，屯军上林苑中。延岑引张邯、任良共攻异；异击，大破之，诸营保附岑者皆来降，岑遂自武关走南阳。时百姓饥饿，黄金一斤易豆五升，道路断隔，委输不至，冯异军士悉以果实为粮。诏拜南阳赵匡为右扶风，将兵助异，并送缣、谷。异兵谷渐盛，乃稍诛击豪杰不从令者，褒赏降附有功劳者，悉遣诸营渠帅诣京师，散其众归本业，威行关中。唯吕鲔、张邯、蒋震遣使降蜀，其馀悉平。

【译文】自从延岑打败赤眉军以后，就任命设立州牧、太守，打算把关中给占领了。这个时候，关中贼寇的势力还很强大，延岑占领蓝田县，王歆盘踞下邽县，芳丹占领新丰县，蒋震占领霸陵县，张邯占领了长安县，公孙守把长陵县占领了，杨周占据在谷口县，吕鲔占据陈仓县，角闳占据汧县，骆延占据盩厔县，任良占据鄠县，汝章占据槐里县，都各自称为将军，拥有军队多则一万多人，少则也是几千人，辗转互相攻打。冯异在作战的同时，还一边行进，在上林苑里驻军。延岑率领张邯、任良共同去进攻冯异；冯异反击他们，把他们打得大败，那些亲附延岑的营堡都前来投降，于是延岑才从武关逃到了南阳郡。这个时候，人民都饥饿难忍，一斤黄金只换得五升的豆子，前进的道路还被阻隔了，运输的东西不能及时送，冯异的军卒全部把果实当作粮食。光武帝刘秀命令南阳人赵匡做右扶风，调遣军队去援助冯异，而且输送缣、谷。冯异的军粮慢慢地变多了，于是就把那些不服从命令的英雄豪杰杀了，而那些投降亲附且有军功的就被好好犒赏，加以奖励，把所有营的首领全部送到京城之后，就把他们的部属解散了，命令他们去从事原来的事业。他的威严在关中广为流传。除了吕鲔、张邯、蒋震差遣使者投降蜀国公孙述之外，其他的都被平定了。

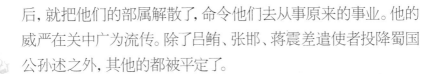

吴汉率骠骑大将军杜茂等七将军围苏茂于广乐，周建招集得十馀万人救之。汉迎与之战，不利，堕马伤膝，还营；建等遂连兵入城。诸将谓汉曰："大敌在前，而公伤卧，众心惧矣！"汉乃勃然裹创而起，椎牛飨士，慰勉之，士气自倍。旦日，苏茂、周建出兵围汉；汉奋击，大破之，茂走还湖陵。睢阳人反城迎刘永，盖延率诸将围之；吴汉留杜茂、陈俊守广乐，自将兵助延围睢阳。

车驾自小长安引还，令岑彭率傅俊、臧宫、刘宏等三万馀人南击秦丰。五月，己酉，车驾还宫。

【译文】吴汉带领骠骑大将军杜茂等七个将军到达广乐城，包围了苏茂；周建招募收集了十多万人准备去营救他。吴汉就先迎上前去，和他进行交战，失败之后还从马上摔了下来，膝部受了伤，又返回到营地；于是周建等人就又联合军队，来到城邑。将军们对吴汉说："大敌当前，而你现在却受伤躺在床上，军心就混乱了！"后来吴汉就把伤口包扎好，很快起身，杀牛飨士，勉励大家，这样，将士的士气自然大增。第二天，苏茂、周建派出军队，去包围吴汉；吴汉奋力攻打，把他们打得大败，苏茂逃回湖陵县。睢阳人把城占领了打算反叛，去迎接刘永，于是盖延就带领众将士把他们包围了；吴汉派杜茂、陈俊留下，防守广乐城，自己带领军队去援救盖延，包围了睢阳县。

光武帝刘秀把人马从小长安带了回来，命令岑彭带领傅俊、臧宫、刘宏等三万多人，向南去进攻秦丰。五月，己酉日（二十四日），光武帝刘秀回到皇宫。

乙卯晦,日有食之。

六月,壬戌,大赦。

延岑攻南阳,得数城;建威大将军耿弇与战于穰,大破之。岑与数骑走东阳,与秦丰合;丰以女妻之。建义大将军朱祜率祭遵等与岑战于东阳,破之;岑走归秦丰。祜遂南与岑彭等军合。

延岑护军邓仲况拥兵据阴县,而刘歆、孙龚为其谋主。前侍中扶风苏竟以书说之,仲况与龚降。竟终不伐其功,隐身乐道,寿终于家。

秦丰拒岑彭于邓,秋,七月,彭击破之。进围丰于黎丘,别遣积弩将军傅俊将兵徇江东,扬州悉定。

【译文】乙卯晦日(三十日),发生日食。

六月,壬戌日(初七),大赦天下。

延岑进攻南阳郡之后,得到了几座城,建威大将军耿弇和他在穰县作战,把他打得大败。延岑和几个骑兵逃到东阳聚,和秦丰相会合;秦丰把女儿嫁给他。建义大将军朱祜带领祭遵等人和延岑在东阳一起作战,把他打败了;延岑被迫逃回到秦丰那儿。于是朱祜又向南和岑彭等军队相合。

延岑的护军邓仲况因为拥有军队,就占据了阴县,可是刘歆的孙子刘龚是和他一起谋划的人。前侍中扶风人苏竟拿书信来劝说他,后来仲况和刘龚就都投降了。苏竟从来都不夸耀自己的功劳,于是就隐居起来,以道为乐,在家寿终。

秦丰在邓县对抗岑彭。秋季,七月,岑彭将他打败了。后又攻打黎丘城,秦丰被包围,另外命令积弩将军傅俊带领军队招抚长江以东的地方,扬州全部被平定。

盖延围睢阳百日，刘永、苏茂、周建突出，将走郯；延追击之急，永将庆吾斩永首降。苏茂、周建奔垂惠，共立永子纡为梁王。佼彊奔保西防。

冬，十月，壬申，上幸舂陵，祠园庙。

耿弇从容言于帝，自请北收上谷兵未发者，定彭宠于渔阳，取张丰于涿郡，还收富平、获索，东攻张步，以平齐地。帝壮其意，许之。

十一月，乙未，帝还自舂陵。

是岁，李宪称帝，置百官，拥九城，众十馀万。

帝谓太中大夫来歙曰："今西州未附，子阳称帝，道里阻远，诸将方务关东，思西州方略，未知所在，奈何？"歙曰："臣尝与隗嚣相遇长安。其人始起，以汉为名。臣愿得奉威命，开以丹青之信，嚣必束手自归。则述自亡之势，不足图也！"帝然之，始令歙使于嚣。嚣既有功于汉，又受邓禹爵署，其腹心议者多劝通使京师，嚣乃奉奏诣阙。帝报以殊礼，言称字，用敌国之仪，所以慰藉之甚厚。

【译文】盖延包围睢阳县一百天之后，刘永、苏茂、周建等人突出重围，打算逃到郯县；盖延很急迫地追击他们，于是刘永的将军庆吾就把刘永的头给斩下来而自己投降了。苏茂、周建逃到垂惠聚，一起拥立刘永的儿子刘纡做梁王。佼彊逃到西防县去防备。

冬季，十月壬申日（十九日），光武帝刘秀亲自到达舂陵县，去祭祀寝庙。

耿弇从容地对光武帝刘秀说，自己愿意去北方收集上谷郡还没动员的军卒，去平定渔阳郡的彭宠，捕获涿郡的张丰，返回来之后再收服富平、获索等贼，并向东攻打张步，平定齐地。光武帝刘秀感觉他的心意很坚定，于是就答应了他。

十一月，乙未日（十二日），光武帝刘秀从舂陵县回来。

这一年，李宪自称皇帝，设立文武百官，占据九个城，人数达十多万。光武帝刘秀对太中大夫来歙说："如今西州还没有平定，子阳就自称皇帝，路程艰难险阻而且异常遥远，大家正专心致志地在考虑函谷关以东的军事，想得到西州的办法，真不知道在哪里？"来歙说："微臣以前在长安和隗嚣相遇。这个人一开始起兵的时候，是以汉室的名义。微臣愿意带着威严的命令，用坚定不移的诚信来开导他，想必隗嚣肯定会自己绑着双手，主动来投降，那么，公孙述自取灭亡的趋势，也就没有什么值得图谋了！"光武帝刘秀认为他说得很对，于是就命令来歙出使到隗嚣那儿去。隗嚣不仅对汉室有功，还接受了邓禹爵位的题署，那些谈论的心腹，有很多就劝他派使者和京城相通，后来隗嚣就拿着奏疏到朝廷。光武帝刘秀用优厚的礼仪来对待他，包括说话称他的字，用国家之间的礼节，对他的犒劳非常优厚。

四年（戊子，公元二八年）正月，甲申，大赦。

二月，壬子，上行幸怀；壬申，还雒阳。

延岑复寇顺阳；遣邓禹将兵击破之。岑奔汉中。公孙述以岑为大司马，封汝宁王。

田戎闻秦丰破，恐惧，欲降。其妻兄辛臣图彭宠、张步、董宪、公孙述等所得郡国以示戎曰："雒阳地如掌耳，不如且按甲以观其变。"戎曰："以秦王之强，犹为征南所围，吾降决矣！"乃留辛臣使守夷陵，自将兵沿江溯沔止黎丘。辛臣于后盗戎珍宝，从间道先降于岑彭，而以书招戎曰："宜以时降，无拘前计！"戎疑臣卖己，灼鱼卜降，兆中坼，遂复反，与秦丰合。岑彭击破之，戎亡归夷陵。

【译文】四年（戊子，公元28年）正月，甲申日（初二），光武帝刘秀大赦天下。

二月，壬子日（初一），光武帝刘秀出巡来到怀县；壬申日（二十一日），又回到洛阳。

延岑又对顺阳县进行侵犯；后来光武帝刘秀调遣邓禹统领军队，把他给打败了。延岑被迫逃到汉中郡；公孙述让延岑做大司马，还封他为汝宁王。

田戎听说秦丰被打败了，心里就感到很害怕，打算投降。由于他妻子的哥哥辛臣贪婪地想得到彭宠、张步、董宪、公孙述等所得到的郡国，就提示田戎说："洛阳这个地方，就像手掌一样那么小，我们不如暂时按兵不动，来观看他的变化。"田戎说："凭借秦丰强大的势力，还被征南将军（岑彭）所包围，我毅然决定了要投降！"于是就把辛臣给留下，派他守夷陵县，自己带领军队，顺着长江而下，再从沔水逆流返上，来到黎丘城。辛臣就在田戎出走之后，把田戎的珍珠宝物盗走了，从小路前去，先向岑彭投降，而且还用书信招降田戎说："我们应该及时投降，不要拘泥于以前所商量的！"田戎疑心辛臣把自己出卖了，就用龟甲占卜，出现的兆象是中裂，于是他又一次反叛，和秦丰相会合。岑彭把他们给打败，田戎被迫逃到夷陵县。

夏，四月，丁巳，上行幸邺；己巳，幸临平，遣吴汉、陈俊、王梁击破五校于临平。鬲县五姓共逐守长，据城而反；诸将争欲攻之。吴汉曰："使鬲反者，守长罪也。敢轻冒进兵者斩！"乃移檄告郡使收守长，而使人谢；城中五姓大喜，即相率降。诸将乃服，曰：

"不战而下城，非众所及也！"

五月，上幸元氏；辛巳，幸卢奴，将亲征彭宠。伏湛谏曰："今兖、豫、青、冀，中国之都，而寇贼纵横，未及从化。渔阳边外荒耗，岂足先图！陛下舍近务远，弃易求难，诚臣之所惑也！"上乃还。

帝遣建义大将军朱祐、建威大将军耿弇、征虏将军祭遵、骁骑将军刘喜讨张丰于涿郡。祭遵先至，急攻丰；禽之。初，丰好方术，有道士言丰当为天子，以五彩囊裹石系丰肘，云，"石中有玉玺"。丰信之，遂反。既执，当斩，犹曰："肘石有玉玺。"傍人为椎破之，丰乃知被诈，仰天叹曰："当死无恨！"

【译文】夏季，四月，丁巳日（初七），光武帝刘秀出巡来到邺县；己巳日（十九日），到达平县，光武帝刘秀命令吴汉、陈俊、王梁在临平县攻击五校贼。鬲县有五大家族一起把守长赶走了，并把鬲县占据起来反叛；众将士争抢着要去进攻他们。吴汉说："让鬲县有人造反，是守长的过错。如果有谁敢轻举妄动鲁莽进军，我就把他斩首示众！"于是就把檄文传告郡府，嘱捕守长，而且还派人向鬲县人承认错误；城里五大家族的人，都非常高兴，很快地就都相继投降。众将就佩服地说："不经过打仗，就能把城邑给攻下来，这可不是我们一般人所能赶得上的！"

五月，光武帝刘秀亲自来到元氏县；辛巳日（初一），又到达卢奴县，想亲自去讨伐彭宠。伏湛劝谏说："如今兖、豫、青、冀等州，是中国的都会，可是，贼寇在到处实施暴虐，而且还没服从政令的教化。渔阳郡和外面的地方离得很近，荒远空虚，又怎么会值得谁先去图谋呢？如今陛下抛弃近的，却致力于远的；抛弃容易的，却想探求很困难的，这个实在是臣所担心的！"后来光武帝刘秀才回去。

光武帝刘秀命令建义大将军朱祐、建威大将军耿弇、征虏将军祭遵、骁骑将军刘喜到涿郡去攻打张丰。祭遵最先到达，着急进攻张丰，把他给擒住了。起初，张丰喜欢方技，有个道士说张丰应该做天子，于是就用五色纸袋包一块石头，系在张丰的手肘，说"石头里有玉玺"。张丰相信他，于是，他就造反了。被捕以后，当斩首的时候，还说："手肘系着的石头，里面有玉玺。"旁边的人把纸袋包给刺破，张丰这才知被骗了，抬头叹息说："应死无恨！"

上诏耿弇进击彭宠。弇以父况与宠同功，又兄弟无在京师者，不敢独进，求诣雒阳。诏报曰："将军举宗为国，功效尤著，何嫌何疑，而欲求征！"况闻之，更遣弇弟国入侍。时祭遵屯良乡，刘喜屯阳乡，彭宠引匈奴兵欲击之；耿况使其子舒袭破匈奴兵，斩两王，宠乃退走。

六月，辛亥，车驾还宫。

秋，七月，丁亥，上幸谯，遣捕虏将军马武、骑都尉王霸围刘纡、周建于垂惠。

董宪将贲休以兰陵降；宪闻之，自郯围之。盖延及平狄将军山阳庞萌在楚，请往救之。帝敕曰："可直往捣郯，则兰陵自解。"延等以贲休城危，遂先赴之。宪逆战而阳败退，延等因拔围入城。明日，宪大出兵合围；延等惧，遽出突走，因往攻郯。帝让之曰："间欲先赴郯者，以其不意故耳！今既奔走，贼计已立，围岂可解乎！"延等至郯，果不能克；而董宪遂拔兰陵，杀贲休。

【译文】光武帝刘秀命令耿弇攻打彭宠。耿弇因为父亲耿况和彭宠一起援助汉朝有些功劳，而且又没有其他兄弟在京城，才没有敢单独进军，于是就请求到洛阳。光武帝刘秀下诏回答说："将军的全家人都为国如此地辛劳，功效那么显著，我又有什么好猜忌的? 有什么好质疑的? 而要求征召呢! ”耿况知道这件事之后, 就命令耿弇的弟弟耿国入京侍从。这时, 祭遵在良乡县驻军, 刘喜驻军在阳乡县, 彭宠带领匈奴军队打算去进攻他们; 可是, 耿况派他的儿子耿舒去偷偷地袭击匈奴的军队, 把他们打败, 还斩杀了两个王, 彭宠才败退落荒逃走。

六月, 辛亥日(初二), 光武帝刘秀回到皇宫。

秋季, 七月, 丁亥日(初八), 光武帝刘秀亲自到达谯县, 命令捕虏将军马武、骑都尉王霸去垂惠聚把刘纡、周建给包围了。

董宪的部将贲休带领兰陵县的人民投降; 董宪知道之后, 就从郯县去包围他。盖延和平狄将军山阳人庞萌在楚地, 恳请前去救援他们。光武帝刘秀说: “你们可以直接去攻打空虚的郯县, 那么, 兰陵县的包围自然就不攻自破了。”盖延等人感觉贲休的城邑危在旦夕, 于是就先去救他。董宪迎战而装作被打败之后退兵, 于是盖延等人就击破包围, 来到兰陵城。第二天, 董宪又派出大批军队, 一起去包围; 盖延等人感到很担心, 立马出城, 突破重围之后就逃跑了, 去进攻郯县。光武帝刘秀生气地对他们说: “朕先前要你们先攻郯县, 就是出于出其不意的缘故! 可是如今奔走之后, 贼寇的计谋就已经确立了, 兰陵县被围困, 怎么才能被解除呢? ”盖延等人到了郯县, 果然如他们所料而没有取胜; 可是董宪却攻下了兰陵县, 杀了贲休。

八月, 戊午, 上幸寿春, 遣扬武将军南阳马成率诛虏将军南阳刘隆等三将军发会稽、丹阳、九江、六安四郡兵击李宪。九月, 围宪于舒。

王莽末, 天下乱, 临淮大尹河南侯霸独能保全其郡。帝征霸会寿春，拜尚书令。时朝廷无故典，又少旧臣，霸明习故事，收录遗文，条奏前世善政法度，施行之。

冬，十月，甲寅，车驾还宫。

隗嚣使马援往观公孙述。援素与述同里闬，相善，以为既至，当握手欢如平生；而述盛陈陛卫以延援入，交拜礼毕，使出就馆。更为援制都布单衣、交让冠，会百官于宗庙中，立旧交之位，述鸾旗、旄骑，警跸就车，磬折而入，礼飨官属甚盛，欲授援以封侯大将军位。宾客皆乐留，援晓之曰："天下雄雌未定，公孙不吐哺走迎国士，与图成败，反修饰边幅，如偶人形，此子何足久稽天下士乎！"因辞归，谓嚣曰："子阳，井底蛙耳，而妄自尊大；不如专意东方。"

【译文】八月，戊午日（初十），光武帝刘秀亲自来到寿春县，调遣扬武将军南阳人马成统率诛虏将军南阳人刘隆等三个将军带领会稽、丹阳、九江、六安四个郡的军队去进攻李宪。九月，军队来到舒县，便把李宪包围了。

王莽末年，天下大乱，只有临淮郡大尹河南人侯霸保住了自己的郡。光武帝刘秀在寿春县召见侯霸，命令他做尚书令。这个时候，朝廷还没有原来的典章制度，又缺少前朝的臣子，而侯霸对那些繁杂的事情都比较熟悉，收取遗文，把前代法制的每一个条例都写得清清楚楚呈现给光武帝刘秀，并加以实行。

冬季，十月，甲寅日（初七），光武帝刘秀回到皇宫。

隗嚣命令马援前去观察公孙述的动态。马援原来和公孙述是同乡，彼此感情比较好，他感觉当他到达以后，两个人应该握手言欢，像过去一样友好；可是，公孙述却陈列大批宫廷卫士，然后才把马援给请进去，互相行礼拜见完毕之后，就让他出宫，到馆舍去休息。另外还替马援做了都布单衣、交让冠，在宗庙里会见百官，站在以前还是老朋友的位置，可是公孙述却是设立天子的鸾旗、旄头骑，清道登车，屈身前进，用礼飨宴官属，排场很大，打算授给马援封侯大将军的官位。宾客都很高兴地留下，马援清楚地告诉他们说："如今天下胜负还没确定，公孙非但没有礼贤下士，和你们一起图议成败，反而却在修饰这些小节，像个木偶，这个人哪里能够使天下贤士长时间留下呢！"辞别他们之后回来了，对隗嚣说："子阳，不过是只井底之蛙而已，却如此狂妄自大，我们不如一心和东方的刘秀一起往来。"

嚣乃使援奉书雒阳。援初到，良久，中黄门引入。帝在宣德殿南庑下，但帻，坐，迎笑谓援曰："卿遨游二帝间，今见卿，使人大惭。"援顿首辞谢，因曰："当今之世，非但君择臣，臣亦择君矣。臣与公孙述同县，少相善；臣前至蜀，述陛戟而后进臣。臣今远来，陛下何知非刺客奸人，而简易若是！"帝复笑曰："卿非刺客，顾说客耳。"援曰："天下反覆，盗名字者不可胜数；今见陛下恢廓大度，同符高祖，乃知帝王自有真也。"

太傅卓茂薨。

十一月，丙申，上行幸宛。岑彭攻秦丰三岁，斩首九万馀级；丰馀兵裁千人，食且尽。十二月，丙寅，帝幸黎丘，遣使招丰，丰不肯降；乃使朱祜等代岑彭围黎丘，使岑彭、傅俊南击田戎。

公孙述聚兵数十万人，积粮汉中；又造十层楼船，多刻天下牧守印章。遣将军李育、程乌将数万众出屯陈仓，就吕鲔，将徇三辅；冯异迎击，大破之，育、乌俱奔汉中。异还，击破吕鲔，营保降者甚众。

【译文】于是隗嚣就命令马援带信到洛阳。马援刚到，等了很久，才由中黄门领进，光武帝刘秀在宣德殿的南边堂屋里，只是在头发上系着头巾，坐在那里，迎面而笑，对马援说："你曾经在两个皇帝之间徘徊；如今朕见到你，才觉得深感愧疚。"马援磕头很是谦虚地说道："如今这个年代，不只是国君可以选择臣子，臣子也要选择明智的国君！微臣和公孙述是同一个地方的人，从小感情很要好；可是，微臣上一次到蜀地的时候，公孙述在台阶排列了很多带着兵器的卫士，然后才让臣进去。微臣如今从远方来，陛下怎么知道我不是刺客，还如此简便轻易地就接见我呢？"光武帝刘秀又笑着说："你不是刺客，只是一个说客而已！"马援说："天下大乱，僭窃位号，称帝称王的，不计其数；可是，如今见到陛下如此心胸宽宏，器度广大，和高祖一模一样，才知道自有真的帝王。"

太傅卓茂去世。

十一月，丙申日（十九日），光武帝刘秀亲自来到宛县。岑彭进攻了秦丰三年，砍了九万多个头颅；秦丰只剩下一千多兵卒，粮食也就快被吃完了。十二月，丙寅日（二十日），光武帝刘秀亲自来到黎丘城，命令使者去招降秦丰，秦丰却始终不肯投降；于是就命令朱祐等人代替岑彭去围攻丘城，让岑彭、傅俊带兵向南去进攻田戎。

公孙述召集军兵几十万人，在汉中郡囤积粮食；后来又修建了十层的楼船，雕刻了很多天下州牧、郡太守的印章。命令将军李育、程乌带领几万人马外出，在陈仓县驻军，以此来接近吕鲔，将三辅给夺过来。冯异迎击，把他们打得大败，于是李育、程乌就一起逃到了汉中郡。冯异又返回来，继续把吕鲔打败了，军营里面有很多人都投降了。

是时，隗嚣遣兵佐异有功，遣使上状，帝报以手书曰："慕乐德义，思相结纳。昔文王三分，犹服事殷，但驽马、铅刀，不可强扶，数蒙伯乐一顾之价。将军南拒公孙之兵，北御羌、胡之乱，是以冯异西征，得以数千百人蹀躞三辅。微将军之助，则咸阳已为它人禽矣！如令子阳到汉中，三辅愿因将军兵马，鼓旗相当。傥肯如言，即智士计功割地之秋也！管仲曰：'生我者父母，成我者鲍子。'自今以后，手书相闻，勿用傍人间构之言。"其后公孙述数遣将间出，嚣辄与冯异合势，共摧挫之。述遣使以大司空、扶安王印绶授嚣；嚣斩其使，出兵击之，以故蜀兵不复北出。

泰山豪杰多与张步连兵。吴汉荐强弩大将军陈俊为泰山太守，击破步兵，遂定泰山。

【译文】就在这时，隗嚣调遣军队援助冯异有功，就差遣使者向朝廷报告，后来光武帝刘秀就亲笔写了一封信回答说："慕悦你德义，打算能够与您结交。以前周文王三分天下有其二，还侍奉殷室，只是我像驽马、铅刀一样愚笨，不能勉强人使用，可是却多次承蒙伯乐对我十分地照顾。将军向南抵抗公孙述的军队，向北防御羌、胡的作乱，因此冯异才有机会向西讨伐，能凭着几千人在三辅作持久战，如果没有将军的支持，那么，咸阳也就会被别人攻下了！如果让子阳到汉中郡，三辅期望可以借助将军的兵马，和他的实力不相上下。如果你肯按照我说的这些话去做，智士计算功勋、割地为王的时机也就到了！管仲说：'生我的是父母，成就我的是鲍子。'从今以后，我们用亲笔信相互联系，不需要听从别人那些离间构陷的话。"后来，公孙述又多次命令士兵趁机出兵，于是隗嚣就和冯异将势力合并到了一起，一起摧折他。公孙述差遣使者把大司空、扶安王的印章组绶授给隗嚣；隗嚣把使者给斩了，而且出兵进攻他，因此，蜀兵也就不能再向北方出动。

泰山郡有很多英雄豪杰都和张步的军队有关系。吴汉举荐强弩大将军陈俊为泰山郡太守，去打败张步的军队，于是，泰山郡被平定。

五年（己丑，公元二九年）春，正月，癸巳，车驾还宫。

帝使来歙持节送马援归陇右。隗嚣与援共卧起，问以东方事，曰："前到朝廷，上引见数十，每接燕语，自夕至旦，才明勇略，非人敌也。且开心见诚，无所隐伏，阔达多大节，略与高帝同；经学博览，政事文辩，前世无比。"嚣曰："卿谓何如高帝？"援曰："不如也。高帝无可无不可；今上好吏事，动如节度，又不喜饮酒。"嚣意不怿，曰："如卿言，反复胜邪！"

【译文】 五年（己丑，公元29年）春天，正月，癸巳日（十七日），光武帝刘秀回到皇宫。

光武帝刘秀命令来歙拿着符节送马援回陇山以西的地方。隗嚣和马援生活在一起，问起东边洛阳的事情，马援回答他说："以前到朝廷，皇上接见几十次，每次都是接见我和我交谈，从夜晚到早晨，那个才智勇略，可不是一般人可以相比较的。而且每次都坦诚相待，表现得非常有诚意，没有丝毫隐藏，器度恢宏，注重大节，智略和高帝一样；广博阅览经学，政事办得井井有条，前代的人没有可以和他相比较的。"隗嚣说："你认为他跟高帝相比怎样呢？"马援说："估计赶不上。高帝做事没有必须要这样做，也没有一定不可以这样做；可是，如今皇上喜欢官吏的事情，举动合乎规则，又不喜爱喝酒。"隗嚣心里很不高兴，说："照你这样说，反而比他还要好了！"

【申涵煜评】援论高、光，以为光不如高，眼大如箕。隗嚣不解，谓反胜之，真管蠡之见。石勒曰："遇高祖当北面事之，若光武，未知鹿死谁手。"豪杰所见，大率相同。嚣所以卒覆亡也。予少时读史，尝不满高祖壮年，后渐觉其不可易及。

【译文】马援议论汉高帝和汉光武帝，认为光武帝不如高帝，眼界很高远阔大。隗嚣不理解，说光武帝比高帝强一些，真是毫无见识啊。石勒说："我遇到高祖皇帝，就应当北面称臣了，要是遇到光武帝，可不知道鹿死谁手呢。"豪杰的见识大略都是相同的。所以隗嚣最终还是覆亡了。我年少的时候读史书，曾经不满意高祖壮年的作为，后来渐渐地觉得他的境界不能轻易达到啊。

二月，丙午，大赦。

苏茂将五校兵救周建于垂惠。马武为茂、建所败，奔过王霸营，大呼求救。霸曰："贼兵盛，出必两败，努力而已！"乃闭营坚壁。军吏皆争之，霸曰："茂兵精锐，其众又多，吾吏士心恐，而捕虏与吾相恃，两军不一，此败道也。今闭营固守，示不相援，贼必乘胜轻进；捕虏无救，其战自倍。如此，茂众疲劳，吾承其敝，乃可克也。"茂、建果悉出攻武，合战良久，霸军中壮士数十人断发请战，霸乃开营后，出精骑袭其背。茂、建前后受敌，惊乱败走，霸、武各归营。茂、建复聚兵挑战，霸坚卧不出，方飨士作倡乐；茂雨射营中，中霸前酒樽，霸安坐不动。军吏皆曰："茂前日已破，今易击也！"霸曰："不然。苏茂客兵远来，粮食不足，故数挑战，以徼一时之胜。今闭营休士，所谓'不战而屈人兵'者也。"茂、建既不得战，乃引还营。其夜，周建兄子诵反，闭城拒之。建于道死；茂奔下邳，与董宪合；刘纡奔佼彊。

【译文】二月，丙午日（初一），光武帝刘秀大赦天下。

苏茂带领五校的军队赶到垂惠聚去救周建。马武被苏茂、周建所打败，逃亡的时候经过王霸的军营，于是就大喊求救。王霸说："如果贼兵大规模出动的话，肯定两败俱伤，你只需要奋力作战就可以了！"后来他们就紧闭军营，加强防护。军吏都要抢着出战，王霸说："苏茂的军队精锐，人数又多，可是我们的将士心里都非常害怕，而且捕虏将军（马武）跟我相依附，如果两军指挥不一样的话，我们就会败亡的，如今军营给关闭了，加强对外面的防守，表示不相互救援，盗贼肯定会趁着优势，轻易地出兵；捕虏将军在没救兵的情况下，他们作战自然会加奋勇无敌。像这样，当苏茂的军队都累了，而我们再利用他们的破败，就可轻而易举地战胜他们了。"苏茂、周建果真派出了所有的军队进攻马武，打了很久，王霸军队里有几十个壮士剪断头发，恳请出战，无奈王霸才打开营门，出动精锐的骑兵，攻击敌军的后方。苏茂、周建腹背受击，惊骇混乱，大败逃走，王霸、马武各自回到了军营里。苏茂、周建后来又聚集军队去挑战他们，可是王霸安心地躺在床上不出战迎战，犒劳士卒，在那儿饮酒作乐。军营里被苏茂射箭如雨地攻击着，王霸前面的酒杯被他们给射中了，王霸却依然安稳地坐着不动。军吏都说："苏茂前天已经被我们打败，今天想要打击他太容易了！"王霸说："不对。苏茂的军队是远道而来，因为粮食不充足，所以才多次挑战我们，来求取一时的胜利。如今我们城门紧闭，让士卒休养生息，这就是常说的'不需要作战，就可让敌人的军队投降'。"苏茂、周建既然不能和王霸交战，于是就带领军队又返回营地了。当天晚上，周建的侄子周诵谋反，关闭城门，不许放他进来，后来周建就死在了路上；苏茂投奔到下邳郡，和董宪会合；刘纡投奔到佼强那儿去。

乙丑，上行幸魏郡。

彭宠妻数为恶梦，又多见怪变；卜筮、望气者皆言兵当从中起。宠以子后兰卿质汉归，不信之，使将兵居外，无亲于中。宠斋在便室，苍头子密等三人因宠卧寐，共缚著床，告外吏云："大王斋禁，皆使吏休。"伪称宠命，收缚奴婢，各置一处。又以宠命呼其妻，妻入，惊曰："奴反！"奴乃捽其头，击其颊。宠急呼曰："趣为诸将军办装！"于是两奴将妻入取宝物，留一奴守宠。宠谓守奴曰："若小儿，吾素所爱也。今为子密所迫劫耳！解我缚，当以女珠妻汝，家中财物皆以与若。"小奴意欲解之，视户外，见子密听其语，遂不敢解。于是收金玉衣物，至宠所装之，被马六匹，使妻缝两缣囊。昏夜后，解宠手，令作记告城门将军云："今遣子密等至子后兰卿所，速开门出，勿稽留之。"书成，斩宠及妻头置囊中，使持记驰出城，因以诣阙。明旦，阁门不开，官属逾墙而入，见宠尸，惊怖。其尚书韩立等共立宠子午为王，国师韩利斩午首诣祭遵降，夷其宗族。帝封子密为不义侯。

【译文】乙丑日（二十日），光武帝刘秀亲自来到临魏郡。

彭宠的妻子多次夜里做噩梦，又见到很多很奇怪的变化；卜筮、望气的人都说兵灾将会在内部兴起。由于子后兰卿是在洛阳做人质之后才回来的，所以彭宠不信任他，让他统率军队，留守在外边，可是内部没有亲信。彭宠在便室里斋戒，奴仆子密等三人趁着彭宠睡着，就一起把他绑在了床上，告诉外面官吏说："大王斋戒，命令外吏全体休息。"冒充说是彭宠的命令，把奴婢也给抓起来，分别安置在一个地方。后来又以彭宠的命令，喊他的妻子，妻子来到这里之后，大吃一惊，说："奴仆们都造反了！"奴仆就用力撞她的头，捆她的面颊，彭宠着急喊道："赶快为将军们置办行装！"于是，两个奴仆带着彭宠的妻子到里面去拿宝物，留下一个奴仆负责看管彭宠。彭宠对那个看守的奴仆说："你这个小孩，我平日里可是待你不薄啊。如今我只是被子密他们强行劫持而已！快帮我把绳子给解了，我就把女儿彭珠嫁给你，家里的财物也都归你。"小奴打算帮他解开绳索，看了一下户外的情况，见到子密在听他的话，于是就不敢为他松绑绳索。后来，他们把金玉衣服收集好，到彭宠的屋子里装好，把六匹马都装上鞍勒，叫彭宠的妻子缝两个绢袋。夜幕降临之后，把彭宠手上的绳索解开，让他写下文符，告诉城门将军说："现在差遣子密等人到子后兰卿那儿去，不要稽迟留止他。"写好之后，奴仆就把彭宠和他妻子的头砍了下来，装在袋子里，就拿着文符，骑马出城，借此机会前往朝廷。第二天早晨，小门没有打开，官属就翻墙进去了，见到彭宠的尸体，又吃惊又害怕。彭宠的尚书韩立等人共同拥立彭宠的儿子彭午为国王，国师韩利又斩了彭午的头，到祭遵那儿投降，把彭宠的宗族都给杀了。光武帝刘秀封子密做不义侯。

【乾隆御批】 高帝斩丁公，固千古正义，然子密虽宠之逆奴，而宠实国之叛臣。兴王之际，削平渠区，不得不行赏，为招徕殷义士周顽民，其事可反例也。然封侯则已过，而又号以"不义"，是诚何据耶？

【译文】 汉高祖斩杀丁公，固然是千古正义，但是子密虽然是背叛彭宠的奴仆，可彭宠的确是国家的叛臣。当建立王朝的时候，为了削平叛乱头目，不得不对子密这样的人进行赏赐，为的是招纳殷代的义士和周代的顽民，这也可以从反面提供例证。封侯已经属于过分，又加上"不义"的称号，这究竟有什么依据呢？

◆权德舆议曰：伯通之叛命，子密之戕君，同归于乱，罪不相蔽，宜各致于法，昭示王度；反乃爵于五等，又以"不义"为名。且举以不义，莫可侯也；此而可侯，汉爵为不足矣。《春秋》书齐豹盗、三叛人名之义，无乃异于是乎！◆

帝以扶风郭伋为渔阳太守。伋承离乱之后，养民训兵，开示威信，盗贼销散，匈奴远迹；在职五年，户口增倍。

帝使光禄大夫樊宏持节迎耿况于上谷，曰："边郡寒苦，不足久居。"况至京师，赐甲第，奉朝请，封牟平侯。

吴汉率耿弇、王常击富平、获索贼于平原，大破之；追讨馀党，至勃海，降者四万馀人。上因诏弇进讨张步。

【译文】◆权德舆评议说：伯通（彭宠之字）反叛王命，子密谋害君主，归结原因都是作乱，罪状都很明显，应各自施以刑罚，以彰示王法才是；可是，反而却授予子密五等的爵位，又用'不义'作为名称。而且举止既不义，就不可以被封侯；而这种人却可以封侯，那么，汉室的爵位也就没有什么值得劝勉了。《春秋》记载卫国司寇齐豹因个人恩怨杀害了卫侯的哥哥孟絷因此被称之盗，又说明三个叛徒名字的义理，恐怕和这个情况就不一样了吧！◆

光武帝刘秀命令扶风人郭伋做渔阳郡太守。郭伋承继纷乱之后，教育人民，训练军队，彰显威严信用，把盗贼都给消除分散了，匈奴也远远地逃到了别的地方；仅在位五年，人口就增加一倍。

光武帝刘秀命令光禄大夫樊宏拿着符节到上谷郡去迎接

耿况，说："边塞的那些郡县，条件如此的严寒清苦，不适合长久地居住。"耿况到了京城，赐给他豪宅，奉朝会请召，封他为牟平侯。

吴汉带领耿弇、王常在平原郡攻打富平、获索等贼，把他们打得大败；追赶征讨剩下的那些同党，直到渤海郡，投降的有四万多人。光武帝刘秀就命令耿弇去进军征讨张步。

平敌将军庞萌，为人逊顺，帝信爱之，常称曰："可以托六尺之孤，寄百里之命者，庞萌是也。"使与盖延共击董宪。归诏书独下延而不及萌，萌以为延谮己，自疑，遂反，袭延军，破之；与董宪连和，自号东平王，屯桃乡之北。帝闻之，大怒，自将讨萌，与诸将书曰："吾常以庞萌为社稷之臣，将军得无笑其言乎！老贼当族，其各厉兵马，会睢阳！"

庞萌攻破彭城，将杀楚郡太守孙萌。郡吏刘平伏太守身上，号泣请代其死，身被七创；庞萌义而舍之。太守已绝复苏，渴求饮，平倾创血以饮之。

岑彭攻拔夷陵，田戎亡入蜀，尽获其妻子、士众数万人。公孙述以戎为翼江王。

【译文】平敌将军庞萌，为人谦逊和顺，光武帝刘秀很信任敬爱他，经常称赞说："可以把帮助幼主的艰巨任务交付给他，而且还能接受做个诸侯的命令的人，那就是庞萌。"于是就让他和盖延一起去进攻董宪。这时，诏书单独下给盖延而没有给庞萌，庞萌就私自认为是盖延在诽谤他，自行猜疑，于是就背叛偷袭盖延的军队，把他打败；后来又和董宪联合和好，自称是东平王，在桃乡的北边驻军。光武帝刘秀知道这件事情之后，非常生气，便亲自带领军队去讨伐庞萌，又对众将士说："我曾经以为庞萌是社稷的臣子，将军能不嘲笑我这句话吗？老贼理应族灭，期望各位都准备好兵马，我们在睢阳县会合！"

庞萌攻下了彭城，于是就把楚郡太守孙萌给杀了。郡吏刘平趴在太守的身上，失声痛哭，恳求替他去死，身上有七处都受伤了；庞萌感觉他很讲义气，于是就把他们给放了。太守气绝而复苏，口渴了想要喝水，刘平就侧身把伤口流出的血，给他喝。

岑彭攻打夷陵县，田戎逃到了蜀郡，汉军把他所有的妻室和儿子以及士卒几万人都给抓捕了起来。后来公孙述就命令田戎为翼江王。

岑彭谋伐蜀，以夹川谷少，水险难漕，留威虏将军冯骏军江州，都尉田鸿军夷陵，领军李玄军夷道；自引兵还屯津乡，当荆州要会，喻告诸蛮夷降者，奏封其君长。

夏，四月，旱，蝗。

隗嚣问于班彪曰："往者周亡，战国并争，数世然后定。意者从横之事复起于今乎，将承运迭兴，在于一人也？"彪曰："周之废兴，与汉殊异。昔周爵五等，诸侯从政，本根既微，枝叶强大，故其末流有从横之事，势数然也。汉承秦制，改立郡县，主有专己之威，臣无百年之柄。至于成帝，假借外家，哀、平短祚，国嗣三绝，故王氏擅朝，因窃号位，危自上起，伤不及下，是以即真之后，天下莫不引领而叹。十馀年间，中外骚扰，远近俱发，假号云合，咸称刘氏，不谋同辞。方今雄桀带州域者，皆无七国世业之资，而百姓讴吟思汉。汉必复兴，已可知矣。"

【译文】岑彭打算进攻蜀郡，因为大川两岸的粮食比较少，水流湍急，运输东西很是困难，于是就把威虏将军冯骏留下来驻守江州，都尉田鸿在夷陵县驻守，领军李玄在夷道县驻扎军队，后来自己率领军队又返回来在津乡驻扎军队，把守荆州重要的据点，明确地告诉那些投降的蛮夷，上奏光武帝刘秀请求册封他们的君长。

夏季，四月，天下大旱，还有蝗灾。

隗嚣问班彪说："从前周朝灭亡之后，战国群雄相互竞争，经过几代才得以平定下来。可能合纵连横的旧事将会在今天重新上演吧？难道将由一个人承受天命，再一次兴起吗？你感觉纵横之事如果在如今兴起会怎么样呢？还是秉承火德将代兴，在于一个人呢？"班彪说："周朝的兴废，和汉朝完全不一样。以前周朝的爵位分为五等，诸侯之国，各自为政，根基微弱之后，枝叶自然就强大了，所以在当时有纵横的事情发生，这是事情发展的必然趋势。汉朝承袭秦朝的制度，改设郡、县，国君有专制独裁的威严，可是臣子却没有百年的权柄。至于成帝借助外戚，哀帝、平帝在位时间短暂，国运的继承，三次都被断绝，所以由王氏独揽朝政，才有机会窃取称号爵位，危机是从上面发生的，也就殃及不到下面的百姓，所以王莽成为皇帝之后，天下人没有一个不因为对他失望而叹息的。十多年之间，中央和地方都如此混乱，远地和近处都起兵，假借名号，聚集将士，都称是刘氏，真是不需要商量，而说辞就一样了。当今拥有州地的英雄豪杰，都没有六国世代事业的资本，可是人民赞颂吟咏，思念仰慕，所以汉朝肯定能够又一次再次兴起，也就可以知道了。"

嚣曰："生言周、汉之势可也，至于但见愚人习识刘氏姓号之故，而谓汉复兴，疏矣！昔秦失其鹿，刘季逐而挤之，时民复知汉乎？"彪乃为之著《王命论》以风切之曰："昔尧之禅舜曰：'天之历数在尔躬。'舜亦以命禹。洎于稷、契，咸佐唐、虞，至汤、武而有天下。刘氏承尧之祚，尧据火德而汉绍之，有赤帝子之符，故为鬼神所福飨，天下所归往。由是言之，未见运世无本，功德不纪，而得屈起在此位者也！俗见高祖兴于布衣，不达其故，至比天下于逐鹿，幸捷而得之。不知神器有命，不可以智力求也。悲夫，此世所以多乱臣贼子者也！夫饿馑流隶，饥寒道路，所愿不过一金，然终转死沟壑，何则？贫穷亦有命也。况虖天子之贵，四海之富，神明之祚，可得而妄处哉！故虽遭罹阸会，窃其权柄，勇如信、布，强如梁、籍，成如王莽，然卒润镬伏质，亨醢分裂；又况么么尚不及数子，而欲暗奸天位者虖！昔陈婴之母以婴家世贫贱，卒富贵不祥，止婴勿王；王陵之母知汉王必得天下，伏剑而死，以固勉陵。夫以匹妇之明，犹能推事理之致，探祸福之机，而全宗祀于无穷，垂策书于春秋，而况大丈夫之事乎！是故穷达有命，吉凶由人，婴母知废，陵母知兴，审此二者，帝王之分决矣。加之高祖宽明而仁恕，知人善任使。当食吐哺，纳子房之策；拔足挥洗，捐郦生之说；举韩信于行陈，收陈平于亡命；英雄陈力，群策毕举，此高祖之大略所以成帝业也。若乃灵瑞符应，其事甚众，故淮阴、留侯谓之天授，非人力也。英雄诚知觉寤，超然远览，渊然深识，收陵、婴之明分，绝信、布之觊觎，距逐鹿之瞽说，审神器之有授，毋贪不可冀，为二母之所笑，则福祚流于子孙，天禄其永终矣！"嚣不听。彪遂避地河西；窦融以为从事，甚礼重之。彪遂为融画策，使之专意事汉焉。

【译文】隗嚣说："先生说周朝、汉朝的情势还可以，至于只看到愚笨的人一贯都知道刘氏姓氏名号的原因，而再说汉朝将重新兴起，那未免也太孤陋了！以前秦朝失去它的政权，刘邦争逐才获得，这时候的人们又知道汉朝吗？"于是班彪就为他写了《王命论》，来讥讽他。说："从前唐尧将帝位禅让给虞舜时说：'天道的运数皆在你身上。'虞舜也用这句话来命令夏禹。至于后稷、殷契，都辅助唐尧、虞舜，到了商汤、周武王才得到天下。刘氏承袭唐尧的国运，唐尧根据火德，而汉朝继承它，而且有赤帝之子的符命，所以以为鬼神在保佑，天下人才都归向于此。按照这个说来，从来没有见过命运没有基础，功德不为人所记得，就可以崛起在那天子之位的！俗人见到高祖从平民中兴起，不知道其中的缘故。甚至比成天下人一起逐鹿，高祖只是侥幸疾速而最终获得罢了。却不知道要夺取皇帝的宝座，是靠时运的，而不只是单纯用智慧武力就可以强求的。悲哀啊！这就是为什么世上有那么多乱臣贼子！庄稼收成不好，流落他乡的贱隶，在路上饥寒交迫，所想的不过是一斤黄金而已；可是，最终还是辗转死在溪谷里，这又是什么原因造成的呢？贫穷也是有命运的。更何况天子的尊贵，四海的富有，神明的福祉，是能得到而胡乱居住的吗？所以国家就算遇到困厄的时运，有窃取权柄，勇猛像韩信、英布那些人一样，像项梁、项籍那样强势，势大像王莽的人；可是，最终还是被烹煮、腰斩，煮成肉酱，车裂身体；更何况那些小人还不及这些人，却一心想盗取帝位的呢！以前陈婴的母亲以为陈婴的家世贫困低贱，忽然就得到那么多金银珠宝富贵起来是不吉祥的，于是就阻止陈婴不要称王；王陵的母亲知道汉王一定能夺得天下，就用剑自杀身亡，来坚定地鼓励王陵效忠刘邦的决心。单凭一个普通妇人的观察，还能推论事理如此地极致细腻，知晓祸福的先机，而保全宗庙无尽的祭祀，把姓名流传在史书里，更何况是男子汉大丈夫的事呢！所以穷困显达是有命运的，可是吉祥凶险全在于自己，陈婴的母亲知道抛弃，王陵的母亲知道兴起，懂得这两个事例，帝王的名分也就可以确定了。再加上高祖豁达明智而仁慈宽容，可以知人善用，礼贤下士，接受张良的谋略；洗脚的时候还可以拔足而起，向郦食其的进说而行礼；把韩信从部队中提拔起来，将陈平从逃命之中加以收容，于是，各路英雄进献他们的力量，所有的策划都兴举，这就是高祖的雄才大略，也就是成就帝业的原因。至于说到祥瑞符命和人事相符合，这些事情实在是太多了，所以淮阴侯韩信、留侯张良说这是上天所赐予他们的，而不是人力所可以强求的。英雄如果能够觉悟，眼光深远，深远的见识，学习王陵、陈婴知道遵守自己的本分，去除韩信、英布非分的贪图，抵挡追鹿先得的愚昧之说，懂得帝位的传授肯定是有规则的，不要贪图那些不能得到的妄想，而被陈、王二母所嘲笑，那么福泽就可以流传给子孙，官禄也就能永久地享有了！"隗嚣没有听从他的话。于是班彪就远远地居住到黄河以西的地方去了；窦融命令他做从事，非常礼遇器重他。后来班彪就帮窦融精心策划，让他一心一意地去侍奉汉室。

初，窦融等闻帝威德，心欲东向，以河西隔远，未能自通，乃从隗嚣受建武王朔；嚣皆假其将军印绶。嚣外顺人望，内怀异心，使辩士张玄说融等曰："更始事已成，寻复亡灭，此一姓不再兴之效也！今即有所主，便相系属，一旦拘制，自令失柄，后有危败，虽悔无及。方今豪桀竞逐，雌雄未决，当各据土宇，与陇、蜀合从，高可为六国，下不失尉佗。"融等召豪桀议之，其中识者皆曰："今皇帝姓名见于图书，自前世博物道术之士谷子云、夏贺良等皆言汉有再受命之符，故刘子骏改易名字，冀应其占。及莽末，西门君惠谋立子骏，事觉被杀，出谓观者曰：'谶文不误，刘秀真汝主也！'此皆近事暴著，众所共见者也。况今称帝者数人，而雒阳土地最广，甲兵最强，号令最明，观符命而察人事，它姓殆未能当也！"众议或同或异。

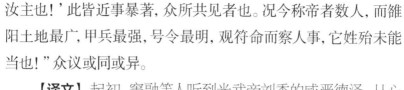

【译文】起初，窦融等人听到光武帝刘秀的威严德泽，从心底里就很想向东归附皇帝，可是由于河西相隔比较远，不能亲自前往，于是就跟着隗嚣接受建武的政令；隗嚣都胡乱地使用他的将军印章组绶。隗嚣在外面顺从父辈人的属望，在背地里却怀有二心，命令辩士张玄去说服窦融，说："更始帝刘玄的大事完成之后，没有多长时间就又灭亡，这是同一姓氏不能再次兴起的征验！如今就算有人为君主，也都相继归属皇帝了，万一被拘执，自然就会失去权柄，以后不幸遭遇危险失败的话，即使后悔，也就来不及了。当今天下豪杰争相追逐，成败胜负还没确定，应该各自占据自己的领土，和陇西郡、蜀郡南北相合，如果好的话便可成为六国之一，不好也还能做个尉佗。"窦融等人和豪杰一起商讨这件事情，其中有自己见解的人都说："当今皇帝的姓名见于谶纬符命，像前代博通事务的道术之士谷子云、夏贺良等都说汉朝可以再次接受天命的符命，所以刘子骏把名字给改了，期望可以应验它的预料。等到王莽末年，西门君惠谋划要拥立子骏，事情暴露之后就被杀，他快要被行刑出来的时候对观看的人说：'谶书记载得不错，刘秀真是你们的国君！'这些都是最近很明显的事情，也是大家有目共睹的。更何况如今称帝的那几个人，以洛阳土地面积最为广大，军队势力最强，纪律最为严明，观看符命，考察人事，其他姓氏的人估计也不能担当如此大任！"后来大家议论纷纷，有的一样，有的不同。

融遂决策东向，遣长史刘钧等奉书诣雒阳。先是，帝亦发使遗融书以招之，遇钧于道，即与俱还。帝见钧欢甚，礼飨毕，乃遣令还，赐融玺书曰："今益州有公孙子阳，天水有隗将军。方蜀、汉相攻，权在将军，举足左右，便有轻重。以此言之，欲相厚岂有量哉！欲遂立桓、文，辅微国，当勉卒功业；欲三分鼎足，连衡合从，亦宜以时定。天下未并，吾与尔绝域，非相吞之国。今之议者，必有任嚣教尉佗制七郡之计。王者有分土，无分民，自适己事而已。"因授融为凉州牧。玺书至河西，河西皆惊，以为天子明见万里之外。

【译文】 于是窦融就决定采取策略向东归顺，命令长史刘钧等人拿着书信来到洛阳。在此之前，光武帝刘秀也曾派出使者送书信给窦融而进行招抚，在路上看到刘钧，就和他一起回去了。光武帝刘秀见到刘钧，感到非常高兴，并且行礼设宴款待他们，结束之后就让他回去，赐给窦融说："如今益州有公孙子阳，天水郡有隗将军。当蜀、汉打仗的时候，他们谁胜谁败全部在于将军，举足向左则蜀重，向右则汉重。按照这个想法说来，如果您想帮助某一方时，力量又怎么可以计算呢？如果要想成就像齐桓公、晋文公的霸业，帮助我这个弱小的国家，就应该勉励完成功业；如果想要三分天下，鼎足而立，连横或合纵的话，也应该赶紧决定。如今天下还没有并合，我和你又相隔那么远，不是互相并吞的国家。现今讨论的人，肯定有像任嚣教尉佗设立七个郡那样的计划。分封为王的，只能享有当地的租税，却不能治理人民，参与当地的政事，只是做一些适合自己的事情而已。"就命令窦融担任凉州牧的官职。玺书到达河西之后，河西的人都感到无比的惊讶，感觉光武帝刘秀能够知晓万里之外的事情。

资治通鉴

【乾隆御批】 陇蜀有异志，必恃河西为声援。煽惑河西者，亦必援尉佗为往例。光武熟虑之，以一语伐其谋。先声夺人，莫捷于此。

【译文】 陇蜀心怀异志，必定要倚靠河西作为声援。煽惑河西的人，也必会援引任嚣教给尉佗控制七个郡的计策作为先例。对于这一点，光武帝早已深思熟虑，所以才能一句话破坏敌人的计谋。光武帝先大张声势，挫伤敌人的士气，没有比这更便捷的了。

朱祜急攻黎丘，六月，秦丰穷困出降；辒车送洛阳。吴汉劾祜废诏命，受丰降。上诛丰，不罪祜。

董宪与刘纡、苏茂、佼彊去下邳，还兰陵，使茂、彊助庞萌围桃城。帝时幸蒙，闻之，乃留辎重，自将轻兵晨夜驰赴。至亢父，或言百官疲倦，可且止宿；上不听，复行十里，宿任城，去桃城六十里。旦日，诸将请进，庞萌等亦勒兵挑战。帝令诸将不得出，休士养锐以挫其锋。时吴汉等在东郡，驰使召之。萌等惊曰："数百里晨夜行，以为至当战，而坚坐任城，致人城下，真不可往也！"乃悉兵攻桃城。城中闻车驾至，众心益固；萌等攻二十馀日，众疲困，不能下。吴汉、王常、盖延、王梁、马武、王霸等皆至，帝乃率众军进救桃城，亲自搏战，大破之。庞萌、苏茂、佼彊夜走从董宪。

【译文】 朱祜着急进攻黎丘城，六月，秦丰穷途末路，出城投降，用囚车把他给送到了洛阳。后来吴汉弹劾朱祜废弃天子的命令，接受秦丰的投降；光武帝刘秀把秦丰杀了，而并没有给朱祜定罪。

董宪和刘纡、苏茂、佼强离开下邳郡，回到兰陵县，让苏茂、佼强去援助庞萌包围桃城。光武帝刘秀这个时候刚好在蒙县，在听到这个消息之后，就把粮食等装备给留下了，并且亲自带领强兵连夜赶去。到达亢父县之后，有人说百官都处于疲倦的状态，可以暂时停下来过夜；光武帝刘秀不听他们的话，又赶了十里路，在任城投宿，距离桃城只剩下六十里的路程。第二天，众将恳求进军，庞萌等人也率领军队来挑战；光武帝刘秀命令众将士不可以出城迎战，而要士卒休养生息，培养锐气，来挫杀他们的锋芒。此时，吴汉等人在东郡，赶紧命令使者把他们给召来。庞萌等人惊讶说："几百里路日夜行走，感觉到了就应该开战；可是，刘秀却坚决把守任城，把别人招到城下，我们真的是不能去了！"就命令所有的军队前去进攻桃城。城里的人听说光武帝刘秀来到了，于是大家胜利的心意就更加坚定；庞萌等人进攻二十多天，众将士都很是疲乏困倦，没有能攻下。吴汉、王常、盖延、王梁、马武、王霸等人都来到了，光武帝刘秀就带领众军营救桃贼，并且亲自攻击作战，把他们打得大败。庞萌、苏茂、佼强在晚上逃到董宪那里，去追随他。

秋，七月，丁丑，帝幸沛，进幸湖陵。董宪与刘纡悉其兵数万人屯昌虑；宪招诱五校馀贼，与之拒守建阳。帝至蕃，去宪所百馀里，诸将请进；帝不听，知五校乏食当退，敕各坚壁以待其敝。顷之，五校果引去。帝乃亲临，四面攻宪，三日，大破之。佼彊将其众降，苏茂奔张步，宪及庞萌走保郯。八月，己酉，帝幸郯，留吴汉攻之，车驾转徇彭城、下邳。吴汉拔郯，董宪、庞萌走保朐。刘纡不知所归，其军士高扈斩之以降。吴汉进围朐。

冬，十月，帝幸鲁。

张步闻耿弇将至，使其大将军费邑军历下，又令兵屯祝阿，别于泰山、钟城列营数十以待之。弇渡河，先击祝阿，自旦攻城，未中而拔之；故开围一角，令其众得奔归钟城。钟城人闻祝阿已溃，大恐惧，遂空壁亡去。

【译文】秋天，七月，丁丑日（初四），光武帝刘秀亲自来到沛郡，又往前面走，来到了湖陵县。董宪和刘纡召集所有的军队几万人在昌虑县驻守；董宪招抚诱惑五校那些剩下的贼寇，防守建阳县，来抵抗汉军。光武帝刘秀来到蕃县之后，在距离董宪的处所一百多里路的地方，众军恳求进军，可是光武帝刘秀又没有听从，知道五校贼缺少粮食，就会撤退，于是就下令各自加强营垒的防守，来等待敌人的疲倦乏困。没有多久，五校贼果真如他们所料带兵离开了。光武帝刘秀就亲自前来，从四面向董宪攻击，经过三天，把他打得大败。佼强统领他的部下投降，苏茂逃到张步那儿去，董宪和庞萌逃到郯县去防守。八月，己酉日（初六），光武帝刘秀亲自来到郯县，留下吴汉攻打他们，而自己又返回去攻打彭城、下邳郡。吴汉拿下郯县，董宪、庞萌逃到朐县去防守。刘纡不知道该依附谁，他的军士高扈就杀了他而带领其他人投降了。吴汉进军包围了朐县。

冬天，十月，光武帝刘秀亲自来到鲁地。

张步听说耿弇马上就要来了，于是就派他的大将军费邑在历下城驻扎军队，后来又命令军队驻守在祝阿县，而且在泰山、钟城陈列几十个壁垒来等待他。耿弇渡过黄河之后，先攻打祝阿县，从早晨就开始攻城，还没到中午就已经攻下了；还故意从包围中开一个角，让他们有机会可以逃回钟城。钟城人听说祝阿县已经攻破了，心里非常害怕，于是就留下空洞的壁垒而离开了。

费邑分遣弟敢守巨里。弇进兵先胁巨里，严令军中趣修攻具，宣敕诸部，后三日当悉力攻巨里城；阴缓生口，令得亡归，以弇期告邑。邑至日，果自将精兵三万馀人来救之。弇喜，谓诸将曰："吾所以修攻具者，欲诱致之耳。野兵不击，何以城为！"即分三千人守巨里，自引精兵上冈阪，乘高合战，大破之，临陈斩邑。既而收首级以示城中，城中凶惧。费敢悉众亡归张步。弇复收其积聚，纵兵击诸未下者，平四十馀营，遂定济南。

【译文】 费邑命令弟弟费敢在巨里聚防守。耿弇进军之后先威胁巨里聚，严厉命令军队里的人尽快修治进攻的兵器，公开下令众部，三天之后理应竭尽所有的力量进攻巨里城；而且还故意让捕获的当地老百姓逃脱，使他们能够逃回，把耿弇攻城的准确日期告诉费邑。费邑到了这一天，果真亲自带领了三万多精锐兵卒去营救。耿弇很高兴，就对众将说："你知道我为什么要修治进攻的工具吗？我只是打算引诱获致他们罢了！在郊野的士兵如果没有击破的话，又如何放心地去进攻城邑呢！"后来就派三千人守住巨里聚，自己就带领精兵登上山城，趁着居高的优势，和对方进行交战，把他们打得大败，亲自来到军阵，斩了费邑。后来，拾取首级，给城里的人看，城里的人都发出惊恐的声音。费敢就带领所有的部属逃回到张步那儿去。耿弇又收集他的积蓄，放纵军队去进攻那些还没拔取的，平定了四十多个营垒，于是济南郡终于平定了。

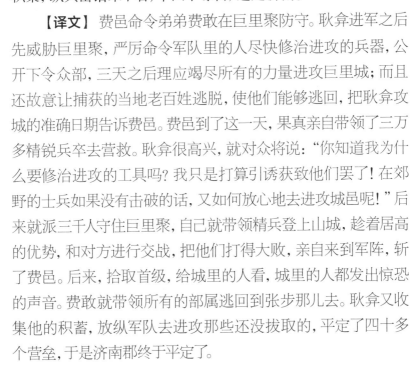

时张步都剧，使其弟蓝将精兵二万守西安，诸郡太守合万馀人守临菑，相去四十里。弇进军画中，居二城之间。弇视西安城小而坚，且蓝兵又精，临菑名虽大而实易攻，乃敕诸校后五日会攻西安。蓝闻之，晨夜警守。至期，夜半，弇敕诸将皆蓐食，会明，至临菑城。护军荀梁等争之，以为"攻临菑，西安必救之，攻西安，临菑不能救，不如攻西安"。弇曰："不然，西安闻吾欲攻之，日夜为备，方自忧，何暇救人！临菑出不意而至，必惊扰，吾攻之一日，必拔。拔临菑，即西安孤，与剧隔绝，必复亡去，所谓'击一而得二'者也。若先攻西安，不能卒下，顿兵坚城，死伤必多。纵能拔之，蓝引军还奔临菑，并兵合势，观人虚实。吾深入敌地，后无转输，旬月之间，不战而困矣。"遂攻临菑。半日，拔之，入据其城。张蓝闻之，惧，遂将其众亡归剧。

【译文】 这时，张步以剧县为都城，命令他的弟弟张蓝带领两万精兵在西安县防守，所有郡的太守加起来一万多人在临淄县防守，相隔有四十里路。耿弇进军到画中邑，处于两个城之间。耿弇看到西安县城小而且坚固，并且张蓝的军队还那么精锐，临淄县名义上虽然是大城，但实际上是很容易攻取的，于是就下令众校五天之后会合，进攻西安县。张蓝听到这个消息之后，早晚警戒防守。等到攻城的那天，半夜里，耿弇就下令众将都提前在床席上吃饭，到了天亮，就来到临淄城。护军荀梁等人商讨这件事，认为"攻打临淄县，西安县就一定会去营救它；而进攻西安县，临淄县却不能去救，所以还不如去攻西安县"。耿弇说："不对。西安县听说我们要去攻打它，所以日夜防备，正在为自己担心，哪里还有多余的时间去救人！临淄县我们出其不意地到达，一定惊恐骚扰，我们只要进攻它一天，就一定可以拔取。拔取临淄县，那么，西安县就孤立无援，和剧县断绝来往，肯定又逃离，这就是所说的'攻击一个而得到两个'的道理。万一先进攻西安县，不能马上就攻下的话，整顿军队，再攻坚城，死伤的人一定很多。即使能拔取它，张蓝带领军队逃回到临淄县，并合军队和威势，探听我们军队实力的虚实；可是我们深入敌地，后面没有粮草运输，不需要一个月的时间，还没开始作战，军队就已疲倦困乏了。"于是，众人进攻临淄县。只花了半天的时间，就拿下了，进入占据该城。张蓝知道了，心里感到很害怕，于是就带领他的部属逃回了剧县。

　　弇乃令军中无得虏掠、须张步至乃取之，以激怒步。步闻，大笑曰："以尤来、大肜十馀万众，吾皆即其营而破之。今大耿兵少于彼，又皆疲劳，何足惧乎！"乃与三弟蓝、弘、寿及故大肜渠帅重异等兵号二十万，至临菑大城东，将攻弇。弇上书曰："臣据临菑，深堑高垒；张步从剧县来攻，疲劳饥渴。欲进，诱而攻之；欲去，随而击之。臣依营而战，精锐百倍，以逸待劳，以实击虚，旬日之间，步首可获。"于是弇先出菑水上，与重异遇；突骑欲纵，弇恐挫其锋，令步不敢进，故示弱以盛其气，乃引归小城，陈兵于内，使都尉刘歆、泰山太守陈俊分陈于城下。步气盛，直攻弇营，与刘歆等合战。弇升王宫坏台望之，视歆等锋交，乃自引精兵以横突步陈于东城下，大破之。飞矢中弇股，以佩刀截之，左右无知者。至暮，罢。弇明旦复勒兵出。

【译文】耿弇立刻警告军队不得掳掠，等张步到了再开始获取，以此来激怒张步。张步知道之后，大笑着说："就算尤来、大肜十多万军队，我都是一接近他们的军营，就把他们给打败了；如今大耿的军队比他们少得多，而且又都疲惫不堪，哪里还需要害怕呢！"于是就和三个弟弟张蓝、张弘、张寿以及前大肜首领重异等军队，号称二十万兵马，到临淄县大城的东边，打算进攻耿弇，耿弇上书给光武帝刘秀说："微臣盘踞临淄县，挖深战壕，筑高城墙；张步从剧县方向来进攻我们，军队疲困劳顿，饥饿口渴，如果想要继续前进，就只有靠我去引诱他进攻；要是想撤离，就之后再攻打他。微臣靠营而战，比对方的兵马精锐百倍，用安逸来等待疲劳，用坚实去进攻虚弱，只需要十天的时间，张步的首级我们就可以得到了。"于是，耿弇就先从淄水旁边出动，和重异遇到了；突骑部队打算放任而战，可是，耿弇怕挫折敌人的锋锐，为了表示衰弱自己来壮大对方的气势，让张步不敢接着前进，于是带领军队回到小城，把军队设置在里面，命令都尉刘歆、泰山郡太守陈俊分别陈列在城下。张步气势盛大，直接攻打耿弇的军营，和刘歆等人交战。耿弇登上齐王宫中的坏台，向远处望去，看到刘歆等人已经开始打斗，就亲自统率精锐部队，在东城下从侧面进攻张步，把他们打得大败。流箭射中了耿弇的大腿，他就用随身携带的刀把它砍断了，身边没有一个人知道。等到黄昏时候，终于停战了。耿弇第二天早晨又带领军队出战。

资治通鉴

是时帝在鲁，闻弇为步所攻，自往救之。未至，陈俊谓弇曰："剧虏兵盛，可且闭营休士，以须上来。"弇曰："乘舆且到，臣子当击牛、釃酒以待百官，反欲以贼虏遗君父邪？"乃出兵大战。自旦及昏，复大破之；杀伤无数，沟堑皆满。弇知步困将退，豫置左右翼为伏以待之。人定时，步果引去，伏兵起纵击，追至巨昧水上，八九十里，僵尸相属，收得辎重二千馀两。步还剧，兄弟各分兵散去。

后数日，车驾至临菑，自劳军，群臣大会。帝谓弇曰："昔韩信破历下以开基，今将军攻祝阿以发迹，此皆齐之西界，功足相方。而韩信袭击已降，将军独拔勍敌，其功又难于信也。又，田横亨郦生，及田横降，高帝诏卫尉不听为仇；张步前亦杀伏隆，若步来归命，吾当诏大司徒释其怨，又事尤相类也。将军前在南阳，建此大策，常以为落落难合，有志者事竟成也！"帝进幸剧。

【译文】这时，光武帝刘秀在鲁城，听说耿弇被张步攻打，于是就亲自去救他。还没有到达，陈俊对耿弇说："剧贼军队众多，可以暂时关闭军营，让士卒们休养生息，再等待皇上到来。"耿弇说："天子即将来到，作为臣子的就应该杀牛、酤酒来接待百官，怎么反而要将贼寇交给皇上去讨伐呢？"于是就派出军队，和敌人大战。从早晨到傍晚，又把他们打得大败了；被杀伤的人很多，根本没有办法计算，沟坑都被填满了。耿弇知道张步被困而打算撤退，于是就预先在两侧设置伏兵，像小鸟展开翅膀一样来等待他。深夜里，张步果然带兵离开了，伏兵出现，任意地攻打他们，追到臣昧水附近，八九十里，僵硬的尸体都连到了一起，获得了两千多辆载粮秣装备的车子。张步回到剧县，兄弟就各自分兵离散开了。

几天之后，光武帝刘秀来到临淄县，亲自慰劳军队，臣子们大会合。光武帝刘秀对耿弇说："以前韩信攻下历下城，开创汉室的基业；如今将军攻打祝阿县，振兴伟大的事迹，这些都发生在齐地的西界，功劳也差不多相当。然而韩信是袭击已经投降的兵卒，将军是一个人攻克强劲的敌人，这功劳又比韩信更难。又因为以前田横受郦食其的欺骗，就把他烹杀了，等到田横投降的时候，高帝下诏警诫郦食其的弟弟卫尉郦商不可以把他当作仇家；张步以前也曾经杀了伏隆，如果张步前来投降的话，我也应该下诏给伏隆的父亲大司徒伏湛来诠释他们的恩怨，这又是相当相似的事情。将军以前在南阳郡，建立下这伟大的策略，我经常以为志气很大，恐怕很难实现；可是，到如今，足以证明只要是有志气的人，他所做的事最后一定会成功的！"光武帝刘秀前进来到剧县。

耿弇复追张步，步奔平寿，苏茂将万馀人来救之。茂让步曰："以南阳兵精，延岑善战，而耿弇走之，大王奈何就攻其营？既呼茂，不能待邪？"步曰："负负，无可言者！"帝遣使告步、茂，能相斩降者，封为列侯。步遂斩茂，诣耿弇军门肉袒降。弇传诣行在所，而勒兵入据其城，树十二郡旗鼓，令步兵各以郡人诣旗下，众尚十馀万，辎重七千馀两，皆罢遣归乡里。张步三弟各自系所在狱，诏皆赦之，封步为安丘侯，与妻子居雒阳。

于是琅邪未平，上徙陈俊为琅邪太守；始入境，盗贼皆散。

耿弇复引兵至城阳，降五校馀党，齐地悉平，振旅还京师。弇为将，凡所平郡四十六，屠城三百，未尝挫折焉。

【译文】耿弇又追击张步，张步逃到平寿县，苏茂带领一万多人来救他。苏茂责备张步说："以前凭借南阳军的精良，延岑的擅长作战，反而被耿弇给打败了，如今大王为什么要前往进攻他的营地呢？既然喊我前来，为什么又不能等待呢？"张步说："太惭愧了，我也没什么可说的了。"光武帝刘秀命令使者告诉张步、苏茂，能彼此砍杀投降的，就封为列侯。于是张步就斩了苏茂，到耿弇的军门，把上衣给脱去，露出手臂，向他投降；耿弇就把他送到光武帝刘秀那里，而自己带领军队，进入平寿城而把它给占领了，树立十二个郡的旗帜战鼓，让张步的士兵分别到本郡的旗下，人数还有十多万，粮食装备的车子有七千多辆，都解职而送回家乡。张步的三个弟弟各自被囚禁在监狱里，而由光武帝刘秀下诏都给赦免了，并且册封张步为安丘侯，和妻子一起居住在洛阳。

这时，琅琊郡还没有被平定，光武帝刘秀调遣陈俊做琅琊郡太守；陈俊才刚进入郡境，盗贼就都逃散了。

耿弇又带领军队到城阳郡，把五校之贼剩下的人都给降服了，齐地全部给平定之后，就整顿部队，胜利返回到京城。耿弇做将军，一共平定了四十六个郡，屠灭了三百个城池，而且从来都没有受到过挫败。

资治通鉴卷第四十一 汉纪三十三

【乾隆御批】 不以贼遗君父，非独忠忱恳到，亦足以振三军之气。明王守仁擒宸濠事迹虽相类，然正德直以贼为戏，又岂宜从？不可以临淄为比也。

【译文】 耿弇不把消灭贼寇的任务留给君上，这不仅表现出他对光武帝的一片忠诚和恳切，而且也足以振奋全军的士气。明代王守仁平定宁王宸濠之乱的事迹虽然与此类似，然而明武宗只是视平定贼寇为儿戏，又哪里值得学习？完全不可以和耿弇攻取临淄相提并论。

初起太学。车驾还宫，幸太学，稽式古典，修明礼乐，焕然文物可观！

十一月，大司徒伏湛免，以侯霸为大司徒。霸闻太原闵仲叔之名而辟之，既至，霸不及政事，徒劳苦而已。仲叔恨曰：“始蒙嘉命，且喜且惧。今见明公，喜惧皆去。以仲叔为不足问邪，不当辟也。辟而不问，是失人也！”遂辞出，投劾而去。

初，五原人李兴、随昱、朔方人田飒、代郡人石鲔、闵堪各起兵自称将军。匈奴单于遣使与兴等和亲，欲令卢芳还汉地为帝。兴等引兵至单于庭迎芳。十二月，与俱入塞，都九原县；掠有五原、朔方、云中、定襄、雁门五郡，并置守、令，与胡通兵侵苦北边。

【译文】 开始建筑太学。光武帝刘秀回到宫里，亲自来到太学，稽考效仿古代的典制，修治讲明礼乐，让礼乐制度的气象焕然一新，很值得观看。

十一月，大司徒伏湛被罢免官职，任命侯霸做大司徒。侯霸听说太原人闵仲叔的名声很大，于是就召见他，仲叔到了之后，侯霸不问政事，只是犒劳他的勤苦而已。仲叔说："刚接到你的命令的时候，我一边高兴，另一面又很是担心。如今见到了你，心里的那些高兴忧惧就全部消失了。难道认为仲叔是不值得问的吗？既然如此的话，那么就不应该征召我。征召我了却又没有问我，那是失去人才！"于是就告别了他的府邸，留下罪状之后离开了。

起初，五原人李兴、随昱，朔方人田飒，代郡人石鲔、闵堪各自兴起军队，自称是将军。匈奴单于差遣使者和李兴等人约好，打算让卢芳回到汉地做皇帝。李兴等人就统领军队回到单于王庭来迎接卢芳。十二月，和他一起来到边塞，以九原县为都城；把五原、朔方、云中、定襄、雁门五个郡都掠夺占领了，而且还设置太守、县令，和胡人的军队侵略北方，让人民忍受战乱之苦。

冯异治关中，出入三岁，上林成都。人有上章言："异威权至重，百姓归心，号为咸阳王。"帝以章示异；异惶惧，上书陈谢。诏报曰："将军之于国家，义为君臣，恩犹父子，何嫌何疑，而有惧意！"

隗嚣矜已饰智，每自比西伯，与诸将议欲称王。郑兴曰："昔文王三分天下有其二，尚服事殷；武王八百诸侯不谋同会，犹还兵待时；高帝征伐累年，犹以沛公行师。今令德虽明，世无宗周之祚；威略虽振，未有高祖之功；而欲举未可之事，昭速祸患，无乃不可乎！"嚣乃止。后又置广职位以自尊高，郑兴曰："夫中郎将、太中大夫、使持节官，皆王者之器，非人臣所当制也。无益于实，有损于名，非尊上之意也。"嚣病之而止。

【译文】冯异治理关中，任职三年之后，上林苑就像都市一样繁华。有人向光武帝刘秀上奏章说："冯异的威权最重，人民都愿意归向他，号称是咸阳王。"光武帝刘秀拿奏章给冯异看。冯异很是担心，于是就上书陈述自己的罪过。光武帝刘秀下诏答说："将军对于国家，在道义上是君臣，在恩情上是父子，有什么好嫌忌的？有什么好怀疑的？并且产生担心害怕的想法呢！"

隗嚣骄傲地夸赞自己的长处，装得很有智慧的样子，常常把自己比成是西伯，和将士们一起商议想称王。郑兴说："从前文王有三分之二的天下，还要臣服听命于殷朝；武王到孟津观兵，不请自来的诸侯就有八百个，还要把军队带回来，等待时机成熟；高帝讨伐多年，还要以沛公的名义来带兵。如今你的德行虽然很好，可是世代没有宗周的福祚；威武经略虽然振兴，却没有高祖的功业；如果想兴举不可能成功的事情，只是摆明了惹祸上身而已，恐怕这样不可以吧！"隗嚣这样才停下来。后来，他又设置了很多职位来尊大提高自己，郑兴说："中郎将、太中大夫、使持节官，这些都是帝王所设置的官吏，不是臣子应该设立的。对于实质来说并没有帮助，而且在名义也有所损害，这不是尊敬皇上的用意。"隗嚣认为很难，于是就停了下来。

时关中将帅数上书言蜀可击之状，帝以书示嚣，因使击蜀以效其信。嚣上书，盛言三辅单弱，刘文伯在边，未宜谋蜀。帝知嚣欲持要端，不愿天下统一，于是稍黜其礼，正君臣之仪。帝以嚣与马援、来歙相善，数使歙、援奉使往来，劝令入朝，许以重爵。嚣连遣使，深持谦辞，言无功德，须四方平定，退伏闾里。帝复遣来歙说嚣遣子入侍，嚣闻刘永、彭宠皆已破灭，乃遣长子恂随歙诣阙；帝以为胡骑校尉，封镌羌侯。

郑兴因恂求归葬父母，嚣不听，而徙兴舍，益其秩礼。兴入见曰："今为父母未葬，乞骸骨；若以增秩徙舍，中更停留，是以亲为饵也，无礼甚矣，将军焉用之！愿留妻子独归葬，将军又何猜焉！"嚣乃令与妻子俱东。马援亦将家属随恂归雒阳，以所将宾客猥多，求屯田上林苑中；帝许之。

【译文】这时，关中的将帅多次上书说蜀国可以被攻破的情况，光武帝刘秀就把这些奏书给隗嚣看，于是就借机派遣他去进攻蜀国来验证他的信实。隗嚣上书，极力地劝说三辅势力孤单微弱，刘文伯在边境，实在不适宜对蜀国用兵。光武帝刘秀知道隗嚣想挟持两头，不愿天下统一，于是对他稍微减损礼仪，而且端正君臣的礼节。光武帝刘秀因为隗嚣和马援、来歙关系要好，就多次命令来歙、马援奉命出使，劝他来到京城进行朝见，答应给他显赫的爵位。隗嚣接连命令使者，坚持以谦逊之辞，说自己没有功德，等天下平定之后，就隐退回乡里。光武帝刘秀又命令来歙去劝说隗嚣，叮嘱让他的孩子来到京城侍奉皇上，隗嚣听说刘永、彭宠都已经被打败消灭了，于是就派遣长子隗恂跟随来歙来到朝廷；光武帝刘秀派遣他为胡骑校尉，并册封他为镌羌侯。

郑兴借着隗恂的事情，请求把父母埋葬到自己的故乡，隗嚣不听，还让郑兴搬到另一个房子里面，更加对他以礼相待。郑兴进入相见说："如今因为父母还没有下葬，臣希望能够辞职；假如由于增添礼数，迁移屋子，而中途改变自己的想法，就停留下来，这是拿双亲做获利的钓饵，太没有礼了，将军又怎么能用我呢！我希望把妻儿留下，一个人把自己的父母葬在故乡，将军又有什么好怀疑的呢？"于是隗嚣就让他和妻儿一起到东边去。马援也率领自己的家属跟随隗恂回到洛阳，由于所带的宾客很多，所以就恳请在上林苑里开垦土地，光武帝刘秀就答应了。

嚣将王元以为天下成败未可知，不愿专心内事，说嚣曰："昔更始西都，四方响应，天下喁喁，谓之太平；一旦坏败，将军几无所厝。今南有子阳，北有文伯，江湖海岱，王公十数，而欲牵儒生之说，弃千乘之基，羁旅危国以求万全，此循覆车之轨者也。今天水完富，士马最强，元请以一丸泥为大王东封函谷关，此万世一时也。若计不及此，且畜养士马，据隘自守，旷日持久，以待四方之变；图王不成，其敝犹足以霸。要之，鱼不可脱于渊，神龙失势，与蚯蚓同！"嚣心然元计，虽遣子入质，犹负其险阨，欲专制方面。

申屠刚谏曰："愚闻人所归者天所与，人所畔者天所去也。本朝诚天之所福，非人力也。今玺书数到，委国归信，欲与将军共同吉凶。布衣相与，尚有没身不负然诺之信，况于万乘者哉！今何畏何利，而久疑若是？卒有非常之变，上负忠孝、下愧当世。夫未至豫言，固常为虚；及其已至，又无所及。是以忠言至谏，希得为用，诚愿反覆愚老之言！"嚣不纳，于是游士长者稍稍去之。

【译文】隗嚣的部将王元感觉天下的成败不可以随便猜测，所以不愿意把过多的精力专注在亲附汉室的事情上，就劝说隗嚣："以前更始帝刘玄在西都的时候，大家都积极响应他，天下人都特别仰慕他，感觉已经太平；可是万一失败之后，将军几乎就没有安身之处了。现如今在南方有子阳，北方有文伯，江湖海山，有数十人称王称公；可是，却因为儒生的说法所限制，放弃诸侯的基业，客居危急之国，却祈祷万无一失，这是朝着失败的方向走去的。如今天水郡充实殷富，兵马最为强盛，我恳求以极小的兵力来为大王守住东边的函谷关，这是相当难得的机会。假如谋划不到这上面的话，而且还能养精蓄锐，据险自保，拖延时间，长时间相持，来等待天下的变故；即使图谋王业没有成功，最差的情况也还能成就霸业。总之，鱼不能离开水，而神龙一旦失去它的势力，也就和蚯蚓没有什么差别了！"隗嚣心里感觉王元的谋略很正确，就算已经派了长子入朝做人质，可是依旧可以依靠着自己险要的地形，想在某一地区称霸。

申屠刚劝谏说："我听说如果是人民所归向的，上天就会帮助他；人民所叛离的，上天就会想办法除去他。如今的皇朝（光武帝刘秀）实在是受了上天的庇佑，而不是人力所勉强就可以得到的。现如今朝廷玺书一再地来到，把国事委托给你，完全是出于信任你，打算和将军吉凶与共。就算是一般平民相交，还有到死也不会违背允诺的信义，更何况是天子呢！如今归顺汉室，又有什么好害怕的？亲附蜀国，又可以得到什么好处呢？却如此长时间迟迟不下决定！如果忽然有特殊变化，对上有亏忠孝，对下则愧对当代的人。在事情还没发生之前的预言，肯定经常会被以为是虚假的话；可是，等到事情发生之后，就又来不及了。因此忠贞、恳切的谏言，很少能被采纳，实在期望你能一再回想我这个老人所讲的话！"隗嚣没有听取，于是游士、长者也都慢慢地离开了他。

王莽末，交趾诸郡闭境自守。岑彭素与交趾牧邓让厚善，与让书，陈国家威德；又遣偏将军屈充移檄江南，班行诏命。于是让与江夏太守侯登、武陵太守王堂、长沙相韩福、桂阳太守张隆、零陵太守田翕、苍梧太守杜穆、交趾太守锡光等相率遣使贡献；悉封为列侯。锡光者，汉中人，在交趾，教民夷以礼义。帝复以宛人任延为九真太守，延教民耕种嫁娶。故岭南华风始于二守焉。

　　是岁，诏征处士太原周党、会稽严光等至京师。党入见，伏而不谒，自陈愿守所志。博士范升奏曰："伏见太原周党、东海王良、山阳王成等，蒙受厚恩，使者三聘，乃肯就车。及陛见帝廷，党不以礼屈，伏而不谒，偃蹇骄悍，同时俱逝。党等文不能演义，武不能死君，钓采华名，庶幾三公之位。臣愿与坐云台之下，考试图国之道。不如臣言，伏虚妄之罪；而敢私窃虚名，夸上求高，皆大不敬！"书奏，诏曰："自古明王、圣主，必有不宾之士。伯夷、叔齐不食周粟，太原周党不受朕禄，亦各有志焉。其赐帛四十匹，罢之。"

　　【译文】 王莽末年，交趾众郡都关闭城门以求自保。岑彭原来和交趾牧邓让感情很要好，于是就写信给邓让，讲述国家的威严德泽；后来又调遣偏将军屈充致送檄文到长江以南的地方，并且颁布光武帝刘秀的命令。于是，邓让和江夏郡太守侯登、武陵郡太守王堂、长沙郡相韩福、桂阳郡太守张隆、零陵郡太守田翕、苍梧郡太守杜穆、交趾郡太守锡光等人相继差遣使者入朝贡献自己的宝物，后都被封为列侯。锡光，是汉中郡人，在交趾郡，用礼义来教化大家；光武帝刘秀又派遣宛人任延为九真郡太守，任延来教导民众农耕婚配的事情，所以五岭以南的地方实行华夏的习俗，是从锡光、任延这两位太守开始的。

　　这一年，光武帝刘秀下令征召处士太原人周党、会稽人严光等人来到京城之后。周党觐见，却只俯伏而没有报名请见，陈述自己期望遵从自己的志向的想法。博士范升上奏光武帝刘秀说："谨见太原人周党、东海人王良、山阳人王成等，蒙受皇上深厚的恩泽，使者曾经三次去聘请之后，才肯上车。等到在朝廷觐见陛下的时候，周党没有因为礼数而屈服，只是俯伏并没有通名请见，内心高傲强悍，大家同时都离开了。周党等人论文，不能阐明事理，论武又不能为国捐躯，只是徒有美名，期望获得三公的高位。微臣愿意和他们坐在云台的下面，来考察他们谋国的方法。如果跟微臣所说的不一样，您可以以不实的罪名来处罚我；如果胆敢私自窃取虚有的名声向上夸耀，来谋取自己的高誉，都是犯大不敬的罪名！"奏疏进呈，光武帝刘秀下诏说："自古以来，明王圣主肯定有不愿意臣服的士人，伯夷、叔齐不享用周朝的俸禄，太原人周党不肯接受朕的官禄，这些也都是各有自己的志向。另外赐四十匹布帛，不再商议这件事情。"

资治通鉴

帝少与严光同游学，及即位，以物色访之，得于齐国，累征乃至；拜谏议大夫，不肯受，去，耕钓于富春山中。以寿终于家。

王良后历沛郡太守、大司徒司直，在位恭俭，布被瓦器，妻子不入官舍。后以病归，一岁复征；至荥阳，疾笃，不任进道，过其友人。友人不肯见，曰："不有忠言奇谋而取大位，何其往来屑屑不惮烦也！"遂拒之。良惭，自后连征不应，卒于家。

元帝之世，莎车王延尝为侍子京师，慕乐中国。及王莽之乱，匈奴略有西域，唯延不肯附属，常敕诸子："当世奉汉家，不可负也！"延卒，子康立。康率傍国拒匈奴，拥卫故都护吏士、妻子千馀口。檄书河西，问中国动静。窦融乃承制立康为汉莎车建功怀德王、西域大都尉，五十五国皆属焉。

【译文】光武帝刘秀小时候和严光一起读书，等到登上天子之位以后，于是就依据他的形貌遍地寻找他，终于在齐国找到了他，经过屡次征召才回到京城；光武帝刘秀派他做谏议大夫，他始终不肯接受，就离开了京城，而在富春山里耕种垂钓。他最终在家里去世了。

王良后来担任沛郡太守、大司徒司直，在位期间恭敬节俭，生活节俭朴实，妻子儿女从来都不进官府。后来，因有病回到了家，一年之后，光武帝刘秀再次征召他；到了荥阳县，病情加重，不能继续前进。于是就去拜访他的朋友，可是朋友却不肯见他，说："没有忠实的言语高深的谋略，却能够取得至高无上的地位，为什么要那样不怕烦地往来个不停！"于是就拒绝了他。王良感到很是惭愧，从此以后，很多次被征召，都没有接受，后来就在自己的家乡去世了。

元帝在世的时候，莎车国王延以前在京城做侍子，仰慕并喜爱中国。到了王莽作乱时，匈奴抢掠占有了西域，可是唯独延不肯依附隶属，还经常命令众子："我们应该世代侍奉汉家，这个使命一定不可以辜负！"延去世之后，儿子康即登基。康带领西域其他的国家，抗击匈奴，护卫前都护吏士、妻儿一千多人；致送檄书到黄河以西等其他地方，打探中原的消息。窦融就承诺以王命来拥立康做汉莎车建功怀德王、西域大都尉，五十五个国家都归顺他。

【乾隆御批】 严光以故人，不受官爵，所谓各行其志。一成其高，一见其大本。本传乃觊缕缘饰，如足加帝腹，客星上干乾象云，云转觉诡诬失实。

【译文】 严光因为和光武帝是旧友，不肯接受官职，可谓是各行其志。这样一方面成全了严光的高尚志向，另一方面又显示出光武的大度。《严光传》曲意文饰，比如严光把脚架在光武帝的腹部，客星干犯天象之类，反而觉得诡辩欺诈，不符合事实。

【申涵煜评】 良以征辟至大位，居官以恭俭称，是亦贤者。而反为其友人所讪，何哉？盖出处不同，各守所见。朋友之道，以义相规，但无忠言奇谋耳。使有忠言奇谋，固此友所愿见者矣，友亦非常人也。

【译文】 王良因为朝廷的征辟而位居高位，做官以克己恭俭著称，这是贤德之人。反而被他的朋友所诽谤，为什么呢？大概出任和退隐之道不同，彼此各持所见吧。朋友之道，以义互相劝勉，只是没有忠言奇谋罢了。假使有忠言奇谋，一定是这个朋友所希望见到的人了，朋友也不是一般人啊。

资治通鉴

资治通鉴卷第四十二　汉纪三十四

起上章摄提格，尽旃蒙协洽，凡六年。

【译文】起庚寅（公元30年），止乙未（公元35年），共六年。

【题解】本卷记录了东汉光武帝建武六至十一年间的历史。主要记述了光武帝平定陇蜀，完成统一大业。隗嚣与公孙述均无大志远谋，一个据陇，一个据蜀，都希望出现称霸一方的局面，但两人均错失良机。光武帝用兵山东时，公孙述未东出，光武帝利用隗嚣给公孙述北出造成阻碍。当天下四分而光武帝占三时，全力攻陇，历时五年才平定陇西。公孙述失去屏障，不到一年也全线溃败，但汉军也为战争付出了沉重的代价。其间，河西窦融归汉也加速了隗嚣的失败。在战争间隙，光武帝实行了一系列的改制，成为一代明主。

世祖光武皇帝中之上

建武六年（庚寅，公元三〇年）春，正月，丙辰，以春陵乡为章陵县，世世复徭役，比丰、沛。

吴汉等拔朐，斩董宪、庞萌，江、淮、山东悉平。诸将还京师，置酒赏赐。

帝积苦兵，间以隗嚣遣子内侍，公孙述远据边垂，乃谓诸将曰："且当置此两子于度外耳。"因休诸将于雒阳,分军士于河内,数腾书陇、蜀,告示祸福。

公孙述屡移书中国,自陈符命,冀以惑众。帝与述书曰:"图谶言公孙,即宣帝也。代汉者姓当涂,其名高;君岂高之身邪?乃复以掌文为瑞,王莽何足效乎!君非吾贼臣乱子,仓卒时人皆欲为君事耳。君日月已逝,妻子弱小,当早为定计。天下神器,不可力争,宜留三思!"署曰:"公孙皇帝。"述不答。

【译文】 建武六年(庚寅,公元30年)春季,正月,丙辰日(十六日),把春陵乡改为章陵县,世世代代免除徭役,和丰县、沛国一样。

吴汉等人攻打朐县之后,把董宪、庞萌斩杀了,平定了长江、淮河、华山以东的地方。众将士返回到京城,光武帝设置酒会,对他们进行赏赐。

光武帝在军队里长时间地奔波劳累,隗嚣就命令自己的儿子入朝侍奉,公孙述把远处的边境霸占了,于是就对众将说:"暂且应该把这两个人放到我们的谋划之外!"就让所有的将士在洛阳休息,并把兵士分到河内郡,多次寄书信到陇西郡、蜀国,并告诉他们祸福之道。

公孙述多次寄书信给中国,讲述自己的符命,期望能够迷惑大家。光武帝回信给公孙述说:"图谶说公孙述就是宣帝。来替代汉朝的,姓当涂,他的名字叫高;难道你就是高这个人吗?而且又拿所刻的掌纹来做验证,像王莽一样的作为哪里值得别人去效仿呢!你不是我的乱臣贼子,只是在急遽的时候人人都想做国君而已!你年纪已经大了,妻子儿女还那么弱小,应该尽早为自己决定策略。天下帝位,不可以用武力来相争,应该再三留心。"题为"公孙皇帝"。而公孙述没有回答。

其骑都尉平陵荆邯说述曰："汉高祖起于行陈之中，兵破身困者数矣；然军败复合，疮愈复战。何则？前死而成功，愈于却就于灭亡也！隗嚣遭遇运会，割有雍州，兵强士附，威加山东；遇更始政乱，复失天下，众庶引领，四方瓦解，嚣不及此时推危乘胜以争天命，而退欲为西伯之事，尊师章句，宾友处士，偃武息戈，卑辞事汉，喟然自以文王复出也！令汉帝释关、陇之忧，专精东伐，四分天下而有其三；发间使，召携贰，使西州豪桀咸居心于山东，则五分而有其四；若举兵天水，必至沮溃，天水既定，则九分而有其八。陛下以梁州之地，内奉万乘，外给三军，百姓愁困，不堪上命，将有王氏自溃之变矣！臣之愚计，以为宜及天下之望未绝，豪桀尚可招诱，急以此时发国内精兵，令田戎据江陵，临江南之会，倚巫山之固，筑垒坚守，传檄吴、楚，长沙以南必随风而靡。令延岑出汉中，定三辅，天水、陇西拱手自服。如此，海内震摇，冀有大利。"述以问群臣，博士吴柱曰："武王伐殷，八百诸侯不期同辞，然犹还师以待天命。未闻无左右之助而欲出师千里之外者也！"邯曰："今东帝无尺土之柄，驱乌合之众，跨马陷敌，所向辄平，不亟乘时与之分功，而坐谈武王之说，是复效隗嚣欲为西伯也！"

【译文】公孙述的骑都尉平陵人荆邯劝公孙述说："汉高祖从军队中兴起，好几次军队都被打败了，自己本身受到了困窘，可是军队失败又结合，受伤痊愈之后又起来作战。这又是什么道理呢？是因为前进牺牲之后而成功，比后退而走向灭亡要好。隗嚣遇到时运际会，在雍州割据，军队势力强大，士人都争相亲附，威风影响到华山以东的地方；赶上更始帝政治混乱，又失去天下，大家大失所望，天下四分五裂，隗嚣不趁着这个时机，来排除危险，趁着优势而去争抢光武帝的位置，反而想退却做西伯的事情，看重师法章句，礼遇结交处士，停止战争，用谦卑的言辞来侍奉汉朝，感叹自己以为是文王复出！让汉帝不因为关中、陇西担心，把精力全部都放在向东征伐上，四分天下而占有其中的三分；派出私使，召集那些不相亲附的人，让西州的英雄豪杰都把心思集中在华山以东，那么，五分天下就有其中的四分；假如向天水郡出兵的话，天水郡肯定会被打得溃不成军，等到天水郡平定之后，那么，九分天下就得到了其中的八分。陛下凭借着梁州的土地，对内侍奉光武帝，对外为三军提供需要，那么，人民愁苦疲困，不能奉行上面的命令，就会有王莽自败的变乱！微臣的计策是应该趁天下人的期望断绝之前，还可招引豪杰的时候，赶快在此期间动员国内的精锐部队，派遣田戎占领江陵县，接近长江汇合的地方，依仗巫山的坚固，建筑壁垒，加强对敌军的防守，致送檄文到吴、楚，那么，长沙郡以南的地方就一定会马上归顺的。派遣延岑从汉中郡出兵，去平定三辅，那么，天水、陇西二郡他们就拱手相让，自动臣服了。像这样，在全国范围内震动，希望能够取得重大的利益。”公孙述问众臣，博士吴柱说：“武王进攻殷朝，有八百个诸侯不约而会合，大家都说纣王可伐，可是，还是把军队带了回来，等待上天的命令。从来没听说把邻近的援助军队派出到千里之外的。”荆邯说：“如今东帝没有些许权柄，指挥乌合之众，跨上战马，去攻破敌军的城墙，所到过的地方都被平定了，还不赶紧趁着这个机会和他分取功劳，反而却坐在那儿漫谈武王伐纣的理论，这是又要学习隗嚣想做西伯啊！”

述然邯言，欲悉发北军屯士及山东客兵，使延岑、田戎分出两道，与汉中诸将合兵并势。蜀人及其弟光以为不宜空国千里之外，决成败于一举，固争之，述乃止。延岑、田戎亦数请兵立功，述终疑不听，唯公孙氏得任事。

述废铜钱，置铁钱，货币不行，百姓苦之。为政苛细，察于小事，如为清水令时而已，好改易郡县官名。少尝为郎，习汉家故事，出入法驾，鸾旗旄骑。又立其两子为王，食犍为、广汉各数县。或谏曰："成败未可知，戎士暴露而先王爱子，示无大志也！"述不从，由此大臣皆怨。

【译文】 公孙述感觉荆邯的话说得很对，打算动员全部北军的屯驻兵士还有华山以东侨居在蜀国的军队，命令延岑、田戎分别从两路出发，和汉中郡众将的军队会合，势力合并到一起。蜀人和他的弟弟公孙光以为不应该让国家的势力空虚，而都到千里以外的地方，以一次战争就来判断胜负，极力反对这件事情，公孙述这才停止。延岑、田戎也多次请求派兵立功，可是公孙述始终怀疑不肯听信，只有公孙氏才能掌管军政大事。

公孙述把铜钱给废除了，后又设置铁钱，钱币不让流通，人民因此备受困苦。他行政苛刻细微，观察细小的事情，就像做清水县令的时候一样认真，喜欢更改郡、县、官名。年轻的时候曾经做郎官，认真学习汉家旧的条令法制，进出乘舆，鸾旗旄骑。又推立他的两个儿子为王，各以犍为郡、广汉郡的几个县做食邑。有人劝谏说："成败还不能预知，战士都在战场上风吹日晒了，如今却封自己喜爱的儿子做王，这充分表明了没有远大的志向。"公孙述不听从，因此大臣都怨声载道。

冯异自长安入朝，帝谓公卿曰："是我起兵时主簿也，为吾披荆棘，定关中。"既罢，赐珍宝、钱帛，诏曰："仓卒芜蒌亭豆粥，滹沱河麦饭，厚意久不报。"异稽首谢曰："臣闻管仲谓桓公曰：'愿君无忘射钩，臣无忘槛车。'齐国赖之。臣今亦愿国家无忘河北之难，小臣不敢忘巾车之恩。"留十馀日，令与妻子还西。

申屠刚、杜林自隗嚣所来，帝皆拜侍御史。以郑兴为太中大夫。

三月，公孙述使田戎出江关，招其故众，欲以取荆州，不克。

帝乃诏隗嚣，欲从天水伐蜀。嚣上言："白水险阻，栈阁败绝。述性严酷，上下相患，须其罪恶孰著而攻之，此大呼响应之势也。"帝知其终不为用，乃谋讨之。

【译文】冯异从长安进京朝见光武帝，光武帝对公卿说："这是我兴兵时候的主簿，为我铲除荆棘，平定关中。"说完退朝之后，就赏赐珍宝、钱帛给他，下诏说："急遽之际，在芜蒌亭呈上豆粥，滹沱河献上米饭，如此深厚的情意，很久都没有机会报答。"冯异磕头敬谢说："微臣听说管仲对齐桓公说：'期望国君不要忘记臣以前用箭射过你的带钩，微臣也不会忘记您曾用槛车囚禁过我。'齐国依靠他们才昌盛起来。微臣如今也期望光武帝不要忘记当年在河北县的困境，小臣也不敢忘记昔日巾车您对我的恩德。"停留十多天之后，光武帝就命令他和妻子儿女等人回到西边。

申屠刚、杜林从隗嚣那儿来，光武帝把他们都任命为侍御史。并让郑兴做太中大夫。

三月，公孙述命令田戎从江关出发，召集他昔日的部下，想依靠他们来进攻荆州，可是，却没有成功。

光武帝就下令给隗嚣，要他从天水郡进攻蜀郡。隗嚣上书说："白水县地势险要，栈道基本都是坏的。公孙述性情严厉残酷，上下的人都特别担心，等他的罪恶盈满表现出来的时候，然

资治通鉴

112

后再进攻他，这样一定会有一呼百应的阵势。"光武帝知道他始终不会被自己所用，于是就打算去攻打他。

夏，四月，丙子，上行幸长安，谒园陵；遣耿弇、盖延等七将军从陇道伐蜀，先使中郎将来歙奉玺书赐嚣谕旨。嚣复多设疑故，事久犹豫不决。歙遂发愤质素嚣曰："国家以君知臧否，晓废兴，故以手书畅意。足下推忠诚，既遣伯春委质，而反欲用佞惑之言，为族灭之计邪！"因欲前刺嚣。嚣起入，部勒兵将杀歙，歙徐杖节就车而去，嚣使牛邯将兵围守之。嚣将王遵谏曰："君叔虽单车远使，而陛下之外兄也，杀之无损于汉，而随以族灭。昔宋执楚使，遂有析骸易子之祸。小国犹不可辱，况于万乘之主，重以伯春之命哉！"歙为人有信义，言行不违，及往来游说，皆可按覆；西州士大夫皆信重之，多为其言，故得免而东归。

【译文】夏季，四月，丙子日（初八），光武帝考察民情亲自来到长安，拜谒帝王的茔墓。命令耿弇、盖延等七个将军从陇道进攻蜀郡。先命令中郎将来歙拿着光武帝的玺书赐给隗嚣，告诉他光武帝的旨意。隗嚣又假借很多疑难的缘故，把事情拖了很久而迟疑不决。来歙于是很生气地问隗嚣说："光武帝因为你知道善恶得失，了解成败废兴，所以才通过亲笔书信表达自己的诚意。足下表示忠实诚信，既然已经命令伯春入朝做内侍，却反而想用谄媚惑乱小人的话，这是灭族的计谋啊！"于是就想上前刺杀隗嚣。隗嚣起身进去，部署带兵将杀来歙，来歙就拿着符节乘车离开了。隗嚣让牛邯带领军队去包围他。隗嚣的将军王遵劝阻他说："君叔虽然是乘一车出使到远方来，可是他毕竟是陛下的姑子，如果把他杀了，对汉室来说虽然没有什么害处，但是随后就会招致被灭族的危害。从前宋国把楚国的使者捕杀了，于是就招致被围穷厄的祸患。小的国家尚且都不能被侮辱，更何况是光武帝，而且还有伯春的性命呢！"来歙为人讲信义，言行从来没有不一致，而且来往游说的话，都经过深思熟虑；西州的士大夫们都很相信并尊重他，大多数人都替他讲话，所以才能消除劫难，而回到东边。

五月，己未，车驾至自长安。

隗嚣遂发兵反，使王元据陇坻，伐木塞道。诸将因与嚣战，大败，各引兵下陇；嚣追之急，马武选精骑为后拒，杀数千人，诸军乃得还。

六月辛卯，诏曰："夫张官置吏，所以为民也。今百姓遭难，户口耗少，而县官吏职，所置尚繁。其令司隶、州牧各实所部，省减吏员，县国不足置长吏者并之。"于是并省四百余县，吏职减损，十置其一。

【译文】五月，己未日（廿一日），光武帝从长安回到洛阳。

隗嚣于是发起军队叛变，命令王元占领陇坻，砍伐树木，堵塞道路。将士们就和隗嚣一起作战，结果被打得大败，于是就各自率领兵卒逃离陇坻。隗嚣追得很紧，马武就挑选了精骑负责抵抗，杀了几千人，众军才得以回来。

六月，辛卯日（廿四日），光武帝下诏说："设置官吏，是用来治理人民的。可是如今百姓遇到灾难，人数减少了很多，但县衙官吏的职务，设置得还是很多。应该让司隶、州牧各于所部在自己的县考核实际，精简吏员，县国不够设立长吏的一起办理。"于是，合并了四百多个县，官吏的职务也大量减少，十个才留一个。

九月，丙寅晦，日有食之。执金吾朱浮上疏曰："昔尧、舜之盛，犹如三考；大汉之兴，亦累功效，吏皆积久，至长子孙。当时吏职，何能悉治，论议之徒，岂不喧哗！盖以为天地之功不可仓卒，艰难之业当累日也。而间者守宰数见换易，迎新相代，疲劳道路。寻其视事日浅，未足昭见其职，既加严切，人不自保，迫于举劾，惧于刺讥，故争饰诈伪以希虚誉，斯所以致日月失行之应也。夫物暴长者必夭折，功卒成者必疕坏。如摧长久之业而造速成之功，非陛下之福也。愿陛下游意于经年之外，望治于一世之后，天下幸甚！"帝采其言，自是牧守易代颇简。

十二月，壬辰，大司空宋弘免。

【译文】九月，丙寅晦日（三十日），发生日食，执金吾朱浮上奏疏说："以前唐尧、虞舜的昌盛，官吏都要经过三次考核；大汉的兴起，也累积功劳绩效，官吏都在位任职很久，甚至传给子孙让他们长大之后担任。当时官吏的职务，怎么能全部治好！对此议论的人，又哪里能不嘈杂哄闹！要认识天地的功绩不能马上而完成，艰难的事业要经过多日才能办好。可是近些日子官吏多次更换，迎接新上任的人来替代他们，在路上往来奔波劳累。察其莅官治事的日子很短，并不能看见他们的职责所在，如果严厉峻切地要求他们，人人就担心不能自保，因为检举弹劾所逼迫，讥刺讽议所担心忧虑，所以都争着掩饰欺诈虚伪，而期望获得虚假的名声，这就是为什么使日月失去行度的应验。事物成长太快的一定在短时间内夭亡，功业短时完成的一定急速败坏。如果要摧折长久的事业而制造快速完成的功业，这不是陛下的福分。希望陛下在一年之上放宽要求，把期望治绩寄托在若干年之后，那么天下人会感到太幸运了。"光武帝听从了他的话，从此州牧、郡太守的任免就很简化了。

十二月，壬辰日（二十七日），大司空宋弘被免除官职。

【乾隆御批】 牧守久任于亲民之职，宜尔。然使课最不得其当，则视同传舍，与因循、恋栈弊适相等。但建武时承雕弊之后，自以拊循休养为先。此政与省县吏、复田租同，一救切务。

【译文】 州牧和郡太守长久担任仁爱百姓的官职，是很合适的。但是假如考课官吏的办法不妥当，这就如同住店投宿，和因循守旧、留恋客店的弊病正好相同。只是建武时期正值衰败之后，当然应该优先安抚休养百姓。实行这种政策与裁减县吏、恢复田租一样，同是挽救时局的当务之急。

癸巳，诏曰："顷者师旅未解，用度不足，故行十一之税。今粮储差积，其令郡国收见田租三十税一，如旧制。"

诸将之下陇也，帝诏耿弇军漆，冯异军栒邑，祭遵军汧，吴汉等还屯长安。冯异引军未至栒邑，隗嚣乘胜使王元、行巡将二万馀人下陇，分遣巡取栒邑。异即驰兵欲先据之，诸将曰："虏兵盛而乘胜，不可与争锋，宜止军便地，徐思方略。"异曰："虏兵临境，忸忕小利，遂欲深入；若得栒邑，三辅动摇。夫攻者不足，守者有馀。今先据城，以逸待劳，非所以争也。"潜往，闭城，偃旗鼓。行巡不知，驰赴之。异乘其不意，卒击鼓、建旗而出。巡军惊乱奔走，追击，大破之。祭遵亦破王元于汧。于是北地诸豪长耿定等悉畔隗嚣降。诏异进军义渠，击破卢芳将贾览、匈奴奥鞬日逐王，北地、上郡、安定皆降。

【译文】 癸巳日（二十八日），光武帝下诏说："最近，军队还没有解除，费用不够充足，所以税务行十分而取一分。如今粮食储备比较充实,应该命令郡国收取现有田租,是三十分而取一分之税,按照过去的税法制度。"

众将士从陇坻退下,光武帝命令耿弇在漆县驻军,冯异在栒邑县驻军,祭遵在开县驻军,吴汉等人返回去驻守长安。冯异带领军队还没有来到栒邑县,隗嚣就趁着胜势,让王元、行巡带领两万多人从陇坻下来,分别命令行巡进攻栒邑县。于是冯异就带兵赶去,想先占据那个县。众将说:"敌军势力强大,而且趁着刚刚胜利的优势,不可以和他一起交战,我们应该把军队暂停在有利的地方,再慢慢地想办法。"冯异说:"敌军气势盛大,而且习惯重复去做从前所占小利的事情,于是,便要深入敌军;假如被他取得栒邑县,三辅就动摇了。以我们的兵力攻打他是远远不够的;可是,防守却绰绰有余。如今先占领该城,用安逸来等待辛劳,不是用来和他相争的。"于是就偷偷地前往,关闭城门,收起军旗战鼓。行巡不知道此事,尽快赶去。冯异趁他没有注意,忽然敲起战鼓,竖立军旗而出城迎战。行巡在惊慌混乱中奔跑逃走,冯异追赶进攻,把他打得大败。祭遵也在汧县打败了王元。于是,北方众豪杰尊长耿定等人全部叛变隗嚣而投降了。光武帝命令冯异向义渠县进兵,打败了卢芳的将军贾览、匈奴奥鞬日逐王,北地郡、上郡、安定郡也都相继投降了。

窦融复遣其弟友上书曰:"臣幸得托先后末属,累世二千石,臣复假历将帅,守持一隅,故遣刘钧口陈肝胆,自以底里上露,长无纤介!而玺书盛称蜀、汉二主三分鼎足之权,任嚣、尉佗之谋,窃自痛伤。臣融虽无识,犹知利害之际、顺逆之分。岂可背真旧之主,事奸伪之人;废忠贞小节,为倾覆之事;弃已成之基,求无冀之利!此三者,虽问狂夫,犹知去就,而臣独何以用心!谨遣弟友诣阙，口陈至诚。"友至高平，会隗嚣反，道不通，乃遣司马席封间道通书。帝复遣封，赐融、友书，所以尉藉之甚厚。

【译文】窦融又让他的弟弟窦友上书光武帝说："微臣很幸运能够凭着是先后的亲属，历代做两千石的官，又因为臣担任将帅一职，而奉守一方，所以命令刘钧告诉真心实话，自以为底里都露，丝毫没有隐藏。然而，玺书极称蜀、汉二位国君三分天下、鼎足而立的权柄，任嚣、尉佗的计谋，私下深自悲痛感伤。微臣窦融虽然没有见识，没有智慧，可是，在利与害的关系上，顺与逆之间，又怎么能够放弃真正的故主，反而去侍奉奸诈虚伪的小人；废除忠义贞纯的节操，去做倾斜覆灭的事情；放弃已经完成的基业，去寻求那些不切实际的利益。这三种情形，就算去问狂夫，尚且都知道如何取舍，而我又怎么会别有用心呢！谨派舍弟窦友到朝廷，亲自口述最真挚的心意。"窦友来到高平县，正好遇到隗嚣反叛，道路不通，于是就命令司马席封从偏僻的小路传递这封信。光武帝也命令席封赐给窦融、窦友信，用来抚慰他们，感情十分深厚。

融乃与隗嚣书曰："将军亲遇厄会之际，国家不利之时，守节不回，承事本朝。融等所以欣服高义，愿从役于将军者，良为此也！而忿悁之间，改节易图，委成功，造难就，百年累之，一朝毁之，岂不惜乎！殆执事者贪功建谋，以至于此。当今西州地势局迫，民兵离散，易以辅人，难以自建。计若失路不反，闻道犹迷，不南合子阳，则北入文伯耳。夫负虚交而易强御，恃远救而轻近敌，未见其利也。自兵起以来，城郭皆为丘墟，生民转于沟壑。幸赖天运少还，而将军复重其难，是使积痾不得遂瘳，幼孤将复流离，言之可为酸鼻。庸人且犹不忍，况仁者乎！融闻为忠甚易，得宜实难。忧人太过，以德取怨，知且以言获罪也！"嚣不纳。

【译文】 窦融于是给隗嚣写信，说："将军自己也亲身遇到厄运的时候，国家不利的时刻，守节不邪，去侍奉当今王朝。我们为什么要欣然服从起义军，愿意随从他们一起征伐，实在就是为了这个。可是如果因为处于愤恨之间，就让自己改变了节操，另作打算，抛弃成功，建立很难完成的事业，百年以来所累积的辛劳，就要毁于一旦，难道不觉得可惜吗？可能是因为你手下那些办事的人为了贪图功勋，建立谋略，才走到了今天这个地步的。如今西州的地势情况紧急，人民兵卒大多分离散失，很容易去帮助别人，要想建立自己的权势却很困难。我猜想你如果迷失路途还不知回头，听到道理而仍然执迷不悟，那么不是向南和子阳相会合，就是向北归顺于文伯！凭着不切实际的交情而轻视强劲的敌人，依仗着有远方的救兵就轻视近处的敌人，这样是看不到什么好处的。自从军队兴建以来，城墙都成了废墟，人民都辗转死在沟壑里。还好依靠天命才稍微有所回转，可是，如今将军又加重它的困难，这就是使长年的疾病不能痊愈的原因，幼弱的孤儿将又流浪分散，说起来真是令人伤心落泪。平常人尚且都不忍心这样做，更何况是仁德的人呢！我听说想要尽忠很容易，可是要想做得适宜却很困难。太多地担心别人，而说得很过分，原本是报德，可是，很可能反而被人萌生怨恨，而且我知道将由于说话而获罪！"隗嚣没有接纳。

融乃与五郡太守共砥厉兵马，上疏请师期；帝深嘉美之。融即与诸郡守将兵入金城，击嚣党先零羌封何等，大破之。因并河，扬威武，伺候车驾。时大兵未进，融乃引还。

帝以融信效著明，益嘉之，修理融父坟墓，祠以太牢，数驰轻使，致遗四方珍羞。

梁统犹恐众心疑惑，乃使人刺杀张玄，遂与隗嚣绝，皆解所假将军印绶。

【译文】窦融就和五个郡的太守共同准备兵马，进呈奏疏，请求出兵的确切日期；光武帝很赞赏他。于是窦融就和众郡太守带领军队来到金城郡，进攻隗嚣的党徒先零羌封何等人，把他们打得大败。还因此并合了黄河，宣扬武威，侍奉光武帝。这时候大军还没有向前进，窦融就把他们带回来了。

光武帝由于窦融的信实卓著彰明，就更加夸赞他，修治窦融父亲的坟墓，用太牢的祭品祭祀他，多次命令轻装的使者，将各地珍异的肴馔赏赐给他。

梁统还担心大家起疑心，就派人去暗杀张玄，于是他和隗嚣断绝来往，都解下兼摄的将军印章和组绶。

先是，马援闻隗嚣欲贰于汉，数以书责譬之，嚣得书增怒。及嚣发兵反，援乃上书曰："臣与隗嚣本实交友，初遣臣东，谓臣曰：'本欲为汉，愿足下往观之，于汝意可，即专心矣。'及臣还反，报以赤心，实欲导之于善，非敢谲以非义。而嚣自挟奸心，盗憎主人，怨毒之情，遂归于臣。臣欲不言，则无以上闻，愿听诣行在所，极陈灭嚣之术。"帝乃召之。援具言谋画。

帝因使援将突骑五千，往来游说嚣将高峻、任禹之属，下及羌豪，为陈祸福，以离嚣支党。援又为书与嚣将杨广，使晓劝于嚣曰："援窃见四海已定，兆民同情，而季孟闭拒背畔，为天下表的，常惧海内切齿，思相屠裂，故遗书恋恋，以致恻隐之计。乃闻季孟归罪于援，而纳王游翁谄邪之说，因自谓函谷以西，举足可定。以今而观，竟何如邪！

【译文】 在这之前，马援听说隗嚣想要对汉室不忠，就多次用书信指责暗示他，隗嚣接到书信之后，更加生气。等到隗嚣起兵造反的时候，马援就上书说："微臣原来和隗嚣是好朋友，以前让臣到东边去，他对臣说：'原来打算为汉室，期望你去考察一番，只要你内心以为可以，就专心致志地去做好了。'等到臣回来，用忠诚的心对待他，实在想劝说他向善，而不敢用不义去欺瞒他。可是，隗嚣自持奸诈的心，恃强凌弱，主客易位，怨恨狠毒的情愫就积聚在臣的身上。微臣其实本来不想说的，从前也没向您报告过，如今期望听从命令，到您那儿，毫不保留地说出消灭隗嚣的方法。"于是光武帝就召见他，马援就把谋略详细地说给他听。

光武帝就让马援带领五千突骑，奔走劝说隗嚣的将军高峻、任禹等人，下至羌族酋豪，为他们讲述祸福，而离间隗嚣的支派党羽。马援又写信给隗嚣的将军杨广，让他晓示劝谏隗嚣说："马援看到天下已经平定，人民的心情相同，可是，季孟继续反叛，做天下人都憎恨指射的目标，我常常担心全国人民因为痛恨他，而打算屠割杀害他，所以恋恋不舍地写上这封信，来表达怜悯同情的思虑。至于听说季孟把罪过都汇集在我的身上，却容忍王游翁谄媚佞邪的说法，宣称函谷关以西的地方，很轻易就可以被平定。可是根据如今的情势来看，结果究竟又将怎样呢！

援间至河内，过存伯春，见其奴吉从西方还，说伯春小弟仲舒望见吉，欲问伯春无它否，竟不能言，晓夕号泣，宛转尘中。又说其家悲愁之状，不可言也。夫怨雠可刺不可毁，援闻之，不自知泣下也。援素知季孟孝爱，曾、闵不过。夫孝于其亲，岂不慈于其子! 可有子抱三木而跳梁妄作, 自同分羹之事乎!

季孟平生自言所以拥兵众者, 欲以保全父母之国而完坟墓也, 又言苟厚士大夫而已。而今所欲全者将破亡之, 所欲完者将毁伤之, 所欲厚者将反薄之。季孟尝折愧子阳而不受其爵, 今更共陆陆欲往附之, 将难为颜乎! 若复责以重质, 当安从得子主给是哉! 往时子阳独欲以王相待而春卿拒之, 今者归老, 更欲低头与小儿曹共槽枥而食, 并肩侧身于怨家之朝乎!

【译文】 "我最近到河内郡, 探访伯春, 看到他的奴仆吉从西方回来, 说伯春的小弟仲舒想来看望吉, 要问伯春还好吗? 竟然都说不出话来, 早晚大哭。而且还说他家悲惨愁苦的情形, 不可以用言语来表达。有怨愁可以责备, 但是不能通过毁灭的手段来进行报复, 我知道之后, 情不自禁地哭泣落泪。我原本知道季孟孝顺慈爱, 就算是曾参、闵损也不能超过。孝顺自己双亲父母的, 哪儿有不疼爱自己儿子的! 能有儿子身为刑械所系, 而自己叛变跋扈, 胡作非为, 就好像高祖要求项羽分羹的事情吗?

"季孟平生说自己组建军队, 目的是要保全祖国和父母的坟墓, 又说只是重视士大夫而已。可是, 如今想要保全的马上就被攻打灭亡了, 想要完成的使命也即将就要被伤害毁坏, 想要重视的人却要受到轻视。季孟曾经侮辱子阳而不接受他的爵禄, 可是, 如今却要和那些庸庸碌碌的人去亲附他, 难道没有一点惭愧吗? 如果蜀国又让隗嚣以儿子做人质, 隗嚣该怎么办, 从哪里去找儿子做人质呢? 过去, 子阳一心想用王相之位相待, 却被春卿拒绝了, 如今进入了老年, 就可以低头和小儿们一起共用槽枥而进食, 在冤家的朝廷上并肩做官吗?

今国家待春卿意深, 宜使牛孺卿与诸耆老大人共说季孟,若计画不从，真可引领去矣。前披舆地图，见天下郡国百有六所，奈何欲以区区二邦以当诸夏百有四乎！春卿事季孟，外有君臣之义，内有朋友之道。言君臣邪，固当谏争；语朋友邪，应有切磋。岂有知其无成，而但萎腇咋舌，叉手从族乎！及今成计，殊尚善也，过是，欲少味矣！且来君叔天下信士，朝廷重之，其意依依，常独为西州言。援商朝廷，尤欲立信于此，必不负约。援不得久留，愿急赐报。”广竟不答。

诸将每有疑议，更请呼援，咸敬重焉。

【译文】 “如今国家对待春卿的情意很深厚，应该让牛孺卿和耆老大人们共同去劝说季孟，假如计划没有被采用的话，真可以转头离开。从前打开地图观看，看到天下郡国一共有一百〇六处，怎么能够用陇西、天水两个地方来反抗华夏其他的一百〇四个郡国呢？春卿侍奉季孟，对外有君臣的道义，对内有朋友的交情。说到君臣，本来就应该劝谏相争；论朋友，也应该相互砥砺。又怎么能够明知道不可能成功，却只是在一旁萎缩悔恨，坐视不管而随着族灭呢？趁着今天完成谋略，还很好，错过了这个时机，那可就不好了！再说来君叔是天下的信士，朝廷尊重他，他的内心也很喜欢隗嚣，经常单独为西州讲话。我衡量朝廷，特别想在这方面建立信义，肯定不会违背约定的。我不能长时间地留在这里，期望你尽快回信告诉他。”杨广居然没有回答。

众将士每逢有疑难而不能轻易决定的意见，就派人把马援请过来，大家都很敬重他。

隗嚣上疏谢曰：“吏民闻大兵卒至，惊恐自救，臣嚣不能禁止。兵有大利，不敢废臣子之节，亲自追还。昔虞舜事父，大杖则走，小杖则受，臣虽不敏，敢忘斯义！今臣之事，在于本朝，赐死则死，加刑则刑；如更得洗心，死骨不朽。"有司以嚣言慢，请诛其子。帝不忍，复使来歙至汧，赐嚣书曰："昔柴将军云：陛下宽仁，诸侯虽有亡叛而后归，辄复位号，不诛也。'今若束手，复遣恂弟归阙庭者，则爵禄获全，有浩大之福矣！吾年垂四十，在兵中十岁，厌浮语虚辞。即不欲，勿报。"嚣知帝审其诈，遂遣使称臣于公孙述。

匈奴与卢芳为寇不息，帝令归德侯飒使匈奴以修旧好。单于骄倨，虽遣使报命，而寇暴如故。

【译文】隗嚣上奏疏谢罪说："官民听说大军忽然来到，都担心得着急自救，微臣隗嚣没有能力管住他们。我的军队虽然取得了胜利，但是我依然不敢废弃臣子的礼节，亲自把他们追回来。以前虞舜侍奉父亲，父亲用大杖打他，他拔腿就跑；如果用小杖打他，他就接受。微臣虽然不太聪明，但是岂敢忘记这个道理呢？如今臣子侍奉当今皇朝，皇上赐我死，我就死；对我加刑，我就受刑；假如我能够改过，那就算我死了也感激不尽。"主管官吏感觉隗嚣的话很傲慢，于是就请求把他的儿子给杀了。可是光武帝于心不忍，又命令来歙到汧县，赐信给隗嚣说："从前柴将军说：'陛下仁义宽容，那些诸侯即使有逃亡背叛之后再回来的，也都恢复了他原来的官位称号，而且没有杀戮。'如今你如果能够自己捆着双手，再命令隗恂的弟弟到朝廷来，那么爵位官禄就都可以保全了，而且还有很大的福分。我现在已经四十岁了，在军中生活了十年，厌烦了那些流言谣传。假如不想这样做，就没有必要回答。"隗嚣知道光武帝已经知道他在欺骗，于是就命令使者向公孙述称臣。

匈奴一直侵犯卢芳，光武帝就派遣归德侯刘飒出使匈奴，跟他们重修旧好。单于傲慢不逊，虽然命令使者复命，可是，依旧进犯掠夺。

七年（辛卯，公元三一年）春，三月，罢郡国轻车、骑士、材官，今还复民伍。

公孙述立隗嚣为朔宁王，遣兵往来，为之援势。

癸亥晦，日有食之。诏百僚各上封事，其上书者不得言圣，太中大夫郑兴上疏曰："夫国无善政，则谪见日月；要在因人之心，择人处位。今公卿大夫多举渔阳太守郭伋可大司空者，而不以时定；道路流言，咸曰'朝廷欲用功臣'，功臣用则人位谬矣。愿陛下屈己从众，以济群臣让善之功。顷年日食每多在晦，先时而合，皆月行疾也。日君象而月臣象；君亢急而臣下促迫，故月行疾。今陛下高明而群臣惶促，宜留思柔克之政，垂意《洪范》之法。"帝躬勤政事，颇伤严急，故兴奏及之。

【译文】七年（辛卯，公元31年）春天，三月，罢除郡国轻车、骑士、材官，让他们都回到民间去。

公孙述立隗嚣为朔宁王，命令军队往来，为他声张形势，并且对他加以援助。

癸亥晦日（三十日），发生日食。光武帝下诏命令百官各自进呈秘密奏章，命上书的不能称圣。太中大夫郑兴上奏疏说："国家没有好的政治，于是就被日月谴责；更重要的是要顺从民意，来选拔人才，给予他们应该担任的官职。如今公卿大夫大多数人都推举渔阳郡太守郭伋能够胜任大司空的职位，可是却没有及时决定；后来就有路人谣传，都说'朝廷要用有功的臣子'，有功的臣子被任用，那么，人选和官职就不相称。期望陛下能委屈一下自己，顺应大家的意思，来成就众臣让位于贤者之功。近年来，日食现象大多出现在月末，太阳和月亮提前会合，都是月亮行进快速的原因。太阳代表的是国君的形象，月亮代表的是臣子的形象；国君过于着急而臣下担心，所以月亮加快了行进的速度。如今陛下高亢明爽，可是众臣却惶恐急促，应该注意和柔而能立事的政治，留心《洪范》治国的大法。"由于光武帝亲身勤于政事，时常过于急迫苛刻，所以郑兴就上奏谈到了这个问题。

夏，四月，壬午，大赦。

五月，戊戌，以前将军李通为大司空。

大司农江冯上言："宜令司隶校尉督察三公。"司空掾陈元上疏曰："臣闻师臣者帝，宾臣者霸。故武王以太公为师，齐桓以夷吾为仲父，近则高帝优相国之礼，太宗假宰辅之权。及亡新王莽，遭汉中衰，专操国柄以偷天下，况己自喻，不信群臣，夺公辅之任，损宰相之威，以刺举为明，徼讦为直，至乃陪仆告其君长，子弟变其父兄，罔密法峻，大臣无所措手足；然不能禁董忠之谋，身为世戮。方今四方尚扰，天下未一，百姓观听，咸张耳目。陛下宜修文、武之圣典，袭祖宗之遗德，劳心下士，屈节待贤，诚不宜使有司察公辅之名。"帝从之。

【译文】夏季，四月，壬午日（十九日），秀大赦天下。

五月，戊戌日（初六），命令前将军李通为大司空。

大司农江冯上书说："应该让司隶校尉监察三公。"司空掾陈元上奏疏说："微臣听说以臣为师的，可以成为帝王；以臣为宾的，可以成为霸主。所以武王以太公做老师，齐桓公让夷吾做仲父，最近的就是高帝以优礼对待相国，太宗给予宰辅权柄。到了亡新王莽时，见到汉室日益衰落，独自掌管国家的权柄而盗取天下，以自己为中心，不听信众臣的话，还剥夺公辅的职责，削弱宰相的权威，以探察举发为明察，揭发隐私为正直，而致使家仆控告自己的主人，子弟密告父兄的变乱，法网周密，刑法严峻，大臣都不知道该怎么办；然而却没有人禁止董忠的阴谋，惨遭世人杀害。当今各地依然混乱，天下还没有统一，人民对于视听都非常在意。陛下应该重新修改文王、武王时期圣明的典制，继承祖宗遗留下来的美德，替在下的士人着想，屈抑自己的节操，礼贤下士，实在不应该让主管官吏监督三公、四辅的名位。"光武帝就听从了他的建议。

酒泉太守竺曾以弟报怨杀人，自免去郡；窦融承制拜曾武锋将军，更以辛肜为酒泉太守。

秋，隗嚣将步骑三万侵安定，至阴槃，冯异率诸将拒之；嚣又令别将下陇攻祭遵于汧。并无利而还。

帝将自征隗嚣，先戒窦融师期，会遇雨，道断，且嚣兵已退，乃止。

帝令来歙以书招王遵，遵来降，拜太中大夫，封向义侯。

冬，卢芳以事诛其五原太守李兴兄弟。其朔方太守田飒、云中太守乔扈各举郡降，旁令领职如故。

帝好图谶，与郑兴议郊祀事，曰："吾欲以谶断之，何如？"对曰："臣不为谶！"帝怒曰："卿不为谶，非之邪？"兴惶恐曰："臣于书有所未学，而无所非也。"帝意乃解。

南阳太守杜诗政治清平，兴利除害，百姓便之。又修治陂池，广拓土田，郡内比室殷足，时人方于召信臣。南阳为之语曰："前有召父，后有杜母。"

【译文】酒泉郡太守竺曾因为弟弟为了个人恩怨而杀了人，

于是就自动解职，离开了该郡；窦融秉承王制，派遣竺曾做武锋将军，另派辛肜做酒泉郡太守。

秋季，隗嚣统率三万兵马侵扰安定郡，来到阴槃县，冯异统领众将反抗他；隗嚣又命令偏将下陇山，到汧县去进攻祭遵。可是都占不到便宜就返回去了。

光武帝想亲自去讨伐隗嚣，就先和窦融约定好出兵的日期，正好遇到下雨，道路被中断了，而且隗嚣的军队已经撤退，于是就停止了。

光武帝派遣来歙用书信让王遵降服，于是王遵就前来向他们投降，光武帝任他做太中大夫，封为向义侯。

冬季，卢芳因为一些事情杀了他的五原郡太守李兴兄弟；他的朔方郡太守田飒、云中郡太守乔扈分别率领自己全郡官民都来向他投降，光武帝让他们的官职还像以前一样。

光武帝喜欢谶纬的书，和郑兴一起商量祭祀天地的事宜，说："我要通过谶纬的书来决断它，你觉得怎么样呢？"答说："微臣没有研究过谶纬的书！"光武帝很生气地说："你不研究谶纬的书，是在反对它吗？"郑兴惊慌地说："微臣只是有些书没有学过而已，并不是反对那些书。"光武帝不高兴的想法这才消除。

南阳郡太守杜诗施政清静平和，振兴公利，除去弊害，人民都感到很安定。后来又修治水池，广泛地开垦田地，那里每家每户的人们都很富足，当时的人把他比成西汉哀帝时的河南郡太守召信臣。南阳郡因此有句话说："前有召父，后有杜母。"（意思是说：爱民如子的好官，先前有召信臣，后来有杜诗。）

八年（壬辰，公元三二年）春，来歙将二千馀人伐山开道，从番须、回中径袭略阳，斩隗嚣守将金梁。嚣大惊曰："何其神也！"帝闻得略阳，甚喜，曰："略阳，嚣所依阻。心腹已坏，则制其支体易矣！"

吴汉等诸将闻歙据略阳，争驰赴之。上以为嚣失所恃，亡其要城，势必悉以精锐来攻；旷日久围而城不拔，士卒顿敝，乃可乘危而进，皆追汉等还。隗嚣果使王元拒陇坻，行巡守番须口，王孟塞鸡头道，牛邯军瓦亭。嚣自悉其大众数万人围略阳，公孙述遣将李育、田弇助之，斩山筑堤，激水灌城。来歙与将士固死坚守，矢尽，发屋断木以为兵。嚣尽锐攻之，累月不能下。

【译文】八年（壬辰，公元32年）春季，来歙带领两千多人去伐山开路，从番须谷、回中山直接攻打略阳道，砍了隗嚣的守将金梁。隗嚣很吃惊地说："多么神奇啊！"光武帝知道进攻略阳道之后，感到非常高兴，说："略阳道，是隗嚣所依赖的险要之地，他的心腹都已经被破坏，那么，割断他的肢体也就轻而易举了！"

吴汉等众将知道来歙把略阳道给占领之后，就争相赶去。光武帝感觉隗嚣失去了他所依靠的地方，亡失他重要的城邑，势必用他所有的精锐部队来攻打；长时间地包围，可是，城邑却久攻不下，士兵困乏疲惫之际，就可以趁着他的危机而攻打。于是，把吴汉等人又都追了回来。隗嚣果然让王元在陇坻反抗，行巡在番须进行防守，王孟在鸡头道抵挡，牛邯驻屯在瓦亭。隗嚣就亲自带领几万人去包围略阳道，公孙述也命令将军李育、田弇去帮助他，伐山建堤，阻挡汹涌的水势，让它跃起去灌溉城里。来歙和将士以死抵抗，箭射完了，就把屋子给拆了，砍断树木，拿来当作兵器。隗嚣用所有精锐部队去进攻那个城，可是几个月都没有攻下。

夏，闰四月，帝自将征隗嚣，光禄勋汝南郭宪谏曰："东方初定，车驾未可远征。"乃当车拔佩刀以断车鞅。帝不从，西至漆。诸将多以王师之重，不宜远入险阻，计犹豫未决；帝召马援问之。援因说隗嚣将帅有土崩之势，兵进有必破之状；又于帝前聚米为山谷，指画形势，开示众军所从道径，往来分析，昭然可晓。帝曰："虏在吾目中矣！"明旦，遂进军，至高平第一。

窦融率五郡太守及羌虏小月氏等步骑数万，辎重五千馀两，与大军会。是时军旅草创，诸将朝会礼容多不肃，融先遣从事问会见仪适。帝闻而善之，以宣告百僚，乃置酒高会，待融等以殊礼。

遂共进军，数道上陇。使王遵以书招牛邯，下之，拜邯太中大夫。于是嚣大将十三人、属县十六、众十馀万皆降。嚣将妻子奔西城，从杨广，而田弇、李育保上邽。略阳围解。帝劳赐来歙，班坐绝席，在诸将之右，赐歙妻缣千匹。

【译文】夏季，闰四月，光武帝亲自带领军队讨伐隗嚣，光禄勋汝南人郭宪劝谏说："东边的地方刚刚平定，光武帝不适合远征。"于是就拦在车前拔出身上随身携带的刀，割断车子束在马胸的革带。光武帝依旧没有听从，继续向西到漆县。众将大多感觉帝王亲征，不应该去那么远的地方身入险境，计划迟迟没有决定；光武帝就召马援来问情况。马援趁机说隗嚣将帅有背叛的趋势，军队此次前进一定可以取得胜利；又在光武帝面前，把米粒堆积成山谷的样子，比画它的形势，公开指示众军所经过的路径，往来剖析，明白可知。光武帝说："敌人已经在我的眼中了！"第二天早晨，他就下令进军，来到高平县第一城。

窦融带领五个郡的太守以及羌虏小月氏等几万步兵骑士，

五千多辆装备车子，来和大军一起会合。这时候军队刚刚成立，众将朝谒皇帝的礼制仪容都不齐，于是窦融就先让从事去问会见的适当礼仪。光武帝知道了，感觉很好，把这件事公开告诉百官，就设置酒宴，来大宴群臣，用优礼来款待窦融。

后来，一起进军，从几路上陇山。让王遵用书信去招降牛邯，牛邯答应了，后来就任牛邯为太中大夫。于是，隗嚣的十三个大将、十六个属县、十多万的部下都投降了。隗嚣带领妻子儿女逃到西城县，听从杨广的说法，而田弇、李育守住上邽县。略阳道被围困的危机给解除了。光武帝犒赏来歙，特意把席位单独设在将领们上首，并赐给来歙的妻子一千匹细绢。

【乾隆御批】 歙初未有战功，但往来说嚣，以刚毅不辱命自见耳。及略阳之役，进袭退守，材略卓然，不在邓禹耿弇下，观其与马援护诸将屯长安，至濒危力封遗奏嚣识不变千载下犹有生气。

【译文】 来歙最开始没有战功，只是在劝说隗嚣归顺东汉王朝时，表现出他意志坚强和不辱君命而已。但在略阳战役中，他先是率军迅速袭取略阳，后又誓死固守略阳，他的雄才大略卓著，不在邓禹和耿弇之下。再看他和马援统率众将军屯驻长安，直到建武十一年征讨公孙述的途中，被公孙述派刺客刺中要害生命垂危之际，仍然忍着剧痛向光武帝上呈遗书。他的气度和胆识不变，千年之后，仍旧具有生命力。

进幸上邽，诏告隗嚣曰："若束手自诣，父子相见，保无佗也。若遂欲为黥布者，亦自任也。"嚣终不降，于是诛其子恂。使吴汉、岑彭围西城。耿弇、盖延围上邽。

以四县封窦融为安丰侯，弟友为显亲侯，及五郡太守皆封列侯，遣西还所镇。融以久专方面，惧不自安，数上书求代。诏报曰：
"吾与将军如左右手耳，数执谦退，何不晓人意！勉循士民，无擅离部曲！"

颍川盗贼群起，寇没属县，河东守兵亦叛，京师骚动。帝闻之曰："吾悔不用郭子横之言。"

秋，八月，帝自上邽晨夜东驰，赐岑彭等书曰："两城若下，便可将兵南击蜀虏。人苦不知足，既平陇，复望蜀。每一发兵，头须为白！"

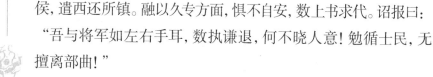

【译文】 光武帝带兵来到了上邽县，诏告隗嚣说："如果亲自前来投降的话，父子就可以相见了，并且还保证不会有其他的事情发生。如果最后想做黥布，那就只能由你自己负责了。"隗嚣仍然不肯投降，于是就把他的儿子隗恂给杀了。差遣吴汉、岑彭把西城县给包围了；耿弇、盖延包围上邽县。

把四个县封给窦融，做安丰侯，弟弟窦友被封为显亲侯，还有五个郡的太守都被封为列侯，让他们回去镇守西边的地方。窦融因为很长时间独断一方的军政，感到自己的心里很不安定，于是就很多次上书请求派人来替代。光武帝下诏回答说："我和将军就像一个人身体的左右手一样，你很多次执持谦虚逊让，为什么却如此不了解我的心意，好好劝勉抚恤士民，不要擅自随意离开军队！"

颍川郡的盗贼成群而起，把它的属县都给掠夺侵占了，河东郡的守军也叛变了，京城因为这个事情感到很是不安。光武帝知道了这些事之后，说："我很后悔当初没有听从郭子横的话。"

秋季，八月，光武帝从上邽县日夜兼程赶到东边去，赐给岑彭等人书信说："两城如果被顺利攻下的话，就可带领军队继续向南进攻蜀国的叛贼。人常常苦于不知足，在平定了陇西郡之

资治通鉴

后,又希望可以得到蜀国,每一次带领军队出征,胡须都因为这个而变白了!"

【乾隆御批】　蜀寇不平,天下何能统一? 势不得不急击之。"苦不知足"云云,特挥谦之辞。若事机,岂可坐失?

【译文】　蜀郡的寇贼不平定,天下怎么能够统一? 因此迫于形势,不得不迅速攻打公孙述。所谓"苦不知足"这样的话,不过是光武帝一种谦虚的说法,难道可以坐失时机吗?

九月,乙卯,车驾还宫。帝谓执金吾寇恂曰:"颍川迫近京师,当以时定。惟念独卿能平之耳,从九卿复出以忧国可也!"对曰:"颍川闻陛下有事陇、蜀,故狂狡乘间相诖误耳。如闻乘舆南向,贼必惶怖归死,臣愿执锐前驱。"帝从之。庚申,车驾南征,颍川盗贼悉降。寇恂竟不拜郡,百姓遮道曰:"愿从陛下复借寇君一年。"乃留恂长社,镇抚吏民,受纳馀降。

东郡、济阴盗贼亦起,帝遣李通、王常击之。以东光侯耿纯尝为东郡太守,威信著于卫地,遣使拜太中大夫,使与大兵会东郡。东郡闻纯入界,盗贼九千馀人皆诣纯降,大兵不战而还;玺书复以纯为东郡太守。戊寅,车驾还自颍川。

安丘侯张步将妻子逃奔临淮,与弟弘、蓝欲招其故众,乘船入海。琅邪太守陈俊追讨,斩之。

【译文】　九月,乙卯日(初一),光武帝回到皇宫。光武帝对执金吾寇恂说:"颍川郡离京城如此之近,应该及时把它给平定了。只是鉴于只有你才能把它平定罢了! 你可以从九卿复出而继续为国忧劳吗?"他回答说:"颍川郡的盗贼因为听说陛下打算对陇西郡、蜀国作战，所以极其狂妄狡猾，趁机作乱，而彼此连累罢了！如果听说陛下向南讨伐，盗贼一定很担惊受怕而归顺，微臣愿意拿着兵器，做陛下的先锋。"光武帝答应了他。庚申日(初六)，光武帝向南讨伐，颍川郡的盗贼就全部投降了。寇恂竟然不愿意担任颍川郡的太守，人民都拦路说："希望从陛下那儿再借寇君一年。"于是就把寇恂留在长社县，安慰吏民，并把其他投降的盗贼都给收留了。

东郡、济阴郡的盗贼也兴起，光武帝命令李通、王常进攻他们。因为东光侯耿纯曾经做过东郡的太守，威信在卫地很有名，就让使者任命他为太中大夫，并命令他和大军在东郡会合。东郡盗贼知道耿纯来到郡界，于是就有九千多个士兵到耿纯那儿投降，大军没有交战就回去了；玺书又派耿纯做东郡太守。戊寅日(二十四日)，光武帝从颍川郡回来。

安丘侯张步带领妻子儿女逃到临淮郡，和弟弟张弘、张蓝打算聚集他过去的部下，乘船入海。琅琊郡太守陈俊追赶征伐，将他们杀了。

冬，十月，丙午，上行幸怀；十一月，乙丑，还雒阳。

杨广死，隗嚣穷困，其大将王捷别在戎丘，登城呼汉军曰："为隗王城守者，皆必死，无二心。愿诸军亟罢，请自杀以明之。"遂自刎死。

初，帝敕吴汉曰："诸郡甲卒但坐费粮食，若有逃亡，则沮败众心，宜悉罢之。"汉等贪并力攻嚣，遂不能遣，粮食日少，吏士疲役，逃亡者多。岑彭壅谷水灌西城，城未没丈馀。会王元、行巡、周宗将蜀救兵五千馀人乘高卒至，鼓噪大呼曰："百万之众方至！"汉军大惊，未及成陈，元等决围殊死战，遂得入城，迎嚣归冀。吴汉军食尽，乃烧辎重，引兵下陇，盖延、耿弇亦相随而退。嚣出兵尾击诸营，岑彭为后拒，诸将乃得全军东归；唯祭遵屯汧不退。吴汉等复屯长安，岑彭还津乡。于是安定、北地、天水、陇西复反为嚣。

【译文】冬季，十月，丙午日（二十二日），光武帝亲自来到怀县；十一月，乙丑日（十二日），又返回洛阳。

杨广死后，隗嚣穷苦困乏，他的大将王捷另外在戎丘城，登上城楼，呼叫汉军说："帮隗王守城的，都一定要敢于牺牲，绝对没有二心，希望众军马上撤退，请求用自杀来表明心迹。"于是，拔剑自杀而死。

起初，光武帝下令对吴汉说："众郡甲兵都只是白白地浪费粮食，如果有人逃亡，就会使军心沮丧败坏，应该把他们全部解散了才对。"吴汉等人贪图权贵聚集力量来进攻隗嚣，于是，军队不能被遣散，而且粮食一天比一天少，后来吏士由于服役疲倦，逃走的人很多。岑彭堵塞谷水来灌溉西城，城差一丈多就险些被淹没了。正好王元、行巡、周宗带领蜀国五千多个救兵从高处忽然来到，击鼓哗噪而大喊，说："百万大军来了！"汉军大吃一惊，来不及把军队摆好阵势，王元等人就突围而下定决心跟他们死战到底，于是，才能够进城，迎接隗嚣回到冀州。吴汉军队的粮食吃光了，就把装备的车子给烧掉了，统率军队从陇山下来，盖延、耿弇也跟着他们撤退。隗嚣命令军队紧急地在后面进攻众营，岑彭就在殿后反击，众将才足以保全军队而回到东边；唯独祭遵驻军在汧县而没有后退。后来吴汉等人又在长安驻军，岑彭回到津乡。于是，安定、北地、天水、陇西等郡又反被隗嚣所有。

校尉太原温序为嚣将苟宇所获,宇晓譬数四,欲降之。序大怒,叱宇等曰:"虏何敢迫胁汉将!"因以节挝杀数人。宇众争欲杀之,宇止之曰:"此义士,死节,可赐以剑。"序受剑,衔须于口,顾左右曰:"既为贼所杀,无令须污土!"遂伏剑而死。从事王忠持其丧归雒阳,诏赐以冢地,拜三子为郎。

十二月,高句丽王遣使朝贡,帝复其王号。

是岁,大水。

【译文】校尉太原人温序被隗嚣的将军苟宇所抓捕,苟宇一再明白譬解,想要让他投降。温序很是生气,斥责苟宇等人说:"叛贼怎么能胁迫汉将!"于是就拿符节击杀了几个人。苟宇的部下抢着要杀他,苟宇阻拦他们说:"这个人肯为节操而死,是个义士,可以赐给他剑。"温序接受剑之后,把胡须含在嘴里,看着两边的人说:"我既然是被贼所杀,就不能让胡须被土玷污!"于是就拔剑自杀而死。从事王忠保护他的灵柩回到洛阳,光武帝下诏赐他墓地,任命他的三个儿子做郎官。

十二月,高句丽王差遣使者入朝献物,光武帝恢复了他的王号。

这一年,闹大水。

九年(癸巳,公元三三年)春,正月,颍阳成侯祭遵薨于军,诏冯异并将其营。遵为人,廉约小心,克己奉公,赏赐尽与士卒;约束严整,所在吏民不知有军。取士皆用儒术,对酒设乐,必雅歌投壶。临终,遗戒薄葬;问以家事,终无所言。帝愍悼之尤甚,遵丧至河南,车驾素服临之,望哭哀恸;还,幸城门,阅过丧车,涕泣不能已;丧礼成,复亲祠以太牢。诏大长秋、谒者、河南尹护丧事,大司农给费。至葬,车驾复临之;既葬,又临其坟,存见夫人、室家。其后朝会,帝每叹曰:"安得忧国奉公如祭征虏者乎!"卫尉铫期曰:"陛下至仁,哀念祭遵不已,群臣各怀惭惧。"帝乃止。

隗嚣病且饿,餐糗糒,恚愤而卒。王元、周宗立嚣少子纯为王,总兵据冀。公孙述遣将赵匡、田弇助纯。帝使冯异击之。

【译文】九年(癸巳,公元33年)春季,正月,颍阳成侯祭遵在军中去世;光武帝下诏让冯异合并了他的军营。祭遵为人节约谨慎,克制自己个人的欲望,秉公行事,把光武帝所赏赐的宝物都分给了士兵;军队纪律约束严厉整齐,所到过的地方,吏民都不知道有军队的存在。选取贤士,都采用儒术,对酒备乐,必定要歌唱雅诗,做投壶之戏。在临死的时候,遗命告诫薄葬;问他家事,终究不说一句话。光武帝怜悯疼惜哀悼他尤为厉害,祭遵的灵柩送到河南郡,光武帝穿着丧服亲自到来,探望哭泣,哀痛至极;回来,到达城门的时候,光武帝看到丧车经过,痛哭流泪久久不能停止;丧礼完毕之后,光武帝又亲自用太牢的祭品去祭祀他。命令大长秋、谒者、河南郡尹主持丧事,由大司农负责提供费用。等到下葬的那天,光武帝又亲自来到现场;下葬结束,又到他的坟地,去慰问他的夫人、家属。后来,朝会的时候,光武帝经常感叹说:"去哪里才能够找到像祭遵这样为国担忧操劳、奉行公事的人呢!"卫尉铫期说:"陛下十分仁德,不停地哀悼思念祭遵,让臣子们都各自感到羞愧而心怀担心。"光武帝才停止。

隗嚣既病且饿,吃的是粗干粮,后因愤怒而死。王元、周宗就拥立隗嚣的小儿子隗纯做王,带领军队,把冀州给占领了。公孙述命令将军赵匡、田弇去帮助隗纯。光武帝下令让冯异去进攻他们。

公孙述遣其翼江王田戎、大司徒任满、南郡太守程汛将数万人下江关，击破冯骏等军，遂拔巫及夷道、夷陵，因据荆门、虎牙，横江水起浮桥、关楼，立横柱以绝水道，结营跨山以塞陆路，拒汉兵。

夏，六月，丙戌，帝幸缑氏，登轘辕。

吴汉率王常等四将军兵五万馀人击卢芳将贾览、闵堪于高柳；匈奴救之，汉军不利。于是匈奴转盛，钞暴日增。诏朱祜屯常山，王常屯涿郡，破奸将军侯进屯渔阳，以讨虏将军王霸为上谷太守，以备匈奴。

【译文】 公孙述命令他的翼江王田戎、大司徒任满、南郡太守程汛带领几万人来到江关，打败冯骏等军队，于是，就把巫县以及夷道、夷陵二县给攻下来了，并且趁机占领荆门、虎牙二山，横着江水架起浮桥、关楼，插立横柱来阻断水路，又扎帐为营，跨过山头来阻挡陆路，抗击汉军。

夏季，六月，丙戌日(初六)，光武帝亲自来到缑氏县，登上了轘辕山。

吴汉带领王常等四个将军以及五万多人，到高柳县去进攻卢芳的将军贾览、闵堪；因为匈奴来援助他们，汉军失败了。于是，匈奴转为强盛，劫掠骚扰的人一天比一天增多。光武帝下令让朱祜在常山郡驻军，王常在涿郡驻军，破奸将军侯进在渔阳郡驻军，派讨虏将军王霸做上谷郡太守，以防御匈奴。

帝使来歙悉监护诸将屯长安，太中大夫马援为之副。歙上书曰："公孙述以陇西、天水为藩蔽，故得延命假息；今二郡平荡，则述智计穷矣。宜益选兵马，储积资粮。今西州新破，兵人疲馑，若招以财谷，则其众可集。臣知国家所给非一，用度不足，然有不得已也！"帝然之。于是诏于汧积谷六万斛。秋，八月，来歙率冯异等五将军讨隗纯于天水。

票骑将军杜茂与贾览战于繁畤，茂军败绩。

诸羌自王莽末入居塞内，金城属县多为所有。隗嚣不能讨，因就慰纳，发其众与汉相拒。司徒掾班彪上言："今凉州部皆有降羌，羌胡被发左衽，而与汉人杂处，习俗既异，言语不通，数为小吏黠人所见侵夺，穷恚无聊，故致反叛。夫蛮夷寇乱，皆为此也。旧制，益州部置蛮夷骑都尉，幽州部置领乌桓校尉，凉州部置护羌校尉，皆持节领护，治其怨结，岁时巡行，问所疾苦。又数遣使译，通导动静，使塞外羌夷为吏耳目，州郡因此可得警备。今宜复如旧，以明威防。"帝从之。以牛邯为护羌校尉。

【译文】 光武帝命令来歙全权监临护视众将而在长安驻军，太中大夫马援做他的帮手。来歙上书说："公孙述以陇西、天水二郡为屏障，所以才能够拖延生命，暂时休养生息；可是如今二郡已经平定扫荡，那么，公孙述的智慧谋划已经穷尽了。我们应该选择兵马，储备粮食。如今西州刚被打败，军队以及百姓都疲惫饥饿，如果用钱财粮食来让他们投降，那么这些人就可以聚集。微臣知道国家要提供的不是只有这一项开支，而且费用支出不够；可是，有时候是不得已而为之的！"光武帝感觉他说得很对。于是，就下令汧县积储米谷六万斛。秋季，八月，来歙带领冯异等五个将军，到天水郡去讨伐隗纯。

骠骑将军杜茂在繁畤县和贾览进行交战，杜茂的军队被打败了。

众羌从王莽末年就开始入住边塞境内，大多数金城郡的属县都被他们给侵占了。隗嚣没有办法征讨，就借机会靠近，安慰接见，发动他们跟汉室相对抗。司徒掾班彪上书说："如今凉州郡县都有向羌人投降的人。羌人是披头散发、所穿衣服左边开襟的异族，却和汉人混乱交杂地相处，风俗习惯不仅不同，言语又不通，而且很多次被小吏及狡黠之人所侵犯，穷困怨怒，丝毫没有保障，所以他们都叛变了。蛮夷抢掠作乱，都是因为这个而兴起的。依据原来的规章制度，益州郡县设立蛮夷骑都尉，幽州郡、县设立领乌桓校尉，凉州郡县设立护羌校尉，都执持符节而统治，为了解决他们所结的恩怨，一年四季都派人加以巡逻，探问他们的痛苦患难。还多次命令使者翻译，通达信息，让塞外羌人做官吏的耳目，州、郡因此就可以有所警戒防备。所以如今我们应该恢复原来的体制，来彰显威严的戒备。"光武帝就听从了他的意见。让牛邯去做护羌校尉。

盗杀阴贵人母邓氏及弟䜣。帝其伤之，封贵人弟就为宣恩侯，复召就兄侍中兴，欲封之，置印绶于前。兴固让曰："臣未有先登陷陈之功，而一家数人，并蒙爵士，令天下觖望，诚所不愿！"帝嘉之，不夺其志。贵人问其故，兴曰："夫外戚家苦不知谦退，嫁女欲配侯王，取妇眄睐公主，愚心实不安也。富贵有极，人当知足，夸奢益为观听所讥。"贵人感其言，深自降挹，卒不为宗亲求位。

帝召寇恂还，以渔阳太守郭伋为颍川太守。伋招降山贼赵宏、召吴等数百人，皆遣归附农；因自劾专命，帝不以咎之。后宏、吴等党与闻伋威信，远自江南，或从幽、冀，不期俱降，骆驿不绝。

莎车王康卒，弟贤立，攻杀拘弥、西夜王，而使康两子王之。

【译文】 盗贼杀了阴贵人的母亲邓氏和弟弟阴䜣。光武帝为这件事深深地感到悲伤，于是就册封贵人的弟弟阴就为宣恩侯。后来又召见阴就的哥哥侍中阴兴，想加封他，把印章组绶放在面前。可是阴兴坚持并谦让地说："微臣并没有先登敌城、攻陷军阵的功劳，可是一家几个人都享受爵位食邑，会被天下人怨恨，这个实在不是我所期盼的！"光武帝很赞赏他，所以就没有改变他的志向。贵人问他原因，阴兴说："外戚之家往往被不知道谦虚退让所害，嫁女儿的时候想把她许配给王侯，娶媳妇的时候就希望可以娶公主，我的内心实在感到愧疚不安。富有显贵是有权限的，做人应该懂得满足，夸张奢侈更是会被他人所耻笑的。"贵人被他的话感动了，深深地让自己谦下损抑，始终都不肯替同宗的亲属谋取官位。

光武帝命令寇恂回来，让渔阳郡太守郭伋为颍川郡太守。郭伋把招降的山贼赵宏、召吴等几百人，都送回了家，并且还赐予他们农籍；然后弹劾自己擅自把投降的贼给放了，可是光武帝没有怪罪于他。后来，赵宏、召吴的党羽听说郭伋的威信，就远从长江以南，或从幽、冀二州，不约而同地共同投降，连续不断。

莎车国王康去世，由他的弟弟贤继承王位，进攻拘弥、西夜二国国王，而派康的两个儿子去做国王。

十年（甲午，公元三四年）春，正月，吴汉复率捕虏将军王霸等四将军六万人出高柳击贾览，匈奴数千骑救之。连战于平城下，破走之。

夏阳节侯冯异等与赵匡、田弇战且一年，皆斩之。隗纯未下，诸将欲且还休兵，异固持不动，共攻落门，未拔。夏，异薨于军。

秋，八月，己亥，上幸长安。

初，隗嚣将安定高峻拥兵据高平第一，建威大将军耿弇等围之，一岁不拔。帝自将征之，寇恂谏曰："长安道里居中，应接近便，安定、陇西必怀震惧；此从容一处，可以制四方也。今士马疲倦，方履险阻，非万乘之固也。前年颍川，可为至戒。"帝不从，戊戌，进幸汧。峻犹不下，帝遣寇恂往降之。恂奉玺书至第一，峻遣军师皇甫文出谒，辞礼不屈；恂怒，将诛之。诸将谏曰："高峻精兵万人，率多强弩，西遮陇道，连年不下，今欲降之而反戮其使，无乃不可乎？"恂不应，遂斩之，遣其副归告峻曰："军师无礼，已戮之矣！欲降，急降；不欲，固守！"峻惶恐，即日开城门降。诸将皆贺，因曰："敢问杀其使而降其城，何也？"恂曰："皇甫文，峻之腹心，其所取计者也。今来，辞意不屈，必无降心。全之则文得其计，杀之则峻亡其胆，是以降耳。"诸将皆曰："非所及也！"

【译文】 十年（甲午，公元34年）春天，正月，吴汉又带领捕虏将军王霸等四个将军、六万人，从高柳县进攻贾览，匈奴几千骑兵去营救他。在平城县下屡次进行交战，把他们打败逃跑了。

夏阳节侯冯异等人和赵匡、田弇交战快一年，才把他们都给杀了。隗纯还没被打败，众将士想暂且返回停战，可是冯异坚持到底，丝毫不为他人所动摇，于是就一起进攻落门聚，没能攻下。夏季，冯异在军中去世。

秋季，八月，己亥日（二十五日），光武帝亲自来到长安。

起初，隗嚣的将军安定人高峻拥有自己的军队，把高平县第一城给占领了，建威大将军耿弇等人去包围它，经过了一年，都没有能攻取成功。光武帝打算御驾亲征，寇恂劝谏说："长安在洛阳、高平之间，要想接应既近又方便，安定、陇西二郡肯定会震动惊慌；这里是一个安稳的地方，可以牵制四方。可是如今人马疲惫，正处于危难之中，对陛下是危险的。前年颍川郡的事件，可以作为警告。"光武帝不肯听取谏言，进军来到汧县。高峻还是不肯投降，光武帝就命令寇恂前去招降他。寇恂拿着玺书来到第一城，高峻命令皇甫文出来与他相见，措辞行礼倨傲；寇恂很是生气，打算把他给杀了。众将劝谏说："高峻有一万精锐的兵卒，有很多强劲的弓弩，戍守西边陇西郡的通道，一连几年都没有能攻下，如今打算招降他，却反而把他的使者杀了，这样恐怕不可以吧！"寇恂没有同意，就把皇甫文给斩了，让他的副使回去告诉高峻说："由于军师无理，已经被我杀了！如果要投降，就赶快投降；不要的话，就加强防守！"高峻担心害怕，于是当天就打开城门投降。众将都恭贺，就顺便问他说："请问杀了他的使者，却能让他开城投降，这是什么道理呢？"寇恂说："皇甫文，是高峻的心腹，是他谋取计策的人。如今前来，说理倨傲，肯定没有归降的想法。要是保全了他，那么，皇甫文的谋略就得逞了；如果把他给杀了，就可以让高峻丧失胆量，所以他就投降了。"众将都说："这可不是我们所能比得上的。"

【乾隆御批】 斩腹心，以夺其气，盖深知高峻之无能为，是以其应如响。兵机神速。不可以形迹摹拟。恂实知兵、善应哉！

【译文】 斩杀高峻的心腹，以灭他的气焰，是因为寇恂深知高峻无能，因此才采取了这迅雷不及掩耳的对策。兵贵神速，不可能从形式上进行模仿。寇恂的确属于懂得用兵、善于采取对策的将领！

冬，十月，来歙与诸将攻破落门，周宗、行巡、苟宇、赵恢等将隗纯降，王元奔蜀。徙诸隗于京师以东。后隗纯与宾客亡入胡，至武威，捕得，诛之。

先零羌与诸种寇金城、陇西，来歙率盖延等进击，大破之，斩首虏数千人。于是开仓廪以赈饥乏，陇右遂安，而凉州流通焉。

庚寅，车驾还宫。

【译文】冬季，十月，来歙和众将攻打落门聚，周宗、行巡、苟宇、赵恢等人献出隗纯投降，王元逃到了蜀郡。把隗姓宗族迁移到京城以东的地方去。后来，隗纯和宾客逃到了胡地，来到武威郡，被逮捕，处死了。

先零羌和其他族人掠夺金城、陇西二郡，来歙带领盖延等人进军攻打，把他们打得大败，砍了几千个敌人的头颅。于是，便打开仓库，去救济饥饿困乏的百姓，陇山以西终于安定了，而且凉州诸郡到京城的道路也打通了。

庚寅日（十七日），光武帝回到皇宫。

十一年（乙未，公元三五年）春，三月，己酉，帝幸南阳，还幸章陵；庚午，车驾还宫。

岑彭屯津乡，数攻田戎等，不克。帝遣吴汉率诛虏将军刘隆等三将，发荆州兵凡六万馀人、骑五千匹，与彭会荆门。彭装战船数十艘，吴汉以诸郡棹卒多费粮谷，欲罢之。彭以为蜀兵盛，不可遣，上书言状。帝报彭曰："大司马习用步骑，不晓水战，荆门之事，一由征南公为重而已。"

闰月，岑彭令军中募攻浮桥，先登者上赏。于是偏将军鲁奇应募而前，时东风狂急，鲁奇船逆流而上，直冲浮桥，而横柱有反杷钩，奇船不得去。奇等乘势殊死战，因飞炬焚之，风怒火盛，桥楼崩烧。岑彭悉军顺风并进，所向无前，蜀兵大乱，溺死者数千人，斩任满，生获程汜，而田戎走保江州。

【译文】 十一年（乙未，公元35年）春季，三月，己酉日（初九），光武帝亲自来到南阳郡，后又返回，来到章陵县；庚午日（二十日），光武帝回宫。

岑彭在津乡驻军，多次进攻田戎等人，都没有取得胜利。光武帝调遣吴汉带领诛虏将军刘隆等三个将军，总共派出荆州军队六万多人、战马五千匹，和岑彭在荆门山会合。岑彭准备几千艘战船，吴汉感觉众郡船夫要消耗很多粮食，就打算撤除他们。可是，岑彭以为蜀国军队强大，不能被遣散，就上书说明情况。光武帝回答岑彭说："大司马熟知应用步兵骑士的方法，却不精通水战，荆门山的军事，全以征南公（岑彭）为重就可以了。"

闰月，岑彭命令军中招募进攻浮桥的士兵，首先登上的有重赏。于是，偏将军鲁奇接受招募而攻打。可是这个时候，东风狂急，鲁奇的船只逆流而上，直向浮桥冲去，而横柱有反杷钩，使鲁奇的船只没有能够离开；鲁奇等人也就趁着这个情况拼死作战到底，利用投掷火把去烧浮桥，风急火大，桥楼被焚烧坍塌。岑彭带领全军顺着风势一起进攻，所向披靡，蜀军大乱，有几千人都被淹死了，把任满杀了之后，活捉程汜，可是田戎逃到江州县去防守。

彭上刘隆为南郡太守；自率辅威将军臧宫、骁骑将军刘歆长驱入江关。令军中无得虏掠，所过，百姓皆奉牛酒迎劳，彭复让不受。百姓大喜，争开门降。诏彭守益州牧，所下郡辄行太守事，彭若出界，即以太守号付后将军。选官属守州中长吏。

彭到江州，以其城固粮多，难卒拔，留冯骏守之；自引兵乘利直指垫江，攻破平曲，收其米数十万石。吴汉留夷陵，装露桡继进。

夏，先零羌寇临洮。来歙荐马援为陇西太守，击先零羌，大破之。

【译文】岑彭上奏光武帝派刘隆做南郡太守；自己带领辅威将军臧宫、骁骑将军刘歆一直向前，来到江关。命令军队不可以劫掠抢夺，所经过的地方，人民都捧着牛酒来迎接犒劳，岑彭又谦让不肯接受，于是人民都非常高兴，争着打开城门投降。光武帝下令让岑彭守卫益州，做州牧，拿下各郡之后就兼任太守之职，岑彭如果离开了郡界，就把太守的名位传给在他之后的将军。遴选属官兼代州中长吏。

岑彭到江州县，由于它城防坚固很难一下子攻取，粮食充足，于是就留下冯骏看守它；自己带领军队，乘着优势，直向垫江县，成功攻取平曲县，收取它几十万石米。吴汉留在夷陵县，把楫装在船上，露出在外，而继续前进。

夏季，先零羌进犯临洮县。来歙推荐马援做陇西郡太守，进攻先零羌，把他们打得大败。

公孙述以王元为将军，使与领军环安拒河池。六月，来歙与盖延等进攻元、安，大破之，遂克下辨，乘胜遂进。蜀人大惧，使刺客刺歙，未殊，驰召盖延。延见歙，因伏悲哀，不能仰视。歙叱延曰："虎牙何敢然！今使者中刺客，无以报国，故呼巨卿，欲相属以军事，而反效儿女子涕泣乎！刃虽在身，不能勒兵斩公邪？"延收泪强起，受所诫。歙自书表曰："臣夜人定后，为何人所贼伤，中臣要害。臣不敢自惜，诚恨奉职不称，以为朝廷羞。夫理国以得贤为本，太中大夫段襄，骨鲠可任，愿陛下裁察。又臣兄弟不肖，终恐被罪，陛下哀怜，数赐教督。"投笔抽刃而绝。帝闻，大惊，省书揽涕。以扬武将军马成守中郎将代之。歆丧还洛阳，乘舆缟素临吊、送葬。

【译文】公孙述让王元担任将军一职，命令他和领军环安在河池县抵抗。六月，来歙和盖延等人攻打王元、环安，把他们打得大败，就攻取了辨县，趁着胜势而继续前进。蜀人非常担心害怕，就派遣刺客去行刺来歙，来歙还没断气，就派人马上将盖延召来。盖延见到来歙，就俯下身子悲伤哀痛，不能抬头相看。来歙训斥盖延说："虎牙（盖延，为虎牙大将军的省词）怎么能如此呢！如今我被刺客刺中，没有办法来继续报答国家的恩典，所以叫你前来，想把将军的事情嘱咐给你，你却反而像小儿女子一样痛哭流泪呢！刀刃就算在身上，不能指挥军队斩了你吗？"盖延停止哭泣，勉强站起来，接受他的告诫。来歙亲自写表说："微臣在深夜众人就寝之后，不知道被什么人所行刺，刺中了臣的要害。微臣不敢自怜，实在恨自己奉行的职责不能和名位相当，而让朝廷蒙羞。治理国家应该以得到贤才为根本，太中大夫段襄，正直无私，可以担当大任，希望陛下可以裁断审察。还有微臣的兄弟不贤，一直都害怕获罪，希望陛下可怜，多多赐予教正。"把笔给扔了，抽出身上的刀刃而断气身亡。光武帝知道这件事之后，大吃一惊，看到呈文而眼泪不止；让扬武将军马成兼中郎将接替他的职位。来歙的灵柩回到洛阳，光武帝穿着丧服，亲自前去吊唁他，送到墓地下葬。

赵王良从帝送歆丧还，入夏城门，与中郎将张邯争道，叱邯旋车，又诘责门候，使前走数十步。司隶校尉鲍永劾奏："良无藩臣礼，大不敬。"良尊戚贵重，而永劾之，朝廷肃然。永辟扶风鲍恢为都官从事，恢亦抗直，不避强御。帝常曰："贵戚且敛手以避二鲍。"

永行县到霸陵，路经更始墓，下拜，哭尽哀而去，西至扶风，椎牛上苟谏冢。帝闻之，意不平，问公卿曰："奉使如此，何如？"太中大夫张湛对曰："仁者，行之宗；忠者，义之主也。仁不遗旧，忠不忘君，行之高者也。"帝意乃释。

【译文】赵王刘良跟着光武帝送来歆的灵柩回来，进入夏城门，和中郎将张邯抢路，斥责张邯让他转车；又指责门候，让他向前走几十步。司隶校尉鲍永上奏弹劾"刘良没有行过诸侯的礼节，这就犯了大不敬的罪"。刘良是尊贵的皇亲国戚，可是鲍永却去弹劾他，让朝廷上下都为之肃然起敬。鲍永派遣扶风人鲍恢做都官从事，鲍恢为人也刚正不阿，从来不让横行霸道的人祸害百姓。光武帝经常说："尊贵的皇亲国戚都暂时要缩手不能胡来而避开二鲍。"

鲍永巡视各县来到霸陵县，路过更始坟墓的时候，行跪拜大礼，痛哭竭尽哀思而离开了，到了西边的扶风，杀牛去祭拜苟谏的墓。光武帝知道这些事之后，心里很不高兴，问公卿说："如果奉命出使的人都像这样的话，该怎么办？"太中大夫张湛回答说："仁，是行事的主体；忠，是义理的主体；行仁不遗忘故旧，尽忠不忘记君王，这才是最高的行为。"光武帝的心意才宽解。

帝自将征公孙述；秋，七月，次长安。

公孙述使其将延岑、吕鲔、王元、公孙恢悉兵拒广汉及资中，又遣将侯丹率二万馀人拒黄石。岑彭使臧宫将降卒五万，从涪水上平曲，拒延岑，自分兵浮江下还江州，溯都江而上，袭击侯丹，大破之；因晨夜倍道兼行二千馀里，径拔武阳。使精骑驰击广都，去成都数十里，势若风雨，所至皆奔散。初，述闻汉兵在平曲，故遣大兵逆之。及彭至武阳，绕出延岑军后，蜀地震骇。述大惊，以杖击地曰："是何神也！"

延岑盛兵于沅水。臧宫众多食少，转输不至，降者皆欲散畔郡邑，复更保聚，观望成败。宫欲引还，恐为所反；会帝遣谒者将兵诣岑彭，有马七百匹，宫矫制取以自益，晨夜进兵，多张旗帜，登山鼓噪，右步左骑，挟船而引，呼声动山谷。岑不意汉军卒至，登山望之，大震恐；宫因纵击，大破之，斩首、溺死者万馀人，水为之浊。延岑奔成都，其众悉降，尽获其兵马珍宝。自是乘胜追北，降者以十万数。军至平阳乡，王元举众降。

【译文】光武帝亲自带领兵马去讨伐公孙述。秋季，七月，驻扎在长安。

公孙述命令他的将军延岑、吕鲔、王元、公孙恢率领所有的军队到广汉县和资中县去抵抗，又命令将军侯丹带领两万多人到黄石滩去抗拒。岑彭命令臧宫带领五万投降的士兵，从涪水上行到平曲县，对抗延岑，自己把军队分散开来，顺着江水而下，回到江州县，然后逆着都江的水流而往上走，去偷袭侯丹，把他打得大败；接着就日夜兼程，着急赶了两千多里路，直接成功拿下武阳县。命令精锐的骑兵马上去进攻广都县，从那里到成都只有几十里路，情况就像风雨一样，所到过的地方，敌人都逃散了。刚开始，公孙述听说汉军在平曲县，于是就命令大军去迎战。等到岑彭来到武阳县的时候，绕出在延岑的军队后面，蜀地就为之震动惊骇。公孙述很是吃惊，用杖击地说："这是什么神啊？"

延岑在沅水（应作沈水）有很多军队。臧宫军队缺少粮食，后备粮食又一直没有运来，那些投降的士兵都想在郡城逃离背叛，又另外聚众保守，来观望成败。臧宫打算带兵返回去，害怕引起背叛；可是刚好光武帝命令谒者带领军队到岑彭那儿去，有七百匹马，臧宫就骗他们说是光武帝的命令用来加强自己的实力，日夜兼程马不停蹄地进兵，设置很多军旗，登上高山，击鼓哗噪，右边是步兵，左边是骑兵，夹着船只而不断前进，呼喊的声音震惊山谷。延岑没有想到汉军突然来到，于是登山望去，非常担心害怕；臧宫趁机纵兵进攻，把他打得大败，被砍首级或淹死的士兵就有一万多人，水都因为这个而变得污浊了。延岑逃到成都，他的部下全部投降，把他所有的兵马珍宝都获取了。因此趁着胜势，追赶败军，投降的以十万计算。军队到平阳乡，王元率领部下投降。

　　帝与公孙述书，陈言祸福，示以丹青之信。述省书叹息，以示所亲。太常常少、光禄勋张隆皆劝述降。述曰："废兴，命也，岂有降天子哉！"左右莫敢复言。少、隆皆以忧死。

　　帝还自长安。

　　冬，十月，公孙述使刺客诈为亡奴，降岑彭，夜，刺杀彭。太中大夫监军郑兴领其营，以俟吴汉至而授之。彭持军整齐，秋毫无犯。邛谷王任贵闻彭威信，数千里遣使迎降；会彭已被害，帝尽以任贵所献赐彭妻子。蜀人为立庙祠之。

　　马成等破河池，遂平武都。先零诸种羌数万人，屯聚寇钞，拒浩亹隘。成与马援深入讨击，大破之，徙降羌置天水、陇西、扶风。

　　【译文】光武帝给公孙述去信，讲述祸福，并且表示确然不移的信约。公孙述看信叹息，拿给亲近的大臣看。太常常少、光禄勋张隆都劝说公孙述投降。公孙述说："废兴，是命，哪里有投降的光武帝呢!"左右大臣不敢再多说什么。常少、张隆都因为这个担心忧愁而死。

光武帝从长安回来。

冬季,十月,公孙述让刺客假称是逃亡的奴仆,去向岑彭投降,在晚上去刺杀了岑彭;太中大夫监军郑兴率领他的军营,等到吴汉来了就把军营交给他。岑彭带兵一向很严谨,根本不让他们侵扰人民,邛谷王任贵听说岑彭的威信之后,即使远在几千里之外,还命令使者去迎接他们并且投降;刚好岑彭已被刺客杀死,光武帝就把任贵所进献的财物全部赐给了岑彭的妻儿。蜀人为岑彭建庙而祭祀他。

马成等人顺利拿下河池县,于是平定了武都郡。先零以及其他各种族的羌人有几万人,会集于此并掠夺百姓,在浩亹隘反抗。马成和马援深入敌境,强力攻打,把他们打得大败,还把那些投降的羌人迁移到天水郡、陇西郡、扶风去安置。

是时,朝臣以金城破羌之西,涂远多寇,议欲弃之。马援上言:"破羌以西,城多完牢,易可依固。其田土肥壤,灌溉流通。如令羌在湟中,则为害不休,不可弃也。"帝从之。民归者三千馀口,援为置长吏,缮城郭,起坞候,开沟洫,劝以耕牧,郡中乐业。又招抚塞外氐、羌,皆来降附,援奏复其侯王君长,帝悉从之。乃罢马成军。

十二月,吴汉自夷陵将三万人溯江而上,伐公孙述。

郭伋为并州牧,过京师,帝问以得失,伋曰:"选补众职,当简天下贤俊,不宜专用南阳人。"是时在位多乡曲故旧,故伋言及之。

【译文】 这个时候,朝廷的大臣认为金城郡破羌县的西边，此行路途甚远，而且贼寇很多，建议把它给放弃了。马援上书光武帝说："破羌县以西的地方，城邑大多牢固，易于固守；它的田地都是肥沃的土壤，灌溉方便。如果让羌人住在湟中，那么，为乱祸害的可就不止这些了，所以一定不可以抛弃。"光武帝听从他的建议。人民返回去的有三千多人，马援为他们设置长吏，修缮城郭，建筑警戒的坞候，开挖沟渠，鼓励农耕畜牧的发展，郡里的人都很高兴地从事生产。后来又招抚塞外的氐人、羌人，他们也都愿意来归降亲附，于是马援就奏请光武帝恢复他们的侯王君长；光武帝全部答应了。就撤出马成的军队。

十二月，吴汉从夷陵县带领三万人马，逆着长江的水流而迎上，去进攻公孙述。

郭伋做并州牧，经过京城的时候，光武帝问他施政的得失情况，郭伋说："选人填补各种职位，应该选择天下的贤士俊秀，而不应该都只用南阳郡的人。"这时，做官的大多人都是光武帝的同乡老友，所以郭伋谈到了这个问题。

【乾隆御批】 使当时弃破羌以西，边患何时可已？援因势利导，俾民耕牧有资，正与赵充国屯田湟中，同一远虑。

【译文】 假如当时放弃攻破羌县以西，边境的祸患何时才能消除？马援因势利导，鼓励人民耕田放牧，百姓得以安居乐业，这和赵充国屯田湟中的计策一样，都是深思远虑。

资治通鉴卷第四十三　汉纪三十五

起柔兆涒滩，尽柔兆敦牂，凡十一年。

【译文】起丙申（公元36年），止丙午（公元46年），共十一年。

【题解】本卷记录了建武十二年至二十二年间的历史，这一时期是光武帝执政中期。光武帝虽然平定了公孙述，但北方始终不宁。匈奴对抗东汉，联合乌桓等侵犯北方，直至建武二十二年，北方才大致安定下来。此时，交趾夷及西南夷等相继叛乱，国内也不时发生民变，东汉朝廷处在内忧外患之中。马援平交趾，西南夷平服，天下始治。光武帝四处体察民情，惩治、诛杀贪官污吏；奖励忠直之臣；重视教育；保护开国功臣，使他们都能颐养天年。光武帝还打破传统，更易太子，立贤不立嫡。

世祖光武皇帝中之下

建武十二年（丙申，公元三六年）春，正月，吴汉破公孙述将魏堂、公孙永于鱼涪津，遂围武阳。述遣子婿史兴救之，汉迎击，破之，因入；犍为界诸县皆城守。诏汉直取广都，据其心腹。汉乃进军攻广都，拔之，遣轻骑烧成都市桥。公孙述将帅恐惧，日夜离叛，述虽诛灭其家，犹不能禁。帝必欲降之，又下诏喻述曰："勿以来歙、岑彭受害自疑，今以时自诣，则宗族完全。诏书手记，不可数得。"述终无降意。

【译文】 建武十二年（丙申，公元36年）春季，正月，吴汉在鱼涪津把公孙述的将军魏堂、公孙永打败了，于是，包围武阳县。公孙述差遣女婿史兴去营救他们，吴汉前去进攻，把他给打败了，于是就进入了犍为郡界，众县都防守自己的城池。光武帝下令让吴汉直接进攻广都县，占领它的要地。吴汉就向广都县进兵攻打，将它拔取，调遣轻装疾行的骑兵火烧成都的市桥。公孙述的将帅担心害怕，便日夜叛变逃离，就算公孙述把他们的家人都给杀了，也还是没有能禁止他们。光武帝一定要招降他，于是就又下诏告诉公孙述说："不要因为来歙、岑彭都被刺身死，而让自己犹豫不定，如今及时亲自前来投降的话，那么宗族的性命就都能保全了。诏书由我亲笔写下，是不能多得的。"公孙述始终没有投降的想法。

秋，七月，冯骏拔江州，获田戎。

帝戒吴汉曰："成都十馀万众，不可轻也。但坚据广都，待其来攻，忽与争锋。若不敢来，公转营迫之，须其力疲，乃可击也。"汉乘利，遂自将步骑二万进逼成都；去城十馀里，阻江北营，作浮桥，使副将武威将军刘尚将万馀人屯于江南，为营相去二十馀里。帝闻之大惊，让汉曰："比敕公千条万端，何意临事勃乱！既轻敌深入，又与尚别营，事有缓急，不复相及。贼若出兵缀公，以大众攻尚，尚破，公即败矣。幸无它者，急引兵还广都。"诏书未到，九月，述果使其大司徒谢丰、执金吾袁吉将众十许万，分为二十馀营，出攻汉，使别将将万馀人劫刘尚，令不得相救。汉与大战一日，兵败，走入壁，丰因围之。汉乃召诸将厉之曰："吾与诸君逾越险阻，转战千里，遂深入敌地，至其城下，而今与刘尚二处受围，势既不接，其祸难量；欲潜师就尚于江南，并兵御之。若能同心一力，人自为战，大功可立；如其不然，败必无馀。成败之机，在此一举。"诸将皆曰："诺。"于是飨士秣马，闭营三日不出，乃多树幡旗，使烟火不绝，夜，衔枚引兵与刘尚合军。丰等不觉，明日，乃分兵拒水北，自将攻江南。汉悉兵迎战，自旦至晡，遂大破之，斩丰、吉。于是引还广都，留刘尚拒述，具以状上，而深自谴责。帝报曰："公还广都，甚得其宜，述必不敢略尚而击公也。若先攻尚，公从广都五十里悉步骑赴之，适当值其危困，破之必矣！"正是汉与述战于广都、成都之间，八战八克，遂军于其郭中。

【译文】秋季，七月，冯骏攻下江州县，捉拿到田戎。

光武帝告诫吴汉说："成都有十多万兵卒，不可以掉以轻心。你只要坚决防守广都县，等他前来进攻，不要和他交战就行了。万一他不敢来，你就转移军队驻地去靠近他，等他力量削弱了，才可以再去进攻。"吴汉趁着优势，就亲自带领两万步兵骑士攻打逼近成都，距离该城十多里路，依靠长江的北边扎营，架搭浮桥，让副将武威将军刘尚带领一万多人在长江以南的地方驻守，扎下营地，彼此相距二十多里路。光武帝知道这个军情之后，大吃一惊，责备吴汉说："最近不厌其烦地告诫你，哪里知道你做事竟如此悖乱呢！已经轻视敌人，深入敌地，又和刘尚分别扎营，如果有紧急的情况发生，根本就来不及照应了。敌人万一出兵牵制你，又让大批人马进攻刘尚，刘尚被打败，你也就失败了！如果幸运没有其他事故发生，那你就马上带兵回到广都县去。"诏书还没有到达，九月，公孙述果然命令他的大司徒谢丰、执金吾袁吉带领十多万兵马，分成二十多个军营，出城进攻吴汉，后又派其他的将领带领一万多人去劫持刘尚，让他

没有办法去营救。吴汉和他们大战了一整天，被打败了，逃到营
垒，谢丰就把他包围了。于是吴汉就聚集众将士，鼓励他们说：
"我和众将越过艰险，辗转征战千里的路，终于深入敌地，来到
了他们的城下。可是如今和刘尚两个地方都被包围了，形势上既
不能相互接应，那么它的祸患就很难估测了。我想秘密发兵到
江南，靠近刘尚，和他的军队相会合，一起来反抗他们。如果诸
位能够齐心协力，每个人都为自己作战的话，大功就可建立；如
果不是这样，则肯定失败，没有人有机会活命。成败的机会，就
在这一战。"众将都说："是。"于是，让兵卒吃饱喝足，马匹喂
足，营门三天紧闭，不出城迎战，反而插立了很多旗子，使烟火
不断，夜里，人人含枚，就率领兵马和刘尚的军队会合。谢丰等
人没有察觉，在吴汉和刘尚军队会合的第二天，谢丰就让一部
分军队去反抗长江以北的地方，而自己带领人马去进攻长江以
南的地方。吴汉就派所有的军队上去迎战，从早晨到申时，终于
把他们打得大败，谢丰、袁吉被斩杀。于是，他率领兵马回广都
县，把刘尚留下抵抗公孙述，细致地向光武帝报告实情，并且深
深地责怪自己。光武帝答说："你回广都县，决定是很正确的，
公孙述肯定不敢越过刘尚的军队来进攻你。万一他们先攻打刘
尚，你从广都县五十里路带领所有的步兵骑士赶去，赶到正好
他们已危困，打败他是一定的。"从此吴汉和公孙述在广都县、
成都之间作战，打了八次，吴汉八次都大获全胜，于是就在成都
的内外城之间把军队驻扎下来。

臧宫拔绵竹，破涪城，斩公孙恢；复攻拔繁、郫，与吴汉会于
成都。

李通欲避权势，乞骸骨；积二岁，帝乃听上大司空印绶，以特

进奉朝请。后有司奏封皇子，帝感通首创大谋，即日，封通少子雄为召陵侯。

公孙述困急，谓延岑曰："事当奈何！"岑曰："男儿当死中求生，可坐穷乎！财物易聚耳，不宜有爱。"述乃悉散金帛，募敢死士五千馀人以配岑。岑于市桥伪建旗帜，鸣鼓挑战，而潜遣奇兵出吴汉军后袭击破汉，汉堕水，缘马尾得出。汉军馀七日粮，阴具船，欲遁去。蜀郡太守南阳张堪闻之，驰往见汉，说述必败，不宜退师之策。汉从之，乃示弱以挑敌。

【译文】臧宫攻取绵竹县，拿下涪城，公孙恢被斩杀了；后来又夺得繁、郫二县，和吴汉在成都会合。

李通为了可以躲避权势，于是向光武帝请求辞职；经过两年，光武帝才批准他交上大司空的印章组绶，赐位特进，奉朝会请召。后来，主管官吏上奏册封皇子，光武帝很感激李通首先建议灭莽兴汉的大计，当天就册封李通的小儿子李雄为召陵侯。

公孙述困厄危急，对延岑说："现在应当怎么办？"延岑说："男儿理应从死中谋求生路，怎么能坐致穷困呢？财物是很容易获取的，对此不应该吝惜。"公孙述就把黄金布帛全部分散给大家，招募了五千多个敢于牺牲的勇士去配合延岑。延岑在市桥插立旗子，来进行伪装，击鼓挑战，然而秘密命令奇兵在吴汉的军队后面进攻吴汉，把吴汉打败了，吴汉掉进水里，依靠抓着马的尾巴才能出来。吴汉的军队只剩七天的粮食，于是就暗地里准备船只，准备逃离；蜀郡太守南阳人张堪知道了这件事之后，赶去见吴汉，说公孙述肯定失败，我们不应该有撤军的打算。吴汉听取了他的意见，就显示衰弱来向敌人求战。

冬，十一月，臧宫军咸阳门；戊寅，述自将数万人攻汉，使延岑拒宫。大战，岑三合三胜，自旦及日中，军士不得食，并疲。汉因使护军高午、唐邯将锐卒数万击之，述兵大乱；高午奔陈刺述，洞胸堕马，左右舆入城。述以兵属延岑，其夜，死；明旦，延岑以城降。辛巳，吴汉夷述妻子，尽灭公孙氏，并族延岑，遂放兵大掠，焚述宫室。帝闻之怒，以谴汉。又让刘尚曰："城降三日，吏民从服，孩儿、老母，口以万数，一旦放兵纵火，闻之可为酸鼻。尚宗室子孙，尝更吏职，何忍行此！仰视天，俯视地，观放麑、啜羹，二者孰仁？良失斩将吊民之义也！"

【译文】冬季，十一月，臧宫在咸阳门驻扎军队；戊寅日（十八日），公孙述亲自带领几万人去进攻吴汉，派延岑反抗臧宫。延岑曾三次与他们大战，三次都取得了胜利，从早晨到中午，军士没吃东西，都很疲惫。吴汉趁机派护军高午、唐邯带领几万个精锐的士兵进攻他，公孙述的军队大乱；高午奔到阵里去刺杀公孙述，公孙述被穿通胸膛，从马上掉了下来，身边的人把他抬进城里。公孙述把军队嘱托给延岑，当天晚上，就去世了；第二天早晨，延岑率全城投降。辛巳日（二十一日），吴汉把公孙述的妻儿给杀了，还把公孙氏全部灭了，而且族灭延岑，最终放任军队大肆掠夺，公孙述的宫室被火烧。光武帝知道了这件事之后，很是生气，就责备吴汉。后又责备刘尚说："开城投降三天，官民归顺，小孩、老母，人口以万计算，如果纵容士兵任意放火，百姓知道之后肯定很是伤心。你是宗室的子孙，又曾经担任官职，做这样的事你于心何忍呢！抬头望天，低头看地，与秦西巴放小鹿，乐羊啜己子之羹，两个人哪一个仁德呢！你这样实在有失砍杀敌将、抚慰人民的道义！"

初，述征广汉李业为博士，业固称疾不起。述羞不能致，使大鸿胪尹融奉诏命以劫业，"若起则受公侯之位，不起，赐以毒酒。"融谲旨曰："方今天下分崩，孰知是非，而以区区之身试于不测之渊乎！朝廷贪慕名德，旷官缺位，于今七年，四时珍御，不以忘君；宜上奉知己，下为子孙，身名俱全，不亦优乎！"业乃叹曰："古人危邦不入，乱邦不居，为此故也。君子见危授命，何乃诱以高位重饵哉！"融曰："宜呼室家计之。"业曰："丈夫断之于心久矣，何妻子之为！"遂饮毒而死。述耻有杀贤之名，遣使吊祠，赗赠百匹，业子翬逃，辞不受。述又骋巴郡谯玄，玄不诣；亦遣使者以毒药劫之，太守自诣玄庐，劝之行，玄曰："保志全高，死亦奚恨！"遂受毒药。玄子瑛泣血叩头于太守，愿奉家钱千万以赎父死，太守为请，述许之。述又征蜀郡王皓、王嘉，恐其不至，先系其妻子，使者谓嘉曰："速装，妻子可全。"对曰："犬马犹识主，况于人乎！"王皓先自刭，以首付使者。述怒，遂诛皓家属。王嘉闻而叹曰："后之哉！"乃对使者伏剑而死。犍为费贻不肯仕述，漆身为癞，阳狂以避之。同郡任永、冯信皆托青盲以辞征命。帝既平蜀，诏赠常少为太常，张隆为光禄勋。谯玄已卒，祠以中牢，敕所在还其家钱，而表李业之闾。征费贻、任永、冯信，会永、信病卒，独贻仕至合浦太守。上以述将程乌、李育有才干，皆擢用之。于是西土咸悦，莫不归心焉。

【译文】起初，公孙述派遣广汉人李业做博士，李业坚持声称自己有病不能起身。公孙述觉得没有把他给招过来，感到很耻辱，于是就让大鸿胪尹融拿着诏书去劫持李业，"如果起身的话就授给他公侯的高位，不起身就把毒酒赐给他"。尹融把意思说明白："当今天下四分五裂，谁能知道是非对错，却拿自己小小的身体去试探那深不可测的深渊！朝廷仰慕你的声名美德，特意空出官职，留下职位，到现在都已经七年了，四季进献的珍贵食物，都没有忘记赏赐给你；所以怎么说你也理应向上奉事知己，向下为自己的子孙后代着想，生命名誉都得以保全，不是很好吗？"李业就感叹说："古人不进入危难的国家，不停留在混乱的国家，就是为了这个原因。君子见到危难可以牺牲自己的性命，怎么能够用高官厚禄来引诱他呢！"尹融说："你应该把妻子叫出来商量一下。"李业说："我从心里已经决定很长时间了，为什么要叫妻子来商量呢！"于是就喝下毒药身亡了。公孙述怕有谋杀贤臣的恶名，就命令使者前去吊祭，赠送给赙仪一百匹布帛，李业的儿子李翚逃走，没有接受。公孙述又召请巴郡人谯玄，谯玄没有去；就命令使者用毒药去威胁他，太守亲自来到谯玄的家里，劝说他启程，谯玄说："保存志节，成全高名，死还有什么好遗憾的呢！"于是就接下毒药。谯玄的儿子谯瑛向太守磕头失声痛哭，甘愿献上家里一千万钱，去赎取父亲的性命，太守替他求情，公孙述同意了。公孙述又召请蜀郡人王皓、王嘉，害怕他们不来，就事先囚禁了他们的妻子儿女，使者对王嘉说："立刻准备行李，妻儿的性命才能够保全。"回答说："犬马还认得主人，更何况是人呢！"王皓就先拔剑自杀，家人把他的头交给使者。公孙述很生气，就把王皓的家属都杀了。王嘉知道之后感叹地说："晚了啊！"就对着使者拔剑自杀而亡。犍为人费贻始终不愿意做公孙述的官，就用漆把全身涂成癞疮，伪装癞病，装作发疯而逃避。同郡的任永、冯信，都谎称是青风眼，推脱征召的命令。蜀地被光武帝平定之后，下令派常少为太常，张隆为光禄勋。谯玄已经死了，就用少牢的祭品去祭祀他，命令当地官府归还他家里的钱，还表彰李业的里门。征召费贻、任永、冯信，可是任永、冯信都因病而死，唯独费贻做官到合浦郡太守。光武帝感觉公孙述的将军程乌、李育很有才能，就都提拔重用他们。于是，西域各国都因此心悦诚服，没有一个不归顺的。

初，王莽以广汉文齐为益州太守，齐训农治兵，降集群夷，甚得其和。公孙述时，齐固守拒险，述拘其妻子，许以封侯，齐不降。闻上即位，间道遣使自闻。蜀平，征为镇远将军，封成义侯。

十二月，辛卯，扬武将军马成行大司空事。

是岁，参狼羌与诸种寇武都，陇西太守马援击破之，降者万馀人，于是陇右清静。援务开恩信，宽以待下，任吏以职，但总大体，而宾客故人日满其门。诸曹时白外事，援辄曰："此丞、掾之任，何足相烦！颇哀老子，使得遨游。若大姓侵小民，黠吏不从令，此乃太守事耳。"傍县尝有报雠者，吏民惊言羌反，百姓奔入城，狄道长诣门，请闭城发兵。援时与宾客饮，大笑曰："虏何敢复犯我！晓狄道长，归守寺舍。良怖急者，可床下伏！"后稍定，郡中服之。

【译文】起初，王莽派广汉人文齐做益州郡太守，文齐指导农耕，训练军队，把那些降服了的蛮夷都聚合在一起，很得他们的欢心。公孙述在位的时候，文齐坚持守护险地相拒，公孙述囚禁他的妻儿，同意封他为侯，可是，文齐不肯投降。后来，知道光武帝登基，就差遣使者从小路去向他汇报。等到蜀地平定之后，光武帝召集他做镇远将军，封为成义侯。

十二月，辛卯日（初一），扬武将军马成兼摄大司空一职。

这一年，参狼羌和其他种族进犯武都郡，陇西郡太守马援把他们给打败，降服了一万多人，于是，陇山以西的地方得以清明平静。马援专心施展恩惠信实，以宽容对待部下，任用官吏担任职务，只是掌握大原则，可是宾客旧友却每天有很多人到他的家。诸曹有时向他汇报外面的事情，马援总是说："这是丞、掾的事情，哪里需要来劳烦我呢! 你们应该好好可怜可怜我这个老头，让我能够尽情地逍遥。至于豪门大族扰害小民，狡猾的官吏不听从命令的事情，这才是太守应该管的事!"邻近的县城曾经有人报仇，吏民就谎称是羌人叛变，百姓逃入城里，狄道县长就到府门，请求把城门关了，并把军队派出去。马援这个时候正在和宾客一起喝酒，大笑说："胡虏怎么敢再度进犯我! 告诉狄道县长，回去守住官舍。实在害怕紧张的，可以躲在床下!"后来，慢慢安定下来，郡里的人都很佩服他。

【申涵煜评】 齐为莽太守，不肯事公孙述，而光武封以侯爵，是犹贞女为浪子妇。朝廷但借以风世，正不必问其为谁氏之匹也。

【译文】 文齐作为王莽的太守，不肯依附公孙述，却接受了光武帝封给他的爵位，这就像贞女嫁为浪子妇。朝廷只需借此劝勉世人，却不必问他与谁家匹配。

诏："边吏力不足战则守，追虏料敌，不拘以逗留法。"

山桑节侯王常、牟平烈侯耿况、东光成侯耿纯皆薨。况疾病，乘舆数自临幸，复以弇弟广、举并为中郎将。弇兄弟六人皆垂青紫，省侍医药，当世以为荣。

卢芳与匈奴、乌桓连兵，数寇边。帝遣票骑大将军杜茂等将兵镇守北边，治飞狐道，筑亭障，修烽燧，凡与匈奴、乌桓大小数十百战，终不能克。

上诏窦融与五郡太守入朝。融等奉诏而行，官属宾客相随，驾乘千馀两，马牛羊被野。既至，诣城门，上印绶。诏遣使者还侯印绶，引见，赏赐恩宠，倾动京师。寻拜融冀州牧。又以梁统为太中大夫，姑臧长孔奋为武都郡丞。姑臧在河西最为富饶，天下未定，士多不修检操，居县者不盈数月，辄致丰积；奋在职四年，力行清洁，为众人所笑，以为身处脂膏不能自润。及从融入朝，诸守、令财货连毂，弥竟川泽；唯奋无资，单车就路，帝以是赏之。

帝以睢阳令任延为武威太守，帝亲见，戒之曰："善事上官，无失名誉。"延对曰："臣闻忠臣不和，和臣不忠。履正奉公，臣子之节；上下雷同，非陛下之福。善事上官，臣不敢奉诏。"帝叹息曰："卿言是也！"

【译文】光武帝下诏说："边塞官吏的兵力如果不能抗战的话就防守，追击敌人时要先了解敌人的情况，不受军法中'逗留法'的控制。"

山桑节侯王常、牟平烈侯耿况、东光成侯耿纯都相继去世。耿况生病，光武帝很多次亲自去看望他，后又让耿弇的弟弟耿广、耿举都做中郎将。耿弇兄弟六人，都担任高官，由官署侍候医药，当时的人都感觉他们很光荣。

卢芳和匈奴、乌桓国的军队聚合，多次进犯边境。光武帝命令骠骑大将军杜茂等人带领军队驻守北边的地方，以飞狐道为行政所在地，修建亭候、障塞，修治烽燧，一共和匈奴、乌桓国大小交战几十上百次，一直都没有取得胜利。

光武帝下令让窦融和五个郡的太守入京觐见。窦融等人接到诏书就启程了，官属宾客在后面跟随着，车子有一千多辆，马牛羊遍布原野。他们来到之后，亲自到城门，把印章组绶交上去。诏令使者归还印章组绶，然后再觐见，赏赐恩宠，让全京城的人都震惊羡慕。没有多久，光武帝就任命窦融为冀州牧。后来又让梁统做太中大夫，姑臧县长孔奋是武都郡丞。姑臧县在黄河以西的地方是最富有的，天下还没有平定，士人大多数都不修治节操，做县长的没有几个月，就让自己积累了很多财富；孔奋任职四年，处世务求廉洁公正，被大家所嘲笑，感觉自己处在富有的地方，居然没有使自己积聚财物。等到跟随窦融进京朝见，众太守、县令都是连车财货，布满了平川洼泽；可是只有孔奋没有什么资产，一辆车子上路，光武帝因此而嘉奖他。

光武帝派遣睢阳县令任延为武威郡太守，亲自接见他，告诉他说："好好侍奉长官，不要让自己失去名声。"任延答说："微臣听说忠臣一般是不随和的，如果随和的臣子就不是忠心的。行为刚正，秉公办事，是臣子的节操；朝廷上下都没有什么异议，这不是陛下该有的福分。好好侍奉上官，微臣是不敢奉行诏令的。"光武帝叹息说："你的话说得很对！"

资治通鉴

【乾隆御批】 善事上官，固非正论。至谓"忠臣不和，和臣不忠"语，亦有訾。协恭和衷，固虞廷懋，政之经，和而至于朋党营私，则不可耳。晏子和同之辨，颇当。

【译文】 好好侍奉长官，固然不是正确之论。至于说到"为国尽忠的臣子与人不和，与人和睦的臣子不能为国尽忠"，这句话也有问题。同心协力，同舟共济，原本就是忧患朝廷和光大朝政的常道。但如果与人相和到了结党营私的地步，则是不允许的。晏子所主张的和睦同心的见解，是很妥当的。

【申涵煜评】 帝戒任延曰："善事上官，无失名誉。"可谓失言。此后世有司之积弊，奈何重以天语！使值即墨，阿大夫未知何所意赏，季布所谓"恐人窥陛下之浅"与？

【译文】 汉光武帝刘秀告诫任延说："好好侍奉上级，不要坏了自己的名声。"可谓是说了不该说的话。这是后世官员的积弊，为何重到由天子来说这个话！使臣在即墨，阿城大夫不知因何被烹赏，这就是季布所说的"怕别人窥测到陛下的器量狭小"吗？

十三年（丁酉，公元三七年）春，正月，庚申，大司徒侯霸薨。

戊子，诏曰："郡国献异味，其令太官勿复受！远方口实所以荐宗庙，自如旧制。"时异国有献名马者，日行千里，又进宝剑，价直百金。诏以剑赐骑士，马驾鼓车。上雅不喜听音乐，手不持珠玉，尝出猎，车驾夜还，上东门候汝南郅恽拒关不开。上令从者见面于门间，恽曰："火明辽远。"遂不受诏。上乃回，从东中门入。明日，恽上书谏曰："昔文王不敢槃于游田，以万民惟正之供。而陛下远猎山林，夜以继昼，其如社稷宗庙何！"书奏，赐恽布百匹，贬东中门候为参封尉。

【译文】十三年（丁酉，公元37年）春季，正月，庚申日（初一），大司徒侯霸去世。

戊子日（二十九日），光武帝下令说："郡国进献的奇珍异宝，应该命令太官不再接受！远方进献祭祀宗庙的食物，则依照旧例。"这个时候，他国有进贡名马的，一天能够行走一千里路，又进贡宝剑，价值一百斤黄金。光武帝下令把宝剑赐给骑士，名马用来拖鼓车。光武帝原来不喜爱听音乐，手里也不拿珍珠美玉，曾经出城打猎，等光武帝晚上回来，上东门候汝南人郅恽守关不开。光武帝命令跟随的人到门缝相见，郅恽说："灯火距离太远，看不清楚到底是谁。"于是不接受召见。光武帝无奈之下只好回来，从东中门进宫。第二天，致恽上奏疏说："以前周文王不敢在遨游、畋猎上任意妄为，只是和万民奉行政事，然而如今陛下却到远方山林打猎，夜以继日，打算让社稷宗庙怎样呢！"奏书呈上，光武帝赐给郅恽一百匹布，把东中门候贬职为参封县尉。

二月，遣捕虏将军马武屯滹沱河以备匈奴。

卢芳攻云中，久不下。其将随昱留守九原，欲胁芳来降；芳知之，与十馀骑亡入匈奴，其众尽归随昱，昱乃诣阙降。诏拜昱五原太守，封镌胡侯。

朱祐奏："古者人臣受封，不加王爵。"丙辰，诏长沙王兴、真定王得、河间王邵、中山王茂皆降爵为侯。丁巳，以赵王良为赵公，太原王章为齐公，鲁王兴为鲁公。是时，宗室及绝国封侯者凡一百三十七人。富平侯张纯，安世之四世孙也，历王莽世，以孰谨守约保全前封；建武初，先来诣阙，为侯如故。于是有司奏："列侯非宗室不宜复国。"上曰："张纯宿卫十有馀年，其勿废！"更封武始侯，食富平之半。

【译文】二月，光武帝调遣捕虏将军马武在滹沱河驻扎军队，以防备匈奴的进犯。

卢芳攻打云中郡，很长时间都没有攻下。他的将军随昱在九原县留守，想威胁卢芳前来投降；卢芳知道之后，和十多个骑士一起逃入匈奴的地域，他的部下全部归附随昱，随昱就到朝廷投降。光武帝下令任命随昱为五原郡太守，封为镌胡侯。

朱祐上奏说："古代臣子接受封赏，不加封王爵。"丙辰日（二十七日），下令让长沙王刘兴、真定王刘得、河间王刘邵、中山王刘茂都降低爵位做侯。丁巳日（二十八日），让赵王刘良做赵公，太原王刘章为齐公，鲁王刘兴为鲁公。这个时候宗室还有绝国封侯的加起来总共一百三十七人。富平侯张纯，是安世四世孙，经历过王莽的时代，由于为人严谨淳厚，做事情能够把握要点，所以才得以保全从前的封爵；建武初年，带头亲自来到朝廷，所以照旧做了侯。于是，主管官吏上奏："列侯不是宗室，不应该恢复封国。"光武帝说："张纯守备宫廷十多年，不应该废除才是！"改封为武始侯，以富平县的一半地方做封地。

【乾隆御批】 降渠请朝，何必却之，至生疑惧，而复反。大约无定见而迟疑不决，断无有能成大事者。

【译文】 降帅请求朝见，又何必拒绝他，让他内心产生疑惑和恐惧，以致重新起兵反叛。一般来讲，没有主见并迟疑不决的人，是绝对不可能成就大事的。

庚午，以绍嘉公孔安为宋公，承休公姬常为卫公。

三月，辛未，以沛郡太守韩歆为大司徒。

丙子，行大司空马成复为扬武将军。

吴汉自蜀振旅而还，至宛，诏过家上冢，赐谷二万斛；夏，四月，至京师。于是大飨将士，功臣增邑更封凡三百六十五人，其外戚、恩泽封者四十五人。定封邓禹为高密侯，食四县；李通为固始侯，贾复为胶东侯，食六县；馀各有差。已殁者益封其子孙，或更封支庶。

帝在兵间久，厌武事，且知天下疲耗，思乐息肩，自陇、蜀平后，非警急，未尝复言军旅。皇太子尝问攻战之事，帝曰："昔卫灵公问陈，孔子不对。此非尔所及。"邓禹、贾复知帝偃干戈，修文德，不欲功臣拥众京师，乃去甲兵，敦儒学。帝亦思念，欲完功臣爵土，不令以吏职为过，遂罢左、右将军官。耿弇等亦上大将

167

军、将军印绶，皆以列侯就第，加位特进，奉朝请。

【译文】 庚午日（二月无此日），让绍嘉公孔安做宋公，承休公姬常为卫公。

三月，辛未日（十二日），光武帝让沛郡太守韩歆做大司徒。

丙子日（十七日），兼摄大司空马成又一次担任扬武将军。

吴汉从蜀地整队凯旋，到宛县的时候，光武帝下令让他访家上坟，并且赏赐粮食两万斛；夏季，四月，回到了京城。于是，光武帝大宴将士、功臣，增添食邑，另外加封的总共有三百六十五人，其中外戚、恩泽受封的共计四十五人。光武帝打算封邓禹为高密侯，以四个县做封邑；李通为固始侯；贾复为胶东侯，以六个县为封邑；其他各有差别。已经过世的人就加封他的子孙，或者改封庶子。

光武帝在军中很长时间，厌烦了军队里的事情，而且知道天下人都疲倦辛劳，喜欢休养生息，所以自从陇西郡、蜀国平定之后，不是特别要紧的，就不再说军队的事情。皇太子曾经询问攻打作战的事情，光武帝说："以前卫灵公问军阵的事情，孔子没有回答。这不是你可以胜任的。"邓禹、贾复知道光武帝想要停止战争，修治文德，不想让有功的人在京城拥有军队，于是就让他们都除去战甲兵器，崇尚儒家之学。光武帝也想要保全功臣的爵位食邑，不让他们因为失职之事，而丧失爵位食邑，就免除了左、右将军的官职。耿弇等人也把大将军、将军的印章组绶上交了，都以列侯的身份回府，光武帝赐给他们特进之位，奉朝会请召。

【乾隆御批】 陇蜀既平，与天下休息，宜也。至云孔子不对问阵，似欲使太子不知攻战之事者，英略如光武，必不出此。审然，则《周书》克诘戎兵之训，为非乎？史氏蠡测安能识中兴帝王之大度哉？

【译文】 陇右和蜀郡平定之后，让天下百姓得以休养生息，这是很好的做法。至于讲到孔子不回答卫灵公请教战阵的问题，似乎想要让太子不过问攻战之事，像光武帝这样雄才大略的人，一定不会说这种话。难道《周书》中有关克敌制胜的命令和对军事行动的告诫，都是错误的吗？撰写史书的人凭借猜测怎么能理解中兴汉朝的帝王的深谋远虑呢？

邓禹内行淳备，有子十三人，各使守一艺，修整闺门，教养子孙，皆可以为后世法，资用国邑，不修产利。

贾复为人刚毅方直，多大节，既还私第，阖门养威重。朱祜等荐复宜为宰相，帝方以吏事责三公，故功臣并不用。是时，列侯唯高密、固始、胶东三侯与公卿参议国家大事，恩遇甚厚。帝虽制御功臣，而每能回容，宥其小失。远方贡珍甘，必先遍赐诸侯，而太官无馀，故皆保其福禄，无诛谴者。

益州传送公孙述瞽师、郊庙乐器、葆车、舆辇，于是法物始备。时兵革既息，天下少事，文书调役，务从简寡，至乃十存一焉。

【译文】 邓禹往常在家的品行淳厚完备，有十三个儿子，都让他们各自学习一门技艺，治理好家庭，教育好儿女，让他们都可以成为能让后代效仿的人；所有用度开销都来自国邑，自己不去经营谋利。

贾复为人刚正坚毅，具有大节，回到家之后，全家都培养威严厚重的品行。朱祜等人举荐贾复适合做宰相，光武帝正因为吏事要求三公，所以有功的臣子都不用。这个时候，列侯只有高密、固始、胶东三个侯和公卿参与商讨国家大事，光武帝对待他们十分有恩。光武帝虽然操控驾驭有功的臣子，可是，也时常能庇护他们，宽容他们的小过。远方进贡的珍贵美味的食物，必定先普遍地赏赐给诸侯，而太官却没留下的，所以基本都能保全他们的福禄，没有被诛杀和谴责的。

益州郡传送公孙述的盲人乐师、郊庙乐器、葆车、舆辇来到京城，于是，祭器才完善。这个时候，战争既然已经停止，天下事情还不是很多，文书往来和赋税徭役，一切要求简要，甚至是十件保留一件。

甲寅，以冀州牧窦融为大司空。融自以非旧臣，一旦入朝，在功臣之右，每召会进见，容貌辞气，卑恭已甚，帝以此愈亲厚之。融小心，久不自安，数辞爵位，上疏曰："臣融有子，朝夕教导以经艺，不令观天文，见谶记，诚欲令恭肃畏事，恂恂守道，不愿其有才能，何况乃当传以连城广土，享故诸侯王国哉！"因复请间求见，帝不许。后朝罢，逡巡席后，帝知欲有让，遂使左右传出。它日会见，迎诏融曰："日者知公欲让职还土，故命公暑热且自便；今相见，宜论它事，勿得复言。"融不敢重陈请。

五月，匈奴寇河东。

【译文】甲寅日（二十五日），光武帝派冀州牧窦融为大司空。窦融自己感觉不是旧臣，万一进入朝廷的话，地位一定会在有功的臣子之上，所以每逢入朝会觐见的时候，脸色和说话，都是非常地谦虚恭敬，光武帝也因此更加地亲近厚待他。窦融谨慎小心，心里面久久不安，很多次辞让爵位，进呈奏疏说："微臣窦融有儿子，每天早晚都教他经术，不让他看天上的星象，阅谶书，实在想让他谦恭谨慎，害怕做官，诚信笃实，坚持正道，不期望他有才能，更何况是把好几个城邑以及广袤的土地传给他，让他承袭享受诸侯王国呢！"于是就又恳请光武帝在闲暇的时候可以接见他；可是，光武帝没有答应。后来，朝会结束之后，在座席的后面犹豫，光武帝知道他要谦让爵位，就让近臣传旨窦融出宫。有一天见到了，就上前命令窦融说："前几天，知道你打算辞让官职，归还封地，所以说由于天气过于闷热，叫你可以去外面随便活动一下；今天相见，应该谈论其他的事隋，不要再说这些了。"窦融就不敢再讲明请求了。

五月，匈奴进犯河东郡。

【申涵煜评】 融顺天知命，归身大国，故能享有富贵，身名俱泰。后惟凉张氏、吴越钱氏与之媲美。彼盗窃名字，负固不臣者，与草木同朽，自谋可谓至拙。

【译文】 窦融顺天知命，投靠大国，所以能享受荣华富贵，自己的身名都很安泰。以后只有前凉张氏张轨、吴越钱氏钱镠可以与之媲美。那些盗窃名字，顽固不守臣节之人，与草木同腐，生前无所作为，死后也将默默无闻，从谋略上可以说是至为笨拙的。

十四年（戊戌，公元三八年）夏，邛谷王任贵遣使上三年计，即授越嶲太守。

秋，会稽大疫。

莎车王贤、鄯善王安皆遣使奉献。西域苦匈奴重敛，皆愿属汉，复置都护；上以中国新定，不许。

太中大夫梁统上疏曰："臣窃见元帝初元五年，轻殊死刑三十四事，哀帝建平元年，轻殊死刑八十一事；其四十二事手杀人者, 减死一等。自是以后, 著为常准, 故人轻犯法, 吏易杀人。臣闻立君之道, 仁义为主, 仁者爱人, 义者正理。爱人以除残为务, 正理以去乱为心; 刑罚在衷, 无取于轻。高帝受命, 约令定律, 诚得其宜, 文帝唯除省肉刑、相坐之法, 自馀皆率由旧章。至哀、平继体, 即位日浅, 听断尚寡。丞相王嘉轻为穿凿, 亏除先帝旧约成律, 数年之间百有馀事, 或不便于理, 或不厌民心, 谨表其尤害于体者, 傅奏于左。愿陛下宣诏有司, 详择其善, 定不易之典!"事下公卿。光禄勋杜林奏曰:"大汉初兴, 蠲除苛政, 海内欢欣; 及至其后, 渐以滋章。果桃菜茹之馈, 集以成赃, 小事无妨于义, 以为大戮。至于法不能禁, 令不能止, 上下相遁, 为敝弥深。臣愚以为宜如旧制, 不合翻移。"统复上言曰:"臣之所奏, 非曰严刑。《经》曰:'爱制百姓, 于刑之衷。'衷之为言, 不轻不重之谓也。自高祖至于孝宣, 海内称治, 至初元、建平而盗贼浸多, 皆刑罚不衷, 愚人易犯之所致也。由此观之, 则刑轻之作, 反生大患, 惠加奸轨, 而害及良善也!"事寝, 不报。

【译文】十四年(戊戌, 公元38年)夏天, 邛谷王任贵命令使者奉上三年的计簿, 随即任命为越巂郡太守。

秋季, 会稽郡发生严重的传染病。

莎车国王贤、鄯善国王安都命令使者奉呈奇珍异宝。西域苦于匈奴的大肆搜刮, 都心甘情愿地归属汉朝, 再设立都护, 光武帝感觉中国刚刚安定, 就没有同意。

太中大夫梁统上奏疏说:"微臣私下看到元帝初元五年, 有三十四件案子都减轻了斩首之刑; 哀帝建平元年, 有八十一件减轻斩首之刑, 其中四十二件, 是亲手杀人的, 减轻死刑一等。自此之后, 明确规定为法制, 所以人民轻易犯法, 官吏很随意地杀人。微臣听说立君的道理，是要以仁爱为主。仁，是爱人；义，是正理。爱人就要全心全意去杜绝那些残暴的事情发生；正理就要想到除去祸害；刑罚必须适中，不要采用轻的。高帝成天下，约定律令，实在很合适，文帝只是减去肉刑和连坐的法令，其他都按照原来的典制。到了哀帝、平帝登基，由于在位的时间很短，听讼裁断很少。丞相王嘉随意附会，删除先帝原来有的约定和制订的法律，短短几年的时间，就删除了一百多条，有的在道理上有所欠缺，有的不能让民心愿意臣服，微臣谨慎地呈上其中对政体特别有危害的，奏陈在左边，期望陛下明诏主管官吏，认真择取其中好的，制定永远的法典。"光武帝把这件事交给在下的公卿，光禄勋杜林奏说："大汉刚刚建立，免除苛政杂税，举国上下欢喜，等到后世，法令就慢慢地增多了。就连果桃菜蔬的赠送，都积聚在一起变成了赃物，对义理没害的小事，竟然被处以死刑。至于那些法不能禁的，令不能止的，就上下相互遮蔽，形成的弊端更加严重。微臣愚笨认为应该按照旧有的法制，不可以随便更改。"梁统又上奏说："微臣所上奏的，并不是要让刑罚变得严厉。经书说：'为了约束百姓，刑罚要适度。'适当的解释，就是不轻不重。自从高祖到孝宣帝，全国可以说很太平，等到初元、建平年间，盗贼数量就慢慢地增多了，这都是刑罚不适中，愚蠢的人轻易犯罪而造成的。以此看来，那么，刑罚减轻的措施，反而存在着重大的隐患，恩惠加在犯法作乱的人的身上，祸患却转移到善良人的身上！"这件事情被搁下，光武帝没有答复。

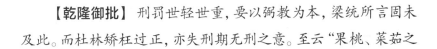

【乾隆御批】 刑罚世轻世重，要以弼教为本，梁统所言固未及此。而杜林矫枉过正，亦失刑期无刑之意。至云"果桃、菜茹之馈，无妨于义"，则陆贽所谓"鞭靴不已，必至金玉"之言，反谓不当乎？高祖至孝宣，盖因初开国，民少而风淳，又数世皆权在上，政治清明。元成以后，太平既久，民滋而风漓，又数世皆权在下，政治日坏，此盗贼所以浸多也。梁统之言所谓舍其本而求其末矣！

【译文】 刑罚时轻时重，关键是应当以辅助教化为根本，梁统的言论本来就没有涉及这一点。而杜林所说的，又矫枉过正，也违背了刑罚在于教育人恪守法律，从而达到不用刑罚的目的。至于说到"瓜果梨桃、菜蔬之类的馈赠，不妨害国家大义"，这样陆贽所说的"惩罚不断，必定能够成就金玉之才"的看法，反而不恰当了吗？从汉高祖一直到汉宣帝，大概因为刚刚开国，民众少而且民风淳朴，加上这几代权力都掌握在皇帝手里，所以朝廷政治清明。元帝、成帝以后，天下太平已久，民众多而且民风奢侈，加上这几代权力都掌握在臣下，所以朝廷政治逐渐腐败。这就是盗贼之所以逐渐增多的原因。梁统所说的话真可称得上是舍本逐末了！

十五年（己亥，公元三九年）春，正月，辛丑，大司徒韩歆免。歆好直言，无隐讳，帝每不能容。歆于上前证岁将饥凶，指天画地，言甚刚切，故坐免归田里。帝犹不释，复遣使宣诏责之；歆及子婴皆自杀。歆素有重名，死非其罪，众多不厌；帝乃追赐钱谷，以成礼葬之。

◆臣光曰：昔高宗命说曰："若药弗瞑眩，厥疾弗瘳。"夫切直之言，非人臣之利，乃国家之福也。是以人君夙夜求之，唯惧弗得闻。惜乎，以光武之世而韩歆用直谏死，岂不为仁明之累哉！◆

【译文】 十五年（己亥，公元39年）春天，正月，辛丑日（二十三日），大司徒韩歆被免职。韩歆喜欢说比较刚正的话，没有什么隐蔽掩饰，光武帝经常不能容忍他这样。韩歆在光武帝面前，讲明年收成将不好，指着上天，划着大地，口气说得很刚强严正，所以因为这个被罢免了官职，返回老家。光武帝还是不高兴，于是又差遣使者宣读诏书责备他；韩歆和儿子韩婴都自杀了。韩歆原来有很大的声誉，又不是因为犯了什么罪而死，所以有很多人都不服；光武帝就追赐钱谷，用完备的礼仪去厚葬他。

◆司马光说：以前殷高宗告诉傅说："如果吃了药就头不晕眼不花了，那么他的病就不能痊愈。"严厉正直的话，对臣子来说虽然没有什么好处，对国家来说却有福。因此光武帝要日夜求取，担心害怕听不到才行。可惜啊！在汉光武的时期，韩歆却因为正直的劝谏而死，哪里不是对仁德圣明的损害！◆

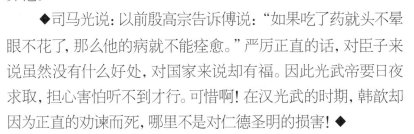

丁未，有星孛于昴。

以汝南太守欧阳歙为大司徒。

匈奴寇钞日盛，州郡不能禁。二月，遣吴汉率马成、马武等北击匈奴，徙雁门、代郡、上谷吏民六万馀口置居庸、常山关以东，以避胡寇。匈奴左部遂复转居塞内，朝廷患之，增缘边兵，部数千人。

夏，四月，丁巳，封皇子辅为右翊公，英为楚公，阳为东海公，康为济南公，苍为东平公，延为淮阳公，荆为山阳公，衡为临淮公，焉为左翊公，京为琅邪公。癸丑，追谥兄縯为齐武公，兄仲为鲁哀公。帝感縯功业不就，抚育二子章、兴，恩爱甚笃。以其少贵，欲令亲吏事，使章试守平阴令，兴缑氏令。其后章迁梁郡太守，兴迁弘农太守。

【译文】丁未日（二十九日），有彗星出现在西方的昴宿。

光武帝派遣汝南郡太守欧阳歙为大司徒。

匈奴进犯掠夺，形势一天比一天厉害，州、郡都不能阻止。二月，光武帝调遣吴汉带领马成、马武等人进攻北边的匈奴，把雁门郡、代郡、上谷郡六万多吏民都迁移到了居庸关、常山关以东的地方安置，以逃避胡人的进犯掠夺。匈奴左部于是又辗转在边塞之内停留了下来，朝廷因此很担心，增添边境的军队，每部有几千人。

夏季，四月，丁巳日（十一日），封皇子刘辅为右翊公，刘英为楚公，刘阳为东海公，刘康为济南公，刘苍为东平公，刘延为淮阳公，刘荆为山阳公，刘衡为临淮公，刘焉为左翊公，刘京为琅琊公。癸丑日（十七日），追封兄长刘縯做齐武公，兄长刘仲为鲁哀公。光武帝感叹刘縯的功业不成，于是抚养他的两个儿子刘章、刘兴，并且对他们疼爱有加。由于他们俩从小就处在尊贵的地位，打算让他俩熟悉吏事，于是让刘章暂时代替平阴县令，刘兴做缑氏县令。后来，刘章升为梁郡太守，刘兴升为弘农郡太守。

帝以天下垦田多不以实自占，又户口、年纪互有增减，乃诏下州郡检核。于是刺史、太守多为诈巧，苟以度田为名，聚民田中，并度庐屋、里落，民遮道啼呼；或优饶豪右，侵刻羸弱。

时诸郡各遣使奏事，帝见陈留吏牍上有书，视之云："颍川、弘农可问，河南、南阳不可问。"帝诘吏由趣，吏不肯服，抵言"于长奉街上得之"，帝怒。时东海公阳年十二，在幄后言曰："吏受郡敕，当欲以垦田相方耳。"帝曰："即如此，何故言河南、南阳不可问？"对曰："河南帝城，多近臣；南阳帝乡，多近亲；田宅逾制，不可为准。"帝令虎贲将诘问吏，吏乃实首服，如东海公对。

上由是益奇爱阳。

遣谒者考实二千石长吏阿枉不平者。冬,十一月,甲戌,大司徒歆坐前为汝南太守,度田不实,赃罪千馀万,下狱。歆世授《尚书》,八世为博士,诸生守阙为歆求哀者千馀人,至有自髡剔者。平原礼震年十七,求代歆死。帝竟不赦,歆死狱中。

【译文】 光武帝以为天下开垦的田地,大部分是自己丈量而不确切的,而且户口、年纪都有所增减,就把诏书下达州郡,查证是否属实。于是,刺史、太守有很多人进行巧谋欺骗,以丈量田地为名义,把人民汇集在田里,后来又丈量屋舍、村落,人民就拦截着道路哭喊;有的官吏优待豪强,侵害苛待贫困的百姓。

这个时候,众郡分别命令使者向朝廷汇报,光武帝见到陈留郡的公文上有字,拿到跟前看,写的是:"颍川郡、弘农郡可以问,河南郡、南阳郡不可问。"光武帝就问官吏这公文是从哪里来的,目的是什么,官吏始终不肯招认,欺骗光武帝说:"在长寿街捡到的。"光武帝大怒。当时,东海公刘阳十二岁,在帐后告诉他说:"官吏受到郡府下令,把要同其他郡丈量土地的情况做一个比较!"光武帝说:"如果是这样的话,那为什么偏偏要说河南郡、南阳郡不可以问?"答说:"河南郡,乃帝王之城,有很多光武帝亲近喜欢的臣子;南阳郡,是光武帝的故乡,有很多光武帝的近亲;田地住宅大多超过规定,所以不能以此作为衡量的标准。"光武帝命令虎贲中郎将询问官吏,官吏才点头如实招来,正是像东海公所回答的那样。光武帝从此更加器重喜欢刘阳。

光武帝命令谒者切实考核两千石长吏阿谀歪曲、处事不公的人。冬季,十一月,甲戌日(初一),大司徒欧阳歆从前做汝南郡太守时丈量土地不符合实际,获赃一千多万事发,被关进了监狱。欧阳歙世世代代教授《尚书》，八代做博士，众生为欧阳歙在宫门前哀求的，有一千多人，甚至有人愿意剃发去毛，自处髡刑。平原人礼震，十七岁，恳求能够替代欧阳歙而死。可是，光武帝竟然没有赦免，欧阳歙死在监狱里。

【乾隆御批】 光武英明，起自田间，一切利弊知之悉矣。"可问不可问"之语，岂有不知，待十二岁之子言之之理？此必史家以明帝英察，谬以不近理之事赞之耳，予以为不足信。

【译文】 光武帝英明，他来自民间，知晓所有事情的利弊。"可问不可问"这句话，岂有不知道而要等十二岁的儿子来讲的道理？这一定是史家认为明帝英明聪慧，便荒谬地用不近情理的事来赞誉他，我认为不足为信。

【申涵煜评】 度田令下，盗贼蜂起，可见非常之事，民易滋扰，不可轻为变更。以光武之贤，且不厌众心，况王安石执拗，贾似道奸邪，乃欲毅然复古，安得不招怨耶！

【译文】 度田令一下，盗贼四起，可见非同寻常之事，百姓容易因此滋扰作乱，法令下达就不可轻易被变更。以光武帝的贤德，尚且不能满足众人的心，何况王安石的执拗，贾似道的邪恶，想要毅然复古，怎会不招来怨恨呢！

十二月，庚午，以关内侯戴涉为大司徒。

卢芳自匈奴复入居高柳。

是岁，票骑大将军杜茂坐使军吏杀人，免。使扬武将军马成代茂，缮治障塞，十里一候，以备匈奴。使骑都尉张堪领杜茂营，击破匈奴于高柳。拜堪渔阳太守。堪视事八年，匈奴不敢犯塞，劝民耕稼，以致殷富。百姓歌曰："桑无附枝，麦穗两歧。张君为政，乐不可支！"

安平侯盖延薨。

交趾麓泠县雒将女子征侧，甚雄勇，交趾太守苏定以法绳之，征侧忿怨。

【译文】 十二月，庚午日（二十七日），光武帝命令关内侯戴涉做大司徒。

卢芳从匈奴又入侵高柳县并在此停留。

这年，骠骑大将军杜茂犯了派军吏杀人的罪行，被罢免了官职。光武帝就让扬武将军马成取代杜茂，修建障壁，每隔十里设立一个伺望警戒敌情之候，来防御匈奴。派遣骑都尉张堪兼管杜茂的军队，在高柳县攻击匈奴。下令让张堪为渔阳郡太守。张堪在此任职八年，匈奴不敢进犯边塞，鼓励人民进行农耕，而使得百姓富足。百姓都赞颂说："桑无附枝，麦秀两歧。张君为政，乐不可支！"（意思是说：采桑后，砍去其繁茂的枝叶，第二年就可以长得茂盛；麦子长出两个穗，是吉祥的预兆。张君行政，人民很是快乐！）

安平侯盖延去世。

交趾郡麓泠县雒将的女儿徵侧，异常英武，交趾郡太守苏定以法令去管束她，徵侧很生气而怨恨他。

十六年（庚子，公元四〇年）春，二月，徵侧与其妹徵贰反，九真、日南、合浦蛮俚皆应之，凡略六十五城，自立为王，都麓泠。交趾刺史及诸太守仅得自守。

三月，辛丑晦，日有食之。

秋，九月，河南尹张伋及诸郡守十馀人皆坐度田不实，下狱死。后上从容谓虎贲中郎将马援曰："吾甚恨前杀守、相多也！"对曰："死得其罪，何多之有！但死者既往，不可复生也！"上大笑。

郡国群盗处处并起，郡县追讨，到则解散，去复屯结，青、徐、幽、冀四州尤甚。冬，十月，遣使者下郡国，听群盗自相纠擿，五人共斩一人者，除其罪；吏虽逗留回避故纵者，皆勿问，听以禽讨为效。其牧守令长坐界内有盗贼而不收捕者，又以畏懦捐城委守者，皆不以为负，但取获贼多少为殿最，唯蔽匿者乃罪之。于是更相追捕，贼并解散，徙其魁帅于它郡，赋田受禀，使安生业。自是牛马放牧不收，邑门不闭。

【译文】十六年（庚子，公元40年）春季，二月，徵侧和她的妹妹徵贰一起叛变。九真、日南、合浦三郡的俚人都响应她们俩，总计夺得了六十五个城，之后自立为王，以麋泠为都城。交趾州刺史还有众太守都只能自保。

三月，辛丑晦日（三十日），发生日食。

秋季，九月，河南郡尹张伋和十多个郡太守都犯了丈量田地不切实际的罪过，被关进监狱而死。后来，光武帝在空闲时对虎贲中郎将马援说："我很恨自己从前杀了太多的太守、国相！"答道："因为罪过而死，有什么多的呢！只是死的已经死了，人死马援不能复生罢了！"光武帝听了哈哈大笑。

郡国成群的盗贼，四处兴起，郡、县追赶讨伐，军队到时他们就解散，离开之后又会聚在一起，以青、徐、幽、冀四州情况尤其严重。冬天，十月，光武帝差遣使者到郡、国，任由盗贼们相互检举，五个人共斩一个人就免去他们的罪；官吏就算追赶盗贼畏惧逃避，有意纵容，也都不再追究，应允以擒贼讨贼立功。其中，州牧、太守、县令、长吏因为犯了在界内有盗贼却没有逮捕的罪过，还畏惧懦弱、放弃城池、不能尽职尽责的，都不以为是缺失，只按照获取盗贼多少定论优劣；可是，有意隐瞒的就要判罪。于是，他们相互追捕，盗贼都解散了，把他们的首领迁移到其他的郡里，赐予他们田地，提供公粮，让他们谋生安定。从此牛马放牧可以不需要赶回去，城门也可不必关闭。

【乾隆御批】 扬汤止沸，一时权宜。大乱之后或可，承平之时行之，必致乱，不可为训也。

【译文】 把锅里开着的水舀起来再倒回去，让它凉却下来不沸腾。这不过是权宜之计，大乱之后也许还能实行，要是太平之时采取这种办法，必然会导致大乱，不能作为借鉴。

卢芳与闵堪使使请降，帝立芳为代王，堪为代相，赐缯二万匹，因使和集匈奴。芳上疏谢，自陈思望阙庭；诏报芳朝明年正月。

初，匈奴闻汉购求芳，贪得财帛，故遣芳还降。既而芳以自归为功，不称匈奴所遣，单于复耻言其计，故赏遂不行。由是大恨，入寇尤深。

马援奏宜如旧铸五铢钱，上从之；天下赖其便。

卢芳入朝，南及昌平，有诏止，令更朝明岁。

【译文】 卢芳和闵堪命令使者恳求投降，光武帝立卢芳为代王，闵堪为代相，并且赏赐给他们两万匹缯，趁机派他和匈奴和睦相好。卢芳上奏疏感谢光武帝，讲述自己对朝廷的思念之情；于是光武帝下诏答应卢芳第二年正月进京朝见。

从前，匈奴听说汉朝悬赏抓获卢芳，贪图钱财，所以派卢芳回去投降。后来，卢芳把功劳归属自己，不说是匈奴派遣来的，单于又感觉把原来的计策说出来是件丢人的事，所以始终得不到赏金。于是他特别愤恨，对百姓侵略得更加厉害。

马援上奏，应该依据旧有的法制，铸造五铢钱，光武帝接纳了他的建议，天下人都因此很方便。

卢芳进京朝见光武帝，往南来到昌平县的时候，有诏书传来，让他停止，命令改为第二年朝见。

十七年（辛丑，公元四一年）春，正月，赵孝公良薨。初，怀县大姓李子春二孙杀人，怀令赵熹穷治其奸，二孙自杀，收系子春。京师贵戚为请者数十，熹终不听。及良病，上临视之，问所欲言，良曰："素与李子春厚，今犯罪，怀令赵熹欲杀之，愿乞其命。"帝曰："吏奉法律，不可枉也。更道它所欲。"良无复言。既薨，上追思良，乃贳出子春。迁熹为平原太守。

二月，乙未晦，日有食之。

夏，四月，乙卯，上行幸章陵；五月，乙卯，还宫。

六月，癸巳，临淮怀公衡薨。

【译文】十七年（辛丑，公元41年）春季，正月，赵孝公刘良去世。起初，怀县豪门大族李子春的两个孙子杀了人，怀县县令赵熹深究他们的违法行为，于是两个孙子就自杀了，却把子春关押起来。京城里贵戚替他求情的有几十个人，赵熹依旧不听。等到刘良生病，光武帝亲自去问候他的时候，问他有什么想说的话，刘良说："我平日里一向和李子春交情要好，可是如今他犯罪，怀县县令赵熹想杀他，我想为他求命。"光武帝说："官员奉行法律办事，万万不可扭曲事实。你可以更改说其他所想要的。"刘良没有再说什么。等到刘良去世之后，光武帝怀念他，就赦免了子春，把他放了出来，而升赵熹做平原郡太守。

二月，乙未晦日（二十九日），日食。

夏季，四月，乙卯日（初二），光武帝巡视亲自来到章陵县。

在五月，乙卯日（二十一日），回宫。

六月，癸巳日（二十九日），临淮怀公刘衡去世。

妖贼李广攻没皖城，遣虎贲中郎将马援、票骑将军段志讨之。秋，九月，破皖城，斩李广。

郭后宠衰，数怀怨怼，上怒之。冬，十月，辛巳，废皇后郭氏，立贵人阴氏为皇后。诏曰："异常之事，非国休福，不得上寿称庆。"郅恽言于帝曰："臣闻夫妇之好，父不能得之于子，况臣能得之于君乎！是臣所不敢言。虽然，愿陛下念其可否之计，无令天下有议社稷而已。"帝曰："恽善恕己量主，知我必不有所左右而轻天下也！"帝进郭后子右翊公辅为中山王，以常山郡益中山国，郭后为中山太后，其馀九国公皆为王。

甲申，帝幸章陵，修园庙，祠旧宅，观田庐，置酒作乐，赏赐。时宗室诸母因醋悦相与语曰："文叔少时谨信，与人不款曲，唯直柔耳，今乃能如此！"帝闻之，大笑曰："吾治天下，亦欲以柔道行之。"十二月，还自章陵。

【译文】 逆贼李广进攻皖县，光武帝调遣虎贲中郎将马援、骠骑将军段志去征讨他。秋季，九月，马援、段志顺利拿下皖县，杀了李广。

郭后宠爱衰微，很多次心生怨恨，光武帝对她很是生气。冬天，十月，辛巳日（十九日），光武帝把皇后郭氏废了，立贵人阴氏为皇后。下诏书说："不好的事情，不是国家的幸福，所以不能献酒庆贺。"郅恽对光武帝说："微臣听说夫妻的和睦，父亲不能从儿子那儿得到，更何况臣子能从君主那儿得到吗？这是微臣们所不敢直接说的。就算是这样，还是希望陛下能够考虑到计划的可与不可，不要让天下人有讨论社稷的话也就行了。"光武帝说:"郅恽擅长推己及人,估量君主,知道我肯定不会有所偏袒而轻视天下人的反应的!"于是光武帝就晋封郭后的儿子右翊公刘辅为中山王,将常山郡隶属于中山国,郭后为中山太后,其他的九个国公都改封为王。

甲申日(二十二日),光武帝亲自来到章陵县,修建寝庙,祭祀旧宅,巡视田庐,设酒作乐,赏赐宗室。这个时候,宗室的老太太由于喝酒喝得高兴,于是就互相告诉说:"想当年文叔年轻时为人谨慎信实,于人不婉曲酬应,只是正直温柔而已,现如今居然能像今天这样!"光武帝听了,大笑说:"我治理天下,也想通过柔道来实行。"在十二月,光武帝从章陵县返回来。

是岁,莎车王贤复遣使奉献,请都护;帝赐贤西域都护印绶及车旗、黄金、锦绣。燉煌太守裴遵上言:"夷狄不可假以大权;又令诸国失望。"诏书收还都护印绶,更赐贤以汉大将军印绶;其使不肯易,遵迫夺之。贤由是始恨,而犹诈称大都护,移书诸国,诸国悉服属焉。

匈奴、鲜卑、赤山乌桓数连兵入塞,杀略吏民;诏拜襄贲令祭肜为辽东太守。肜有勇力,虏每犯塞,常为士卒锋,数破走之。肜,遵之从弟也。

徵侧等寇乱连年,诏长沙、合浦、交趾具车船,修道桥,通障谿,储粮谷,拜马援为伏波将军,以扶乐侯刘隆为副,南击交趾。

【译文】这年莎车国王贤又差遣使者来进献珍物,请求设置都护;光武帝赐给西域都护的印章组绶还有车旗、黄金、精丽服饰等用品。敦煌郡太守裴遵上言:"夷狄不能给他们过多的权力;以免后来又让诸国失望了。"光武帝下诏书想要收回都护的印章绶绶，而改赐汉朝大将军的印章绶绶给他们；可是他的使者不肯改换，裴遵就强行夺过来。贤从此开始对他们有所怨恨，可还是谎称是大都护，写书信给各国，各国也都归顺服从。

匈奴、鲜卑、赤山乌桓很多次联合军队，侵犯边塞，掠杀官民；光武帝下诏任命襄贲县令祭肜为辽东郡太守。祭肜勇敢而有力气，夷狄每次进犯边塞的时候，他经常做士兵的先锋，多次把他们打败了。祭肜，是祭遵的堂弟。

徵侧等人连续几年掠夺作乱，光武帝下诏命令长沙、合浦、交趾三郡预先准备好车船，修路铺桥，把山间溪谷之间的道路给打通，储备粮食。派遣马援做伏波将军，让扶乐侯刘隆做副将，向南进攻交趾郡。

十八年（壬寅，公元四二年）二月，蜀郡守将史歆反，攻太守张穆，穆逾城走；宕渠杨伟等起兵以应歆。帝遣吴汉等将万馀人讨之。

甲寅，上行幸长安；三月，幸蒲坂，祠后土。

马援缘海而进，随山刊道千馀里，至浪泊上，与徵侧等战，大破之，追至禁谿，贼遂散走。

夏，四月，甲戌，车驾还宫。

戊申，上行幸河内；戊子，还宫。

【译文】 十八年（壬寅，公元42年）二月，蜀郡守将史歆反叛，进攻太守张穆，张穆越过城墙逃走；宕渠人杨伟等兴起军队，来响应史歆。光武帝命令吴汉等人带领一万多人讨伐他们。

甲寅日（二月无此日），光武帝巡行亲自来到长安；三月，来到蒲坂县，去祭祀后土。

马援沿着海而前进，跟随山势，砍树成路，长达一千多里，来到浪泊湖旁边，和徵侧等人作战，把他们打得大败，追赶到禁溪，终于让贼寇都分散逃走了。

夏季，四月，甲戌日（十五日），光武帝回宫。

戊申日（四月无此日），光武帝巡行亲自来到河内郡；戊子日（二十九日），回宫。

五月，旱。

卢芳自昌平还，内自疑惧，遂复反，与闵堪相攻连月，匈奴遣数百骑迎芳出塞。芳留匈奴中十馀年，病死。

吴汉发广汉、巴、蜀三郡兵，围成都百馀日，秋，七月，拔之，斩史歆等。汉乃乘桴沿江下巴郡，杨伟等惶恐解散。汉诛其渠帅，徙其党与数百家于南郡、长沙而还。

冬，十月，庚辰，上幸宜城；还，祠章陵；十二月，还宫。

是岁，罢州牧，置刺史。

五官中郎将线纯与太仆朱浮奏议："礼，为人子，事大宗，降其私亲。当除今亲庙四，以先帝四庙代之。"大司徒涉等奏"立元、成、哀、平四庙。"上自以昭穆次第，当为元帝后。

【译文】五月，气候无比干燥。

卢芳从昌平县回来，心里面担心害怕，于是叛变，和闵堪互相攻击几个月，匈奴命令几百个骑兵迎接卢芳离开边境。卢芳留在匈奴里十多年，由于生病而死。

吴汉带领广汉、巴、蜀三个郡的军队，包围成都一百多天，秋季，七月才攻下它，把史歆等人给斩杀了。于是吴汉乘着木筏，顺着长江而下，来到巴郡，杨伟等人害怕就解散了。吴汉杀了他们的首领，把他的党徒几百家都迁移到南郡、长沙郡，然后又返回去了。

冬季，十月，庚辰日（二十四日），光武帝亲自来到宜城县，回来祭祀章陵；十二月，回宫。

这年，光武帝罢免了除州牧这个官职，而设立刺史这个职位。

五官中郎将张纯和太仆朱浮上奏建议："礼，既然身为某人的儿子，就应该尊奉大宗，让自己父母亲的地位降低。理应除去如今的四个亲庙，拿先帝的四个太庙代替它们。"大司徒戴涉等上奏建议"立元、成、哀、平四帝之庙"。光武帝自己以为是昭穆次序，应该是继元帝之后。

十九年（癸卯，公元四三年）春，正月，庚子，追尊宣帝曰中宗。始祠昭帝、元帝于太庙，成帝、哀帝、平帝于长安，春陵节侯以下于章陵；其长安、章陵，皆太守、令、长侍祠。

马援斩徵侧、徵贰。

妖贼单臣、傅镇等相聚入原武城，自称将军。诏太中大夫臧宫将兵围之，数攻不下，士卒死伤。帝召公卿、诸侯王问方略，皆曰："宜重其购赏。"东海王阳独曰："妖巫相劫，势无久立，其中必有悔欲亡者，但外围急，不得走耳。宜小挺缓，令得逃亡，逃亡，则一亭长足以禽矣。"帝然之，即敕宫彻围缓贼，贼众分散。夏四月，拔原武，斩臣、镇等。

马援进击徵侧馀党都阳等，至居风，降之；峤南悉平。援与越人申明旧制以约束之，自后骆越奉行马将军故事。

【译文】 十九年（癸卯，公元43年）春季，正月，庚子日（十五日），追封宣帝为中宗。便开始在太庙祭拜昭帝、元帝，在长安祭拜成帝、哀帝、平帝，春陵节侯以下在章陵县；那些在长安、章陵县的，都由太守、县令、长吏侍候祭拜。

马援斩杀徵侧、徵贰。

逆贼单臣、傅镇等人聚集侵扰原武县，自称是将军。光武帝下令让太中大夫臧宫带领军队去包围他们，可是多次攻打都没有能够拔取，有很多士兵死伤。光武帝召集公卿、诸侯询问对策，他们都说："应该增添悬赏的金额。"只有东海王刘阳说："妖巫劫掠，在形势上肯定维持不了多长时间，其中肯定有后悔打算逃走的人，只不过是城外包围紧密，不能逃走罢了！我们应该对他们稍稍宽缓，让他们有机会可以逃走，一旦逃走，那么一个亭长也就能够抓住他们了。"光武帝以为他说得很正确，于是就下令对臧宫撤除包围，给逆贼一个缓冲的机会，妖贼们也就都分散了。夏季，四月，成功拿下了原武县，斩了单臣、傅镇。

马援攻打徵侧余党都阳等人，来到居风县，他们都投降了；五岭以南等地方都被平定了。马援和越人申明用过去的法制来制约他们，自此之后，骆越奉行马将军的往例。

闰月，戊申，进赵、齐、鲁三公爵皆为王。

郭后既废，太子彊意不自安。郅恽说太子曰："久处疑位，上违孝道，下近危殆，不如辞位以奉养母氏。"太子从之，数因左右及诸王陈其恳诚，愿备藩国。上不忍，迟回者数岁。六月，戊申，诏曰："《春秋》之义，立子以贵。东海王阳，皇后之子，宜承大统。皇太子彊，崇执谦退，愿备藩国，父子之情，重久违之。其以彊为东海王，立阳为皇太子，改名庄。"

◆袁宏论曰：夫建太子，所以重宗统，一民心也，非有大恶于天下，不可移也。世祖中兴汉业，宜遵正道以为后法。今太子之德未亏于外，内宠既多，嫡子迁位，可谓失矣。然东海归藩，谦恭之心弥亮；明帝承统，友于之情愈笃。虽长幼易位，兴废不同，父

子兄弟，至性无间。夫以三代之道处之，亦何以过乎！◆

【译文】闰月，戊申日（二十五日），晋升赵、齐、鲁三个公爵都做王。

郭后被废除以后，太子刘强的心里很不安定。郅恽对太子说："长时间处在疑虑担心的地位，对上是违逆孝道，对下是临近危险，还不如把太子之位给辞了，去侍奉母亲来得好。"太子接纳了，多次凭借亲近的臣子还有众王来表达他的诚意，期望能够做个诸侯。光武帝不舍得这样做，犹豫了好几年。六月，戊申日（二十六日），光武帝下诏说："依据《春秋》的大义，册封太子是根据尊贵而不是按照长幼。东海王刘阳，是皇后的儿子，理应继承大统。皇太子刘强，崇尚执持谦虚逊让，甘愿做个诸侯，父子之情，很难长时间违背。就下令派刘强做东海王，立刘阳做皇太子，改名为庄。"

◆袁宏论说：建立太子，为的是重视嫡统，统一民心，不是对天下人有重大罪恶的人，就不可以随便更改。世祖中兴汉氏的霸业，就应该遵循正当的道理，作为后世的法则。如今太子的德行，在仪容举止上并没有什么亏缺，而世祖宠爱的妃子又很多，像这样的嫡子被更改了位置，可说是不对的！可是东海王回到封国，谦让恭敬的心就更加显著；明帝承袭大统，友爱之情更加深厚。就算长幼改变了位置，兴起废除也不一样，然而父子兄弟，纯挚的天性却没有一丝间隙。用夏、商、周三代的大道理来处理这件事，又怎么能超过它呢！◆

帝以太子舅阴识守执金吾，阴兴为卫尉，皆辅导太子。识性忠厚，入虽极言正议，及与宾客语，未尝及国事。帝敬重之，常指识以敕戒贵戚，激厉左右焉。兴虽礼贤好施，而门无游侠，与同郡张宗、上谷鲜于衷不相好，知其有用，犹称所长而达之；友人张汜、杜禽，与兴厚善，以为华而少实，但私之以财，终不为言。是以世称其忠。

上以沛国桓荣为议郎，使授太子经。车驾幸太学，会诸博士论难于前，荣辨明经义，每以礼让相厌，不以辞长胜人，儒者莫之及，特加赏赐。又诏诸生雅歌击磬，尽日乃罢。帝使左中郎将汝南钟兴授皇太子及宗室诸侯《春秋》，赐兴爵关内侯。兴辞以无功，帝曰："生教训太子及诸王侯，非大功邪？"兴曰："臣师少府丁恭。"于是复封恭，而兴遂固辞不受。

【译文】光武帝派太子的舅舅阴识代替执金吾，阴兴做卫尉，一起辅助太子。阴识个性忠厚，入朝之后虽然极力提出正直的言论，可是等到和宾客交谈的时候，却从来没有提及国家大事。光武帝很是敬爱他，经常指着阴识而告知尊贵的外戚，激发鼓励近臣。阴兴虽然以礼对待贤士，喜欢施与，可是，苦于门下没有游侠，他和同郡人张宗、上谷人鲜于衷感情不太好，可是知道他们有用，还是赞赏他们的长处而向光武帝禀报；朋友张汜、杜禽，和阴兴交情很深厚，由于看重外表的华丽而缺少内涵，所以都只是用钱财来帮助，资助他们，却从来不替他们讲话。因此世人都称赞他忠贞。

光武帝派遣沛国桓荣为议郎，让他教导太子经书。光武帝亲自来到太学，召集博士们在前面谈论，桓荣辩论说明经书的道理，经常以礼让别人相服，而从来不以善于言辞来取胜别人，儒者没有一个能比得上他的，特加赏赐。后来又下令让众生唱雅诗，敲乐磬，一整天才让他们停止。光武帝让左中郎将汝南人钟兴教育皇太子还有宗室、诸侯《春秋》，赏赐给钟兴关内侯的爵位。钟兴以没有什么功劳来推脱，光武帝说："先生教导太子还有众王侯，难道不是很大的功劳吗？"钟兴说："臣的老师是少府丁恭。"于是，光武帝又封丁恭，可是钟兴却一直坚决推辞，没有接受。

陈留董宣为雒阳令。湖阳公主苍头白日杀人，因匿主家，吏不能得。及主出行，以奴骖乘。宣于夏门亭候之，驻车叩马，以刀画地，大言数主之失。叱奴下车，因格杀之。主即还宫诉帝，帝大怒，召宣，欲箠杀之。宣叩头曰："愿乞一言而死。"帝曰："欲何言？"宣曰："陛下圣德中兴，而纵奴杀人，将何以治天下乎？臣不须箠，请得自杀！"即以头击楹，流血被面。帝令小黄门持之，使宣叩头谢主，宣不从。强使顿之，宣两手据地，终不肯俯。主曰："文叔为白衣时，藏亡匿死，吏不敢至门；今为天子，威不能行一令乎？"帝笑曰："天子不与白衣同！"因敕："强项令出！"赐钱三十万，宣悉以班诸吏。由是能搏击豪强，京师莫不震（慓）〔慄〕。

九月，壬申，上行幸南阳；进幸汝南南顿县舍，置酒会，赐吏民，复南顿田租一岁。父老前叩头言："皇考居此日久，陛下识知寺舍，每来辄加厚恩，愿赐复十年。"帝曰："天下重器，常恐不任，日复一日，安敢远期十岁乎！"吏民又言："陛下实惜之，何言谦也！"帝大笑，复增一岁。进幸淮阳、梁、沛。

西南夷栋蚕反，杀长吏；诏武威将军刘尚讨之。路由越嶲，邛谷王任贵恐尚既定南边，威法必行，己不得自放纵，即聚兵起营，多酿毒酒，欲先劳军，因袭击尚。尚知其谋，即分兵先据邛都，遂掩任贵，诛之。

【译文】陈留人董宣为洛阳县令。湖阳公主的奴仆白天杀了人，就躲藏在主人的家里，官吏四处都抓不到他。等到主人外出之后，让这个奴仆作陪同，董宣在夏门万寿亭等他，让车子停下，去牵住马匹，拿刀划地，大声责备公主的过错。命令奴仆下车，就把他给杀了。公主立刻回宫，告诉光武帝，光武帝很生气，就把董宣召来，打算用刑杖打死他。董宣磕头说："微臣期望请求说一句话之后再死。"光武帝说："你想说什么话？"董宣说："陛下圣德使汉朝中兴，可是却纵容奴仆杀人，将怎么治理天下呢！微臣不需要用刑杖，请求可以自杀！"于是就用头撞在柱子上，血流满面。光武帝命令小黄门扶着他。后来又让董宣向公主磕头认错；然而，董宣不听从他的话；仍逼迫他磕头，于是董宣就用双手撑着地，终究不肯低头。公主说："文叔做平民百姓时，私自藏匿亡命和有死罪的人，官吏不敢到家里来；可是，如今做了光武帝，威严却不能执行到一个县令的身上吗？"光武帝笑着说："天子和平民不一样！"于是就下令："让这个不肯低头的县令出去！"并且赏赐给三十万钱；董宣就把这些钱全部分给了众吏。因其可以打击豪门贵族的强权，京城里的人没有一个不震惊战栗的。

九月，壬申日（二十一日），光武帝巡视南阳郡；来到汝南郡南顿县馆舍，设置酒宴，赏赐给官民，免除南顿县的田地赋税一年。父老乡亲都上前磕头说："先皇（汉光武的父亲）曾经住在这里很长时间，陛下知道官府室宇的所在之地，每次来都赐予深厚的恩泽，但愿可以赏赐我们免税十年。"光武帝说："天子是天下的重器，我经常担心不能够胜任，日子一天天过去，又怎么可以期待十年呢！"官民又说："陛下实在是吝惜这些，怎么说得这样谦卑呢！"光武帝大笑，又增添了一年的免税权限。后来又继续向前来到了淮阳国、梁国、沛国。

西南夷栋蚕造反，把长吏杀死了；光武帝下令让武威将军刘尚去征讨他。大军途经越巂郡，邛谷王任贵害怕刘尚平定南边后，肯定施行威严的法令，然后自己就不能为所欲为了，于是就会聚了士卒，建立起军营，酿造很多的毒酒，计划先犒赏军队，然后再趁机暗中袭击刘尚。刘尚知道他的计谋之后，就派出一部分军队先去占领邛都县，于是尚把任贵逮捕了，还把他杀了。

二十年（甲辰，公元四四年）春，二月，戊子，车驾还宫。

夏，四月，庚辰，大司徒戴涉坐入故太仓令奚涉罪，下狱死。帝以三公连职，策免大司空窦融。

广平忠侯吴汉病笃，车驾亲临，问所欲言，对曰："臣愚，无所知识，惟愿陛下慎无赦而已。"五月，辛亥，汉薨；诏送葬如大将军霍光故事。

【译文】（甲辰，公元44年）春季，二月，戊子日（初十），光武帝回宫。

夏季，四月，庚辰日（初三），大司徒戴涉有意让太仓县令奚涉犯罪，后来被关进监狱而身亡。光武帝感觉三公职责相互联系，于是就下令罢免了大司空窦融的官位。

广平忠侯吴汉病重，光武帝亲自去探问他，问他想要说什么，答说："微臣很愚笨，没有什么知识，但是只希望陛下谨慎行事，不要轻易赦免罢了。"五月，辛亥日（初四），吴汉去世；光武帝下令送葬比照大将军霍光的往例。

汉性强力，每从征伐，帝未安，常侧足而立。诸将见战陈不利，或多惶惧，失其常度，汉意气自若，方整厉器械，激扬吏士。

帝时遣人观大司马何为，还言方修战攻之具，乃叹曰："吴公差强人意，隐若一敌国矣！"每当出师，朝受诏，夕则引道，初无办严之日。及在朝廷，斤斤谨质，形于体貌。汉尝出征，妻子在后买田业，汉还，让之曰："军师在外，吏士不足，何多买田宅乎！"遂尽以分与昆弟、外家。故能任职以功名终。

匈奴寇上党、天水，遂至扶风。

【译文】吴汉的个性一向是对事坚忍，每次跟随光武帝出征，光武帝如果没有安顿好的话，他就总是很小心侍奉。众将士看到战阵失利，有的就很担心，失去了原来淡定的态度，可是吴汉的态度和气概却一如既往，正常地修理准备器械，激励吏卒的斗志。光武帝这时候派人前去看大司马在干什么事，回来说正在修治作战攻打所要的兵器，就感叹说："吴公这个人比较让人满意，他的威重让人感到就像一个敌国一般。"吴汉过去每次出兵的时候，都是早晨接到命令，然后傍晚就出发，一点也没有时间准备行李。等到在朝廷里，吴汉却对朝事明察秋毫，谨慎诚朴，在仪容上表现得淋漓尽致。吴汉曾出战，妻子在后方收购田产，吴汉回来之后，就责备她说："军队在外面，官兵的花费开支都不够，为什么要买这么多田地房子呢？"于是就把这些田产全部分给了兄弟、亲戚。所以吴汉才能够胜任职务，使得功名善终。

匈奴抢夺上党、天水二郡，最后来到扶风。

帝苦风眩，疾甚，以阴兴领侍中，受顾命于云台广室。会疾瘳，召见兴，欲以代吴汉为大司马，兴叩头流涕固让，曰："臣不敢惜身，诚亏损圣德，不可苟冒！"至诚发中，感动左右，帝遂听之。太子太傅张湛，自郭后之废，称疾不朝，帝强起之，欲以为司徒，湛固辞疾笃，不能复任朝事，遂罢之。

六月，庚寅，以广汉太守河内蔡茂为大司徒，太仆朱浮为大司空。壬辰，以左中郎将刘隆为骠骑将军，行大司马事。

乙未，徙中山王辅为沛王。以郭况为大鸿胪，帝数幸其第，赏赐金帛，丰盛莫比，京师号况家为"金穴"。

秋，九月，马援自交趾还，平陵孟冀迎劳之。援曰："方今匈奴、乌桓尚扰北边，欲自请击之，男儿要当死于边野，以马革裹尸还葬耳，何能卧床上在儿女子手中邪！"冀曰："谅！为烈士当如是矣！"

【译文】光武帝因为得了一种头痛目眩的病，病得很重，就让阴兴兼侍中，在云台广室接受临终前的命令。后来，正好病就好了，于是就召见阴兴，要让他代理吴汉做大司马，阴兴就磕头流泪，坚持拒绝说："微臣不敢珍惜自己，实在是担心亏损圣德，微臣不能随意胜任！"说话时发自肺腑，感情十分真诚，把两侧的臣子都感动了，光武帝后来也就听了他的话。太子太傅张湛，自从郭后被废除以后，就假称有病，不再上朝，光武帝勉为其难要他起来，想起用他为司徒，张湛就以病重为理由，坚持拒绝推辞，说自己如今已经不能再继续胜任朝廷的大事，于是光武帝就答应免他了。

六月，庚寅日（十四日）的那一天，光武帝派遣太守河内人蔡茂为大司徒，太仆朱浮为大司空。壬辰日（十六日），又让左中郎将刘隆做骠骑将军，兼管大司马所任的一切职务。

乙未日（十九日），光武帝调任中山王辅为沛王。任命郭况为大鸿胪，光武帝很多次亲自来到他的家，赏赐了黄金布帛，数量多得无人可及，京城里的人就都称郭况的家是"金穴"。

秋季，九月，马援从交趾郡回来，平陵人孟冀出来迎接慰劳他。马援说："如今匈奴、乌桓国还在扰乱北边的地方,要勇于自动恳求前去进攻他们,男儿理应死在边塞的原野,用马革包裹自己的尸体,然后归葬故乡,怎么能够睡在床上,死在妇孺们的手里呢!"孟冀说："真是烈士,男子就应该如此!"

冬,十月,甲午,上行幸鲁、东海、楚、沛国。

十二月,匈奴寇天水、扶风、上党。

壬寅,车驾还宫。

马援自请击匈奴,帝许之,使出屯襄国,诏百官祖道。援谓黄门郎梁松、窦固曰："凡人富贵,当使可复贱也;如卿等欲不可复贱,居高坚自持。勉思鄙言!"松,统之子;固,友之子也。

刘尚进兵与栋蚕等连战,皆破之。

【译文】冬季,十月,甲午日(二十日),光武帝亲自来到鲁国、东海国、楚国、沛国。

十二月,匈奴进犯天水郡、扶风、上党郡。

壬寅日(二十八日),光武帝回宫。

马援主动请求去进攻匈奴,光武帝应允了他,让他出征在襄国县驻军,并且下令让百官为他饯行。马援对黄门郎梁松、窦固说："但凡人富有地位显赫之后,就应该让他能够再次微贱。像你们这些打算不要再微贱的人,只想高高在上,坚决把持好自己。回头你们好好地想我的话!"梁松,是梁统的儿子;窦固,是窦友的儿子。

刘尚率兵和栋蚕等打了好几仗,都把他们打败了。

二十一年(乙巳,公元四五年)春,正月,追至不韦,斩栋蚕帅,西南诸夷悉平。

乌桓与匈奴、鲜卑连兵为寇，代郡以东尤被乌桓之害。其居止近塞，朝发穹庐，暮至城郭，五郡民庶，家受其辜，至于郡县损坏，百姓流亡，边陲萧条，无复人迹。秋，八月，帝遣马援与谒者分筑保塞，稍兴立郡县，或空置太守、令、长，招还人民。乌桓居上谷塞外白山者最为强富，援将三千骑击之，无功而还。

鲜卑万馀骑寇辽东，太守祭肜率数千人迎击之，自被甲陷陈。虏大奔，投水死者过半，遂穷追出塞。虏急，皆弃兵裸身散走。是后鲜卑震怖，畏肜，不敢复窥塞。

【译文】二十一年（乙巳，公元45年）春季，正月，刘尚追赶到不韦县，斩杀了栋蚕的将帅，西南的那些夷族也都被顺利地平定了。

乌桓国和匈奴、鲜卑一起联合军队进行掠夺，代郡以东的地方受到乌桓国的祸患尤为严重。乌桓国的居处临近边塞，早上从旃帐出发，傍晚就来到了城郭，代、上谷、渔阳、右北平、辽西五个郡的民众百姓，每家都是受害者，以至于郡、县被损坏，人民流亡，边境冷清，不再有人烟足迹。秋季，八月，光武帝命令马援和谒者分别修建堡垒，慢慢地建立郡县，有的设置太守、县令、长吏，把人民又重新给招回来。乌桓国最为富强的就是居住在上谷郡外白山的人，马援就带领三千骑兵进攻他们，然而却无功而回。

鲜卑一万多骑兵抢夺掠杀辽东郡，太守祭肜带领几千人去迎击他们，亲自披上战甲，攻破敌阵。敌人大败而四处逃跑，掉进水里而被淹死的，就超过一半，于是赶紧追随他们出塞。敌人情况危急，便都丢弃了兵器，赤裸着身子，分散逃走。自此之后，鲜卑震惊害怕，畏惧祭肜，不敢再窥伺边塞。

冬，匈奴寇上谷、中山。

莎车王贤浸以骄横，欲兼并西域，数攻诸国，重求赋税，诸国愁惧。车师前王、鄯善、焉耆等十八国俱遣子入侍，献其珍宝；及得见，皆流涕稽首，愿得都护。帝以中国初定，北边未服，皆还其侍子，厚赏赐之。诸国闻都护不出，而侍子皆还，大忧恐，乃与燉煌太守檄："愿留侍子以示莎车，言侍子见留，都护寻出，冀且息其兵。"裴遵以状闻，帝许之。

【译文】冬天，匈奴抢掠上谷、中山二郡。

莎车国王贤慢慢地变得骄纵蛮横，还打算吞并西域，多次进攻诸国，增加求取赋税，诸国都忧愁担心。车师前王、鄯善、焉耆等十八个国家都命令自己的儿子进京侍候，奉献上他们的奇珍异宝；等见到光武帝的时候，都流泪磕头，期望能够设立都护。光武帝感觉中国刚刚安定，北方边境还没有投降，就派人把他们的侍子都送回去，并且还赏赐了他们很贵重的礼物。诸国听说都护没有派出来，而且侍子也都被送了回来，心里很是担心害怕，就致送檄文给敦煌郡太守，"希望能够把侍子留下而给莎车国看，说侍子已经被留下，都护不久就会派出，希望可以马上停止战争"。裴遵把情况报告给朝廷，光武帝同意了。

二十二年（丙午，公元四六年）春，闰正月，丙戌，上幸长安；二月，己巳，还雒阳。

夏，五月，乙未晦，日有食之。

秋，九月，戊辰，地震。

冬，十月，壬子，大司空朱浮免。癸丑，以光禄勋杜林为大司空。

初，陈留刘昆为江陵令，县有火灾，昆向火叩头，火寻灭；后为弘农太守，虎皆负子渡河。帝闻而异之，征昆代林为光禄勋。帝问昆曰："前在江陵，反风灭火，后守弘农，虎北渡河，行何德政而致是事？"对曰："偶然耳。"左右皆笑，帝叹曰："此乃长者之言也！"顾命书诸策。

是岁，青州蝗。

匈奴单于舆死，子左贤王乌达鞮侯立；复死，弟左贤王蒲奴立。匈奴中连年旱蝗，赤地数千里，人畜饥疫，死耗太半。单于畏汉乘其敝，乃遣使诣渔阳求和亲；帝遣中郎将李茂报命。

资治通鉴卷第四十三　汉纪三十五

【译文】二十二年（丙午，公元46年）春季，闰正月，丙戌日（十九日），光武帝亲自来到长安；二月，己巳日（二月无此日），又返回洛阳。

夏天，五月，乙未晦日（三十日），发生日食。

秋天，九月，戊辰日（初五），发生地震。

冬天，十月，壬子日（十九日），大司空朱浮被光武帝免职。癸丑日（二十日），光武帝派光禄勋杜林为大司空。

起初，陈留人刘昆做江陵县令的时候，县里突发火灾，刘昆向火磕头，火没有多久就熄灭了，后来，他任弘农郡太守一职，发生老虎背着小虎渡过河的事情。光武帝听了之后，感到很惊奇，就征召刘昆代杜林做光禄勋。光武帝问刘昆说："以前在江陵县，让风向反转，把火熄灭了；做了弘农郡的太守之后，老虎从北边渡过河来，是因为实施德政才发生这些事的吗？"刘昆回答说："那些都只是偶然而已。"光武帝身边的臣子都笑了，光武帝叹息说："这是长者的话！"回头让国史记在了简策上。

这一年，青州发生蝗灾。

匈奴单于舆去世，之后由他的儿子左贤王乌达鞮侯即位；又死之后，由弟弟左贤王蒲奴即位。匈奴内部连续好几年都发生干旱和蝗虫的自然灾害，有几千里之广的土地寸草不生，人畜

199

遭受饥饿，感染传染病蔓延，死亡损失超过一半。单于害怕汉朝趁着他们的败破而进攻，于是就差遣使者到渔阳郡去求亲以示友好；光武帝差遣中郎将李茂去复命。

【乾隆御批】 刘昆既称虎负子渡河，宋均在九江，虎又渡江东去。善政亦视感民何如耳，岂有于虎？史家侈谈相袭，令人致疑循吏之实政，其谁之罪耶？

【译文】 刘昆已经赞誉老虎背子渡河，宋均担任九江郡太守，老虎又渡江东去。政绩优异还要看他如何教化百姓，怎么全是有关治虎的事迹呢？史官夸大其辞，互相抄袭，以致人们怀疑良吏的真实政绩，这究竟是谁的罪过呢？

乌桓乘匈奴之弱，击破之，匈奴北徙数千里，幕南地空。诏罢诸边郡亭候、吏卒，以币帛招降乌桓。

西域诸国侍子久留燉煌，皆愁思亡归。莎车王贤知都护不至，击破鄯善，攻杀龟兹王。鄯善王安上书："愿复遣子入侍，更请都护；都护不出，诚迫于匈奴。"帝报曰："今使者大兵未能得出，如诸国力不从心，东西南北自在也。"于是鄯善、车师复附匈奴。

【译文】 乌桓国趁着匈奴势力衰退，就把它给打败了，于是匈奴被迫又向北迁移了几千里，使得沙漠以南的地方空无一物。光武帝下令免去众边郡的亭候、士卒，用钱币缯帛诱惑乌桓国投降。

西域诸国侍子很长时间留在敦煌郡，都担心思念故乡，想逃亡回去。莎车国王贤知道都护没有来，就把鄯善国打败了，攻击龟兹王。鄯善国王安上书说："期望在此派儿子入朝侍候，另外派遣都护前来；如果此次都护没能派出来，就只好被迫向匈奴投降了。"光武帝回答说："现如今我们的使者大兵不能够派出去，如果诸国的力量不能够顺从心愿的话，那么东西南北任凭你们归顺好了。"于是，鄯善国、车师国又归附匈奴。

◆班固论曰：孝武之世，图制匈奴，患其兼从西国，结党南羌，乃表河曲，列四郡，开玉门，通西域，以断匈奴右臂，隔绝南羌、月氏。单于失援，由是远遁，而幕南无王庭。遭值文、景玄默，养民五世，财力有馀，士马强盛。故能睹犀布、瑇瑁，则建珠厓七郡；感蒟酱、竹杖，则开牂柯、越嶲；闻天马、蒲陶，则通大宛、安息；自是殊方异物，四面而至。于是开苑囿，广宫室，盛帷帐，美服玩，设酒池肉林以飨四夷之客，作鱼龙角抵之戏以观视之；及赂遗赠送，万里相奉，师旅之费，不可胜计。至于用度不足，乃榷酒酤，筦盐铁，铸白金，造皮币，算至车船，租及六畜。民力屈，财用竭，因之以凶年，寇盗并起，道路不通，直指之使始出，衣绣杖斧，断斩于郡国，然后胜之。是以末年遂弃轮台之地而下哀痛之诏，岂非仁圣之所悔哉！

且通西哉，近有龙堆，远则葱岭，身热、头痛、悬度之阨，淮南、杜钦、扬雄之论，皆以为此天地所以界别区域，绝外内也。西域诸国，各有君长，兵众分弱，无所统一，虽属匈奴，不相亲附；匈奴能得其马畜、旃罽而不能统率，与之进退。与汉隔绝，道里又远，得之不为益，弃之不为损，盛德在我，无取于彼。故自建武以来，西域思汉威德，咸乐内属，数遣使置质于汉，愿请都护。圣上远览古今，因时之宜，辞而未许；虽大禹之序西戎，周公之让白雉，太宗之却走马，义兼之矣！◆

【译文】◆班固评论说：孝武帝的时候，想办法制服匈奴，害怕它兼并西域各国，跟南羌结成联盟，就表列河西四郡——武威、张掖、酒泉、敦煌纳入汉朝的版图，打开玉门关，通往西域，来摧毁匈奴的右臂，让南羌、月氏二国分离，单于就失去了外援，因此逃到了远方，可是沙漠的南方就没有王庭。遇到文、景二帝时代长时间宁静，人民经过五代——高祖、惠帝、吕后、文帝、景帝的休养生息，财力充足，兵强马壮，所以能够亲眼看到犀布、玳瑁，就建立珠崖七个郡；想到蒟酱、竹杖，就开辟牂柯、越巂两个郡；听到天马、蒲陶，就直通大宛、安息两个国家；从此远方的奇珍异宝，从四面八方而来。于是，就开创苑囿，扩建宫室范围，盛设帷帐，充实好玩的用具，准备了很多美酒和美女来宴请四夷的宾客，以鱼龙、角抵的玩耍，来供大家欣赏，还有赂遗赠送，都在万里之外就献上了，至于军旅的费用，更是不计其数。等到了费用不够的时候，就去收取百姓的酒税，公卖盐铁，铸造白银，制成皮币，算计到车船，税收到六畜。民力物力大大减损，钱财也用尽了，再加上荒年之际，盗贼四处兴起，道路不畅通，直到这样使者才被派出去，身披绣衣，手里拿着斧钺，到郡国进行斩杀，之后才攻克了这个困难的局面。因此末年止于抛弃轮台这个地方，而且光武帝颁下哀痛的诏书，这个难道不是仁圣之君所懊悔的吗？

况且通达西域，距离近的有白龙堆，远的则有葱郁的山岭，那里有身热、头痛、悬度的险厄，按照淮南王、杜钦、扬雄的提议，都感觉这是天地用来划分区域、断绝内外的界线。西域各国，各自有君长，可是军队分散势力薄弱，没有办法统一，就算归属匈奴，也是不相归附的；匈奴能够得到他们的马匹、毛毡，却不能带领他们共同进退。他们跟汉朝隔绝，道路还相距那么远，得到他们，也没什么好处；放弃他们，也不见得有什么坏处，盛德功业的建立，全在于自己，不用取决于他们。所以自从建武以来，西域每次想到汉朝的武力德泽，都很高兴地归属，所以很多次命令使者把侍子安置在汉朝，期望可以设立都护。圣上由古及今，依据时机的恰当与否，推脱而没有答应；就算大禹善待西戎部落，周公旦谦辞白雉，汉文帝归还千里马，这些深义他都具备了！◆

资治通鉴卷第四十四　汉纪三十六

起强圉协洽,尽上章涒滩,凡十四年。

【译文】起丁未(公元47年),止庚申(公元60年),共十四年。

【题解】本卷记录了光武帝建武二十三年至汉明帝永平三年间的历史。这是两任皇帝交替之际,两位皇帝均有治国之能,国力日强,百姓日丰。光武帝封禅泰山,祭天告成功;光武帝分化匈奴,采取以夷制夷的方法,边境逐渐安宁,但偶有反叛;光武帝晚年渐生骄奢之心,迫害功臣马援,马援高年出征为国捐躯,反遭迫害。明帝继位后,尊儒学,治礼乐,体察民情,表彰功臣,但也因偏听偏信,使政治转向严苛。

世祖光武皇帝下

建武二十三年(丁未,公元四七年)春,正月,南郡蛮叛;遣武威将军刘尚讨破之。

夏,五月,丁卯,大司徒蔡茂薨。

秋,八月,丙戌,大司空杜林薨。

九月,辛未,以陈留太守王况为大司徒。

冬,十月,丙申,以太仆张纯为大司空。

武陵蛮精夫相单程等反,遣刘尚发兵万馀人溯沅水入武谿击之。尚轻敌深入，蛮乘险邀之，尚一军悉没。

【译文】建武二十三年（丁未，公元47年）春季，正月，南郡蛮反叛；光武帝命令武威将军刘尚征讨，把他们打败了。

夏季，五月，丁卯日（初八），大司徒蔡茂去世。

秋季，八月，丙戌日（八月无此日），大司空杜林去世。

九月，辛未日（十三日），光武帝派陈留人王况做大司徒。

冬季，十月，丙申日（初九），光武帝派太仆张纯做大司空。

武陵蛮渠帅相单程等人叛变。光武帝调遣刘尚率领一万多人，逆着沅水而上，到武溪进攻他们。刘尚轻视敌人，深入敌军阵地，蛮人趁着险峻的地势奋力迎击，结果刘尚全军覆没。

初，匈奴单于舆弟右谷蠡王知牙师以次当为左贤王，左贤王次即当为单于。单于欲传其子，遂杀知牙师。乌珠留单于有子曰比，为右薁鞬日逐王，领南边八部。比见知牙师死，出怨言曰："以兄弟言之，右谷蠡王次当立；以子言之，我前单于长子，我当立。"遂内怀猜惧，庭会稀阔。单于疑之，乃遣两骨都侯监领比所部兵。及单于蒲奴立，比益恨望，密遣汉人郭衡奉匈奴地图，诣西河太守求内附。两骨都侯颇觉其意，会五月龙祠，劝单于诛比。比弟渐将王在单于帐下，闻之，驰以报比。比遂聚八部兵四五万人，待两骨都侯还，欲杀之。骨都侯且到，知其谋，亡去。单于遣万骑击之，见比众盛，不敢进而还。

是岁，隃侯朱祜薨。祜为人质直，尚儒学；为将多受降，以克定城邑为本，不存首级之功。又禁制士卒不得虏掠百姓。军人乐放纵，多以此怨之。

【译文】起初，匈奴单于舆的弟弟右谷蠡王知牙师依照顺序应该做左贤王，左贤王依照次序就应该做单于。单于想要传位给自己的儿子，于是就杀死了知牙师。乌珠留单于有个儿子叫比，是右薁鞬日逐王，统率南边的八个部落。比看到知牙师被杀死之后，就口出怨言说："依照兄弟次序来说，右谷蠡王依照顺序就应该被立；按儿子来说，我是前单于的长子，应该被立的也是我啊！"于是，心里怀着猜忌和担心，每年正月的庭会就很少出席。单于疑心他，就命令左、右骨都侯督领比所带领的军队。等到单于蒲奴继位的时候，比心里更加怨恨，于是就暗中命令汉人郭衡拿着匈奴地图到西河郡太守那儿，恳求向内归附。左、右骨都侯已经感觉到了他的心思，在五月龙祭会那天，就劝单于把比给杀了。比的弟弟渐将王在单于的帐下，知道这个秘密之后，就马上去报告比。比就召集了八个部队的军队四五万人，等待左、右骨都侯回来，要把他们给杀了。骨都侯就快要来了，知道了他们的计谋，就逃离了。单于命令一万骑兵去进攻比，见到比的人数很多，就不敢攻打而又返回去了。

这年，鬲侯朱祜去世了。朱祜为人纯朴正直，推崇儒学；做将军的时候大多接受别人的投降，以战胜平定城邑为基本，而不想砍取敌人头颅为战功。后来又不准士兵抢夺人民的财物，可是军人喜欢不遵守纪律，所以很多人因此而怨恨他。

二十四年（戊申，公元四八年）春，正月，乙亥，赦天下。

匈奴八部大人共议立日逐王比为呼韩邪单于，款五原塞，愿永为藩蔽，扞御北虏。事下公卿，议者皆以为："天下初定，中国空虚，夷狄情伪难知，不可许。"五官中郎将耿国独以为："宜如孝宣故事，受之。令东扞鲜卑，北拒匈奴，率厉四夷，完复边郡。"帝从之。

秋，七月，武陵蛮寇临沅。遣谒者李嵩、中山太守马成讨之，不克。马援请行，帝愍其老，未许，援曰："臣尚能被甲上马。"帝令试之。援据鞍顾眄，以示可用，帝笑曰："矍铄哉是翁！"遂遣授率中郎将马武、耿舒等将四万馀人征五溪。援谓友人杜愔曰："吾受厚恩，年迫日索，常恐不得死国事。今获所愿，甘心瞑目，但畏长者家儿或在左右，或与从事，殊难得调，介介独恶是耳！"

冬，十月，匈奴日逐王比自立为南单于，遣使诣阙奉藩称臣。上以问朗陵侯臧宫。宫曰："匈奴饥疫分争，臣愿得五千骑以立功。"帝笑曰："常胜之家，难与虑敌，吾方自思之。"

【译文】 二十四年（戊申，公元48年）春季，正月，乙亥日（十九日），光武帝大赦天下。

匈奴八个部落的大人一起提议拥立日逐王比做呼韩邪单于，敲五原郡的塞门来投降，甘愿永远做屏障，来抵抗北方胡虏。光武帝就把这件事情交给公卿办理，商议的人都感觉"天下才刚刚平定，中国内部一无所有，夷狄真假难料，不可以答应他们"。只有五官中郎将耿国认为"应该像孝宣帝一样，接受他的请求，命令他向东抵抗朝鲜，向北抵御匈奴，相率鼓励四夷，让边郡能够完复"。光武帝听取了他的意见。

秋季，七月，武陵蛮进犯临沅县；光武帝命令谒者李嵩、中山郡太守马成讨伐，结果没有取得胜利。马援请求带兵出征，光武帝怜恤他年事已高，没有答应。马援说："微臣还可以披甲上马。"光武帝准许他试试看。马援按鞍回视，表示还可以被重用，光武帝笑着说："这个老翁还真是勇健！"于是，光武帝调遣马援带领中郎将马武、耿舒等率四万多人，到五溪去抗战。马援对友人杜愔说："我蒙受光武帝圣恩，年纪大而没有多少时日了，时常担心不能为国家牺牲。如今愿望终于实现了，就是死也甘心闭目了，唯独权贵子弟有的在两侧，有的参与政事，很难以调和，耿耿于怀，只是讨厌这些罢了！"

冬季，十月，匈奴日逐王比自立为南单于，差遣使者到朝廷，甘愿勤守藩篱，自称臣子。光武帝拿这件事情询问朗陵侯臧宫。臧宫说："匈奴饥疫分别兴起，微臣愿意率领五千骑兵前去立功。"光武帝笑着说："你是常胜的兵家，很难能够一起和你考虑敌情，我应该自己好好考虑这件事。"

二十五年（己酉，公元四九年）春，正月，辽东徼外貊人寇边，太守祭肜招降之。肜又以财利抚纳鲜卑大都护偏何，使招致异种，骆驿款塞。肜曰："审欲立功，当归击匈奴，斩送头首，乃信耳。"偏何等即击匈奴，斩首二千馀级，持头诣郡。其后岁岁相攻，辄送首级，受赏赐。自是匈奴衰弱，边无寇警，鲜卑、乌桓并入朝贡。肜为人质厚重毅，抚夷狄以恩信，故皆畏而爱之，得其死力。

南单于遣其弟左贤王莫将兵万馀人击北单于弟薁鞬左贤王，生获之；北单于震怖，却地千馀里。北部薁鞬骨都侯与右骨都侯率众三万馀人归南单于。三月，南单于复遣使诣阙贡献，求使者监护，遣侍子，修旧约。

【译文】二十五年（己酉，公元49年）春季，正月，辽东郡域外貊人入侵边境，太守祭肜去招降他们。祭肜又用钱财货物去招抚接纳鲜卑大都护偏何，让他召集其他的民族，相继来塞下请求投降。祭肜说："如果你们真的想要立功，就应该回去进攻匈奴，斩取敌人头颅送来，这样才可以取信于你。"偏何等人马上进攻匈奴，斩了两千多个头颅，把头颅拿到了郡府。后来，每年都进攻，而且还总是送头颅来，接受恩赐。从此匈奴势力微弱，边境没有了抢掠的消息，鲜卑、乌桓等国都进京进献礼物。祭肜为人稳重刚毅，以恩信来安抚夷狄，所以大家都很敬畏喜欢他，能让大家都誓死尽力。

　　南单于命令他的弟弟左贤王莫带领一万多兵卒去进攻北单于的弟弟薁鞬左贤王，并将他活捉；北单于震惊恐惧，后退到一千多里的土地上。北部薁鞬骨都侯和右骨都侯带领三万多人归向南单于。三月，南单于又命令使者到朝廷贡献宝物，请求派遣使者督护，送入侍子，修订旧有的约定。

　　【乾隆御批】 单于构难自分南北，款塞，何不可许？而议者纷纷欲拒之，彼不过持不开边衅之说耳。不知能自强者外侮不敢窥，不能自强者，外侮不敢窥，不能自强者，虽谨守而外侮亦将伺其隙。增币，和亲，损国威重，而反以为得计者，可谓强颜矣。

　　【译文】 单于内部反目，因而分裂为南、北匈奴，南匈奴遣使通好，为什么不能被允许？然而，议论此事的公卿纷纷拒绝，他们只不过拘泥于不在边境挑起事端的说法罢了。却不知自身强大的国家外敌不敢窥视，自身不强大，即使谨慎小心守御，外敌仍能乘隙进犯的道理。增加财币，实行和亲，只会有损国家威严，可是有人反认为这样做合适，真可以说是厚颜无耻了。

　　戊申晦，日有食之。

　　马援军至临乡，击破蛮兵，斩获二千馀人。

　　初，援尝有疾，虎贲中郎将梁松来候之，独拜床下，援不答。松去后，诸子问曰：“梁伯孙，帝婿，贵重朝庭，公卿已下莫不惮之，大人奈何独不为礼？”援曰：“我乃松父友也，虽贵，何得失其序乎!"

援兄子严、敦并喜讥议，通轻侠，援前在交趾，还书诫之曰："吾欲汝曹闻人过失，如闻父母之名，耳可得闻，口不可得言也。好论议人长短，妄是非政法，此吾所大恶也，宁死，不愿闻子孙有此行也。龙伯高敦厚周慎，口无择言，谦约节俭，廉公有威，吾爱之重之，愿汝曹效之。杜季良豪侠好义，忧人之忧，乐人之乐，父丧致客，数郡毕至，吾爱之重之，不愿汝曹效也。效伯高不得，犹为谨敕之士，所谓'刻鹄不成尚类鹜'者也；效季良不得，陷为天下轻薄子，所谓'画虎不成反类狗'者也。"伯高者，山都长龙述也，季良者，越骑司马杜保也，皆京兆人。会保仇人上书，讼"保为行浮薄，乱群惑众，伏波将军万里还书以诫兄子，而梁松、窦固与之交结，将扇其轻伪，败乱诸夏"。书奏，帝召责松、固，以讼书及援诫书示之，松、固叩头流血，而得不罪。诏免保官，擢拜龙述为零陵太守。松由是恨援。

【译文】戊申晦日（二十九日），发生日食。

马援的军队来到临乡，打败了蛮兵，斩获他们两千多人。

起初，马援生病的时候，虎贲中郎将梁松来探望他，在床下一个人跪拜，马援没有答礼。梁松离开后，众子问马援说："梁伯孙是光武帝的女婿，在朝廷的地位非常显赫，受到大家的尊敬，公卿以下，没有一个不害怕他的。大人为什么单独不向他行礼呢？"马援说："我是梁松父亲的朋友，就算他地位显赫，我又怎么能够失去彼此的次第呢！"

马援的侄子马严、马敦都喜欢讽刺批评别人，和游侠来往，马援在交趾郡的时候，写回一封信，告诫他们说："我要你们听到别人的过错，就像听到自己父母的名字一样，耳朵可以听听，但是嘴巴却不可以说出来。喜爱讨论别人的优劣，随意讽刺朝政的得失，这是我最讨厌的事情；我甘愿死去，也不想让子孙有这样的举止行为。龙伯高为人敦行厚道，周到谨慎，嘴里不讨论别人的是非对错，谦逊信约，勤俭节约，清廉公正，很有威严，我很喜欢他，尊敬他，希望你们向他学习。杜季良的为人是豪情侠骨，喜爱讲道义，常常担忧别人所担忧的，高兴别人所高兴的，父亲死的时候，招来了宾客，几个郡的人都到齐了，我也很喜欢他，敬重他；可是，却不想让你们向他学习。就算学不到伯高的样子，也还可以做一个谦虚谨慎的人，就像所说的'刻鹄不成功，还像只野鸭'那样；学不到季良的样子，就会沦为被天下轻视的人，也就是所说的'画只老虎不成功，却反而像只狗'。"伯高，就是山都县长龙述；季良，就是越骑司马杜保；他们都是京兆人。看到杜保的仇人上书，诉讼说"杜保行为举止轻薄，侵扰群众，蛊惑大家，伏波将军在万里之外寄回家信，告诫侄子，可是梁松、窦固却跟他结交，将继续助长他的轻薄和虚伪，败坏风气扰乱民众"。该书上奏之后，光武帝召见梁松、窦固，拿诉讼书以及马援训诫的家信给他们看，梁松、窦固磕头直到流血，然后光武帝才赦免了他们的罪。光武帝下令免除杜保的官职，提拔龙述为零陵郡太守。梁松从此怨恨马援。

【乾隆御批】 赵充国平羌，马援征蛮，皆属老而益壮。乃充国卒以成功，而援不克集事，是岂时命为之？抑亦远猷胜算，援固有不逮充国者？至于身撄瘴疠，以死勤事，鞠躬尽瘁之义，实为无魄。胡寅乃谓马革裹尸，几于冯妇。若然，则临阵鼠窜者，将谓明哲保身乎？不独刻论，直是庸谈。

【译文】 赵充国平定西羌，马援征伐南蛮，都属老当益壮。然而，赵充国最终得以成功而马援却未能取胜。这难道是命运注定的吗？还是因为马援的谋略和计算本来就有比不上赵充国的地方呢？至于马援身染恶性疟疾，尽忠国事，鞠躬尽瘁，死而后已的凛然大义，实在是没有什么值得惭愧的。胡寅却说马援的马革裹尸和冯妇重操旧业几乎一样，那么临阵鼠窜的人，就应当被认为是明哲保身了？这样的评论不只是刻薄，简直是平庸之谈。

及援讨武陵蛮，军次下隽，有两道可入，从壶头则路近而水险，从充则涂夷而运远。耿舒欲从充道；援以为弃日费粮，不如进壶头，扼其喉咽，充贼自破。以事上之，帝从援策。进营壶头，贼乘高守隘，水疾，船不得上。会暑甚，士卒多疫死，援亦中病，乃穿岸为室以避炎气。贼每升险鼓噪，援辄曳足以观之，左右哀其壮意，莫不为之流涕。耿舒与兄好畤侯弇书曰："前舒上书当先击充，粮虽难运而兵马得用，军人数万，争欲先奋。今壶头竟不得进，大众怫郁行死，诚可痛惜！前到临乡，贼无故自致，若夜击之，即可殄灭。伏波类西域贾胡，到一处辄止，以是失利。今果疾疫，皆如舒言。"弇得书奏之，帝乃使梁松乘驿责问援，因代监军。

【译文】 等到马援征讨武陵蛮的时候，在下隽县驻扎军队，有两条路可以进入，如果从壶头山进军，路程比较近，可是水流湍急；从充县进军的话，虽然道路平坦开阔，但是运输距离遥远。耿舒计划从充县这条路进军；可是马援感觉花费很多时间，而且还耗费粮食，不如从壶头山进军，扼制住它的咽喉，充县的盗贼也就不攻自破了。于是马援把这件事情报告给了朝廷，光武帝听取了马援的计划。进军在壶头山扎营，盗贼凭借着高峻的地势，守住险隘，河水湍急，船只没有办法上行。遇到大热天，有很多士兵得了传染病，马援也得了病，就在山边打洞做成屋子，来遮蔽热气。盗贼每次登上高险之地，就击鼓哗噪，马援总是拖着脚缓慢地前来观看，两侧的人都为他雄壮的意志而感到难过，没有一个不为他感动流泪的。耿舒给兄长好畤侯耿弇的信中说："上次我上书说应该先攻打充县，粮食运输虽然困难，可是，兵马能用，军人几万，都想争先奋战。可是如今在壶头山驻扎军队，居然不能前进，大家都郁闷不乐，即将疫死，实在让人深感痛惜！上次到临乡，盗贼无故就来了，如果在晚上进攻他们，就可以把他们都给消灭了，可是伏波像个西域做买卖的胡人，每到一个地方就停下来，因此很是失利。如今果然传染病盛行，都应验了我所说过的话。"耿弇接到书信，进呈光武帝，光武帝就派梁松赶着驿车赶去询问马援，趁机就代替他督领军队。

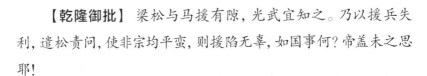

【乾隆御批】 梁松与马援有隙，光武宜知之。乃以援兵失利，遣松责问，使非宗均平蛮，则援陷无辜，如国事何？帝盖未之思耶！

【译文】 梁松和马援原本就有间隙，光武帝应该早就知道。因为马援出兵征战失利，就派遣梁松前去责问，倘若不是后来派遣宗均平定群蛮，马援恐怕会永远受到无辜陷害，怎么能这样处理国事呢？光武帝大概没有考虑到这一点吧！

会援卒，松因是构陷援。帝大怒，追收援新息侯印绶。初，援在交趾，常饵薏苡实，能轻身，胜障气，军还，载之一车。及卒后，有上书谮之者，以为前所载还皆明珠文犀。帝益怒。

援妻孥惶惧，不敢以丧还旧茔，稿葬城西，宾客故人，莫敢吊会。严与援妻子草索相连，诣阙请罪。帝乃出松书以示之，方知所坐，上书诉冤，前后六上，辞甚哀切。

【译文】 等到马援去世，梁松就趁着这个机会设计诬陷马援。光武帝很是生气，把马援新息侯的印章组绶追收了回来。起初，马援在交趾郡常吃薏苡，确实可以让身体轻松，防御瘴气，军队回来的时候，就运了一车子。等他死了之后，就有人上书诋毁诽谤他，以为之前所运的都是夜明珠和有文采的犀牛角。光武帝更加生气。

马援的妻儿很是担心，不敢把棺木运回祖坟，轻率地就把他葬在墓地的西边；宾客旧友，也都不敢前去吊唁会葬。马严和马援的妻儿拿着草绳把他们相连绑到一起，自己主动到朝廷去请罪。光武帝就把梁松的奏书拿出来给他们看，才知道犯了什么罪，于是就上书陈述冤屈，前后共六次，措辞都非常哀痛恳切。

前云阳令扶风朱勃诣阙上书曰："窃见故伏波将军马援，拔自西州，钦慕圣义，闻关险难，触冒万死，经营陇、冀，谋如涌泉，势如转规，兵动有功，师进辄克。诛锄先零，飞矢贯胫，出征交趾，与妻子生诀。间复南讨，立陷临乡，师已有业，未竟而死。吏士虽疫，援不独存。夫战或以久而立功，或以速而致败，深入未必为得，不进未必为非，人情岂乐久屯绝地不生归哉！惟援得事朝廷二十二年，北出塞漠，南度江海，触冒害气，僵死军事，名灭爵绝，国土不传，海内不知其过，众遮未闻其毁，家属杜门，葬不归墓，怨隙并兴，宗亲怖慄，死者不能自列，生者莫为之讼，臣窃伤之！夫明主醲于用赏，约于用刑，高祖尝与陈平金四万斤以间楚军，不问出入所为，岂复疑以钱谷间哉！愿下公卿，平援功罪，宜绝宜续，以厌海内之望。"帝意稍解。

【译文】 前云阳县令扶风人朱勃到朝廷上书说："微臣曾

经有幸看到前伏波将军马援，从拔取西州后，钦佩仰慕圣上的德义，历尽崎岖艰险，冒着万死的危险，讨伐陇西郡、冀州，谋划如泉水涌出，情势就像圆规转动一样灵活，兵卒一动有功，军队前进总是取得胜利，铲除了先零羌，飞箭刺穿小腿；到交趾郡作战，跟妻儿生别。最近又向南征讨，很快就攻下了临乡，军事已有头绪，但未完成而先死。吏卒虽然患有传染病，但是马援也没有一个人单独活着。作战有的时候由于持久而建立功劳，有时因为迅速而导致失败，深入敌军境地，不一定是对；不向前进军，也不一定是错，人之常情，哪里有人喜欢长久集聚在极险之地而不想生还呢！可是马援肯为朝廷做二十二年的事，向北远征塞外沙漠，向南曾渡过江海，冒着毒气，为军事而死，名声被辱没，爵位也断绝，封土没能相传，天下人都不晓得他犯了什么过错，众人也不知他为什么毁败，家属闭门谢客，下葬也不回归祖坟，怨恨嫌隙都兴起，宗亲担心害怕而战栗，已经死了的不能表达自己，活着的又没人肯为他诉讼，微臣私下里为此伤心！英明的君主对尊位的赏赐是很丰厚的，可是对于刑罚的执行却是很简约的，高祖曾经给陈平四万斤黄金，让他负责离间楚国的军队，却没有问他为哪些支出，哪里会在钱谷之间疑心他呢！微臣恳请光武帝，期望把这件事交给在下的公卿，公平公正地处理马援的功罪，是应该断绝，还是继续保留，来满足全国人民的盼望。”光武帝的心意才稍微宽解。

初，勃年十二，能诵《诗》、《书》，常候援兄况，辞言娴雅，援裁知书，见之自失。况知其意，乃自酌酒慰援曰：“朱勃小器速成，智尽此耳，卒当从汝禀学，勿畏也。”勃未二十，右扶风请试守渭城宰。及援为将军封侯，而勃位不过县令。援后虽贵，常待以旧恩而卑侮之，勃愈身自亲。及援遇谮，唯勃能终焉。

谒者南阳宗均监援军，援既卒，军士疫死者太半，蛮亦饥困。均乃与诸将议曰："今道远士病，不可以战，欲权承制降之，何如？"诸将皆伏地莫敢应。均曰："夫忠臣出竟，有可以安国家，专之可也。"乃矫制调伏波司马吕种守沅陵长，命种奉诏书入虏营，告以恩信，因勒兵随其后。蛮夷震怖，冬十月，共斩其大帅而降。于是均入贼营，散其众，遣归本郡，为置长吏而还，群蛮遂平。均未至，先自劾矫制之罪。上嘉其功，迎，赐以金帛，令过家上冢。

【译文】起初，朱勃十二岁，就可以背诵《诗经》《书经》，常常去拜访马援的哥哥马况，说话沉静。这个时候，马援才知道读书，见到他之后，感到有些自卑。马况知道他的心思，就亲自倒酒安慰马援说："朱勃器量小，所以很快就见到了效果，可是他的智慧都在这些上面了，他最后还应该跟你学习，不要担心畏惧。"朱勃不到二十岁，右扶风恳请让他去试做一年渭城县的邑宰。等到马援做了将军，封了侯之后，朱勃的官位只不过是个县令而已。马援后来虽然富贵地位显赫，却把朱勃当作旧友时常戏弄他，可是朱勃却更加亲近马援。等到马援遭遇谗言陷害，也只有朱勃能对他始终如一。

谒者南阳人宗均监视马援的军队，马援死后，士卒因传染病死的，超过一大半，蛮人也饥饿困乏。宗均就和众将商量说："如今路途遥远，士卒生病，不能继续前进作战，我打算通过权宜承用王制来让他们招降，你们感觉怎么样呢？"众将都俯首向地，不敢回答。宗均说："忠臣出境，只要能够让国家安定，就有权处理。"于是谎称王制调伏波司马吕种代沅陵县长，派遣吕种捧诏书进入敌军的阵营，把恩惠信实全部告诉他们，并且借机率领军队跟随在他的后边。蛮夷震惊感到害怕，冬季，十月，一起斩杀了他们的大帅就投降了。于是，宗均来到贼寇的营地，解散了他们的军队，送回原郡，帮他们设置长吏之后才回来，众蛮终于被平定了。宗均回到朝廷，就先上告自己谎称王制的罪状；光武帝奖励他的功劳，去迎接他，还赐给他金帛，命令他路过自己的家，可以去上坟祭告。

是岁，辽西乌桓大人郝旦等率众内属，诏封乌桓渠帅为侯、王、君长者八十一人，使居塞内，布于缘边诸郡，令招来种人，给其衣食，遂为汉侦候，助击匈奴、鲜卑。时司徒掾班彪上言："乌桓天性轻黠，好为寇贼，若久放纵而无总领者，必复掠居人，但委主降掾吏，恐非所能制。臣愚以为宜复置乌桓校尉，诚有益于附集，省国家之边虑。"帝从之，于是始复置校尉于上谷宁城，开营府，并领鲜卑赏赐、质子，岁时互市焉。

【译文】这一年，辽西郡乌桓国大人郝旦等人带领部属前来归附，光武帝下令封乌桓国首领为侯、王、君长的一共有八十一个，让他们在边塞之内居住，分布在沿着边境的那些郡，派他们引来同族，给他们提供衣食，最后做汉朝的密探，协助进攻匈奴、鲜卑。这个时候，司徒掾班彪上书说："乌桓国人生性轻薄黠猾，喜欢掠夺杀害百姓，如果长时间放纵他们而没人率领的话，就肯定又会去抢掠居民，只是把责任交给主管投降的属官的话，恐怕不能把他们制服了。微臣愚笨地以为应该再设立乌桓校尉，实际上对归附召集有好处，可以省去对国家边境的担忧。"光武帝听取了他的建议，于是又开始在上谷郡宁城县设立校尉，建立兵营，并且主管鲜卑的赏赐、质子，和一年四季的彼此买卖。

二十六年（庚戌，公元五〇年）正月，诏增百官奉，其千石已上，减于西京旧制，六百石已下，增于旧秩。

初作寿陵。帝曰："古者帝王之葬，皆陶人、瓦器、木车、茅马，使后世之人不知其处。太宗识终始之义，景帝能述遵孝道，遭天下反覆，而霸陵独完受其福，岂不美哉！今所制地不过二三顷，无为山陵陂池，裁令流水而已。使迭兴之后，与丘陇同体。"

【译文】二十六年（庚戌，公元50年）在正月，光武帝下令增加百官的俸禄，其中一千石以上的，依照西京原有的制度减少；六百石以下的，比原来的官禄有所增加。

开始建造寿陵。光武帝说："古代帝王的墓葬，都用陶人、瓦器、木车、茅马，让后代的人都不知道他的处所。太宗（文帝）知道循环往复的道理，景帝能遵守孝道，虽然遭到天下混乱的局面，但是只有他的霸陵能够保持完整，继续享受他的福泽，那不是很好吗！如今规定土地不得超过二三顷，没有必要高如山陵，只要微微升起即可，陂池只要让它不要有积水就可以了。经过改朝换代之后，和山丘就没有什么区别了。"

诏遣中郎将段郴、副校尉王郁使南匈奴，立其庭，去五原西部塞八十里。使者令单于伏拜受诏，单于顾望有顷，乃伏称臣。拜讫，令译晓使者曰："单于新立，诚惭于左右，愿使者众中无相屈折也。"诏听南单于入居云中，始置使匈奴中郎将，将兵卫护之。

夏，南单于所获北虏薁鞬左贤王将其众及南部五骨都侯合三万馀人畔归，去北庭三百馀里，自立为单于。月馀，日更相攻击，五骨都侯皆死，左贤王自杀，诸骨都侯子各拥兵自守。

【译文】光武帝命令中郎将段郴、副校尉王郁到南匈奴出使，去给它建立王庭，距离五原郡西部边塞共八十里路。使者让单于俯首叩拜接受诏书，单于犹豫了一下之后，才肯俯首称臣。拜完之后，派负责翻译的人告诉使臣说："由于单于刚刚即位，在左右的人面前下跪实在感到羞愧，恳请使者在众人面前不要让他难堪。"诏书让南单于来到云中郡居住，开始设立出使匈奴的中郎将，带领军队来保护它。

夏季，南单于所抓获的北虏薁犍左贤王带领他的部属还有南部五个骨都侯，加起来一共三万多人，叛变转回，在距离北庭三百多里路的地方，树起旗号自己做单于。一个多月，每天不停地进攻，五个骨都侯都因此而战死了，左贤王自杀，那些骨都侯的儿子各自带领军队自保。

秋，南单于遣子入侍。诏赐单于冠带、玺绶、车马、金帛、甲兵、什器。又转河东米糒二万五千斛，牛羊三万六千头以赡给之。令中郎将将弛刑五十人，随单于所处，参辞讼，察动静。单于岁尽辄遣奉奏，送侍子入朝，汉遣谒者送前侍子还单于庭，赐单于及阏氏、左、右贤王以下缯彩合万匹，岁以为常。于是云中、五原、朔方、北地、定襄、雁门、上谷、代八郡民归于本土。遣谒者分将弛刑，补治城郭，发遣边民在中国者布还诸县，皆赐以装钱，转给粮食。时城郭丘墟，扫地更为，上乃悔前徙之。

冬，南匈奴五骨都侯子复将其众三千人归南部，北单于使骑追击，悉获其众。南单于遣兵拒之，逆战不利，于是复诏单于徙居西河美稷，因使段郴、王郁留西河拥护之，令西河长史岁将骑二千、弛刑五百人助中郎将卫护单于，冬屯夏罢，自后以为常。南单于既居西河，亦列置诸部王，助汉扞戍北地、朔方、五原、云中、定襄、雁门、代郡，皆领部众，为郡县侦逻耳目。北单于惶恐，颇还所略汉民以示善意，钞兵每到南部下，还过亭候，辄谢曰："自击亡虏薁鞬日逐耳，非敢犯汉民也。"

【译文】秋季，南单于命令儿子入朝侍奉。光武帝下令赐给单于冠带、玺绶、车马、金帛、甲兵、什器，后来又把米谷干粮两万五千斛、牛羊三万六千头运输到河东郡去帮助他。光武帝派遣中郎将带领五十个解除罪刑的人，跟随单于，参与言辞诉讼，观察动静。单于在每年快要结束的时候，总是命令使者去向朝廷汇报，而且再另外送一个侍子进京朝见，汉朝也命令谒者把以前送来的侍子送回到单于的王庭，并赐给单于和阏氏，左、右贤王以下彩色丝绸共计一万匹，每年都是如此。于是，云中、五原、朔方、北地、定襄、雁门、上谷、代八个郡的人民都回到了自己的故土。光武帝命令谒者分别带领不加刑具的犯人，去修补城墙，把在中国边境上的人民大部分都送回众县，还赐给旅费，另加粮食。这个时候，城郭都成了废墟，只能摧毁重新修建，光武帝这才后悔起初徙民这件事。

冬季，南单于的五个骨都侯的儿子又带领三千个部下，返回了南部，北单于派骑兵追赶，把他们全部逮捕了回来。南单于命令军队进行反抗，可是每次迎战都失利了，于是，光武帝又下令，让单于迁移到西河郡美稷县，后又派段郴、王郁留在西河郡辅助他，派遣西河郡长史每年带领两千骑兵、五百个不加刑具的犯人，去援助中郎将保卫单于，冬季驻守，夏季撤回，自此之后，成为惯例。南单于在西河郡居住以后，也设立了众部之王，帮助汉朝镇守北地郡、朔方郡、五原郡、云中郡、定襄郡、雁门郡、代郡，而且都率领部队，帮助郡、县侦探巡视，以互相传递信息。北单于很是担心，就把很多掠夺而来的汉人归还了，用来表示友好之意。掠夺的士兵每次来到南部附近的时候，转回路过伺候望敌之亭的时候，总是谢罪说："只是进攻亡虏奠鞬日逐而已，绝对不敢进犯汉朝人民。"

二十七年（辛亥，公元五一年）夏，四月，戊午，大司徒王况薨。

五月，丁丑，诏司徒、司空并去"大"名，改大司马为太尉。票骑大将军行大司马刘隆即日罢，以太仆赵憙为太尉，大司农冯勤为司徒。

北匈奴遣使诣武威求和亲，帝召公卿廷议，不决。皇太子言曰："南单于新附，北虏惧于见伐，故倾耳而听，争欲归义耳。今未能出兵而反交通北虏，臣恐南单于将有二心，北虏降者且不复来矣。"帝然之，告武威太守勿受其使。

【译文】二十七年（辛亥，公元51年）夏季，四月，戊午日（二十一日），大司徒王况去世了。

在五月，丁丑日（十一日），光武帝下令司徒、司空都将"大"字删去，改称大司马为太尉。骠骑大将军兼大司马刘隆当天去职，太仆赵憙为太尉，大司农冯勤为司徒。

北匈奴差遣使者到武威郡去请求与大汉结亲相好，于是光武帝召集公卿当廷商量，却没有什么结果。皇太子进言说："南单于刚刚归附大汉，北面的敌人害怕被讨伐，所以虚心听从，争着想归顺。可是如今没有出兵讨伐，反而和北敌交往，微臣担心南单于就会有反叛的意愿，而且北敌投降的也不会再来了。"光武帝感觉他说得很对，就告诉武威郡太守不可以接受他的请求。

朗陵侯臧宫、扬虚侯马武上书曰："匈奴贪利，无有礼信，穷则稽首，安则侵盗。虏今人畜疫死，旱蝗赤地，疲困乏力，不当中国一郡，万里死命，县在陛下；福不再来，时或易失，岂宜固守文德而堕武事乎！今命将临塞，厚县购赏，喻告高句骊、乌桓、鲜卑攻其左，发河西四郡、天水、陇西羌、胡击其右，如此，北虏之灭，不过数年。臣恐陛下仁恩不忍，谋臣狐疑，令万世刻石之功不立于圣世！"诏报曰："《黄石公记》曰：'柔能制刚，弱能制强。舍近谋远者，劳而无功；舍远谋近者，逸而有终。故曰：务广地者荒，务广德者强，有其有者安，贪人有者残。残灭之政，虽成必败。'今国无善政，灾变不息，百姓惊惶，人不自保，而复欲远事边外乎！孔子曰：'吾恐季孙之忧不在颛臾。'且北狄尚强，而屯田警备，传闻之事，恒多失实。诚能举下下之半以灭大寇，岂非至愿！苟非其时，不如息民。"自是诸将莫敢复言兵事者。

【译文】 朗陵侯臧宫、扬虚侯马武上书说："匈奴贪图利益，没有礼貌诚信，穷困就磕头投降，定安的时候就掠夺百姓。敌人如今人畜都患传染病而死，被干旱和蝗虫所害，大地草木不生，人民疲倦困顿，力量相对贫乏，还比不上中国的一个郡，在万里之外，性命的生死，全部取决于陛下；福泽不再来，机会或许很容易地失去，哪里需要坚守文德而放弃军事呢！如今派遣将军到边塞，悬赏丰厚的奖励，明告高句丽、乌桓、鲜卑等国进攻它的左边，发动河西的四个郡，天水、陇西两个郡的羌人进攻它的右边，像这样，北敌的灭亡不需要几年就可以了。微臣担心陛下仁慈恩德，不舍得这样做，而谋臣又迟疑不定，致使万代不朽的功业不能在当今的皇朝建立！"光武帝下诏书答说："《黄石公记》说：'柔能克刚，弱能克强。放弃近的，去谋取远的，那样将很辛劳却没有功绩；放弃远的，而去谋取近的，就可以安逸而有所成。所以说：专心从事扩展地盘的，则荒芜；专心从事德行广大的，则势力强大；能够充实自己所有的，则人民安定；只贪图别人所有的，则残暴。残亡破灭的政治，即使一时成功，最后也肯定失败。'如今国家没有很好的政治，灾害变异不停地发生，百官担心害怕，人民不能安身自保，还会去想远方边塞之外的事吗？孔子说：'我怕季孙的忧患不在颛臾。'更何况北狄势力还很强大，而且屯田警备，传闻的事情，有很多都不真实。如果真能拿半个天下去消灭大敌的话，怎么不是我最大的愿望！如果没有适当的时机，还不如让人民休息。"从此以后，众将士再也不敢说用兵的事了。

上问赵憙以久长之计，憙请遣诸王就国。冬，上始遣鲁王兴、齐王石就国。

是岁，帝舅寿张恭侯樊宏薨。宏为人谦柔畏慎，每当朝会，辄迎期先到，俯伏待事；所上便宜，手自书写，毁削草本；公朝访逮，不敢众对。宗族染其化，未尝犯法。帝甚重之。及病困，遗令薄葬，一无所用。以为棺柩一藏，不宜复见，如有腐败，伤孝子之心，使与夫人同坟异藏。帝善其令，以书示百官，因曰："今不顺寿张侯意，无以彰其德；且吾万岁之后，欲以为式。"

【译文】 光武帝问赵憙深远的计策，赵憙请求送众王回到自己的封国。冬季，光武帝开始送鲁王刘兴、齐王刘石到自己的封国。

这一年，光武帝的舅舅寿张恭侯樊宏去世。樊宏的为人，谦逊柔和，戒惧谨慎，每次朝会的时候，总是自己预先来到，俯身等事；所上权宜措施，都亲手书写，然后毁坏草稿；公开朝会问到他，却不敢当众回答。宗族由于受到他的感染，也都没有人犯法。光武帝很尊重他。等到他病危的时候，遗命要薄葬，其他东西都不要。他感觉棺椁只是一个藏身的器具，不应该再次看到，如果有腐烂败坏，会让孝子伤心的，于是就下令和夫人同一坟墓，分开埋葬。光武帝感觉他的遗命很好，就把他的遗书给百官看，接着说："如今没有听从寿张侯的意思，就没有办法表明他的美德；并且在我死后，也要效法这个形式。"

【申涵煜评】 合葬原非古礼。世为习俗所拘，使先人已藏之骸骨一朝暴露，诚孝子之所伤心。宏遗令同坟异藏，斟酌尽善，宜帝取以为式。

【译文】 合葬原本不是古礼。世代为习俗所约束，让先人已埋葬的尸骨一下子暴露出来，孝子们看到尸身出现的腐败现象，必定会为之伤心。樊宏遗命与夫人同坟但异穴安葬，反复考虑得很完善，确实值得光武帝取法。

二十八年（壬子，公元五二年）春，正月，己巳，徙鲁王兴为北海王；以鲁益东海。帝以东海王彊去就有礼，故优以大封，食二十九县，赐虎贲、旄头，设钟虡之乐，拟于乘舆。

夏，六月，丁卯，沛太后郭后薨。

初，马援兄子婿王磐，平阿侯仁之子也。王莽败，磐拥富赀为游侠，有名江、淮间。后游京师，与诸贵戚友善，援谓姊子曹训曰："王氏，废姓也，子石当屏居自守，而反游京师长者，用气自行，多所陵折，其败必也。"后岁馀，磐坐事死；磐子肃复出入王侯邸第。时禁罔尚疏，诸王皆在京师，竞修名誉，招游士。马援谓司马吕种曰："建武之元，名为天下重开，自今以往，海内日当安耳。但忧国家诸子并壮而旧防未立，若多通宾客，则大狱起矣。

卿曹戒慎之！"至是，有上书告肃等受诛之家，为诸王宾客，虑因事生乱。会更始之子寿光侯鲤得幸于沛王，怨刘盆子，结客杀故式侯恭。帝怒，沛王坐系诏狱，三日乃得出。因诏郡县收捕诸王宾客，更相牵引，死者以千数；吕种亦与其祸，临命叹曰："马将军诚神人也！"

【译文】二十八年（壬子，公元52年）春季，正月，己巳日（正月无此日），调任鲁王刘兴为北海王；把鲁国隶属在东海郡之下，由于东海王刘强进退有礼，所以光武帝就优待他把大国封给他，拿二十九个县给他做食邑，并且赐给他虎贲、旄头，设置钟磬的乐器，比照光武帝。夏季，六月，丁卯日（初七），沛太后郭氏去世。

起初，马援哥哥的女婿王磐，是平阿侯王仁的儿子。王莽失败之后，王磐获得大量财富，在长江、淮河一带，做游侠，很有名声。后来，到京城，和那些贵戚关系要好，马援对外甥曹训说："王氏，是个废绝的姓氏，子石应该隐居以求自保，如今却反而到京城，和贵戚相交，任意独行，让很多人都欺凌挫折，他肯定会失败的。"一年多之后，王磐因事而亡；王磐的儿子王肃，又来到王侯的官邸。这个时候，禁令还比较宽松，众王都在京城，争修名誉，招募游说之士。马援对司马吕种说："建武之初，可以说是天下重开，从今以后，举国上下应该一天比一天安定。只是担心诸侯众子都年轻力壮，甚至不允许和宾客交往的禁令还没制定，如果和宾客交往过多的话，那么重大的刑案就一定会发生。你们千万要小心啊！"到了这个时候，有人上书控诉王肃等被杀之家，作为众王的宾客，担心惹是生非。见到更始的儿子寿光侯刘鲤得到了沛王的喜欢，就在心里怨恨刘盆子，想结交宾客来杀死前式侯刘恭。光武帝很是生气，沛王就被关进了监狱，三天后才被放出来。光武帝下令郡、县抓捕众王的宾客，彼此相互牵连，死的人数以千计算；吕种因此受到了灾祸，临刑的时候感叹地说："马将军可真是神仙啊！"

秋，八月，戊寅，东海王彊、沛王辅、楚王英、济南王康、淮阳王延始就国。

上大会群臣，问："谁可傅太子者？"群臣承望上意，皆言太子舅执金吾原鹿侯阴识可。博士张佚正色曰："今陛下立太子，为阴氏乎，为天下乎？即为阴氏，则阴侯可；为天下，则固宜用天下之贤才！"帝称善，曰："欲置傅者，以辅太子也；今博士不难正朕，况太子乎！"即拜佚为太子太傅，以博士桓荣为少傅，赐以辎车、乘马。荣大会诸生，陈其车马、印绶，曰："今日所蒙，稽古之力也，可不勉哉！"

【译文】秋季，八月，戊寅日（十九日），东海王刘强、沛王刘辅、楚王刘英、济南王刘康、淮阳王刘延开始来到封国。

光武帝大会群臣，问："你们有谁可以教太子？"众臣逢迎光武帝的心意，都说："太子的舅舅执金吾原鹿侯阴识可以。"博士张佚表情很严肃，说："如今陛下立太子，是为阴氏呢，还是为天下呢？如果是为阴氏，那么阴侯可以；要是为天下的话，那么就必定要用天下的贤才！"光武帝说好，道："要设立老师，来教导太子；如今博士不畏其难敢于纠正我，更何况是太子呢！"于是就任命张佚做太子太傅，让博士桓荣做少傅，并赐给他们衣车、骑马。桓荣大会诸生，陈列车马、印章组绶，说："今天所接受的这些东西，都是考证古事学问所得的援助，能不鼓励为学吗？"

【申涵煜评】 荣尝授经明帝，帝之尊师重道，礼绝旷古。然荣乃陈其车马印绶，以夸示诸生曰："此稽古之力。"书生器量，终觉褊浅。

【译文】 桓荣曾经给汉明帝讲授经学，明帝的尊师重道古来所无。但是桓荣还是陈列出车马、印绶在诸生中夸耀说："这是稽考古书的力量。"书生的器量，始终觉得浅薄。

北匈奴遣使贡马及裘，更乞和亲，并请音乐，又求率西域诸国胡客俱献见。帝下三府议酬答之宜，司徒掾班彪曰："臣闻孝宣皇帝敕边守尉曰：'匈奴大国，多变诈，交接得其情，则却敌折冲；应对入其数，则反为轻欺。'今北匈奴见南单于来附，惧谋其国，故数乞和亲，又远驱牛马与汉合市，重遣名王，多所贡献，斯皆外示富强以相欺诞也。臣见其献益重，知其国益虚；归亲愈数，为惧愈多。然今既未获助南，则亦不宜绝北，羁縻之义，礼无不答。谓可颇加赏赐，略与所献相当，报答之辞，令必有适。今立稿草并上，曰：'单于不忘汉恩，追念先祖旧约，欲修和亲以辅身安国，计议甚高，为单于嘉之！往者匈奴数有乖乱，呼韩邪、郅支自相仇隙，并蒙孝宣皇帝垂思救护，故各遣待子称藩保塞。其后郅支忿戾自绝皇泽，而呼韩附亲，忠孝弥著。及汉灭郅支，遂保国传嗣，子孙相继。今南单于携众向南，款塞归命，自以呼韩嫡长，次第当立，而侵夺失职，猜疑相背，数请兵将，归扫北庭，策谋纷纭，无所不至。惟念斯言不可独听，又以北单于比年贡献，欲修和亲，故拒而未许，将以成单于忠孝之义。汉秉威信，总率万国，日月所照，皆为臣妾，殊俗百蛮，义无亲疏，服顺者褒赏，畔逆者诛罚，善恶之效，呼韩、郅支是也。今单于欲修和亲，款诚已达，何嫌而欲率西域诸国俱来献见！西域国属匈奴与属汉何异！单于数连兵乱，国内虚耗，贡物裁以通礼，何必献马裘！今赍杂缯五百匹，弓鞬韥丸一，矢四发，遗单于；又赐献马左骨都侯、右谷蠡王杂缯各四百匹，斩马剑各一。单于前言"先帝时所赐呼韩邪竽、瑟、空侯皆败，愿复裁赐。"念单于国尚未安，方厉武节，以战攻为务，竽、瑟之用，不如良弓、利剑，故未以赏。朕不爱小物，於单于便宜所欲，遣驿以闻。'"闻悉纳从之。

【译文】北匈奴派遣使者进献马匹和皮裘，另外又恳请能够结亲和好，还请求音乐，后又请求带领西域诸国胡客共同来进献珍宝觐见光武帝。光武帝就把这件事交给太尉、司徒、司空三府商量对答之事。司徒掾班彪说："微臣听说孝宣光武帝下令边境守尉说：'匈奴是个大国，能够机变巧智地欺诈的人很多，如果和他相交而知道他的真实情况，就可以更好地退敌抵御；对答而中其预谋，就反而会被轻视欺骗。'如今北单于看到南单于来归附，担心谋取他的国家，所以多次请求结亲和好，又大老远地赶着牛马和汉人和合为市，而且还命令有名的君王，贡献很多，这些都是在对外表示他强盛而且互相欺骗夸大。微臣看他进献越重，就知道他的国家越空虚；归附请求的次数越多，担心害怕就越多。可是如今我们既没有援助南边，也就不应该和北边断绝来往，根据联系牵制的道理，就礼来说，外族致礼，是没有不回答的。我感觉可以给予他们很多赏赐，大约可以跟他们所贡献的差不多就行了，至于回答的言辞，必定要和事情相吻合。如今把所写草稿一起呈上，说：'单于没有忘记汉朝的恩泽，追念祖先以前旧有的约定，打算做好和亲的工作，来辅助自身，安定国家，这个想法跟谋略都是很好的，很替单于赞美！

过去，匈奴多次曲戾背德，呼韩邪、郅支自相仇视猜忌，都受过孝宣光武帝的恩泽救助，所以各自命令侍子，自称为藩臣，以防守堡塞。后来，郅支愤怒乖戾，自己断绝汉朝的恩惠，而呼韩邪则亲附，忠孝更加明显。等到汉朝把郅支消灭，于是呼韩邪终于得以保全自己的国家，传位于自己的儿子，子子孙孙相承袭。如今南单于带领部属到南边去，敲响边塞之门来顺从，自以为呼韩邪是嫡长子，依照顺序，应该被立为单于，却被侵犯剥夺权力，失去权职，猜忌怀疑，彼此背离，很多次向朝廷恳请兵卒将帅支援，回去扫荡北边的王庭，战略繁多，没有什么不用的。只是想到这些话不能够只听信一方的言辞，又由于北单于最近进贡财物，是打算要修好彼此之间的关系，因此拒绝而没同意他，打算来促成单于忠孝的高义。汉朝坚持威严信实，统领各国诸侯，只要是日月能够照到的国家，都是臣妾，在道义上，远方所有的蛮夷，不管关系亲近或者疏远，归顺的就加以赏赐，背叛的就诛灭惩罚，善恶的成效，可以通过呼韩邪、郅支上看出来。如今单于打算修好彼此的关系，真诚已经表明，哪里还在意你带领西域诸国共同来贡献晋见！西域诸国归属匈奴，跟归属汉朝又有什么区别！单于连续经历战事，国内经济空虚耗损，贡物只要稍微表达礼仪就可以了，为什么必须要贡献马匹、皮裘呢！如今赠送五百匹颜色各异的丝绸、一副弓箭套、四支箭给单于；后又赐给献马的左骨都侯、右谷蠡王每人四百匹颜色各不相同的丝绸、一把斩马剑。单于起初说："先帝在时曾赐给呼韩邪的竽、瑟、箜篌都坏了，但愿再加衡量多少而颁布赏赐。"一想到单于的国家还没有安定，正在鼓励众将士威武的气节，致力于从事征战杀伐，竽、瑟的应用，比不上良弓、利剑，所以没有拿来送给你。我不吝惜那些小东西，只是就单于的适用，而让驿使向你表明。'"光武帝就全部采纳了他的建议，照着去做。

【乾隆御批】 班彪之言，颇中事情。尔时虽不比汉武之张皇，其视元、成国势疲苶，犹以虚文缘饰者，则过之远矣。

【译文】 班超的言论，与实际情况很相符。当时的国力，虽然远比不上汉武帝时期强大，但和元帝、成帝时期国势衰弱至极，还用空文掩饰相比，又超过很多。

二十九年（癸丑，公元五三年）春，二月，丁巳朔，日有食之。

三十年（甲寅，公元五四年）春，二月，车驾东巡。群臣上言："即位三十年，宜封禅泰山。"诏曰："即位三十年，百姓怨气满腹，'吾谁欺，欺天乎！''曾谓泰山不如林放乎！'何事污七十二代之编录！若郡县远遣吏上寿，盛称虚美，必髡，令屯田。"于是群臣不敢复言。

甲子，上幸鲁济南；闰月，癸丑，还宫。

有星孛于紫宫。

夏，四月，戊子，徙左翊王焉为中山王。

五月，大水。

秋，七月，丁酉，上行幸鲁；冬，十一月，丁酉，还宫。

胶东刚侯贾复薨。复从征伐，未尝丧败，数与诸将溃围解急，身被十二创。帝以复敢深入，希令远征，而壮其勇节，常自从之，故复光方面之勋。诸将每论功伐，复未尝有言，帝辄曰："贾君之功，我自知之。"

【译文】 二十九年（癸丑，公元53年）春季，二月，丁巳朔日（初一），发生日食。

三十年（甲寅，公元54年）春季，二月，光武帝到东边的地方进行巡视。众臣上奏光武帝说："自您登基已有三十年，按理说应该到泰山行封禅之礼。"光武帝下诏书说："朕登基三十年，人民满腔怨气，《论语》说：'我欺骗谁，欺骗天吗？''难道说泰山之神还比不上林放吗？'为什么要污染记载七十二位封禅贤君的史册！如果郡、县从远处命令官吏来敬酒而献上无疆之寿，大大赞赏那些不切实际的声誉的话，就必须把他的头发剃去，让他去充当戍卒，从事垦殖事项。"于是，众臣都不敢再说什么。

甲子日（十三日）的时候，光武帝亲自来到鲁地济南郡；在闰月，癸丑日（闰三月初三），又返回皇宫。

有彗星出现在紫宫星座。

夏季，四月，戊子日（初九），调任左翊王刘焉为中山王。

在五月，发大水。

秋季，七月，丁酉日（七月无此日），光武帝亲自来到鲁国。

冬季，十一月，丁酉日（十一月无此日），又回宫。

胶东刚侯贾复去世。贾复跟随作战，从来没有失败过，很多次和众将突破重围，解除了危急，身上受伤十二处。光武帝因为贾复敢于深入敌军阵地，所以很少让他远征，然而却感觉他的勇节很雄壮，就经常让他跟随着自己，所以贾复很少有独当一面的功劳。众将士每次在谈论战功的时候，贾复都不曾说话。光武帝总是说："贾君的功劳，我自然知道。"

三十一年（乙卯，公元五五年）夏，五月，大水。

癸西晦，日有食之。

蝗。

京兆掾第五伦领长安市，公平廉介，市无奸枉。每读诏书，常叹息曰："此圣主也，一见决矣。"等辈笑之曰："尔说将尚不能下，安能动万乘乎！"伦曰："未遇知己，道不同故耳。"后举孝廉，补淮阳王医工长。

中元元年（丙辰，公元五六年）春，正月，淮阳王入朝，伦随官属得会见。帝问以政事，伦因此酬对，帝大悦；明日，复特召入，与语至夕。帝谓伦曰："闻卿为吏，笞妇公，不过从兄饭，宁有之邪？"对曰："臣三娶妻，皆无父。少遭饥乱，实不敢妄过人食。众人以臣愚蔽，故生是语耳。"帝大笑。以伦为扶夷长，未到官，追拜会稽太守；为政清而有惠，百姓爱之。

【译文】三十一年（乙卯，公元55年）夏季，五月，发大水。

癸酉晦日（三十日），发生日食，发生蝗灾。

京兆掾第五伦兼管长安市，处事公平公正，为人清廉耿介，市民没有一个被奸邪枉屈的。每次读到诏书的时候，经常叹息说："这是圣明的君主，见一次面就可以决断大事！"平辈人嘲笑说："你向州将劝服尚且都不能让他信从，又怎么能够说动光武帝呢！"第五伦说："我唯独没有遇到知己，道不相同而已！"后来被推举做孝廉，补了做淮阳王的医工长一职。

中元元年（丙辰，公元56年）春季，正月，淮阳王入朝觐见光武帝，第五伦跟随着官属有机会能够见到光武帝。光武帝询问他政事，第五伦根据问题而进行回答，光武帝很是满意。第二天，光武帝又让人拿着符节，把他召进宫去，和他一直谈到晚上。光武帝对第五伦说："朕听说你做官，曾经捶打过你的岳父，后又听说你去探望堂兄家而始终不肯留下吃饭，难道这些事都是真的吗？"答说："微臣三次娶妻，她们都没有父亲。我从小就遭遇饥荒战乱，实在不敢随意到别人家吃饭罢了。大家感觉微臣不明事理，所以才会有这些话。"光武帝大笑，让第五伦做扶夷县长，还没有到官衙，又赶忙派遣他做会稽郡太守；第五伦行政清平而有恩惠，人民都很喜爱他。

上读《河图会昌符》曰；"赤刘之九，会命岱宗。"上感此文，乃诏虎贲中郎将梁松等按索《河》、《雒》谶文，言九世当封禅者凡三十六事。于是张纯等复奏请封禅，上乃许焉。诏有司求元封故事，当用方石再累，玉检、金泥。上以石功难就，欲因孝武故封石，置玉牒其中。梁松争以为不可，乃命石工取完青石，无必五色。

丁卯，车驾东巡。二月，己卯，幸鲁，进幸泰山。辛卯，晨，燎，祭天于泰山下南方，群神皆从，用乐如南郊。事毕，至食时，天子御辇登山，日中后，到山上，更衣。晡时，升坛北面，尚书令奉玉牒检，天子以寸二分玺亲封之，讫，太常命驺骑二千馀人发坛上方石，尚书令藏玉牒已，复石覆讫，尚书令以五寸印封石检。事毕，天子再拜。群臣称万岁，乃复道下。夜半后，上乃到山下，百官明旦乃讫。甲午，禅祭地于梁阴，以高后配，山川群神从，如元始中北郊故事。

【译文】 光武帝看到《河图会昌符》说："赤刘之九，会命岱宗。"对这些文字，光武帝有些心动，于是就下令虎贲中郎将梁松等人搜查《河图》《洛书》谶文，归纳说第九代应该行封禅之礼的，共计有三十六件。于是，张纯等人又上奏光武帝恳求行封禅之礼，光武帝就同意了。光武帝下令让主管官吏考察元封年间武帝封禅的旧例，应该用方石建筑在坛中，拿玉做书函之盖，涂上水银和金混成的泥。光武帝感觉方石之工要想完成很艰难，就打算用孝武帝过去的封石，把玉牒放在这里面。梁松等人争辩，认为不可以这样做，于是，光武帝就命令石匠取用完好无损的青石，而不一定要配合东、西、南、北、中五种方位的颜色。

丁卯日（二十八日），光武帝到东方巡视。二月，己卯日（初十），亲自来到鲁地，到达泰山。辛卯日（二十二日），早上，行燎祭，在泰山下南方祭祀上天，众神都从祀，奏乐按照南郊大祀。祭祀结束之后，就到了进食的时候，光武帝登车上山，中午过后，来到山头，换了衣服。申刻，登上祭坛，面朝北边，尚书令奉上玉牒函盖，光武帝用一寸二分的印玺亲自盖上，结束之后，太常下令让两千多个骑士打开土坛上的方石，尚书令把玉牒藏好之后，再把方石盖好，尚书令用五寸的印章盖在石检上。事情结束，光武帝再行跪拜大礼。众臣群呼万岁，于是就从原路返回下山。半夜后，光武帝才到山下，百官到第二天早晨才全部下山完毕。甲午日（二十五日），在梁父山的北面，祭地神，用高后配享，山川众神从祀，按照元始年间祭地的往例。

三月，戊辰，司空张纯薨。

夏，四月，癸酉，车驾还宫；己卯，赦天下，改元。

上行幸长安；五月，乙丑，还宫。

六月，辛卯，以太仆冯鲂为司空。

乙未，司徒冯勤薨。

京师醴泉涌出，又有赤草生于水崖，郡国频上甘露。群臣奏言："灵物仍降，宜令太史撰集，以传来世。"帝不纳。常自谦无德，每郡国所上，辄抑而不当，故史官罕得记焉。

秋，郡国三蝗。

冬，十月，辛未，以司隶校尉东莱李䜣为司徒。

甲申，使司空告祠高庙，上薄太后尊号曰高皇后，配食地祇。迁吕太后庙主于园，四时上祭。

【译文】在三月，戊辰日（三十日），司空张纯去世。

夏季，四月，癸酉日（初五），光武帝回宫；己卯日（二十八日），光武帝大赦天下，更改年号，另起一个元年。

光武帝巡视来到长安；在五月，乙丑日（二十八日），回宫。

在六月，辛卯日（二十四日），光武帝派太仆冯鲂做司空。

乙未日（二十八日），司徒冯勤去世。

京城里有甘泉涌出，又有朱草生长在水边，郡、国纷纷献上甘露。众臣上奏说：“灵物祥瑞频繁降下，理应让太史撰写汇集，以传到后代。”光武帝没有接受。光武帝自谦没有德行，每次郡国献上灵物，总是压抑而没有响应，所以史官很少能记载这些。

秋季，三个郡、国有蝗虫灾害。

冬季，十月，辛未日（初六），光武帝派司隶校尉东莱人李䜣做司徒。

甲申日（十九日），光武帝命司空祭告高庙，献上薄太后的尊号为高皇后，附在地神的祭祀。把吕太后庙中的木主迁移到茔域，四季给以祭祀。

十一月，甲子晦，日有食之。

是岁，起明堂、灵台、辟雍，宣布图谶于天下。

初，上以《赤伏符》即帝位，由是信用谶文，多以决定嫌疑。给事中桓谭上疏谏曰：“凡人情忽于见事而贵于异闻。观先王之所记述，咸以仁义正道为本，非有奇怪虚诞之事。盖天道性命，圣人所难言也，自子贡以下，不得而闻，况后世浅儒，能通之乎！

今诸巧慧小才、伎数之人，增益图书，矫称谶记，以欺惑贪邪，诖误人主，焉可不抑远之哉！臣谭伏闻陛下穷折方士黄白之术，甚为明矣；而乃欲听纳谶记，又何误也！其事虽有时合，譬犹卜数只偶之类。陛下宜垂明听，发圣意，屏群小之曲说，述《五经》之正义。"疏奏，帝不悦。会议灵台所处，帝谓谭曰："吾欲以谶决之，何如？"谭默然，良久曰："臣不读谶。"帝问其故，谭复极言谶之非经。帝大怒曰："桓谭非圣无法，将下，斩之！"谭叩头流血，良久，乃得解。出为六安郡丞，道病卒。

◆范晔论曰：桓谭以不善谶流亡，郑兴以逊辞仅免；贾逵能附会文致，最差贵显；世主以此论学，悲哉！◆

逵，扶风人也。

南单于比死，弟左贤王莫立，为丘浮尤鞮单于。帝遣使赍玺书拜授玺绶，赐以衣冠及缯彩，是后遂以为常。

【译文】十一月，甲子晦日（二十九日），发生日食。

这一年，兴建明堂、灵台、辟雍，向天下展示占验的图谶之书。

起初，光武帝凭着《赤伏符》登上了帝位，于是信用谶书，有很多时候都拿它来决断所疑虑的事情。给事中桓谭上奏疏劝谏说："一般人的感情是对那些看得到的事情不太在乎，反而对特别的听闻以为很是宝贵。观察古代圣王所描述的，都是以仁义正道为基本，并没有什么奇怪不实的事情。因为天道、性命，是圣人很难说的，自从子贡以后，就再也不能听到了，更何况后代那些浅薄的学者，能够通晓这些吗？如今那些灵巧聪颖、小有才干、研究方技数术的人，看了些谶纬符命之书，谎称是谶书，用来欺骗蛊惑贪婪邪害的人，并且还欺骗国君，让他改正错误，怎么能够不压抑疏远他们呢！微臣桓谭恭敬地听闻陛下极力反对方术之士烧炼丹药而化成黄金、白银之术，举止非常英明，然而如今却要顺从接纳谶书，又是多么明显的错误啊！如果干事情虽然有时候和谶书相合，这就好比和占卜的奇偶之数是一样的。陛下应该多听多想，发扬圣明的思想，抛弃小人们的一偏之论，讲述《五经》的正确之义。"奏疏呈上去之后，光武帝看了不高兴。适逢朝廷为灵台选址进行讨论，光武帝对桓谭说："我打算用谶书来决定，你认为怎么样呢？"桓谭沉默没有回答，很久才说："微臣不读谶书。"光武帝问他缘由，桓谭又极力讲述谶书的不合乎常情。光武帝很是生气，说："桓谭非议圣人，目无法纪，把他带走，斩首示众。"桓谭磕头流血，很长时间，光武帝才宽恕了他。光武帝派他出去做六安郡丞，结果在路途中生病而死。

◆范晔评论说：桓谭因为不喜欢谶书而被光武帝放逐，郑兴由于措辞谦逊而幸免于难；而贾逵擅长对谶书附会演绎，所以最会选择显贵。国君依据这个来论学问，真是悲哀啊！◆

贾逵，是扶风人。

南单于比死之后，由他的弟弟左贤王莫继位，做丘浮尤鞮单于。光武帝差遣使者拿着玺书，把印玺组绥颁授给他，并赐给他衣服冠冕还有彩缯。自此之后，就作为常规。

【乾隆御批】 桓谭始以鼓琴进其所谓文学者，盖亦可知。然其论符命则甚正，光武以为非圣，无法。几致大戮，实过当矣。

【译文】 桓谭起初因善于鼓琴和进献他所著的《新论》，得到光武帝的称赞和任用。对符命的见解虽然也很正确，但是他光武帝却认为是诽谤神圣，目无王法。桓谭因此几乎遭到处死，这实在是太不妥当了。

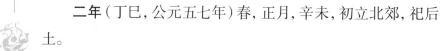

二年（丁巳，公元五七年）春，正月，辛未，初立北郊，祀后土。

二月，戊戌，帝崩于南宫前殿，年六十二。帝每旦视朝，日昃乃罢，数引公卿、郎将讲论经理，夜分乃寐。皇太子见帝勤劳不息，承间谏曰："陛下有禹、汤之明，而失黄、老养性之福，愿颐爱精神，优游自宁。"帝曰："我自乐此，不为疲也！"虽以征伐济大业，及天下既定，乃退功臣而进文吏，明慎政体，总揽权纲，量时度力，举无过事，故能恢复前烈，身致太平。

【译文】 二年（丁巳，公元57年）春季，正月，辛未日（初八），开始实行北郊之礼，祭祀土神。

二月，戊戌日（初五），光武帝在南宫前殿驾崩，享年六十二岁。光武帝每天早晨上朝处理政事，直到黄昏才肯停止，时常召见公卿、郎将，讨论经学的道理，直到半夜才开始休息。皇太子看到光武帝勤劳不懈，趁着闲暇的时候劝谏说："陛下有夏禹、商汤的英明，却没有黄帝、老子陶冶性情的福分，希望您能保养爱惜精神，闲暇自得，来让自己安宁。"光武帝说："我自己喜爱这些事情，所以从来不感到疲惫！"虽然凭借着讨伐攻打才完成了大业，但是等到天下平定以后，就让有功之臣隐退了，而选拔文官，对于政治方针，谨慎明察，又总是掌握着统治大权，估计时机，权衡力量，举措没有错误，所以才能够恢复前代的功业，亲身获得太平。

太尉赵憙典丧事。时经王莽之乱，旧典不存，皇太子与诸王杂止同席，藩国官属出入宫省，与百僚无别。憙正色，横剑殿阶，扶下诸王以明尊卑；奏遣谒者将护官属分止它县，诸王并令就邸，唯得朝晡入临；整礼仪，严门卫，内外肃然。

太子即皇帝位，尊皇后曰皇太后。

山阳王荆哭临不哀，而作飞书，令苍头诈称大鸿胪郭况书与东海王彊，言其无罪被废，及郭后黜辱，劝令东归举兵以取天下，且曰："高祖起亭长，陛下兴白水，何况于王，陛下长子、故副主哉！当为秋霜，无为槛羊。人主崩亡，闾阎之伍尚为盗贼，欲有所望，何况王邪！"彊得书惶怖，即执其使，封书上之。明帝以荆母弟，秘其事，遣荆出止河南宫。

【译文】太尉赵熹负责主办丧事。这个时候经过王莽的战乱之后，那些原来有的制度都不复存在，皇太子和众王相处，同坐一席，侯国属官进出宫禁，也和百官没有什么区别。赵熹就端正颜色，在殿阶上横拿着剑，把众王扶持而下，来显示尊卑的顺序；奏请谒者照顾属官分别到别县，下令众王各自到官邸，只有早晚才可以进宫哭悼；整齐礼仪，加强门禁，宫殿里外都为之而肃敬。

太子登上皇帝位，尊称皇后为皇太后。

山阳王刘荆哭悼没有哀伤，而是写了一封匿名信，命家中仆人谎称是大鸿胪郭况给东海王刘强的信，说他没有罪过就被废掉了，还有郭后被废黜后受尽侮辱，劝说他回到东边，兴起军队，来抢夺天下，并且还说："高祖由亭长兴起，陛下从白水乡崛起，更何况王是陛下的长子、曾经的太子呢！应该做肃杀万物的秋霜，不要做被人关在栅槛里的羊。"国君去世之后，民间的老百姓尚且都做了盗贼，想得到他所希望的，又何况是王呢！"刘强接到信之后，感到非常害怕，就把使者抓起来，写了一封秘密奏书，向明帝禀报情况。由于刘荆是明帝同母的弟弟，就将这件事秘而不宣，让刘荆出京，到河南宫定居。

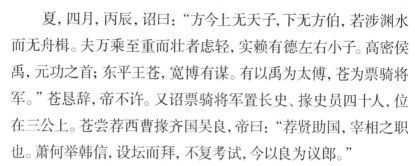

三月，丁卯，葬光武皇帝于原陵。

夏，四月，丙辰，诏曰："方今上无天子，下无方伯，若涉渊水而无舟楫。夫万乘至重而壮者虑轻，实赖有德左右小子。高密侯禹，元功之首；东平王苍，宽博有谋。有以禹为太傅，苍为票骑将军。"苍恳辞，帝不许。又诏票骑将军置长史、掾史员四十人，位在三公上。苍尝荐西曹掾齐国吴良，帝曰："荐贤助国，宰相之职也。萧何举韩信，设坛而拜，不复考试，今以良为议郎。"

初，烧当羌豪滇良击破先零，夺居其地；滇良卒，子滇吾立，附落转盛。秋，滇吾与弟滇岸率众寇陇西，败太守刘盱于允街，于是守塞诸羌皆叛。诏谒者张鸿领诸郡兵击之，战于允吾，鸿军败没。冬，十一月，复遣中郎将窦固监捕虏将军马武第二将军、四万人讨之。

是岁，南单于莫死，弟汗立，为伊伐于虑鞮单于。

【译文】三月，丁卯日（初五），光武帝下葬在原陵。

夏季，四月，丙辰日（二十四日），明帝下诏书说："朕当今，上没有先帝，下没有一方诸侯之长，就好比要渡深水，却没有船桨一样。天子的责任，至关重要；可是，如今朕年纪还轻，考虑也浅，实在需要有德之人来辅助我。高密侯邓禹，是元勋之中功劳最大的；东平王刘苍，宽厚博学，而且有谋略；特派邓禹做太傅，刘苍做骠骑将军。"刘苍诚恳地推脱，明帝没有答应。后又下令让骠骑将军设立长史、掾史员额四十人，官位在三公之上。刘苍曾经举荐西曹掾齐国人吴良，明帝说："能够举荐贤者，来辅助国家，是宰相的职责。萧何举荐韩信，设立坛坫，任命为大将，不再实施考试，如今派吴良为议郎。"

起初，烧当羌师长滇良把先零族打败了，占领了它的土地；

滇良去世之后，由他的儿子滇吾继位，部落由弱转向强盛。秋季，滇吾和弟弟滇岸带领众人抢掠陇西郡，在允街县把刘盱打败，于是在边塞防守的那些羌人都叛变了。明帝下令让谒者张鸿兼管众郡军队，攻打他们，在允吾县作战，张鸿的军队被打败之后全军覆没。冬季，十一月，明帝又命令中郎将窦固监督捕虏将军马武第两个将军率领四万人前去讨伐他们。

这一年，南单于莫死了，由他的弟弟汗继位，为伊伐于虑鞮单于。

显宗孝明皇帝上

永平元年（戊午，公元五八年）春，正月，帝率公卿已下朝于原陵，如元会仪。乘舆拜神坐，退，坐东厢；侍卫官皆在神坐后，太官上食，太常奏乐；郡国上计吏以次前，当神轩占其郡谷价及民所疾苦。是后遂以为常。

夏，五月，高密元侯邓禹薨。

【译文】永平元年（戊午，公元58年）春季，正月，汉明帝带领公卿以下的人来到原陵朝见，遵照元日期会礼仪。天子向神座跪拜，退下之后，坐在东庙；侍卫官都在神座的后面，太官奉上食物，太常负责演奏音乐；郡国所进计簿之官，依照顺序依次上前，在神殿前檐特起曲椽没有中梁的地方，占问自己郡府的谷价还有人民的疾苦。自此之后，就作为惯例。

夏季，五月，高密元侯邓禹去世。

东海恭王彊病，上遣使者太医乘驿视疾，骆驿不绝。诏沛王辅、济南王康、淮阳王延诣鲁省疾。戊寅，彊薨，临终，上疏谢恩，言：“身既夭命，孤弱复为皇太后、陛下忧虑，诚悲诚惭！息政，小人也，猥当袭臣后，必非所以全利之也，愿还东海郡。今天下新罹大忧，惟陛下加供养皇太后，数进御餐。臣彊困劣，言不能尽意，愿并谢诸王，不意永不复相见也！”帝览书悲恸，从太后出幸津门亭发哀，使大司空持节护丧事，赠送以殊礼，诏楚王英、赵王栩、北海王兴及京师亲戚皆会葬。帝追惟强深执谦俭，不欲厚葬以违其意，于是特诏：“遗送之物，务从约省，衣足敛形，茅车瓦器，物减于制，以彰王卓尔独行之志。”将作大匠留起陵庙。

【译文】 东海恭王刘强生病之后，汉明帝多次差遣使者、太医乘车赶去探望他，途中往返不停。汉明帝下令让沛王刘辅、济南王刘康、淮阳王刘延到鲁地去探望病情。戊寅日（二十二日），刘强去世，临死之前，还上书谢恩，说：“微臣既然短命而死，子孙孤苦无依，又让皇太后、陛下为此而担心忧虑，实在悲伤！实在是惭愧！子刘政，还是个幼童，本应该勉强承袭我的爵位和封土，可是这肯定不是保护他的万全之计，所以我恳求能够把东海郡交还。如今天下刚刚遭遇大丧，期望陛下更加好好侍奉皇太后，多献餐食。微臣刘强困苦衰颓，所说的这些并不能完全表明自己的心意，希望向众王致谢，没想到竟然永远都不能再相见了！”汉明帝看了奏书，心里悲痛万分，跟随太后出宫，到津门亭发丧，让大司空执持符节，主办丧事，赠送丰厚，礼仪特优，汉明帝下令让楚王刘英、赵王刘栩、北海王刘兴还有京城里的亲戚都去参加他的葬礼。汉明帝思念刘强坚持谦虚节俭的习惯，不要厚葬来违逆他的心意，于是就特颁诏书：“馈送的物品，必须要遵从勤俭节约，衣服只要能够遮住身体，茅车、瓦器，要比原制减少，来表明东海王卓尔不群、特立

资治通鉴

独行的志向。”将作大匠留下修建陵墓庙寝。

秋，七月，马武等击烧当羌，大破之，馀皆降散。

山阳王荆私迎能为星者，与谋议，冀天下有变。帝闻之，徙封荆广陵王，遣之国。

辽东太守祭肜使偏何讨赤山乌桓，大破之，斩其魁帅。塞外震詟，西自武威，东尽玄菟，皆来内附，野无风尘，乃悉罢缘边屯兵。

东平王苍以为中兴三十馀年，四方无虞，宜修礼乐，乃与公卿共议定南北郊冠冕、车服制度及光武庙登歌、八佾舞数，上之。

好畤愍侯耿弇薨。

【译文】秋季，七月，马武等人进攻烧当羌，把他们打得大败，剩下的人也都投降、四处逃散了。

山阳王刘荆私下接来擅长星象之学的人，和他一起商讨谋划大事，期望天下发生变故；汉明帝知道了这件事之后，改封刘荆做广陵王，送到封国去。

辽东郡太守祭肜命偏何讨伐赤山乌桓，把它打得大败，还杀了他们的首领。塞外其他民族都震惊害怕，西边从武威郡开始，向东边直达玄菟郡的尽头，都到关内亲附，野外没有战争，于是，把沿着边境的驻军全部都撤走了。

东平王刘苍感觉中兴三十多年，天下太平，理应修治礼乐，于是就和公卿一起商定南、北郊冠冕、车服的制度，还有祭祀光武庙时所用的歌乐、八佾舞的人数，把它呈现给汉明帝。

好畤愍侯耿弇去世。

二年（己未，公元五九年）春，正月，辛未，宗祀光武皇帝于明堂，帝及公卿列侯，始服冠冕、玉佩以行事。礼毕，登灵台，望云物。赦天下。

三月，临辟雍，初行大射礼。

冬，十月，壬子，上幸辟雍，初行养老礼；以李躬为三老，桓荣为五更。三老服都纻大袍，冠进贤，扶玉杖；五更亦如之，不杖。乘舆到壁雍礼殿，御坐东厢，遣使者安车迎三老、五更于太学讲堂，天子迎于门屏，交礼；道自阼阶，三老升自宾阶；至阶，天子揖如礼。三老升，东面，三公设几，九卿正履，天子亲袒割牲，执酱而馈，执爵而酳，祝鲠在前，祝饐在后。五更南面，三公进供，礼亦如之。礼毕，引桓荣及弟子升堂，上自为下说，诸儒执经问难于前，冠带搢绅之人圜桥门而观听者，盖亿万计。于是下诏赐荣爵关内侯；三老、五更皆以二千石禄养终厥身。赐天下三老酒，人一石，肉四十斤。

【译文】二年（己未，公元59年）春季，正月，辛未日（十九日），在明堂尊祭光武汉明帝，汉明帝还有公卿、列侯开始穿戴冠冕、佩上美玉来行祭礼。祭礼结束之后，登上灵台，观看气色灾变，大赦天下。

三月，汉明帝来到辟雍，第一次举行大射礼。

冬季，十月，壬子日（初五），汉明帝亲自来到辟雍，第一次举行养老礼。让李躬做三老，桓荣为五更。三老穿着优美的麻布大袍，戴着古代的缁布冠，手拿玉鸠的手杖；五更也比照这样穿戴，只不过拿的不是玉鸠的手杖。天子来到辟雍的礼殿，坐在东厢，命令使者用安稳的车子把三老、五更迎到太学的讲堂，天子在门屏处等待迎接，行交接之礼；从东阶指引，三老登上宾阶，来到阶上，天子按礼作揖。三老登上宾阶顶，面朝东方，三公在座位的一侧摆放桌案，九卿把鞋子摆正，汉明帝亲自举袖割取牲肉，拿酱进食，拿爵进酒，在三老之前，有人提点他不要哽住；在他之后，也有人提点他不要噎住。五更面向南方，由三公进献酒食，礼节就好像天子对待三老一样。礼仪结束之后，引导桓荣还有弟子登上讲堂，汉明帝亲自为下面的人讲说，众儒之后便拿着经书上前请教疑难，士族官宦绕着桥门而观看听着的，可以亿万来计算。于是，汉明帝下诏赐给桓荣关内侯的爵位；三老、五更都以两千石的俸禄供养终身。并赐给天下老人酒，每人一石，肉四十斤。

【乾隆御批】 围桥观听，以亿万计，亦史官侈辞，如万国、万区之类耳。

【译文】 围在辟雍大门桥头观看和聆听的人，数以亿万，这也是史官的夸张之辞，和万国、万区之类一样。

上自为太子，受《尚书》于桓荣，及即帝位，犹尊荣以师礼。尝幸太常府，令荣坐东面，设几杖，会百官及荣门生数百人，上亲自执业；诸生或避位发难，上谦曰："太师在是。"既罢，悉以太官供具赐太常家。荣每疾病，帝辄遣使者存问，太官、太医相望于道。及笃，上疏谢恩，让还爵士。帝幸其家问起居，入街，下车，拥经而前，抚荣垂涕，赐以床茵、帷帐、刀剑、衣被，良久乃去。自是诸侯、将军、大夫问疾者，不敢复乘车到门，皆拜床下。荣卒，帝亲自变服临丧送葬，赐冢茔于首山之阳。子郁当嗣，让其兄子汎；帝不许，郁乃受封，而悉以租入与之。帝以郁为侍中。

上以中山王焉，郭太后少子，太后尤爱之，故独留京师，至是始与诸王俱就国，赐以虎贲、官骑，恩宠尤厚，独得往来京师。帝礼待阴、郭，每事必均，数受赏赐，恩宠俱渥。

【译文】 汉明帝从做太子开始，就向桓荣学习《尚书》，等到做了天子之后，还是以师礼来尊敬地对待桓荣。曾经到太常府，请桓荣面向东方而坐，摆设桌案、手杖，集合百官还有桓荣的几百个学生，汉明帝亲自拿着经书；众生有的离开座位，站起来提问，汉明帝就很谦逊地说："太师在这里。"事情结束之后，就把太官提前准备的御膳饮食全部赏赐给太常家。桓荣每逢生病的时候，汉明帝总是差遣使者前去慰问，太官、太医在路上不得间断。等到病重的时候，桓荣进呈奏疏，感谢明帝的恩惠，并归还爵位食邑。汉明帝亲自来到他家，询问他的生活状况，到了街上，就开始下车行走，手抱经书前去，抚着桓荣流泪，赐给他床席、帷帐、刀剑、衣被，停留很久才舍得离开。此后诸侯、将军、大夫探病的，便不敢再乘车到他家门前，还都在床下跪拜。桓荣去世之后，汉明帝亲自改穿丧服，吊唁送葬，把首阳山之南的墓地赐给了他。儿子桓郁本应该承袭爵位，却让给了他的侄子桓汎；汉明帝不肯同意，桓郁才接受封爵，然而把租税收入全部给侄子。汉明帝任桓郁为侍中。

由于中山王刘焉是郭太后的小儿子，太后特别喜爱他，所以汉明帝就单独把他留在京城里，到了这个时候，才和众王共同来到自己的封国，赏赐给他虎贲、官骑，恩宠尤为优厚，而且还可以自己单独往来京城。汉明帝对阴、郭两家很礼貌周到，每件事情都能顾到他们，没有什么轻重之分，多次赏赐，恩宠也都很优厚。

甲子，上行幸长安。十一月，甲申，遣使者以中牢祠萧何、霍光，帝过，式其墓。进幸河东；癸卯，还宫。

十二月，护羌校尉窦林坐欺罔及臧罪，下狱死。林者，融之从兄子也。于是窦氏一公、两侯、三公主、四二千石相与并时，自祖及孙，官府邸第相望京邑，于亲戚功臣中莫与为比。及林诛，帝数干诏切责融，融惶恐乞骸骨，诏令归第养病。

是岁，初迎气于五郊。

新阳侯阴就子丰尚郦邑公主。公主骄妒，丰杀之，被诛，父母皆自杀。

南单于汗死，单于比之子适立，为醢僮尸逐侯鞮单于。

三年（庚申，公元六〇年）春，二月，甲寅，太尉赵憙、司徒李䜣免。丙辰，以左冯翊郭丹为司徒。己未，以南阳太守虞延为太尉。

【译文】 甲子日（十七日），汉明帝来到长安巡视。在十一月，甲申日（初七），命令使者用中牢的祭品祭祀萧何、霍光，汉明帝亲自前往，向他们的墓表示致敬。后又向前来到河东郡；癸卯日（二十六日），汉明帝回宫。

十二月，护羌校尉窦林因为犯了欺君罔上还有贪污之罪被关进监狱而死。窦林，是窦融堂兄的儿子。在这个时候，窦氏做公的有一个人，做侯的有两个，公主有三个，做二千石官的有四个人。从祖父到孙子，在京城里官府住宅有很多，在帝王的亲戚和功臣里，也没有一个人可以和他们家相比较的。等到窦林死在监狱里之后，汉明帝好几次下诏严厉责备窦融，窦融感到害怕，于是就恳请辞退，汉明帝也就下令让他回家养病。

这一年，第一次在东郊、南郊、中兆、西郊、北郊迎接春、夏、黄灵、秋、冬。

新阳侯阴就的儿子阴丰娶了郦邑公主。公主生性骄纵嫉妒，阴丰就把她杀了，他也被汉明帝下令处死，于是父母也都自杀了。

南单于汗死了，由单于比的儿子适继位，为醢僮尸逐侯鞮单于。

三年（庚申，公元60年）在春季，二月，甲寅日（初九）那天，太尉赵憙、司徒李䜣被罢免官职。丙辰日（十一日），汉明帝派左冯翊郭丹为司徒。己未日（十四日），又派南阳郡太守虞延做太尉。

甲子，立贵人马氏为皇后，皇子炟为太子。

后，援之女也，光武时，以选入太子宫，能奉承阴后，傍接同列，礼则修备，上下安之，遂见宠异；及帝即位，为贵人。时后前母姊女贾氏亦以选入，生皇子炟。帝以后无子，命养之，谓曰："人未必当自生子，但患爱养不至耳！"后于是尽心抚育，劳悴过于所生。太子亦孝性淳笃，母子慈爱，始终无纤介之间。后常以皇嗣未广，荐达左右，若恐不及。后宫有进见者，每加慰纳；若数所宠引，辄加隆遇。

【译文】甲子日（十九日），汉明帝册立贵人马氏做皇后，皇子刘炟做太子。

皇后，是马援的女儿，光武帝的时候，由于被选进太子的宫里，才有机会能够侍奉阴后，从旁对侍同一地位的人，礼仪也周到，使得上下安定，于是，很被宠爱；等到汉明帝登基之后，她就做了贵人。这个时候，皇后前母所生姐姐的女儿贾氏也因被选进宫去，生了皇子刘炟；汉明帝由于皇后没有儿子，所以就命令她抚养，对她说："人没有必要非得自己生儿子，只需要关心爱护和教育周到也就可以了！"于是皇后竭尽心力地抚养教育，劳苦多于皇子的生母。太子也孝性笃实，母慈子爱，一直都没有丝毫嫌隙。皇后常常因为皇子不多，就举荐身边的人，好像担心来不及的样子。后宫女子有觐见她的，时常给予接见安慰；如果多次被汉明帝宠爱，就给予优厚的礼遇。

及有司奏立长秋宫，帝未有所言，皇太后曰："马贵人德冠后宫，即其人也。"后既正位宫闱，愈自谦肃，好读书。常衣大练，裙不加缘；朔望诸姬主朝请，望见后袍衣疏粗，以为绮縠，就视，乃笑。后曰："此缯特宜染色，故用之耳。"群臣奏事有难平者，帝数以试后，后辄分解趣理，各得其情，然未尝以家私干政事。帝由是宠敬，始终无衰焉。

帝思中兴功臣，乃图画二十八将于南宫云台，以邓禹为首，次马成、吴汉、王梁、贾复、陈俊、耿弇、杜茂、寇恂、傅俊、岑彭、坚镡、冯异、王霸、朱祜、任光、祭遵、李忠、景丹、万修、盖延、邳彤、铫期、刘植、耿纯、臧宫、马武、刘隆，又益以王常、李通、窦融、卓茂，合三十二人。马援以椒房之亲，独不与焉。

【译文】等到主管官吏上奏请立皇后，汉明帝什么也没说，皇太后就说："马贵人的品德在后宫之中是最好的，立她为皇后就对了。"皇后在宫中就位后，自己更加谦虚谨慎，喜欢读书。经常穿宽厚丝织的衣服，裙不加边；初一、十五众姬姜、公主来朝见，远远地看见皇后的上衣粗疏，以为是文缯绉纱，可是走近看了才知道，就笑。皇后说："由于这种丝织的质料特别适合染色，所以用它罢了！"下面大臣所上奏的事情如果有很难断然决定的，汉明帝也曾经好几次去试探询问皇后的意思，皇后总是能够分析意理，各得其实，可是从来没有拿家中的私事为理由来干涉政事。汉明帝于是对她极其宠爱尊敬，一直都没有衰微。

汉明帝想念中兴的那些有功之臣，于是就在南宫云台里画了二十八个将军的图像，以邓禹为第一，其次是马成、吴汉、王梁、贾复、陈俊、耿弇、杜茂、寇恂、傅俊、岑彭、坚镡、冯异、王霸、朱祐、任光、祭遵、李忠、景丹、万修、盖延、邳彤、铫期、刘植、耿纯、臧宫、马武、刘隆；又加上王常、李通、窦融、卓茂，一共三十二个人。由于马援是皇后的亲戚，所以就只有他不在这些人的里面。

【乾隆御批】 云台图画皆中兴佐命之臣，然其中竟有功绩未著而得侧名者，万修、刘植等是也。世徒以不入马援，为因椒房之亲。然当时若邓晨之首从南阳、来歙之捐躯陇右曾不得与。王常、李通并预增益之数，又岂皆以戚属故耶？则当时之旌表，实有不服人心者矣。

【译文】 云台图画的都是辅佐光武帝中兴的功臣，但其中竟然也有功绩并不显著而得以列名的，比如万修、刘植等人就是这样。史官只是说马援不在其中，因为他是皇后的父亲。实际上像最早跟随光武帝在南阳起兵的邓晨，在平定陇右的战斗中捐躯的来歙，也都不在其内，而王常、李通都得到增补，这哪里都是亲戚的缘故？如此看来，当时的表彰，实在有不令人心服的地方。

夏，四月，辛酉，封皇子建为千乘王，羡为广平王。

六月，丁卯，有星孛于天船北。

帝大起北宫。时天旱，尚书仆射会稽钟离意诣阙，免冠，上疏曰：“昔成汤遭旱，以六事自责曰：‘政不节邪？使民疾邪？宫室荣邪？女谒盛邪？苞苴行邪？谗夫昌邪？’窃见北宫大作，民失农时；自古非苦宫室小狭，但患民不安宁，宜且罢止，以应天心。”帝策诏报曰：“汤引六事，咎在一人，其冠、履，勿谢！”又敕大匠止作诸宫，减省不急。诏因谢公卿百僚，遂庆时澍雨。

意荐全椒长刘平，诏征拜议郎。平在全椒，政有恩惠，民或增赀就赋，或减年从役。刺史、太守行部，狱无系囚，人自以得所，不知所问，唯班诏书而去。

【译文】夏季，四月，辛酉日（十七日），汉明帝封皇子刘建为千乘王，刘羡为广平王。

六月，丁卯日（二十四日），在天船星的北边出现了彗星。

汉明帝大规模地建造北宫。这个时候，天气很是干燥，尚书仆射会稽人钟离意到宫门，脱下官帽，上奏疏说："以前成汤遭遇干旱灾害，就拿六件事情来责备自己：'是因为自己的施政不恰当吗？是使用人民太操之过急吗？是宫室的营建规模过大吗？是宫中招权乱政的嬖宠太多吗？是贿赂风气盛行吗？是进谗的小人太多吗？'微臣私下里看到大规模兴建北宫，人民错过了耕种的季节和最佳时机；自古以来，不因为宫室狭小为苦，只是担心忧虑人民不能安静，所以应该予以停止，来顺从上天的心意。"汉明帝用策书下诏答说："成汤引用六件事情，错误全在自己，你大可以戴上官帽，穿好鞋子，不需要谢罪！"于是就下令让大匠停止建造众宫，减少那些不急需的工程。下诏趁此向公卿百官致谢，终于降下了及时的雨水。

钟离意举荐全椒县长刘平，汉明帝就下诏征召任命他为议郎。刘平在全椒县，施政很有恩惠，人民有的愿意增加财货来缴税，有的还甘愿减少年龄来服役。刺史、太守来到县里巡视，由于监狱里没有囚禁的犯人，每个人都是各得其所，不知要探问些什么，只是颁布诏书就离开了。

帝性褊察，好以耳目隐发为明，公卿大臣数被诋毁，近臣尚书以下至见提曳。常以事怒郎药崧，以杖撞之；崧走入床下，帝怒甚，疾言曰："郎出！"崧乃曰："天子穆穆，诸侯皇皇，未闻人君，自起撞郎。"帝乃赦之。

是时朝廷莫不悚慄，争为严切以避诛责，唯钟离意独敢谏争，数封还诏书，臣下过失，辄救解之。会连有变异，上疏曰："陛下敬畏鬼神，忧恤黎元，而天气未和，寒暑违节者，咎在群臣不能宣化治职，而以苛刻为俗，百官无相亲之心，吏民无雍雍之志，至于感逆和气，以致天灾。百姓可以德胜，难以力服，《鹿鸣》之诗必言宴乐者，以人神之心洽，然后天气和也。愿陛下垂圣德，缓刑罚，顺时气以调阴阳。"帝虽不能用，然知其至诚，终爱厚之。

【译文】汉明帝个性褊狭而喜欢窥探，喜欢用自己的耳目去窥探群臣的隐私，认为这就是英明。公卿大臣很多次被谤议；近臣尚书以下甚至被殴打。汉明帝时常因为事情而迁怒于郎官药崧，用手杖敲打他；药崧逃到床下，汉明帝很是生气，着急地说："郎官出来！"药崧就说："天子和美，诸侯庄盛，从来没有听说过国君亲自起来用手杖敲郎官的。"于是汉明帝就赦免了他。

这个时候，朝廷里没有一个人不担心害怕的，于是都争着表现严厉急切的态度以逃避惩罚；唯独钟离意一个人敢劝谏争辩，很多次把诏书封好之后归还，而且其他臣下犯了过错，总是全力解救他们。赶上连续发生灾变怪异的事情，就上奏疏说："陛下敬畏鬼神，体恤庶民；可是，天气不协调，寒暑违背节令，错在臣子们不能宣布德化，做好自己的本职工作，却因为烦苛刻薄为习俗，百官没有相爱的意愿，吏民也没有和谐的兴趣，以至于触动违逆和气，而引来了天灾。百姓们可以通过德来教化，却很难用力去克服，《鹿鸣》之诗如果一定要说安乐的话，那是因为人神的心意相合，然后天气才能调和。但愿陛下可以布施圣德，缓和刑罚，顺从时令气节来协调阴阳。"汉明帝虽然当时没有采纳，但是知道他也是出自一片真诚之心，一直都对他很厚爱。

【乾隆御批】明帝杖撞，药崧入床，直令人喷饭。

【译文】明帝用手杖打郎官，药崧躲到床下，这简直令人发笑。

秋，八月，戊辰，诏改太乐官曰太予，用谶文也。

壬申晦，日有食之。诏曰："昔楚庄无灾，以致戒惧，鲁哀祸大，天不降谴。今之动变，倘尚可救，有司勉思厥职，以匡无德！"

冬，十月，甲子，车驾从皇太后幸章陵。荆州刺史郭贺，官有殊政，上赐以三公之服，黼黻，冕旒；敕行部去襜帷，使百姓见其容服，以章有德，戊辰，还自章陵。

是岁，京师及郡国七大水。

莎车王贤以兵威逼夺于寘、大宛、妫塞王国，使其将守之。于寘人杀其将君德，立大人休莫霸为王。贤率诸国兵数万击之，大为休莫霸所败，脱身走还。休莫霸进围莎车，中流矢死，于寘人复立其兄子广德为王，广德使其弟仁攻贤。广德父先拘在莎车，贤乃归其父，以女妻之，与之和亲。

【译文】秋季，八月，戊辰日（二十五日），汉明帝下令改太乐官为太予，这是由于谶书的关系。

壬申晦日（二十九日），日食。汉明帝下诏书说："以前楚庄王因为本国没有灾害而生怕上天忘却了自己，却让自己不停地担心；鲁哀公政治混乱，但是因为没有办法挽救所以上天也没有降罪谴责。如今的日食，表示我们或许还可以自己拯救自己，官吏理应相互鼓励努力尽好自己的职责，来匡扶无德的我！"

冬季，十月，甲子日（二十二日），汉明帝跟随皇太后亲自来到章陵。荆州刺史郭贺，做官取得了很好的绩效，汉明帝就赏赐他三公的衣服，绘绣的衣裳、前后以丝绳贯玉下垂的帽子；下令到各地去巡行，还把车子的前帷去掉，让人民都可以看到他的仪容服饰，来彰显自己的美德。戊辰日（二十六日），从章陵回来。

这一年，京城以及七个郡国都发大水。

莎车国王贤以军队来威胁逼迫想夺取于寘、大宛、妫塞王等国，让他的将领防守。于寘国人杀死了他的将领君德，并拥立大人休莫霸做王，王贤带领诸国几万军队去进攻他，都被休莫霸打得大败，勉强脱身逃了回去。休莫霸进军把莎车包围了，被流箭射中而死，于寘国人又拥立他的侄子广德为王，广德派他的弟弟仁去攻打贤。广德的父亲曾经被囚禁在莎车国，贤就将他的父亲送了回去，并且还把女儿许给了广德，和他结亲相好。

资治通鉴卷第四十五　汉纪三十七

起重光作噩，尽旃蒙大渊献，凡十五年。

【译文】 起辛酉（公元61年），止乙亥（公元75年），共十五年。

【题解】 本卷记录了汉明帝永平四至十八年间的历史。东汉在汉武帝后最有作为的明君汉明帝的带领下，国力达到鼎盛时期。汉明帝不尚浮夸，为政严苛。治楚王英一案中，使众多无辜者蒙冤，在寒朗的冒死谏诤下，千余人被平反。统治阶层上层开始滋长奢靡之风。对外，窦固大破匈奴，班超出使西域，重新开通丝绸之路。佛教的传入，也使古代东西方文化得到更进一步的交流。

显宗孝明皇帝下

永平四年（辛酉，公元六一年）春，帝近出观览城第，欲遂校猎河内；东平王苍上书谏；帝览奏，即还宫。

秋，九月，戊寅，千乘哀王建薨，无子，国除。

冬，十月，乙卯，司徒郭丹、司空冯鲂免，以河南尹沛国范迁为司徒，太仆伏恭为司空。恭，湛之兄子也。

陵乡侯梁松坐怨望、县飞书诽谤，下狱死。

初，上为太子，太中大夫郑兴子众以通经知名，太子及山阳王荆因梁松以缣帛请之，众曰："太子储君，无外交之义；汉有旧防，蕃王不宜私通宾客。"松曰："长者意，不可逆。"众曰："犯禁触罪，不如守正而死。"遂不往。及松败，宾客多坐之，唯众不染于辞。

【译文】 永平四年（辛酉，公元61年）春季，汉明帝就近出宫去探巡洛阳城的邸宅，打算在河内郡校阅军队狩猎。陈平王刘苍上书进谏；汉明帝看了奏表之后，马上回宫。

秋季，九月，戊寅日（十二日），千乘哀王刘建去世了，由于他没有儿子，就撤销了封国。

冬季，十月，乙卯日（十九日），司徒郭丹、司空冯鲂被罢免官职，于是就派河南尹沛国人范迁做司徒，太仆伏恭为司空。伏恭，是伏湛之兄的儿子。

陵乡侯梁松由于犯了怨恨他人、上匿名书诬告他人的罪，被关进牢狱里处死了。

当年，汉明帝为太子的时候，太中大夫郑兴的儿子郑众由于通晓经学而举世闻名，太子和山阳王刘荆，通过梁松用缣帛去相请他，郑众说："太子身为储君，按照道理不可以私下里与外来往的；汉朝有旧令，王侯不可以私通宾客。"梁松说："长者的心意，不可以违背。"郑众说："既然违反禁令而有罪，还不如守法而死。"于是就不愿意前往。等到梁松事发被杀之后，宾客大多被连累而判刑，只有郑众没有受到牵连祸害。

于寘王广德将诸国兵三万人攻莎车，诱莎车王贤，杀之，并其国。匈奴发诸国兵围于寘，广德请降。匈奴立贤质子不居徵为莎车王，广德又攻杀之，更立其弟齐黎为莎车王。

东平王苍自以至亲辅政，声望日重，意不自安，前后累上疏称:"自汉兴以来,宗室子弟无得在公卿位者,乞上票骑将军印绶,退就藩国。"辞甚恳切,帝乃许苍还国,而不听上将军印绶。

【译文】 于寘王广德带领各国的军队三万人进攻莎车国,用计策诱惑莎车王贤,并把他给杀了,还兼并了他的国家。匈奴发动各国的军队把于寘国给包围了,于是广德请求投降。匈奴立贤给匈奴做人质的儿子不居徵做莎车王,广德又出兵进攻,把他给杀了,后又另外立他的弟弟齐黎做莎车王。

东平王刘苍自打以汉明帝至亲的名义而辅政之后,在外面的名声一天天大起来,心里感到恐慌不安,先后连续上奏疏说:"自打汉朝建立以来,宗室子弟就没有能够在公卿位上的,微臣恳求呈上骠骑将军的印绶,回到自己的封邑去。"苍言辞非常诚恳亲切,汉明帝就同意了他回到封邑去,可是却没有同意他呈上将军印绶的事。

五年(壬戌,公元六二年)春,二月,庚戌,苍罢归藩。帝以票骑长史为东平太傅,掾为中大夫,令史为王家郎,加赐钱五千万,布十万匹。

冬,十月,上行幸郏;是月还宫。

十一月,北匈奴寇五原;十二月,寇云中。南单于击却之。

是岁,发遣边民在内郡者,赐装钱,人二万。

安丰戴侯窦融年老,子孙纵诞,多不法。长子穆尚内黄公主,矫称阴太后诏,令六安侯刘盱去妇,以女妻之。盱妇家上书言状,帝大怒,尽免穆等官,诸窦为郎吏者,皆将家属归故郡,独留融京师;融寻薨。后数岁,穆等复坐事与子勋、宣皆下狱死。久之,诏还融夫人与小孙一人居雒阳。

【译文】 五年（壬戌，公元62年）在春季，二月，庚戌日（十六日），刘苍离开职位回到了自己的封邑。于是汉明帝就派骠骑长史为东平王太傅，掾属为中大夫，令骠骑长史做王府的郎官，另外再加赏钱五千万，布十万匹。

冬季，十月，汉明帝来到邺县；当月就回宫去了。

十一月，北匈奴侵犯五原郡；十二月，又侵犯云中郡，南单于把他击退了。

这一年，汉明帝调遣内郡的人民去戍守边疆，并且赏给办理行装的钱，每人两万。

安丰戴侯窦融年纪大了，子孙就任意妄为，很多人都不遵守法律。长子窦穆娶了内黄公主为妻，假称奉阴太后的诏书，命令六安侯刘盱把自己的妻子休了，把自己的女儿许给他为妻。刘盱妻子的家人上书表明了这个情况，汉明帝很是生气，就把窦穆等人的官职都罢免了，所有窦家在朝中任郎吏的，都带着亲属回到故乡扶风郡平陵县去了，就只剩下窦融留在京城；没有多久窦融就去世了。几年之后，窦穆等又因为其他事情犯罪，和儿子窦勋、窦宣都被关入牢中处死了。过了很久，汉明帝下诏让窦融的妻子和一个小孙子回到都城洛阳居住。

六年（癸亥，公元六三年）春，二月，王雒山出宝鼎，献之。夏，四月，甲子，诏曰："祥瑞之降，以应有德；方今政化多僻，何以致兹！《易》曰：'鼎象三公，'岂公卿奉职得其理邪！其赐三公帛五十匹，九卿、二千石半之。先帝诏书，禁人上事言圣，而间者章奏颇多浮词；自今若有过称虚誉，尚书皆宜抑而不省，示不为（謟）〔诌〕子蛊也。"

冬，十月，上行幸鲁；十二月，还幸阳城；壬午，还宫。

是岁，南单于适死，单于莫之子苏立，为丘除车林鞮单于；数月，复死，单于适之弟长立，为湖邪尸逐侯鞮单于。

【译文】六年（癸亥，公元63年）在春季，二月，王雒山出现了宝鼎，把它进贡给朝廷。夏季，四月，甲子日（初六），汉明帝下诏书说："祥瑞的降临，就是为了来应和那些有才德的人；如今政治变化多有所偏袒，又为什么会得到这些祥瑞的东西呢！《周易》说：'鼎象征三公。'难道是因为公卿奉行办理职务很有条理吗？所以赏赐给三公帛五十匹，九卿、二千石赏给一半。先汉明帝曾经下诏书，不准臣下上书称'圣'，可是近些天奏章里却有很多浮泛的言词；从现在开始，假如有过分虚美的话，尚书都应该加以控制而不予受理，以表示汉明帝不被那些谄媚的人所嗤笑啊！"

冬季，十月，汉明帝来到了鲁国；十二月，又回到了阳城县；壬午日（二十八日），汉明帝回宫。

这一年，南单于适去世，单于莫的儿子苏即位，就是丘除车林鞮单于；几个月之后，苏也去世了。单于适的弟弟长即位，就是湖邪尸逐侯鞮单于。

七年（甲子，公元六四年）春，正月，癸卯，皇太后阴氏崩。二月，庚申，葬光烈皇后。

北匈奴犹盛，数寇边，遣使求合市；上冀其交通，不复为寇，许之。

以东海相宋均为尚书令。初，均为九江太守，五日一听事，悉省掾、史，闭督邮府内，属县无事，百姓安业。九江旧多虎暴，常募设槛阱，而犹多伤害。均下记属县曰："夫江、淮之有猛兽，犹北土之有鸡豚也，今为民害，咎在残吏，而劳勤张捕，非忧恤之本也。其务退奸贪，思进忠善，可一去槛阱，除削课制。”其后无复虎患。帝闻均名，故任以枢机。均谓人曰：“国家喜文法、廉吏，以为足止奸也；然文吏习为欺谩，而廉吏清在一己，无益百姓流亡、盗贼为害也。均欲叩头争之，时未可改也，久将自苦之，乃可言耳！”未及言，会迁司隶校尉。后上闻其言，追善之。

资治通鉴

【译文】 七年（甲子，公元64年）在春季，正月，癸卯日（二十日），皇太后阴氏去世。二月，庚申日（初八），安葬光烈皇后阴氏。

北匈奴依旧势力强大，经常侵犯边界，还派遣使者来要求进行通商。汉明帝希望与他通商来往之后，不再侵犯，于是就答应了。

任命东海郡相宋均为尚书令。起初，宋均为九江郡太守，每五天处理一次政事，让掾属都来见他，让督邮留在府内，不许他前去骚扰属县，因此属县平定无事，百姓安居乐业。九江郡过去有很多老虎伤人的事发生，经常招募人去设置槛栏陷阱，可是依旧有很多人被老虎所伤害。宋均下通报给属县说：“江淮有猛兽，就好比北方有鸡、猪一般，可是现在对人民造成了伤害，错误全在于这些害民的官吏，而劳心费神地去设置槛栏陷阱来捕兽，这个可不是体恤人民的根本办法。我们应该务必除去奸私贪心，想着贡献那些忠心善良的主意，才能够完全撤除槛栏陷阱，取消、减免征税。”后来就再也没有老虎为患的事了。汉明帝听到宋均的名声之后，才让他担任更重要的职位。宋均对人说：“朝廷喜欢文书法令、清廉的官吏，认为他们可以制止奸邪的行为。可是掌刑法的官吏善于欺上瞒下，而那些清廉的官吏只顾自己一个人的清白，对于百姓的流亡、盗贼的为害没有丝毫帮助。我想磕头向朝廷讨论这件事，如果现在不能改正，时间长了必将自己受苦，然后才能说这事啊！"可是宋均还没有来得及向朝廷进言，就调职司隶校尉。后来汉明帝听到宋均所说的这些话，对他表示赞赏。

【申涵煜评】 均谓文法廉吏无益百姓，其论颇偏。夫文法诚有害矣，若吏果廉，苴苴不行，政自修举，安得谓之无益？周官六计，总不离廉，古今宁有以廉败事者哉？其意在于崇实用、黜虚名，故不觉矫枉之过也。

【译文】 宋均认为法令条文及清廉守正的官吏对百姓无益，他的评论有些偏颇。那些法令条文确实有不益之处，如果官吏确实廉洁，不行贿受贿，政治复兴，怎么能说没有益处？周官六计，总离不开廉洁，古今岂有以廉洁败坏事情进展的呢？其意在于崇尚实用、废黜虚名，所以不觉有矫枉之过。

八年（乙丑，公元六五年）春，正月，己卯，司徒范迁薨。

三月，辛卯，以太尉虞延为司徒，卫尉赵熹行太尉事。

越骑司马郑众使北匈奴，单于欲令众拜，众不为屈。单于围守，闭之不与水火；众拔刀自誓，单于恐而止，乃更发使，随众还京师。

初，大司农耿国上言："宜置度辽将军屯五原，以防南匈奴逃亡。"朝廷不从，南匈奴须卜骨都侯等知汉与北虏交使，内怀嫌怨，欲畔，密使人诣北虏，令遣兵迎之。郑众出塞，疑有异；伺候，果得须卜使人。乃上言："宜更置大将，以防二虏交通。"由是始置度辽营，以中郎将吴棠行度辽将军事，将黎阳虎牙营士屯五原曼柏。

【译文】八年（乙丑，公元65年）春季，正月，己卯日（初二），司徒范迁去世。

在三月，辛卯日（三月无此日），汉明帝派太尉虞延做司徒，卫尉赵熹兼任太尉的职务。

越骑司马郑众出使北匈奴，单于打算命令郑众下拜行礼，郑众始终不肯屈服。于是单于就把他围困住，让他与外界断绝来往，还不给他水火；郑众拔刀以死自誓，单于担心害怕才停止了对郑众的看守，于是又另外派了使者，跟随郑众一起回京师。

当初，大司农耿国上书说："理应设立度辽将军在五原郡驻守，以防范南匈奴逃亡。"朝廷没有听取耿国的意见。南匈奴须卜骨都侯等知道汉朝和北匈奴相互交换使臣，心里怀有怨言，想要背叛汉朝，于是就暗地里派人前往北匈奴，要他发兵来迎接。郑众到了塞外，心里怀疑有了其他状况；就探查等候结果，果真发现了须卜的使者。于是就上书说："我们应该另外在边境设置大将，以防范两个外敌的来往。"自此之后才开始设立度辽将军营，让中郎将吴棠兼任度辽将军的职务，命令黎阳虎牙营的士兵去镇守五原郡曼柏县。

秋，郡国十四大水。

冬，十月，北宫成。

丙子，募死罪系囚诣度辽营；有罪亡命者，令赎罪各有差。楚王英奉黄缣、白纨诣国相曰："托在藩辅，过恶累积，欢喜大恩，奉送缣帛，以赎愆罪。"国相以闻。诏报曰："楚王诵黄、老之微言，尚浮屠之仁（祠）〔慈〕，洁齐三月，与神为誓，何嫌何疑，当有悔吝！其还赎，以助伊蒲塞、桑门之盛馔。"

初，帝闻西域有神，其名曰佛，因遣使之天竺求其道，得其书及沙门以来。其书大抵以虚无为宗，贵慈悲不杀；以为人死，精神不灭，随复受形；生时所行善恶，皆有报应，故所贵修练精神，以至为佛；善为宏阔胜大之言以劝诱愚俗。精于其道者，号曰沙门。于是中国始传其术，图其形像，而王公贵人，独楚王英最先好之。

【译文】秋季，十四个郡国都闹大水灾。

冬季，十月，北宫建成。

丙子日（初四），征集那些被判了死刑而关在牢中的犯人前去度辽营；有罪而逃亡的人，可以让他赎罪，但因罪责的大小有区别对待。楚王刘英拿着黄缣、白纨去见楚国的相说："由于王侯的身份，累积了大量的过失罪恶，承蒙汉明帝的宠爱大恩，现今奉送缣帛，用来赎免我所犯的罪过。"国相把这件事情报告给了汉明帝，汉明帝就下诏书说："楚王诵读黄、老精微的言论，推崇佛家仁慈的心意，斋戒三个月，向神明发誓，有什么可怀疑的呢？有什么可悔恨的呢？就把他所奉上赎罪的缣帛都给退了回去，以此襄助楚王刘英用丰盛的菜肴款待佛门弟子。"

起初，汉明帝曾经听说西域有神明，名字叫作佛，所以就派遣使者前往天竺国探访寻求佛道，得到佛书之后就和得道的高僧一起回来。佛经大概以虚无作为宗旨，看重慈悲不杀生的心怀；认为人死了之后，精神不会消失，随着再次承受肉体而再生；人生前所行的善事恶事，都有报应，所以重要的是修炼精神，以至于能够成为佛；佛经喜欢说些博大高深的言论，来劝勉愚昧低俗的世人。精于佛道的人，称为沙门。于是中国就开始传播佛的学说，画佛的画像，在王公贵族的人中，只有楚王刘英最先开始喜欢学佛。

【申涵煜评】 明帝雅称好儒，乃迎佛入中国，遂为千古罪魁。英首好之，卒陷于法，与淮南好仙同一报应。世犹愚而不悟，遗祸至今，岂不哀哉！韩子曰："佛老之害甚于杨墨。"自有此类，竟与儒教鼎立，若少此便成缺陷世界者，作俑人岂容未灭。

【译文】 汉明帝素称喜好儒学，却迎佛入中国，于是成为千古罪魁。楚王刘英特别喜欢佛法，最终却被法令所制裁，与好仙悟道的淮南王刘安同一个结果。世上尚有那些愚而不悟者，遗祸至今，这难道不可悲吗！韩子说："佛老的危害比杨墨更甚。"自从有此类，竟相与儒教鼎立，如果缺少这些便成了世界都是有缺陷的，始作俑者岂容它最后消失。（编者按：佛教对中国影响深远，大为有益于世，申涵煜未谙佛法，故有此论，实为乖谬。）

壬寅晦，日有食之，既。诏群司勉修职事，极言无讳。于是在位者皆上封事，各言得失；帝览章，深自引咎，以所上班示百官。诏曰："群僚所言，皆朕之过。民冤不能理，吏黠不能禁；而轻用民力，缮修宫宇，出入无节，喜怒过差。永览前戒，竦然兢惧；徒恐薄德，久而致怠耳！"

北匈奴虽遣使入贡，而寇钞不息，边城昼闭。帝议遣使报其使者，郑众上疏谏曰："臣闻北单于所以要致汉使者，欲以离南单于之众，坚三十六国之心也；又当扬汉和亲，夸示邻敌，令西域欲归化者局足狐疑，怀土之人绝望中国耳。汉使既到，便偃蹇自信；若复遣之，虏必自谓得谋，其群臣驳议者不敢复言。如是，南庭动摇，乌桓有离心矣。南单于久居汉地，具知形势，万分离析，旋为边害。今幸有度辽之众扬威北垂，虽勿报答，不敢为患。"帝不从，复遣众往。众因上言："臣前奉使，不为匈奴拜，单于恚恨。遣兵围臣；今复衔命，必见陵折，臣诚不忍持大汉节对毡裘独拜，如令匈奴遂能服臣，将有损大汉之强。"帝不听。众不得已，既行，在路连上书固争之；诏切责众，追还，系廷尉，会赦，归家。其后帝见匈奴来者，闻众与单于争礼之状，乃复召众为军司马。

【译文】壬寅晦日（三十日），日全食。汉明帝下令群臣尽力做好自己的分内之事，尽可能向朝廷多发表自己的言论，不要有所隐讳。于是在位者都呈上封事，每个人都说出朝政方面的得失；汉明帝看过奏章之后，深深地感觉到了自己需要承担的过错，于是就把所上的奏章交给百官传阅。汉明帝下诏说："群臣所说的，这些都是我的过错。人民的冤案没有能够审理，官吏的狡诈欺骗没有被禁止；而且还随便动用民力，修建宫殿官府，出入的财物没有丝毫克制，喜怒超过了节度。我一直都在读前人的告诫，心里面惊恐戒惧，只是担心德行浅薄，长时间下去而让自己懈怠了啊！"

北匈奴虽然派遣使者前来朝贡，可是进攻侵犯的行动却始终没有停止，边地的城门白天紧闭着。汉明帝的意思是打算派遣使臣回报北匈奴的使者，郑众上奏疏谏言说："微臣听说北单于之所以招来汉朝使臣，就是打算以这个为理由来离间南单于的部众，以稳定西域三十六国的心意，而更加专心地依附于北匈奴；而且他肯定会宣扬汉朝与匈奴和亲的事，来向邻国的敌人炫耀，而致使西域那些想要归顺汉朝的国家裹足不前，犹豫不决，使思念汉朝故土的人对汉朝而深感绝望了。汉朝的使者已经来到了，北匈奴便开始傲慢神气起来，如果再派遣使者去的话，北匈奴肯定以为自己的计谋已经得逞，至于那些劝说北单于归附汉朝的大臣就不敢再说什么话了。这样，南单于的朝廷便开始动摇心意，打算出塞北去，乌桓国也不再亲附于汉朝，而心就向着北匈奴了。南单于长时间居住在汉朝的地方，对于汉朝的形势情况知道得很清楚，万一叛离了汉朝，没有多久就将成为边界的祸害。现在还好有度辽将军的军队在北边彰显国家的声威，即使南匈奴没有回报汉朝的大恩，但是也不敢再为害边界了。"汉明帝没有听取郑众的建议，又命令郑众前往北匈奴。郑众因此上书说："微臣上次奉命出使，不愿意向匈奴跪拜行礼，单于心中很是愤恨，派兵围守微臣；现在又受命出使，一定会受到匈奴的羞辱，微臣着实不舍得拿着大汉的符节，向穿着毡裘的匈奴单于下拜。就算匈奴能向臣屈服归属，也将会有损大汉强大的兵力。"汉明帝说什么也不听。郑众不得已，出发之后，在路上连续上奏书，坚决地议论此事；汉明帝下诏严厉地怪罪郑众，后来就派人把郑众追了回来，关在廷尉狱中，正好赶上朝廷大赦天下，才得以回到家中。后来汉明帝接见匈奴的使者，听说郑众和单于争执礼节的情况之后，于是就又召唤郑众做军司马。

九年（丙寅，公元六六年）夏，四月，甲辰，诏司隶校尉、部刺史岁上墨绶长吏视事三岁已上、治状尤异者各一人与计偕上，及尤不治者亦以闻。

是岁，大有年。

赐皇子恭号曰灵寿王，党号曰重熹王，未有国邑。

帝崇尚儒学，自皇太子、诸王侯及大臣子弟、功臣子孙，莫不受经。又为外戚樊氏、郭氏、阴氏、马氏诸子立学于南宫，号"四姓小侯"。置《五经》师，搜选高能以授其业。自期门、羽林之士，悉令通《孝经》章句。匈奴亦遣子入学。

广陵王荆复呼相工谓曰："我貌类先帝，先帝三十得天下，我今亦三十,可起兵未?"相者诣吏告之,荆惶恐,自系狱,帝加恩,不考极其事,诏不得臣属吏民,唯食租如故,使相、中尉谨宿卫之。荆又使巫祭祀、祝诅。诏长水校尉樊鯈等杂治其狱,事竟,奏请诛刑。帝怒曰:"诸卿以我弟故,欲诛之;即我子,卿等敢尔邪?"鯈对曰:"天下者高帝天下,非陛下之天下也。《春秋》之义,君亲无将,将而必诛。臣等以荆属托母弟,陛下留圣心,加恻隐,故敢请耳;如令陛下子,臣等专诛而已。"帝叹息善之。鯈,宏之子也。

【译文】 九年(丙寅,公元66年)夏季,四月,甲辰日(四月无此日),汉明帝下令让司隶校尉、部刺史每年呈报各县县令以下官吏任职在三年以上,而且处理政事功绩尤为优秀的各一人,随同呈报名册的官吏一起到京师来,还有那些处理政事成绩特别差的,也都要向朝廷汇报。

这一年,粮食丰收。

汉明帝颁赐皇子刘恭封号为灵寿王,刘党封号为重熹王,没有封邑。

汉明帝推崇儒学,从皇太子、诸王侯到大臣的子弟、功臣的子孙,没有一个不接受教育读经书的。后来又为外戚樊氏、郭氏、阴氏、马氏诸子弟在南宫设置学校,号称"四姓小侯"。学校设《五经》教师,搜罗选择那些高明有才干的人来传授学业。连期门、羽林的士卒,都让他们知晓《孝经》章句。后来匈奴也派子弟前来入学。

广陵王刘荆又召来看相的人,对他说:"我的面貌长得像先汉明帝(光武帝),先汉明帝三十岁的时候得到了天下,如今我也三十岁了,可以起兵了吗?"于是看相的人就前去官府禀告这件事,刘荆感到甚是惶恐,于是就把自己捆绑了关在牢中,汉明帝加恩，没有再追究这件事，只是下诏不得让他掌握政权，管治属吏和人民，唯独受纳王国的租税如先前一般，使相、中尉小心地值宿王府，看守着刘荆。后来刘荆又让女巫祭祀鬼神、祝祷诅咒汉明帝。汉明帝下诏长水校尉樊儵等人一起陪同审理这个案件，审理结束之后，大臣们奏请诛杀刘荆。汉明帝很生气地说："诸位大臣由于刘荆是我弟弟，就打算诛杀他；那如果是我的儿子，你们还敢这样做吗？"樊儵回答说："天下是高祖的天下，不是陛下的天下啊！根据《春秋》的大义，对国君、父母不可以做出忤逆的事，想做弑逆的事就必定要将其诛杀。微臣等正是因为刘荆是你的同母弟，陛下心怀圣心，加以可怜的心在刘荆身上，所以才斗胆恳请陛下杀他的啊；如果是陛下的儿子，微臣等就不向陛下请示，只要把他诛杀了就是。"汉明帝叹息而称赞他。樊儵，是樊宏的儿子。

十年（丁卯，公元六七年）春，二月，广陵思王荆自杀，国除。

夏，四月，戊子，赦天下。

闰月，甲午，上幸南阳，召校官弟子作雅乐，奏《鹿鸣》，帝自御埙篪和之，以娱嘉宾。还，幸南顿。冬，十二月，甲午，还宫。

初，陵阳侯丁綝卒，子鸿当袭封，上书称病，让国于弟盛，不报。既葬，乃挂衰经于冢庐而逃去。友人九江鲍骏遇鸿于东海，让之曰："昔伯夷、吴札，乱世权行，故得申其志耳。《春秋》之义，不以家事废王事。今子以兄弟私恩而绝父不灭之基，可乎？"鸿感悟垂涕，乃还就国。鲍骏因上书荐鸿经学至行，上征鸿为侍中。

【译文】十年（丁卯，公元67年）春季，二月，广陵思王刘荆自杀，汉明帝撤销了他的封国。

夏季，四月，戊子日（二十四日），汉明帝赦免天下。

闰月，甲午日（闰十月初三），汉明帝亲自来到南阳，召唤学舍的弟子演奏雅乐，弟子演奏《诗经·鹿鸣》，汉明帝自己奏埙、篪与之相和，来供嘉宾娱乐。在返回的途中，来到了南顿。冬季，十二月，甲午日（初四），汉明帝回宫。

当初，陵阳侯丁綝去世，他的儿子丁鸿本来理应承袭封爵，可是丁鸿上书说自己有病，就把封国让给了弟弟丁盛，朝廷没有回复。等到埋葬之后，丁鸿就把丧服挂在墓旁守丧的草屋上而独自一个人逃走了。友人九江人鲍骏在东海郡恰巧遇到了丁鸿，责怪他说："以前伯夷、吴札，在乱世权变行事，所以才可以实现他们让位的心愿啊。《春秋》的大义，不能由于家事而破坏了国事。现在你由于兄弟的一己私情而断送了你父亲永久的基业，可以吗？"丁鸿感动而流泪，于是就回到自己的封国担任职位。鲍骏因此上书推荐丁鸿经学高深，节行高洁，汉明帝便征召丁鸿做侍中。

十一年（戊辰，公元六八年）春，正月，东平王苍与诸王俱来朝，月馀，还国。帝临送归宫，凄然怀思，乃遣使手诏赐东平国中傅曰："辞别之后，独坐不乐，因就车归，伏轼而吟，瞻望永怀，实劳我心。诵及《采菽》，以增叹息。日者问东平王：'处家何等最乐？'王言：'为善最乐。'其言甚大，副是要腹矣。今送列侯印十九枚，诸王子年五岁已上能趋拜者，皆令带之。"

【译文】十一年（戊辰，公元68年）春季，正月，东平王刘苍和诸王都来朝觐汉明帝，一个多月之后，回到自己封国去。汉明帝亲自去给他们送行，回宫之后，怀念兄弟之情而心中难过不已，于是就派使臣奉手诏给东平国中傅说："告辞之后，朕独自坐着，闷闷不乐，于是就坐车回宫，伏在车轼上吟哦，眺望远方，心中产生了无限的思念之情，实在是让我的心里难过。吟诵《诗经·采菽》，更增添我内心的叹息。平时问东平王：'在家里怎么样最快乐？'东平王说：'为善最快乐。'他的话听起来非常广博，大过他的腰腹一倍呢！现在东平王的儿子年纪在五岁以上且能趋步礼拜的，送去列侯的印十九枚，都叫他们带着。"

十二年（己巳，公元六九年）春，哀牢王柳貌率其民五万馀户内附，以其地置哀牢、博南二县。始通博南山，度兰仓水，行者苦之，歌曰："汉德广，开不宾；度兰仓，为它人。"

初，平帝时，河、汴决坏，久而不修。建武十年，光武欲修之；浚仪令乐俊上言，民新被兵革，未宜兴役，乃止。其后汴渠东侵，日月弥广，兖、豫百姓怨叹，以为县官恒兴佗役，不先民急。会有荐乐浪王景能治水者，夏，四月，诏发卒数十万，遣景与将作谒者王吴修汴渠堤，自荥阳东至千乘海口千馀里，十里立一水门，令更相洞注，无复溃漏之患。景虽简省役费，然犹以百亿计焉。

秋，七月，乙亥，司空伏恭罢；乙未，以大司农牟融为司空。

是时，天下安平，人无徭役，岁比登稔，百姓殷富，粟斛三十，牛羊被野。

【译文】十二年（己巳，公元69年）春季，哀牢王柳貌带领他的人民五万多户前来归顺汉朝，汉明帝就把他的地方设立哀牢、博南两县。开始派人去开通博南山，渡过兰仓水，使者都为此感到烦恼，于是唱歌说："汉德广，开不宾；度兰仓，为他人。"（汉朝的恩惠广大，开发不归顺降服的蛮邦；渡过兰仓水，都是为了别人。）

当初，平帝的时候，黄河、汴水决堤，过了好长时间都没有修建堤坝。建武十年，光武帝打算修建崩溃的堤防；浚仪县令乐俊上书说，人民最近饱受战乱之苦，实在不适合再发动徭役，才停止了这件事。后来汴渠向东泛滥，范围一天比一天广，兖州、豫州的百姓埋怨感叹，感觉县官经常发动其他的役事，可是却不先解决人民的急需。刚好有人举荐乐浪王刘景擅长治水，当年夏季四月，汉明帝下令发遣兵卒数十万，调遣刘景和将作谒者王吴去修建汴渠堤防，从荥阳东边到千乘县海口一千多里，每隔十里就建立一座水门，让它们彼此相互逆流注入，不再有溃漏的危害。刘景虽然已经很是节省工程费用，但是工程费用依旧以百亿计算。

秋季，七月，乙亥日（二十四日），司空伏恭被罢免官职；乙未日（七月无此日），汉明帝派大司农牟融为司空。

那个时候，天下安定，人民没有劳役，粮食年年丰收，百姓生活富足，米谷一斛三十钱，牛羊漫山遍野。

十三年（庚午，公元七〇年）夏，四月，汴渠成；河、汴分流，复其旧迹。辛乙，帝行幸荥阳，巡行河渠，遂渡河，登太行，幸上党；壬寅，还宫。

冬，十月，壬辰晦，日有食之。

楚王英与方士作金龟、玉鹤，刻文字为符瑞。男子燕广告英与渔阳王平、颜忠等造作图书，有逆谋；事下案验。有司奏"英大逆不道，请诛之。"帝以亲亲不忍。十一月，废英，徙丹杨泾县，赐汤沐邑五百户；男女为侯、主者，食邑如故；许太后勿上玺绶，留住楚宫。先是有私以英谋告司徒虞延者，延以英藩戚至亲，不然其言。及英事觉，诏书切让延。

【译文】十三年（庚午，公元70年）夏季，四月，汴渠的堤防就已经修好了；黄河、汴水的水分流，恢复到原来的状态。辛巳日（初四），汉明帝亲自来到荥阳，巡视河渠，就渡过了黄河，登上太行山，来到上党郡；壬寅日（二十五日），汉明帝回宫。

冬季，十月，壬辰晦日（十月无此日），发生日食。

楚王刘英和方士做成金龟、玉鹤，刻上文字作为符瑞。男子燕广举报刘英和渔阳人王平、颜忠等造作图谶，有逆反的谋划；朝廷把案子交给廷尉审查询问之后就定罪了，掌管这个案件的官吏奏禀说："刘英大逆不道，请求陛下把他诛杀了。"汉明帝不忍心杀他是因为他是至亲。十一月，汉明帝废除了刘英的官爵，让他迁移到丹阳郡泾县，赏赐他汤沐邑五百户；刘英的儿子为侯、女儿为公主的，食邑照旧；他的母亲许太后也不需要缴回印玺，继续留住楚王宫中。在这之前，曾经有人秘密地把刘英的谋划报告给了司徒虞延，虞延感觉刘英是王侯，与汉明帝是至亲，所以不相信那人的话。等到刘英事发之后，汉明帝下令严厉地怪罪虞延。

十四年（辛未，公元七一年）春，三月，甲戌，延自杀。以太常周泽行司徒事；顷之，复为太常。夏，四月，丁巳，以巨鹿太守南阳邢穆为司徒。

楚王英至丹杨，自杀。诏以诸侯礼葬于泾。封燕广为折奸侯。

【译文】十四年（辛未，公元71年）春季，三月，甲戌日（初三），虞延自杀了。汉明帝派太常周泽兼任司徒的职务；没有过多久，周泽就又恢复官职做了太常。夏季，四月，丁巳日（十六日），汉明帝派巨鹿太守南阳人邢穆做司徒。

楚王刘英到丹阳之后，就自杀了。汉明帝下令用诸侯的礼节把他埋葬在泾县。后来又封燕广为折奸侯。

是时，穷治楚狱，遂至累年。其辞语相连，自京师亲戚、诸侯、州郡豪桀及考案吏，阿附坐死、徙者以千数，而系狱者尚数千人。

初，樊儵弟鲔为其子赏求楚王英女，儵闻而止之曰：“建武中，吾家并受荣宠，一宗五侯。时特进一言，女可以配王，男可以尚主；但以贵宠过盛，即为祸患，故不为也。且尔一子，奈何弃于楚乎！”鲔不从。及楚事觉，儵已卒，上追念儵谨恪，故其诸子皆得不坐。

英阴疏天下名士，上得其录，有吴郡太守尹兴名，乃征兴及掾史五百馀人诣廷尉就考。诸吏不胜掠治，死者太半；惟门下掾陆续、主簿梁宏、功曹史驷勋，备受五毒，肌肉消烂，终无异辞。续母自吴来雒阳，作食以馈续。续虽见考，辞色未尝变，而对食悲泣不自胜。治狱使者问其故，续曰：“母来不得见，故悲耳。”问：“何以知之？”续曰：“母截肉未尝不方，断葱以寸为度，故知之。”使者以状闻，上乃赦兴等，禁锢终身。

【译文】当时，追究审理楚王的案子，就拖了好几年。那些供词受到牵连到的，从京城的亲戚、诸侯、各州郡才智出众的人，还有询查案情的官吏，依附楚王的人，被处死、贬谪的有上千人，而关入牢中的还有几千人。

起初，樊儵的弟弟樊鲔为他儿子樊赏来请求迎娶楚王刘英的女儿，樊儵在听到之后就阻止他，说：“建武年间，我家一起受到朝廷的恩宠，一个姓氏五个人被封侯。当时父亲位居特进，一次进言，女的可以嫁给王为妻，男的可以娶公主为妻。但凡太过于彰显荣宠，就会变成祸害，所以你不应该这样做。而且你只有一个儿子，为什么要把他丢弃在楚国呢？"樊鲔没有听从劝告。等到楚王事发，樊鯈已经去世了，汉明帝怀念樊鯈的谨慎恭敬，所以他的几个儿子都没有因为受连累而被定罪。

刘英暗地里搜寻天下的名士，结果被汉明帝得到了这份名单，上面有吴郡太守尹兴的名字，于是汉明帝就召唤尹兴和属吏五百多人前往廷尉接受讯问。属吏们因为经不起拷问，死去了大半；唯独门下掾陆续、主簿梁宏、功曹史驷勋备受煎熬，经受了五种毒刑，皮肤脱落腐烂，但是终究没有不一样的供词。陆续的母亲从吴郡赶来洛阳，给陆续煮了食物送了进去。陆续虽然在接受审讯时，从来没有因此而言辞神态慌乱改变，可是面对这食物却流下了悲伤的眼泪，不能自已。管理监狱的人员就问他缘由，陆续说："母亲来了无法跟她见面，所以我感到悲伤啊！"管理监狱的人员问他："你是怎么知道的呢？"陆续说："母亲切肉向来没有不是方方正正的，切葱以一寸为标准，所以我知道她来了。"治狱使者把这事向上禀报，汉明帝这才赦免了尹兴等人，只是一辈子不允许他们再做官。

颜忠、王平辞引隧乡侯耿建、朗陵侯臧信、（护）〔濩〕泽侯邓鲤、曲成侯刘建。建等辞未尝与忠、平相见。是时，上怒甚，吏皆惶恐，诸所连及，率一切陷入，无敢以情恕者。侍御史寒朗心伤其冤，试以建等物色，独问忠、平，而二人错愕不能对。朗知其诈，乃上言："建等无奸，专为忠、平所诬；疑天下无辜，类多如此。"帝曰："即如是，忠、平何故引之？"对曰："忠、平自知所犯不道，故多有虚引，冀以自明。"帝曰："即如是，何不早奏？"对曰："臣恐海内别有发其奸者。"帝怒曰："吏持两端！"促提下捶之。左右方引去，朗曰："愿一言而死。"帝曰："谁与共为章？"
对曰："臣独作之。"上曰："何以不与三府议？"对曰："臣自知当
必族灭，不敢多污染人。"上曰："何故族灭？"对曰："臣考事一
年，不能穷尽奸状，反为罪人讼冤，故知当族灭，然臣所以言者，
诚冀陛下一觉悟而已。臣见考囚在事者，咸共言妖恶大故，臣子
所宜同疾，今出之不如入之，可无后责。是以考一连十，考十连
百。又公卿朝会，陛下问以得失，皆长跪言：'旧制，大罪祸及九
族；陛下大恩，裁止于身，天下幸甚！'及其归舍，口虽不言而仰屋
窃叹，莫不知其多冤，无敢悟陛下言者。臣今所陈，诚死无悔！"
帝意解，诏遣朗出。

【译文】颜忠、王平的供词牵涉到隧乡侯耿建、郎陵侯臧
信、濩泽侯邓鲤、曲成侯刘建。刘建等人供词说从来没有和颜
忠、王平见过面。这个时候，汉明帝很是生气，负责审案的官吏
都担心害怕，所有受到牵连的人，都被关进大牢而定罪了，没有
谁敢徇私情而被宽恕。侍御史寒朗心里难过这件冤案，就尝试
着观察耿建等人容貌神色，并单独审问颜忠、王平，可是两人短
时间也没有回答。寒朗知道颜忠、王平在说谎欺骗他，于是就上
书说："耿建等人并没有奸私犯法，完全是被颜忠、王平所诬陷
的；我怀疑天下那些无辜的人，可能多半就像这样。"汉明帝说：
"既然如此，颜忠、王平为什么要牵涉到他们呢？"寒朗回答
说："颜忠、王平自己深知犯了大逆不道的罪，所以就多平白无
故地牵涉到别人，希望可以通过这个来表明自己真诚的态度。"
汉明帝说："既然是这样，那你为什么不早点禀报讲明白呢？"
寒朗回答说："微臣担心天下再有其他的人去揭露他的奸私。"
汉明帝说："官吏说两面的话！"就催人把寒朗提下去进行鞭
打。左右的人正要拉他下去，寒朗说："微臣期望能够说完一句

话之后再受死。"汉明帝说: "谁和你一起作这文章的？"塞朗回答说: "微臣自己一个人作的。"汉明帝说: "你为什么不去和太尉、司徒、司空三府商量一下呢？"塞朗回答说: "微臣自己知道这样做肯定会被灭族, 所以不敢再更多地牵连别人。"汉明帝说: "为什么会被灭族？"塞朗回答说: "微臣审查这件案子一年, 不仅没有能够彻底追查出犯人的奸情, 反而帮犯人申诉冤屈, 所以知道理应被灭族, 但是微臣之所以要说出原因, 实在是期望陛下能够一下醒悟过来而已。微臣看到审查参与这件案子的犯人, 都共同说妖孽可恶的大罪, 是臣子所应该一起痛恨的, 现在替他脱罪还不如定他的罪, 可以没有以后的责任。所以拷问一人就会牵连十人, 拷问十人甚至牵连百人。再者公卿朝会, 陛下问起这事的得失, 都长跪着说: '旧有的法律规定, 大的罪过需要祸害牵连九族; 陛下的大恩大典, 才处罚他一人, 天下已经幸运极了。'等到他回到家中, 嘴里虽然没有说, 却抬起头望着屋顶默默地叹息, 没有人不知道他是蒙受极大的冤屈, 但是也没有人敢违背陛下的意思而说话啊! 微臣现在所说的这些话, 就算是被处死了也不后悔! "汉明帝明白了塞朗的意思, 就下诏叫塞朗离开了。

后二日, 车驾自幸洛阳狱录囚徒, 理出千馀人。时天旱, 即大雨。马后亦以楚狱多滥, 乘间为帝言之, 帝恻然感悟, 夜起彷徨, 由是多所降宥。

任城令汝南袁安迁楚郡太守, 到郡不入府, 先往案楚王英狱事, 理其无明验者, 条上出之。府丞、掾史皆叩头争, 以为"阿附反虏, 法与同罪, 不可。"安曰: "如有不合, 太守自当坐之, 不以相及也。"遂分别具奏。帝感悟, 即报许, 得出者四百馀家。

夏，五月，封故广陵王荆子元寿为广陵侯，食六县。又封窦融孙嘉为安丰侯。

初作寿陵，制："令流水而已，无得起坟。万年之后，扫地而祭，杅水脯糒而已。过百日，唯四时设奠。置吏卒数人，供给洒扫。敢有所兴作者。以擅议宗庙法从事。"

【译文】过了两天，汉明帝驾车自己来到洛阳监狱，审查囚犯是否有冤屈案情，结果审理出一千多人都蒙受了不白之冤。当时天气干燥，之后就下了大雨。马后也感觉楚王的案子很多是因为胡乱定罪的，所以就乘机向汉明帝说这事，汉明帝心里难过有所感悟，夜里起来犹豫徘徊不安，因此有很多人被减刑赦免。

任城县令汝南人袁安调任楚郡太守，到了楚郡之后，还没有进入太守府，就先去审查楚王刘英的案子，审理那些没有确切证据的，就根据条例呈报开脱他们的罪。府丞、掾史都磕头争辩此事，认为："依附叛逆，按照法律要和他同罪，万万不可以这样做。"袁安说："就算审理有不恰当的，太守自己理应论罪，也不会连累到你们的。"于是就分别详细地把情况奏明。汉明帝有所感悟，就马上回复同意此事，获得无罪释放的有四百多家。

夏季，五月，汉明帝封已故广陵王刘荆的儿子刘元寿为广陵侯，食邑六个县。后又封窦融的孙子窦嘉为安丰侯。

开始修建寿陵，汉明帝下令："只要让墓地不积水就行了，不可以堆起陵坟。等到我去世以后，清扫墓地来祭祀，只要用水、干肉、干饭就行了。百日之后，只要有四季陈设的祭品祭祀。设置吏卒几人，负责洒扫墓园的事。如果有谁胆敢有随意扩建陵墓的，就按照随意议论宗庙的法令来执行。"

十五年(壬申,公元七二年)春,二月,庚子,上东巡。癸亥,耕于下邳。三月,至鲁,幸孔子宅,亲御讲堂,命皇太子、诸王说《经》;又幸东平、大梁。夏,四月,庚子,还宫。

封皇子恭为巨鹿王,党为乐成王,衍为下邳王,畅为汝南王,昞为常山王,长为济阴王;帝亲定其封域,裁令半楚、淮阳。马后曰:"诸子数县,于制不已俭乎?"帝曰:"我子岂宜与先帝子等,岁给二千万足矣!"

【译文】 十五年(壬申,公元72年)春季,二月,庚子日(初四),汉明帝东出巡狩。癸亥日(二十七日),在下邳县进行耕作。三月,到鲁国,来到了孔子家,亲自到讲堂,让皇太子、诸王讲解儒家经典;后来又到东平、大梁。在夏季,四月,庚子日(初五),回宫。

汉明帝封皇子刘恭为巨鹿王,刘党为乐成王,刘衍为下邳王,刘畅为汝南王,刘昞为常山王,刘长为济阴王;汉明帝亲自决定他们的封域大小,只让他们的封地相当于楚王、淮阳王的一半。马皇后说:"诸皇子封域几个县,对于法令来说不是少了吗?"汉明帝说:"我的儿子怎么可以和先帝的儿子规模相等呢?每年给租谷两千万就已经足够了!"

【乾隆御批】 马后固不宜请子封,而明帝之对亦有失言。何则?分封已非善政,多给更为乱阶。妇人不得预朝政,以是斥之,虽罪后,可也。至云"不宜与先帝子等",此尤失之。帝王之业,固欲其世世承绳以至万世,使世世皆行此言,必至于无子男之爵立锥之地而后可。此则明帝好名矫枉过正之论,不自知其蹈于不可循矣。故曰虽小道,必有可观者焉,致远恐泥。

【译文】 马皇后固然不应当为皇子们请求增加封地，但明帝的回答也有失言之处。为什么这样说？分封皇子已经不算好办法了，增加封地更是祸乱的缘由。妇人不得干预朝政，以此责备甚至加罪马皇后，这是可以的。但是，至于说"我的儿子的封地不应和先帝的儿子相等"，这就更加不妥了。帝王的基业，本来就是要世世代代继承以至传到万世，如果世世代代都按照明帝的话去做，那就势必要取消皇子们的爵位和哪怕是仅可立锥的封地。这就是明帝好名而发表矫枉过正的言论，但是不知道自己的言论是不能遵照实行的。所以说即使是小的原则，也一定有可供人们借鉴的地方，但要长久施行，就很难行得通了。

乙巳，赦天下。

谒者仆射耿秉数上言请击匈奴，上以显亲侯窦固尝从其世父融在河西，明习边事，乃使秉、固与太仆祭肜、虎贲中郎将马廖、下博侯刘张、好畤侯耿忠等共议之。耿秉曰："昔者匈奴援引弓之类，并左衽之属，故不可得而制。孝武既得河西四郡及居延、朔方，虏失其肥饶畜兵之地，羌、胡分离；唯有西域，俄复内属；故呼韩邪单于请事款塞，其势易乘也。今有南单于，形势相似；然西域尚未内属，北虏未有衅作。臣愚以为当先击白山，得伊吾，破车师，通使乌孙诸国以断其右臂；伊吾亦有匈奴南呼衍一部，破此，复为折其左角，然后匈奴可击也。"上善其言。议者或以为"今兵出白山，匈奴必并兵相助，又当分其东以离其众。"上从之。十二月，以秉为驸马都尉，固为奉车都尉；以骑都尉秦彭为秉副，耿忠为固副，皆置从事、司马，出屯凉州。秉，国之子；忠，弇之子；廖，援之子也。

【译文】 乙巳日（初十），汉明帝大赦天下。

谒者仆射耿秉曾多次上书请求进攻匈奴，汉明帝感觉显亲侯窦固曾经随从他的伯父窦融在河西，通晓熟悉边疆的事情，于是就让耿秉、窦固和太仆祭肜、虎贲中郎将马廖、下博侯刘张、好畤侯耿忠等人一起商量这件事情。耿秉说："以前匈奴是手拿弓箭好战的种族，又都是披发左衽的蛮夷，所以没有能够降服他。孝武帝既然已经得到了河西四郡以及居延、朔方，敌人就失去了肥沃富饶养兵的地方，羌族、胡族也离散了；只有西域，暂时又依附他；所以呼韩邪单于打开塞门请求臣服于汉朝，在这种形势下是很容易就被利用的。现在有南单于，形势跟这个差不多；可是西域并没有依附他，北匈奴也没有跟他发生衅隙。微臣认为应该先进攻白山，取得伊吾，打败车师国，再通过使臣和乌孙各国来往以摧折他的右臂；而且伊吾也有匈奴的南呼衍的一个部落，如果把他打败了，就又摧折了他的左角，然后匈奴就可以任意进攻了。"汉明帝很是同意他的话。其中议论的人有的感觉"如果现在出兵白山，匈奴一定联合其他军队进行援助，所以还应该派出军队到北匈奴的东边来分散他的兵力"。汉明帝听取了他们的意见。十二月，汉明帝下诏派耿秉做驸马都尉，窦固做奉车都尉；派骑都尉秦彭做耿秉的副手，耿忠做窦固的副手，都设置从事、司马，出兵镇守凉州。耿秉，是耿国的儿子；耿忠，是耿弇的儿子；马廖，是马援的儿子。

　　十六年（癸酉，公元七三年）春，二月，遣肜与度辽将军吴棠将河东、西河羌、胡及南单于兵万一千骑出高阙塞，窦固、耿忠率酒泉、燉煌、张掖甲卒及卢水羌、胡万二千骑出酒泉塞，耿秉、秦彭率武威、陇西、天水募士及羌、胡万骑出张掖居延塞，骑都尉来苗、护乌桓校尉文穆将太原、雁门、代郡、上谷、渔阳、右北平、定襄郡兵及乌桓、鲜卑万一千骑出平城塞，伐北匈奴。窦固、耿忠至天山，击呼衍王，斩首千馀级；追至蒲类海，取伊吾卢地，置宜禾都尉，留吏士屯田伊吾卢城。耿秉、秦彭击匈林王，绝幕六百馀里，至三木楼山而还。来苗、文穆至匈河水上，虏皆奔走，无所获。祭肜与南匈奴左贤王信不相得，出高阙塞九百馀里，得小山，信妄言以为涿邪山，不见虏而还。肜与吴棠坐逗留畏懦，下狱，免。肜自恨无功，出狱数日，欧血死；临终，谓其子曰："吾蒙国厚恩，奉使不称，身死诚惭恨，义不可以无功受赏。死后，若悉簿上所得物，身自诣兵屯，效死前行，以副吾心。"既卒，其子逢上疏，具陈遗言。帝雅重肜，方更任用，闻之，大惊，嗟叹良久。乌桓、鲜卑每朝贺京师，常过肜冢拜谒，仰天号泣；辽东吏民为立祠，四时奉祭焉。窦固独有功，加位特进。

【译文】十六年（癸酉，公元73年）春季，二月，汉明帝命令祭肜和度辽将军吴棠带领河东、西河的羌族、胡族以及南单于骑兵一万一千人出高阙塞，窦固、耿忠带领酒泉、敦煌、张掖武装的士卒，以及卢水的羌族、胡族骑兵一万两千人出使酒泉塞，耿秉、秦彭带领武威、陇西、天水征募的士卒，以及羌族、胡族骑兵一万人出张掖居延塞，骑都尉来苗、护乌桓校尉文穆带领太原、雁门、代郡、上谷、渔阳、右北平、定襄郡的兵马以及乌桓、鲜卑骑兵一万一千人出平城塞，讨伐北匈奴。窦固、耿忠来到天山，进攻呼衍王，杀死了一千多人；追赶到蒲类海，取得了伊吾卢的地方，在此设置宜禾都尉，留下官吏士兵在伊吾卢城一边驻守，一边进行垦殖。耿秉、秦彭进攻匈林王，横渡沙漠六百多里，来到了三木楼山然后又回来。来苗、文穆来到匈河水附近的时候，敌人早都逃跑走了，没有什么收获。祭肜和南匈奴左贤王信意见不合，出了高阙塞九百多里，有一座小山，信随意地说这个就是之前约定的涿邪山，没有遇见敌人就回来了。祭肜和吴棠因为犯了滞留军队、畏惧懦弱的罪，被关在牢里，罢免了职位。祭肜恨自己没有为朝廷立下犬马功劳，在出狱几天之后，就吐血身亡；临死之前，对他儿子说："我承受国家的厚恩，奉命出兵，没有能够做得称职，死了实在是感到愧疚和遗憾，在道理上不能没有功劳就接受赏赐。在我死之后，你把皇上所赐予的东西，全部造成簿册，奉还给皇上，你亲自到军队驻扎的地方，拼尽全力前进，以此报效朝廷，来成我的心意。"死后，他的儿子祭逢上奏疏，详细讲明祭肜的遗言。汉明帝平时就比较看重祭肜，正打算重新任用他，听到这个消息之后，大为惊奇，感慨叹息了很长时间。乌桓、鲜卑想念祭肜，每次来京师朝贺，都到祭肜家去拜祭他的灵位，抬头仰天大哭；辽东的吏民为他建造了庙，四季供奉祭拜他。窦固一人有功，加官位特进。

固使假司马班超与从事郭恂俱使西域。超行到鄯善，鄯善王广奉超礼敬甚备，后忽更疏懈。超谓其官属曰："宁觉广礼意薄乎？"官属曰："胡人不能常久，无它故也。"超曰："此必有北虏使来，狐疑未知所从故也。明者睹未萌，况已著邪！"乃召侍胡，诈之曰："匈奴使来数日，今安在乎？"侍胡惶恐曰："到已三日，去此三十里。"超乃闭侍胡，悉会其吏士三十六人，与共饮，酒酣，因激怒之曰："卿曹与我俱在绝域，今虏使到裁数日，而王广礼敬即废。如令鄯善收吾属送匈奴，骸骨长为豺狼食矣，为之奈何？"官属皆曰："今在危亡之地，死生从司马！"超曰："不入虎穴，不得虎子。当今之计，独有因夜以火攻虏，使彼不知我多少，必大震怖，可殄尽也。灭此虏，则鄯善破胆，功成事立矣。"众曰："当与从事议之。"超怒曰："吉凶决于今日；从事文俗吏，

资治通鉴

闻此必恐而谋泄，死无所名，非壮士也。"众曰："善！"初夜，超遂将吏士往奔虏营。会天大风，超令十人持鼓藏虏舍后，约曰："见火然，皆当鸣鼓大呼。"馀人悉持兵弩，夹门而伏，超乃顺风纵火。前后鼓噪，虏众惊乱。超手格杀三人，吏兵斩其使及从士三十馀级，馀众百许人悉烧死。明日乃还，告郭恂，恂大惊，既而色动，超知其意，举手曰："掾虽不行，班超何心独擅之乎！"恂乃悦。超于是召鄯善王广，以虏使首示之，一国震怖。超告以汉威德，"自今以后，勿复与北虏通。"广叩头："愿属汉，无二心。"遂纳子为质。还白窦固，固大喜，具上超功效，并求更选使使西域。帝曰："吏如班超，何故不遣，而更选乎！今以超为军司马，令遂前功。"

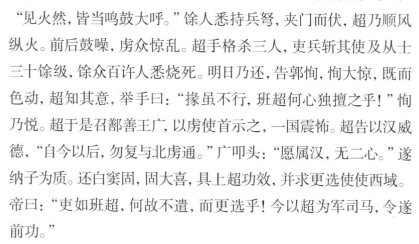

【译文】 窦固派遣司马班超和从事郭恂一起出使西域。班超来到鄯善国，鄯善王广礼貌地对待班超，非常恭敬周到，后来突然就变得疏远怠慢。班超对部属说："你们有没有觉得广的礼貌不周到了呢？"部属说："胡人做事一般不会持续很长时间，没有其他的原因。"班超说："这肯定是匈奴的使者来了，鄯善王迟疑不决，不知该怎么办的原因。凡是那些有眼光的人都能够在事情发生之前就看出端倪，更何况现在情况都已经很明显了呢！"于是就召唤鄯善王派来侍候的人，哄骗他说："匈奴的使者已经来了好几天了，现如今人在哪里呢？"侍候的人害怕地说："已经来了三天了，在离这里三十里的地方。"于是班超就把侍候的胡人给关了起来，把手下的吏士三十六人全部集合，和他们一起喝酒，酒正喝得很是痛快的时候，就趁机激怒他们说："你们和我都在和汉朝隔绝且交通不方便的地方，可是现在北匈奴的使者才刚到这里几天，鄯善王广的礼貌敬意就已经开始消失了。如果鄯善王把我们给捉起来送给匈奴人的话，那么我们的骸骨就永远被豺狼给吃了，那该怎么办呢？"于是部属都说："如今在这个危难的地方，死生均由司马决定！"班超说："不入虎穴，焉得虎子。现在的办法，只有趁着晚上用火进攻匈奴人，让他不知道我们有多少人，匈奴人一定会感到非常害怕，这样就可以把匈奴人全部歼灭。消灭了匈奴人之后，那么鄯善王就被吓破了胆，我们如果可以把事情办好，那么就建立大功劳了。"大家说："应该和从事商讨一下这个事情。"班超生气地说："吉凶就决定在今天；从事身为文官，听到这事肯定因为担心害怕而泄露了我们的计划，死后没有成名，不算是壮士啊！"大家说："好！"初更时分，班超就带领吏士奔向匈奴人的营房。正好赶上天上刮起了大风，班超就命令十人拿着鼓，藏在匈奴人营房的后面，约定说："在看到起火之后，大家都要敲鼓大喊。剩下的人都拿着兵器弓箭，埋伏在门的两旁。"于是班超就顺着风向点火；前后的人大声喊叫，匈奴人惊慌失措，班超徒手杀死了三人，吏兵把匈奴的使者以及跟随的士兵三十多人都给斩杀了，剩下的一百多人都烧死了。班超等人第二天才回来，将事情告诉郭恂，郭恂大为吃惊，过了一会儿，神色就变了，班超明白他的心思，举手说："从事此次虽然没有参加行动，可是班超怎么会有一个人独占功劳的想法呢？"郭恂这才很高兴。班超于是传唤鄯善王广，并把匈奴使者的头颅给他看，鄯善国全国都特别害怕。班超把汉朝的威德告诉他们，说："从今往后，不要再和北匈奴来往。"广磕头，说："甘愿归顺汉朝，此后绝无二心。"于是就把儿子交出作为人质。班超回来报告窦固，窦固非常高兴，就把班超的功劳及其成就详细呈报给朝廷，而且要求另外再选派使者出使西域。汉明帝说："像班超这样的官吏，为什么不继续派遣，而要另外选派人呢？现在就让班超做军司马,让他接着完成前面的功业。"

固复使超使于寘,欲益其兵;超愿但将本所从三十六人,曰:
"于寘国大而远,今将数百人,无益于强;如有不虞,多益为累
耳。"是时于寘王广德雄张南道,而匈奴遣使监护其国。超既至
于寘,广德礼意甚疏。且其俗信巫,巫言:"神怒,何故欲向汉?
汉使有騧马,急求取以祠我!"广德乃遣国相私来比就超请马。
超密知其状,报许之,而令巫自来取马。有顷,巫至,超即斩其
首;收私来比,鞭笞数百。以巫首送广德;因责让之。广德素闻超
在鄯善诛灭虏使,大惶恐,即杀匈奴使者而降。超重赐其王以下,
因镇抚焉。于是诸国皆遣子入侍,西域与汉绝六十五载,至是乃
复通焉。超,彪之子也。

淮阳王延,性骄奢,而遇下严烈。有上书告"延与姬兄谢弇
及姊婿韩光招奸猾,作图谶,祠祭祝诅。"事下案验。五月,癸丑,
弇、光及司徒邢穆皆坐死,所连及死、徙者甚众。

【译文】窦固再次派班超出使于寘国,打算增加他的兵
力;可是班超希望只带领原来所随从的三十六人,说:"于寘国
大而且路途遥远,现在带领几百人去,对于显示国力没有任何
帮助;如果有不幸的事情发生,人多更加成为负担啊!"这时候
于寘王广德在西域南道上正是强盛自大,而且匈奴命令使者监
护他的国家。班超来到于寘国,广德的态度很冷淡,而且他们
的民风迷信巫者,巫者说:"神生气了,问我们为什么打算投向
汉朝呢?汉朝的使者有黑唇黄马,赶快去求取来祭祀我!"于是
广德派国相私来比往班超处求马。班超暗中提前知道了这个情
况,回复说答应此事,还叫巫者自己前来取马。没过多久,巫者

来了，班超迅速地斩下他的头颅；捉拿了私来比，鞭打几百下。班超把巫者的头送去给广德，以此来怪罪他。广德早已听说班超在鄯善国杀死了匈奴使者，心里非常害怕，就马上杀了匈奴使者向汉朝投降了。班超重赏于阗王以下的人，以此来镇压安慰他们。于是各国都纷纷派儿子到汉朝侍奉汉天子，西域和汉朝的关系已经断绝了六十五年，到现在才又重新交往。班超，是班彪的儿子。

淮阳王刘延，本性骄傲狂妄自大，而且对待属下很严厉。有人上书检举道："刘延和表兄谢弇以及姐夫韩光召集奸私狡诈的人，作图谶，祭祀祝祷神明以降灾祸给皇上。"案子交上去之后，经过考察属实。五月，癸丑日（二十五日），谢弇、韩光和司徒邢穆都定罪处死，由于牵连被处死贬谪的人很多。

戊午晦，日有食之。

六月，丙寅，以大司农西河王敏为司徒。

有司奏请诛淮阳王延；上以延罪薄于楚王英，秋，七月，徙延为阜陵王，食二县。

是岁，北匈奴大入云中，云中太守廉范拒之；吏以众少，欲移书傍郡求救，范不许。会日暮，范令军士各交缚两炬，三头爇火，营中星列。虏谓汉兵救至，大惊，待旦将退。范令军中蓐食，晨，往赴之，斩首数百级，虏自相蹂藉，死者千馀人，由此不敢复向云中。范，丹之孙也。

十七年（甲戌，公元七四年）春，正月，上当谒原陵，夜，梦先帝、太后如平生欢，既寤，悲不能寐；即案历，明旦日吉，遂率百官上陵。其日，降甘露于陵树，帝令百官采取以荐。会毕，帝从席前伏御床，视太后镜奁中物，感动悲涕，令易脂泽装具；左右皆泣，莫能仰视。

【译文】戊午晦日（三十日），出现日食。

六月，丙寅日（初八），汉明帝派大司农西河人王敏做司徒。

官员奏请诛杀淮阳王刘延；汉明帝因为刘延的罪没有楚王刘英的深重，秋季，七月，贬谪刘延为阜陵王，食邑两个县。

这一年，北匈奴大兵来到云中郡，云中郡太守廉范反抗侵犯的敌军；部属因为兵力缺少，就打算发信向旁近的郡求救，廉范不答应。刚好天色黑了，廉范命令将士们每个人都拿两根火把交叉绑在一起，点燃火把的三头，手拿一头，在营中就像星星一样凌乱地排列着，匈奴人认为汉朝的救兵到了，大为吃惊，打算等到天亮的时候就退兵，廉范命令军中士兵早起在寝褥上吃早饭，清晨，就去敌营攻打，斩杀了敌军几百人，匈奴人自己车子碾轧以及士兵互相践踏，死了一千多人，从此便不敢再进犯云中郡。廉范，是廉丹的孙子。

十七年（甲戌，公元74年）春季，正月，汉明帝本来应该去谒告原陵，有一天晚上，梦见先帝、太后就如同往日那般欢乐，等到醒了之后，悲伤不已而无法继续入睡；于是就赶紧翻查历书，看到第二天是吉日，就带领百官上原陵去。那天，甘露降落在陵园的树上，汉明帝就命令百官去采集甘露进献在先帝墓前。祭礼结束之后，汉明帝从座位前伏在御床上，观看太后镜匣里的东西，感动而伤心地流下了眼泪，命令下人把这些装扮用的脂泽装具都换了；左右群臣都流下眼泪，不能仰视。

北海敬王睦薨。睦少好学，光武及上皆爱之，尝遣中大夫诣京师朝贺，召而谓之曰："朝廷设问寡人，大夫将何辞以对？"使者曰："大王忠孝慈仁，敬贤乐士，臣敢不以实对！"睦曰："吁，子危我哉！此乃孤幼时进趣之行也。大夫其对以孤袭爵以来，志意衰惰，声色是娱，犬马是好，乃为相爱耳。"其智虑畏慎如此。

二月，乙巳，司徒王敏薨。

三月，癸丑，以汝南太守鲍昱为司徒。昱，永之子也。

益州刺史梁国朱辅宣示汉德，威怀远夷，自汶山以西，前世所不至，正朔所未加，白狼、槃木等百馀国。皆举种称臣奉贡。白狼王唐菆作诗三章，歌颂汉德，辅使犍为郡掾由恭译而献之。

【译文】 北海敬王刘睦去世。刘睦年少时喜欢学习，光武帝和汉明帝都很喜欢他。曾经差遣中大夫到京城朝贺，刘睦招来使者而对他说："如果皇上问起我，你打算怎么回答呢？"使者说："大王忠孝仁慈，尊敬贤者、喜好贤士，微臣怎么敢不以实情回答呢。"刘睦说："哎，你这样会害了我的！这些都是我年幼时进取的行为。你如果回答说我在继承爵位以后，意志衰颓怠惰，只钟情于声色犬马的享乐，这样才是保护爱惜我的做法啊！"他竟然多虑畏惧谨慎到如此的地步。

二月，乙巳日（二月无此日），司徒王敏去世。

三月，癸丑日（二十九日），汉明帝派汝南太守鲍昱为司徒。鲍昱，是鲍永的儿子。

益州刺史梁国人朱辅宣传赞扬汉朝的恩德，使得远方的那些夷族都敬畏顺服，从汶山以西的地方，前代势力都不能够到达，朝廷的政令所不能实施的地方，白狼、槃木等一百个多国家，全族向汉朝称臣朝贡。白狼王唐菆写诗三章，赞颂汉朝的恩德，朱辅让犍为郡属官由恭翻译之后再献给朝廷。

初，龟兹王建为匈奴所立，倚恃虏威，据有北道，攻杀疏勒王，立其臣兜题为疏勒王。班超从间道至疏勒，去兜题所居槃橐城九十里，逆遣吏田虑先往降之，敕虑曰："兜题本非疏勒种，国人必不用命；若不即降，便可执之。"虑既到，兜题见虑轻弱，殊无降意。虑因其无备，遂前劫缚兜题，左右出其不意，皆惊惧奔走。虑驰报超，超即赴之，悉召疏勒将吏，说以龟兹无道之状，因立其故王兄子忠为王，国人大悦。超问忠及官属："当杀兜题邪，生遣之邪？"咸曰："当杀之。"超曰："杀之无益于事，当令龟兹知汉威德。"遂解遣之。

夏，五月，戊子，公卿百官以帝威德怀远，祥物显应，并集朝堂奉觞上寿。制曰："天生神物，以应王者；远人慕化，实由有德；朕以虚薄，何以享斯！唯高祖、光武圣德所被，不敢有辞，其敬举觞，太常择吉日策告宗庙。"仍推恩赐民爵及粟有差。

【译文】 起初，龟兹王建是匈奴人所拥立推举的，依仗匈奴人的威势，把西域北道占据了，还进攻杀害了疏勒王，立他的臣子兜题为疏勒王。班超从小路赶到疏勒国，距离兜题所住的槃橐城九十里，提前命令属吏田虑前往进行招降，班超告诫田虑说："兜题原来不是疏勒一族的，疏勒国的人民肯定不会听从他的命令；如果他没有马上投降的话，你就可以把他捉起来。"田虑来到疏勒国以后，兜题看到田虑的兵力薄弱，丝毫没有投降的意愿。田虑趁他没有戒备，就上前劫持捆绑住兜题，兜题左右的人感觉出乎意料，都惊恐害怕地逃走了。田虑快马向班超汇报，班超马上前往，并且还聚集了全部疏勒的将吏，把龟兹暴虐的情况说给他们听，因此拥立他们前王兄长的儿子忠为王，疏勒国的人民无比高兴。班超问忠和官属说："我们是否应该把兜题杀死呢？或者留他活命，把他放逐呢？"大家都说："应该把他给杀死。"班超说："把他杀死，对事情并没有什么好处，我们应该让龟兹王知道汉朝的威名。"于是就把兜题解送放逐了。

夏季，五月，戊子日（初五），公卿百官因为汉明帝的威名使得远方的其他民族顺服，吉祥的东西出现，更加明显地表示与之相应，都聚集在殿庭左右，拿着酒杯向汉明帝道贺。汉明帝下令说："上天降下这些神物，来和王者相应；远方的人仰慕汉朝的教化，实在是因为有德；我以浅薄的德行，怎么能够享有这些呢！只是由于高祖、光武帝的圣德所覆盖，我不敢有所推脱，和你们一起恭敬地举起酒杯，让太常选择吉日，到宗庙策告先祖。"依旧推恩赏赐臣民爵禄和米粟各有等差。

冬，十一月，遣奉车都尉窦固、驸马都尉耿秉、骑都尉刘张出燉煌昆仑塞，击西域，秉、张皆去符，传以属固，合兵万四千骑，击破白山虏于蒲类海上，遂进击车师。车师前王，即后王之子也，其廷相去五百馀里。固以后王道远，山谷深，士卒寒苦，欲攻前王；秉以为先赴后王，并力根本，则前王自服。固计未决，秉奋身而起曰："请行前。"乃上马引兵北入，众军不得已，并进，斩首数千级。后王安得震怖，走出门迎秉，脱帽，抱马足降，秉将以诣固；其前王亦归命，遂定车师而还。于是固奏复置西域都护及戊、己校尉。以陈睦为都护；司马耿恭为戊校尉，屯后王部金蒲城；谒者关宠为己校尉，屯前王部柳中城，屯各置数百人。恭，况之孙也。

【译文】冬季，十一月，汉明帝差遣奉车都尉窦固、驸马都尉耿秉、骑都尉刘张出敦煌昆仑塞，进攻西域，耿秉、刘张都取消符、传而把军队归属窦固让他指挥，一共加起来骑兵一万四千人，在蒲类海附近把白山的匈奴人打败了，于是就进军攻打车师国。车师前王，就是车师后王的儿子，他们的朝廷之间相距五百多里。窦固因为后王的路途遥远，山谷幽深，士兵受寒受苦，就打算进攻前王；耿秉以为应该先去进攻后王，一起合力铲除他的根本，那么前王自然就投降了。窦固的计划迟迟不能决定，耿秉就奋身跳起来说："我请求在军队前面先走。"于是上马率领军队向北前进，众军被迫，就跟他一起前进，杀死敌军几千人。车师后王安得非常害怕，于是就跑出城门迎接耿秉，脱帽，抱住马脚而投降，耿秉带着他们去见窦固；车师前王随后投降，就安定了车师国而回去了。于是窦固又一次奏请设置西域都护以及戊、己校尉。让陈睦做都护；司马耿恭为戊校尉，在后王部的金蒲城驻守；谒者关宠做己校尉，驻守前王部的柳中城，驻守的军士各设置几百人。耿恭，是耿况的孙子。

十八年（乙亥，公元七五年）春，二月，诏窦固等罢兵还京师。

北单于遣左鹿蠡王率二万骑击车师，耿恭遣司马将兵三百人救之，皆为所没，匈奴遂破杀车师后王安得而攻金蒲城。恭以毒药傅矢，语匈奴曰："汉家箭神，其中疮者必有异。"虏中矢者，视创皆沸，大惊，会天暴风雨，随雨击之，杀伤甚众；匈奴震怖，相谓曰："汉兵神，真可畏也！"遂解去。

夏，六月，己未，有星孛于太微。

耿恭以疏勒城傍有涧水可固，引兵据之。秋，七月，匈奴复来攻，拥绝涧水；恭于城中穿井十五丈，不得水，吏士渴乏，至笮马粪汁而饮之。恭身自率士挽笼，有顷，水泉奔出，众皆称万岁。乃令吏士扬水以示虏，虏出不意，以为神明，遂引去。

【译文】十八年（乙亥，公元75年）春季，二月，汉明帝下诏窦固等人暂停进军，返回京师。

北单于调遣左鹿蠡王带领两万骑兵进攻车师国，耿恭调遣司马带领士兵三百人去救助，结果都被北单于的军队消灭了，匈奴就打败杀死了车师国后王安得，进而进攻金蒲城。耿恭把毒药涂在箭上，对匈奴人说："汉朝的神箭，如果中了箭受了伤的话，肯定和一般的箭伤不同。"匈奴中箭的那些人，看到受伤的地方都发烫，很是惊慌。又刚好天刮着暴风，下着大雨，耿恭的士兵趁着风雨猛攻，杀伤敌人无数；匈奴人很是担心害怕，就相互说："汉兵神威，着实令人害怕啊！"于是就解兵离去了。

夏季，六月，己未日（十二日），有彗星出现在太微星座。

耿恭因为疏勒城旁有涧水需要固守，就率领军队据守在那里。秋季，七月，匈奴人又来攻打，阻塞断绝了涧水；耿恭在城中挖井十五丈深，都没有挖到水，将士口渴饥乏，甚至压榨马粪的液汁来饮用止渴。耿恭亲自带领士兵拖拉盛土的笼，没有过多久，泉水就喷了出来，大家都高声呼喊万岁。于是耿恭命令将士泼水让匈奴人看，匈奴人感觉大出意外，以为是神明的援助，于是就率兵离开了。

八月，壬子，帝崩于东宫前殿，年四十八。遗诏："无起寝庙，藏主于光烈皇后更衣别室。"

帝遵奉建武制度，无所变更，后妃之家不得封侯与政。馆陶公主为子求郎，不许，而赐钱千万，谓群臣曰："郎官上应列宿，出宰百里，苟非其人，则民受其殃，是以难之。"公车以反支日不受章奏，帝闻而怪曰："民废农桑，远来诣阙，而复拘以禁忌，岂为政之意乎！"于是遂蠲其制。尚书阎章二妹为贵人，章精力晓旧典，久次当迁重职，帝为后宫亲属，竟不用。是以吏得其人，民乐其业，远近畏服，户口滋殖焉。

太子即位，年十八。尊皇后曰皇太后。

明帝初崩，马氏兄弟争欲入宫。北宫卫士令杨仁被甲持戟，严勒门卫，人莫敢轻进者。诸马乃共谮仁于章帝，言其峻刻。帝知其忠，愈善之，拜为什邡令。

【译文】 八月，壬子日（初六），汉明帝在东宫前殿驾崩，享年四十八岁。遗诏说："不要修建寝庙，把孤的牌位安放在光烈皇后的更衣别室。"

汉明帝遵循建武的制度，没有变更，后宫妃子的家人不可以封侯、参与朝政。馆陶公主为他的儿子请求做郎，汉明帝没有允许，只是赏赐钱千万，他对群臣说："郎和天上的星宿一样，出去能治理百里的地方，如果不是恰当的人担任的话，那么人民百姓就会遭受祸害，所以我一直没有同意。"公车因为终日对于臣民的奏章不予理睬，汉明帝听到而责怪说："人民肯心甘情愿放下农桑之事，远道前来宫阙上书，而如今又拿禁忌来阻止，这个哪里是为政的目的呢！"于是就废除了这项制度。尚书阎章的二妹是贵人，阎章经过努力，通晓旧有的典章，很长时间担任现职，早就应该升任重职才对，汉明帝感觉他是后妃的亲属，所以一直都没有重用他。因此官吏都是恰当的人选，人民能够安居乐业，远近都敬畏顺服，人民户口更加增多了。

太子继位，年十八岁，尊称皇后为皇太后。

明帝刚刚去世，马氏兄弟就抢着想要进宫。北宫卫士令杨仁身披铠甲、拿着剑戟，严密地看守宫门，没有人敢随意进宫。马家众人就一起向章帝述说杨仁的坏话，说他严厉苛刻。汉章帝知道杨仁为人忠心，更加赞赏他，派他为什邡县县令。

壬戌，葬孝明皇帝于显节陵。

冬，十月，丁未，赦天下。

诏以行太尉事节乡侯憙为太傅，司空融为太尉，并录尚书事。

十一月，戊戌，以蜀郡太守第五伦为司空。伦在郡公清，所举吏多得其人，故帝自远郡用之。

焉耆、龟兹攻没都护陈睦，北匈奴围关宠于柳中城。会中国有大丧，救兵不至，车师复叛，与匈奴共攻耿恭。恭率厉士众御之，数月，食尽穷困，乃煮铠弩，食其筋革。恭与士卒推诚同死生，故皆无二心，而稍稍死亡，馀数十人。单于知恭已困，欲必降之，遣使招恭曰："若降者，当封为白屋王，妻以女子。"恭诱其使上城，手击杀之，炙诸城上。单于大怒，更益兵围恭，不能下。

【译文】壬戌日（十六日），孝明皇帝安葬在显节陵。

在冬季，十月，丁未日（初二），汉章帝大赦天下。

汉章帝下令派兼太尉职务的节乡侯赵憙胜任太傅一职，司空牟融为太尉，两个人一起总领尚书的职务。

十一月，戊戌日（二十四日），汉章帝任命蜀郡太守第五伦为司空。第五伦在蜀郡公正廉洁，所举用的属吏都是非常恰当的人选，所以汉章帝从远方的蜀郡任用他。

焉耆国、龟兹国刺杀都护陈睦，北匈奴把关宠包围在柳中城。恰好赶上汉朝有丧事，救兵没有能够到来，车师国又一次背叛，和匈奴一起进攻耿恭。耿恭带领勉励士卒奋力反抗，几个月之后，粮食吃完了因而困乏，于是就煮铠甲、弓弩，吃那些筋革。耿恭和士卒推诚布公、同生共死，所以将士们都没有要叛离的心意，而士卒稍微死亡了一些，剩下几十人。单于知道耿恭已经困穷，必须要让他招降，就派了使者向耿恭招降说："如果你投降了，肯定封你为白屋王，而且单于还把女儿嫁给你。"耿恭哄骗那使者上城来, 亲手杀死了他, 在城楼上就直接把他烧了。单于很是生气, 又增加了兵力去包围耿恭, 但仍是没有办法攻下。

关宠上书求救, 诏公卿会议, 司空伦以为不宜救; 司徒鲍昱曰: "今使人于危难之地, 急而弃之, 外则纵蛮夷之暴, 内则伤死难之臣, 诚令权时, 后无边事可也。匈奴如复犯塞为寇, 陛下将何以使将! 又二部兵人裁各数十, 匈奴围之, 历旬不下, 是其寡弱力尽之效也。可令燉煌、酒泉太守各将精骑二千, 多其幡帜, 倍道兼行以赴其急; 匈奴疲极之兵, 必不敢当, 四十日间足还入塞。"帝然之。乃遣征西将军耿秉屯酒泉, 行太守事, 遣酒泉太守段彭与谒者王蒙、皇甫援发张掖、酒泉、燉煌三郡及鄯善兵合七千馀人以救之。

【译文】 关宠上书请求救兵支援, 汉章帝下令让公卿一起商讨这件事情, 司空第五伦认为如果去救援的话不太适合; 司徒鲍昱说: "现在差遣人到危难的地方, 有了紧急情况就把他抛弃了, 对外使蛮夷继续放纵暴虐, 对内会让那些死难的臣子很是痛心, 如果权衡时宜, 以后边界没有战事的话, 那就可以这样做。可是匈奴如果再次进犯关塞, 陛下将如何再去调遣将领呢? 再说了, 关宠和耿恭两军的士兵才各几十人, 匈奴包围他们, 经过十天还没有攻下, 这是他们兵力少弱而倾尽全力的表现啊! 你可以下令让敦煌、酒泉太守各带领精锐骑兵两千人, 多加些旗帜, 加倍赶路去援助他们, 解决他们的危急情况; 匈奴那些疲惫到了极点的士兵, 肯定不敢出兵抵抗, 四十天就足够他们回到防守的关塞。"汉章帝认同了此事。就命令征西将军耿秉在酒泉驻守, 兼任太守的职务, 命令酒泉太守段彭和谒者王蒙、皇甫援派出张掖、酒泉、敦煌三郡以及鄯善国的军队总共七千多人，去营救耿恭。

甲辰晦，日有食之。

太后兄弟虎贲中郎廖及黄门郎防、光，终明帝世未尝改官。帝以廖为卫尉，防为中郎将，光为越骑校尉。廖等倾身交结，冠盖之士争赴趣之。第五伦上疏曰："臣闻《书》曰：'臣无作威作福，其害于而家，凶于而国。'近世光烈皇后虽友爱天至，而抑损阴氏，不假以权势。其后梁、窦之家，互有非法，明帝即位，竟多诛之。自是雒中无复权戚，书记请托，一皆断绝。又谕诸外戚曰：'苦身待士，不如为国。戴盆望天，事不两施。'今之议者，复以马氏为言。窃闻卫尉廖以布三千匹，城门校尉防以钱三百万，私赡三辅衣冠，知与不知，莫不毕给。又腊日亦遗其在雒中者钱各五千。越骑校尉光，腊用羊三百头，米四百斛，肉五千斤。臣愚以为不应经义，惶恐，不敢不以闻。陛下情欲厚之，亦宜所以安之。臣今言此，诚欲上忠陛下，下全后家也。"

是岁，京师及兖、豫、徐州大旱。

【译文】甲辰晦日（三十日），出现日食。

太后的兄弟虎贲中郎马廖以及黄门郎马防、马光，在明帝位内从来都没有升过官。于是汉章帝让马廖做卫尉，马防为中郎将，马光做越骑校尉。马廖等人全力结交天下的英雄豪杰，达官显贵都抢着前去和他们交往。第五伦上奏疏说："微臣听说《尚书》上说：'臣子不应该专有刑罚的权力、赏赐爵命的大权，那就会危害到你的家庭，危害到你的国家。'近世光烈皇后虽然友爱出于天性，但是仍然尽量压制贬损阴家的势力，没有把权势交给他们。后来梁家、窦家彼此都有一些不法的行为，明帝即位之后，终于多半被杀。在此之后，洛阳城中就不再有权贵的亲戚了，写信请托，全部断绝关系了。明帝还告诉所有的外戚说：'苦心自己来结交贤士，不如替国家卖力的好。头顶着盆来看天，事情不可能在两方面都做得那么好的。'现在讨论的人，又在讨论马氏兄弟的事了。我听说卫尉马廖拿着三千匹布，城门校尉马防拿了三百万钱，暗中去贡献给三辅的官吏，不管是认识的还是不认识的，都全部供给了他们。后来又听说腊月（阴历十二月初八）也赠送给那些在洛阳城中的士人各五千钱。越骑校尉马光，腊祭用羊三百头、米四百斛、肉五千斤。微臣个人以为不符合经书的义理，感到担心不安，所以不敢不向陛下汇报。陛下在情分上要对他们优厚些，也应该要让他们安分。微臣现在说这些，实在是想要对上忠心于陛下，对下保全皇太后的家族啊！"

这一年，京师和兖州、豫州、徐州闹大旱灾。

资治通鉴卷第四十六　汉纪三十八

起柔兆困敦，尽阏逢涒滩，凡九年。

【译文】　起丙子（公元76年），止甲申（公元84年），共九年。

【题解】　本卷记录了汉章帝建初元年至元和元年间的历史，此时正值马太后临朝。马太后顾大局、识大体，抑制外戚，章帝三舅均不封侯。太后去世后，章帝裁抑舅家，却放纵窦皇后的外戚，至使窦宪恣意横行。章帝为人仁厚，废酷刑，平冤案，奖直臣，善纳谏，政治开明。在思想文化上，章帝亲临裁决《白虎议奏》。在边境问题上，章帝派耿恭抵抗西域侵扰，耿恭在艰苦环境中抗匈奴一年有余，被救回后，又平定西羌暴乱。

肃宗孝章皇帝上

建初元年（丙子，公元七六年）春，正月，诏兖、豫、徐三州禀赡饥民。上问司徒鲍昱："何以消复旱灾？"对曰："陛下始践天位，虽有失得，未能致异。臣前为汝南太守，典治楚事，系者千馀人，恐未能尽当其罪。夫大狱一起，冤者过半。又，诸徙者骨肉离分，孤魂不祀。宜一切还诸徙家。蠲除禁锢，使死生获所，则和气可致。"帝纳其言。

校书郎杨终上疏曰："间者北征匈奴，西开三十六国，百姓频年服役,转输烦费;愁困之民足以感动天地,陛下宜留念省察!"帝下其章,第五伦亦同终议。牟融、鲍昱皆以为:"孝子无改父之道,征伐匈奴,屯戍西域,先帝所建,不宜回异。"终复上疏曰:"秦筑长城,功役繁兴;胡亥不革,卒亡四海。故孝元弃珠厓之郡,光武绝西域之国,不以介鳞易我衣裳。鲁文公毁泉台,《春秋》讥之曰:'先祖为之而已毁之,不如勿居而已,'以其无妨害于民也;襄公作三军,昭公舍之,君子大其复古,以为不舍则有害于民也。今伊吾之役,楼兰之屯兵久而未还,非天意也。"帝从之。

【译文】 建初元年(丙子,公元76年)春季,正月,汉章帝下令兖、豫、徐三州发放米粮赈济灾民。汉章帝问司徒鲍昱说:"要怎么样做才能消除旱灾,让人民生活恢复正常呢?"鲍昱回答说:"陛下刚刚登上天子之位,虽然有过失或成就,但是也不可能因此而导致灾异。微臣以前做汝南太守的时候,主管楚王的案子,关在牢里的有一千多人,恐怕不可能都按照罪的轻重来处以恰当的刑罚。大的诉讼案一发生,遭受冤枉的人就超过一半多,而且所有被贬谪的人骨肉分离,孤独的魂魄都没人祭祀。您应该让所有被贬谪的人都回到自己的家园,废除不让他们做官的禁令,让那些死去的人和活着的人得到合适的安置,那么才可以收获祥和之气。"于是汉章帝就听取了他的建议。

校书郎杨终上奏疏说:"最近北伐匈奴,西边开发了三十六个国家,百姓连续几年服兵役、运输粮草,烦扰而且费力;人民愁苦辛劳,已经足以感天动地,陛下应该留心观察顾念担忧百姓的疾苦!"汉章帝把杨终的奏章交给群臣一起看,第五伦也很同意杨终的建议。牟融、鲍昱都以为:"孝子也不应该改变父亲的做法,讨伐匈奴,镇守西域,是先汉帝所立的规矩,不应该违背改变。"杨终再上奏疏说:"秦建筑长城,频繁地发动徭役;

胡亥因为没有改变这种做法，于是就失去了天下。所以孝元帝放弃了珠崖郡，光武帝拒绝和西域各国的来往，不拿远方的夷族来交换汉朝的人民。鲁文公损坏泉台，《春秋》讥评他说：'先祖所建立的，而自己却把它毁坏，还不如不去居住这泉台，你又为什么要毁坏它呢？'因为它并没有妨害到人民啊！鲁襄公建立三军，鲁昭公把它取缔了，君子赞赏他能够恢复旧制，以为不取消三军就会危害于人民。现在伊吾的役丁、楼兰的驻军已经很长时间没有回过家乡了，这不是天意啊！"汉章帝听取了他的意见。

【乾隆御批】 昱典治楚事，既知冤者过半，当时何不即奏而隐忍？隔十年，因灾变始及之。以是为直，其谁不能？

【译文】 鲍昱负责审理楚王刘英的案件，既然已经知道被冤枉的人超过半数，为什么不立即上书奏明而是隐瞒呢？隔了十年之久，因为发生灾变才开始谈及此事。如果以此作为直言忠臣，那么有谁不能做到的呢？

丙寅，诏："二千石勉劝农桑。罪非殊死，须秋案验。有司明慎选举，进柔良，退贪猾，顺时令，理冤狱。"是时承永平故事，吏政尚严切，尚书决事，率近于重。尚书沛国陈宠以帝新即位，宜改前世苛俗，乃上疏曰："臣闻先王之政，赏不僭，刑不滥。与其不得已，宁僭无滥。往者断狱严明，所以威惩奸慝；奸慝既平，必宜济之以宽。陛下即位，率由此义，数诏群僚，弘崇晏晏，而有司未悉奉承，犹尚深刻。断狱者急于箠格酷烈之痛，执宪者烦于诋欺放滥之文，或因公行私，逞纵威福。夫为政犹张琴瑟，大弦急者小弦绝。陛下宜隆先王之道，荡涤烦苛之法，轻薄棰楚以济群生，全广至德以奉天心！"帝深纳宠言，每事务于宽厚。

【译文】丙寅日（二十三日），汉章帝下诏说："俸禄二千石的官员应鼓励百姓努力耕田织布，犯的罪如果不是死罪，必须要等到秋天考察证实。官员要明察谨慎地选举人才，进用贤良的人，罢退贪心狡猾的人，服从时令，审理冤狱。"当时继承永平皇帝旧有的制度，官吏处理政事注重严厉峻切，尚书决断政事，接近于严厉。尚书沛国人陈宠认为汉章帝刚刚登上皇位，应该改变前代那些苛刻的风气，于是上奏疏说："微臣听说先王政治，赏赐不过度，刑罚不乱来；如果实在没有办法，宁愿过度奖赏也不要乱施刑罚。过去决断讼案严正而明察，用来威吓惩罚奸恶的人；奸恶的人已经铲除，应该用宽大的做法来辅助政治。陛下即位，基本都是这么做的，好几次下诏群臣，要大大地推崇温和之政，可是官员没有谁能够完全听从，却仍旧注重严峻苛刻的做法。决断讼案的人，严格地实施鞭打等使人痛苦的刑罚；执法的人重视让人厌烦的法令，有的甚至假公济私，胡乱地放纵赏罚以达到个人的目的，作威作福。为政就好比安装琴瑟的弦索一样，如果大弦拉紧了，小弦就很容易断了。陛下应该加强推行先王的仁政，删除那些繁琐苛刻的法令，减轻鞭打的刑罚，来帮助那些受害的百姓，广布伟大的恩德，来遵行上天的仁心行事！"汉章帝认真听取了陈宠的建议，每行一事务求宽大仁厚。

酒泉太守段彭等兵会柳中，击车师，攻交河城，斩首三千八百级，获生口三千馀人。北匈奴惊走，车师复降。会关宠已殁，谒者王蒙等欲引兵还；耿恭军吏范羌，时在军中，固请迎恭。诸将不敢前，乃分兵二千人与羌，从山北迎恭，遇大雪丈馀，军仅能至。城中夜闻兵马声，以为虏来，大惊。羌遥呼曰："我范羌也，汉遣军迎校尉耳。"城中皆称万岁。开门，共相持涕泣。明日，遂相随俱归。虏兵追之，且战且行。吏士素饥困，发疏勒时，尚有二十六人，随路死没，三月至玉门，唯馀十三人，衣屦穿决，形容枯槁。中郎将郑众为恭已下洗沐，易衣冠，上疏奏："恭以单兵守孤城，当匈奴数万之众，连月逾年，心力困尽，凿山为井，煮弩为粮，前后杀伤丑虏数百千计，卒全忠勇，不为大汉耻，宜蒙显爵，以厉将帅。"恭至雒阳，拜骑都尉。诏悉罢戊、己校尉及都护官，征还班超。

【译文】酒泉太守段彭等人的军队在柳中城会合，进攻车师国，攻打交河城，斩杀了敌人三千八百人，捕获活口三千多人。北匈奴惊恐害怕地逃走，车师国又一次投降了。这时刚好赶上关宠死了，谒者王蒙等人打算带领军队回来；耿恭的属将范羌，当时在王蒙的军队中，坚持要迎请耿恭到来。各位将官不敢前去，于是就分给范羌军队两千人，从山北去迎接耿恭，遇上大雪，深一丈多，军队只有勉强才能到达。疏勒城里的人晚上听到有兵马的声音，以为敌人来侵犯了，就非常担心害怕。范羌远远地叫喊说："我是范羌，是汉朝派来迎接校尉耿恭的。"城中的人都高声呼喊万岁。打开城门之后，大家互相拥抱着哭泣。第二天，就彼此跟从着回去了。匈奴的军队追来之后，他们一边作战，一边前进，将士们一直处于饥饿困乏的状态，从疏勒城出发的时候，还有二十六人，一路上有人的死去了，三月到达玉门关的时候，就只剩下了十三人，衣服鞋子都破烂不堪了，形体面貌都悲惨憔悴。中郎将郑众为耿恭以下的将士洗净身体头发，换上干净的衣服帽子，上奏疏说："耿恭凭借单薄的兵力驻守孤立无援的城池，抵抗匈奴好几万的军队，连续数月，有的超过了一年，精神心力都疲倦到了极点，在山上挖凿水井，烹煮弓弩来作为粮食，前后杀伤可恶的匈奴人算起来成百上千，终于成全了众将士忠心勇敢的美德，没有辱没到大汉，应该承受朝廷显赫的爵位，来奖赏将帅。"耿恭回到洛阳之后，被汉章帝任命为骑都尉。汉章帝下诏全部废除戊、己都尉以及都护官，诏令班超回京。

【乾隆御批】 凿山，煮弩，与苏武吞毡啮雪同节，然以之表忠则可。以此为足延累月经年，则不经。至汉家典属都尉之拜，未免失旌功励节之义矣！

【译文】 耿恭凿山打井，煮食铠甲和弓弩，这和苏武以毡毛和雪为食的气节相同，以此表示他俩都忠于汉朝，这是可以的。但像耿恭这样坚持，经年累月，实属罕见。朝廷只任命他骑都尉，未免失去了表彰功勋和奖励尽节的大义！

【申涵煜评】 恭在匈奴，守孤城踰年，凿泉煮弩，心力俱困。使非范羌迎之，几乎血染沙碛。全节而归，不愧好畤家风。乃仅得为骑都尉，较待苏卿更薄。

【译文】 耿恭驻守匈奴时，死守一座孤城超过一年，用开凿出来的泉水煮弓箭铠甲（吃上面的兽筋皮革），心力交瘁。要不是范羌前去营救，几乎要血染沙漠。耿恭保全了节操回到朝廷，不愧对家风。然而仅被封为骑都尉，比苏武受到的待遇还要差。

超将发还，疏勒举国忧恐；其都尉黎弇曰："汉使弃我，我必复为龟兹所灭耳，诚不忍见汉使去。"因以刀自刭。超还至于窴，王侯以下皆号泣，曰："依汉使如父母，诚不可去！"互抱超马脚不得行。超亦欲遂其本志，乃更还疏勒。疏勒两城已降龟兹，而与尉头连兵。超捕斩反者，击破尉头，杀六百馀人，疏勒复安。

【译文】 班超即将起程回京，疏勒国全国上下都担惊害怕；他的都尉黎弇说："汉朝的使者抛弃了我们，我们肯定会再次被龟兹国所灭亡的，实在不舍得看到汉朝的使者离开。"因此用刀自杀而死。班超回程经过于阗国，王侯以下都大声哭泣，说："我们向来依靠汉朝的使者就像父母一般，你们实在是不能够离开啊！"互相紧紧地抱住班超乘坐的马，让它不能走动。班超也想要完成他们本来的愿望，于是就又回到了疏勒国。疏勒国的两座城已经向龟兹国投降，而且和尉头国连兵。班超捕捉并杀死了那些反叛的人，成功拿下尉头国，杀死了六百多人，疏勒国又安定下来了。

甲寅，山阳、山平地震。

东平王苍上便宜三事。帝报书曰："间吏民奏事亦有此言，但明智浅短，或谓傥是，复虑为非，不知所定。得王深策，恢然意解；思惟嘉谋，以次奉行。特赐王钱五百万。"后帝欲为原陵、显节陵起县邑，苍上疏谏曰："窃见光武皇帝躬履俭约之行，深睹始终之分，勤勤恳恳，以葬制为言；孝明皇帝大孝无违，承奉遵行。谦德之美，于斯为盛。臣愚以园邑之兴，始自强秦。古者丘陇且不欲其著明，岂况筑郭邑、建都郭哉！上违先帝圣心，下造无益之功，虚费国用，动摇百姓，非所以致和气、祈丰年也。陛下履有虞之至性，追祖祢之深思，臣苍诚伤二帝纯德之美不畅于无穷也！"帝乃止。自是朝廷每有疑政，辄驿使谘问，苍悉心以对，皆见纳用。

【译文】 甲寅日（十二日），山阳郡、东平郡发生地震。

东平王刘苍上书奏明三件对国家、人民有好处的事。汉章帝回信答复说:"最近官吏奏事也有这样的说法;可是我的眼光智慧短浅,有的感觉也许是对的,再仔细考虑又感觉不对,不知道到底该怎样决定。看到你深有远见的奏疏,让我顿时心胸开阔,疑虑全部消除了,考虑你的好意见,依次按照你说的去实施,特意奖励你五百万钱。"后来汉章帝打算为原陵、显节陵设县,建立县城,刘苍上奏疏谏言说:"我看光武皇帝亲自践行节俭的美德,他深深地明白什么是好的开始,怎样做才有好的结局,一生勤于朝政,还认真地指示了丧葬后事;孝明皇帝非常孝顺,不敢违背光武皇帝的意愿,秉承光武皇帝的意思,按照着去做;谦恭的美德,在那时候是美盛极了。微臣认为陵园县邑的兴造设置,从强秦就已经开始了。古时墓上的坟丘尚且都没有要它显露突出,更何况是建造县邑城池呢!于上违逆先皇圣明的心意,于下建立些没有什么好处的事功,消耗浪费国家的财力,深刻影响百姓的生活,并不是招来祥和之气、祈求丰年的做法啊!陛下实施虞舜孝亲的至高德行,追寻祖先、父亲深远的想法,微臣刘苍实在为两位先皇帝纯正的美德不能流传畅行到永远而深深地感到难过啊!"汉章帝于是终止了设县建城的做法。从此以后朝廷每当有政事上的疑虑,汉章帝往往命令驿使询问,刘苍全心全意回答,他的意见都能够被朝廷听取采纳。

秋,八月,庚寅,有星孛于天市。

初,益州西部都尉广汉郑纯,为政清洁,化行夷貊,君长感慕,皆奉珍内附;明帝为之置永昌郡,以纯为太守。纯在官十年而卒,后人不能抚循夷人。九月,哀牢王类牢杀守令反,攻博南。

阜陵王延数怀怨望,有告延与子男鲂造逆谋者;上不忍诛,冬十一月，贬延为阜陵侯，食一县，不得与吏民通。

北匈奴皋林温禺犊王将众还居涿邪山，南单于与边郡及乌桓共击破之。是岁，南部大饥，诏禀给之。

【译文】秋季，八月，庚寅日（二十日），有彗星出现在天市星座。

起初，益州西部都尉、广汉人郑纯，为政清明廉洁，教育感化行于蛮夷之邦，蛮夷的国君感动羡慕汉朝的德政，都纷纷奉献奇珍异宝，并且还甘愿归顺汉朝；明帝在那里设立了永昌郡，让郑纯做太守。郑纯在太守任内十年而去世，接替他的人不能够安抚顺服夷人。这年九月，哀牢王类牢杀了太守反叛，进攻博南。

阜陵王刘延多次对朝廷心怀怨恨，有人举发刘延和儿子刘鲂谋划造反；汉章帝不舍得杀他们。冬季，十一月，把刘延贬为阜陵侯，食邑一县，不允许他和属下的官吏人民来往。

北匈奴皋林温禺犊王带领部众回到涿邪山居住，南单于和边界的郡县，以及乌桓国一起把他打败了。这一年，南部闹大饥荒，汉章帝下诏发放米粮去赈济他们。

二年（丁丑，公元七七年）春，三月，甲辰，罢伊吾卢屯兵，匈奴复遣兵守其地。

永昌、越巂、益州三郡兵及昆明夷卤承等击哀牢王类牢于博南，大破，斩之。

夏，四月，戊子，诏还坐楚、淮阳事徙者四百馀家。

上欲封爵诸舅，太后不听。会大旱，言事者以为不封外戚之故，有司请依旧典。太后诏曰："凡言事者，皆欲媚朕以要福耳。昔王氏五侯同日俱封，黄雾四塞，不闻澍雨之应。夫外戚贵盛，鲜不倾覆；故先帝防慎舅氏，不令在枢机之位，又言'我子不当与先帝子等'，今有司奈何欲以马氏比阴氏乎！且阴卫尉，天下称之，省中御者至门，出不及履，此蘧伯玉之敬也；新阳侯虽刚强，微失理，然有方略，据地谈论，一朝无双；原鹿贞侯，勇猛诚信；此三人者，天下选臣，岂可及哉！马氏不及阴氏远矣。吾不才，夙夜累息，常恐亏先后之法，有毛发之罪吾不释，言之不舍昼夜，而亲属犯之不止，治丧起坟，又不时觉，是吾言之不立而耳目之塞也。

【译文】 二年（丁丑，公元77年）春季，三月，甲辰日（初八），汉章帝撤销了在伊吾卢的驻军，匈奴又派遣军队占领了那个地方。

永昌、越巂、益州三郡的军队还有昆明夷、卤承等在博南进攻哀牢王类牢，把他打得大败，就将他杀了。

夏季，四月，戊子日（二十二日），汉章帝下诏召回了因楚王、淮阳王案判罪而被贬谪的四百多家。

汉章帝打算封爵位给几个舅舅，太后没有答应。又赶上大旱灾，奏事的臣子以为是没有册封外戚的原因，于是官员就请求按照旧典册封外戚。太后下诏说："凡是那些奏事的臣子，都是打算通过讨好我来求得好处而已。以前王氏五人同一天都封了侯，后来黄雾四处弥漫，也没听说雨水滋润万物、年成丰收的事来和这异兆相应。外戚显贵势力很大，很少有不颠覆朝廷的。所以先帝谨慎小心地防备舅舅，不让他们处于重要的职位，而且说：'我的儿子不应该和先帝的儿子一样。'现在的官员为什么要拿马氏和阴氏来作比较呢？而且阴卫尉，天下人都赞许他，宫中的侍从人员来到家门口，赶不及穿鞋子，就赶紧出门相迎，这是像古代卫国贤大夫蘧伯玉对人一样的尊敬啊！新阳侯虽然刚强，稍微有点不讲理，可是却有方法策略，据地谈论，整个朝廷没有第二人能够和他相比较的；原鹿贞侯，勇猛诚信；这三个人都是天下所选拔的优秀臣子，哪里有谁可以比得上呢！马氏远远比不上阴氏！因为我没有什么才能，所以早晚小心谨慎，常常担心玷污到先皇后的法规，就算是有小小的罪过，我也丝毫不肯放过，昼夜不停地说，可是亲属却不停地犯错，办丧事、修坟墓，又不能及时发现不合礼的地方，这就是因为我说的话没有起作用，而且耳目被蒙蔽啊！

吾为天下母，而身服大练，食不求甘，左右但著帛布，无香薰之饰者，欲身率下也。以为外亲见之，当伤心自敕，但笑言'太后素好俭'。前过濯龙门上，见外家问起居者，车如流水，马如游龙，仓头依绿褠，领袖正白，顾视御者，不及远矣。故不加谴怒，但绝岁用而已，冀以默愧其心，犹懈怠无忧国忘家之虑。知臣莫若君，况亲属乎！吾岂可上负先帝之旨，下亏先人之德，重袭西京败亡之祸哉！"固不许。

【译文】我是天下的母后，而身穿大练，食物不奢求甘美，左右身边侍候的人只穿着帛布的衣服，没有使用香薰装饰的原因，就是想要以身作则来给下人做个榜样啊！我以为外亲看到这些之后，就应该心里有所难过而自己行为检点一些，可是他们却只是嘲笑我说'太后一向崇尚节俭'。前些日子路过濯龙园门前的时候，看到外家前来问候请安的，车子多得像流水一般，连接不断，马多得就像天上的游龙，连续不绝，仆役身着绿色的护臂套，衣领袖口无比洁白，我回头再看看我的仆从，一点都比不上啊！我之所以没有生气怪罪他们，只是停止了每年的费用而已，是希望因此让他们心里感到愧疚，他们却依旧是那么懈怠疏忽，根本没有忧国忘家的想法。没有谁比国君更了解自己的臣子，何况是对亲属的了解呢？我又怎么能够对上辜负了先帝的旨意，对下污损了先祖的美德，再度承袭西汉败亡的灾祸呢？"太后坚决不同意。

【乾隆御批】 我子先帝子之论，具见前卷。马后此语实明帝好名之意，有以启之。至马后谦让，实足佳，然母后而有此诏，究所谓好事，不如无也。

【译文】 "我的儿子不应与先帝的儿子等同"的言论，详细情况见前卷。马后这句话实则是明帝喜好谦让名声的坦露，并为此开了先例。至于马后的谦让，诚然可嘉，但是身为母后，竟然向皇帝下达这种诏书，这种好事，倒不如没有更好。

帝省诏悲叹，复重请曰："汉兴，舅氏之封侯，犹皇子之为王也。太后诚存谦虚，奈何令臣独不加恩三舅乎！且卫尉年尊，两校尉有大病，如令不讳，使臣长抱刻骨之恨。宜及吉时，不可稽留。"太后报曰："吾反覆念之，思令两善，岂徒欲获谦让之名而使帝受不外施之嫌哉！昔窦太后欲封王皇后之兄，丞相条侯言：'高祖约，无军功不侯。'今马氏无功于国，岂得与阴、郭中兴之后等邪！常观富贵之家，禄位重叠，犹再实之木，其根必伤。且人所以愿封侯者，欲上奉祭祀，不求温饱耳；今祭祀则受太官之赐，衣食则蒙御府徐资，斯岂不可足，而必当得一县乎！吾计之孰矣，勿有疑也。

夫至孝之行，安亲为上。今数遭变异，谷价数倍，忧惶昼夜，不安坐卧，而欲先营外家之封，违慈母之拳拳乎！吾素刚急，有胸中气，不可不顺也。子之未冠，由于父母，已冠成人，则行子之志。念帝，人君也；吾以未逾三年之故，自吾家族，故得专之。若阴阳调和，边境清静，然后行子之志；吾但当含饴弄孙，不能复关政矣。"上乃止。

太后尝诏三辅：诸马昏亲有属托郡县、干乱吏治者，以法闻。太夫人葬起坟微高，太后以为言，兄卫尉廖等即时减削。其外亲有谦素义行者，辄假借温言，赏以财位；如有纤介，则先见严恪之色，然后加谴。其美车服、不尊法度者，便绝属籍，遣归田里。广平、巨鹿、乐成王，车骑朴素，无金银之饰，帝以白太后，即赐钱各五百万。于是内外从化，被服如一；诸家惶恐，倍于永平时。置织室，蚕于濯龙中，数往观视，以为娱乐。常与帝旦夕言道政事及教授小王《论语》经书，述叙平生，雍和终日。

【译文】 汉章帝看了诏书之后悲伤叹息，又重新请求说："汉朝自从建立以来，舅舅的封侯就好比皇子的为王。太后这样做实在心存谦虚，为什么就单独让我一人不能加封三个舅舅呢？况且卫尉年纪大了，两位校尉也身患重病，万一哪一天因此去世了，会让我永远怀着难忘的遗憾的。我们应该趁着吉日封侯，这件事情不能再延迟了。"太后回答说："我反复思考，想要让朝廷和亲戚双方都能够两全其美，哪里只是因为想要赚得谦让的美名而让皇上受到不施恩给外家的嫌疑呢？以前窦太后想要封王皇后的哥哥，丞相条侯说：'高祖的约定，没有战功的不能封侯。'现在马家的人对国家没有什么功劳，又怎么能和中兴汉室的阴皇后、郭皇后一样呢？经常看到富贵的家庭，禄位很多，这就好像是一年之中两次结果实的树木一样，它的根肯定会因此受到伤害。而且人们之所以希望封侯，就是想要对上能够敬奉祖先的祭祀，对下能够求得温饱而已；现在祭祀祖先的事情，已经受到太官的供应具备，衣食受到御府的供应，这难道还不知足，而一定要封侯，得以食邑一县吗？我已仔细地考虑过了，不要再有什么争议了！

说到伟大的孝行，是把安慰父母亲的心作为最重要的事情。现在由于多次遭遇到天灾，谷价上涨了好几倍，我日夜担忧惶恐，坐立不安，可是你却要先去计划对外家的封侯，违逆慈母诚恳的心意吗？我一向刚强性急，患了气喘病，不能不让胸中逆喘之气平顺啊！儿子还没有成年，应按照父母的话去做；已经满二十成年了，就应该按照儿子自己的想法去做。想到你是皇帝，是一国的国君；我因为先帝去世还没有超过三年，又事关我的家族，所以我才专权过问朝政的。如果天时寒暑调和，边境平静无事，你就按照自己的心意去做；我就只管含饴弄孙，不再过问朝廷的政事了。"汉章帝这才作罢。

太后曾经下诏三辅："所有马家亲戚如果有嘱托郡县官吏、扰乱官府政事的，依法处分之后向我禀报。"太夫人埋葬的时候，修筑的坟墓稍微高出了规定的高度，太后就说话了，太后的哥哥卫尉马廖等人马上就把坟削减了，以符合规定。那些外家的亲戚有谦让朴实、行为耿直的，太后往往和颜悦色地和他们说话，赏赐他们钱财、爵位；如果有些微小的过错，就先露出严厉恭谨的神情，然后对他们加以责备；那些车服奢华美丽，不遵守规定的，就断绝外戚的属籍，打发他们回家乡去。广平王、巨鹿王、乐成王，车马朴素，没有金银的配饰，汉章帝向太后禀报，马上就赐给每个人五百万钱。于是宫内宫外都顺从感化，赏赐给外亲的衾被衣服都是一模一样的；所有外家亲戚都惶恐小心，认真度都超过永平时候的一倍。太后设置织室，在濯龙园中养蚕，并很多次前往巡视，以此为乐。她经常和汉章帝早晚讨论政事,以及指导皇子读《论语》等经书,讲述平日的往事,整天显得雍容温和。

马廖虑美业难终,上疏劝成德政曰:"昔元帝罢服官,成帝御浣衣,哀帝去乐府,然而侈费不息,至于衰乱者,百姓从行不从言也。夫改政移风,必有其本。《传》曰:吴王好剑客,百姓多创瘢;楚王好细腰,宫中多饿死。'长安语曰:'城中好高结,四方高一尺;城中好广眉,四方且半额;城中好大袖,四方全匹帛。'斯言如戏,有切事实。前下制度未几,后稍不行,虽或吏不奉法,良由慢起京师。今陛下素简所安,发自圣性,诚令斯事一竟,则四海诵德,声薰天地,神明可通,况于行令乎!"太后深纳之。

【译文】 马廖想到太后倡导美好之业很难善始善终,上奏疏进言太后成就德政,说:"以前元帝取缔三服之官,成帝身着经过浣濯的衣服,哀帝取消乐府,可是奢侈浪费的风气仍然没有终止,最后招致衰微动乱,就是因为百姓跟随行为去做,却不跟随言论啊!改革政治,转移风气,肯定有它的根本。古书说:'吴王喜欢剑客,百姓受伤的人很多;楚王喜欢细腰的人,于是宫中就有很多被饿死的人。'长安有流传的谚语说:'城里的人喜欢梳高的发髻,四方各处的人发髻就高一尺;城里的人喜欢粗眉毛,四方各处的人画的眉毛接近半个额头那么粗;城里的人喜欢宽大的衣袖,四方各处的人,就用整匹布帛做衣袖了。'这些话听起来好像是嬉戏的话,可是却和事实有相互吻合的地方。前些时候施行制度还没有多久,可是之后就稍微不能奉行了,虽然有的是官吏没有遵行法令,但是实在是因为从京师怠慢不行开始的。现在陛下朴素勤俭,是太后所感到安心的,这是来源于天性的。如果这事能够一直坚持到最后,那么天下赞颂恩

资治通鉴

德，皇帝的美好声誉传播于天地之间，可以通达神明，更何况是行令呢？"太后深深地听取了他的建议。

初，安夷县吏略妻卑湳种羌人妇，吏为其夫所杀，安夷长宗延追之出塞。种人恐见诛，遂共杀延而与勒姐、吾良二种相结为寇。于是烧当羌豪滇吾之子迷吾率诸种俱反，败金城太守郝崇。诏以武威太守北地傅育为护羌校尉，自安夷徙居临羌。迷吾又与封养种豪布桥等五万馀人共寇陇西、汉阳。秋，八月，遣行车骑将军马防、长水校尉耿恭将北军五校兵及诸郡射士三万人击之。第五伦上疏曰："臣愚以为贵戚可封侯以富之，不当任以职事。何者？绳以法则伤恩，私以亲则违宪。伏闻马防今当西征，臣以太后恩仁，陛下至孝，恐卒有纤介，难为意爱。"帝不从。

马防等军到冀，布桥等围南部都尉于临洮，防进击，破之，斩首虏四千馀人，遂解临洮围；其众皆降，唯布桥等二万馀人屯望曲谷不下。

【译文】起初，安夷县官吏掠夺卑湳族羌人的妻子，官吏被那妇人的丈夫杀死了，安夷县长宗延追捕杀人犯来到塞外。卑湳族人害怕会被杀害，就一起把宗延杀了，而和勒姐、吾良二族一起互相联合来侵犯汉地。于是烧当羌酋长滇吾的儿子迷吾带领各族一起反叛汉朝，打败了金城郡太守郝崇。汉章帝下令派武威郡太守北地人傅育为护羌校尉，从安夷县迁移到临羌县。迷吾又和封养族酋长布桥等五万多人一起侵犯陇西郡、汉阳郡。秋季，八月，汉章帝命令兼车骑将军职务的马防、长水校尉耿恭带领北军五校的士兵以及各郡射士三万人去进攻他。第五伦上奏疏说："我以为贵戚可以封侯让他富有，不应该让他们担任官职。为什么呢？用法律去处罚他们，就会伤害到感情；

因为亲属的关系而对他们有所偏私，这样就违背了国法。我听说马防现在正打算要西征，微臣认为太后仁慈有恩，陛下事亲至孝，恐怕突然发生了小过错，为了亲属的情谊就很难处罚他了。"汉章帝没有听从。

马防等人的军队来到冀州之后，布桥等人把南部都尉包围在了临洮县，马防去进攻他们，斩杀了敌人四千多人，终于解除了临洮的围困；那些敌众都投降了，只有布桥等两万多人驻守在望曲谷而久攻不下。

十二月，戊寅，有星孛于紫宫。

帝纳窦勋女为贵人，有宠。贵人母，即东海恭王女沘阳公主也。

第五伦上疏曰："光武承王莽之馀，颇以严猛为政，后代因之，遂成风化；郡国所举，类多办职俗吏，殊未有宽博之选以应上求者也。陈留令刘豫，冠军令驷协，并以刻薄之姿，务为严苦，吏民愁怨，莫不疾之。而今之议者反以为能，违天心，失经义；非徒应坐豫、协，亦宜谴举者。务进仁贤以任时政，不过数人，则风俗自化矣。臣尝读书记，知秦以酷急亡国，又目见王莽亦以苛法自灭，故勤勤恳恳，实在于此。又闻诸王、主、贵戚，骄奢逾制，京师尚然，何以示远！故曰：'其身不正，虽令不行。'以身教者从，以言教者讼。"上善之。伦虽天性峭直，然常疾俗吏苛刻，论议每依宽厚云。

【译文】十二月，戊寅日（十六日），有彗星出现在紫宫星座。

汉章帝娶窦勋的女儿为贵人，很是宠爱。贵人的母亲，就是东海恭王的女儿沘阳公主。

第五伦上奏疏说:"光武帝在王莽之后继承了天子之位,多以严厉猛烈的作风来处理政事,后代继承这种做法,就形成了风气;各郡国所推荐的,大约都是办事的俗吏,实在是没有心胸宽厚、目光长远的人选来回应朝廷的要求。陈留县令刘豫、冠军县令驷协,都是以刻薄的态度,专门严厉苛苦,属吏人民忧愁抱怨,没有不痛恨他们的。可是现在那些讨论的人,反而感觉他们很有才干,这是违逆了天意,失去了经义;不仅应该治刘豫、驷协的罪,而且还应该谴责那些推荐的人。如果专门选用仁厚贤能的人来担任现在的政事,不过只需要几个人而已,风俗就自然而然转变了。微臣曾经读过古书,知道秦是由于政治残酷严急才亡国,又看到王莽同样也是因为法令苛刻而使自己灭亡,所以忠心诚恳地劝谏,就是因为这点。我又听说各位王爷、公主、贵戚骄奢超过了法制限定,京师尚且都如此,又怎么样来给远方的人看呢?所以说:'他本身的行为就不正当,虽然颁布命令,但是人民也不会去做的。'用自身的行为去指导人的,别人会跟从着去做;用言论话语教导人的,别人就会和你争论而不肯听从了。"汉章帝很赞赏这些话。第五伦虽然天性严峻正直,可是经常痛恨俗吏的苛刻,他议论事情总是按照宽大仁厚为原则。

三年(戊寅,公元七八年)春,正月,己酉,宗祀明堂,登灵台,赦天下。

马防击布桥,大破之,布桥将种人万馀降,诏征防还。留耿恭击诸未服者,斩首虏千馀人,勒姐、烧何等十三种数万人,皆诣恭降。恭尝以言事忤马防,监营谒者承旨,奏恭不忧军事,坐征下狱,免官。

三月,癸巳,立贵人窦氏为皇后。

初，显宗之世，治虖沱、石臼河，从都虑至羊肠仓，欲令通漕。太原吏民苦役，连年无成，死者不可胜算。帝以郎中邓训为谒者，监领其事。训考量隐括，知其难成，具以上言。夏，四月，己巳，诏罢其役，更用驴辇，岁省费亿万计，全活徒士数千人。训，禹之子也。

【译文】 三年（戊寅，公元78年）春季，正月，己酉日（十七日），汉章帝祭祀明堂，登上灵台，赦免天下。

马防进攻布桥，把他打得大败，于是布桥带领族人一万多人投降，汉章帝下令征召马防回京。留下耿恭进攻那些没有投降的羌人，斩杀了敌人一千多人，勒姐、烧何等十三族好几万人，都纷纷来向耿恭投降。耿恭曾经因为向朝廷奏事而得罪了马防，监营谒者遵奉马防的旨意，向朝廷禀告耿恭不关心军队的事情，耿恭因此被定罪，汉章帝征召他回京，把他关在狱中，罢免了他的官职。

三月，癸巳日（初二），汉章帝立贵人窦氏做皇后。

当初，显宗明帝在位的时候，疏浚虖沱河、石臼河，从都虑到羊肠仓，打算让两地畅通水运。太原郡的官吏人民因为疏通河流的役事而备受艰苦，连续几年没有能够完成任务，死去的人不计其数。汉章帝让郎中邓训做谒者，来监督这件事。邓训考察度量此事，知道难以完成，就详细地上书向朝廷奏明这个情况。夏季，四月，己巳日（初九），汉章帝下令让人民停止役事，改用驴车，每年节省费用以亿万计算，还保全了服徭役的人民士卒好几千人的生命。邓训，是邓禹的儿子。

闰月，西域假司马班超率疏勒、康居、于寘、拘弥兵一万人攻姑墨石城，破之，斩首七百级。

冬,十二月,丁酉,以马防为车骑将军。

武陵溇中蛮反。

是岁,有司奏遣广平王羡、巨鹿王恭、乐成王党俱就国。上性笃爱,不忍与诸王乖离,遂皆留京师。

四年(己卯,公元七九年)春,二月,庚寅,太尉牟融薨。

夏,四月,戊子,立皇子庆为太子。

己丑,徙巨鹿王恭为江陵王,汝南王畅为梁王,常山王昞为淮阳王。

【译文】闰月,西域的副司马班超带领疏勒、康居、于寘、拘弥等国的军队一万人进攻姑墨国石城,打败了他们,还斩杀了七百人。

冬季,十二月,丁酉日(十一日),汉章帝派马防做车骑将军。

武陵郡的溇中蛮人反叛。

这一年,官员奏请汉章帝差遣广平王刘羡、巨鹿王刘恭、乐成王刘党都到所封的国去;汉章帝天生喜爱兄弟,不舍得和各位王爷分开,就把他们都留在了京师。

四年(己卯,公元79年)春季,二月,庚寅日(初五),太尉牟融去世。

夏季,四月,戊子日(初四),汉章帝立皇子刘庆为太子。

己丑日(初五),汉章帝改封巨鹿王刘恭为江陵王,汝南王刘畅为梁王,常山王刘昞为淮阳王。

辛卯,封皇子伉为千乘王,全为平春王。

有司连据旧典,请封诸舅。帝以天下丰稔,方垂无事,癸卯,遂封卫尉廖为顺阳侯,车骑将军防为颍阳侯,执金吾光为许侯。

太后闻之曰："吾少壮时，但慕竹帛，志不顾命。今虽已老，犹戒之在得，故日夜惕厉，思自降损，冀乘此道，不负先帝。所以化导兄弟，共同斯志，欲令瞑目之日，无所复恨，何意老志复不从哉！万年之日长恨矣！"廖等并辞让，愿就关内侯，帝不许。廖等不得已受封爵而上书辞位，帝许之。五月，丙辰，防、廖、光皆以特进就第。

资治通鉴

【译文】 辛卯日（初七），汉章帝封皇子刘伉为千乘王，刘全为平春王。

官员联名依据旧制，请求册封汉章帝的几个舅舅为侯。汉章帝因为天下丰收，边境四方平安无事，癸卯日（十九日），就封卫尉马廖为顺阳侯，车骑将军马防为颍阳侯，执金吾马光为许侯。太后听到了，说："我年轻的时候，就只羡慕那些古人彪炳史册，不考虑寿命的长短。现在虽然已经年老了，依旧警告自己不要贪求，所以日夜以危难来提醒自己，想着要谦恭自下，希望凭着这种做法，不至于辜负了先帝。所以感化规劝我的兄弟，一起来完成这个心愿，想要让我在去世的时候，不再有憾恨，哪里想到年老了，心愿又不能达成呢？在我死之后就会留下永远的遗憾了！"马廖等人都谦让，希望接受关内侯，汉章帝没有批准。马廖等被迫才接受了封爵，而上书辞去职位，汉章帝允许了。五月，丙辰日（初二），马防、马廖、马光都以特进而罢官退居自己的府第。

【乾隆御批】 章帝当成母后谦让之德，斯为真孝，曲封外戚，以致明德有长恨之叹，尽小节而失大义，不但可鄙，且可怪矣。岂当时史氏亦不无过甚之辞耶？

【译文】 章帝应当成全母后谦让的品德，这才是真正的孝顺。违

318

背母后的志向，赐封外戚，以致马太后永远地长恨叹息，这是尽小节而失大义，不但可鄙，而且令人感觉奇怪。难道当时的史家对此也没有"太过分了"的责备之辞吗？

【申涵煜评】后为名家子，通书达礼，抑损外家，诚为至贤。然防、廖等已列通侯，帝生母贾氏亲族无一显荣者，使有小人间之，非保全宗族之道，与明帝待阴、郭一体，稍有间矣。

【译文】明德皇后出身名门，知书达理，抑制外戚干政，实在算得上是一位贤后了。然而她的兄弟马防和马廖已经位列诸侯，皇帝的生母贾氏一族却没有特别显耀的，使得一些小人借此离间，这不是能够保全宗族的办法，这与汉明帝对待阴丽华和郭皇后外戚一族，稍有一些区别。

甲戌，以司徒鲍昱为太尉，南阳太守桓虞为司徒。

六月，癸丑，皇太后马氏崩。帝既为太后所养，专以马氏为外家，故贾贵人不登极位，贾氏亲族无受宠荣者。及太后崩，但加贵人王赤绶，安车一驷，永巷宫人二百，御府杂帛二万匹，大司农黄金千斤，钱二千万而已。

秋，七月，壬戌，葬明德皇后。

校书郎杨终建言："宣帝博征群儒，论定《五经》于石渠阁。方今天下少事，学者得成其业，而章句之徒，破坏大体。宜如石渠故事，永为后世则。"帝从之。冬，十一月，壬戌，诏太常："将、大夫、博士、郎官及诸儒会白虎观，议《五经》同异。"使五官中郎将魏应承制问，侍中淳于恭奏，帝亲称制临决，作《白虎议奏》，名儒丁鸿、楼望、成封、桓郁、班固、贾逵及广平王羡皆与焉。固，超之兄也。

【译文】 甲戌日（二十日），汉章帝任命司徒鲍昱为太尉，南阳郡太守桓虞为司徒。

六月，癸丑日（三十日），皇太后马氏驾崩。汉章帝既然是由太后抚养长大的，就完全把马氏当作外家，所以贾贵人不能够登上至尊的位置，贾氏的亲属没有受到尊宠显赫的封赐。等到马太后去世之后，就只加赐贾贵人与诸侯王同等级的赤绶，安车一辆，永巷宫女二百人，御府的杂色帛二万匹，大司农的黄金千斤，钱两千万而已。

秋季，七月，壬戌日（初九），安葬明德皇后。

校书郎杨终上书提议说：“宣帝曾广博地召集群儒，在石渠阁商讨确定了《五经》的经义。现在天下太平，学者能够按时完成他的学业，可是那些只懂得辨析章节句读、不通达大义的人，却破坏了《五经》的主旨。您应该像宣帝一样在石渠阁论定《五经》的经书大义，永远作为后世效仿的法则。”汉章帝听取了他的意见。冬季，十一月，壬戌日（十一日），汉章帝下令太常：“将、大夫、博士、郎官还有诸儒者在白虎观会合，讨论《五经》的同异。”于是就让五官中郎将魏应秉承汉章帝的制命发问，侍中淳于恭上奏，汉章帝亲自参与决定，作《白虎议奏》，名儒丁鸿、楼望、成封、桓郁、班固、贾逵以及广平王刘羡都参与了。班固，是班超的哥哥。

【乾隆御批】 杨终言章句之儒，破坏大体，可云切中时弊。然，《白虎奏议》仍月落星替之为耳，且世亦不传，或即以《白虎通》当之，更糟粕已。

【译文】 杨终评论解读经书章句的儒家学者，破坏了大体，真可谓切中时弊。然而，《白虎议奏》仍然只是月亮陨落，用星星代替的做法，而且世上也没有流传，但是有人却将它美称为《白虎通》，这更属于糟粕。

五年（庚辰，公元八〇年）春，二月，庚辰朔，日有食之。诏举直言极谏。

荆、豫诸郡兵讨溇中蛮，破之。

夏，五月，辛亥，诏曰："朕思迟直士，侧席异闻，其先至者，各已发愤吐懑，略闻子大夫之志矣。皆欲置于左右，顾问省纳。建武诏书又曰：'尧试臣以职，不直以言语笔札。'今外官多旷，并可以补任。"

【译文】 五年（庚辰，公元80年）春季，二月，庚辰朔日（初一），发生了日食。汉章帝下令重用敢于直言强谏的臣子。

荆、豫各郡的军队征讨溇中蛮人，把他们给打败了。

夏季，五月，辛亥日（初三），汉章帝下令说："我希望见到正直的士人，让我侧坐在席上聆听新的言论，那些先来到的，每个人都已经说出了他们内心里的抱怨不满，让我稍微听到了各位大夫的心志。我打算把他们安置在我的左右，以备询问、省察接纳他们的意见。建武的诏书又说：'尧用任职能力来考察臣下，而不直接用言语笔记。'现在外官职位多有空缺，你们可以补足去任职。"

戊辰，太傅赵熹薨。

班超欲遂平西域，上疏请兵曰："臣窃见先帝欲开西域，故北击匈奴，西使外国，鄯善、于寘即时向化，今拘弥、莎车、疏勒、月氏、乌孙、康居复愿归附，欲共并力，破灭龟兹，平通汉道。若得龟兹，则西域未服者百分之一耳。前世议者皆曰：'取三十六国,号为断匈奴右臂。'今西域诸国,自日之所入,莫不向化,大小欣欣,贡奉不绝,唯焉耆、龟兹独未服从。臣前与官属三十六人奉使绝域,备遭艰厄,自孤守疏勒,于今五载,胡夷情数,臣颇识之,问其城郭小大,皆言倚汉与依天等。以是效之,则葱领可通,龟兹可伐。今宜拜龟兹侍子白霸为其国王,以步骑数百送之,与诸国连兵,岁月之间,龟兹可禽。以夷狄攻夷狄,计之善者也!臣见莎车、疏勒田地肥广,草(故)〔牧〕饶衍,不比燉煌、鄯善间也,兵可不费中国而粮食自足。且姑墨、温宿二王,特为龟兹所置,既非其种,更相厌苦,其势必有降者。若二国来降,则龟兹自破。愿下臣章,参考行事,诚有万分,死复何恨!臣超区区特蒙神灵,窃冀未便僵仆,目见西域平定,陛下举万年之觞,荐勋祖庙,布大喜于天下。"书奏,帝知其功可成,议欲给兵。平陵徐幹上疏,愿奋身佐超,帝以幹为假司马,将驰刑及义从千人就超。

【译文】戊辰日(二十日),太傅赵熹去世。

班超打算完成平定西域的事业,于是上奏疏请求支援,说:"微臣私底下见到先帝打算开发西域,所以就往北攻打匈奴,向西边派遣使者到外国去,鄯善国、于阗国即刻响慕汉朝的德化而顺从了。现在拘弥国、莎车国、疏勒国、月氏国、乌孙国、康居国甘愿在此归顺朝廷,打算一起合力,把龟兹国消灭了,平定通往汉朝的道路。假如得到龟兹国的话,那么西域没有归顺的只有百分之一而已。前汉讨论的人都说:'能够得到西域三十六国,就可以称为是断了匈奴的右臂。'现在西域各国,自打太阳所落下的地方,没有一个不仰慕汉朝的德化的,大国小国都很愿意向朝廷进贡,从来没有断绝,除了延耆国、龟兹国没有服从汉朝。从前,我和官属三十六人奉命出使隔绝难到的西域,途中备受艰难困苦的煎熬,从孤独的驻守疏勒国,到现在已经五年了，胡夷的本心，微臣很清楚，无论询问西域的大国或小国，都说要依附汉朝像依附天一般。以此来考证，那么葱岭就可以正常通行，可以去征讨龟兹国了。现在就应该任命龟兹国入侍汉朝的儿子白霸做他的国王，派遣步兵骑兵几百人去护送他，和各国一起联兵，一年或几个月，就可以把龟兹国降服了。让夷狄去进攻夷狄，这是再好不过的计策了！微臣见到莎车国、疏勒国田地广袤肥沃，牧草充裕，不像敦煌、鄯善国之间那么贫乏，士卒可以不需要用汉朝的钱粮而粮食就可以自然足用。而且姑墨、温宿两国的君王是由龟兹所确立的，既不和龟兹属于同一种族，而且厌恶痛恨龟兹，在这情况之下，肯定会向汉朝降服的。如果两国前来投降的话，那么龟兹自然而然就不攻自破了。但愿能够把微臣的奏章交给朝中大臣讨论，参考从事对西域的行动，如果有万分的意外，就算将微臣处死，微臣又有什么遗憾呢？臣班超特别承蒙神灵的庇佑，希望不要倒下死去，能够亲眼见到西域被平定，陛下端起酒杯接受群臣的祝贺，然后把这功勋在祖庙贡献给祖先，把这大喜的事情颁布给天下人知道。"奏疏呈上，汉章帝知道这项功业可成，就和朝臣商量准备派出援兵给他。平陵人徐幹上奏疏，自愿奋力捐躯以援助班超，汉章帝就派徐幹做副司马，带领减刑的犯人还有自愿从行的一千人前往班超那里。

先是莎车以为汉兵不出，遂降于龟兹，而疏勒都尉番辰亦叛。会徐幹适至，超遂与幹击番辰，大破之，斩首千馀级。欲进攻龟兹，以乌孙兵强，宜因其力，乃上言："乌孙大国，控弦十万。故武帝妻以公主，至孝宣帝卒得其用，今可遣使招慰，与共合力。"帝纳之。

【译文】 在这之前，莎车国认为汉朝不会给派兵来，于是就向龟兹投降，而且疏勒都尉番辰也背弃了汉朝。刚好徐幹及时赶来，班超就和徐幹进攻番辰，把他们给打败了，斩杀了一千多人。打算攻打龟兹，由于乌孙兵力强大，班超认为借助他的兵力才有把握取胜，于是上书说："乌孙是大国，军队又十万余人。所以武帝才把公主嫁给乌孙王做他的妻子，等到孝宣帝的时候，终于能够使乌孙国被朝廷所用，现在可以派遣使者前去慰问并召唤他们，一起合力进攻龟兹国。"汉章帝听取了这个意见。

六年（辛巳，公元八一年）春，二月，辛卯，琅邪孝王京薨。

夏，六月，丙辰，太尉鲍昱薨。

辛未晦，日有食之。

秋，七月，癸巳，以大司农邓彪为太尉。

武都太守廉范迁蜀郡太守。成都民物丰盛，邑宇逼侧，旧制，禁民夜作以防火灾，而更相隐蔽，烧者日属。范乃毁削先令，但严使储水而已。百姓以为便，歌之曰："廉叔度，来何暮！不禁火，民安作。昔无襦，今五绔。"

帝以沛王等将入朝，遣谒者赐貂裘及太官食物、珍果，又使大鸿胪窦固持节郊迎。帝亲自循行邸第，豫设帷床，其钱帛、器物无不充备。

【译文】 六年（辛巳，公元81年）春季，二月，辛卯日（十七日），琅琊孝王刘京逝世。夏季，六月，丙辰日（十五日），太尉鲍昱去世。

辛未晦日（三十日），出现了日食。

秋季，七月，癸巳日（二十二日），汉章帝派大司农邓彪做太尉。

武都郡太守廉范调任为蜀郡太守。成都人口众多，物产丰富，城里的房屋拥挤，根据旧时的法令，不允许人民在晚上工作以免发生火灾，可是人民彼此隐瞒，在暗中工作，致使火灾不断地发生。廉范于是就撤销了从前夜间活动的禁令，只是严格地让居民储存用水而已。百姓感觉很方便，就赞颂他说："廉叔度，来何暮（为什么这么迟才来做蜀郡太守）！不禁火，民安作（人民安心地工作）。昔无襦（以前人民生活贫困，没有短上衣穿），今五绔（现在生活富裕，裤子都有五条了）。"

汉章帝由于沛王刘辅等人即将入朝，于是就差遣谒者赐给貂裘皮衣以及太官所藏的食物珍果，后又差遣大鸿胪窦固拿着符节在京城郊外迎接。汉章帝亲自巡视府第，事先陈设帐幕、卧床，那些钱帛、器物没有不充足完备的。

七年（壬午，公元八二年）春，正月，沛王辅、济南王康、东平王苍、中山王焉、东海王政、琅邪王宇来朝。诏沛、济南、东平、中山王赞拜不名，升殿乃拜，上亲答之，所以宠光荣显，加于前古。每入宫，辄以辇迎，至省阁乃下，上为之兴席改容，皇后亲拜于内；皆鞠躬辞谢不自安。三月，大鸿胪奏遣诸王归国，帝特留东平王苍于京师。

【译文】七年（壬午，公元82年）春季，正月，沛王刘辅、济南王刘康、东平王刘苍、中山王刘焉、东海王刘政、琅琊王刘宇进京来朝见天子。汉章帝下令让沛王、济南王、东平王、中山王拜见天子的时候，赞礼的人不需要唱出他们的名字，登上殿堂才下拜行礼，汉章帝亲自回礼，为的是让恩宠荣耀超过以前帝王对臣下的礼。每次进宫的时候，汉章帝都派车辇去迎接，到达宫门口才下车，汉章帝为了这件事情从坐席上站起来换成一副恭谨严肃的神态，皇后亲自在门内下拜行礼；几位王爷都行礼辞谢，心里感到很是不安。三月，大鸿胪窦固奏请遣送几位王爷回到自己封国去，汉章帝特意留下东平王刘苍在京城。

初，明德太后为帝纳扶风宋杨二女为贵人，大贵人生太子庆。梁松弟竦有二女，亦为贵人，小贵人生皇子肇。窦皇后无子，养肇为子。宋贵人有宠于马太后，太后崩，窦皇后宠盛，与母沘阳公主谋陷宋氏，外令兄弟求其纤过，内使御者侦伺得失。宋贵人病，思生兔，令家求之，因诬言欲为厌胜之术，由是太子出居承禄观。夏，六月，甲寅，诏曰："皇太子有失惑无常之性，不可以奉宗庙。大义灭亲，况降退乎！今废庆为清河王。皇子肇，保育皇后，承训怀衽，今以肇为皇太子。"遂出宋贵人姊妹置丙舍，使小黄门蔡伦案之。二贵人皆饮药自杀，父议郎杨免归本郡。庆时虽幼，亦知避嫌畏祸，言不敢及宋氏；帝更怜之，敕皇后令衣服与太子齐等。太子亦亲爱庆，入则共室，出则同舆。

【译文】起初，明德太后为汉章帝娶扶风人宋杨的两个女儿做贵人，大贵人生了太子刘庆。梁松的弟弟梁竦有两个女儿，也是贵人，小贵人生了皇子刘肇。由于窦皇后没有儿子，就认养刘肇做儿子。宋贵人深得马太后的宠爱，太后逝世之后，窦皇后得到汉章帝的宠爱，就和母亲沘阳公主谋划诬陷宋氏，在外命令兄弟查找宋家的小过失，在内让御者暗地里勘察宋贵人的缺失。宋贵人生病之后，想吃新鲜的兔肉，就派家人去四处寻求，窦皇后就以此为借口去诬告宋贵人打算用诅咒的法术来压伏人，因此太子才出居承禄观。夏季，六月，甲寅日（十八日），汉章帝下诏说："由于皇太子精神恍惚失常，所以不可以奉祀宗庙。为了大义可以杀了亲人，更何况贬退呢？现在废除太子刘庆为清河王。皇子刘肇，由于受到皇后的保护养育，在怀抱里的时候就听从皇后的教训，现在就以刘肇做皇太子。"后来就把宋贵人姐妹迁到丙舍居住，让小黄门蔡伦观察他。于是两位贵人就都喝毒药自杀了，父亲议郎宋杨被罢免了官职回到家乡去。刘庆当时年纪虽然还小，也知道避免嫌疑，担心受到祸害，说话不敢谈到宋氏；汉章帝就更加喜欢他，下令皇后让他的衣服和太子平等。太子也喜欢刘庆，在宫中就和他一起住在一个房间，外出的时候就和他同坐一车。

己未，徙广平王羡为西平王。

秋，八月，饮酎毕，有司复奏遣东平王苍归国，帝乃许之，手诏赐苍曰："骨肉天性，诚不以远近为亲疏；然数见颜色，情重昔时。念王久劳，思得还休，欲署大鸿胪奏，不忍下笔，顾授小黄门；中心恋恋，恻然不能言。"于是车驾祖送，流涕而诀；复赐乘舆服御，珍宝、舆马，钱布以亿万计。

九月，甲戌，帝幸偃师，东涉卷津，至河内，下诏曰："车驾行秋稼，观收获，因涉郡界，皆精骑轻行，无它辎重。不得辄修道桥，远离城郭，遣吏逢迎，刺探起居，出入前后，以为烦扰。动务省约，但患不能脱粟瓢饮耳。"己酉，进幸邺。辛卯，还宫。

冬，十月，癸丑，帝行幸长安，封萧何末孙熊为鄼侯。进幸槐里、岐山；又幸长平，御池阳宫，东至高陵。十二月，丁亥，还宫。

东平献王苍疾病，驰遣名医、小黄门侍疾，使者冠盖不绝于道。又置驿马，千里传问起居。

【译文】己未日（二十三日），汉章帝改封广平王刘羡为西平王。

秋季，八月，喝过酎酒，官员又奏请遣送东平王刘苍回到封国去，汉章帝于是就答应了，亲手写下诏书给刘苍说："骨肉是天性，肯定不会因为距离相隔远近而显得关系亲近或疏远的；但是经常见到面，感情就比从前更加深厚。一想到你长时间的辛苦劳累，希望你能够回到封国去休息，我打算批准大鸿胪奏请东平王归国的事，可是又不舍得下笔，但是还是把诏书交给了小黄门；心里恋恋不舍，甚至都难过得说不出话来。"于是汉章帝就乘车驾亲自为他送行，流着眼泪和刘苍依依分别；后来汉章帝又赐给东平王御用的轿舆、衣服，珍宝、车马，钱布以亿万计算。

九月，甲戌日（初十），汉章帝来到偃师县，往东通过卷县黄河的渡口，来到河内郡，下诏书说："朕车驾巡视秋天米谷的收成，因此经过各郡，朕带领的都是精锐骑兵，轻便行装，没有什么笨重的行李。各郡都不准修路造桥，不准远离自己的城郭差遣官员来迎接，关心问候朕的起居，在朕车驾的前后进进出出，来打扰朕。各种接待的事务求节俭，朕只是担心吃不到粗米饭和瓢勺盛的浆汤而已。"己酉日（九月无此日），来到邺县。辛卯日（二十七日），汉章帝起驾回宫。

冬季，十月，癸丑日（十九日），汉章帝出巡来到长安县，封萧何的后代孙子萧熊为酂侯。后又继续往前来到槐里县、岐山县；又到长平县，住在池阳宫，往东到达高陵县。十二月，丁亥日（十二月无此日），汉章帝起驾回宫。

东平献王刘苍生病，汉章帝紧急派遣名医、小黄门去照顾东平王的病，差遣使者的车马在道路上来去不停。后又设置驿马，奔走千里问候东平王的起居生活。

八年（癸未，公元八三年）春，正月，壬辰，王薨。诏告中傅
"封上王自建武以来章奏，并集览焉。"遣大鸿胪持节监丧，令四
姓小侯、诸国王、主悉会葬。

夏，六月，北匈奴三木楼訾大人稽留斯等率三万馀人款五
原塞降。

冬，十二月，甲午，上行幸陈留、梁国、淮阳、颍阳；戊申，
还宫。

【译文】八年（癸未，公元83年）春季，正月，壬辰日
（二十九日），东平王去世。汉章帝下诏给东平国中傅："缄封呈
上东平王从建武以来的奏章，以及诗赋文集，以备皇上阅览。"
并差遣大鸿胪手持符节去监督办理丧事，还命令樊氏、郭氏、阴
氏、马氏四姓小侯，各国的王、公主都聚集东平国来参加葬礼。

夏季，六月，北匈奴居住在三木楼的訾大人稽留斯等部落
带领三万多人来到五原塞投降。

冬季，十二月，甲午日（初七），汉章帝出巡来到陈留郡、梁
国、淮阳郡、颍阳郡；戊申日（二十一日），汉章帝起驾回宫。

太子肇之立也，梁氏私相庆；诸窦闻而恶之。皇后欲专名外
家，忌梁贵人姊妹，数谮之于帝，渐致疏嫌。是岁，窦氏作飞书，
陷梁竦以恶逆，竦遂死狱中，家属徙九真，贵人姊妹以忧死。辞
语连及梁松妻舞阴公主，坐徙新城。

顺阳侯马廖，谨笃自守，而性宽缓，不能教勒子弟，皆骄奢不
谨。校书郎杨终与廖书，戒之曰；"君位地尊重，海内所望。黄门
郎年幼，血气方盛，既无长君退让之风，而要结轻狡无行之客，
纵而莫诲，视成任性，（览）〔鉴〕念前往，可为寒心！"廖不能

从。防、光兄弟资产巨亿，大起第观，弥亘街路，食客常数百人。防又多牧马畜，赋敛羌、胡。帝不喜之，数加谴敕，所以禁遏甚备。由是权势稍损，宾客亦衰。

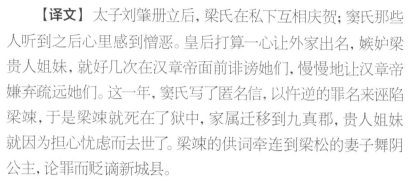

【译文】太子刘肇册立后，梁氏在私下互相庆贺；窦氏那些人听到之后心里感到憎恶。皇后打算一心让外家出名，嫉妒梁贵人姐妹，就好几次在汉章帝面前诽谤她们，慢慢地让汉章帝嫌弃疏远她们。这一年，窦氏写了匿名信，以忤逆的罪名来诬陷梁竦，于是梁竦就死在了狱中，家属迁移到九真郡，贵人姐妹就因为担心忧虑而去世了。梁竦的供词牵连到梁松的妻子舞阴公主，论罪而贬谪新城县。

顺阳侯马廖，谨慎笃实而自己遵照着法度，可是本性宽大舒缓，不能管教约束子弟，马家的子弟都傲慢奢侈而不遵照法度。校书郎杨终写给马廖一封信，告诫他说："你处在崇高重要的地位，为天下人所仰望。令弟黄门郎马防和马光年纪还很小，正是血气盛旺的时候，他们既没有窦长君退让的作风，反而还交结了一些轻浮狡猾没有操守的朋友，你任意放纵他们妄为而不加以教育，把这些当作是年少任性，看到想到他们以前的作为，都值得为此而担心害怕啊！"马廖没有听取杨终的劝告。马防、马光兄弟的资产有亿万，他们大量地建造邸宅楼台，这些建筑占据横跨过街道，家中的食客时常有好几百人。马防又养了很多马匹，向羌族、胡族征集赋税。汉章帝很是生气，多次对他加以责备告诫，为的是禁止防备他的妄为。因此马家的权势稍微削减，家中的宾客也少了。

廖子豫为步兵校尉，投书怨诽。于是有司并奏防、光兄弟奢侈逾僭，浊乱圣化，悉免就国。临上路，诏曰："舅氏一门俱就国封，四时陵庙无助祭先后者，朕甚伤之。其令许侯思訾田庐，有司勿复请，以慰朕渭阳之情。"光比防稍为谨密，故帝特留之，后复位特进。豫随廖归国，考击物故。后复有诏还廖京师。

诸马既得罪，窦氏益贵盛。皇后兄宪为侍中、虎贲中郎将，弟笃为黄门侍郎，并侍宫省，赏赐累积；喜交通宾客。司空第五伦上疏曰："臣伏见虎贲中郎将窦宪，椒房之亲，典司禁兵，出入省闼，年盛志美，卑让乐善，此诚其好士交结之方。然诸出入贵戚者，类多瑕衅禁锢之人，尤少守约安贫之节。士大夫无志之徒，更相贩卖，云集其门，盖骄佚所从生也。三辅论议者至云，'以贵戚废锢，当复以贵戚浣濯之，犹解酲当以酒也。'诐险趣势之徒，诚不可亲近。臣愚愿陛下、中宫严敕宪等闭门自守，无妄交通士大夫，防其未萌，虑于无形，令宪永保福禄，君臣交欢，无纤介之隙，此臣之所至愿也！"

【译文】马廖的儿子马豫做步兵校尉，投书埋怨朝廷。于是官员一起奏明马防、马光兄弟奢靡过分的行为，由于他们扰乱朝廷圣明的教化，汉章帝就都免去了他们的官职，让他们前往自己的封国。临走的时候，汉章帝下诏书说："舅舅一家人都前往自己的封国，四季祭祀时在陵墓祖庙便没有帮助祭祀先皇太后的人，我感到很难过。特让许侯马光留在京城，留守田庐，闭门思过，官员们不要再来奏请，以抚慰我对舅舅的一片心意。"因为马光比马防稍稍谨慎小心一些，所以汉章帝特意挽留他，后来又恢复了他特进的官位。马豫跟随着马廖回到封国，由于受到拷问鞭打而去世了。后来汉章帝又下诏书召马廖回京城。

马家诸人既然都已经获罪，窦氏就更加显贵了。皇后的哥哥窦宪做侍中、虎贲中郎将，弟弟窦笃为黄门侍郎，都在宫中侍候，受到了汉章帝的很多赏赐；而且他们还喜欢和宾客交往。司空第五伦上奏疏说："微臣见到虎贲中郎将窦宪，是皇后的亲属，主管宫中的侍卫，出入宫中，年纪轻、志向远，谦卑礼让，很高兴行善，这实在是他喜欢贤士、交结朋友的方法。可是那些出入贵戚家的人，大多数都是行为有过错、不允许做官的人，尤其缺少守法简约、安于贫穷的节操。士大夫中没有志向的那些人，生意商人，纷纷集聚在他的家门，这是骄纵所发生的缘故。京城附近喜欢讨论的人甚至说：'因为贵戚而被废弃不允许做官的，应该再依靠贵戚来洗除自己的罪名，就好比要解除喝酒之后的不舒服，就应该要用酒一样。'谄佞险恶、追求权势的人，实在是不可以亲近。微臣希望陛下、皇后严厉惩戒窦宪等人让他们闭门谢客，自己牢守法度，不要随意和士大夫来往，在事情还没有发生之前就开始戒备，在祸患还没有形成之时先考虑，让窦宪永远享有福禄，君臣彼此相处得很愉快，没有一丝的嫌隙，这才是微臣最希望的啊！"

宪恃宫掖声势，自王、主及阴、马诸家，莫不畏惮。宪以贱直请夺沁水公主园田，主逼畏不敢计。后帝出过园，指以问宪，宪阴喝不得对。后发觉，帝大怒，召宪切责曰："深思前过夺主田园时，何用愈赵高指鹿为马！久念使人惊怖。昔永平中，常令阴党、阴博、邓叠三人更相纠察，故诸豪戚莫敢犯法者。今贵主尚见枉夺，何况小民哉！国家弃宪，如孤雏、腐鼠耳！"宪大惧，皇后为毁服深谢，良久乃得解，使以田还主。虽不绳其罪，然亦不授以重任。

◆臣光曰：人臣之罪，莫大于欺罔，是以明君疾之。孝章谓窦宪何异指鹿为马，善矣；然卒不能罪宪，则奸臣安所惩哉！夫人主之于臣下，患在不知其奸，苟或知之而复赦之，则不若不知之为愈也。何以言之？彼或为奸而上不之知，犹有所畏；既知而不能讨，彼知其不足畏也，则放纵而无所顾矣！是故知善而不能用，知恶而不能去，人主之深戒也。◆

【译文】窦宪依仗宫中的势力，从王侯、公主到阴家、马家的人，没有一个不害怕他的。窦宪用低廉的价钱强行占有沁水公主的田园，沁水公主因为窦宪的威胁而恐惧担心害怕，就不敢和他计较。后来汉章帝出巡经过那田园，指着问窦宪，窦宪暗地里指示左右那些人不准回答。后来汉章帝发现这事之后，很是生气，传唤窦宪并且还严厉地责怪他说："我深深想到前些日子经过你所占有的沁水公主田园的时候，哪里还需要做出比赵高指鹿为马还不如的事呢！想的时间长了就让人担惊受怕。从前永平年间，经常命令阴党、阴博、邓叠三人互相监督，所以这些有权势力强盛的贵戚，没有人敢违法。现在显赫的公主尚且都被你蛮横无理地霸占了田园，更何况是小百姓呢！国家放弃你窦宪，就像放弃小鸡、腐鼠一样而已！"窦宪非常害怕，窦皇后因为这件事情降低服饰，深深地向汉章帝谢罪，经过很长时间，汉章帝才消除了怒气，只让他把田园还给沁水公主。汉章帝虽然表面没有治他的罪，但是也不再给他什么重要的职务了。

◆司马光说：作为臣子的罪过，没有比欺瞒君主更为严重的，因此英明的国君很是痛恨这种事。孝章帝指责窦宪的作为和赵高的指鹿为马没有什么不一样，真是很正确啊！可是他始终没有能够惩罚窦宪的罪行，那么奸臣该打算怎么惩治他们呢？人君对于臣子，担心的是不知道他们的奸私，如果知道了他们的奸私，却反而赦免了他们的罪过，那么还不如不知道他们的奸私来得好一些。为什么这样说呢？那些臣子有的做了作奸违法的事，可是在上的人君却不知道此事，臣子对人君依旧有所担心畏惧；既然已经知道了臣下作奸犯法的事，却又没有治他们的罪，那些臣子知道国君没有什么可担心害怕的，那么就放纵妄为而没有一丝顾忌了！所以知道臣子的善行却没有举用他，知道臣子的恶行却没有罢免他，这是人君所应该要深深警惕的啊！◆

下邳周纡为雒阳令，下车，先问大姓主名；吏数闾里豪强以对。纡厉声怒曰："本问贵戚若马、窦等辈，岂能知此卖菜佣乎！"于是部吏望风旨，争以激切为事，贵戚跼蹐，京师肃清。窦笃夜至止奸亭，亭长霍延拔剑拟笃，肆詈恣口。笃以表闻，诏召司隶校尉、河南尹诣尚书谴问；遣剑戟士收纡，送廷尉诏狱，数日，贳出之。

帝拜班超为将兵长史，以徐幹为军司马，别遣卫侯李邑护送乌孙使者。邑到于寘，值龟兹攻疏勒，恐惧不敢前，因上书陈西域之功不可成，又盛毁超："拥爱妻，抱爱子，安乐外国，无内顾心。"超闻之叹曰："身非曾参而有三至之谗，恐见疑于当时矣！"遂去其妻。帝知超忠，乃切责邑曰："纵超拥爱妻，抱爱子，思归之士千余人，何能尽与超同心乎！"令邑诣超受节度，诏："若邑任在外者，便留与从事。"超即遣邑将乌孙侍子还京师。徐幹谓超曰："邑前亲毁君，欲败西域，今何不缘诏书留之，更遣它吏送侍子乎？"超曰："是何言之陋也！以邑毁超，故今遣之。内省不疚，何恤人言！快意留之，非忠臣也。"

【译文】下邳人周纡做洛阳县令，刚刚到任，就先问本县有势力的人的姓名；属吏数着老百姓中有势力的人来回答。周纡大声生气地说："我原来要问贵戚像马家、窦家等人，哪里要知道这些卖菜的呢？"于是部下属吏便顺从长官的心意，争着抢着以激烈严厉的原则来办事，贵戚担心，做事不敢肆无忌惮，京城从此秩序安定。窦笃晚上到止奸亭去，亭长霍延拔剑对着窦笃，随意责骂。窦笃上奏表禀报此事，于是汉章帝下令召唤司隶校尉、河南尹到尚书省责问；命令剑戟士把周纡逮捕，送交廷尉，关在狱中，没过几天，就把他赦免出狱了。

汉章帝任命班超为将兵长史，派徐幹做军司马，另外还命令卫侯李邑负责护送乌孙国的使者。李邑到达于阗国之后，又赶上龟兹国进攻疏勒国，害怕而不敢继续往前走，因此上奏书表明平定西域的事不可能成功，又极力诬陷班超："拥偎着爱妻，抱着自己的爱子，在外国安乐享受，根本没有一丝想念朝廷的心意。"班超听到这件事之后，感叹着说："我不是曾参，却遇到曾参那样的谗言，恐怕会遭到朝廷的怀疑了。"于是就让他妻子离开了。汉章帝知道班超忠心耿耿，于是严厉责怪李邑说："既然班超能够拥抱爱妻，抱着爱子，那么想回到汉朝的战士一千多人，又怎么能都和班超齐心协力呢？"另外汉章帝就命令李邑到班超那里，接受班超的指挥，下诏说："像李邑这样担有任务在外的人，就应该留在身边替你办事才对。"班超马上命令李邑带着乌孙国入侍汉天子的王子回到京城去。徐幹对班超说："李邑曾经亲自诬陷你，打算破坏平定西域的事，你现在为什么不依据诏书把他留下，另外派其他的属吏送侍子呢？"班超说："这是多么卑鄙的话啊！因为李邑诬陷我，所以我现在派他回京。我内心反省，没有一丝愧疚，哪里又要担心别人批评的话呢？为了让自己心里痛快就把他留下，这就不算是忠臣了。"

【乾隆御批】 帝信超不入谗言，超为国不校私憾，实两得之，其遭遇，盖出马援祭肜上矣。

【译文】 章帝信任班超而不信谗言，班超为国不计私仇，两个方面都做得很好。所以班超的遭遇，要比马援和祭肜要好得多。

帝以侍中会稽郑弘为大司农。旧交趾七郡贡献转运，皆从东冶泛海而至，风波艰阻，没溺相系。弘奏开零陵、桂阳峤道，自是夷通，遂为常路。在职二年，所息省以亿万计。遭天下旱，边方有警，民食不足，而帑藏殷积。弘又奏宜省贡献，减徭费以利饥民；帝从之。

【译文】 汉章帝派遣侍中会稽人郑弘为大司农。以前交趾州所属的七郡献给朝廷贡品的转运都是从东冶县漂洋过海而运送过来的，海上风浪艰难险阻，船只接二连三地被淹没。郑弘奏请汉章帝开辟从零陵郡到桂阳郡的山路，从此以后道路平坦顺畅，就成了以后经常通行的路线。郑弘在大司农任职的两年期间，节省的钱以亿万计算。赶上天下大旱的时候，边境有外族进犯的警报，人民的粮食不够，可是国库的钱财充裕。于是郑弘又奏请汉章帝应该减少各地对朝廷的进贡，减轻徭役赋税，以让饥民得到好处；汉章帝听取了他的建议。

元和元年（甲申，公元八四年）春，闰正月，辛丑，济阴悼王长薨。

夏，四月，己卯，分东平国，封献王子尚为任城王。

六月，辛酉，沛献王辅薨。

陈事者多言"郡国贡举，率非功次，故守职益懈而吏事浸疏，咎在州郡。"有诏下公卿朝臣议。大鸿胪韦彪上议曰："夫国以简贤为务，贤以孝行为首，是以求忠臣必于孝子之门。夫人才行少能相兼，是以孟公绰优于赵、魏老，不可以为滕、薛大夫。忠孝之人，持心近厚；锻练之吏，持心近薄。士宜以才行为先，不可纯以阀阅。然其要归，在于选二千石。二千石贤，则贡举皆得其人矣。"彪又上疏曰："天下枢要，在于尚书，尚书之选，岂可不重！而间者多从郎官超升此位，虽晓习文法，长于应对，然察察小慧，类无大能。宜鉴啬夫捷急之对，深思绛侯木讷之功也。"帝皆纳之。彪，贤之玄孙也。

秋，七月，丁未，诏曰："律云：'掠者唯得榜、笞、立'；又《令丙》，箠长短有数。自往者大狱已来，掠者多酷，钻鑽之属，惨苦无极。念其痛毒，怵然动心！宜及秋冬治狱，明为其禁。"

【译文】 元和元年（甲申，公元84年）本年八月，才改年号。春季，闰正月，辛丑日（十五日），济阴悼王刘长去世。

夏季，四月，己卯日（二十四日），汉章帝划分东平国，封献王的儿子刘尚为任城王。

六月，辛酉日（初七），沛献王刘辅去世。

禀报政事的人，大多数人都说"郡国贡士举贤，大抵都不按照功劳大小的等次，所以官员对自己的职务更加慢待，而官吏的事务也慢慢地疏忽了，过失在于州郡"。汉章帝下诏书把这件事交给公卿朝臣商讨。大鸿胪韦彪上奏议说："国家以选拔贤才为主要任务，贤才以孝顺最为重要，因此寻找忠臣，肯定出现在孝子的家门。人的才能、德行很少能够德才兼备的，因此孟公绰做赵国、魏国的家臣是绰绰有余的，但是绝对不能让他去做滕国、薛国的大夫。一个忠心孝行的人，所怀的心肯定接近笃厚；一个熟于法律条文的酷吏，所怀的心肯定接近刻薄。选拔贤士就应该以才能、德行为重，不可以完全凭借功勋的等次。但是问题的关键，在于选举二千石的官员。二两千石的官员都有贤能，那么郡国贡士选举任用都能得到恰当的人才了。"韦彪又上奏疏说："国家行政的中枢在于尚书，尚书的任用怎么可以不慎重呢！可是最近的尚书多半从郎官提升担任这个职位，他们虽然熟悉精通法律条文、擅长应对突发情况，可是小小的智慧到底还是没有很大的才能。应该鉴察张释之评说啬夫灵敏应对的故事，深深考虑绛侯周勃质朴迟钝、不善言辞，而为朝廷立下大功的例子啊！"汉章帝都能听取他的建议。韦彪是韦贤的玄孙。

秋季，七月，丁未日（二十三日），汉章帝下诏书说："律法说：'官吏拷问人的时候，只能用竹木杖扑打、鞭打或者站立着审问'；此外，《令丙》规定竹杖的长短有定数。自从过去有重大的狱案以后，拷问的官吏多半残酷无比，用铁钳、钻凿之类的刑具，悲惨痛苦到极点。一想到那种痛苦惨毒的刑罚，就让人惊悚害怕！应该在秋冬季节审问狱案的时候，明令禁止。"

八月，甲子，太尉邓彪罢，以大司农郑弘为太尉。

癸酉，诏改元。丁酉，车驾南巡。诏："所经道上郡县，无得设储跱。命司空自将徒支柱桥梁。有遣使奉迎，探知起居，二千石当坐。"

九月，辛丑，幸章陵；十月，己未，进幸江陵；还，幸宛。召前临淮太守宛人朱晖，拜尚书仆射。晖在临淮，有善政，民歌之曰："强直自遂，南阳朱季，吏畏其威，民怀其惠。"时坐法免，家居，故上召而用之。十一月，己丑，车驾还宫。尚书张林上言："县官经用不足，宜自煮盐，及复修武帝均输之法。"朱晖固执以为不可，曰："均输之法，与贾贩无异，盐利归官，则下民穷怨，诚非明主所宜行。"帝因发怒切责诸尚书，晖等皆自系狱。三日，诏敕出之，曰："国家乐闻驳议，黄发无愆。诏书过耳，何故自系！"晖因称病笃，不肯复署议。尚书令以下惶怖，谓晖曰："今临得谴让，奈何称病，其祸不细！"晖曰："行年八十，蒙恩得在机密，当以死报。若心知不可，而顺旨雷同，负臣子之义！今耳目无所闻见，伏待死命。"遂闭口不复言。诸尚书不知所为，乃共劾奏晖。帝意解，寝其事。后数日，诏使直事郎问晖起居，太医视疾，太官赐食，晖乃起谢；复赐钱十万，布百匹，衣十领。

【译文】八月，甲子日（十一日），太尉邓彪被免除了太尉的职位，让大司农郑弘做太尉。

癸酉日（二十日），汉章帝下诏书更改年号。丁酉日（八月无此日），汉章帝的车驾往南巡狩。而且还下诏书说："在途中所经过的那些路上的州县，不允许事先有所准备。命令司空自己带领徒吏搭架桥梁。有人命令使者出去迎接，询问汉章帝起居生活的，二千石的官员要受到处罚。"

九月，辛丑日（十八日），汉章帝来到章陵县；在十月，己未日（初七），往前来到江陵县；回去的途中，来到宛县。汉章帝召见前临淮太守宛县人朱晖，任命他为尚书仆射。朱晖在临淮郡任内，有很好的功绩，百姓都赞颂他说："强直自遂（刚强正直，照着自己的心意去做），南阳朱季（南阳郡人朱文季），吏畏其威（属吏害怕他的威严），民怀其惠（百姓想念他的恩惠）。"当时因为犯法而被免去了官职，居住在家，所以汉章帝就又召见而重用了他。十一月，己丑日（初七），汉章帝的车驾回宫。尚书张林上书说："县官时常费用不充足，应该允许各县自己制盐，以及再重新推行武帝时候的均输法。"朱晖坚决认为不可以，说："均输法和商人买卖没有区别，制盐的利益属于官府，那么人民穷困而抱怨朝廷，实在不是英明的人君所应该施行的。"汉章帝因此很是生气，就严厉地责怪所有的尚书，朱晖等人都自己绑着，关进了牢中。过了三天，汉章帝下诏书命令把他们释放出狱，说："朕很高兴能够听到反对的意见，老先生没有什么过错，是诏书有过错啊，你们为什么要自己绑着自己关进牢中呢？"朱晖因此称说病重，始终不肯再签署意见。从尚书令以下的人，都很惶恐，对朱晖说："现在谴责已经来到你的面前，你又为什么要称病推托呢，这祸害可是不小啊！"朱晖说："我已经八十岁，承蒙朝廷的恩泽，才能够在机要秘密的职位，应该以死来报答。如果心里知道这件事情不可行，却顺从皇帝的旨意表示同意，这样有悖臣子的道义！我现在耳朵听不到，眼睛也看不到，就等待朝廷把我处死的命令。"就闭嘴不再说话了。所有尚书都不知道该怎么办，于是就一起上奏疏弹劾朱晖。汉章帝的怒气除去了，才把这事作罢。过了几天之后，汉章帝下诏派值班的署郎去询问朱晖的起居生活，太医去替朱晖看病，太官赐给食物，于是朱晖起身答谢；汉章帝又赏赐给他钱十万，布一百匹，衣服十件。

鲁国孔僖、涿郡崔骃同游太学，相与论："孝武皇帝，始为天子，崇信圣道，五六年间，号胜文、景；及后恣己，忘其前善。"邻房生梁郁上书，告"骃、僖诽谤先帝，刺讥当世"，事下有司。骃诣吏受讯。僖以书自讼曰："凡言诽谤者，谓实无此事而虚加诬之也。至如孝武皇帝，政之美恶，显在汉史，坦如日月，是为直说书传实事，非虚谤也。夫帝者，为善为恶，天下莫不知，斯皆有以致之，故不可以诛于人也。且陛下即位以来，政教未过而德泽有加，天下所具〔知〕也，臣等独何讥刺哉！假使所非实是，则固应悛改，傥其不当，亦宜含容，又何罪焉！陛下不推原大数，深自为计，徒肆私忌以快其意，臣等受戮，死即死耳，顾天下之人，必回视易虑，以此事窥陛下心，自今以后，苟见不可之事，终莫复言者矣。齐桓公亲扬其先君之恶以唱管仲，然后群臣得尽其心，今陛下乃欲为十世之武帝远讳实事，岂不与桓公异哉！臣恐有司卒然见构，衔恨蒙枉，不得自叙，使后世论者擅以陛下有所比方，宁可复使子孙追掩之乎！谨诣阙伏待重诛。"书奏，帝立诏勿问，拜僖兰台令史。

【译文】 鲁国人孔僖、涿郡人崔骃，一起在太学上学，彼此相互议论："孝武汉章帝，刚开始做天子的时候，尊崇信任圣贤之道，仅在五六年中，号称就超过了文帝、景帝的治世；后来就任凭自己的想法行事，忘记了过去的善政。"邻房生梁郁上奏书，检举告发"崔骃、孔僖污蔑先皇帝，讥讽抨击当代的政事"，汉章帝就把事情交给官员办理。崔骃前往官员处接受审讯。孔僖作书帮自己辩护说："一般那些称为诽谤的，就是说实际上没有这事而平白无故地捏造事实对他加以胡乱的批评。至于孝武皇帝，政治的好坏，已经很显然地记录在汉代的历史中，就像日月一般的清楚明白，这是直接叙说书传中的实在事情，并不是什么凭空诽谤啊！做皇帝的人，他是好的还是坏的，天下人没有不清楚的，这都是有原因才让他这样的，所以不可以用这个理由来责怪人。而且陛下在就天子位之后，政治教化没有什么过失，而且恩泽很多，天下人都是知道的，微臣等为什么要单独去抨击讽刺呢？如果所批评的确实很正确，那么当然应该改正，假如所批评的不恰当，也应该学会包含容忍，又何必一定要去定罪呢？陛下不去研究大谋略，深深地为自己打算，只是放纵个人的顾忌来让自己心意顺畅，微臣等接受刑杀，死就死了算了；可是天下的人，肯定会回想此事而想法有所改变，拿此事来窥探陛下的心意，从今往后，如果看见不对的事发生，就不会再有人敢说话了。齐桓公亲自显扬他父亲襄公的过失来指引管仲向他陈述治国的意见，然后群臣就能够彻底尽到他们的心意。现在陛下却打算要为十代以前的武帝来隐蔽实在的事情，这样岂不是和桓公的做法不一样吗？微臣担心官员突然来诬陷微臣的罪，让微臣含着怨恨、蒙受冤枉，不能自己辩解一番，使得后世讨论的人随意就拿陛下来有所比喻，怎么能够再让子孙事后来遮掩这件事呢？微臣恭敬地前往宫阙，等待重罚。"上书奏上，汉章帝马上就下诏不要再审讯此事，并任命孔僖为兰台令史。

【申涵煜评】 孔僖、崔骃议论武帝，郁以邻舍生告其诽谤，此等鬼蜮之徒，君子不可不防。然亦防不得许多。章帝擢僖为内史，不怒而严于斧钺矣。

【译文】 儒生孔僖、崔骃私下议论孝武皇帝，邻房学生梁郁上书告二人诽谤先帝，这类阴险的人，君子不可不防。然而预料不到的事情也有很多。后来东汉章帝提拔孔僖做了内史，孔僖不怒而威，比斧钺之刑更令人惧怕。

十二月，壬子，诏："前以妖恶禁锢三属者，一皆蠲除之，但不得在宿卫而已。"

庐江毛义，东平郑均，皆以行义称于乡里。南阳张奉慕义名，往候之，坐定而府檄适至，以义守安阳令，义捧檄而入，喜动颜色；奉心贱之，辞去。后义母死。征辟皆不至，奉乃叹曰："贤者固不可测。往日之喜，乃为亲屈也。"均兄为县吏，颇受礼遗，均谏不听，乃脱身为佣，岁馀得钱帛，归以与兄曰："物尽可复得；为吏坐臧，终身捐弃。"兄感其言，遂为廉洁。均仕为尚书，免归。帝下诏褒宠义、均，赐谷各千斛，常以八月长吏问起居，加赐羊酒。

【译文】　十二月，壬子日（初一），汉章帝下诏："从前由于妖术邪恶的行为而不允许三族做官的，如今全部取缔这些禁令，只是不可以在宫中值宿任警卫而已。"

庐江人毛义，东平人郑均，都是由于行为正直受到乡里的赞扬。南阳人张奉仰慕毛义的声名，前往拜访，才刚刚坐下郡府的诏书就到了，派毛义做安阳县令，毛义拿着诏书进来，高兴得脸上布满了笑容；张奉从心底看不起他，于是就告辞离开了。后来毛义的母亲去世之后，朝廷征召他，始终都不肯前往，张奉才叹息说："贤者确实是不可以胡乱猜测的。从前接到诏书的那份喜悦，是为了母亲才屈就的。"郑均的哥哥做县吏，经常接受别人馈赠的礼物，郑均就劝说他，可是却不肯听从，于是郑均就放弃了一切去做佣仆，一年多赚来的钱财，回家拿去给他哥哥，说："财物如果用完了还可以再赚到，可是做官贪赃犯罪，一辈子都会被人摒弃的。"哥哥被他的话给感动，就成为清正廉明的官吏了。郑均做官做到尚书，后被免职回归家乡。汉章帝下诏书表扬毛义、郑均，并且还赐给米谷各一千斛，时常在每年八月派遣长吏去询问他们的起居生活，另外赐给羊肉和酒。

武威太守孟云上言："北匈奴复愿与吏民合市。"诏许之。北匈奴大且渠伊莫訾王等驱牛马万馀头来与汉交易，南单于遣轻骑出上郡钞之，大获而还。

帝复遣假司马和恭等将兵八百人诣班超。超因发疏勒、于寘兵击莎车。莎车以赂诱疏勒王忠，忠遂反，从之，西保乌即城。超乃更立其府丞成大为疏勒王，悉发其不反者以攻忠，使人说康居王执忠以归其国，乌即城遂降。

【译文】　武威郡太守孟云上书说："北匈奴甘愿再和官吏百

姓交易做买卖。"汉章帝下令批准了这件事。北匈奴大且渠、伊莫訾王等驱赶牛马一万多头不远千里前来和汉人做买卖，南单于调遣轻便的骑兵出上郡抢掠他们，大有所获才回去了。

汉章帝又命令副司马和恭等人，带领兵卒八百人前往班超所在的地方。班超因此发动疏勒国、于窴国的军队进攻莎车国。莎车国以钱财来诱惑疏勒王忠，忠于是就反叛了汉朝，听从莎车国，从西面驻守乌即城。班超就另外立他的府丞成大为疏勒王，把那些没有反叛汉朝的人都派去进攻忠，派人劝说康居王抓捕忠送回疏勒国，于是乌即城就投降了。

资治通鉴卷第四十七　汉纪三十九

起游蒙作噩，尽重光单阏，凡七年。

【译文】 起乙酉（公元85年），止辛卯（公元91年），共七年。

【题解】 本卷记录了汉章帝元和二年至和帝永元三年间的历史，当时朝政处于平稳期，章帝倡导儒学，推行新历。章帝驾崩后，太后临朝，窦宪因恣意横行惧诛，发兵匈奴而立大功。东汉政权对待匈奴仍采取以夷制夷的策略，取得显著效果。班超大败莎车，大破月氏侵犯，声威震撼西域。两任护羌校尉失信，迫使西羌叛乱，新任护羌校尉邓训治理有方，羌人不再滋扰。

肃宗孝章皇帝下

元和二年（乙酉，公元八五年）春，正月，乙酉，诏曰："令云：'民有产子者，复勿算三岁。'今诸怀妊者，赐胎养谷人三斛，复其夫勿算一岁。著以为令！"又诏三公曰："夫欲吏矫饰外貌，似是而非，朕甚厌之，甚苦之！安静之吏，悃愊无华，日计不足，月计有馀。如襄城令刘方，吏民同声谓之不烦，虽未有它异，斯亦殆近之矣！夫以苛为察，以刻为明，以轻为德，以重为威，四者或兴，则下有怨心。吾诏书数下，冠盖接道，而吏不加治，民或失职，其咎安在？勉思旧令，称朕意焉！"

北匈奴大人车利涿兵等亡来入塞，凡七十三辈。时北虏衰耗，党众离畔，南部攻其前，丁零寇其后，鲜卑击其左，西域侵其右，不复自立，乃远引而去。

【译文】元和二年（乙酉，公元85年）春季，正月，乙酉日（初五），汉章帝下诏书说：法律规定：'妇女怀孕的，丈夫三年之内不需要缴纳算税。'现在所有怀孕的人，赏赐胎养谷每人三斛，丈夫一年不必缴纳算税就以此为法令！"于是又下诏书给三公说："一些贪心的官吏伪装修饰自己的外在言行，看起来是好官，其实并不是，我很厌恶这样的人，很为此事苦恼。安分宁静的官吏，非常诚实而且还不浮华，以日计功，好像百姓生活有所不足，如果以月计功的话，百姓家给人足，沛然有余。像襄城县令刘方，属吏百姓都一起说他做事不烦琐，虽然没有其他什么很特别的表现，这也几乎趋近了！把苛刻当作明察，把刻薄当作明白，把疏忽当作恩德，把繁重当作威严，一旦这四种情况发生之后，那么下面的百姓就会存有抱怨的想法。我好几次下诏书，奉诏的使者在路上一个连接一个，可是官吏并没有把事情办得很好，百姓也没有尽到自己的本分，这过失在什么地方呢？但愿你们能够想着旧有的法令，做出符合我心意的事啊！"

北匈奴大人车利涿兵等逃亡之后来到塞内，一共有七十三批。当时北匈奴势力衰微，部众都离开背叛了他，南匈奴进攻他的前方，丁零国侵犯他的后方，鲜卑国攻打他的左方，西域进犯他的右方，北匈奴终不能再自立，于是带领部属远远地离开了。

【乾隆御批】勾践早婚嫁，重丁男，盖小国图霸权宜之术，非王道也。戒俗吏矫饰，足矣。天下之大，比户皆予以胎养谷三斛，何以为继？孟子"尽信书，则不如无书"之言，尽之矣。

【译文】 越王勾践命男女提前婚嫁，重视已及服役年龄的男子，只不过是小国图谋称霸的权宜之计，并非君王的正道。告诫俗吏不要矫揉造作，掩饰真情，这就足够了。天下那么大，每户都赏赐胎养谷三斛，怎么能一直维持下去？孟子所说的"尽信书，不如无书"的话，很有道理。

南单于长死，单于汗之子宣立，为伊屠於闾鞮单于。

《太初历》施行百馀年，历稍后天。上命治历编䜣、李梵等综校其状，作《四分历》；二月，甲寅，始施行之。

帝之为太子也，受《尚书》于东郡太守汝南张酺。丙辰，帝东巡，幸东郡，引酺及门生并郡县掾史并会庭中。帝先备弟子之仪，使酺讲《尚书》一篇，然后修君臣之礼；赏赐殊特，莫不沾洽。行过任城，幸郑均舍，赐尚书禄以终其身，时人号为"白衣尚书"。

乙丑，帝耕于定陶。辛未，幸泰山，柴告岱宗；进幸奉高。壬申，宗祀五帝于汶上明堂；丙子，赦天下。戊寅，进幸济南。三月，己丑，幸鲁；庚寅，祠孔子于阙里，及七十二弟子，作六代之乐，大会孔氏男子二十以上者六十二人。帝谓孔僖曰："今日之会，宁于卿宗有光荣乎？"对曰："臣闻明王圣主，莫不尊师贵道。今陛下亲屈万乘，辱临敝里，此乃崇礼先师，增辉圣德；至于光荣，非所敢承！"帝大笑曰："非圣者子孙焉有斯言乎！"拜僖郎中。

【译文】 南单于长去世之后，单于汗的儿子宣继位，就是伊屠於闾鞮单于。

《太初历》已经实施了一百多年，按照历法所推算的日月五星运行的速度，比起实际自然的运行时间稍微晚一些。汉章帝命令治历编䜣、李梵等人综合考证此事的情状，作了《四分历》；二月，甲寅日（初四），开始实施。

汉章帝还在做太子的时候，师从东郡太守汝南人张酺学《尚书》。丙辰日（初六），汉章帝往东方出巡，来到了东郡，带着张酺还有他的学生以及郡中各县的属吏一起聚集庭中。汉章帝首先行弟子的礼仪，请张酺讲授《尚书》一篇，之后再行君臣的礼仪；汉章帝对老师的赏赐非常优厚，参加聚会的人没有什么不满意的。路过任城县的时候，汉章帝就前去郑均家中，赏赐他尚书的俸禄一直到他去世才停止，当时的人称为"白衣尚书"。

乙丑日（十五日），汉章帝在定陶县耕种。辛未日（二十一日），汉章帝来到泰山，在岱宗焚柴祭告上天；继续往前又来到奉高县。壬申日（二十二日），在汶上明堂祭祀五帝；丙子日（二十六日），汉章帝大赦天下。接着往前来到济南。三月，己丑日（初十），来到了鲁国；庚寅日（十一日），在阙里祭祀孔子及其七十二弟子，演奏六代时的音乐，大会孔家男子二十岁以上的六十二人。汉章帝对孔僖说："今天的集会，对你的族人来说是不是很光荣呢？"孔僖回答说："微臣听说凡是那些英明的帝王、圣明的国君没有一个不尊敬老师、看重圣道的。现在陛下亲自贬低万乘之君的尊严，蒙辱来到我的故乡，这是尊崇礼敬先师孔子，增加圣人德行的光辉；至于光荣，不是微臣所敢承受的！"汉章帝大笑着说："不愧是圣人的子孙，不然怎能说出这些话呢！"于是就任命孔僖为郎中。

【申涵煜评】 *经术之儒，莫盛于汉，而尤重师传之礼。至太后为之服丧，天子为之执业，饶有唐虞三代风。然此辈多老儒而不切于用，萧、张犹不满人望，况碌碌者哉！帝止加酺以礼貌，得其体矣，酺侃侃亦颇有师范。*

【译文】 儒学中的经术，最兴盛时期莫过于汉朝，而那时尤其重视和尊敬传道授业的老师。太后为其穿丧服，天子捧书求教，颇有唐尧虞舜时的风采。然而这一辈的老学者们都不能任用，萧何、张良这类人尚且不能满足期望，更何况是这些碌碌空谈的人！皇帝对张酺加以礼遇，得到了他的倾囊传授，而张酺侃侃而谈，的确有师者的风范。

壬辰，帝幸东平，追念献王，谓其诸子曰："思其人，至其乡；其处在，其人亡。"因泣下沾襟。遂幸献王陵，祠以太牢，亲拜祠坐，哭泣尽哀。献王之归国也，票骑府吏丁牧、周栩以王爱贤下士，不忍去之，遂为王家大夫数十年，事祖及孙。帝闻之，皆引见，既愍其淹滞，且欲扬献王德美，即皆擢为议郎。乙未，幸东阿，北登太行山，至天井关。夏，四月，乙卯，还宫。庚申，假于祖祢。

五月，徙江陵王恭为六安王。

秋，七月，庚子，诏曰："《春秋》重三正，慎三微。其定律无以十一月、十二月报囚，止用冬初十月而已。"

【译文】壬辰日（十三日），汉章帝来到东平国，怀念东平献王，对他的几个儿子说："思念他的人，来到他的国家；如今他的国还在，可是他的人却不在了。"因此流下了悲伤的眼泪，把衣襟都沾湿了。于是就来到东平献王的陵墓，用太牢祭奠他，亲自祭拜他的神位，哭泣得非常伤心。献王回归东平国的时候，骠骑府吏丁牧、周栩感觉献王敬爱贤才，对士人很谦让，不舍得离开他，于是做了献王家的大夫几十年，曾侍奉过祖孙三代。汉章帝听到之后，都召见了他们，不仅怜悯他们有才德而甘居下位，而且还打算彰显献王的美德，所以马上就把他们都提升为议郎。乙未日（十六日），汉章帝来到东阿县，往北登上太行山，到达天井关。夏季，四月，乙卯日（初六），汉章帝回宫。庚申日

（十一日），汉章帝到祖庙、父庙祭告出巡经过。

五月，汉章帝改封江陵王刘恭为六安王。

秋季，七月，庚子日（二十三日），汉章帝下诏书说："《春秋》看重天、地、人三正，谨慎小心于三正的开始。希望能够定下律令，不要在十一月、十二月判决犯人的罪，只准在冬初十月判决犯人。"

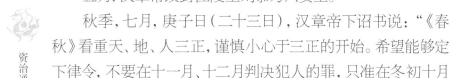

冬，南单于遣兵与北虏温禺犊王战于涿邪山，斩获而还。武威太守孟云上言："北虏以前既和亲，而南部复往抄掠，北单于谓汉欺之，谋欲犯塞，谓宜还南所掠生口以慰安其意。"诏百官议于朝堂。太尉郑弘、司空第五伦以为不可许，司徒桓虞及太仆袁安以为当与之。弘因大言激厉虞曰："诸言当还生口者，皆为不忠！"虞延叱之，伦及大鸿胪韦彪各作色变容。司隶校尉举奏弘等，弘等皆上印绶谢。诏报曰："久议沉滞，各有所志，盖事以议从，策由众定，阊阖衍衍，得礼之容，寝嘿抑心，更非朝廷之福。君何尤而深谢！其各冠覆！"帝乃下诏曰："江海所以能长百川者，以其下之也。少加屈下，尚何足病！况今与匈奴君臣分定，辞顺约明，贡献累至，岂宜违信，自受其曲！其敕度辽及领中郎将庞奋倍雇南部所得生口以还北虏；其南部斩首获生，计功受赏，如常科。"

【译文】冬季，南单于调遣军队和北匈奴温禺犊王在涿邪山作战，有所收获之后返回。武威郡太守孟云上书说："北匈奴从前已经和汉朝和亲言和，可是南匈奴又前往抢掠，北单于就以为汉朝在欺骗他，就谋划想要进犯边塞，应该把南匈奴所抢掠的牲畜全部送还给北匈奴，以此来表示慰劳安抚他的意思。"于是汉章帝下诏令百官在朝堂商量此事。太尉郑弘、司空第五伦认为不可以答应，司徒桓虞和太仆袁安认为应该送还牲畜。郑弘因此就大声激动严厉地对桓虞说："所有说应该送还牲畜的人，都是不忠！"桓虞大声责怪他，第五伦和大鸿胪韦彪都生气变了脸色。司隶校尉上奏郑弘等人争执的事，郑弘等都呈上印绶请罪。汉章帝下诏回答说："这么长时间讨论，事情停滞不前而没有什么结果，每个人都有自己的主意，事情依靠议论而让它顺利进行，办法由众人来决策，大家表现出忠正和乐的样子，就符合礼的面容，大家沉默寡言，更加不是朝廷的福分。各位有什么过失而要如此深深地请罪呢！真心希望各位能够戴上冠冕，穿上鞋子，仍然担任原来的职位吧！"汉章帝于是下诏书说："江海之所以能够成为百川君王，就是因为他比百川更谦虚啊。稍微加以委屈贬抑，又有什么害处！更何况现在和匈奴君臣的名分已经定好了，说话合乎情理，约定清楚明白，进献的贡品时常到来，怎么可以违逆约定，自己承担理亏的指责呢！派遣度辽将军和领护匈奴中郎将庞奋加倍补偿南匈奴，把所得的牲畜送还给北匈奴；南匈奴斩杀敌人，捕获俘虏，计功接受赏赐，按照平时的法令。"

三年（丙戌，公元八六年）春，正月，丙申，帝北巡，辛丑，耕于怀；二月，乙丑，敕侍御史、司空曰："方春所过，无得有所伐杀，车可以引避，引避之；骍马可辍解，辍解之。"戊辰，进幸中山，出长城；癸酉，还，幸元氏；三月，己卯，进幸赵；辛卯，还宫。

太尉郑弘数陈侍中窦宪权势太盛，言甚苦切，宪疾之。会弘奏宪党尚书张林、雒阳令杨光在官贪残。书奏，吏与光故旧，因以告之，光报宪。宪奏弘大臣，漏泄密事，帝诘让弘。夏，四月，丙寅，收弘印绶。弘自诣廷尉，诏敕出之，因乞骸骨归，未许。病笃，上书陈谢曰："窦宪奸恶，贯天达地，海内疑惑，贤愚疾恶，谓'宪何术以迷主上! 近日王氏之祸, 晰然可见。'陛下处天子之尊, 保万世之祚, 而信谗佞之臣, 不计存亡之机; 臣虽命在晷刻, 死不忘忠, 愿陛下诛四凶之罪, 以厌人鬼愤结之望!"帝省章, 遣医视弘病, 比至, 已薨。

【译文】三年(丙戌, 公元86年)春季, 正月, 丙申日(二十二日), 汉章帝往北出巡、辛丑日(二十七日), 在怀县耕种。二月, 乙丑日(二十一日), 汉章帝命令侍御史、司空说:"正值春天, 所到过的地方不允许有所杀伤、车子可以掉头躲开的, 就躲开它, 车子两边拉车的边马可以解除的, 就把它给解除了。"戊辰日(二十四日), 继续往前来到了中山国, 出长城; 癸酉日(二十九日), 回去的路上, 来到元氏县; 三月, 己卯日(初六), 往前来到了赵国; 辛卯日(十八日), 汉章帝回宫。

太尉郑弘多次上奏书讲述侍中窦宪权势太过强盛, 所说的话用心良苦、词意诚恳, 窦宪很是痛恨他。正好郑弘禀奏窦宪的同党尚书张林、洛阳县令杨光在任职内贪财和伤害百姓。上书奏上之后, 处理奏书的官员和杨光是老朋友, 于是就把此事告诉了他, 杨光就报告给窦宪。窦宪禀告汉章帝说郑弘身为大臣, 却随意泄露国家机密大事, 于是汉章帝就责备了郑弘。夏季, 四月, 丙寅日(二十二口), 收回了郑弘的印绶, 免去他太尉的职位。郑弘自己前去廷尉投案, 汉章帝下诏把他释放出狱, 因此他请求辞官回家, 汉章帝没有同意。郑弘病得很重, 上奏书表明谢罪说:"窦宪的奸私邪恶, 上贯天, 下达地, 天下的人都感到很疑惑, 愚笨的人都表示无比的愤恨, 说:'窦宪用什么方法来蛊惑主上! 近代王莽篡国的祸害, 仿佛依然可见。'陛下处于天子至尊的地位, 保全国家万代的福祚, 如今却相信那些谗佞的臣子, 完全不顾及国家存亡的机运; 微臣尽管命在旦夕, 可是到死也没有忘记自己对朝廷的忠心,希望陛下可以把这国家的穷凶极恶的人定罪而诛杀了,以满足人鬼愤恨的愿望!"汉章帝看了奏章,差遣御医去给郑弘看病,等御医来到郑家的时候,郑弘已经去世了。

【申涵煜评】　弘劾奏窦宪,死不忘君,何异尸谏。章帝省章视疾,卒不用其言,未免养虎遗患。予谓其仁厚似文帝,而优柔似成帝。

【译文】　郑宏上书弹劾窦宪,至死不忘效忠君主,这与死谏有什么区别!汉章帝巡视章陵视察弊端,最终没有听信郑宏的话,未免是养虎为患。我认为汉章帝仁厚得像汉文帝,而优柔得像汉成帝。

以大司农宋由为太尉。

司空第五伦以老病乞身,五月,丙子,赐策罢,以二千石俸终其身。伦奉公尽节,言事无所依违。性质悫,少文采,在位以贞白称。或问伦曰:"公有私乎?"对曰:"昔人有与吾千里马者,吾虽不受,每三公有所选举,心不能忘,而亦终不用也。若是者,岂可谓无私乎!"

以太仆袁安为司空。

【译文】　郑弘派大司农宋由做太尉。

司空第五伦因年老多病,请求辞职,五月,丙子日(初三),郑弘赐给策书免去他司空的职位,赏给他两千石的俸禄,一直到死才停止。第五伦奉行公务尽忠职守,向朝廷陈述意见没有出现过模棱两可的情形。他本性纯朴,诚实谨厚,不重视外表的修饰,在任职期间以清正廉洁被人广为称赞。有人问第五伦说:"你有私心吗?"他回答说:"过去有人送给我千里马,我虽然没有接受，可是每次三公要推举贤才的时候，我心里不能忘记这件事，始终不举用他。像这样，怎么能够说没有私心呢？"

郑弘派太仆袁安做司空。

【乾隆御批】 伦此言直令人喷饭，而史氏方以为诚直，吁亦奇矣！

【译文】 第五伦此话当真令人发笑，但史家却以此来比喻第五伦的诚实坦率，真是奇怪！

秋，八月，乙丑，帝幸安邑，观盐池。九月，还宫。

烧当羌迷吾复与弟号吾及诸种反。号吾先轻入，寇陇西界，督烽掾李章追之，生得号吾，将诣郡。号吾曰："独杀我，无损于羌；诚得生归，必悉罢兵，不复犯塞。"陇西太守张纡放遣之，羌即为解散，各归故地。迷吾退居河北归义城。

疏勒王忠从康居王借兵，还据（损）〔桢〕中，遣使诈降于班超，超知其奸而伪许之。忠从轻骑诣超，超斩之，因击破其众，南道遂通。

楚许太后薨。诏改葬楚王英，追爵谥曰楚厉侯。

帝以颍川郭躬为廷尉。决狱断刑，多依矜恕，条诸重文可从轻者四十一，奏之，事皆施行。

博士鲁国曹褒上疏，以为"宜定文制，著成汉礼"。太常巢堪以为"一世大典，非褒所定，不可许。"帝知诸儒拘挛，难与图始，朝廷礼宪，宜以时立，乃拜褒侍中。玄武司马班固以为"宜广集诸儒，共议得失。"帝曰："谚言：'作舍道边，三年不成。'会礼之家，名为聚讼，互生疑异，笔不得下，昔尧作《大章》，一夔足矣。”

【译文】秋季，八月，乙丑日（二十四日），郑弘亲自来到安邑县，观看盐池。九月，启程回宫。

烧当羌迷吾再次和弟弟号吾还有羌人各族叛变汉朝。号吾先以装备轻简的部队来到塞内，进犯陇西郡边界，管理烽火的郡吏李章追捕他，活捉到号吾，打算把他给送到郡太守处。号吾说：“只是把我杀了而已，对于羌族并没有什么损失；如果能够留我活命，放我回去的话，我肯定把所有军队都撤退了，而且从此不再进犯汉朝的边塞。”陇西郡太守张纡听了这些之后就释放了他，让他回去，羌族的军队也因此解散，各回到自己原来居住的地方去了。迷吾退居河北的归义城。

疏勒王忠从康居王处借到兵马，回来驻守在损中城，差遣使者向班超假装投降，班超知道他为人奸诈狡猾，可是却假装答应了他。忠带领轻便骑兵到班超处，班超杀了他，因此打败了他的部众，通往西域南边的道路终于畅通无阻了。

楚国许太后去世。汉章帝下诏改葬楚王刘英，追封他的爵位谥号为楚厉侯。

汉章帝派颍川人郭躬做廷尉。郭躬决断讼案罪刑，大多数都是按照怜悯宽恕的原则，他从判处重刑的律文中找出可以从轻判处的四十一条，向朝廷奏明，建议都被采纳了。

博士鲁国人曹褒上奏疏指出“应该修订法律制度，建成属于汉朝的礼制”。太常巢堪认为“当代的重大典制，不是曹褒所能制定的，不可以同意”。汉章帝知道所有儒者做事太过于拘泥，要想和他们计划开始很困难，朝廷的礼制宪法，理应及时制定，于是就任命曹褒为侍中。玄武司马班固以为“应该普遍地聚合所有儒者，一起商讨此事的得失”。汉章帝说：“俗语说：

'在路边修建房屋，三年之久都盖不成。'集合讨论礼仪的家庭，大家聚集在一起争讼不定，彼此产生疑虑，各持不同意见，实在没有办法下笔。以前尧作《大章》乐的时候，一个乐官夔就已经足够了。"

【乾隆御批】 超诛诈降与傅介子诱斩楼兰，其迹相类，然彼犹失信，此乃烛奸，实谓胜之。

【译文】 班超诛杀假装投降的人和傅介子诱斩楼兰，他们的行为很类似，但傅介子尚有失信的不足，班超是洞察敌人假装投降，实在比傅介子高明。

章和元年（丁亥，公元八七年）春，正月，帝召褒，授以叔孙通《汉仪》十二篇曰："此制散略，多不合经，今宜依礼条正，使可施行。"

护羌校尉傅育欲伐烧当羌，为其新降，不欲出兵，乃募人斗诸羌、胡；羌、胡不肯，遂复叛出塞，更依迷吾。育请发诸郡兵数万人共击羌。未及会，三月，育独进军。迷吾闻之，徙庐落去。育遣精骑三千穷追之，夜，至三兜谷，不设备，迷吾袭击，大破之，杀育及吏士八百八十人。及诸郡兵到，羌遂引去。诏以陇西太守张纡为校尉，将万人屯临羌。

夏，六月，戊辰，司徒桓虞免。癸卯，以司空袁安为司徒，光禄勋任隗为司空。隗，光之子也。

齐王晃及弟利侯刚，与母太姬更相诬告。秋，七月，癸卯，诏贬晃爵为芜湖侯，削刚户三千，收太姬玺缓。

【译文】 章和元年（丁亥，公元87年）本年七月更换年号。

春季，正月，汉章帝召见了曹褒，交给他叔孙通所制定的《汉仪》十二篇，说："这本礼制粗疏简略，大多数不符合经义，我们应该根据礼法对它逐条修正，让它能够重新施行。"

护羌校尉傅育打算进攻烧当羌人部落，由于该部落刚刚投降没有多久，不想派出军队，于是就征集人员去挑拨离间羌族、胡族，让他们彼此自相争斗；羌族、胡族不肯相斗，就又一次叛变汉朝出塞外去了，重新依靠迷吾。傅育请求派出各郡的军队几万人一起进攻羌族。还没有等到各郡军队聚合，三月，傅育就独自率部出击。迷吾听到之后，就把各穹庐、村落的人给迁移走了。傅育命令精锐骑兵三千人对他穷追不舍，夜晚的时候来到了三兜谷，汉军没有设置防备，迷吾突然袭击，就把汉军打得大败，杀死了傅育和他的属吏士兵八百八十人。等到各郡军队到来，迷吾早就率领军队离开了。皇上就下诏派陇西郡太守张纡做护羌校尉，带领一万人在临羌县驻守。

夏季，六月，戊辰日（初二），司徒桓虞被免职。癸卯日（六月无此日），汉章帝派司空袁安做司徒，光禄勋任隗为司空。任隗，是任光的儿子。

齐王刘晃和他的弟弟利侯刘刚，与母亲太姬互相诬陷。秋季，七月，癸卯日（初八），汉章帝下诏贬谪刘晃的爵位为芜湖侯，还削减刘刚的食邑三千户，并且收回了太姬的玺绶。

壬子，淮阳顷王昞薨。

鲜卑入左地，击北匈奴，大破之，斩优留单于而还。

羌豪迷吾复与诸种寇金城塞，张纡遣从事河内司马防与战于木乘谷；迷吾兵败走，因译使欲降，纡纳之。迷吾将人众诣临羌，纡设兵大会，施毒酒中，伏兵杀其酋豪八百馀人，斩迷吾头以祭傅育冢，复放兵击其馀众，斩获数千人。迷吾子迷唐，与诸种解仇，结婚交质，据大、小榆谷以叛，种众炽盛，张纡不能制。

壬戌，诏以瑞物仍集，改元章和。是时，京师四方屡有嘉瑞，前后数百千，言事者咸以为美。而太尉掾平陵何敞独恶之，谓宋由、袁安曰："夫瑞应依德而至，灾异缘政而生。今异鸟翔于殿屋，怪草生于庭际，不可不察！"由、安惧不敢答。

八月，癸酉，帝南巡。戊子，幸梁；乙未晦，幸沛。

日有食之。

【译文】壬子日（十七日），淮阳顷王刘昞去世。

鲜卑进犯匈奴左部领土，进攻北匈奴，把他打得大败，斩杀优留单于之后就回去了。

羌族的酋长迷吾又一次和各族联合进犯金城塞，张纡差遣从事河内人司马防和他们在木乘谷进行作战；迷吾的军队被打败逃走了，通过译使打算投降，张纡就接受了他们的投降。迷吾带领部众前往临羌县，张纡陈列了军队，盛大地举行宴会，在酒中下了毒药，于是埋伏的军队杀死了羌族的酋豪八百多人，还斩下了迷吾的头拿到傅育坟前去祭祀，又派出军队进攻羌族剩下的部众，斩杀俘获了好几千人。迷吾的儿子迷唐，和各族消除过去的仇恨，互相通婚，彼此互相交换人质，占据大榆谷、小榆谷而叛变，种族人数越来越多，张纡根本没有办法控制。

壬戌日（二十七日），汉章帝下诏由于祥瑞之物依然会集，所以更改年号为章和。这时候，京城四面八方经常有吉祥的瑞物出现，前后发生了几百接近千件，向汉章帝禀报政事的人都认为这个是好事。可是只有太尉掾陵平人何敞厌烦此事，对宋由、袁安说："祥瑞的征兆跟随美德而到来，灾祸变异由于暴政而发生的。现在奇异的鸟在宫殿的房屋上飞翔，奇怪的草在庭中生长，不可以不注意啊！"宋由、袁安由于畏惧害怕而不敢回答。

八月，癸酉日（初八），汉章帝前往南方出巡。戊子日（二十三日），来到梁国，乙未晦日（三十日），来到沛国。

发生日食。

九月，庚子，帝幸彭城。辛亥，幸寿春；复封阜陵侯延为阜陵王。己未，幸汝阴。冬，十月，丙子，还宫。

北匈奴大乱，屈兰储等五十八部、口二十八万诣云中、五原、朔方、北地降。

曹褒依准旧典，杂以《五经》、《谶记》之文，撰次天子至于庶人冠、婚、吉、凶终始制度凡百五十篇，奏之。帝以众论难一，故但纳之，不复令有司平奏。

是岁，班超发于阗诸国兵共二万五千人击莎车，龟兹王发温宿、姑墨、尉头兵合五万人救之。超召将校乃于阗王议曰："今兵少不敌，其计莫若各散去；于阗从是而东，长史亦于此西归，可须夜鼓声而发。"阴缓所得生口。龟兹王闻之，大喜，自以万骑于西界遮超，温宿王将八千骑于东界徼于阗。超知二虏已出，密召诸部勒兵。鸡鸣，驰赴莎车营。胡大惊乱，奔走，追斩五千馀级；莎车遂降，龟兹等因各退散。自是威震西域。

【译文】九月，庚子日（初五），汉章帝来到彭城县。辛亥日（十六日），来到寿春县；又一次封阜陵侯刘延为阜陵王。己未日（二十四日），来到了汝阴县。冬季，十月，丙子（十二日），启程回宫。

北匈奴大乱，屈兰储等五十八个部落、人口二十八万都前去云中郡、五原郡、朔方郡、北地郡投降。

曹褒按照旧有的礼典，再加上《五经》《谶记》的文字，撰定编次天子到庶人的冠礼、婚礼、吉礼、凶礼从开始到结束的礼仪制度，加起来一共有一百五十篇，把它呈奏给汉章帝。汉章帝由于众人的争论很难一致，所以只有接受这部礼典，不再命令官员评论其得失。

这一年，班超发动于阗各国的军队一共有两万五千人进攻莎车国，龟兹王发动温宿国、姑墨国、尉头国的军队一共五万人去援助他。班超召集部下将校以及于阗王商量说："现在我方军队人数比较少，打不过敌人，最好的办法不如我们各自分散离去；于阗国从这里往东去，我从这里往西回到疏勒国去，等到晚上的鼓声响起来之后再出发。"然后假意放松戒备把俘虏放回去。龟兹王听到这消息之后特别高兴，于是自己带领一万骑兵在西界阻挡班超，温宿王带领八千骑兵在东界阻挡于阗王。班超知道龟兹、温宿两个敌方的首领已经离开了，就隐秘地召集了所有的军队，黎明鸡叫的时候，急速赶往莎车国的军营。胡人大为惊慌失措，就逃走了，班超带人追杀了五千多人；莎车国终于投降，龟兹等国的军队也因此各自撤退离散。从此以后班超的声威震动西域。

【申涵煜评】超以一书生立功万里外，倍难于傅（介子）、冯（奉世）、甘（延寿）、陈（□□）辈。以彪之忠恩，乃生文章如固，武略如超，而余庆犹及女子昭（曹寿妻）。天报善人，夫岂偶然？惜固有辱身之耻。

【译文】班超以一介书生的身份立功于万里之外，比傅介子、冯奉世、甘延寿、陈汤这些人要艰难得多。像班彪这样忠恩之人，才能生出文韬武略的儿子班固和班超来，而吉庆延及女儿班昭，最终能嫁做曹寿为妻。苍天要回报善人，难道只是偶然的吗？只可惜班固最终蒙冤受辱。

二年（戊子，公元八八年）春，正月，济南王康、阜陵王延、中山王焉来朝。上性宽仁，笃于亲亲，故叔父济南、中山二王，每数入朝，特加恩宠，及诸昆弟并留京师，不遣就国。又赏赐群臣，过于制度，仓帑为虚。何敞奏记宋由曰："比年水旱，民不收获。凉州缘边，家被凶害；中州内郡，公私屈竭。此实损膳节用之时，国恩覆载，赏赉过度，但闻腊赐，自郎官以上，公卿、王侯以下，至于空竭帑藏，损耗国资。寻公家之用，皆百姓之用。明君赐赉，宜有品制；忠臣受赏，亦应有度。是以夏禹玄圭，周公束帛。今明公位尊任重，责深负大，上当匡正纲纪，下当济安元元，岂但空空无违而已哉！宜先正己以率群下，还所得赐，因陈得失，奏王侯就国，除苑囿之禁，节省浮费，赈恤穷孤，则恩泽下畅，黎庶悦豫矣。"由不能用。

【译文】二年（戊子，公元88年）春季，正月，济南王刘康、阜陵王刘延、中山王刘焉来觐见汉章帝。汉章帝生性宽厚仁慈，对于亲属的情谊更是十分笃厚，所以叔父济南、中山二王，经常入京朝见，汉章帝尤其对他们赐给恩宠，而且还允许各位兄弟都留在京师，不让他们回到封国去。后来又赏赐群臣，超过了制度的限定，国库的钱财因此很快就都用光了。何敞给太尉宋由上书说："连续几年闹水灾、旱灾，百姓丝毫没有收成；凉州边界，每一家都受到战争的牵连和伤害；中原的州郡，公家、私人也都穷困到了极点。这实在是应该节食省用的时候了，朝廷的恩惠像天地一般高大，赏赐超过了限定，只听说昔日赏赐百官的钱，从郎官以上，公卿、王侯以下，使得国库达到钱财空虚竭尽的地步，损耗了国家的钱财。审查公家的财用，那些都是依靠百姓的劳力辛苦赚来的。英明的国君赏赐臣下，肯定应该有个等级制度；忠臣接受赏赐，也应该有个限制。因此舜帝把玄圭赐给大禹，成王把束帛赐给周公。现在你的地位尊高，任务繁重，所担负的职责深远重大，对上应该匡扶朝廷的纲纪，对下应该救济安定百姓的生活，哪里只是谨慎忠诚、没有违逆皇上的旨意就可以了呢？你应该先纠正自己的行为，以作为属下的榜样，把朝廷的赏赐还给朝廷，以此来说明这件事情的得失，奏请王侯回到自己封国去，取缔苑囿的禁令，节省多余的不必要的开支，救济贫穷孤苦的人，那么恩惠顺利地下达到百姓身上，百姓就高兴了。"可是宋由没有听取建议。

尚书南阳宋意上疏曰："陛下至孝烝烝，恩爱隆深，礼宠诸王，同之家人，车入殿门，即席不拜，分甘损膳，赏赐优渥。康、焉幸以支庶，享食大国，陛下恩宠逾制，礼敬过度。《春秋》之义，诸父、昆弟，无所不臣，所以尊尊卑卑，强干弱枝者也。陛下德业隆盛，当为万世典法，不宜以私恩损上下之序，失君臣之正。又西平王羡等六王，皆妻子成家，官属备具，当早就蕃国，为子孙基址；而室第相望，久磐京邑，骄奢僭拟，宠禄隆过。宜割情不忍，以义断恩，发遣康、焉，各归蕃国，令羡等速就便时，以塞众望。"帝未及遣。

壬辰，帝崩于章德前殿，年三十一。遗诏："无起寝庙，一如先帝法制。"

【译文】尚书南阳人宋意上奏疏说："陛下对待亲人非常孝顺，让家人都能够美好上进，对亲人的恩情爱护更是十分深厚，对各位王爷很有礼貌而且尊宠，就好比是自己的家人一样，各位王爷的车子允许进入殿门，在国君面前各就座位也不需要行下拜大礼，把皇帝自己用的食物分给各位王爷一起享用，赏赐也很丰厚。刘康、刘焉很幸运地以庶出的身份，受封大国，陛下的恩宠超过了制度所规定的限额，礼貌敬意超过了法制。《春秋》的大义，对于伯叔、兄弟，没有一个不是当作臣子的，为的是敬重地位尊贵的，贬谪地位低下的，加强主干而消减旁枝啊。陛下道德功业隆高盛大，理应成为万代的楷模，不应该因为一己私情就违背了上下的顺序，失去了君臣的正道。而且西平王刘羡等六个王，都是有妻有子的，自成一家，官员属下都已经具备，应该让他们早点前往自己的封国，为子孙奠下根基；如今住宅彼此却相离得很接近，很长时间盘桓京城而没有离开，骄慢奢侈、超越本分，和上位相比较，恩宠食禄过分隆厚。皇上应该断绝深厚的情谊，因为大义而断绝恩情，命令刘康、刘焉，各自回到封国去，命令刘羡等马上择日起程，来堵塞众人的愿望。"汉章帝没来得及命令他们回去。

壬辰日（正月无此日），汉章帝在章德宫前殿去世，享年三十一岁。留下遗诏说："不要修建寝庙，一切完全按照先皇的法制。"

◆范晔论曰：魏文帝称明帝察察，章帝长者。章帝素知人，厌明帝苛切，事从宽厚；奉承明德太后，尽心孝道；平徭简赋，而民赖其庆；又体之以忠恕，文之以礼乐。谓之长者，不亦宜乎！◆

太子即位，年十岁，尊皇后曰皇太后。

三月，丁酉，用遗诏徙西平王羡为陈王，六安王恭为彭城王。

癸卯，葬孝章皇帝于敬陵。

南单于宣死，单于长之弟屯屠何立，为休兰尸逐侯鞮单于。

太后临朝，窦宪以侍中内干机密，出宣诰命；弟笃为虎贲中郎将，笃弟景、瑰并为中常侍，兄弟皆在亲要之地。宪客崔骃以书戒宪曰："《传》曰：'生而富者骄，生而贵者傲。'生富贵而能不骄傲者，未之有也。今宠禄初隆，百僚观行，岂可不庶几夙夜，以永终誉乎！昔冯野王以外戚居位，称为贤臣；近阴卫尉克己复礼，终受多福。外戚所以获讥于时，垂愆于后者，盖在满而不挹，位有馀而仁不足也。汉兴以后，迄于哀、平，外家二十，保族全身，四人而已。《书》曰：'鉴于有殷，'可不慎哉！"

【译文】◆范晔评论说：魏文帝称说汉明帝严厉苛刻，汉章帝是宽厚长者。汉章帝一向能够知人善用，不满明帝的苛刻严厉，凡事都能够以宽厚为原则；侍奉明德太后，一心一意地尽到孝道；减少徭役，减轻赋税，因此百姓都很仰赖他的恩德；而且做事按照忠恕的原则，用礼乐来修饰自己的行为，称他为长者，不是很合适吗？◆

太子继位（就是汉和帝），年仅十岁，尊称皇后为皇太后。

三月，丁酉日（初五），按照遗诏，改封西平王刘羡为陈王，六安王刘恭为彭城王。

癸卯日（十一日），安葬孝章皇帝安于敬陵。

南单于宣去世之后，单于长的弟弟屯屠何继位，称为休兰尸逐侯鞮单于。

太后临朝摄政，窦宪以侍中的职位在宫内掌管机密大事，负责出宫宣布太后的诏命；弟弟窦笃为虎贲中郎将，窦笃的弟弟窦景、窦瑰都做中常侍，兄弟都在亲近皇帝、太后的要紧的职位。窦宪的宾客崔骃写信告诉窦宪说："古书上面说：'天生就富有的人一向骄横，天生就尊贵的人一向傲慢。'天生就富贵却能不骄横傲慢的，从来都没有这样的人。现在你的尊宠厚禄才刚刚开始隆盛，百官都在视察你的行为，怎么能够不'希望从早到晚不敢怠慢，来永久保有无穷的美誉'呢？以前冯野王以外戚的身份而担任官职，被大家称为贤臣；近来阴卫尉克服自己的私欲来实践礼，最终受到很多的福祉。外戚之所以受到当时的抨击，留下过错到后世的原因，可能就是满盈而不知道谦退，官位高而仁德不足啊！自从汉朝兴起，直到哀帝、平帝时，皇后的外家有二十人，能够保全家族的，就只有四个人而已。《尚书》说：'拿殷代作为借鉴'，可以不谨慎吗？"

庚戌，皇太后诏："以故太尉邓彪为太傅，赐爵关内侯，录尚书事，百官总己以听。"窦宪以彪有义让，先帝所敬，而仁厚委随，故尊崇之。其所施为，辄外令彪奏，内白太后，事无不从。彪在位，修身而已，不能有所匡正。宪性果急，睚眦之怨，莫不报复。永平时，谒者韩纡考劾宪父勋狱，宪遂令客斩纡子，以首祭勋冢。

癸亥，陈王羡、彭城王恭、乐成王党、下邳王衍、梁王畅始就国。

【译文】庚戌日（十八日），皇太后下诏说："派以前的太尉邓彪担任太傅，赐给关内侯的爵位，主管尚书事务，百官总领自己的职务而听命于他。"窦宪由于邓彪曾经有让国的美德，是先皇帝所尊敬的人，况且为人仁慈忠厚还善于听取别人的意见，所以很是尊崇他。窦宪所打算做的事情，时常在外叫邓彪向皇帝禀明，在内自己向太后汇报，事情没有不是按照他的意思做到的。邓彪在太傅的这个职位上面，就只是修身养性而已，不能够对朝政有所匡扶改正。窦宪的性格果断急躁，凡是别人张眼怒视他的这种小小的怨恨，没有不进行报复的。永平时，谒者韩纡审讯弹劾窦宪的父亲窦勋的案子，于是窦宪就命令宾客把韩纡的儿子杀死，拿他的头在窦勋的墓前祭拜。

癸亥日（三月无此日），陈王刘羡、彭城王刘恭、乐成王刘党、下邳王刘衍、梁王刘畅才前往自己的封国。

【申涵煜评】 宪杀韩纡、刘畅、乐恢等，专擅无君，事发宜诛。乃乘匈奴之弱，使以边功自赎其恶，皆成于太后。使非袁安、何敞、韩棱诸正人维持其间，几成吕新之祸。

【译文】 窦宪杀害韩纡、刘畅、乐恢等大臣，把持朝政，无视君主，事情发生后本该株连获罪。然而却趁着匈奴势弱之时，以一些小功劳将功抵过，这些都是太后在背地里成全他。要不是袁安、何敞、韩棱这些正直的人在其中斡旋，几乎又上演了一出吕后外戚之祸。

夏，四月，戊寅，以遗诏罢郡国盐铁之禁，纵民煮铸。

五月，京师旱。

北匈奴饥乱，降南部者岁数千人。秋，七月，南单于上言："宜及北虏分争，出兵讨伐，破北成南，并为一国，令汉家长无北念。臣等生长汉地，开口仰食，岁时赏赐，动辄亿万，虽垂拱安枕，惭无报效之义，愿发国中及诸部故胡新降精兵，分道并出，期十二月同会虏地。臣兵众单少，不足以防内外，愿遣执金吾耿秉、度辽将军邓鸿及西河、云中、五原、朔方、上郡太守并力而北。冀因圣帝威神，一举平定。臣国成败，要在今年，已敕诸部严兵马，唯裁哀省察！"太后以示耿秉。秉上言："昔武帝单极天下，欲臣虏匈奴，未遇天时，事遂无成。今幸遭天授，北虏分争，以夷伐夷，国

366

家之利,宜可听许。"秉因自陈受恩,分当出命效用。太后议欲从之。尚书宋意上书曰:"夫戎狄简贱礼义,无有上下,强者为雄,弱即屈服。自汉兴以来,征伐数矣,其所克获,曾不补害。光武皇帝躬服金革之难,深昭天地之明,故因其来降,羁縻畜养,边民得生,劳役休息,于兹四十馀年矣。今鲜卑奉顺,斩获万数,中国坐享大功而百姓不知其劳,汉兴功烈,于斯为盛。所以然者,夷虏相攻,无损汉兵者也。臣察鲜卑侵伐匈奴,正是利其抄掠;及归功圣朝,实由贪得重赏。今若听南虏还都北庭,则不得不禁制鲜卑;鲜卑外失暴掠之愿,内无功劳之赏,豺狼贪婪,必为边患。今北虏西遁,请求和亲,宜因其归附,以为外扞,巍巍之业,无以过此。若引兵费赋,以顺南虏,则坐失上略,去安即危矣。诚不可许。"

【译文】夏季,四月,戊寅日(十七日),按照汉章帝遗诏取缔了郡国制盐、开凿铁矿的禁令,任意由百姓煮海水制盐,开凿铁矿铸铁。五月,京师闹旱灾。

北匈奴闹饥荒,每年投降于南匈奴的都有几千人。秋季,七月,南单于上书说:"应该赶紧趁着北匈奴分裂争乱的机会,出兵征讨,彻底消灭北匈奴,来成全南匈奴,让南北匈奴能够成为一个国家,以使汉朝永远没有北顾之忧。微臣等生长在汉朝的境内,张口所依赖的食物,每年四个季节的赏赐,往往都是以亿万计,尽管是垂衣拱手,无为而治,安枕而卧,没有什么忧虑,可是却始终因为没有能够有报效朝廷的行为而深深地感到羞愧,希望可以发动国内还有诸郡旧有南匈奴的以及刚刚从北匈奴投降而来的精锐部队,分道一齐出兵,相约在十二月一起会集在北匈奴。微臣的兵卒单少,不足以用来防守内外,希望皇帝能够派遣执金吾耿秉、度辽将军邓鸿以及西河郡、云中郡、五原郡、朔方郡、上郡太守，合力而北进，希望凭借着圣明皇帝的神威，一举而把北匈奴平定了。微臣的国家的成败之际，主要就在今年，微臣已经下令各部落严密地整装兵马，希望太后明察此事而加以定夺。"太后把这封奏书拿给耿秉看。耿秉上书说："以前汉武帝统领天下，打算让匈奴臣服，可惜没有赶上上天所安排的机会，事情始终都没有成功。现在很是幸运地遇到了上天所赏赐的良机，北匈奴分裂争乱，用夷人的力量去进攻夷人，这是对国家有利的事，应该批准这个提议才对。"耿秉自己讲明所受到的朝廷的恩惠，按理应该勇于为朝廷效命捐献自己的生命。太后和大臣商量后打算听取耿秉的意见。尚书宋意上书说："戎狄对于礼义是非常简慢疏忽的，没有尊卑的区别，强大的就作为首领，弱小的就屈服。自从汉朝兴起以来，讨伐了好几次，所能获得的好处，竟然都不能够弥补我们所受的损害。光武皇帝亲自冒着战争的危险，鲜明地昭示了天地仁爱的明德，由于南匈奴的来降，牵制他们、畜养他们，才使得边境的百姓得以生存，劳役得到减少的机会，到现在已经四十多年了。现在鲜卑国归顺汉朝，斩杀了北匈奴一万多人，汉朝坐享其成而且百姓也没有受到劳苦，这是汉朝兴起以来最盛大的功业。之所以这样，就是由于夷族互相进攻，没有使汉朝的兵卒受到伤害啊！微臣仔细查明鲜卑国进犯匈奴，只不过是贪得抢掠的利益；至于把功劳都归之于汉朝，实在是由于贪图朝廷的重赏。现在如果允许南匈奴回到北庭定都，就不得不限制鲜卑国；鲜卑国对外失去了残暴掠夺的欲望，对内没有功德、得不到朝廷的赏赐，夷狄贪图钱财，肯定会成为边境的忧患。现在北匈奴往西边逃走，请求和朝廷联姻讲和，我们应该利用他的归附来作为抵抗外患的屏障，崇高的功业不外乎这个的。如果带领军队，消

资
治
通
鉴

耗钱财,答应南匈奴的请求,那么就只能白白地错过了上好的计划,远离安定而趋近于危险了。这样实在是不可答应啊。"

会齐殇王子都乡侯畅来吊国忧,太后数召见之,窦宪惧畅分宫省之权,遣客刺杀畅于屯卫之中,而归罪于畅弟利侯刚,乃使侍御史与青州刺史杂考刚等。尚书颍川韩稜以为"贼在京师,不宜舍近问远,恐为奸臣所笑。"太后怒,以切责稜,稜固执其议。何敞说宋由曰:"畅宗室肺府,茅土藩臣,来吊大忧,上书须报,亲在武卫,致此残酷。奉宪之吏,莫适讨捕,踪迹不显,主名不立。敞备数股肱,职典贼曹,欲亲至发所,以纠其变。而二府执事以为故事:三公不与贼盗。公纵奸慝,莫以为咎。敞请独奏案之。"由乃许焉。二府闻敞行,皆遣主者随之。于是推举,具得事实。太后怒,闭宪于内宫。宪惧诛,因自求击匈奴以赎死。

【译文】 当时正逢齐殇王的儿子都乡侯刘畅来京城参加国君的葬礼,太后好几次召见了他,窦宪担心刘畅分去他在宫中所拥有的权力,于是他就派人在城门驻兵宿卫的地方把刘畅刺死,还把罪名归结在了刘畅的弟弟利侯刘刚的身上,于是让侍御史和青州刺史一起审讯刘刚等人。尚书颍川人韩稜认为:"凶手就在京城,不应该舍弃近处而去追问远处,这样恐怕会被奸臣所耻笑的。"太后很是生气,就严厉地责怪韩稜,韩稜坚决保留自己的意见。何敞向宋由劝说:"刘畅身为皇帝的宗族亲属,是封有食邑的藩侯大臣,来京城参与国家的丧礼,呈上奏疏、静候朝廷的回音,身在城门守卫的地方,却遭到这样残酷的杀害。执法的官吏,漫无目的地抓捕犯人,由于犯罪的证据不明显,所以罪名不能成立。我何敞身为重臣之一,职务主管捕审罪犯,打算亲自到发生命案的地方,以查证这一事件。可是司徒、司空二

369

府的办公职员认为应该按照往例，三公不参与逮捕盗贼的事，即使纵容奸贼，却不认为有什么过错。我何敢请求一个人奏请继续追查这件事。"宋由于是就答应了。司徒、司空两府听说何敞要开始行动了，都差遣主办盗贼的官员跟从他。于是推治检举告发，详细地得到了事情发生的真相。太后很是生气，就把窦宪禁闭在内宫，窦宪害怕被杀，于是就自己主动请求去进攻匈奴来赦免他的死罪。

冬，十月，乙亥，以宪为车骑将军，伐北匈奴，以执金吾耿秉为副。发北军五校、黎阳、雍营、缘边十二郡骑士及羌、胡兵出塞。

公卿举故张掖太守邓训代张纡为护羌校尉。迷唐率兵万骑来至塞下，未敢攻训，先欲胁小月氏胡。训拥卫小月氏胡，令不得战。议者咸以羌、胡相攻，县官之利，不宜禁护。训曰："张纡失信，众羌大动，凉州吏民，命县丝发。原诸胡所以难得意者，皆恩信不厚耳。今因其追急，以德怀之，庶能有用。"遂令开城及所居园门，悉驱群胡妻子内之，严兵守卫。羌掠无所得，又不敢逼诸胡，因即解去。由是湟中诸胡皆言："汉家常欲斗我曹；今邓使君待我以恩信，开门内我妻子，乃是得父母也！"咸欢喜叩头曰："唯使君所命！"训遂抚养教谕，小大莫不感悦。于是赏赂诸羌种，使相招诱，迷唐叔父号吾将其种人八百户来降。训因发湟中秦、胡、羌兵四千人出塞，掩击迷唐于写谷，破之，迷唐乃去大、小榆，居颇岩谷，众悉离散。

【译文】冬季，十月，乙亥日（十七日），派窦宪为车骑将军，讨伐北匈奴，让执金吾耿秉担任副将；发动北军屯骑、越骑、步兵、长水、射声五校尉所带领的宿卫兵和黎阳营、雍营、边境上郡、西河、五原、云中、定襄、雁门、朔方、代郡、上谷、渔阳、安定、北地等十二郡的骑兵，还有羌族、匈奴的军队一起开出塞外。

公卿举荐以前张掖郡太守邓训去接替张纡担任护羌校尉。迷唐带领骑兵一万人来到关塞前，不敢进攻邓训，打算先威胁小月氏胡人。邓训保卫小月氏胡人，不让他和迷唐抗战。议论这件事的人都感觉羌人、匈奴人互相进攻，这是对朝廷很有好处的事，不应该对他们加以禁止保护。邓训说："自从张纡失信之后，羌人各族大举发兵进攻，凉州官员百姓的性命都悬在发丝上，极其危险。以前匈奴各族之所以很难赢得他们归顺之心都只是朝廷恩情不够深厚而已。现在趁着他们被追逐陷入危急情况的时候，用恩德来安抚他们，但愿这样做能够对朝廷有好处。"于是就下令打开城门还有所居住的护羌校尉府后园的门，把匈奴人的妻子儿女都赶进来收容他们，派军队严密看护着。羌人抢掠没有收成，又不敢进一步逼迫匈奴各族，因此就撤兵离去。于是湟中那些匈奴人都说："汉朝时常打算要和我们相互斗争；现在邓使君拿恩信对待我们，而且还打开城门收留我们的妻儿，这可真是守护疼爱我们的父母了。"于是都很高兴地磕头说："从今以后，我们就只听从使君您的命令。"邓训于是抚养教育他们，大大小小的胡人没有不因此而感动喜悦的。于是邓训就赏赐钱财给羌人各族，让他们互相招引顺从汉朝，迷唐的叔父号吾带领他的族人八百户前来投降。邓训于是就发动湟中的秦人、胡人、羌人的军队四千人开出塞外，在写谷袭击迷唐，把他打败，迷唐于是离开大、小榆谷，居住在颇岩谷，部众也都离散了。

【乾隆御批】 不问匈奴应击与否，但以宪请赎罪，即令师行，此举实为无名。

【译文】 不论匈奴是否应当讨伐，但因为窦宪请求攻打匈奴以赎死罪，便急忙派遣出兵，此举确实师出无名。

汉孝和皇帝上

永元元年（己丑，公元八九年）春，迷唐欲复归故地。邓训发湟中六千人，令长史任尚将之，缝革为船，置于箄上以渡河，掩击迷唐，大破之，斩首前后一千八百馀级，获生口二千人，马牛羊三万馀头，一种殆尽。迷唐收其馀众西徙千馀里，诸附落小种皆畔之。烧当豪帅东号稽颡归死，馀皆款塞纳质。于是训绥接归附，威信大行，遂罢屯兵，各令归郡，唯置弛刑徒二千馀人，分以屯田、修理坞壁而已。

【译文】永元元年（己丑，公元89年）春季，迷唐打算重新回到以前住的地方；邓训动员湟中六千人，命令长史任尚负责带领，把皮革缝制之后做成船，放在木筏上而渡河，袭击迷唐，把他打得大败，前后杀死了一千八百多人，捕获俘虏两千人，马牛羊三万多头，迷唐一族也几乎被消灭了。于是迷唐聚集他残余的部众往西转移了一千多里，可是所有依附他的羌人小族都叛变了他。烧当族的酋长东号，自己回来稽首恳请死罪，剩下的都敲关献上人质向汉朝投降。这时邓训安抚接受来归附的羌人，威信大盛，于是就把驻守在塞上的军队解散了，让他们各回到本郡去，只留下那些免去刑罚的犯人两千多人，分别负责屯戍垦田、修建坞壁而已。

窦宪将征匈奴，三公、九卿诣朝堂上书谏，以为："匈奴不犯边塞，而无故劳师远涉，损费国用，徼功万里，非社稷之计。"书连上，辄寝，宋由惧，遂不敢复署议，而诸卿稍自引止。唯袁安、任隗守正不移，至免冠朝堂固争，前后且十上，众皆为之危惧，安、隗正色自若。侍御史鲁恭上疏曰："国家新遭大忧，陛下方在谅阴，百姓阙然，三时不闻警跸之音，莫不怀思皇皇，若有求而不得。今乃以盛春之月兴发军役，扰动天下以事戎夷，诚非所以垂恩中国，改元正时，由内及外也。万民者，天之所生；天爱其所生，犹父母爱其子，一物有不得其所，则正气为之舛错，况于人乎！故爱民者必有天报。夫戎狄者，四方之异气，与鸟兽无别；若杂居中国，则错乱天气，污辱善人，是以圣王之制，羁縻不绝而已。今匈奴为鲜卑所破，远藏于史侯河西，去塞数千里，而欲乘其虚耗，利其微弱，是非义之所出也。今始征发，而大司农调度不足，上下相迫，民间之急，亦已甚矣。群僚百姓咸曰不可，陛下独奈何以一人之计，弃万人之命，不恤其言乎！上观天心，下察人志，足以知事之得失。臣恐中国不为中国，岂徒匈奴而已哉！"尚书令韩稜、骑都尉朱晖、议郎京兆乐恢，皆上疏谏，太后不听。

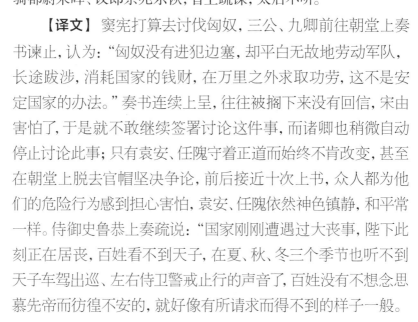

【译文】 窦宪打算去讨伐匈奴，三公、九卿前往朝堂上奏书谏止，认为："匈奴没有进犯边塞，却平白无故地劳动军队，长途跋涉，消耗国家的钱财，在万里之外求取功劳，这不是安定国家的办法。"奏书连续上呈，往往被搁下来没有回信，宋由害怕了，于是就不敢继续签署讨论这件事，而诸卿也稍微自动停止讨论此事；只有袁安、任隗守着正道而始终不肯改变，甚至在朝堂上脱去官帽坚决争论，前后接近十次上书，众人都为他们的危险行为感到担心害怕，袁安、任隗依然神色镇静，和平常一样。侍御史鲁恭上奏疏说："国家刚刚遭遇过大丧事，陛下此刻正在居丧，百姓看不到天子，在夏、秋、冬三个季节也听不到天子车驾出巡、左右侍卫警戒止行的声音了，百姓没有不想念思慕先帝而彷徨不安的，就好像有所请求而得不到的样子一般。

现在居然在盛春的月份发起军事行动，扰乱天下百姓去对付戎夷，这实在不是施恩惠给天下，改年号以齐正时令，由内到外地处理政务的做法啊！万民是上天所降生的；上天关心爱护他所降生的，就好像父母疼爱他的子女一般，有一物不能得到恰当的照顾，那么天气就会因为他而有所错乱，更何况是人呢！所以爱护人民的君主，肯定能够得到上天的回报。戎狄是四方奇特古怪之气，和鸟兽没有区别，如果和汉朝的人民混乱地生活在一起，那么就会让天气变得有所错乱，污秽玷污到那些善良的人民，因此圣王的法制，应该牵制他们，让他们得到畜养不至于灭绝而已。现在北匈奴被鲜卑国所打败，远远地躲藏在史侯河的西边，离开塞下好几千里，可是我们却打算趁着他兵力虚弱的时候，从中得到好处，这种行为是不正义的。现在开始准备征发军队，可是大司农调度粮草的器械却不充足，上下相互逼迫，民间的急困，已经是到了极点了。群臣百姓都说不可以这样做，为什么陛下要因为一个人的建议而抛弃了上万人的生命，不体恤他们的言论呢？在上观看上天的心意，在下体察人的志向，就已经足够知道事情的得失。微臣担心汉朝不能成为过去安定的汉朝，哪里只是单纯地为了匈奴而已呢？"尚书令韩棱、骑都尉朱晖、议郎京兆人乐恢，都上奏疏谏止，太后没有听从。

又诏使者为宪弟笃、景并起邸第，劳役百姓。侍御史何敞上疏曰："臣闻匈奴之为桀逆久矣，平城之围，慢书之耻，此二辱者，臣子所谓捐躯而必死，高祖、吕后忍怒（还）〔含〕忿，舍而不诛。今匈奴无逆节之罪，汉朝无可惭之耻，而盛春东作，兴动大役，元元怨恨，咸怀不悦。又猥复为卫尉笃、奉车都尉景缮修馆第，弥街绝里。笃、景亲近贵臣，当为百僚表仪。今众军在道，朝廷焦唇，百姓愁苦，县官无用，而遽起大第，崇饰玩好，非所以垂令德、示无穷也。宜且罢工匠，专忧北边，恤民之困。"书奏，不省。

【译文】 太后又下令使者为窦宪的弟弟窦笃、窦景同时修建府第，役使百姓。侍御史何敞上奏疏说："微臣听说匈奴很久以前就凶暴违逆了，高祖被围困在平城，吕后受到冒顿书信侮慢的羞辱，这两件羞耻，臣子为了雪耻甘愿捐躯而死，高祖、吕后忍着愤怒，摈弃此事而没有加以诛罚。现在匈奴没有违背朝廷命令的罪行，汉朝也没有值得羞愧的耻辱，却在盛春耕作的时候，发起大规模的军事行动，百姓私下怨恨，都怀有很不满的心理。又随意替卫尉窦笃、奉车都尉窦景建造府第，房屋占了满条街、整个里。窦笃、窦景是朝廷所亲近的大臣，理应作为百官的榜样。现在很多军队都被派出在道路上，朝廷苦心费力，百姓生活忧愁贫苦，州县官吏没有可以动用的钱财，却急着修建高大的府第，看重修饰玩弄喜欢的物品，这可不是留传美德、永远昭示后世的做法啊。应该暂时停止工匠的建造，专心忧虑北边的外患，怜惜百姓的困苦。"奏疏呈上，太后对此还是不加理会。

窦宪尝使门生赍书诣尚书仆射郅寿，有所请托，寿即送诏狱，前后上书，陈宪骄恣，引王莽以诫国家；又因朝会，刺讥宪等以伐匈奴、起第宅事，厉音正色，辞旨甚切。宪怒，陷寿以买公田、诽谤，下吏，当诛，何（敝）〔敞〕上疏曰："寿机密近臣，匡救为职，若怀默不言，其罪当诛。今寿违众正议以安宗庙，岂其私邪！臣所以触死瞽言，非为寿也。忠臣尽节，以死为归；臣虽不知寿，度其甘心安之。诚不欲圣朝行诽谤之诛，以伤晏晏之化，杜塞忠直，垂讥无穷。臣敝谬与机密，言所不宜，罪名明白，当填牢狱，先寿僵仆，万死有馀。"书奏，寿得减死论，徙合浦，未行，自杀。寿，恽之子也。

【译文】窦宪曾经让门生拿着书信到尚书仆射郅寿处，有所请求托付，郅寿马上就把送信的人送到了诏狱，先后上奏疏，讲述窦宪傲慢放肆的情况，借鉴王莽的例子来警告国家的危机；后又趁着上朝议事的时候，讽刺窦宪等人征讨匈奴、起造府第的事情，言辞严厉，神色严正，辞意非常激切。窦宪非常生气，于是就诬陷郅寿贩卖公田、诽谤朝廷，应该交给官吏审讯，理当诛杀，何敞上奏疏说："郅寿是皇帝身边参与机密大事的重臣，匡扶朝政是他的职责，如果保持沉默而没有说话，那么他的罪是应该被诛杀的。现在郅寿违背众人的意见，来安定祖先宗庙，难道是出自于他自己的私心吗？微臣所以冒着死罪、不察颜色而上言，并不是为了郅寿啊。忠臣竭尽他的节操，把死视为自己的归宿；微臣虽然不了解郅寿，但是臣猜想他是心甘情愿、心安理得去做的。实在不愿意看到朝廷因为他人的诬陷而诛杀忠君的大臣，伤害了朝廷宽容覆载的教化，阻止了大臣忠心正直的行为，留给后世抨击。微臣何敞参与国家机密要事，说话有所不合时宜，罪名很显然，理应关入牢狱，在郅寿之前先被诛杀，万死而有余。"奏书呈上，郅寿得以减免死罪，被贬到合浦郡，还没有等到出发，郅寿就自杀了。郅寿，是郅恽的儿子。

资治通鉴

夏，六月，窦宪、耿秉出朔方鸡鹿塞，南单于出满夷谷，度辽将军邓鸿出稒阳塞，皆会涿邪山。宪分遣副校尉阎盘、司马耿夔、耿谭将南匈奴精骑万馀，与北单于战于稽洛山，大破之，单于遁走。追击诸部，遂临私渠北鞮海，斩名王以下万三千级，获生口甚众，杂畜百馀万头，诸禅小王率众降者，前后八十一部二十馀万人。宪、秉出塞三千馀里，登燕然山，命中护军班固刻石勒功，纪汉威德而还。遣军司马吴（氾）〔汜〕、梁讽奉金帛遗北单于，时虏中乖乱，（氾）〔汜〕、讽及单于于西海上，宣国威信，以诏致赐，单于稽首拜受。讽因说令修呼韩邪故事，单于喜悦，即将其众与讽俱还；到私渠海，闻汉军已入塞，乃遣弟右温禺鞮王奉贡入侍，随讽诣阙。宪以单于不自身到，奏还其侍弟。

【译文】 夏季，六月，窦宪、耿秉离开了朔方郡鸡鹿塞，南单于离开了满夷谷，度辽将军邓鸿离开了稒阳塞，都在涿邪山会合。窦宪分别命令副校尉阎盘、司马耿夔、耿谭带领南匈奴精锐骑兵一万多人，和北单于在稽洛山进行作战，把他打得大败，单于被迫逃走。后来继续追击北匈奴的各个部落，最终来到私渠北鞮海，杀死了匈奴名王以下一万三千多人，捕获俘虏很多，各种牲畜一百多万头，所有匈奴的小王都带领部众前来投降，前后有八十一个部落二十多万人。窦宪、耿秉在距离塞外三千多里的地方，登上了燕然山，之后，派中护军班固把这个功绩刻在碑石上，记下了汉朝的声威功德之后就回去了。窦宪调遣军司马吴汜、梁讽拿着金银布帛送给北单于，这个时候北匈奴内部动荡分裂，吴汜、梁讽到西海旁边才追上北单于，他们宣扬汉朝的威信，并以朝廷的名义赏赐财物，单于磕头拜受。梁讽趁着这个机会劝说他们，让他们重新效仿呼韩邪旧有的事例，作为臣服于汉朝的北部藩臣，单于很高兴，马上就带领部下和梁讽共同回来，来到私渠海，听说汉军已经来到塞内，于是差遣弟弟右温禺鞮王拿着贡礼进京侍奉朝廷，跟随梁讽前去天子宫阙，朝见天子。窦宪以单于没有亲自到来为借口，奏请朝廷把单于派来侍奉天子的弟弟遣送回去了。

秋，七月，乙未，会稽山崩。

九月，庚申，以窦宪为大将军，中郎将刘尚为车骑将军，封宪武阳侯，食邑二万户；宪固辞封爵，诏许之。旧，大将军位在三公下，至是，诏宪位次太傅下、三公上；长史、司马秩中二千石。封耿秉为美阳侯。

窦氏兄弟骄纵，而执金吾景尤甚，奴客缇骑强夺人财货，篡取罪人，妻略妇女。商贾闭塞，如避寇仇。又擅发缘边诸郡突骑有才力者，有司莫敢举奏，袁安劾景"擅发边兵，惊惑吏民；二千石不待符信而辄承景檄，当伏显诛。"又奏"司隶校尉河南尹阿附贵戚，不举劾，请免官案罪。"并寝不报。驸马都尉瑰，独好经书，节约自修。

【译文】秋季，七月，乙未日（十一日），会稽郡发生山崩。

九月，庚申日（初七），太后任命窦宪为大将军，中郎将刘尚为车骑将军，封窦宪为武阳侯，食邑两万户；窦宪坚持拒绝封爵，于是太后就下诏批准了。以前大将军地位在三公之下，现在太后下诏让窦宪的地位在太傅之下、三公之上；长史、司马的俸禄是二千石。封耿秉为美阳侯。

窦氏兄弟骄纵傲慢，而执金吾窦景更是过分，家奴、宾客、赤衣马队强行掠夺别人的财物，抢掠犯人，强抢妇女为妻。商人紧闭门户，躲避他们就好比躲避寇盗仇敌一般。窦景还擅自发动边境各郡有实力、能够冲锋陷阵杀敌的骑兵，官员不敢告发上奏，袁安弹劾窦景"擅自随意发动边地的百姓，惊扰祸害官吏和人民；；二千石的官员不需要符信就可以承接窦景的檄文，窦景理应接受诛杀的刑罚"。后又奏明"司隶校尉河南尹为讨依附贵戚的喜欢，没有告发弹劾窦景的罪行，请求罢免他的官

资治通鉴

职,查询他的罪名"。奏书都被搁下,没有回信。只有驸马都尉窦瑰,爱好经书,节俭省用,注意修养自己的德行。

尚书何敞上封事曰:"昔郑武姜之幸叔段,卫庄公之宠州吁,爱而不教,终至凶戾。由是观之,爱子若此,犹饥而食之以毒,适所以害之也。伏见大将军宪,始遭大忧,公卿比奏,欲令典干国事;宪深执谦退,固辞盛位,恳恳勤勤,言之深至,天下闻之,莫不悦喜。今逾年未几,大礼未终,卒然中改,兄弟专朝,宪秉三军之重,笃、景总宫卫之权,而虐用百姓,奢侈僭逼,诛戮无罪,肆心自快。今者论议讻讻,咸谓叔段、州吁复生于汉。臣观公卿怀持两端,不肯极言者,以为宪等若有匡辅之志,则已受吉甫褒申伯之功;如宪等陷于罪辜,则自取陈平、周勃顺吕后之权,终不以宪等吉凶为忧也!臣敞区区诚欲计策两安,绝其绵绵,塞其涓涓,上不欲令皇太后损文母之号、陛下有誓泉之讥,下使宪等得长保其福祐也。驸马都尉瑰,比请退身,愿抑家权,可与参谋,听顺其意,诚宗庙至计,窦氏之福!"时济南王康尊贵骄甚,宪乃白出敞为济南太傅。康有违失,敞辄谏争,康虽不能从,然素敬重敞,无所嫌牾焉。

冬,十月,庚子,阜陵质王延薨。

是岁,郡国九大水。

【译文】尚书何敞呈上密封奏书说:"以前郑武姜宠爱叔段,卫庄公宠爱州吁,爱他却不正确地教导他,最终使他们成了凶恶乖戾之徒。以此看来,这样爱儿子,就好比在饥饿时拿毒物给他吃,恰恰是害了他啊!我看大将军窦宪,在国家刚刚遭遇大丧事之时,公卿频繁上奏,期望能够让他操持国家大事;窦宪深深地守着谦退的礼节，坚决辞去高位，态度诚恳，说话深沉诚挚，天下人听了，没有不高兴的。现在遭遇国家忧患才过了一年多一点，三年丧礼的时间都还没有结束，中途就忽然改变了自己的所作所为，兄弟在朝中把持朝政，窦宪担任掌管三军的重任，窦笃、窦景掌管宫中守卫的大权，而且残暴差遣百姓，生活奢靡、过分而逼迫尊长，杀害无罪的人，随意妄为，以谋求自己个人心里的痛快。现在朝中的大臣都在大声地讨论此事，都以为是叔段、州吁在汉朝又复活了。微臣观察公卿们心中存有观望的想法，却不愿意尽情发言的缘故，是认为窦宪等人如果有为朝廷夙夜不懈的心意，那么早已经受到大臣的赞扬，就像周朝尹吉甫写诗褒奖周宣王元舅申伯的功业一般；如果窦宪等人犯了罪，那么自己顺从了太后的心愿，就像汉初陈平、周勃顺着吕后的心意而封吕禄、吕产，最终还是一起谋划把吕禄、吕产诛灭一般，始终不会为窦宪等人的吉凶而忧虑的！微臣何敞个人的诚意，实在是渴望能够想出两全齐美的计策，阻挡那绵绵不绝的祸害，阻止那源源不断的后患，在上不要让皇太后有损文王之母的美称、陛下不受到和母后不和的嘲笑，就像郑庄公向母亲武姜发誓"不及黄泉，无相见也"，后人对他的嘲笑一样；在下让窦宪等人能够永久保有他们的福佑。驸马都尉窦瑰，最近请求辞去官职，希望贬谪他家的地位，不要把权位再封给他，皇上可以和他商量，听取他的意见，这个实在是对国家宗庙最好的办法了，也是窦家的福分啊！"当时济南王刘康地位尊贵而傲慢无比，窦宪就向太后报告，把何敞调遣离京，去做济南王太傅。每当刘康有过失，何敞就向他谏告，刘康虽然没有听从，可是他一向尊重何敞，彼此之间没有嫌弃和冲突。

冬季，十月，庚子日（十八日），阜陵质王刘延去世。

这一年,有九个郡国都发生了水灾。

二年(庚寅,公元九〇年)春,正月,丁丑,赦天下。

二月,壬午,日有食之。

夏,五月,丙辰,封皇弟寿为济北王,开为河间王,淑为城阳王;绍封故淮南顷王子侧为常山王。

窦宪遣副校尉阎盘将二千馀骑掩击北匈奴之守伊吾者,复取其地。车师震慑,前、后王各遣子入侍。

月氏求尚公主,班超拒还其使,由是怨恨,遣其副王谢将兵七万攻超。超众少,皆大恐;超譬军士曰:"月氏兵虽多,然数千里逾葱岭来,非有运输,何足忧邪!但当收谷坚守,彼饥穷自降,不过数十日决矣!"谢遂前攻超,不下,又钞掠无所得。超度其粮将尽,必从龟兹求食,乃遣兵数百于东界要之。谢果遣骑赍金银珠玉以赂龟兹,超伏兵遮击,尽杀之,持其使首以示谢。谢大惊,即遣使请罪,愿得生归,超纵遣之。月氏由是大震,岁奉贡献。

【译文】 二年(庚寅,公元90年)春季,正月,丁丑日(二十六日),大赦天下。

二月,壬午日(初二),发生日食。

夏季,五月,丙辰日(初七),汉和帝封皇弟刘寿为济北王,刘开为河间王,刘淑为城阳王;继续封以前淮南顷王的儿子刘侧为常山王。

窦宪派遣副校尉阎盘带领两千多骑兵袭击匈奴防守伊吾的军队,又一次取得了那个地方。车师国非常担心,前、后王各派遣儿子到京城来侍奉天子。

月氏国请求娶汉朝的公主为妻，班超不同意并遣还他的使者，因此月氏王很是怨恨班超，调遣他的副王谢带领士兵七万人去进攻班超。班超兵卒数量比较少，部下都非常担心害怕；班超向士兵解释说："月氏国的军队虽然人很多，可是已经奔走了数千里路程、越过葱岭前来，而且后面没有后继粮草运输，有什么值得我们担心的呢？只要把米谷给收藏好，坚守城池，等他们粮米吃完，饥饿穷困到了极点的时候，自然就投降了，不需要超过几十天，胜负就能够决定了！"谢领兵到达后就上前进攻班超，进攻不下，强夺粮米也没有什么收获。班超预计他们的粮米马上就要吃完了，肯定会向龟兹国求取粮食，于是调遣几百士兵在东界阻拦他。谢果然调遣骑兵带着金银珠宝前去向龟兹国换取粮食，班超提前埋伏的军队拦到之后进攻，把他们全部杀了，带着使者的头去给谢看。谢很是惊恐，立刻派遣使者前去请罪，希望能够活着回去，于是班超就把他们释放遣送了回去。月氏国于是非常担心害怕，每年向朝廷进贡。

资治通鉴

初，北海哀王无后，肃宗以齐武王首创大业而后嗣废绝，心常愍之，遗诏令复齐、北海二国。丁卯，封芜湖侯无忌为齐王，北海敬王庶子威为北海王。

六月，辛卯，中山简王焉薨。焉，东海恭王之母弟，而窦太后，恭王之甥也；故加赗钱一亿，大为修冢茔，平夷吏民冢墓以千数，作者万馀人，凡征发摇动六州十八郡。

诏封窦宪为冠军侯，笃为郾侯，瑰为夏阳侯；宪独不受封。

秋，（十）〔七〕月，乙卯，窦宪出屯凉州，以侍中邓叠行征西将军事为副。

北单于以汉还其侍弟，九月，复遣使款塞称臣，欲入朝见。

冬十月，窦宪遣班固、梁讽迎之。会南单于复上书求灭北庭，于是遣左谷蠡王师子等将左右部八千骑出鸡鹿塞，中郎将耿谭遣从事将护之，袭击北单于。夜至，围之，北单于被创，仅而得免，获阏氏及男女五人，斩首八千级，生虏数千口。班固至私渠海而还。是时，南部党众益盛，邻户三万四千，胜兵五万。

【译文】 当初，北海哀王刘基没有子嗣，肃宗（汉章帝）因为齐武王（刘縯）是第一个开创推翻王莽、中兴汉室大业的，可是后代子孙断绝爵位，心中时常怜悯此事，于是在遗诏中就命令恢复齐、北海两个封国。丁卯日（十八日），封芜湖侯刘无忌为齐王，北海敬王的庶子刘威为北海王。

六月，辛卯日（十二日），中山简王刘焉去世了。刘焉是东海恭王同母弟，而窦太后是恭王的外甥女；所以增添了赞助丧礼的赗钱一亿钱，大肆地为他修建坟墓，铲平了官吏人民的坟墓上千座，负责修建的工人有一万多人，凡是那些征调发动的工人影响了六州十八个郡。

下诏封窦宪为冠军侯，窦笃做郾侯，窦瑰做夏阳侯；只有窦宪一个人没有接受封爵。

秋季，七月，乙卯日（初七），窦宪出兵在凉州驻守，让侍中邓叠兼管征西将军的职务做副手。

北单于由于汉朝把他送去京城侍奉天子的弟弟给遣还了回去，九月，又派遣使者到塞门称臣，希望可以进京朝见天子。冬季，十月，窦宪命令班固、梁讽迎接他。刚好南单于又一次上奏书恳请歼灭北匈奴，于是派遣左谷蠡王师子等带领左右部八千骑兵出了鸡鹿塞，中郎将耿谭命令从事带领监督他们，偷袭北单于。大军晚上来到北单于军前，围住了他，北单于受了伤，只是得以保全性命，俘获阏氏和他的子女五人，斩杀了八千人，俘虏几千人。班固来到私渠海然后又返回来。这时，南匈奴的部众越来越多，统帅三万四千户，强大的军队五万人。

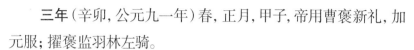

三年（辛卯，公元九一年）春，正月，甲子，帝用曹褒新礼，加元服；擢褒监羽林左骑。

窦宪以北匈奴微弱，欲遂灭之，二月，遣左校尉耿夔、司马任尚出居延塞，围北单于于金微山，大破之，获其母阏氏、名王已下五千馀级，北单于逃走，不知所在，出塞五千馀里而还，自汉出师所未尝至也。封夔为粟邑侯。

窦宪既立大功，威名益盛，以耿夔、任尚等为爪牙，邓叠、郭璜为心腹，班固、傅毅之徒典文章，刺史、守、令，多出其门，竞赋敛吏民，共为赂遗。司徒袁安、司空任隗举奏诸二千石并所连及，贬秩免官者四十馀人，窦氏大恨；但安、隗素行高，亦未有以害之。尚书仆射乐恢，刺举无所回避，宪等疾之。恢上疏曰："陛下富于春秋，纂承大业，诸舅不宜干正王室，以示天下之私。方今之宜，上以义自割，下以谦自引，四舅可长保爵土之荣，皇太后永无惭负宗庙之忧，诚策之上者也。"书奏，不省。恢称疾乞骸骨，归长陵；宪风厉州郡，迫胁恢饮药死。于是朝臣震慑，望风承旨，无敢违者。袁安以天子幼弱，外戚擅权，每朝会进见及与公卿言国家事，未尝不喑呜流涕；自天子及大臣，皆恃赖之。

【译文】 三年（辛卯，公元91年）春季，正月，甲子日（十九日），汉和帝采用曹褒新制定的礼仪，在头上戴上冠冕；提升曹褒为羽林左监，统率羽林左骑。

窦宪认为北匈奴势力微弱，打算就此消灭他，二月，命令左校尉耿夔、司马任尚出了居延塞，在金微山把北单于给包围了，把他打得大败，俘获了单于的母亲阏氏，斩杀了名王以下五千多人，北单于被迫逃走，不见踪迹，汉军出了关塞五千多里之后返回，自从汉朝派出军队以来，从来没有到达过这么远的地方。朝廷封耿夔为粟邑侯。

窦宪已经立了大功，名声更加盛大，把耿夔、任尚当作爪牙，邓叠、郭璜作为他的心腹，班固、傅毅这些人帮他负责文书，刺史、太守、县令都是他家常客，这些人抢着征集吏民的赋税一起贿赂馈赠他。司徒袁安、司空任隗点明事实禀奏朝廷，很多位两千石的大臣都因此受到牵连，被罢免官职的有四十多人，窦宪心里非常痛恨袁安、任隗；可是袁安、任隗一向德行高洁，也没有办法去诬陷他们。尚书仆射乐恢，告发窦宪没有一丝回避，窦宪等人很是痛恨他。乐恢上奏疏说："陛下还年轻，继承了皇位，几位舅舅不应该主要掌管王室的事情，以此来向天下人表明自己的一片私心。现在最合适的做法，就是在上以大义来自己裁决朝政，在下以谦卑来进行自我约束，四位国舅可以永久地保留爵士的荣耀，皇太后永远没有羞愧于祖先宗庙的忧虑，实在是最好的做法。"奏疏呈上，太后没有对此理会。乐恢就假称生病请求可以退休，回到家乡长陵县；窦宪鼓励州郡官吏，强逼乐恢服毒而亡。于是朝臣非常惊恐担忧，仰望窦宪的风声遵承他的旨意，而不敢违背。袁安由于天子幼弱，外戚专权，每次朝会觐见天子的时候，还有和公卿大臣探讨国家大事的时候，从来没有不因此伤心而流泪的；从天子到朝中大臣，都依靠仰赖他。

冬，十月，癸未，上行幸长安，诏求萧、曹近亲宜为嗣者，绍其封邑。

诏窦宪与车驾会长安。宪至，尚书以下议欲拜之，伏称万岁，尚书韩稜正色曰："夫上交不谄，下交不黩；礼无人臣称万岁之制！"议者皆惭而止。尚书左丞王龙私奏记、上牛酒于宪，稜举奏龙，论为城旦。

龟兹、姑墨、温宿诸国皆降。十二月，复置西域都护、骑都尉、戊己校尉官。以班超为都护，徐幹为长史。拜龟兹侍子白霸为龟兹王，遣司马姚光送之。超与光共胁龟兹，废其王尤利多而立白霸，使光将尤利多还诣京师。超居龟兹它乾城，徐幹屯疏勒，惟焉耆、危须、尉犁以前没都护，犹怀二心，其馀悉定。

【译文】 冬季，十月，癸未日（十二日），汉和帝出巡来到长安县，下令寻访萧何、曹参的近亲适合为后代的，来继承他的封邑。

汉和帝下诏令窦宪和皇帝的车驾在长安县会合。窦宪来到之后，尚书以下的大臣提议打算向他行跪拜大礼，伏身中称万岁，尚书韩稜端正脸色说："和上位的人相交不可以谄媚，和下面的人相交不可轻视；礼仪上没有臣子被称为万岁的法制！"那些提议的人都深深地感到羞愧而停止了。尚书左丞王龙私自上奏记、进献牛酒给窦宪，韩稜依据事实列举上奏表明王龙的罪行，依罪判他贬为城旦。

龟兹、姑墨、温宿等国都归降了。十二月，朝廷又设立西域都护、骑都尉、戊己校尉官，任命班超为都护，徐幹为长史。任命龟兹的侍子白霸为龟兹王，命令司马姚光负责保送他回去。班超和姚光一起逼迫龟兹，让他废去了原来的王尤利多，反过来立白霸为王，让姚光把尤利多带回京城。班超在龟兹国的它乾城居住，徐幹在疏勒国驻守，只有焉耆国、危须国、尉犁国由于从前没有都护，依旧对汉朝怀有叛变的心，其他西域各国都臣服于汉朝。

庚辰，上至自长安。

初，北单于既亡，其弟右谷蠡王於除鞬自立为单于，将众数千人止蒲类海，遣使款塞。窦宪请遣使立於除鞬为单于，置中郎将领护，如南单于故事。事下公卿议，宋由等以为可许；袁安、任隗奏以为：“光武招怀南虏，非谓可永安内地，正以权时之算，可得扞御北狄故也。今朔漠既定，宜令南单于反其北庭，并领降众，无缘复更立於除鞬以增国费。”事奏，未以时定。安惧宪计遂行，乃独上封事曰：“南单于屯先父举众归德，自蒙恩以来四十馀年，三帝积累以遗陛下，陛下深宜遵述先志，成就其业。况屯首唱大谋，空尽北虏，辍而弗图，更立新降；以一朝之计，违三世之规，失信于所养，建立于无功。《论语》曰：‘言忠信，行笃敬，虽蛮貊行焉。’今若失信于一屯，则百蛮不敢复保誓矣。又，乌桓、鲜卑新杀北单于，凡人之情，咸畏仇雠，今立其弟，则二虏怀怨。且汉故事，供给南单于，费直岁一亿九十馀万，西域岁七千四百八十万；今北庭弥远，其费过倍，是乃空尽天下而非建策之要也。”诏下其议，安又与宪更相难折。宪险急负执，言辞骄讦，至诋毁安，称光武诛韩歆、戴涉故事，安终不移；然上竟从宪策。

【译文】庚辰日（初十），汉和帝从长安来到此地。

当初，北单于已经去世，他的弟弟右谷蠡王于除鞬自己立为单于，带领部下几千人留在蒲类海，派遣使者到塞门恳求臣服于汉。窦宪奏请朝廷派遣使者，立于除鞬为单于，设立中郎将统率北匈奴，就像过去对待南单于的事例一般。事情交给公卿大臣商议，宋由等人认为可以答应这件事；袁安、任隗禀明朝廷，认为："光武帝招徕安抚南匈奴并不是以为可以让他永远安分

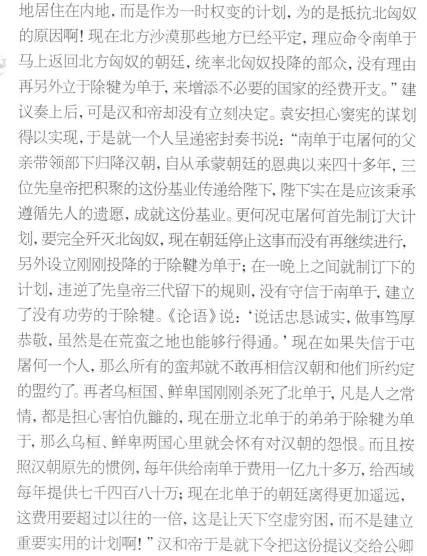

地居住在内地，而是作为一时权变的计划，为的是抵抗北匈奴的原因啊！现在北方沙漠那些地方已经平定，理应命令南单于马上返回北方匈奴的朝廷，统率北匈奴投降的部众，没有理由再另外立于除鞬为单于，来增添不必要的国家的经费开支。"建议奏上后，可是汉和帝却没有立刻决定。袁安担心窦宪的谋划得以实现，于是就一个人呈递密封奏书说："南单于屯屠何的父亲带领部下归降汉朝，自从承蒙朝廷的恩典以来四十多年，三位先皇帝把积聚的这份基业传递给陛下，陛下实在是应该秉承遵循先人的遗愿，成就这份基业。更何况屯屠何首先制订大计划，要完全歼灭北匈奴，现在朝廷停止这事而没有再继续进行，另外设立刚刚投降的于除鞬为单于；在一晚上之间就制订下的计划，违逆了先皇帝三代留下的规则，没有守信于南单于，建立了没有功劳的于除鞬。《论语》说：'说话忠恳诚实，做事笃厚恭敬，虽然是在荒蛮之地也能够行得通。'现在如果失信于屯屠何一个人，那么所有的蛮邦就不敢再相信汉朝和他们所约定的盟约了。再者乌桓国、鲜卑国刚刚杀死了北单于，凡是人之常情，都是担心害怕仇雠的，现在册立北单于的弟弟于除鞬为单于，那么乌桓、鲜卑两国心里就会怀有对汉朝的怨恨。而且按照汉朝原先的惯例，每年供给南单于费用一亿九十多万，给西域每年提供七千四百八十万；现在北单于的朝廷离得更加遥远，这费用要超过以往的一倍，这是让天下空虚穷困，而不是建立重要实用的计划啊！"汉和帝于是就下令把这份提议交给公卿大臣进行讨论，袁安又和窦宪互相责难打击。窦宪为人邪恶急躁，依仗他的权势，说话骄傲而且揭露别人的过失，甚至污蔑袁安，提及光武帝杀韩歆、戴涉的往事，袁安一直都不改变心意；可是汉和帝最后却听取了窦宪的建议。

资治通鉴卷第四十八　汉纪四十

起玄黓执徐，尽旃蒙大荒落，凡十四年。

【译文】起壬辰（公元92年），止乙巳（公元105年），共十四年。

【题解】　本卷记录了汉和帝永元四年到元兴元年间的历史。和帝友爱诸王，杀权臣窦宪，减轻人民劳顿，虽无大的作为，但也不是昏庸之君。班固受窦宪牵连入狱后，作所《汉书》由其妹班昭完成。班超在西域不断开拓，西域十六国归附，班超在归国时，逝于洛阳。东汉设置西海郡，用以安抚最大的边患西羌。和帝驾崩后，邓太后临朝，明断冤狱。

孝和皇帝下

永元四年（壬辰，公元九二年）春，正月，遣大将军左校尉耿夔授於除鞬印绶，使中郎将任尚持节卫护屯伊吾，如南单于故事。

初，庐江周荣辟袁安府，安举奏窦、景及争立北单于事，皆荣所具草，窦氏客太尉掾徐齮深恶之，胁荣曰：“子为袁公腹心之谋，排奏窦氏，窦氏悍士、刺客满城中，谨备之矣！”荣曰：“荣，江淮孤生，得备宰士，纵为窦氏所害，诚所甘心！”因敕妻子：“若卒遇飞祸，无得殡敛，冀以区区腐身觉悟朝廷。”

三月，癸丑，司徒袁安薨。

闰月，丁丑，以太常丁鸿为司徒。

夏，四月，丙辰，窦宪还至京师。

【译文】 永元四年（壬辰，公元92年）春季，正月，差遣大将军左校尉耿夔把印绶交给于除鞬，让中郎将任尚持着符节在伊吾卫护驻守，如同南单于旧例。

起初，庐江郡人周荣被征召到袁安的司徒府任职，袁安依据事实列举上奏窦景的罪行，还有争立北单于的奏书，都是周荣负责起草的，窦家的宾客太尉掾徐龄很是痛恨他，胁迫周荣说："你是袁安的心腹，帮他谋划、排斥禀明窦家的罪行，窦家凶悍的武士、刺客满城都是，你要小心谨慎有所戒备啊！"周荣说："我周荣是江淮无依无靠的书生，能够在司徒府任职，即使被窦家所谋害，这也实在是我自己心甘情愿的！"于是就告诫妻子说："如果我忽然遭遇意想不到的祸害，不要为我入棺埋葬，希望可以通过我微小腐朽的身体来让朝廷有所觉悟。"

三月，癸丑日（十四日），司徒袁安去世。

闰月，丁丑日（初九），任命太常丁鸿做司徒。

夏季，四月，丙辰日（十八日），窦宪回到京师。

六月，戊戌朔，日有食之。丁鸿上疏曰："昔诸吕握权，统嗣几移；哀、平之末，庙不血食。故虽有周公之亲而无其德，不得行其势也。今大将军虽欲敕身自约，不敢僭差；然而天下远近，皆惶怖承旨。刺史、二千石初除，谒辞、求通待报，虽奉符玺，受台敕，不敢便去，久者至数十日，背王室，向私门，此乃上威损，下权盛也。人道悖于下，效验见于天，虽有隐谋，神照其情，垂象见戒，以告人君。禁微则易，救末者难；人莫不忽于微细以致其大，恩不忍诲，义不忍割，去事之后，未然之明镜也。夫天不可以不刚，不刚则三光不明；王不可以不强，不强则宰牧从横。宜因大变，改政匡失，以塞天意！"

丙辰，郡国十三地震。

旱，蝗。

【译文】六月，戊戌朔日（初一），发生日食。丁鸿上奏疏说："以前吕家的几个兄弟专断独权，天子的政统差不多被转移了；哀帝、平帝末年，王莽篡位，汉室的宗庙停止了祭祀。所以尽管有周公那样的亲属关系却没有周公一般的美德之人，不能够让他执掌政权。现在大将军尽管打算自我约束，不敢逾越本分；可是天下远近的臣子，都很担心害怕，都遵守他的旨意。刺史、二千石官员，先拜见大将军之后，向他道别，然后赴任，请求通名，等候回报，看能不能谒见，同不同意辞行，虽然已经持着符节玺印，向尚书台接受命令，也不敢就离开，时间长的等到几十天，他们不看重王室，却投向私人家门，这是君上的威信严重受损，而臣下的权势太过于强盛啊！人道在下有所反逆，效验就在天上表现出来了，就算有秘密的谋划，神明却能够知晓实情，通过天象、提出警示，来告诫人君。要终止微小的过失是很容易就能够办到的，等到事情变得严重之后再想要解救就会变得很困难了；人们没有不是在隐微的时候忽视了，以致使事情闹大的，在恩情上不舍得教诲他，在道义上不舍得去除他，等到事情发生之后，彰显明白，再看事情还没有发生之前的情况，便如明镜了。天道不可不刚健，不刚健那么日月星三光也就不明了；天子不可以不强大，不强大大小官员就放纵而不服了。理应趁着日食天象大变异的时候，进行政治改革、匡扶缺失，来阻止上天不满的心意！"

丙辰日（十九日），十三个郡和封国发生了地震。

发生旱灾，蝗灾。

　　窦氏父子兄弟并为卿、校，充满朝廷，穰侯邓叠、叠弟步兵校尉磊及母元、宪女婿射声校尉郭举、举父长乐少府璜共相交结；元、举并出入禁中，举得幸太后，遂共图为杀害，帝阴知其谋。是时，宪兄弟专权，帝与内外臣僚莫由亲接，所与居者阉宦而已。帝以朝臣上下莫不附宪，独中常侍钩盾令郑众，谨敏有心幾，不事豪党，遂与众定议诛宪，以宪在外，虑其为乱，忍而未发。会宪与邓叠皆还京师。时清河王庆，恩遇尤渥，常入省宿止；帝将发其谋，欲得《外戚传》，惧左右，不敢使，令庆私从千乘王求，夜，独内之；又令庆传语郑众，求索故事。庚申，帝幸北宫，诏执金吾、五校尉勒兵屯卫南、北宫，闭城门，收捕郭璜、郭举、邓叠、邓磊，皆下狱死。遣谒者仆射收宪大将军印绶，更封为冠军侯，与笃、景、瑰皆就国。帝以太后故，不欲名诛宪，为选严能相督察之。宪、笃、景到国，皆迫令自杀。

　　【译文】窦家父子兄弟都做到了卿、校的职位，充满朝廷，穰侯邓叠、邓叠的弟弟步兵校尉邓磊，还有母亲元、窦宪的女婿射声校尉郭举、郭举的父亲长乐少府郭璜都互相勾结。元、郭举一起出入宫中，郭举得到太后的喜爱，于是就一起谋划打算杀害天子，汉和帝暗中知道了他们的阴谋。这个时候，窦宪兄弟专权，和皇帝居住在一起的就只有宦官而已，和内外臣僚没有办法靠近。汉和帝由于朝中大臣上下没有不依靠窦宪的，唯独中常侍钩盾令郑众，为人谨慎聪明而且胸有城府，不依赖权势，于是就和郑众商量把窦宪给诛杀了，由于窦宪在外驻守，害怕他会起兵作乱，心里忍着而没有发动。刚好窦宪和邓叠都回到了京师。当时清河王刘庆，受到朝廷的恩典礼遇很是深厚，经常来到宫中住宿；汉和帝打算发动诛杀窦宪的谋划，希望可以得到《汉书·外戚传》，担心左右泄露秘密，就没有敢差遣他们，命令刘庆暗地里向千乘王刘伉求取，在夜间，刘伉一个人把《外戚传》送呈皇帝；后又下令让刘庆传话给郑众，求取文帝诛薄昭、武帝诛窦婴的往事。庚申日（二十三日），汉和帝来到北宫，下诏让执金吾、北军五校尉率领军队驻守保卫南宫、北宫，关闭城门，捕获了郭璜、郭举、邓叠、邓磊，都关在狱中处死了。差遣谒者仆射把窦宪的大将军印绶收回，罢免大将军职位，降职为冠军侯，和窦笃、窦景、窦瑰都前往自己的封国。汉和帝由于太后的原因，不希望以罪名来诛杀窦宪，就替他选择严明能干的宰相对他进行监督。窦宪、窦笃、窦景来到自己的封国，都下令逼迫让他们自杀了。

初，河南尹张酺，数以正法绳治窦景，及窦氏败，酺上疏曰："方宪等宠贵，群臣阿附唯恐不及，皆言宪受顾命之托，怀伊、吕之忠，至乃复比邓夫人于文母。今严威既行，皆言当死，不顾其前后，考折厥衷。臣伏见夏阳侯瑰每存忠善，前与臣言，常有尽节之心，检敕宾客，未尝犯法。臣闻王政骨肉之刑，有三宥之义，过厚不过薄。今议者欲为瑰选严能相，恐其迫切，必不完免，宜裁加贷宥，以崇厚德。"帝感共言，由是瑰独得全。窦氏宗族宾客以宪为官者，皆免归故郡。

初，班固奴尝醉骂洛阳令种兢，兢因逮考窦氏宾客，收捕固，死狱中。固尝著《汉书》，尚未就，诏固女弟曹寿妻昭踵而成之。

【译文】起初，河南尹张酺，屡次用公正的法令来惩罚窦景，等到窦家谋害汉和帝的计策失败之后，张酺上奏疏说："当窦宪等人得宠的时候，群臣谄媚依靠他还怕来不及，都说窦宪受先皇帝遗命，把皇帝托付给他，身怀伊尹、吕尚的忠心，甚至于又把邓夫人比作文王的妻子。现在朝廷的威严已经施行，群臣又都说应该把他诛杀了，便不再考虑前后所说的话，审查判断自己的想法。微臣见到夏阳侯窦瑰时常存有忠诚善良的心，以前和我交谈的时候，经常有为朝廷尽节的心意，检点告诫宾客，从来都没有违法的行为。微臣听说圣王的政治对骨肉的刑罚，有三次宥赦的道义，宁愿太过笃厚，也不要过于刻薄。现在讨论的人都希望帮窦瑰选择精明能干的相，可是他们太过逼迫，肯定不能让窦瑰得以完整地生存，应该让裁决更加宽容赦宥，来添加天子的厚德。"汉和帝被张酺的话所感动，于是就让窦瑰一个人得以保全性命。窦家那些宗族宾客，因为窦宪而做官的，一律免官回家。

起初，班固的奴仆曾经醉酒谩骂洛阳县令种兢，种兢便借着抓捕审讯窦家的宾客的机会逮捕了班固，班固死在了牢狱中。班固曾经撰写《汉书》，还没有完成，汉和帝下诏让班固的妹妹、曹寿的妻子班昭接着把它给完成。

◆华峤论曰：固之序事，不激诡，不抑抗，赡而不秽，详而有体，使读之者亹亹而不厌，信哉其能成名也！固讥司马迁是非颇谬于圣人，然其论议，常排死节，否正直，而不叙杀身成仁之为美，则轻仁义，贱守节甚矣！◆

初，窦宪纳妻，天下郡国皆有礼庆。汉中郡亦当遣吏，户曹李郃谏曰："窦将军椒房之亲，不修德礼而专权骄恣，危亡之祸，可翘足而待；愿明府一心王室，勿与交通。"太守固遣之，郃不能止，请求自行，许之。郃遂所在迟留以观其变，行至扶风而宪就国。凡交通者皆坐免官，汉中太守独不与焉。

帝赐清河王庆奴婢、舆马、钱帛、珍宝，充牣其第。庆或时不安，帝朝夕问讯，进膳药，所以垂意甚备。庆亦小心恭孝，自以废黜，尤畏事慎法，故能保其宠禄焉。

【译文】 ◆华峤评论说：班固记叙史事，不随意虚夸、诽谤，不随意贬退、奖进。内容充实却不混杂，详尽而有条理，让读到的人勤勉而不厌烦，他能成就名声是确实可信的啊！班固抨击司马迁评论的是非对错，和圣人有很大的不同，可是他讨论人物，时常很是排斥死节之士，非议正直的人，而且不记载杀身成仁的美行，这是轻视仁义，鄙贱守节到了极点！◆

起初，窦宪娶妻的时候，天下各郡各国都送礼物为他庆祝。汉中郡按理说也应该派遣官吏送礼庆贺，户曹李郃劝谏太守说："窦将军是太后的内亲，不修养德礼而专权骄傲放肆，危亡的祸害马上就要到了；但愿你一心为朝廷立功，不要和他来往。"太守坚决要派人去，李郃没有办法阻拦，请求自己前去，于是太守就同意了。李郃于是一路上滞缓停留，来观看事情的变化，走到扶风郡的时候，窦宪被遣往自己的封国。所有和窦宪来往的人，都被论罪而免官，只有汉中郡太守没有被牵连在内。

汉和帝把奴婢、车马、钱帛、珍宝赐给清河王刘庆，充满了他的府第。刘庆偶尔身体欠安，汉和帝就对他早晚问候，奉上食品药物，表现出十分周到的关怀心意。刘庆也谨慎恭敬孝顺，自己因为被废黜了太子之位，特别害怕出事，所以就谨慎地遵守法纪，但愿能够保全他的恩宠和禄位。

【申涵煜评】 郃知窦氏必败，受汉中守命往交通，以迟留得免。与淮南相将兵城守，反戈为汉，其济变略同。彼高午、羊胜辈，

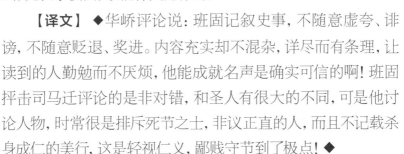

直瘝狗耳。

【译文】 李郃知道窦氏一族终将失败，受到汉中太守命令给窦氏递送东西，在途中故意滞留因此幸免于难。与淮南的将军士兵一起守城，最终却反戈为汉室效力，对这两件事的应变大致相同。至于高午、羊胜这类的人，只不过是疯狗而已。

帝除袁安子赏为郎，任隗子屯为步兵校尉，郑众迁大长秋。帝策勋班赏，众每辞多受少，帝由是贤之，常与之议论政事，宦官用权自此始矣。

秋，七月，己丑，太尉宋由以窦氏党策免，自杀。

八月，辛亥，司空任隗薨。

癸丑，以大司农尹睦为太尉。太傅邓彪以老病上还枢机职，诏许焉，以睦代彪录尚书事。

冬，十月，己亥，以宗正刘方为司空。

武陵、零陵、澧中蛮叛。

护羌校尉邓训卒，吏、民、羌、胡旦夕临者日数千人。羌、胡或以刀自割，又刺杀其犬马牛羊，曰："邓使君已死，我曹亦俱死耳！"前乌桓吏士皆奔走道路，至空城郭；吏执，不听，以状白校尉徐傿，傿叹息曰："此为义也！"乃释之。遂家家为训立祠，每有疾病，辄请祷求福。

蜀郡太守聂尚代训为护羌校尉，欲以恩怀诸羌，乃遣译使招呼迷唐，使还居大、小榆谷。迷唐既还，遣祖母卑缺诣尚，尚自送至塞下，为设祖道，令译田汜等五人护送至庐落。迷唐遂反，与诸种共生屠裂汜等，以血盟诅，复寇金城塞。尚坐免。

【译文】 汉和帝任命袁安的儿子袁赏为郎，任隗的儿子任屯为步兵校尉，郑众升职任命为大长秋。刘庆荣获功勋，分发赏赐，郑众时常推辞的多，接受的少，刘庆于是就感觉他贤能，经常和他商讨政事，宦官便从此开始掌权。

秋季，七月，己丑日（二十三日），太尉宋由由于和窦家是同党，所以奉命被罢免官职，自杀了。

八月，辛亥日（十五日），司空任隗去世。

癸丑日（十七日），汉和帝派大司农尹睦为太尉。太傅邓彪由于年老多病请求辞去尚书的职位，汉和帝就下诏批准了，派尹睦掌管尚书的事务。

冬季，十月，己亥日（初四），汉和帝任命宗正刘方为司空。

武陵、零陵、澧中的蛮人反叛。

护羌校尉邓训去世，属吏、人民、羌人、胡人早晚到灵前哭泣的，每天有几千人。有的羌人、胡人用刀子割自己，并且宰杀那些犬马牛羊，说："既然邓使君已经死了，我们也一起死了吧！"邓训从前任乌桓校尉时的吏士，都奔走在道路上，使得城里面都空了；官吏抓捕他们，他们也不听命令，于是官吏就把这个情况上报校尉徐傿，徐傿感叹说："这完全是为了道义啊！"于是就把这些人全部释放了。所以家家户户为邓训立祠，每当有疾病的时候，人们就去祠前祝祷，请求邓训能够赐福。

蜀郡太守聂尚接替邓训做护羌校尉，打算用恩惠来安抚各羌族，于是就差遣译使负责招呼迷唐，让他回到大、小榆谷居住。迷唐已经回去，就让祖母卑缺拜见聂尚，聂尚亲自把她送到塞下，为她举行路祭饯行，还派遣翻译田汜等五人负责护送她到庐落。迷唐又一次反叛，和羌人各族一起活活地杀死了田汜等人，撕毁他们的尸体，用血来签订盟约，再次进犯金城塞。聂尚因罪而被罢免了官职。

【乾隆御批】 邓训得诸部心,由张纡失信之后,能以恩威服众也。聂尚专事招涞,适以示弱,以致迷唐复叛。以姑息为御外夷良计者,亦可鉴矣。

【译文】 邓训之所以深得羌人众部落的欢心,是因为张纡失信羌人后,能够采取恩德和威力相结合的策略,使得羌人能心悦诚服。而聂尚一味进行招抚,恰恰表示自己的懦弱,结果招致迷唐重新起兵反叛。这对于以姑息迁就作为防御异族侵略良策的人来说,是一个很好的借鉴。

五年(癸巳,公元九三年)春,正月,乙亥,宗祀明堂,登灵台,赦天下。

戊子,千乘贞王伉薨。

辛卯,封皇弟万岁为广宗王。

甲寅,太傅邓彪薨。

戊午,陇西地震。

夏,四月,壬子,绍封阜陵殇王兄鲂为阜陵王。

【译文】 五年(癸巳,公元93年)春季,正月,乙亥日(十一日),汉和帝祭祀明堂,登上灵台,大赦天下。

戊子日(二十四日),千乘贞王刘伉去世。

辛卯日(二十七日),汉和帝封皇弟刘万岁为广宗王。

甲寅日(正月无此日),太傅邓彪去世。

戊午日(正月无此日),陇西郡发生地震。

夏季,四月,壬子日(二十日),汉和帝继续加封阜陵殇王的哥哥刘鲂为阜陵王。

九月，辛酉，广宗殇王万岁薨，无子，国除。

初，窦宪既立于除鞬为（此）〔北〕单于，欲辅归北庭，会宪诛而止。於除鞬自畔还北，诏遣将兵长史王辅以千馀骑与任尚共追讨，斩之，破灭其众。

耿夔之破北匈奴也，鲜卑因此转徙据其地。匈奴馀种留者尚有十馀万落，皆自号鲜卑；鲜卑就此渐盛。

冬，十月，辛未，太尉尹睦薨。

十一月，乙丑，太仆张酺为太尉。酺与尚书张敏等奏"射声校尉曹褒，擅制汉礼，破乱圣术，宜加刑诛。"书凡五奏。帝知酺守学不通，虽寝其奏，而汉礼遂不行。

【译文】九月，辛酉日（初一），广宗殇王刘万岁去世，由于没有子嗣，汉和帝就撤销了他的封国。

起初，窦宪已经立于除鞬为北单于，打算帮助他重返北匈奴的朝廷，遇到窦宪被诛杀，所以这事就被停止了。于除鞬自己反叛而返回北边，汉和帝下诏调遣将兵长史王辅率领一千多骑兵和任尚一起追赶征伐，把他斩杀之后，还打败歼灭了他的部下。

耿夔把北匈奴打败了，鲜卑国于是就辗转迁移，占领了他的地盘。匈奴其他种族还有十多万户，都自称为鲜卑族；鲜卑从这时候势力逐渐强盛起来。

冬季，十月，辛未日（十月无此日），太尉尹睦去世。

十一月，乙丑日（初六），太仆张酺为太尉。张酺和尚书张敏等上奏疏说："射声校尉曹褒，私自制订汉朝礼仪，破坏干扰圣人之道，理应对他加以刑罚。"奏疏一共上了五次。汉和帝知道张酺墨守儒学，不知灵活变通，虽然搁置了他们的奏疏，可是曹褒所制定的汉朝礼仪却也不施行了。

是岁，武陵郡兵破叛蛮，降之。

梁王畅与从官卞忌祠祭求福，忌等谄媚云：“神言王当为天子。”畅与相应答，为有司所奏，请征诣诏狱。帝不许，但削成武、单父二县。畅惭惧，上疏深自刻责曰：“臣天性狂愚，不知防禁，自陷死罪，分伏显诛。陛下圣德，枉法曲平，横贷赦臣，为臣受污。臣知大贷不可再得，自誓束身约妻子，不敢复出入失绳墨，不敢复有所横费，租入有馀，乞裁食睢阳、穀熟、虞、蒙、宁陵五县，还馀所食四县。臣畅小妻三十七人，其无子者，愿还本家，自选择谨敕奴婢二百人，其馀所受虎贲、官骑及诸工技、鼓吹、仓头、奴婢、兵弩、厩马，皆上还本署。臣畅以骨肉近亲，乱圣化，污清流，既得生活，诚无心面目以凶恶复居大宫，食大国，张官属，藏什物，愿陛下加恩开许。”上优诏不听。

【译文】这一年，武陵郡军队打败那些反叛的蛮族，并且接受了他们的投降。

梁王刘畅和属官卞忌在庙里祭祀神明，请求可以赏赐福分，卞忌等人讨好梁王说：“神明说王理应做天子。”刘畅和卞忌互相回答的话，被官员向朝廷禀报，请求征召刘畅到诏狱审讯。汉和帝没有批准，只是削减食邑成武、单父二县。刘畅羞愧害怕，上奏严厉地责怪自己说：“微臣本性狂妄愚昧，不知道防范自己的过失，而让自己陷于死罪，理应接受朝廷显明的诛杀。陛下圣明，曲法申恩，削减了惩罚我的罪，特意赦免原谅我，而让我蒙受耻辱。微臣知道更大的宽赦不可能再得到，于是自己就立誓管束自己的行为，约束妻子，不敢再在行为上违背法纪，不敢再随意花费钱财，税租收入有剩下的，请判决食邑睢阳、穀熟、虞、蒙、宁陵五个县，归还其他的四个县的封土。微臣刘畅有妃妾三十七人，那些没有子女的，但愿能够让她们回到自己家去，微臣自己选取谨慎整饬的奴婢二百人，其他所接受的虎贲、官骑还有那些工技、鼓吹、仓头、奴婢、兵弩、马匹，全部上报朝廷送回他们原来所在的官署。微臣刘畅以皇上骨肉近亲的身份，干扰了朝廷圣明的教化，羞辱了那些德行高洁的人，既然承蒙朝廷赦免得以保全自己的性命，如今实在没有什么脸面以凶恶有罪的身份再居住在大宫，享食大国，设立官属，典藏日用新物，期望陛下能够批准微臣的恳求。"皇帝优厚地下诏书，没有准许梁王的请求。

护羌校尉贯友遣译使构离诸羌，诱以财货，由是解散。乃遣兵出塞，攻迷唐于大、小榆谷，获首虏八百馀人，收麦数万斛。遂夹逢留大河筑城坞，作大航，造河桥，欲度兵击迷唐。迷唐率部落远徙，依赐支河曲。

单于屯屠何死，单于宣弟安国立。安国初为左贤王，无称誉；及为单于，单于适之子左谷蠡王师子以次转为左贤王。师子素勇黠多知，前单于宣及屯屠何皆爱其气决，数遣将兵出塞，掩击北庭，还，受赏赐，天子亦加殊异。由是国中尽敬师子而不附安国，安国欲杀之。诸新降胡，初在塞外数为师子所驱掠，多怨之。安国因是委计降者，与同谋议。师子觉其谋，乃别居五原界，每龙庭会议，师子辄称病不往。度辽将军皇甫稜知之，亦拥护不遣，单于怀愤益甚。

【译文】护羌校尉贯友差遣译使挑拨离间各羌族，用财物来诱惑他们，因此各羌族都离散而没有同心协力。于是贯友调遣军队出了关塞，在大、小榆谷进攻迷唐，斩杀捕获八百多人，收缴麦几万斛，就在逢留大河两岸修筑城堡，制造大船，搭建桥梁，打算让军队渡河去进攻迷唐。迷唐带领部属迁移到远处，投奔河曲的赐支羌。

单于屯屠何去世之后，单于宣的弟弟安国立为单于。安国曾经是左贤王，没有什么名望；等到做了单于，前单于适的儿子右谷蠡王师子按照顺序升为左贤王。师子向来勇猛狡猾而多智慧，上任单于宣和屯屠何都喜欢他的志气品节，很多次命令他带领军队出塞，袭击北匈奴，回来之后，受到恩赐，汉朝天子也给了他特别的赏赐。于是匈奴国内都尊敬师子而不依赖安国，安国因此打算把他给杀掉。那些刚刚投降的胡族，以前在塞外属北匈奴的时候，很多次被师子所驱赶抢掠，多半人都怨恨他。安国于是就把杀害师子的计划委托来投降的胡人，和他们一起商讨。师子察觉了他们的计谋，于是就另外在五原郡边界居住，每次南单于朝廷举行会议的时候，师子都假装生病不肯前往。度辽将军皇甫棱知道这事之后，也支持拥护师子，不派他前往，单于更加怨恨汉朝。

六年（甲午，公元九四年）春，正月，皇甫棱免，以执金吾朱徽行度辽将军。时单于与中郎将杜崇不相平，乃上书告崇；崇讽西河太守令断单于章，单于无由自闻。崇因与朱徽上言："南单于安国，疏远故胡，亲近新降，欲杀左贤王师子及左台且渠刘利等；又，右部降者，谋共迫胁安国起兵背畔，请西河、上郡、安定为之儆备。"帝下公卿议，皆以为："蛮夷反覆，虽难测知，然大兵聚会，必未敢动摇。今宜遣有方略使者之单于庭，与杜崇、朱徽及西河太守并力，观其动静。如无它变，可令崇等就安国会其左右大臣，责其部众横暴为边害者，共平罪诛。若不从命，令为权时方略，事毕之后。裁行赏赐，亦足以威示百蛮。"帝从之，于是徽、崇遂发兵造其庭。安国夜闻汉军至，大惊，弃帐而去。因举兵欲诛师子。师子先知，乃悉将庐落入曼柏城；安国追到城下，门闭，不得入。朱徽遣吏晓譬和之，安国不听。城既不下，乃引兵屯五原。崇、徽因发诸郡骑追赴之急，众皆大恐，安国舅骨都侯喜为等虑并被诛，乃格杀安国，立师子为亭独尸逐侯鞮单于。

【译文】六年（甲午，公元94年）春季，正月，皇甫棱被罢免官职，派执金吾朱徽代理度辽将军的职务。当时单于和中郎将杜崇不和，于是就上奏书控告杜崇；杜崇暗示西河郡太守把单于的奏章压下，单于没有办法向朝廷禀奏自己的意见。杜崇于是就和朱徽一起上奏疏说："南单于安国，疏远原来的胡族，亲近刚刚投降的胡人，打算谋害左贤王师子以及左台且渠刘利等人；况且右部投降的，商量一起胁迫安国起兵反叛汉朝，请西河郡、上郡、安定郡为这事而提高警惕加以戒备。"汉和帝将这件事交给公卿商讨，大家都认为："蛮夷反复无常，虽然很难猜测，可是现在朝廷的重兵会聚在边塞，南单于肯定不敢轻举妄动。现在应该派遣有谋略的使者前去单于朝廷，和杜崇、朱徽还有西河郡太守齐心协力，仔细洞察单于的动静。如果没有其他变化的话，就可以派遣杜崇等人前去安国处，集合他的左右大臣，责怪他横征暴敛，已经成了祸害边界的部属，一起处置他们的罪，应该杀的就把他们给杀掉。如果单于不听命令的话，就让杜崇等权衡时宜做恰当的处理，等到事情结束之后，斟酌功劳大小给予赏赐，也足以向各蛮族彰显汉朝的威风。"汉和帝就听取了这个建议。于是朱徽、杜崇就起兵前往南单于朝廷。安国在晚上听说汉军来到，大为担心害怕，丢下庐帐就逃走了，因此发兵打算诛杀师子。师子事先知道了，于是带领所有住在庐帐的部属，进入曼柏城；安国追赶到城下，城门紧闭，没有办法进入。朱徽命令属史向他说明利害关系，让他们和好，安国没有接受；曼柏城久攻不下，安国于是领兵在五原郡驻军。杜崇、朱徽发动各郡骑兵赶往救援危急，单于众人大为恐慌，安国的舅舅、骨都侯喜为等人担心一起被杀，就把安国杀了，拥立师子为亭独尸逐侯鞮单于。

己卯，司徒丁鸿薨。

二月，丁未，以司空刘方为司徒，太常张奋为司空。

夏，五月，城阳怀王淑薨，无子，国除。

秋，七月，京师旱。

西域都护班超发龟兹、鄯善等八国兵合七万馀人讨焉耆，到其城下，诱焉耆王广、尉犁王汎等于陈睦故城，斩之，传首京师；因纵兵钞掠，斩首五千馀级，获生口万五千人，更立焉耆左侯元孟为焉耆王。超留焉耆半岁，慰抚之。于是西域五十馀国悉纳质内属，至于海滨，四万里外，皆重译贡献。

【译文】己卯日（二十一日），司徒丁鸿去世。

二月，丁未日（二十日），汉和帝派司空刘方为司徒，太常张奋为司空。

夏季，五月，城阳怀王刘淑去世，由于没有子嗣，汉和帝就把他的封国撤销了。

秋季，七月，京师发生旱灾。

西域都护班超发起龟兹、鄯善等八国的军队共计七万多人去征讨焉耆国，来到他的城下之后，在陈睦旧城诱惑焉耆王广、尉犁王汎等人，把他们斩杀之后，就把首级送到京城；另外为了立焉耆国左侯元孟做焉耆王，班超还纵容士兵抢掠，斩杀了五千多人，捕获俘虏一万五千人。班超停留在焉耆国半年，慰劳安抚他们。于是西域五十多国都差遣人质去向汉朝臣服。远在西海之滨、四万里以外的地区，都通过译使向汉朝进贡。

南单于师子立，降胡五六百人夜袭师子，安集掾王恬将卫护士与战，破之。于是降胡遂相惊动，十五部二十馀万人皆反，胁立前单于屯屠何子奠鞬日逐王逢侯为单于，遂杀略吏民，燔烧邮亭、庐帐，将车重向朔方，欲度幕北。九月，癸丑，以光禄勋邓鸿行车骑将军事，与越骑校尉冯柱、行度辽将军朱徽将左右羽林、北军五校士及郡国迹射、缘边兵，乌桓校尉任尚将乌桓、鲜卑，合四万人讨之。时南单于及中郎将杜崇屯牧师城，逢侯将万馀骑攻围之。冬，十一月，邓鸿等至美稷，逢侯乃解围去，向满夷谷。南单于遣子将万骑及杜崇所领四千骑，与邓鸿等追击逢侯于大城塞，斩首四千馀级。任尚率鲜卑、乌桓要击逢侯于满夷谷，复大破之，前后凡斩万七千馀级。逢侯遂率众出塞，汉兵不能追而还。

【译文】南单于师子即位之后，投降的胡人有五六百人左右在夜里偷袭师子，安集掾王恬带领卫护的士兵和他进行作战，把他们打败了。于是投降的胡人彼此之间都互相惊动，十五部族二十多万人都叛变了，他们威胁拥立前任单于屯屠何的儿子奠鞬日逐王逢侯为单于，然后杀害掠夺官吏百姓，焚烧邮亭、庐帐，统领辎重向朔方郡行进，打算度过漠北。九月，癸丑日（九月无此日），汉和帝派光禄勋邓鸿兼任车骑将军职务，和越骑校尉冯柱、代理度辽将军朱徽统率左右羽林、北军五校士兵还有各郡国的弓箭手、边郡士兵，乌桓校尉任尚统领乌桓国、鲜卑国共四万人去征讨他。当时南单于和中郎将杜崇在牧师城驻守，逢侯统率一万多骑兵去进攻他们。冬季，十一月，邓鸿等人来到美稷，逢侯才解围离开了，向满夷谷行进。南单于差遣儿子统领一万骑兵还有杜崇所带领的四千骑兵，和邓鸿等人在大城塞追赶逢侯，斩杀了四千多人。任尚统率鲜卑国、乌桓国的军队在满夷谷中途阻拦逢侯，又一次把他打得大败，先后一共斩杀了一万七千多人。逢侯于是统领部下逃出塞外，汉朝的军队无法追赶而返回。

以大司农陈宠为廷尉。宠性仁矜，数议疑狱，每附经典，务从宽恕，刻敝之风，于此少衰。

帝以尚书令江夏黄香为东郡太守，香辞以："典郡从政，才非所宜，乞留备冗官，赐以督责小职，任之宫台烦事。"帝乃复留香为尚书令，增秩二千石，甚见亲重。香亦祇勤物务，忧公如家。

七年（乙未，公元九五年）春，正月，邓鸿等军还，冯柱将虎牙营留屯五原。鸿坐逗留失利，下狱死。后帝知朱徽、杜崇失胡和，又禁其上书，以致胡反，皆征下狱死。

夏，四月，辛亥朔，日有食之。

秋，七月，乙巳，易阳地裂。

九月，癸卯，京师地震。

乐成王党坐贼杀人，削东光、鄡二县。

【译文】汉和帝任命大司农陈宠做廷尉。陈宠性格非常敦厚，很多次审理疑而难断的讼案，经常引附经典，本着宽恕的原则，苛刻的风尚在这时候就稍微衰退了些。

汉和帝派遣尚书令江夏人黄香为东郡太守，黄香推脱说："我的才能并不适合治理一郡，从事行政，恳请能够留下充当闲散的官职，赐给我督责的小职位，让我掌管宫中尚书室的烦琐难事就行了。"汉和帝因此重新让黄香任尚书令，增添俸禄为两千石,他很受皇帝的亲近器重。黄香也恭谨勤劳于事务,关心国家公务像关心家事一般。

七年(乙未,公元95年)春季,正月,邓鸿等人带领军队返回,冯柱率领虎牙营在五原郡驻留;邓鸿因为滞留失利而被定罪,入牢狱处死。后来汉和帝知道朱徽、杜崇和胡人没有和好,又制止单于上奏疏,因此引起了胡人的叛变,把他们都征召回京,入牢狱处死。

夏季,四月,辛亥朔日(初一),发生日食。

秋季,七月,乙巳日(二十六日),易阳县发生地裂。

九月,癸卯日(二十五日),京城发生地震。

乐成王刘党因为杀人而被定罪,削去了封国的东光、两个县。

八年(丙申,公元九六年)春,二月,立贵人阴氏为皇后。后,识之曾孙也。

夏,四月,癸亥,乐成靖王党薨。子哀王崇立,寻薨,无子,国除。

五月,河内、陈留蝗。

南匈奴右温禺犊王乌居战畔出塞。秋,七月,度辽将军庞奋、越骑校尉冯柱追击破之,徙其馀众及诸降胡二万馀人于安定、北地。

车师后部王涿鞮反,击前王尉毕大,获其妻子。

九月,京师蝗。

冬,十月,乙丑,北海王威以非敬王子,又坐诽谤,自杀。

十二月,辛亥,陈敬王羡薨。

丁巳,南宫宣室殿火。

护羌校尉贯友卒，以汉阳太守史充代之。充至，遂发湟中羌、胡出塞击迷唐。迷唐迎败充兵，杀数百人。充坐征，以代郡太守吴祉代之。

【译文】八年（丙申，公元96年）春季，二月，皇上册立贵人阴氏为皇后。阴皇后，是阴识的曾孙女。

夏季，四月，癸亥日（十八日），乐成靖王刘党去世。他的儿子哀王刘崇立为乐成王，没有多久也去世了，由于没有子嗣，汉和帝就撤销了他的封国。

五月，河内郡、陈留郡发生蝗虫灾害。

南匈奴右温禺犊王乌居战叛变，出了塞外。秋季，七月，度辽将军庞奋、越骑校尉冯柱带兵追击，把他给打得大败，并把他剩下的部众还有那些投降的胡人两万多人迁移到了安定郡、北地郡。

车师国后部王涿鞮叛变，进攻前王尉毕大，还俘虏了他的妻子儿女。

九月，京城发生蝗灾。

冬季，十月，乙丑日（二十三日），北海王刘威由于不是前北海王刘睦的亲生儿子，又因诬告而被论罪，自杀了。

十二月，辛亥日（初十），陈敬王刘羡去世。

丁巳日（十六日），南宫宣室殿着火了。

护羌校尉贯友去世之后，汉和帝派汉阳郡太守史充去接替他的职位。史充到任之后，就发动在湟中的羌人、胡人出塞进攻迷唐。迷唐迎战，打败了史充的军队，还杀死了几百人。史充有罪，汉和帝把他征召回去，派代郡太守吴祉接替了他。

九年（丁酉，公元九七年）春，三月，庚辰，陇西地震。

癸巳,济南安王康薨。

西域长史王林击车师后王,斩之。

夏,四月,丁卯,封乐成王党子巡为乐成王。

五月,封皇后父屯骑校尉阴纲为吴防侯,以特进就第。

六月,旱,蝗。

秋,八月,鲜卑寇肥如,辽东太守祭参坐沮败,下狱死。

【译文】 九年(丁酉,公元97年)春季,三月,庚辰日(初十),陇西郡发生地震。

癸巳日(二十三日),济南安王刘康去世。

西域长史王林进攻车师后王,把他杀了。

夏季,四月,丁卯日(二十八日),汉和帝册封乐成王刘党的儿子刘巡为乐成王。

五月,汉和帝封皇后的父亲、屯骑校尉阴纲为吴防侯,以特进的职位免官而退居私第。

六月,发生了旱灾、蝗灾。

秋季,八月,鲜卑国进犯肥如县,辽东郡太守祭参由于怯懦无能、作战失利入牢狱处死。

闰月,辛巳,皇太后窦氏崩。初,梁贵人既死,宫省事秘,莫有知帝为梁氏出者。舞阴公主子梁扈遣从兄襢奏记三府,以为"汉家旧典,崇贵母氏,而梁贵人亲育圣躬,不蒙尊号,求得申议。"太尉张酺言状,帝感恸良久,曰:"于君意若何?"酺请追上尊号,存录诸舅。帝从之,会贵人姊南阳樊调妻嫕上书自讼曰:"妾父竦冤死牢狱,骸骨不掩;母氏年逾七十,及弟棠等远在绝域,不知死生。愿乞收竦朽骨,使母、弟得归本郡。"帝引见嫕,乃知贵人枉殁之状。三公上奏,"请依光武黜吕太后故事,贬窦太后尊号，不宜合葬先帝，"百官亦多上言者。帝手诏曰："窦氏虽不遵法度，而太后常自减损。朕奉事十年，深惟大义，礼，臣子无贬尊上之文，恩不忍离，义不忍亏。案前世，上官太后亦无降黜，其勿复议！"丙申，葬章德皇后。

【译文】闰月，辛巳日（十四日），皇太后窦氏驾崩。起初，梁贵人已经去世，人们对于宫里的事情都保密，所以没有人知道皇帝是梁氏所生的。舞阴公主的儿子梁扈调遣堂兄梁禪上奏记给三公之府，认为："汉朝旧制，尊敬母氏，可是梁贵人生育了皇上，却没有能够享有尊号，请求申理而讨论这件事情。"太尉张酺讲明这件事之后，汉和帝伤心痛哭了好长时间，说："按照先生的意思以为我该怎么做？"张酺请求追封尊号，存恤录用汉和帝的诸位舅舅。汉和帝听取了他的建议。正好贵人的姐姐南阳人樊调的妻子梁嬺上奏书为自己辩解说："我的父亲梁竦在狱中含冤而死，尸骨都没有埋葬；母亲年纪已经过了七十，和弟弟梁棠等远远地留在偏僻的地方，不知道他们是死是活。我恳求能够收埋梁竦的尸骨，让母亲、弟弟可以回到本郡故乡去。"汉和帝召见梁嬺之后才知道梁贵人冤枉而死的惨状。三公上奏疏说："请按照光武帝废黜吕太后的旧例，废黜窦太后的尊号，而且还不让她和先皇一起埋葬。"百官也大多数上奏书提倡这个建议。于是汉和帝下手诏说："窦氏就算没有遵循法度，可是太后欲常自我贬抑。朕侍奉她十年，深深想到母子大义：遵循礼典，没有臣子废黜尊长的条文，为了恩情不舍得分开，为了道义也不忍心亏损。观察前代的事例，上官太后也没有被废黜，期望从今以后不要再议论这件事情了！"丙申日（二十九日），安葬章德皇后（窦皇后）。

烧当羌迷唐率众八千人寇陇西，胁塞内诸种羌合步骑三万人击破陇西兵，杀大夏长。诏遣行征西将军刘尚、越骑校尉赵世副之，将汉兵、羌、胡共三万人讨之。尚屯狄道，世屯枹罕；尚遣司马寇盱监诸郡兵，四面并会。迷唐惧，充老弱，奔入临洮南。尚等追至高山，大破之，斩虏千馀人。迷唐引去，汉兵死伤亦多，不能复追。乃还。

九月，庚申，司徒刘方策免，自杀。

甲子，追尊梁贵人为皇太后，谥曰恭怀，追服丧制。冬，十月，乙酉，改葬梁太后及其姊大贵人于西陵。擢樊调为羽林左监。追封谥皇太后父竦为褒亲愍侯，遣使迎其丧，葬于恭怀皇后陵傍。征还竦妻子；封子棠为乐平侯，棠弟雍为乘氏侯，雍弟翟为单父侯，位皆特进，赏赐以巨万计，宠遇光于当世，梁氏自此盛矣。

【译文】烧唐羌部落首领迷唐统率部众八千人进犯陇西郡，胁迫塞内各羌族一共步兵、骑兵三万人打败了陇西郡的军队，杀死大夏县县令。汉和帝下诏差遣兼代征西将军刘尚、越骑校尉赵世为副将，统率汉朝军队、羌人、胡人总共三万人去征讨他。刘尚在狄道县驻守，赵世在枹罕县驻守；刘尚派遣司马寇盱监视各郡的军队，从四面八方一起会聚。迷唐害怕了，为了奔入临洮县南山，就抛下了老弱成员。刘尚等一路追赶到高山，才把他打得大败，斩杀了一千多敌人。迷唐率领部众逃走，由于汉朝军队死伤人数也很多，不能再继续追击，才返了回去。

九月，庚申日（二十四日），司徒刘方被皇帝颁策免职，自杀。

甲子日（二十八日），汉和帝追封梁贵人为皇太后，谥号恭怀，并且为她补服丧事。冬季，十月，乙酉日（十九日），把梁太后还有她的姐姐大贵人改葬在西陵。将樊调升职做羽林左监。追封皇太后的父亲梁竦为褒亲愍侯，差遣使者负责迎接他的棺椁，在恭怀皇后的墓陵旁边把他埋葬了。把梁竦的妻子征召回京城；册封他的儿子梁棠为乐平侯，梁棠的弟弟梁雍为乘氏侯，梁雍的弟弟梁翟为单父侯，都赏赐给特进的荣位，赏赐的金钱以万万计算，他们受到朝廷的恩惠，光显于当代，梁氏从此兴盛起来了。

清河王庆始敢求上母宋贵人冢，帝许之，诏太官四时给祭具。庆垂涕曰："生虽不获供养，终得奉祭祀，私愿足矣！"欲求作祠堂，恐有自同恭怀梁后之嫌，遂不敢言，常泣向左右，以为没齿之恨。后上言："外祖母王年老，乞诣雒阳疗疾。"于是诏宋氏悉归京师，除庆舅衍、俊、盖、暹等皆为郎。

十一月，癸卯，以光禄勋河南吕盖为司徒。

十二月，丙寅，司空张奋罢。壬申，以太仆韩稜为司空。

【译文】清河王刘庆这时才敢恳求去母亲宋贵人的坟墓祭拜，汉和帝允许了，下令让太官四时提供祭祀需要的用具。刘庆流着泪说："即使生前不能供养，死后可以侍奉祭祀，我个人心满意足了。"他打算请求为母亲修建祠堂，又担心有将自家和恭怀皇后同等的嫌疑，就没有敢说，时常对着左右跟随的人流泪，认为是终身的缺憾。后来他上奏书说："外祖母王氏年事已高，恳请允许她去洛阳医治疾病。"于是汉和帝下诏书让宋氏都回到京城，任用刘庆的舅舅宋衍、宋俊、宋盖、宋暹等都做郎。

十一月，癸卯日（初八），汉和帝任光禄勋河南人吕盖做司徒。

十二月，丙寅日（初一），司空张奋被罢免官职。壬申日（初七），汉和帝任太仆韩稜为司空。

西域都护定远侯班超遣掾甘英使大秦、条支,穷西海,皆前世所不至,莫不备其风土,传其珍怪焉。及安息西界,临大海,欲度,船人谓英曰:"海水广大,往来者逢善风,三月乃得度,若遇迟风,亦有二岁者;故入海,人皆赍三岁粮,海中善使人思土恋慕,数有死亡者。"英乃止。

十年(戊戌,公元九八年)夏,五月,京师大水。

秋,七月,己巳,司空韩稜薨。八月,丙子,以太常太山巢堪为司空。

【译文】西域都护定远侯班超派遣属官甘英出使大秦国、条支国,直到西海边,那里都是前代所没有去过的地方,甘英全面了解他们的风土人情,收集带走了他们的奇珍异宝。甘英来到安息国西界,面临大海,打算渡海,可是船夫对甘英说:"海水宽阔,往来的人遇到顺风的时候,三个月才得以渡过,如果遇上逆风,也有两年才渡过的;所以入海,人们都携带三年的粮食,在海上容易让人想念故乡,恋慕家人,时常有人死亡的。"甘英这才作罢。

十年(戊戌,公元98年)夏季,五月,京师闹大水灾。

秋季,七月,己巳日(七月无此日),司空韩稜去世。八月,丙子日(十五日),汉和帝任命太常太山人巢堪做司空。

冬,十月,五州雨水。

行征西将军刘尚、越骑校尉赵世坐畏愞征,下狱,免。谒者王信领尚营屯枹罕,谒者耿谭领世营屯白石。谭乃设购赏,诸种颇来内附。迷唐恐,乃请降;信、谭遂受降罢兵。十二月,迷唐等率种人诣阙贡献。

戊寅,梁节王畅薨。

初，居巢侯刘般薨，子恺当嗣，称父遗意，让其弟宪，遁逃久之，有司奏请绝恺国。肃宗美其义，特优假之，恺犹不出。积十馀岁，有司复奏之，侍中贾逵上书曰："孔子称'能以礼让为国乎何有'。有司不原乐善之心，而绳以循常之法，惧非长克让之风，成含弘之化也。"帝纳之，下诏曰："王法崇善，成人之美，其听宪嗣爵。遭事之宜，后不得以为比。"乃征恺，拜为郎。

南单于师子死，单于长之子檀立，为万氏尸逐鞮单于。

【译文】冬季，十月，五个州长期下雨不停。

代理征西将军刘尚、越骑校尉赵世，由于畏惧懦弱而论罪被召回京城，关入牢狱，罢免官职。谒者王信统率刘尚的军队在枹罕县驻守，谒者耿谭统领赵世的军队在白石县驻守。耿谭于是设下悬赏的办法，结果招来了各羌族很多前来向汉朝投降的人。迷唐担心害怕，于是恳求投降；王信、耿谭就接受他的投降而停止了战争。十二月，迷唐等人统率族人前去宫阙朝见天子，进贡珍品。

戊寅日（十九日），梁节王刘畅去世。

起初，居巢侯刘般去世的时候，他的儿子刘恺理应承袭爵位，刘恺称遵从父亲的遗愿，把爵位让给了弟弟刘宪，自己逃走了。过了很长时间，官员奏请取缔刘恺的封国。肃宗（章帝）赞许他的义行，尤为优厚而宽待他，刘恺依旧不肯出来继任。十几年过去之后，官员又一次奏明这件事情，侍中贾逵上奏书说："孔子说：'能够以礼让来整治国家，有什么困难呢？'官员用寻常的法度来纠正别人的过失，却不能本着乐意别人为善的心，恐怕不是增长谦让风气，形成广博德化的做法啊！"汉和帝听取了这一建议，下诏书说："王法尊崇善行，成就别人的美德，期望听由刘宪继承爵位；这是遇到特别的事例所作的权宜之计，以后不可以依照这个例子。"于是召集刘恺,任命他为郎。

南单于师子去世之后,单于长的儿子檀即位,是为万氏尸逐鞮单于。

十一年(己亥,公元九九年)夏,四月,丙寅,赦天下。

帝因朝会,召见诸儒,使中大夫鲁丕与侍中贾逵、尚书令黄香等相难数事,帝善丕说,罢朝,特赐衣冠。丕因上疏曰:"臣闻说经者,传先师之言,非从己出,不得相让;相让则道不明,若规矩权衡之不可枉也。难者必明其据,说者务立其义,浮华无用之言,不陈于前,故精思不劳而道术愈章。法异者各令自说师法,博观其义,无令刍荛以言得罪,幽远独有遗失也。"

十二年(庚子,公元一〇〇年)夏,四月,戊辰,秭归山崩。

秋,七月,辛亥朔,日有食之。

九月,戊午,太尉张酺免。丙寅,以大司农张禹为太尉。

烧当羌豪迷唐既入朝。其馀种人不满二千,饥窘不立,入居金城。帝令迷唐将其种人还大、小榆谷;迷唐以汉作河桥,兵来无常,故地不可复居,辞以种人饥饿,不肯远出。护羌校尉吴祉等多赐迷唐金帛,令籴谷市畜,促使出塞,种人更怀猜惊。是岁,迷唐复叛,胁将湟中诸胡寇钞而去,王信、耿谭、吴祉皆坐征。

【译文】十一年(己亥,公元99年)夏季,四月,丙寅日(初九),汉和帝大赦天下。

汉和帝借着群臣朝会的时候,召见各位大儒,让中大夫鲁丕和侍中贾逵、尚书令黄香等人拿经义中困惑的几个问题来互相论难,汉和帝赞许鲁丕的说法,退朝以后,特别赏赐他礼服冠帽。鲁丕因此上奏疏说:"微臣听说能够解说经义的人,只是在讲授先师的言论，不是自己个人的意思，不能互相谦虚；互相谦虚的话道理就不能表明，就好比圆规、方矩、称轻重的秤锤、秤杆，是不可以随意改变的一般。发难的人务必说明他的师说作为根据，答难的人必须提出大义来讲明师说，不能在众人之前陈述那些浮华而不切实用的言论，所以不致烦劳精神思想而道理更加显明。说法不同的，让各人自己说明师法，广博观摩他的大义，不要让我这乡野樵夫由于言语而获罪，使得幽深远见的高士却独自被遗忘疏忽了啊！"

十二年（庚子，公元100年）夏季，四月，戊辰日（十六日），秭归县发生山崩。

秋季，七月，辛亥朔日（初一），发生日食。

九月，戊午日（初九），太尉张酺被罢免官职。丙寅日（十七日），汉和帝派大司农张禹做太尉。

烧当羌酋长迷唐已经进京朝拜天子，剩下的族人还不到两千人，由于饥饿疲倦不能自立，来到金城县居住。汉和帝命令迷唐统率他的族人回大、小榆谷；迷唐以为汉朝修建了桥梁，军队前来没有固定的时间，原来的地方不能继续居住，于是就拿族人饥饿作为推脱的理由，不肯远离。护羌校尉吴祉等人把很多金帛赐给迷唐，让他们置办米谷牲畜，催促他们出塞外去，羌人更加猜疑惊恐。这一年，迷唐又一次叛变，胁迫统率湟中各胡族作乱抢掠之后离开，王信、耿谭、吴祉都因此论罪而被召回京城。

十三年（辛丑，公元一○一年）秋，八月，己亥，北宫盛馔门阁火。

迷唐复还赐支河曲，将兵向塞。护羌校尉周鲔与金城太守侯霸及诸郡兵、属国羌、胡合三万人出塞至允川。侯霸击破迷唐，种人瓦解，降者六千馀口，分徙汉阳、安定、陇西。迷唐遂弱，远逾赐支河首，依发羌居。久之，病死，其子来降，户不满数十。

荆州雨水。

【译文】十三年（辛丑，公元101年）秋季，八月，己亥日（二十五日），洛阳北宫盛馔门的楼阁起火。

迷唐又一次回到河曲的赐支羌，统领军队面向关塞而戒备。护羌校尉周鲔和金城郡太守侯霸以及各郡的军队、属国羌人、胡人加起来一共三万人，来到允川。侯霸打败了迷唐，迷唐的族人被瓦解，侯霸分别把投降的有六千多人迁移到了汉阳郡、安定郡、陇西郡。迷唐于是衰微，远远地渡过赐支河上游，依仗发羌居住。过了很长时间之后，迷唐由于生病而死，他的儿子前来投降，部众已不到几十家。

荆州下了很久的雨都没有停止。

冬，十一月，丙辰，诏曰："幽、并、凉州户口率少，边役众剧，束脩良吏进仕路狭。抚接夷狄，以人为本，其令缘边郡口十万以上，岁举孝廉一人，不满十万，二岁举一人，五万以下，三岁举一人。"

鲜卑寇右北平，遂入渔阳，渔阳太守击破之。

戊辰，司徒吕盖以老病致仕。

巫蛮许圣以郡收税不均，怨恨，遂反；辛卯，寇南郡。

【译文】冬季，十一月，丙辰日（十四日），汉和帝下诏书说："幽州、并州、凉州的户口大多很少，可是边地的徭役众多繁重，优秀官吏升迁困难。安抚接纳夷狄，以人才为初衷，期望命令边界的各郡人口在十万以上的，每年推举一人，不满十万的，两年推举一人，五万以下的，三年推荐一人。"

鲜卑国进犯右北平郡，接着侵入渔阳郡，渔阳郡太守把他打败了。

戊辰日（二十六日），司徒吕盖由于年老多病而退休。

巫蛮人许圣由于郡府收税不平等，心中埋怨，于是就叛变了朝廷；辛卯日（十一月无此日），进犯南郡。

十四年（壬寅，公元一○二年）春，安定降羌烧何种反，郡兵击灭之。时西海及大、小榆谷左右无复羌寇，隃麇相曹凤上言："自建武以来，西羌犯法者，常从烧当种起，所以然者，以其居大、小榆谷，土地肥美，有西海鱼盐之利，阻大河以为固。又，近塞内诸种，易以为非，难以攻伐，故能强大，常雄诸种，恃其权勇，招诱羌、胡。今者衰困，党援坏沮，亡逃栖窜，远依发羌。臣愚以为宜及此时建复西海郡县，规固二榆，广设屯田，隔塞羌、胡交关之路，遏绝狂狡窥欲之源。又殖谷富边，省委输之役，国家可以无西方之忧。"上从之，缮修故西海郡，徙金城西部都尉以戍之，拜凤为金城西部都尉，屯龙耆。后增广屯田，列屯夹河，合三十四部。其功垂立，会永初中诸羌叛，乃罢。

【译文】 四年（壬寅，公元102年）春季，安定郡投降的羌人烧何族叛变，郡中军队攻击而把他给消灭了。当时西海和大、小榆谷附近不再有羌人进犯。隃麇国的相曹凤上奏书说："自打建武以后，西羌违法作乱的，基本上是从烧当族开始的，他们之所以胆敢如此，是由于他们在大、小榆谷居住，土地肥沃，有西海鱼盐的利益，有大河阻挡作为险固。而且临近塞内，各种族非常容易叛变，朝廷难以讨伐他们，所以他们能够逐渐强盛起来，时常在羌人各族之中称雄，依仗他的武力勇气，把羌人、胡人招致引诱过来。现在烧当羌势力衰弱疲乏，他的同党逃亡流窜到各处栖息，大老远地依靠发羌部落。微臣以为应该趁着这个机会再一次设立西海郡县，巩固大、小榆谷，广设屯垦的田地，阻塞羌人、胡人之间相互往联系的路线，阻隔他们狂妄狡谲偷窥朝廷的源头。况且种植五谷，还可以让边地富裕起来，减少运输粮食的差役，对于西边地区国家可以没有丝毫忧虑。"汉和帝听取了他的建议，整顿原来的西海郡，调遣金城西部都尉去驻守它，任命曹凤为金城西部都尉，在龙耆县驻守。后来增添开垦田地，在河的两岸驻扎军队，一共三十四部。这项事业马上就要大功告成，正好赶上永初年间各羌族叛乱，于是就停止了。

三月，戊辰，临辟雍飨射，赦天下。

夏，四月，遣使者督荆州兵万馀人，分道讨巫蛮许圣等，大破之。圣等乞降，悉徙置江夏。

阴皇后多妒忌，宠遇浸衰，数怀恚恨。后外祖母邓朱，出入宫掖，有言后与朱共挟巫蛊道者；帝使中常侍张慎与尚书陈褒案之，劾以大逆无道，朱二子奉、毅，后弟辅皆考死狱中。六月，辛卯，后坐废，迁于桐宫，以忧死。父特进纲自杀，后弟轶、敞及朱家属徙日南比景。

秋，七月，壬子，常山殇王侧薨，无子，立其兄防子侯章为常山王。

三州大水。

【译文】三月，戊辰日（二十七日），汉和帝来到太学，举行飨射之礼，大赦天下。

夏季，四月，汉和帝差遣使者亲自监督带领荆州的军队一万多人，分路征讨巫蛮人许圣等，把他们打得大败，许圣等恳求投降，朝廷把他们全部迁移到江夏郡。

阴皇后嫉妒心特别重，汉和帝因此对她恩宠日渐衰退，她于是时常怀恨在心。皇后的外祖母邓朱，进出宫廷，就有人禀报皇后和邓朱一起藏有巫蛊诅咒害人的道术；汉和帝派中常侍张慎和尚书陈褒探查此事，张慎、陈褒弹劾她们大逆不道，邓朱的两个儿子奉、毅，皇后的弟弟阴辅都接受了审讯，死在牢狱。六月，辛卯日（二十二日），皇后依罪被废黜后位，搬迁到桐宫居住，由于忧伤过度而去世了。父亲特进阴纲自杀，皇后的弟弟阴轶、阴敞还有邓朱的家属被贬谪到日南郡的比景县。

秋季，七月，壬子日（十三日），常山殇王刘侧去世，由于没有儿子，所以就封立他的哥哥防子侯刘章为常山王。

三个州发生大水灾。

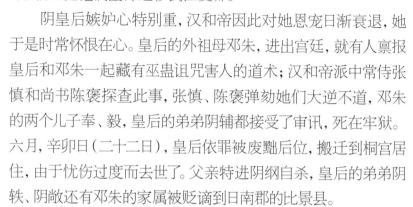

班超久在绝域，年老思土，上书乞归曰："臣不敢望到酒泉郡，但愿生入玉门关。谨遣子勇随安息献物入塞，及臣生在，令勇目见中土。"朝廷久之未报，超妹曹大家上书曰："蛮夷之性，悖逆侮老；而超旦暮入地，久不见代，恐开奸宄之源，生逆乱之心。而卿大夫咸怀一切，莫肯远虑，如有卒暴，超之气力不能从心，便为上损国家累世之功，下弃忠臣竭力之用，诚可痛也！故超万里归诚，自陈苦急，延颈（逾）〔喻〕望，三年于今，未蒙省录。妾窃闻古者十五受兵，六十还之，亦有休息，不任职也。故妾敢触死为超求哀，匄超馀年，一得生还，复见阙庭，使国家无劳远之虑，西域无仓卒之忧，超得长蒙文王葬骨之恩，子方哀老之惠。"帝感其言，乃征超还。八月，超至洛阳，拜为射声校尉；九月，卒。

【译文】班超很长时间居住在偏远的西域，年事已高就总是思念故土，上奏书恳请回本国说："微臣不曾期望能够到酒泉郡，只期望可以活着进入玉门关。恭谨地差遣儿子班勇跟随安息国进献贡品的使者来到塞内，趁着微臣还活着的时候，让班勇也能够亲眼看到汉朝的土地。"朝廷过了很长时间都没有回音，班超的妹妹曹大家上奏书说："蛮夷的本性，违逆辱没年老的人；可是班超早晚都要死去，如果很长时间都没有人来接替的话，恐怕会招致蛮夷奸邪犯法的动机，萌生叛逆作乱的想法。而且卿大夫心里都有权宜一时的办法，却不愿意做一个很长远的打算，万一忽然发生暴乱，凭借班超现在的气力不能按照心意去做，这就是在上破坏了国家慢慢积累多年的功业，在下毁弃忠臣尽力而为的表现，实在是值得惋惜啊！所以班超从万里外传达忠诚的心意，自己讲述艰苦危急的情势，伸长脖子遥望朝廷慢慢等待回信，到现在已经三年了，都没有承蒙朝廷的注意和接纳。我个人曾经听说古代十五岁服兵役，六十岁就可以免除兵役，也有休养生息的时候，不需要担任军职啊！所以我才敢冒着死罪代替班超恳求朝廷的怜悯同情，恳请朝廷让班超在有生之年得以有机会活着回国，再一次在宫廷中晋见，让国家没有奔劳远方的担心和忧虑，西域没有突然发生的祸害，班超能够永远承蒙文王埋葬朽骨的恩惠，田子方同情怜悯老马的恩惠。"汉和帝被她的话感动了，于是召班超回朝。八月，班超来到洛阳，任命为射声校尉；九月，班超就去世了。

超之被征，以戊己校尉任尚代为都护。尚谓超曰："君侯在外国三十馀年，而小人猥承君后，任重虑浅，宜有以诲之！"超曰："年老失智。君数当大位，岂班超所能及哉！必不得已，愿进愚言：塞外吏士，本非孝子顺孙，皆以罪过徙补边屯；而蛮夷怀鸟兽之心，难养易败。今君性严急，水清无大鱼，察政不得下和，宜荡佚简易，宽小过，总大纲而已。"超去，尚私谓所亲曰："我以班君当有奇策，今所言，平平耳。"尚后竟失边和，如超所言。

【译文】班超被征召回朝之后，派戊己校尉任尚代替他为都护，任尚对班超说："君侯在外国三十多年，而我接管你留下的职位，自认责任重大，可是我的思虑浅陋，你应该对我有所教诲才是！"班超说："我现在已经年老头脑不灵活了，你曾很多次担任重大职位，哪里是班超所能比得上的呢！如果你非要我说，我愿意向你说几句愚浅的话：塞外的官吏士兵，原来都不是孝子顺孙的人，都是由于犯罪而被贬谪到边地来担任防御工作的；可是蛮夷怀有禽兽的心肠，很难抚养照顾，极易叛变作乱。现在你的个性严厉急迫，水至清则无鱼，如果政治过于廉明就得不到属下的配合协作，你应当放荡纵逸，简略平易，原谅那些犯小过的人，看重大原则就行了。"班超离开了，任尚私下对他身边的人说："我认为班超肯定有什么奇特的策略，按照他现在所说的，只是平易普通的言论而已。"任尚后来最终和西域各国关系处得不好，就像班超所说的那样。

初，太傅邓禹尝谓人曰："吾将百万之众，未尝妄杀一人，后世必有兴者。"其子护羌校尉训，有女曰绥，性孝友，好书传，常昼修妇业，暮诵经典，家人号曰"诸生"。叔父陔曰："尝闻活千人者子孙有封。兄训为谒者，使修石臼河，岁活数千人，天道可信，家必蒙福。"绥后选入宫为贵人，恭肃小心，动有法度，承事阴后，接抚同列，常克己以下之，虽宫人隶役，皆加恩借，帝深嘉焉。尝有疾，帝特令其母、兄弟入亲医药，不限以日数，贵人辞曰："宫禁至重，而使外舍久在内省，上令陛下有私幸之讥，下使

贱妾获不知足之谤，上下交损，诚不愿也！"帝曰："人皆以数入
为荣，贵人反以为忧邪！"每有宴会，诸姬竞自修饰，贵人独尚质
素，其衣有与阴后同色者，即时解易，若并时进见，则不敢正坐离
立，行则偻身自卑，帝每有所问，常逡巡后对，不敢先后言。阴后
短小，举止时失仪，左右掩口而笑，贵人独怆然不乐，为之隐讳，
若己之失。帝知贵人劳心曲体，叹曰："修德之劳，乃如是乎！"后
阴后宠衰，贵人每当御见，辄辞以疾。时帝数失皇子，贵人忧继
嗣不广，数选进才人以博帝意。阴后见贵人德称日盛，深疾之；帝
尝寝病，危甚，阴后密言："我得意，不令邓氏复有遗类！"贵人
闻之，流涕言曰："我竭诚尽心以事皇后，竟不为所祐。今我当从
死，上以报帝之恩，中以解宗族之祸，下不令阴氏有人豕之讥。"
即欲饮药，宫人赵玉者固禁之，因诈言"属有使来，上疾已愈"，
贵人乃止。明日，上果瘳。及阴后之废，贵人请救，不能得；帝欲
以贵人为皇后，贵人愈称疾笃，深自闭绝。冬，十月，辛卯，诏立贵
人邓氏为皇后；后辞让，不得已，然后即位。郡国贡献，悉令禁
绝，岁时但供纸墨而已。帝每欲官爵邓氏，后辄哀请谦让，故兄
骘终帝世不过虎贲中郎将。

【译文】起初，太傅邓禹曾经对人说："我统领百万的部
众，从来没有随意地杀过一个人，后代肯定能够兴起显达的。"
他的儿子护羌校尉邓训，有个女儿名叫邓绥，本性孝悌，喜欢读
古书，经常白天学习女红，晚上诵读经典，家人称她为"诸生"。
叔父邓陔说："以前听说让千人活命的，子孙会得到封官。哥哥
邓训做谒者，朝廷差遣他去修浚石臼河，每年都让几千人活命，
天道值得我们相信，我们家门肯定会承蒙上天的赐福。"邓绥
后来被选进宫中做了贵人，为人恭谨小心，行动都遵守法度，尽

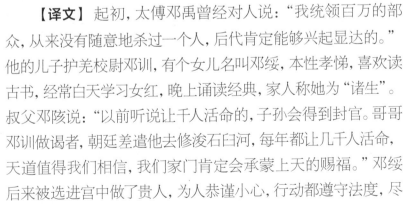

心侍奉阴皇后，接待同辈，时常克制自己对人谦卑，就算是宫人奴隶，也都对他们有恩，以和颜悦色来对待他们，汉和帝深深赞

许她。她曾经生病，汉和帝特别准许她的母亲、兄弟进宫亲自照看医药，不限定日期，邓贵人推脱说："宫禁如此严密，如果打算让外家长时间住在宫内，在上让皇上受到别人宠幸偏私的抨击，在下让我获得不知足的毁谤，上下彼此都受到损害，实在不是我所希望的啊！"汉和帝说："别人都时常把入宫作为很光荣的事情，邓贵人反而引为担忧吗？"每逢举行宴会的时候，各位妃子都修饰得很漂亮争相媲美，唯有邓贵人注重朴素无华，如果她的衣装和阴皇后是同一个颜色的，就马上去换了；如果一起觐见皇上，则不敢正坐并立，走路时就稍微弯着腰来表示身份更卑微一些；汉和帝每逢有所询问，时常犹豫之后再慢慢回答，不敢抢在皇后的前面先回答。阴皇后身材矮小，举止行动时常失态，左右下人都捂着嘴巴偷笑，唯独邓贵人为此感到难过，帮她掩饰，就好像自己的不足一样。汉和帝知道邓贵人烦心伤神，劳动身体，感叹地说："修养道德的辛劳，居然到了如此地步啊！"后来阴皇后的宠幸日渐衰退，邓贵人每次应该觐见汉和帝的时候，都时常拿生病为理由而推脱。当时汉和帝多次失去皇子，邓贵人担心继承的子嗣不够多，于是就多次选进才人博得皇帝的喜欢。阴皇后看到贵人的德望称誉一天天盛大，深深嫉妒她；汉和帝曾经卧病在床，情况非常危险，阴皇后暗地里说："我如果能够掌权得意，就不会再让邓家有人留下来！"邓贵人听到这话，流着眼泪说："我诚心诚意来侍奉皇后，居然不被她所保佑。现在我应该跟随皇帝死去，在上来报答皇帝的大恩大德，在中也为宗族解除了祸患，在下不让阴氏对我有人彘的抨击。"说完，她立刻打算要喝下毒药。宫人赵玉坚决阻止了她，

于是就欺骗她说："刚好有使者来访，皇上的病已经痊愈了。"邓贵人这才停止了。第二天，汉和帝果真病好了。等到阴皇后被废黜后位的时候，邓贵人恳求挽救她，却没能做到；汉和帝打算让邓贵人做皇后，邓贵人更加声称自己病重，深深地把自己关在屋中。冬季，十月，辛卯日（二十四日），汉和帝下诏书立贵人邓氏为皇后；邓贵人表示辞让，没有办法，然后才就皇后位。于是下令把各郡各国贡献皇后的礼物全部禁止了，每年四时只提供纸墨就行了。汉和帝每次打算封邓家人官爵，皇后总是哀求谦让不要封官，所以哥哥邓骘一生不过做到了虎贲中郎将而已。

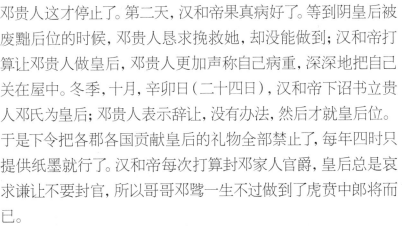

【乾隆御批】 郡国贡献，本非中壶得预之事。今邓后乃以禁绝见称，足以觇汉家制度矣。

【译文】 郡国进贡物品，这本来不是皇后可以干预的。现在邓皇后因下令禁绝郡国进贡而饱受称赞，这就足以窥见整个东汉朝廷的制度了。

丁酉，司空巢堪罢。

十一月，癸卯，以大司农沛国徐防为司空。防上疏，以为："汉立博士十有四家，设甲乙之科以勉劝学者。伏见太学试博士弟子，皆以意说，不修家法，私相容隐，开生奸路。每有策试，辄兴诤讼，论议纷错，互相是非。孔子称'述而不作'，又曰'吾犹及史之阙文'。今不依章句，妄生穿凿，以遵师为非义，意说为得理，轻侮道术，浸以成俗，诚非诏书实选本意。改薄从忠，三代常道；专精务本，儒学所先。臣以为博士及甲乙策试，宜从其家章句，开五十难以试之，解释多者为上第，引文明者为高说。若不依先师，义有相伐，皆正以为非。"上从之。

【译文】丁酉日（三十日），司空巢堪被罢免官职。

十一月，癸卯日（初六），派大司农沛国人徐防做司空。徐防上奏疏，以为："汉朝设立博士十四家，每年考试设置甲乙科，来鼓励劝勉学者思进。我看到太学考试博士弟子，都是按照自己意思解说，不钻研儒家法理，私下里相互容忍包容，打开了奸邪的门路。每逢举行测试的时候，时常发生争议，议论纷纷，互相批评是非。孔子说'述而不作'。又说：'我还赶上看到古代史书上有缺文'。现在不按照章句，随意穿凿附会，把遵从师说当作不合理，随意解说当作合理，轻慢道术，慢慢地形成风气，这个实在不是诏书切实选取人才的本意。改变刻薄遵从忠厚，这是三代的常道；微臣以为博士和甲乙科策试，应该按照他们所学习的家法章句，提出五十个困惑的经义来测试他们，解释周详的名次排列在前，引述文句明白的列为高明的说法。如果没有按照先师的说法，在义理上有攻击批评所说的，都明确地作为错误纠正。"汉和帝听取了他的建议。

是岁，初封大长秋郑众为鄛乡侯。

十五年（癸卯，公元一〇三年）夏，四月，甲子晦，日有食之。时帝遵肃宗故事，兄弟皆留京师，有司以日食阴盛，奏遣诸王就国。诏曰："甲子之异，责由一人。诸王幼稚，早离顾复，弱冠相育，常有《蓼莪》、《凯风》之哀。选（儒）〔懦〕之恩，知非国典，且复宿留。"

秋，九月，壬午，车驾南巡，清河、济北、河间三王并从。

【译文】这一年，第一次封大长秋郑众为鄛乡侯。

十五年（癸卯，公元103年）夏季，四月，甲子晦日（三十日），发生日食。当时汉和帝遵循肃宗皇帝（章帝）旧有的事例，把兄弟都留在京师，官员以为日食是因为阴气太盛，所以就奏请差遣各位王爷前去自己的封国。汉和帝下诏书说："甲子日发生日食的异常，责任全在于我一人。各位王爷年纪幼小的时候，早年就离开了父母的照料看管，长大以后互相扶持，时常有《蓼莪》《凯风》诗篇中那种思念父母辛勤养育子女的悲哀。这种恋恋不舍的恩情，我知道不符合国家法典，但暂时就再让他们留居在京城吧！"

秋季，九月，壬午日（二十日），汉和帝车驾往南方出巡，清河、济北、河间三王一起跟随。

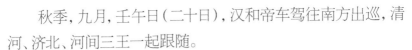

四州雨水。

冬，十月，戊申，帝幸章陵；戊午，进幸云梦。时太尉张禹留守，闻车驾当幸江陵，以为不宜冒险远游，驿马上谏。诏报曰："祠谒既讫，当南礼大江；会得君奏，临汉回舆而旋。"十一月，甲申，还宫。

岭南旧献生龙眼、荔枝，十里一置，五里一候，昼夜传送。临武长汝南唐羌上书曰："臣闻上不以滋味为德，下不以贡膳为功。伏见交趾七郡献生龙眼等，鸟惊风发；南州土地炎热，恶虫猛兽，不绝于路，至于触犯死亡之害。死者不可复生，来者犹可救也。此二物升殿，未必延年益寿。"帝下诏曰："远国珍羞，本以荐奉宗庙，苟有伤害，岂爱民之本，其敕太官勿复受献！"

是岁，初令郡国以日北至按薄刑。

【译文】四个州下雨不止。

冬季，十月，戊申日（十七日），汉和帝到达章陵；戊午日（二十七日），继续向前来到云梦。当时太尉张禹在京城留守，听说汉和帝的车驾正打算要前往江陵，认为不应该冒险远游，就派驿马上奏书劝谏。下诏书回报说："既然已经祭拜四亲的陵庙结束了，就应该向南边祭祀大江；刚好接到你的奏书，来到汉水就要掉转车舆回去了。"十一月，甲申日（二十三日），汉和帝起驾回宫。

岭南曾经进贡鲜龙眼、荔枝，每十里的地方设一个驿站，五里设一个岗亭，日夜兼程地传送。临武县令汝南人唐羌上奏书说："微臣听说在上位的人不应该把能够享受美味而作为美德，在下位的人不把进献美味而作为功劳。我看到交趾州七郡都进贡鲜龙眼等，就像鸟惊起、风吹动那样快；南方各州土地炎热，恶虫猛兽，在路上随处可见，如果惊扰触犯到这些恶虫猛兽，传送贡物的人就会遭受死亡的威胁。已经死去的人不能复活了，活着的人还可以挽救啊！鲜龙眼、荔枝这两样东西呈上殿前，不一定就能延年益寿。"汉和帝下诏书说："远国进献的珍异食物，本是用来供奉宗庙、祭祀祖先的，如果因此而有伤害百姓的情况，哪里是体恤爱民的本意呢？现在敕令太官不要再接受这类贡礼了！"

这一年，朝廷开始下令让各郡国在夏至日审讯轻刑案件。

【康熙御批】 人主抚有天下，玉食万方，若穷极异味，何求而不得？第轸念下民，供亿之繁，诚有所不忍。尔如宋仁宗计蛤蜊之费，一下除二十八千，吾不堪焉。又中夜偶思烧羊，复戒左右勿令宣索，恐膳夫奉行，沿为成例。徒糜有用之物以备不时之需，皆此意也。况养生之道，尤以节饮食为要义。朕自御极以来，凡所供肴馔皆寻常品味，未尝罗列珍馐，侈以自奉。然于日用常餐，尤加意撙减，适可而止，颇得调摄之方。纵恣意口腹者无益而有损，此人情所易忽，不可不慎。

【译文】人主拥有天下，可以吃到天下的美食，如果一味追求美味，有什么美味得不到呢？然而想到百姓的供应之繁，确实是有些不忍心。比如宋仁宗觉得蛤蜊太费钱，一次就要二十八千钱，觉得自己不堪忍受。半夜偶然想起烤羊肉，又告诫身边的人不要去厨房索要，恐怕厨师去做，成为常例。不要浪费有用的东西以备不时之需，就是这个意思。何况养生的方法，尤其以节制饮食最为重要。我自登基以来，所有供菜都是家常口味，从来没有罗列珍馐，供自己奢侈。然而对于日常用餐，特别留意撙减，适可而止，对于调养身体颇有心得。恣意寻求美味反而无益而有害，这是人情所容易忽略的，不可不慎重。

十六年（甲辰，公元一〇四年）秋，七月，旱。

辛酉，司徒鲁恭免。

庚午，以光禄勋张酺为司徒；八月，己酉，酺薨。冬，十月，辛卯，以司空徐防为司徒，大鸿胪陈宠为司空。

十一月，己丑，帝行幸缑氏，登百岯山。

北匈奴遣使称臣贡献，愿和亲，修呼韩邪故约。帝以其旧礼不备，未许；而厚加赏赐，不答其使。

【译文】十六年（甲辰，公元104年）秋季，七月，发生旱灾。

辛酉日（初四），司徒鲁恭被罢免官职。

庚午日（十三日），汉和帝任命光禄勋张酺做司徒；在八月，己酉日（二十二日），张酺去世了。冬季，十月，辛卯日（初五），汉和帝派司空徐防做司徒，大鸿胪陈宠做司空。

十一月，己丑日（十一月无此日），汉和帝来到缑氏县，登上百岯山。

北匈奴差遣使者称臣进贡礼物,希望能够和汉朝和亲通好,修复呼韩邪旧有的约定。汉和帝以为他没有具备呼韩邪单于时代的礼数,就没有答应;只是丰厚地给予赏赐,没有回复他派来的使者。

元兴元年(乙巳,公元一〇五年)春,高句骊王宫入辽东塞,寇略六县。

夏,四月,庚午,赦天下,改元。

秋,九月,辽东太守耿夔击高句骊,破之。

冬,十二月,辛未,帝崩于章德前殿。初,帝失皇子,前后十数,后生者辄隐秘养于民间,群臣无知者。及帝崩,邓皇后乃收皇子于民间。长子胜,有痼疾;少子隆,生始百馀日,迎立以为皇太子,是夜,即皇帝位。尊皇后曰皇太后,太后临朝。是时新遭大忧,法禁未设,宫中亡大珠一箧;太后念欲考问,必有不辜,乃亲阅宫人,观察颜色,即时首服。又,和帝幸人吉成御者共枉吉成以巫蛊事,下掖庭考讯,辞证明白。太后以吉成先帝左右,待之有恩,平日尚无恶言,今反若此,不合人情;更自呼见实核,果御者所为,莫不叹服以为圣明。

【译文】元兴元年(乙巳,公元105年)春季,高句骊王宫侵入辽东边塞,抢掠了六个县。

夏季,四月,庚午日(四月无此日),汉和帝大赦天下,更改年号。

秋季,九月,辽东郡太守耿夔进攻高句骊,把他打败了。

冬季,十二月,辛未日(二十二日),汉和帝在章德前殿驾崩。起初,汉和帝由于前后失去了十几个皇子,所以后来出生的皇子,时常秘密地养育在民间,群臣没有人知道。等到汉和帝去世之后，邓皇后才把在民间的皇子接回宫中。长子刘胜，患了很长时间都没有办法治愈的病；出生才一百多天的小皇子刘隆就被迎立为皇太子，那天晚上，即皇帝位（即汉殇帝）。尊奉皇后为皇太后，太后临朝听政。这时刚好赶上国家大丧，法令还没有制定，宫中丢失了大珠一竹箱；太后心想假如要拷问，肯定有没罪而被逮捕的，于是就亲自传见宫人，细微地对她们察言观色，偷大珠的人马上就低头认罪了。又有汉和帝宠幸的宫人吉成，侍者一起通过巫蛊诅咒太后的罪名枉告吉成，交给掖庭审讯，告发的言辞、证据都很清楚明白，太后感觉吉成是先皇帝的左右亲近，太后对待她有恩情，平时还没有说过太后的坏话，可是现在反而这样，不合乎情理；后来自己就把她叫来见面，审讯真实情况，果真是被侍者诬告了，大家没有不赞叹她、认为她通达英明的。

【申涵煜评】 后贪殇帝之幼，立之襁褓，安帝年十四，犹不归政，委任宦戚，灾变日生，其行事殆传窦流亚，而巧黠过之，宜乎宗族不保也。

【译文】 邓太后趁着殇帝年幼，立了这个襁褓中的孩子为皇帝，到了汉安帝十四年，还没有将朝政大权交给皇帝，而且对外戚官员委以重任，日益灾变，她的所作所为与窦太后一般无二，只不过是巧黠地掩盖了，否则宗族也会保不住的。

北匈奴重遣使诣燉煌贡献，辞以国贫未能备礼，愿请大使，当遣子入侍。太后亦不答其使，加赐而已。

雒阳令广汉王涣，居身平正，能以明察发摘奸伏，外行猛政，内怀慈仁。凡所平断，人莫不悦服，京师以为有神。是岁卒官，百姓市道，莫不咨嗟流涕。涣丧西归，道经弘农，民庶皆设槃案于路，吏问其故，咸言："平常持米到雒，为吏卒所钞，恒亡其半，自王君在事，不见侵枉，故来报恩。"雒阳民为立祠、作诗，每祭，辄弦歌而荐之。太后诏曰："夫忠良之吏，国家之所以为治也，求之甚勤，得之至寡，今以涣子石为郎中，以劝劳勤。"

【译文】北匈奴又一次差遣使者前去敦煌进贡礼物，推脱说国家贫穷，没有能力准备特别丰厚的礼物，恳求汉朝能够派大使到他国家，北匈奴将立刻差遣儿子跟随大使进京侍奉汉天子。太后也没有派遣使者，只是给予赏赐而已。

洛阳县令广汉人王涣，为人正直，能够以明察秋毫来举发指责作奸犯科隐藏躲避的盗贼，在外实施严厉的政治，在内怀有慈悲的心肠。凡是他所评判的案子，人们没有不心悦诚服的，京师的人都以为他有神明相助。这一年，王涣在官位上去世，百姓围在路上，没有不叹息流泪的。王涣的棺枢送回西边故乡，路经弘农郡，百姓们都在路上摆设祭品几案对他进行祭拜，官吏问他们缘由，都说："以往拿米到洛阳县，被官吏所抢夺，时常都失去了一半，可是自打王君当官任职，就没有被抢掠过，所以前来报恩。"洛阳的人民为他建庙、作诗来纪念他，每逢祭祀的时候，经常和弦歌颂所作的诗，在他的神位前供上祭品。太后下诏书说："有了忠良的官吏，国家才能得到治理，朝廷十分想得到这种官吏，可是却很少得到，现在派王涣的儿子王石做郎中，以鼓励那些勤劳为公的臣子。"

资治通鉴卷第四十九　汉纪四十一

起柔兆敦牂，尽旃蒙单阏，凡十年。

【译文】　起丙午（公元106年），乙卯（公元115年），共十年。

【题解】　本卷记录了汉殇帝延平元年至安帝元初二年间的历史，此时实际掌权者为邓太后，她是东汉继马太后的又一贤明太后。在东汉内灾外患的时期，邓太后倡节俭，束外戚，减刑狱，关注军事，令实报灾情，又挫败周章政变，得保安帝不废。对外，虞诩大破羌人，使西疆得以稳固。

孝殇皇帝

延平元年（丙午，公元一〇六年）春，正月，辛卯，以太尉张禹为太傅，司徒徐防为太尉，参录尚书事。太后以帝在襁褓，欲令重臣居禁内。乃诏禹舍宫中，五日一归府；每朝见，特赞，与三公绝席。

封皇兄胜为平原王。

癸卯，以光禄勋梁鲔为司徒。

三月，甲申，葬孝和皇帝于慎陵，庙曰穆宗。

丙戌，清河王庆、济北王寿、河间王开、常山王章始就国；太后特加庆以殊礼。庆子祜，年十三，太后以帝幼弱，远虑不虞，留祜

433

与嫡母耿姬居清河邸。耿姬，况之曾孙也；祜母，犍为左姬也。

【译文】延平元年（丙午，公元106年）春季，正月，辛卯日（十三日），任命太尉张禹为太傅，司徒徐防为太尉，参与主管尚书的事务。太后打算命令重臣居住宫内，因为汉殇帝还在襁褓之中。于是下诏命令张禹住在宫中，五天回家一次；每次朝见的时候，都特别先唱张禹的名字，朝位在百官之上，不和三公联席。

封汉殇帝的哥哥刘胜为平原王。

癸卯日（二十五日），朝廷任命光禄勋梁鲔为司徒。

三月，甲申日（初七），安葬孝和皇帝于慎陵，庙号称穆宗。

丙戌日（初九），清河王刘庆、济北王刘寿、河间王刘开、常山王刘章前去自己的封国；太后特别给予刘庆不同的待遇。刘庆的儿子刘祜，十三岁，太后把刘祜和他的嫡母耿姬留下居住在清河王府，是因为汉殇帝年幼体弱，深谋远虑以防不测做的打算。耿姬是耿况的曾孙女；刘祜的母亲是犍为人左姬。

夏，四月，鲜卑寇渔阳，渔阳太守张显率数百人出塞追之。兵马掾严授谏曰："前道险阻，贼势难量，宜且结营，先令轻骑侦视之。"显意甚锐，怒，欲斩之，遂进兵。虏伏发，士卒悉走，唯授力战，身被十创，手杀数人而死。主簿卫福、功曹徐咸皆自投赴显，俱殁于陈。

丙寅，以虎贲中郎将邓骘为车骑将军、仪同三司。骘弟黄门侍郎悝为虎贲中郎将，弘、闾皆侍中。

司空陈宠薨。

五月，辛卯，赦天下。

壬辰，河东垣山崩。

六月，丁未，以太常尹勤为司空。

郡国三十七雨水。

【译文】 夏季，四月，鲜卑国进犯渔阳郡，渔阳郡太守张显统率几百人出塞追赶打击。兵马掾严授劝服说："前面的道路艰难险阻，敌人的势力难以估测，应该暂时扎营，先率领轻锐骑兵前去勘察。"张显的锐气很盛，听后大怒，打算把他斩杀了，于是就继续进兵追击。结果遭遇到敌人的埋伏，士兵们都逃走了，只有严授奋力抗战，身受十处创伤，亲手杀了几名敌人战死了。主簿卫福、功曹徐咸都自动赶来营救张显，一同阵亡了。

丙寅日（十九日），朝廷派虎贲中郎将邓骘为车骑将军，仪制待遇和三公相等。邓骘的弟弟黄门侍郎邓悝做虎贲中郎将，邓弘、邓阊都为侍中。

司空陈宠去世。

五月，辛卯日（十五日），大赦天下。

壬辰日（十六日），河东郡垣山发生山崩。

六月，丁未日（初一），任命太常尹勤做司空。

三十七个郡国都下雨成灾。

己未，太后诏减太官、导官、尚方、内署诸服御、珍膳、靡丽难成之物，自非供陵庙，稻粱米不得导择，朝夕一肉饭而已。旧太官、汤官经用岁且二万万，自是裁数千万。及郡国所贡，皆减其过半；悉斥卖上林鹰犬；离宫、别馆储峙米糒、薪炭，悉令省之。

丁卯，诏免遣掖庭宫人及宗室没入者皆为庶民。

秋，七月，庚寅，敕司隶校尉、部刺史曰："间者郡国或有水灾，妨害秋稼，朝廷惟咎，忧惶悼惧。而郡国欲获丰穰虚饰之誉，遂覆蔽灾害，多张垦田，不揣流亡，竞增户口，掩匿盗贼，令奸恶无惩，署用非次，选举乖宜，贪苛惨毒，延及平民。刺史垂头塞耳，阿私下比，不畏于天，不愧于人。假贷之恩，不可数恃，自今以后，将纠其罚。二千石长吏其各实核所伤害，为除田租刍稿。"

【译文】己未日（十三日），太后下诏书节俭太官、导官、尚方、内署所掌管提供的各种衣服、珍馐美食、华丽难以制造的物品，如果不是提供陵庙祭祀用的，稻梁米不允许加以精选，早晚只有一样肉类下饭而已。原来太官、汤官的经费每年将近两万万，从这里面削减几千万。还有郡国所进献的贡品，都要减少过半；命令把上林苑的鹰犬全部卖掉；离宫、别馆所储藏的稻米干粮、薪炭，命令都要加以节俭。

丁卯日（二十一日），邓太后下诏把掖庭的宫人还有宗室没入宫中为奴役的，都一律赦免遣送出宫，成为平民百姓。

秋季，七月，庚寅日（十五日），敕令司隶校尉、部刺史说："朝廷每次想到近些日子有些郡国发生水灾，妨碍秋收的过错，都感到担忧惶恐。可是各郡国首长却打算得到丰收虚饰的赞许，于是就遮掩灾害的实际情况，多方面开垦田地，不为流离失所的百姓着想，抢着向朝廷增报户口，遮掩盗贼作乱的事情不向朝廷禀报，使得那些奸恶的贼人没有受到应有的惩罚。官府用人不按照次序，选拔人才也不恰当，贪污苛刻残害的行为祸害到善良的百姓，刺史低着头装作看不到，堵着耳朵装作听不到，附和偏私，和属下同流合污，不害怕上天的惩罚，不羞愧于人们的批评。朝廷宽贷的恩典，是不可以时常依赖的，从今以后，打算纠举他们的罪行加以惩罚。二千石位高禄厚的官吏，但愿各人明确核实人民所受的伤害，为他们免除田租、刍稿。"

八月，辛卯，帝崩。癸丑，殡于崇德前殿。太后与兄车骑将军骘、虎贲中郎将悝等定策禁中，其夜，使骘持节以王青盖车迎清河王子祜，斋于殿中。皇太后御崇德殿，百官皆吉服陪位，引拜祜为长安侯。乃下诏，以祜为孝和皇帝嗣，又作策命。有司读策毕，太尉奉上玺绶，即皇帝位，太后犹临朝。

诏告司隶校尉、河南尹、南阳太守曰："每览前代，外戚宾客浊乱奉公，为民患苦，咎在执法怠懈，不辄行其罚故也。今车骑将军骘等虽怀敬顺之志，而宗门广大，姻戚不少，宾客奸猾，多干禁宪，其明加检敕，勿相容护。"自是亲属犯罪，无所假贷。

九月，六州大水。

丙寅，葬孝殇皇帝于康陵。以连遭大忧，百姓苦役，方中秘藏及诸工作事，事减约十分居一。

【译文】 八月，辛卯日（八月无此日），汉殇帝驾崩。癸丑日（初八），在崇德前殿入殓。太后和哥哥车骑将军邓骘、虎贲中郎将邓悝等人在宫中商讨继位人选，当天晚上，派邓骘以皇子所乘的青盖车把清河王刘庆的儿子刘祜迎接过来，在崇德殿中斋戒。皇太后来到崇德殿，百官都身穿吉服陪同在皇太后身边，召见刘祜，封他为长安侯。于是邓太后下诏书，让刘祜做孝和皇帝的嗣子，又颁下策命。官员宣读策命结束之后，太尉奉上玺印，刘祜即皇帝位（即汉安帝），太后依旧临朝听政。

邓太后下诏书告知司隶校尉、河南尹、南阳郡太守说："时常阅览前代往事，看到皇家的外戚、宾客依仗势力，横行霸道任意妄为，使得那些秉公守法的官吏也变得污浊混乱，成为人民的祸害痛苦，这过错是由于执法松懈怠慢，不能立刻执行惩罚啊！现今车骑将军邓骘等人虽然怀有恭敬顺从的心意，可是宗族庞大，亲戚很多，宾客奸邪狡猾，对朝廷的禁令多半有违背，期望能够公开地加以检点约束，不要彼此宽容偏袒。"从此邓氏家族亲属犯罪，不加以宽恕原谅。

九月，有六个州发生水灾。

丙寅日（九月无此日），安葬孝殇皇帝于康陵。因为连遭国丧，百姓苦于劳役，陵墓中秘藏棺椁的各项设备，还有各种工程，减少十分之九。

乙亥，殒石于陈留。

诏以北地梁慬为西域副校尉。慬行至河西，会西域诸国反，攻都护任尚于疏勒；尚上书求救，诏慬将河西四郡羌，胡五千骑驰赴之。慬未至而尚已得解，诏征尚还，以骑都尉段禧为都护，西域长史赵博为骑都尉。禧、博守它乾城，城小，梁慬以为不可固，乃谲说龟兹王白霸，欲入共保其城；白霸许之，吏民固谏，白霸不听。慬既入，遣将急迎段禧、赵博，合军八九千人。龟兹吏民并叛其王，而与温宿、姑墨数万兵反，共围城，慬等出战，大破之。连兵数月，胡众败走，乘胜追击，凡斩首万馀级，获生口数千人，龟兹乃定。

冬，十月，四州大水，雨雹。

清河孝王庆病笃，上书求葬樊濯宋贵人冢旁。十二月，甲子，王薨。

【译文】乙亥日（初一），流星坠落在陈留郡。

朝廷下诏书任命北地人梁慬做西域副校尉。梁慬到达河西的时候，正赶上西域各国叛变，在疏勒国进攻都护任尚；任尚上奏书请求救援，朝廷下诏书命令梁慬统领河西四郡羌族、胡族五千骑兵立即去进行救助。梁慬还没有来到的时候，任尚就已经解围了，梁慬下诏书召集任尚回京，派骑都尉段禧做都护，西域长史赵博做骑都尉。段禧、赵博守在它乾城，由于城小，梁慬以为不可以固守，于是就欺骗劝说龟兹王白霸，期望进城来一起防守这城；白霸答应了，属吏人始终向他谏劝，白霸不听取他们的劝告。梁慬已经来到它乾城，派属将立刻去迎接段禧、赵博，一共有军队八九千人。龟兹国的官吏人民都叛变了他们的王，而和温宿国、姑墨国几万军队联合造反，共同把龟兹城包围了，梁慬等人出城迎战，把他们打得大败。一连作战好几个月，胡人的部众被打败之后逃走了，梁慬他们乘胜追击，杀死一万多人，逮捕了几千个俘虏，龟兹国于是才平定下来。

冬季，十月，有四个州闹大水灾，天上下冰雹。

清河孝王刘庆病情加重，上奏书恳求埋葬在樊濯人宋贵人的墓旁。十二月，甲子日（二十一日），清河孝王刘庆去世。

乙酉，罢鱼龙曼延戏。

尚书郎南阳樊准以儒风浸衰，上疏曰："臣闻人君不可以不学。光武皇帝受命中兴，东西诛战，不遑启处，然犹投戈讲艺，息马论道。孝明皇帝庶政万机，无不简心，而垂情古典，游意经艺，每飨射礼毕，正坐自讲，诸儒并听，四方欣欣。又多征名儒，布在廊庙，每宴会则论难衎衎，共求政化，期门、羽林介胄之士，悉通《孝经》，化自圣躬，流及蛮荒，是以议者每称盛时，咸言永平。今学者益少，远方尤甚，博士倚席不讲，儒者竞论浮丽，忘謇謇之忠，习谀佞之辞。臣愚以为宜下明诏，博求幽隐，宠进儒雅，以俟圣上讲习之期。"太后深纳其言，诏："公、卿、中二千石各举隐士、大儒，务取高行，以劝后进，妙简博士，必得其人。"

【译文】乙酉日（十二月无此日），朝廷取缔了鱼龙曼延戏。

由于儒学的风气渐渐衰退，尚书郎南阳人樊准上奏疏说："微臣听说国君不可以不学。光武皇帝受天命中兴汉室，由于艰苦作战而东奔西跑，没有空闲时间来安定居住下来，可是依旧放下兵器，学习六艺，停止武事，讲论文道。孝明皇帝在政务上不论大小的事，没有不亲自过目操劳的，可是依然留心古代的书籍，对六经文艺专心致志，每次缟射礼结束之后，都端正地坐着亲自讲解经义，很多儒者共同静听，四方学者都很喜欢参加。后来他又多方征集有名的儒者，列在廊庙，每逢宴缟君臣的时候，就和乐地探讨驳难，一起谋求政治教化的要义，期门、羽林的武士都知晓《孝经》，从皇上亲自教育，流传到蛮荒地区，所以讨论的人称颂繁荣兴盛的时代时，都提及永平盛世。可是如今学者越来越少，远方地区特别严重，博士不设立讲座、不讲解经义，学者争着讲一些浮华而不切实际的学问，忽略虔诚的忠心，讲些阿谀奉承的言论。微臣以为应当下一道明确的诏书，广泛地寻找隐居的学者，尊宠上进的儒雅之士，等到皇上讲习经艺的时候就需要他们了。"太后深深地采纳了他的意见，下诏说："公、卿、中二千石的官吏，各举荐隐士、大儒，必须选取高尚的德行，来激励后进，精选博学的儒者，必定要选得恰当的人才。"

汉孝安皇帝上

永初元年（丁未，公元一〇七年）春，正月，癸酉朔，赦天下。

蜀郡徼外羌内属。

二月，丁卯，分清河国封帝弟常保为广川王。

庚午，司徒梁鲔薨。

三月，癸酉，日有食之。

己卯，永昌徼外僬侥种夷陆类等举种内附。

甲申，葬清河孝王于广丘，司空、宗正护丧事，仪比东海恭王。

自和帝之丧，邓骘兄弟常居禁中。骘不欲久在内，连求还第，太后许之。夏，四月，封太傅张禹、太尉徐防、司空尹勤、车骑将军邓骘、城门校尉邓悝、虎贲中郎将邓弘、黄门郎邓闾皆为列侯，食邑各万户，骘以定策功增三千户；骘及诸弟辞让不获，遂逃避使者，间关诣阙，上疏自陈，至于五六，乃许之。

【译文】永初元年（丁未，公元107年）春季，正月，癸酉朔日（初一），大赦天下。

蜀郡塞外羌族归附汉朝。

二月，丁卯日（二十五日），把清河国分封给汉安帝的弟弟刘常保为广川王。

庚午日（二十八日），司徒梁鲔去世。

三月，癸酉日（初二），发生日食。

己卯日（初八），永昌郡塞外僬侥国首领陆类等带领全族来向汉朝臣服。

甲申日（十三日），清河孝王刘庆埋葬在广丘，司空、宗正护送灵柩，仪仗比照东海恭王刘强。

自从和帝丧事结束之后，邓骘兄弟时常在宫中居住。邓骘不想长时间住在宫内，一再恳请回到自己的府第，太后就允许了。夏季，四月，封太傅张禹、太尉徐防、司空尹勤、车骑将军邓骘、城门校尉邓悝、虎贲中郎将邓弘、黄门郎邓闾都为列侯，各食邑万户，邓骘增加食邑三千户是由于协助册立皇帝的功劳；邓骘和几个弟弟推辞没有被准许，于是就躲开使者，艰难辗转地前去宫门，上奏疏陈说自己的心愿，前后五六次，最终太后才同意了。

资治通鉴

【译文】 邓骘在皇后家族中还称得上是贤者，但是他后来被任命为大将军，本无大功，却让王公以下大臣在路边迎接等候，声势震动京城内外，这又是为什么呢？所以此等辞让也不过是矫揉造作、沽名钓誉而已，不能称为真正的贤者。

五月，甲戌，以长乐卫尉鲁恭为司徒。恭上言："旧制立秋乃行薄刑，自永元十五年以来，改用孟夏。而刺史、太守因以盛夏征召农民，拘对考验，连滞无已。上逆时气，下伤农业。案《月令》'孟夏断薄刑'者，谓其轻罪已正，不欲令久系，故时断之也。臣愚以为今孟夏之制，可从此令。其决狱案考，皆以立秋为断。"又奏："孝章皇帝欲助三正之微，定律著令，断狱皆以冬至之前。小吏不与国同心者，率入十一月得死罪贼，不问曲直，便即格杀，虽有疑罪，不复谳正。可令大辟之科，尽冬月乃断。"朝廷皆从之。

丁丑，诏封北海王睦孙寿光侯普为北海王。

九真徼外、夜郎蛮夷，举土内属。

西域都护段禧等虽保龟兹，而道路隔塞，檄书不通。公卿议者以为"西域阻远，数有背叛，吏士屯田，其费无已。"六月，壬戌，罢西域都护，遣骑都尉王弘发关中兵迎禧及梁懂、赵博、伊吾卢、柳中屯田吏士而还。

【译文】五月，甲戌日（初三），朝廷任命长乐宫卫尉鲁恭做司徒。鲁恭上奏书说："依照原来的法制，在立秋之后才执行轻刑，从永元十五年之后，改为在孟夏执行轻刑。可是刺史、太守在盛夏时节就征召农民，对那些囚犯拘禁扣留并且还对质考问查证，狱辞被牵连到的，就留在那里始终不肯判决，没完没了。在上违背了天时节气，在下阻碍了农业的发展。参考《月令》篇所说'孟夏决断薄刑'的话，是说那些轻罪已经明确，不愿意让他们长时间系囚，所以要立即决断啊！微臣以为现今孟夏断轻刑的法制，可以按照这种法令。规定决断讼案、审问犯人，都从立秋作为限制。"鲁恭又上奏书说："孝章皇帝打算有助于天、地、人三正的精妙，定下律令，都要在冬至之前就决断狱案。小官员不能和朝廷同一想法的，大约等到十一月判死罪的犯人，不问其是非黑白，就立刻处死，就算疑罪，也不再公正地重新审理其案。应该命令死刑的案子，在冬月结束的时候再作决断。"朝廷都听取了他的意见。

丁丑日（初六），朝廷下诏书封北海王刘睦的孙子寿光侯刘普为北海王。

九真郡塞外、夜郎国蛮夷，全国都归附于汉朝。

西域都护段禧等人虽然保住了龟兹国，可是却由于道路阻塞，檄书不能送到朝廷。公卿讨论的人以为："西域距离间隔遥远，时常有叛变朝廷的事情发生，官吏士兵开垦田地来驻守，消耗了无穷的费用。"六月，壬戌日（二十二日），朝廷撤销了西域都护，派遣骑都尉王弘征调关中的军队，迎接段禧还有梁慬、赵博、伊吾卢、柳中垦田驻守的将吏士兵回来。

初，烧当羌豪东号之子麻奴随父来降，居于安定。时诸降羌布在郡县，皆为吏民豪右所徭役，积以愁怨。及王弘西迎段禧，发金城、陇西、汉阳羌数百千骑与俱，郡县迫促发遣。群羌惧远屯不还，行到酒泉，颇有散叛，诸郡各发兵邀遮，或覆其庐落；于是勒姐、当煎大豪东岸等愈惊，遂同时奔溃。麻奴兄弟因此与种人俱西出塞，先零别种，滇零与锺羌诸种大为寇掠，断陇道。时羌归附既久，无复器甲，或持竹竿木枝以代戈矛，或负板案以为楯，或执铜镜以象兵，郡县畏懦不能制，丁卯，赦除诸羌相连结谋叛逆者罪。

【译文】起初，烧当羌首领东号的儿子麻奴随从父亲前来投降，在安定郡居住。当时前来归降的羌人在各郡县都有分布，都被官吏人民中的豪族所差使力役，心中充满怨恨。等到王弘西迎段禧，要征调金城郡、陇西郡、汉阳郡的羌人几百上千的骑兵共同前往，各郡县的官吏逼迫催促调遣人员。走到酒泉郡，有很多羌人反叛离去，是因为所有羌人都担心远出驻守不能回来。然后各郡县分别派出军队阻挡，或者推翻了他们居住的帐篷；这个时候勒姐族、当煎族的大酋长东岸等人更加担心害怕，于是就一起奔走逃散。麻奴兄弟于是就和族人一起往西出了塞外，滇零族和锺羌各族大肆扰乱抢掠，隔断陇坻的道路。当时羌人臣服汉朝已经很长时间了，不再有兵器铠甲，有的拿着竹竿木枝来充当戈矛，有的背负木板几案作为盾，有的拿着铜镜来冒充兵士，各郡县的吏民害怕懦弱因此没有能够阻止他们。丁卯日（二十七日），朝廷赦免各羌族彼此勾结谋划叛变的罪。

【乾隆御批】诸羌苦豪右徭役，是安插既已失宜，至叛无器甲，而郡县方畏懦不前，汉家之政，可知矣，欲不亡，得乎？

【译文】归降众羌人苦遭豪强役使，说明把他们安插到各郡县分散居住，已是失策。等到众羌反叛时没有武器，但是郡县官府却如此畏惧怯懦，不敢向前，汉朝的政治由此可以想见，想不灭亡可能吗？

秋，九月，庚午，太尉徐防以灾异、寇贼策免。三公以灾异免，自防始。辛未，司空尹勤以水雨漂流策免。

【译文】 秋季，九月，庚午日（初一），由于天灾变异、寇贼作乱，太尉徐防被下策命免职。三公由于天灾变异而免职的，从徐防开始。辛未日（初二），司空尹勤被下策命免职是因为雨水成灾。

【乾隆御批】 既为三公，于宦戚擅权钳口，恋职，非不能燮理而何？然以灾异诿之，则诚过举。长统说犹未备。

【译文】 已经位至三公，对宦官外戚专权却闭口无言，贪图职位，难道就可以协调治理吗？但是专门把灾异推托给他们，确实是不对的。而仲长统所说的，也并不全面。

【申涵煜评】 灾异策免三公，自防始。宋景小国之君，尚不忍移彗于股肱，今不务德，而委辈大臣，可谓大惑。然为三公者，当灾眚叠告时，不知引退修省，必待君上驱之，亦忝不知耻者矣。故大臣宜自退，而上则以礼遣之。

【译文】 三公以灾异免职的，是从汉安帝朝太尉徐防开始的。像宋景这样小国的君主，尚且不忍心用彗星出现这样的事情怪罪股肱之臣，现在的君主不注重修养品德，却去委屈大臣，实在是令人不解。然而那些作为三公的大臣，当灾情迭报时，不知道自行引退反省，一定要等着君主驱赶，实在是恬不知耻。因此大臣最好是自己引咎辞职，而君主应该让他体面的离职。

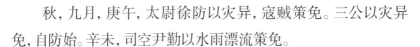

◆仲长统《昌言》曰：光武皇帝惩数世之失权，忿强臣之窃命，矫枉过直，政不任下，虽置三公，事归台阁。自此以来，三公之职，备员而已；然政有不治，犹加谴责。而权移外戚之家，宠被近习之竖，亲其党类，用其私人，内充京师，外布列郡，颠倒贤愚，贸易选举，疲驽守境，贪残牧民，挠扰百姓，忿怒四夷，招致乖叛，乱离斯瘼，怨气并作，阴阳失和，三光亏缺，怪异数至，虫螟食稼，水旱为灾。此皆戚宦之臣所致然也，反以策让三公，至于死、免，乃足为叫呼苍天，号咷泣血者矣！又，中世之选三公也，务于清悫谨慎，循常习故者，是乃妇女之检柙，乡曲之常人耳，恶足以居斯位邪！势既如彼，选又如此，而欲望三公勋立于国家，绩加于生民，不亦远乎！昔文帝之于邓通，可谓至爱，而犹展申徒嘉之志。夫见任如此，则何患于左右小臣哉！至如近世，外戚、宦竖，请托不行，意气不满，立能陷人于不测之祸，恶可得弹正者哉！曩者任之重而责之轻，今者任之轻而责之重。光武夺三公之重，至今而加甚；不假后党以权，数世而不行；盖亲疏之势异也！今人主诚专委三公，分任责成，而在位病民，举用失贤，百姓不安，争讼不息，天地多变，人物多妖，然后可以分此罪矣！◆

【译文】 ◆仲长统在《昌言》中说：光武皇帝因为好几代帝王丧失权利而痛惜，为了强臣窃取君权擅自下令而生气，他纠正以往的过错，政权不再交给臣下，即使设立三公，政事却归尚书掌管。自此之后，三公的职位，如同虚设；但是政事如果有办不好的，仍旧对三公加以责罚。而政权下放到外戚之家，恩宠到达身边那些亲近的小人身上，亲近他们的同伴，随意任用那些亲近的人，在内充满了京师，在外各郡都有所分布，导致有才能的人还有愚笨顽劣的人地位颠倒，把选举人才当作一种交易，让没有才能的官吏驻守国境,贪污残暴的人治理人民,不仅阻拦惊扰了百姓安定的生活,还激怒了四方的蛮夷,导致他们的乖离反叛,于是动乱就兴起来了,使得国家人民深受其害,愤懑不平之气纷纷产生,阴阳寒暑失去了协调,日月星辰亏缺不常,怪异的事情时常发生,农田稻作被蝗虫食害,大水干旱成灾。这些都是由于外戚宦官所招致的,反而下策命责罚三公,直到处死、免职的地步,这可真是值得为他们呼天叫冤、放声痛哭啊!况且中古时期选拔三公,都是选取公正廉洁谨慎小心、循规蹈矩熟悉旧例的人,这是对妇女规矩约束的做法,穷乡僻壤的平常百姓而已,又怎么能足以担任这样的职位呢?情况既然是如此,选拔人才又是这样,而期望三公对国家建立功勋,政绩实施在人民身上,要想做到岂不是太困难了吗?从前文帝对待邓通,可以说宠爱至极,可是依旧令申屠嘉实现了惩治邓通的心志。大臣受信任到达如此的地步,又哪里需要担心左右小臣的谗言呢?至于近世,外戚、宦官,向别人的请求不能如愿以偿,心中感到不满足,立刻就能陷害他人遭遇难以预料的祸害,又怎么能够依靠他们来弹劾纠正别人的过失呢?以前托付给大臣的责任重,对他们的责罚轻,现在托付给大臣的责任轻,却对他们的责罚重。光武帝夺去三公的重权,到现在更加严厉;不能把大权交给后妃的家属,好几代都没有遵从;由于三公疏远,后妃亲属亲近,这亲疏的情势不一样啊!现今国君如果一心委权给三公,要求他们都能够达成自己所负担的责任,那么,假如在位的三公让百姓受害,推荐臣吏而错过了贤能的人才,百姓不能够安定地生活,争执讼案生生不息,天地多灾多难,人物多有灵异的事情发生,这时才足以让三公分担这罪名啊!◆

壬午,诏:太仆、少府减黄门鼓吹以补羽林士;厩马非乘舆常所御者,皆减半食;诸所造作,非供宗庙园陵之用,皆且止。

庚寅,以太傅张禹为太尉,太常周章为司空。

大长秋郑众、中常侍蔡伦等皆秉势豫政,周章数进直言,太后不能用。初,太后以平原王胜有痼疾,而贪殇帝孩抱,养为己子,故立焉。及殇帝崩,群臣以胜疾非痼,意咸归之;太后以前不立胜,恐后为怨,乃迎帝而立之。周章以众心不附,密谋闭宫门,诛邓骘兄弟及郑众、蔡伦,劫尚书,废太后于南宫,封帝为远国王而立平原王。事觉,冬,十一月,丁亥,章自杀。

戊子,敕司隶校尉、冀、并二州刺史,"民讹言相惊,弃捐旧居,老弱相携,穷困道路。其各敕所部长吏躬亲晓喻:若欲归本郡,在所为封长檄;不欲,勿强。"

【译文】壬午日(十三日),下诏书说:"太仆、少府减少黄门鼓吹的人员来填充羽林士;马厩的马不是天子乘舆时常亲自乘驾的,粮草一律减少一半;各项建筑工程,不是提供宗庙墓园为用途的,都暂时中止。"

庚寅日(二十一日),朝廷命太傅张禹做太尉,太常周章做司空。

大长秋郑众、中常侍蔡伦等都掌权过问政事,周章很多次进直言,太后都没有听取。当初,太后由于平原王刘胜得了难以治愈的疾病,而贪图汉殇帝是婴孩,就收养为自己的儿子,等到汉殇帝去世,君臣以为刘胜的病不是时久难治的病,心意都归顺他,所以后来都想立他为帝;太后由于过去没有立刘胜为帝,担心他日后埋怨,于是迎立现在的汉安帝为帝。周章秘密谋划关闭宫门是由于群臣的心意都不归附现在的皇帝,于是就打算杀死邓骘兄弟和郑众、蔡伦,把尚书劫持之后,再废去太后,让她住在南宫，封现在的汉安帝为偏远诸侯国的国王，而拥立平原王为帝。计谋被发现之后，冬季，十一月，丁亥日（十九日），周章自杀。

戊子日（二十日），敕令司隶校尉、冀州、并州二州的刺史说："人民散播谣言，互相惊惧，放弃了原来的居地，带着老人孩子，穷困在道路上。期望各人敕令所属的官吏，亲自向他们说明：如果打算要回到本郡的，在当地官府出具印封的长牒作为证明；不想回去的，也不可以勉强他们。"

【乾隆御批】 清河之立，虽太后之私，然章为大臣争之，可也。争之不从，合外廷共立平原王，可也。无密谋诛人及废后之理。其心虽近忠，其迹实为乱，非人臣正道。刘友益谓其死自取，当矣。

【译文】 把清河王立为皇帝，虽是太后的私意，然而周章身为大臣，提出争议也是可以的。提出争议后太后不予采纳，再和外朝大臣共同商议拥立平原王刘胜为皇帝，这也是可行的，但是没有密谋诛杀他人和废黜太后的道理。他的用心虽然近于忠诚，但行动实则是叛乱，不是做臣子的正道。刘友盖说他自取灭亡，是恰当的。

十二月，乙卯，以颍川太守张敏为司空。

诏车骑将军邓骘、征西校尉任尚将五营及诸郡兵五万人，屯汉阳以备羌。

是岁，郡国十八地震，四十一大水，二十八大风，雨雹。

鲜卑大人燕荔阳诣阙朝贺。太后赐燕荔阳王印绶、赤车、参驾，令止乌桓校尉所居宁城下，通胡市，因筑南、北两部质馆。鲜卑邑落百二十部各遣入质。

二年（戊申，公元一〇八年）春，正月，邓骘至汉阳；诸郡兵未至，锺羌数千人击败骘军于冀西，杀千馀人。梁慬还，至燉煌，逆诏慬留为诸军援。慬至张掖，破诸羌万馀人，其能脱者十二三；进至姑臧，羌大豪三百馀人诣慬降，并慰譬，遣还故地。

【译文】 十二月，乙卯日（十八日），朝廷任命颍川郡太守张敏做司空。

朝廷下诏命令车骑将军邓骘、征西校尉任尚统率北军五校营还有各郡的军队五万人，在汉阳郡驻守以戒备羌人。

这一年，有十八个郡国都发生了地震，四十一个郡国闹大水灾，二十八个郡国刮大风，下冰雹。自然灾害频繁发生。

鲜卑国酋长燕荔阳前去宫阙进行朝贺。太后赐给燕荔阳王爷的印绶、赤车、三马驾的车子，命令居住在乌桓校尉所住的宁城旁边，和胡人进行商业贸易往来，于是就修建南匈奴、北匈奴受降人质的馆第。鲜卑国各部落一百二十族各派人献人质请求投降。

二年（戊申，公元 108年）春季，正月，邓骘到达汉阳郡；各郡的军队还没有到达，锺羌部落好几千人在冀县西边就把邓骘的军队打败了，杀了一千多人。梁慬从西域回来，到达敦煌郡，朝廷下诏命令他留下援助各郡的军队。梁慬来到张掖郡，打败了羌人各族一万多人，其中能逃跑的只有十之二三；梁慬继续向前到了姑臧县，羌人大酋长三百多人向梁慬投降，都给予安慰、开导，遣送回原居住的地方去。

御史中丞樊准以郡国连年水旱，民多饥困，上疏：“请令太官、尚方、考功、上林池籞诸官，实减无事之物；五府调省中都官吏、京师作者。又，被灾之郡，百姓凋残，恐非赈给所能胜赡，虽有其名，终无其实。可依征和元年故事，遣使持节慰安，尤困乏者徙置荆、扬孰郡。今虽有西屯之役，宜先东州之急。"太后从之。悉以公田赋与贫民，即擢准与议郎吕仓并守光禄大夫。二月，乙丑，遣准使冀州、仓使兖州禀贷，流民咸得苏息。

夏，旱。五月，丙寅，皇太后幸洛阳寺及若卢狱录囚徒。洛阳有囚，实不杀人而被考自诬，羸困舆见，畏吏不敢言，将去，举头若欲自诉。太后察视觉之，即呼还问状，具得枉实。即时收洛阳令下狱抵罪。行未还宫，澍雨大降。

【译文】 御史中丞樊准由于各郡国连续几年发生水灾、旱灾，人民饱受饥饿穷困至极，上奏疏说："恳请命令太官、尚方、考功、上林池䰾等官，切实节俭不必要的事物；太傅、太尉、司徒、司空、大将军等五个官府削减京城的官吏、京城营建的工匠。还有受灾害的各郡，百姓受到伤害，担心不是发给赈粮就能富足的，即使有赈灾的名义，却始终都没有赈灾的实效。可比照征和元年的旧例，差遣使者拿着符节去抚慰百姓，把那些特别穷困的迁移安置到荆州、扬州丰收的各郡。现在就算有驻守西边的军事，还是应该先处理东边各州的灾害。"太后采纳了他的建议，把公田都分给贫苦的百姓，立刻提升樊准的官职，和议郎吕仓共同任光禄大夫。二月，乙丑日（二十九日），派樊准出使冀州、吕仓出使兖州派发赈粮，流离失所的人民都得到了复苏。

夏季，发生旱灾。五月丙寅日（初一），皇太后来到洛阳县官舍，还有若卢狱，对于省察囚犯的情况而加以记录。洛阳县有个犯人，事实上没有杀人，却因为遭到严刑拷问不得已承认自己是杀人犯，身体虚弱委顿，被人用竹轿抬来见太后，犯人恐惧官吏，不敢诉说实际情况，将要离开时，抬头好似要替自己诉说冤情。太后仔细观察，感觉他的神情有异，立刻就把他叫了回来，问他情形，彻底明察冤枉的事实。太后立刻就把洛阳县令逮捕了，关在狱中抵罪。太后还没回到宫中，就下了一场适时的大雨。

【康熙御批】汉安帝时，太后录囚俱得枉实。行未还宫，澍雨遂降。史册书之若以为盛事。不知垂帘听政亦非国家之福。矧亲录囚徒乎，汉室其益衰矣。

【译文】汉安帝的时候，太后审查囚犯了解到很多囚犯是被冤枉的。从监狱还没回宫，就降下了及时雨。史册认为这是盛事。不知道垂帘听政也不是国家之福。何况太后亲录囚徒呢？汉朝只会越来越衰弱了。

【乾隆御批】母后专政日久，甚至亲录囚徒，成何国体？史臣乃以澍雨适降，归美一囚之平反，较之东海，飞霜附会，更甚矣。

【译文】母后专政时日已久，甚至还要亲自审问囚犯，这又成何国家体统？史臣却认为这是及时雨，把功劳归于对一个囚犯的平反，这和东海孝妇蒙冤，六月飞霜一案的牵强附会相比，有过之而无不及。

六月，京师及郡国四十大水，大风，雨雹。

秋，七月，太白入北斗。

闰月，辛丑，广川王常保薨，无子，国除。

癸未，蜀郡徼外羌举士内属。

冬，邓骘使任尚及从事中郎河内司马钧率诸郡兵与滇零等数万人战于平襄，尚军大败，死者八千馀人，羌众遂大盛，朝廷不能制。湟中诸县，粟石万钱，百姓死亡不可胜数，而转运难剧。故左校令河南庞参先坐法输作若卢，使其子俊上书曰：“方今西州流民扰动，而征发不绝，水潦不沐，地力不复，重之以大军,疲之以远戍,农功消于转运,资财竭于征发,田畴不得垦辟,禾稼不得收入,搏手困穷,无望来秋,百姓力屈,不复堪命。臣愚以为万里运粮,远就羌戎,不若总兵养众,以待其疲。车骑将军骘宜且振旅,留征西校尉任尚,使督凉州士民转居三辅,休徭役以助其时,止烦赋以益其财,令男得耕种,女得织纴,然后畜精锐,乘懈沮,出其不意,攻其不备,则边民之仇报,奔北之耻雪矣。"书奏,会樊准上疏荐参,太后即擢参于徒中,召拜谒者,使西督三辅诸军屯。十一月,辛酉,诏邓骘还师,留任尚屯汉阳为诸军节度。遣使迎拜骘为大将军。既至,使大鸿胪亲迎,中常侍郊劳,王、主以下候望于道,宠灵显赫,光震都鄙。

【译文】 六月,京城和四十个郡国都发生了大水灾,大风灾,下了冰雹。

秋季,七月,太白星进入北斗星座中。

闰月,辛丑日(初七),广川王刘常保去世,由于没有子嗣,就撤销了封国。

癸未日(闰月无此日),蜀郡边境外的羌人以全部土地归附于汉朝。

冬季,邓骘派任尚和从事中郎河内人司马钧统率各郡军队在平襄县和滇零族等好几万人进行作战,任尚的军队大败,死了八千多人,羌人于是势力大为强盛,朝廷不能控制他们。湟中郡各县,粟米每石一万钱,是由于百姓死亡的人数不计其数,米粮的运输非常艰难。前左校令河南人庞参之前由于论罪而被贬谪为若卢狱官,叫他的儿子庞俊上奏书说:"现在西州流亡的百姓正在发生祸乱,可是朝廷却不停地征集力役,水灾不断发生,田地受损,生产力一时间不能恢复,朝廷却用大军来压迫他们,用戍守远方来让他们疲惫,因为转运农田的收成早就被消耗完了,因为征调财物而被用尽了,田地没有办法开垦,稻作无法收获,人们急得击掌而没有办法,对于来年秋收不抱任何希望,百姓的力量已经用尽,不能再继续承受负担。微臣以为不远万里长途跋涉地运输粮食,远远地前去西边防守羌族,不如率领军队,让众人休养生息,来等待敌人懈怠的机会。车骑将军邓骘应该暂时班师回京,把征西校尉任尚留下来,派他监督领导凉州的士兵百姓转移居住到京城临近的三郡,停止徭役征发来辅助他们的农耕,让烦苛的赋税暂时停止来增加他们的财产,使得男的能够耕种田地,女的能够织布,然后再养精蓄锐,趁着敌人放松警惕沮丧的时候,来一个出其不意,攻其不备,那么就可以为边地人民被害而报仇雪恨,打败逃跑的耻辱就可以洗雪了。"上书奏上,刚好樊准上奏疏举荐庞参,邓太后立刻就从贬谪的官员中提拔庞参,召见任命他为谒者,让他往西边监督领导三辅各郡的军队在边地驻守。十一月,辛酉日(二十九日),邓太后下诏令邓骘班师回京,把任尚留下来在汉阳郡驻守,作为各军的指挥。邓太后差遣使者迎接邓骘,任命他为大将军。邓骘到达京城之后,太后派大鸿胪亲自迎接,中常侍在城郊慰劳,各王、公主以下在道路旁边远远地等待他的到来,邓骘受到的恩宠和荣耀极显赫,震惊了京城和边陲各地。

滇零自称天子,于北地招集武都参狼、上郡、西河诸杂种羌断陇道,寇钞三辅,南入益州,杀汉中太守董炳。梁慬受诏当屯金城,闻羌寇三辅,即引兵赴击,转战武功、美阳间,连破走之,羌稍退散。

十二月,广汉塞外参狼羌降。

是岁,郡国十二地震。

三年（己酉，公元一〇九年）春，正月，庚子，皇帝加元服，赦天下。

遣骑都尉任仁督诸郡屯兵救三辅。仁战数不利，当煎、勒姐羌攻没破羌县，锺羌攻没临洮县，执陇西南部都尉。

三月，京师大饥，民相食。壬辰，公卿诣阙谢；诏"务思变复，以助不逮。"

壬寅，司徒鲁恭罢。恭再在公位，选辟高第至列卿、郡守者数十人，而门下着旧或不蒙荐举，至有怨望者。恭闻之，曰："学之不讲，是吾忧也，诸生不有乡举者乎！"终无所言，亦不借之议论。学者受业，必穷核问难，道成，然后谢遣之。学者曰："鲁公谢与议论，不可虚得。"

【译文】滇零族自称天子，在北地郡搜罗居住武都的参狼族，在上郡、西河郡的各族羌人把去往陇西郡的道路给阻拦了，进犯抢掠京城附近的三郡，往南来到益州，杀死汉中郡太守董炳。梁慬奉命本应在金城驻守，听说羌人侵扰三辅，就即刻带领军队前去进攻，在武功县、美阳县之间辗转作战，接连把他们打败赶走，羌人才稍微后退离散。

十二月，广汉郡塞外的参狼羌部落投降。

这一年，十二个郡国发生地震。

三年（己酉，公元109年）春季，正月的庚子日（初九），汉安帝举行成年加冠礼，大赦天下。

调遣骑都尉任仁监督领导各郡驻守的军队前去救助三辅。任仁几次作战都没能够打胜，当煎羌、勒姐羌部落攻取破羌县，锺羌部落攻取临洮县，俘虏了陇西南部都尉。

三月，京城闹大饥荒，百姓人吃人。壬辰日（初二），公卿前去宫门向汉安帝谢罪；汉安帝下诏说："必须想着改过向善，来辅助我所没有做到的地方。"

壬寅日（十二日），司徒鲁恭被免去职务。鲁恭曾两次位列三公，选取征辟的人官做到列卿、郡太守的有好几十人，可是他的门下老生，有些没有得到推荐，以至于有人对他埋怨。鲁恭听到之后，说："学问讲解得不明白，这是我所担心的，诸生不是有乡里推荐的机会吗？"于是大家没有话说，也不拿这件事情作为议论的话题了。学者向他拜师接受教导的，必定彻底明确提出疑问向他们论难，学成了之后再向他们道谢，送他们离开。学者说："鲁公感谢和他谈论学问的人，因为那不是随便就能够得到的。"

【乾隆御批】 两汉皆知重经学，然至三公聚门徒，实启党人清流，恶习浸淫。及至宋之洛、蜀，明之东林、几复，真所云焦烂为期，蹈覆辙而不悔者。

【译文】 两汉都懂得重视经学，然而发展到三公聚集门徒讲授经学，实则开启了士大夫结党和标榜清高的恶习。以后又相继出现了宋代的洛党、蜀党，明代的东林党、复社党，真可谓焦头烂额，重蹈覆辙不知悔改。

夏，四月，丙寅，以大鸿胪九江夏勤为司徒。

三公以国用未足，奏令吏民入钱谷得为关内侯、虎贲、羽林郎、五官、大夫、官府吏、缇骑、营士各有差。

甲申，清河愍王虎威薨，无子。五月，丙申，封乐安王宠子延平为清河王，奉孝王后。

六月，渔阳乌桓与右北平胡千馀寇代郡、上谷。

汉人韩琮随匈奴南单于入朝，既还，说南单于云："关东水潦，人民饥饿死尽，可击也。"单于信其言，遂反。

秋，七月，海贼张伯路等寇滨海九郡，杀二千石、令、长；遣侍御史巴郡庞雄督州郡兵击之，伯路等乞降，寻复屯聚。

九月，雁门乌桓率众王无何允与鲜卑大人丘伦等及南匈奴骨都侯合七千骑寇五原，与太守战于高渠谷，汉兵大败。

【译文】夏季，四月，丙寅日（初七），朝廷任命大鸿胪九江人夏勤做司徒。

三公由于国家的财力不充足，于是就上奏请求官民向朝廷捐献钱财及米谷之后就可以担任关内侯、虎贲、羽林郎、五官、大夫、官府吏、缇骑以及营士等职务，各分等级。

甲申日（二十五日），清河愍王刘虎威逝世，他没有子嗣。于是在五月份丙申日（初七），朝廷就任命乐安王刘宠的儿子刘延平为清河王，从而作为清河孝王刘庆的后嗣。

六月，居住在渔阳郡的乌桓人和右北平的胡人等一共一千多人入侵掠夺代郡和上谷郡。

汉人韩琮跟着匈奴南单于人到京城朝见汉天子，回去后，劝说南单于："关东正闹水灾，人民都因饥饿而死光了，现在就可以去攻打了。"单于相信了他的话，于是就开始反叛攻打关东了。

秋季，七月，海贼张伯路等人入侵攻打了临海的九个郡，杀死了郡县长官；朝廷派遣巴郡御史庞雄指挥各个州郡的军队去攻打他。于是张伯路等人就要求投降，然而不久之后就再度聚合驻守在那儿了。

九月，雁门关的乌桓国的率众王无何允和鲜卑国的大酋长丘伦等人，联合南匈奴骨都一共有七千多骑兵入侵进犯了五原郡，与五原郡太守在高渠谷作战，最终汉兵大败。

南单于围中郎将耿种于美稷。冬,十一月,以大司农陈国何熙行车骑将军事,中郎将庞雄为副,将五营及边郡兵二万馀人,又诏辽东太守耿夔率鲜卑及诸郡兵共击之。以梁慬行度辽将军事。雄、夔击南匈奴奥鞬日逐王,破之。

十二月,辛酉,郡国九地震。

乙亥,有星孛于天苑。

是岁,京师及郡国四十一雨水,并、凉二州大饥,人相食。

太后以阴阳不和,军旅数兴,诏岁终飨遣卫士勿设戏作乐,减逐疫侲子之半。

【译文】 南单于在美稷县包围了中郎将耿种。冬季,十一月,朝廷派遣大司农何熙(陈国人)兼任车骑将军一职,同时命中郎将庞雄担任副将,率领五营以及边地各个郡的军队一共两万多人,并下诏命令辽东郡的太守耿夔率领鲜卑人及各个郡县的军队,一起攻打南单于。又派遣梁慬兼任度辽将军一职。庞雄和耿夔负责攻打南匈奴的奥鞬日逐王,最终把他打败了。

十二月,辛酉日(初五),九个郡国发生了地震。

乙亥日(十九日),彗星出现在天苑星座。

这一年,京城和四十一个郡国的大雨一直不停,并州、凉州两个州闹大饥荒,百姓人吃人。

太后认为是阴阳不调的原因,于是几次动员军队前去作战,并下诏书年底宴请退役的皇家卫士,但不允许设戏奏乐;减少一半参加驱逐大灾难和疫鬼仪式的善良幼童。

四年(庚戌,公元一一〇年)春,正月,元会,彻乐,不陈充庭车。

邓骘在位，颇能推进贤士，荐何熙、李郃等列于朝廷，又辟弘农杨震、巴郡陈禅等置之幕府，天下称之。震孤贫好学，明欧阳《尚书》，通达博览，诸儒为之语曰："关西孔子杨伯起。"教授二十馀年，不答州郡礼命，众人谓之晚暮，而震志愈笃。骘闻而辟之，时震年已五十馀，累迁荆州刺史、东莱太守。当之郡，道经昌邑，故所举荆州茂才王密为昌邑令，夜怀金十斤以遗震。震曰："故人知君，君不知故人，何也？"密曰："暮夜无知者。"震曰："天知，地知，我知，子知，何谓无知者！"密愧而出。后转涿郡太守。性公廉，子孙常蔬食、步行；故旧或欲令为开产业，震不肯，曰："使后世称为清白吏子孙，以此遗之，不亦厚乎！"

张伯路复攻郡县，杀吏，党众浸盛。诏遣御史中丞王宗持节发幽、冀诸郡兵合数万人，征宛陵令扶风法雄为青州刺史，与宗并力讨之。

【译文】 四年（庚戌，公元110年）春季，正月，举行元旦朝会时，撤去了音乐，没有在厅堂陈设乘舆法物的车辇。

邓骘在位的时候，很会推荐贤才，他举荐何熙、李郃等人在朝廷任职，又将弘农郡人杨震和巴郡人陈禅等人安置在幕府任职，天下人都称赞他。杨震孤独贫苦但爱好读书，他通晓欧阳氏解释的《尚书》，他不仅通情达理而且博览群书，那些儒士都把他称为"关西孔子杨伯起"。他教授学生二十多年，但从不接受州郡延聘的聘礼以及征召的命令，大家都认为他步入仕途已经晚了，然而这却使杨震的心意更加坚定了。邓骘听说后，就立刻征召了他，那时杨震已经有五十多岁，接连出任荆州刺史和东莱郡太守的职务。在前往东莱郡的路上，经过昌邑县的时候，遇到以前所推荐升职的荆州茂才王密在昌邑当县令，夜晚王密带了十斤黄金来送给杨震。杨震说："老朋友了解你，你却不了解老朋友，这是什么原因呢？"王密说："现在是夜晚，没有人会知道的。"杨震说："天知，地知，你知，我知，怎么能说没有人知道呢？"王密惭愧地离去。后来杨震转任涿郡太守，他依旧公正廉洁，他的子孙常常是只吃蔬菜而不吃肉，步行而不坐车；因此他以前的老朋友中有人劝他为子孙开置产业，而杨震却不肯，他说："能被后世称之为清官的子孙，把这送给他们，不是也很丰厚吗？"

张伯路再次攻打各个郡县，并杀死了当地的太守、县令，追随他的人渐渐增多。于是朝廷下诏书派遣御史中丞王宗，命令他拿着符节发动幽州和冀州各个郡的军队，总共有好几万人，征召宛陵的县令扶风人法雄担任青州刺史一职，和王宗一起征伐他。

【申涵煜评】 震欲以清白遗子孙，最善为后人计。然正谊不谋利，明道不计功，念及子孙，便是三代下人品，而天早以四世三公报之福善之厚道也。

【译文】 杨震想要给子孙留下清白，他最擅长为后人考虑。然而公正的道理不是为了谋取利益，光明的道理不是为了功勋。这样能够影响子孙三代以下的人品，而上天早已让四世三公的福善报答了厚道的人。

南单于围耿种数月，梁懂、耿夔击斩其别将于属国故城，单于自将迎战，懂等复破之，单于遂引还虎泽。

丙午，诏减百官及州郡县奉各有差。

二月，南匈奴寇常山。

滇零遣兵寇褒中，汉中太守郑勤移屯褒中。

任尚军久出无功，民废农桑，乃诏尚将吏兵还屯长安，罢遣南阳、颖川、汝南吏士。

乙丑，初置京兆虎牙都尉于长安，扶风都尉于雍，如西京三辅都尉故事。

【译文】 在南单于包围耿种好几个月的时间里，梁慬和耿夔在属国都尉的旧城里攻击杀死南匈奴的将领，南单于自己率领士兵迎接挑战，梁慬等人再次把他打败了，于是南单于就领兵回虎泽去了。

丙午日（二十一日），朝廷下诏书要减少文武百官和各个州郡县官吏的奉给，依照等级各有不同。

二月，南匈奴入侵了常山。

滇零羌部落带领军队攻打褒中县，汉中郡的太守郑勤进驻褒中县防守。

任尚的军队已经很久没有战功了，人民都荒废了农耕桑织，于是朝廷就下诏书让任尚率领军队回到长安驻守，解散并遣回了南阳郡、颖川郡以及汝南郡的官吏士兵。

乙丑日（初十），朝廷首次在长安设立京兆虎牙都尉，在雍设置扶风都尉的职位，就如同西汉三辅都尉的旧例。

谒者庞参说邓骘徒边郡不能自存者入居三辅，骘然之，欲弃凉州，并力北边。乃会公卿集议，骘曰："譬若衣败坏，一以相补，犹有所完，若不如此，将两无所保。"公卿皆以为然。郎中陈国虞诩言于太尉张禹曰："若大将军之策，不可者三：先帝开拓土宇，勋劳后定，而今惮小费，举而弃之，此不可一也。凉州既弃，即以三辅为塞，则园陵单外，此不可二也。谚曰：'关西出将，关东出相。'烈士武臣，多出凉州，士风壮猛，便习兵事。今羌、胡所以不敢入据三辅为心腹之害者，以凉州在后故也。凉州士民所以推锋执锐，蒙矢石于行陈，父死于前，子战于后，无反顾之心者，为臣属于汉故也。今推而捐之，割而弃之，民庶安土重还，必引领而怨曰：‘中国弃我于夷狄！’虽赴义从善之人，不能无恨。如卒然起谋，因天下之饥敝，乘海内之虚弱，豪雄相聚，量材立帅，驱氐、羌以为前锋，席卷而东，虽贲、育为卒，太公为将，犹恐不足当御；如此，则函谷以西，园陵旧京非复汉有，此不可三也。议者喻以补衣犹有所完，诩恐其疽食侵淫而无限极也！”禹曰："吾意不及此，微子之言，几败国事！"诩因说禹："收罗凉土豪杰，引其牧守子弟于朝，令诸府各辟数人，外以劝厉答其功勤，内以拘致防其邪计。"禹善其言，更集四府，皆从诩议。于是辟西州豪桀为掾属，拜牧守、长吏子弟为郎，以安慰之。

【译文】谒者庞参劝邓骘说："把边地各个郡不能自己保全的百姓迁徙到三辅居住。"邓骘觉得很对，就想要舍弃凉州，和庞参合力在北边防守。于是就召集公卿共同讨论，邓骘说："例如衣服破了，就拿一件衣服去补另外一件，仍然是有完整的衣服的。如果不这样，两个地方都将保不住。"公卿们都认为这是很正确的。郎中陈国人虞诩对太尉张禹说："按照大将军的策略来说，有三点不妥当的地方：先皇开疆拓土，经过漫长的辛劳才使国家安定下来，而现在由于害怕军费减少就全部把它舍弃，这是第一个不妥当的地方。既然凉州已经舍弃了，就应该是让三辅作为边塞，那么先皇的墓园就会孤单地放在塞外，将失去屏障了，这是第二个不妥当的地方。俗语说：‘关西出将领，关东出宰相。’烈士武将，大多都出自凉州，那里的人民雄壮勇猛，熟悉兵事。现在的羌人、胡人之所以不敢进入三辅并占据它成为汉朝的心腹大患，就是因为凉州在后面啊！凉州的士兵、百姓之所以拿着锋锐的兵器在队列中冒着敌人的弓箭炮石作战，虽然父亲在前面战死了，但是儿子仍然在后面作战，没有回头看，丝毫没有感到畏怯的意思，是因为他们是汉朝臣民啊！现在扔掉他们，割舍遗弃他们，百姓安于故土，不肯轻易迁移，必然会伸长脖子埋怨说："朝廷把我们舍弃给敌人了！"虽然是忠义善良的人也不能没有怨恨。假如突然有人兴起阴谋，趁着天下百姓饥饿穷困时候，利用海内虚弱的机会，把各路雄豪聚集在一起，依据才能推立领导的人，驱使氐人、羌人做前锋，轻而易举地向东而来。即使是孟贲、夏育做士兵，姜太公做大将，恐怕仍然不能抵御阴谋，那么这样一来，函谷关以西的地方，先皇帝的墓园、朝廷的旧都不再归汉朝所有，这是第三个不妥当的地方。议论的人把它比喻成补破衣仍然有完整的衣服这一说法，我虞诩觉得这恐怕是痛疮侵食肌肉，不断溃烂而没有止境啊！"张禹说："我没有想到这些，如果没有你这番话，我几乎就坏了国家的大事啊！"虞诩趁机劝张禹说："我们应该招揽凉州各地的英雄豪杰，推荐当地州牧郡守的子弟去朝廷任职，命令各个官府都分别征用几人。这样一来对外可以借此激励他们，奖励他们的功劳，对内可以借此来限制他们，防止他们产生奸邪的计谋。"张禹觉得他的话很对，于是集合四官府的人商议，众人都同意虞诩的建议。因此就征用凉州的英雄豪杰做掾属，任命州牧、郡守及长吏的子弟做郎，来劝慰他们。

【乾隆御批】 虞诩三不可，实筹边至论。古来籍寇赍盗，皆选懦无识者，姑息，酿成之。

【译文】 虞诩提出不可放弃凉州的三大理由，实在是为边境考虑的上策。自古以来，助寇为虐的，都是因为选任怯懦、胸无谋略的将帅，导致姑息养奸，酿成大祸。

邓骘由是恶诩，欲以吏法中伤之。会朝歌贼宁季等数千人攻杀长吏，屯聚连年，州郡不能禁，乃以诩为朝歌长。故旧皆吊之，诩笑曰："事不避难，臣之职也。不遇槃根错节，无以别利器，此乃吾立功之秋也！"始到，谒河内太守马棱。棱曰："君儒者，当谋谟庙堂，乃在朝歌，甚为君忧之！"诩曰："此贼犬羊相聚，以求温饱耳，愿明府不以为忧！"棱曰："何以言之？"诩曰："朝歌者，韩、魏之郊，背太行，临黄河，去敖仓不过百里，而青、冀之民流亡万数，贼不知开仓招众，劫库兵，守成皋，断天下右臂，此不足忧也。今其众新盛，难与争锋；兵不厌权，愿宽假辔策，勿令有所拘阂而已。"及到官，设三科以募求壮士，自掾史以下各举所知，其攻劫者为上，伤人偷盗者次之，不事家业者为下，收得百馀人，诩为飨会，悉贳其罪，使入贼中诱令劫掠，乃伏兵以待之，遂杀贼数百人。又潜遣贫人能缝者佣作贼衣，以采线缝其裾，有出市里者，吏辄禽之。贼由是骇散，咸称神明，县境皆平。

【译文】 邓骘因为这件事痛恨虞诩，想借助吏法来陷害他。当时正好遇到朝歌县的盗贼宁季等几千人都来攻杀长吏，连续好几年聚集在那儿作乱，使得州郡官吏无法镇压他，于是就任命虞诩为朝歌县的县长。因此以前的老朋友都对他表示哀叹，然而虞诩却笑着说："遇到事情却不去躲避它，这是做臣子的本分啊。如果没有遇到盘根错节，就没有办法分别出锋利的斧斤，这可是我立功的大好时机啊！"刚上任，他便去拜见河内郡的太守马棱，马棱对他说："你作为儒者，应该在朝廷为国家大事出谋划策，而现在你却在朝歌县当县长，我很替你感到担忧啊。"虞诩对答说："这些盗贼们都好像是犬羊一样聚集在一起，只是为了谋求衣食、温饱而已，希望长官不必为了这件事而感到担忧。"马稜说："你这话是怎么说的呢？"虞诩回答说："朝歌县作为韩国、魏国的交界，它背靠太行山，面朝黄河，离敖仓也只不过才一百里而已，然而青州、冀州漂泊逃亡的人民就有一万多人，盗贼们不知道打开粮仓去救济那些逃亡的百姓，而是去劫夺郡府兵库中的兵器，占据攻守成皋县，切断了天下的右臂，这就没有什么值得担忧的。现在他的势力刚刚壮大，是很难和他针锋相对的；用兵就应该不嫌弃自己的权力并且还要学会变通，希望你能够放宽权限，不要让我认为有妨碍就行了。"等到他上任之后，就设立了三个项目来招募英勇的战士，从掾史以下每个人都要推举自己所知道的人才，那些攻击并劫夺他人财物的人是上等的，伤害他人并偷盗的人是次等的，那些整日游手好闲、不务正业的人是下等的，这样一共召集了有一百多人。虞诩设宴款待了他们，并且都赦免了他们的罪行，之后就让他们混入贼人的队伍之中，引诱贼人去抢夺财物，与此同时官府埋伏了军队等候着，轻而易举就杀死了好几百贼人。虞诩又在暗中派遣那些会裁制衣服的穷人，给贼人们缝制衣服，命令那些穷人用彩色的线去缝制贼人们的裙衣，如果有贼人到集市上去，官吏们就立刻逮捕那些贼人。贼人们都因此害怕而离开了，朝歌县境内从此都太平无事了，于是人们都说虞诩有神明相助。

三月，何熙军到五原曼柏，暴疾，不能进；遣庞雄与梁懂、耿种将步骑万六千人攻虎泽，连营稍前。单于见诸军并进，大恐怖，顾让韩琮曰："汝言汉人死尽，今是何等人也！"乃遣使乞降，许之。单于脱帽徒跣，对庞雄等拜陈，道死罪。于是赦之，遇待如初，乃还所钞汉民男女及羌所略转卖入匈奴中者合万馀人。会熙卒，即拜梁慬度辽将军。庞雄还，为大鸿胪。

先零羌复寇褒中，郑勤欲击之，主簿段崇谏，以为"虏乘胜，锋不可当，宜坚守待之。"勤不从，出战，大败，死者三千馀人，段崇及门下吏王宗、原展以身扞刃，与勤俱死。

徙金城郡居襄武。

戊子，杜陵园火。

癸巳，郡国九地震。

【译文】三月，何熙带领军队到达了五原郡的曼柏县，何熙突然染上了重病，因此军队就不能向前行进了。于是就派遣庞雄、梁慬和耿种率领步兵、骑兵共一万六千余人去攻打虎泽，这样使得各个军营的军队都稍微向前行进了。单于看到各个军队一起前进以后，就非常害怕，于是回头对韩琮用责备的语气说："你不是说汉人都死光了，那现在这些都是什么人呢？"单于随后就派遣使者要求投降，庞雄等人都答应了。单于摘下了帽子、光着脚，向庞雄等人下跪，说自己罪该万死。于是庞雄等人就赦免了他，对待他就像刚开始的时候一样，单于归还了他所掠夺的汉人男女和羌人所掠夺并转卖到匈奴去的汉人共一万余人。当时恰逢何熙去世，于是就即刻任命梁慬担任度辽将军的职务。庞雄回到京城后，担任大鸿胪一职。

先零羌族部落再次入侵了褒中县，郑勤想要去攻打他们，主簿段崇就劝告他："现在敌人趁着他们战胜的气势，其锋芒是势不可挡的，我们应该坚守并等待时机。"然而郑勤并没有听从他的劝告，私自出城作战，结果大败，死了足足有三千余人。段崇和他的门下史王宗、原展一起用身躯抵挡敌人的刀刃以保护郑勤，结果和郑勤都战死在了战场上。

于是金城郡的百姓都被迁徙到襄武县居住。

戊子日(初四),杜陵园发生火灾。

癸巳日(初九),有九个郡国都发生了地震。

夏,四月,六州蝗。

丁丑,赦天下。

王宗、法雄与张伯路连战,破走之,会赦到,贼以军未解甲,不敢归降。王宗召刺史太守共议,皆以为当遂击之,法雄曰:"不然。兵凶器,战危事,勇不可恃,胜不可必。贼若乘船浮海,深入远岛,攻之未易也。及有赦令,可且罢兵以慰诱其心,势必解散,然后图之,可不战而定也。"宗善其言,即罢兵。贼闻,大喜,乃还所略人;而东莱郡兵独未争甲,贼复惊恐,遁走辽东,止海岛上。

秋,七月,乙酉,三郡大水。

骑都尉任仁与羌战累败,而兵士放纵,槛车征诣延尉,死。护羌校尉段禧卒,复以前校尉侯霸代之,移居张掖。

【译文】夏季,四月,六个州都发生蝗灾。

丁丑日(二十三日),朝廷大赦天下。

王宗、法雄和张伯路等人连续交战,把张伯路打败赶走了。这时刚好赦免令下来了,贼人们由于军队的武装没有被解除而不敢投降。王宗召集刺史太守共同商讨,他们都认为这时候就应当继续攻击贼人。法雄却说:"这样做是不对的。兵器是利器,战争是非常危险的一件事,只有勇气是不可以的,这样也不一定能取得胜利。贼人如果乘船出海,深入到海中的岛屿,就不容易攻打他们了。我们可以趁着朝廷的赦令还没有到来,暂时用停战来安抚劝诱他们,这样在气势上敌人一定会减弱的,然后我们再想办法,看看可不可以不用作战就将他们平定。"

王宗认为他说的话很对，于是立即下令停战。贼人听到后，非常兴奋，于是就归还了他们掠夺的所有的俘虏。然而东莱郡的独立军队还没有解除武装，这使得贼人们又一次感到惊恐，于是就逃到辽东郡，选择在海岛上停留。

秋季，七月，乙酉日（初三），三个郡发生了洪灾。

骑都尉任仁与羌人作战，接连战败，然而士兵却很放纵，朝廷用囚车押送他去廷尉论罪，最终将他处死。护羌校尉段禧去世后，朝廷再次派前任校尉侯霸接替这一职位，并将校尉府迁移到张掖郡。

九月，甲申，益州郡地震。

皇太后母新野君病，太后幸其第，连日宿止；三公上表固争，乃还宫。冬，十月，甲戌，新野君薨，使司空护丧事，仪比东海恭王。邓骘等乞身行服，太后欲不许，以问曹大家，大家上疏曰："妾闻谦让之风，德莫大焉。今四舅深执忠孝，引身自退，而以方垂未静，拒而不许，如后有豪毛加于今日，诚恐推让之名不可再得。"太后乃许之。乃服除，诏骘复还辅朝政，更授前封，骘等叩头固让，乃止。于是并奉朝请，位次三公下，特进、侯上，其有大议，乃诣朝堂，与公卿参谋。

太后诏阴后家属皆归故郡，还其资财五百馀万。

【译文】九月，甲申日（初三），益州郡发生地震。

这一年，皇太后的母亲新野君生病了，于是皇太后就前往她的府第，在那儿连续住了几天；三公上奏书表示坚决反对太后这种举动，皇太后才肯回到皇宫去。冬季，十月，甲戌日（二十三日），新野君逝世，皇太后让司空护送新野君的灵柩，所举行的仪仗可以和东海恭王相媲美。邓骘等人请求辞官穿丧服、守孝，太后想不批准他们，于是就拿这事去询问曹大家，曹大家上奏书说："我听说过谦让之风，是最大的德行。现在这四位国舅依然深守着忠孝之道，引身自退，然而太后却因为边界没有平静，而拒绝他们甚至还不准许他们，如果今后有很小的一个过失加在今天这件事情上，这就实在让我担心推让的美名还能不能够再得到了。"太后这才准许了他们。等到丧服期满之后，邓太后就立刻下诏书命令邓骘再次回到朝廷辅佐朝政，再次授予邓骘等人上一次的封爵，邓骘等人坚持叩头推让，皇太后这才作罢。于是邓氏兄弟都特别批准奉朝会请召才要上朝，地位处在三公的下边，却在特进和列侯之上，如果有重要的事情需要商议，他们才前往朝堂，和公卿一同探讨。

太后下诏书让阴皇后的亲属都回到南阳郡去了，还发还他们五百多万钱财。

五年（辛亥，公元一一一年）春，正月，庚辰朔，日有食之。

丙戌，郡国十地震。

己丑，太尉张禹免。甲申，以光禄勋颍川李修为太尉。

先零羌寇河东，至河内，百姓相惊，多南奔渡河，使北军中候朱宠将五营士屯孟津，诏魏郡、赵国、常山、中山缮作坞候六百一十六所。羌既转盛，而缘边二千石、令、长多内郡人，并无守战意，皆争上徙郡县以避寇难。三月，诏陇西徙襄武，安定徙美阳，北地徙池阳，上郡徙衙。百姓恋土，不乐去旧，遂乃刈其禾稼，发彻室屋，夷营壁，破积聚。时连旱蝗饥荒，而驱蹙劫掠，流离分散，随道死亡，或弃捐老弱，或为人仆妾，丧其太半。复以任尚为侍御史，击羌于上党羊头山，破之，乃罢孟津屯。

夫馀王寇乐浪。高句骊王宫与濊貊寇玄菟。

夏，闰四月，丁酉，赦凉州、河西四郡。

海（郡）〔贼〕张伯路复寇东莱，青州刺史法雄击破之；贼逃还辽东，辽东人李久等共斩之，于是州界清静。

秋，九月，汉阳人杜琦及弟季贡、同郡王信等与羌通谋，聚众据上邽城。冬，十二月，汉阳太守赵博遣客杜习刺杀琦；封习讨奸侯。杜季贡、王信等将其众据樗泉营。

是岁，九州蝗，郡国八雨水。

【译文】 五年（辛亥，公元111年）春季，正月庚辰朔日（初一），出现日食。

丙戌日（初七），有十个郡国发生了地震。

己丑日（初十），太尉张禹被免职。甲申日（正月无此日），让光禄勋颍川人李修担任太尉。

先零羌族部落入侵河东郡，一直到了河内郡，百姓们都非常惊恐，大多数人都向南逃奔渡过了黄河，于是朝廷就派北军中候朱宠带领五营的士兵驻守在孟津，下诏书命令魏郡、赵国、常山国和中山国等四国共建造六百一十六处堤防。敌人的势力已经变得很强大了，然而边界各个郡城的各级官员大多是内地各个郡县的人，他们并没有守土抗战的意思，却都争抢着上奏书来请求内调到其他的郡县，以此来避免被敌人攻击的灾难。三月，朝廷下诏书命令将陇西郡府迁移到襄武县，将安定郡府迁移到美阳县，将北地郡府迁移到池阳县，将上郡府迁移到衙县。由于百姓一般都比较眷恋故土，不愿离开旧地，所以官府就割去了田里的稻谷，拆除了百姓居住的房屋，把垒好的军营墙壁推平了，把已经储备好的东西都破坏了。由于当时连年发生旱灾、蝗灾并且闹大饥荒，加上官府驱逐逼迫、抢劫掠夺，使得百姓流离失所，好多百姓都沿途死亡了，有的人抛弃老人和生病的人，有的人选择做人家的仆妾，结果使得百姓损失大半。朝廷再次派任尚担任侍御史，负责在上党郡的羊头山攻打羌人，最终取得了胜利。于是就撤除了驻守在孟津的军队。

夫馀王入侵了乐浪郡，高句骊王宫和濊貊入侵了玄菟。

夏季，闰四月，丁酉日（十九日），朝廷在凉州和河西的四个郡县实行大赦。

海贼张伯路又一次侵犯了东莱郡，这次青州刺史法雄将他打败了；张伯路带人逃回了辽东郡，而辽东人李久等人一起把他们杀了，这样青州界内终于太平无事。

秋季，九月，汉阳郡人杜琦和他的弟弟杜季贡以及跟他们同一地方的王信等人与羌人勾结，他们聚集了部众占据上邽城。冬季，十二月，汉阳郡的太守赵博派遣刺客杜习刺杀杜琦；杀死杜琦之后就封杜习为讨奸侯。同时杜季贡、王信等人各自率领他们的部众占据了樗泉营。

这一年，有九个州发生了蝗灾，有八个郡国大雨成灾。

【乾隆御批】　百姓不欲徙，乃至刈禾稼，撤室垦，是较羌祸更惨矣。然其时，安帝未必知也。为人上者，观此而不思明目达聪，诘戎勤政，可乎？

【译文】　百姓不愿意迁徙，于是下令割庄稼，拆毁房屋，这比遭受羌祸更加惨痛，然而当时安帝未必知道这些。身为君主，看到这种情况却不考虑怎样使自己耳聪目明，整治军队，勤劳政事，这难道可以吗？

六年（壬子，公元一一二年）春，正月，甲寅，诏曰："凡供荐新味，多非其节，或郁养强孰，或穿掘萌牙，味无所至而夭折生长，岂所以顺时育物乎！《传》曰：'非其时不食。'自今当奉祠陵庙及给御者，皆须时乃上。"凡所省二十三种。

三月，十州蝗。

夏，四月，乙丑，司空张敏罢。己卯，以太常刘恺为司空。

诏建武元功二十八将皆绍封。

五月，旱。

丙寅，诏令中二千石下至黄绶，一切复秩。

六月，壬辰，豫章员谿原山崩。

辛巳，赦天下。

侍御史唐喜讨汉阳贼王信，破斩之。杜季贡亡，从滇零。是岁，滇零死，子零昌立，年尚少，同种狼莫为其计策，以季贡为将军，别居丁奚城。

【译文】六年（壬子，公元112年）春季，正月甲寅日（十一日），汉安帝下诏书说："所有新进贡的美味，大多都不符合它的时令季节，其中有的闷养在土室中，强迫它提前成熟的；有的是挖掘土地，使它提前发芽生长的。这样一来，没有得到美味不说，还使植株夭折阻止了它们继续生长，这哪里是合乎时令、孕育万物的做法呢？有古书记载说：'不符合时令季节的食物，是不能吃的。'所以从现在起供应祭祀先皇帝陵庙和天子食用的所有食物，都必须合乎时令。"这样一来总共减少了二十三种食物。

三月，有十个州发生蝗灾。

夏季，四月乙丑日（四月无此日），司空张敏被免职。己卯日（初七），任命太常刘恺为司空。汉安帝下诏书说："在建武年间，建立大功的二十八位大将的后裔都将继续受封。"

五月，发生旱灾。

丙寅日(二十五日),汉安帝下诏书命令上自中二千石,下至得到黄色印绶的官吏,将恢复原来一切的俸禄。

六月壬辰日(二十一日),豫章郡员谿原山发生了崩塌。

辛巳日(初十),汉安帝大赦天下。

侍御史唐喜攻打汉阳郡贼人王信,将他打败后把他杀了。这时,杜季贡也逃亡了,他投奔了滇零羌人。这一年,滇零去世,于是他的儿子零昌被立为王,但是由于他年纪还小,所以就由跟他同族的人狼莫帮助他制订计划,他让杜季贡做了将军,分兵驻扎在丁奚城。

【康熙御批】凡蔬果之生,各有其时,必待气足而后食之,乃可养人。若矫拂其性,使之先时早熟,其味不全,有何滋益?朕自幼至今从未食也。

【译文】所有蔬菜水果的生长,都各有其时,一定要等到气足才可以吃,这样才可以养人。如果违背其性,让他们先时早熟,其味不全,吃了有什么益处呢?我从小到现在从来没有吃过这样的东西了。

【乾隆御批】时水、旱、盗贼频仍,初不闻有修省实政,而区区以荐新物种为诏,真不揣其本者。史官艳之,陋甚。

【译文】当时水灾、旱灾、盗贼不断,却从未听到修身反省,采取切实可行的办法,反而为俭省新鲜贡物种类这种小事下诏,真是难以揣测他的本意。史官如此称颂,真是鄙陋至极。

七年(癸丑,公元一一三年)春,二月,丙午,郡国十八地震。

夏,四月,乙未,平原怀王胜薨,无子;太后立乐安夷王宠子得为平原王。

丙申晦，日有食之。

秋，护羌校尉侯霸、骑都尉马贤击先零别部牢羌于安定，获首虏千人。

蝗。

元初元年（甲寅，公元一一四年）春，正月，甲子，改元。

二月，乙卯，日南地坼，长百馀里。

三月，癸亥，日有食之。

诏遣兵屯河内通谷冲要三十三所，皆为坞壁，设鸣鼓，以备羌寇。

【译文】七年（癸丑，公元113年）春季，二月丙午日（二月无此日），十八个郡国发生了地震。

夏季，四月乙未日（二十九日），平原怀王刘胜逝世，他没有子嗣。于是太后就让乐安夷王刘宠的儿子刘得接替了平原王的位置。

丙申晦日（三十日），发生日食。

秋季，护羌校尉侯霸和骑都尉马贤在安定郡攻打先零羌族的其他部落的牢羌，俘虏并杀死了一千敌人。

发生蝗灾。

元初元年（甲寅，公元114年）春季，正月甲子日（初二），汉安帝更改年号。

二月乙卯日（二十四日），日南郡的地面发生了开裂，足足有一百多里长。

三月癸亥日（初二），发生日食。

汉安帝下诏书派军队驻守在河内郡三十三处有谷道相通的重要地方，都建造了坞壁，安置了鸣鼓，用来防备羌人的入侵。

夏，四月，丁酉，赦天下。

京师及郡国五旱，蝗。

五月，先零羌寇雍城。

秋，七月，蜀郡夷寇蚕陵，杀县令。

九月，乙丑，太尉李修罢。

羌豪号多与诸种钞掠武都、汉中、巴郡，板楯蛮救之，汉中五官掾程信率郡兵与蛮共击破之。号多走还，断陇道，与零昌合，侯霸、马贤与战于枹罕，破之。

辛未，以大司农山阳司马苞为太尉。

冬，十月，戊子朔，日有食之。

凉州刺史皮杨击羌于狄道，大败，死者八百馀人。

是岁，郡国十五地震。

【译文】夏季，四月丁酉日（初七），汉安帝大赦天下。

京城和其他五个郡国都发生了旱灾和蝗灾。

五月，先零羌族部落入侵了雍城县。

秋季，七月，蜀郡的夷民入侵蚕陵县，并杀死了县令。

九月乙丑日（初七），太尉李修被免职。

羌人酋长号多和各族抢夺武都郡和汉中郡、巴郡，板楯蛮前往救援，汉中郡的五官掾程信带领本郡的军队和蛮人共同把他们打败了。号多逃走了又回去，阻断了陇西的所有道路，并且和零昌会合，侯霸、马贤在枹罕县与他作战，并打败了他。

辛未日（十三日），朝廷任命大司农山阳人司马苞为太尉。

冬季，十月，戊子朔日（初一），发生日食。

凉州刺史皮杨在狄道县攻打羌族人，失败了，死了有八百余人。

这一年，有十五个郡国发生了地震。

二年（乙卯，公元一一五年）春，护羌校尉庞参以恩信招诱诸羌，号多等帅众降；参遣诣阙，赐号多侯印，遣之。参始还治令居，通河西道。

零昌分兵寇益州，遣中郎将尹就讨之。

夏，四月，丙午，立贵人荥阳阎氏为皇后。后性妒忌，后宫李氏生皇子保，后鸩杀李氏。

五月，京师旱，河南及郡国十九蝗。

六月，丙戌，太尉司马苞薨。

秋，七月，辛巳，以太仆泰山马英为太尉。

八月，辽东鲜卑围无虑；九月，又攻夫犁营，杀县令。

【译文】二年（乙卯，公元115年）春季，护羌校尉庞参利用恩德信义招抚诱导各羌族，使得号多等人率领部众投降；于是庞参派号多前往京城朝见天子，朝廷赐给他侯爵印绶，之后就让他回去了。庞参将护羌校尉府迁回到令居县，使得河西与内地之间的道路畅通了。

零昌分出了军队用来入侵益州郡，于是朝廷派遣中郎将尹就攻打他。

夏季，四月，丙午日（二十一日），荥阳人阎氏被立为皇后。皇后生性妒忌，由于后宫的李氏生了皇子刘保，所以皇后就把李氏毒死了。

五月，京师发生旱灾，河南郡和其他十九个郡国发生了蝗灾。

六月，丙戌日（初二），太尉司马苞逝世了。

秋季，七月辛巳日（二十八日），任命泰山人太仆马英为太尉。

八月，辽东郡的鲜卑人包围了无虑县；九月，鲜卑人又攻打了夫犁营，并杀死了县令。

壬午晦，日有食之。

尹就击羌党吕叔都等，蜀人陈省、罗横应募刺杀叔都，皆封侯，赐钱。

诏屯骑校尉班雄屯三辅。雄，超之子也。以左冯翊司马钧行征西将军，督关中诸郡兵八千馀人。庞参将羌、胡兵七千馀人，与钧分道并击零昌。参兵至勇士东，为杜季贡所败，引退。钧等独进，攻拔丁奚城，杜季贡率众伪逃。钧令右扶风仲光等收羌禾稼，光等违钧节度，散兵深入，羌乃设伏要击之，钧在城中，怒而不救。冬，十月，乙未，光等兵败，并没，死者三千馀人，钧乃遁还。庞参既失期，称病引还。皆坐征，下狱，钧自杀。时度辽将军梁慬亦坐事抵罪。校书郎中扶风马融上书称参、慬智能，宜宥过责效。诏赦参等，以马贤代参领护羌校尉，复以任尚为中郎将，代班雄屯三辅。

【译文】壬午晦日（二十九日），发生日食。

尹就攻打羌族的吕叔都等人，招募蜀郡人陈省和罗横刺杀吕叔都，结果都被封了侯，还赐给他们钱。

朝廷下诏书命令屯骑校尉班雄驻守在三辅。班雄是班超的儿子。派遣左冯翊司马钧兼职担任征西将军的职务，指挥关中各个郡县的八千人大军。庞参则带领羌人、胡人的七千多人的军队，和司马钧兵分两路共同攻打零昌。当庞参的军队到达勇士县东边的时候，就被杜季贡打败了，于是他带领军队向后撤退。司马钧等人单独前进，他们攻下了丁奚城，于是杜季贡就率领军队假装逃走了。司马钧让右扶风仲光等人收割羌人所种下的稻谷，但是仲光等人却违背了司马钧的指挥，将军队分散后深入敌人后方，于是羌人便设下了埋伏来拦击他们，司马钧在城中，很生气，就不去援救他们。冬季，十月，乙未日（十三日），仲光等人都战败并且阵亡了，死了有三千人之多，于是司马钧便逃回来了。由于庞参延误了约定会合的时间，于是就称病领兵回去了，他们都被征召回京论罪，关在牢中，司马钧在狱中自杀了。当时度辽将军梁慬也因为这件事而被论罪，他被关在狱中抵罪。校书郎中马融（扶风人），上奏书说以庞参和梁慬的才能智慧，应该原谅他们的过错，并要求他们替朝廷戴罪立功。于是汉安帝就下诏书赦免了庞参等人，并让马贤代替庞参担任了护羌校尉的职务，派任尚做中郎将，代替班雄驻守在三辅。

怀令虞诩说尚曰："兵法：弱不攻强，走不逐飞，自然之势也。今虏皆马骑，日行数百里，来如风雨，去如绝弦，以步追之，势不相及，所以虽屯兵二十馀万，旷日而无功。为使君计，莫如罢诸郡兵，各令出钱数千，二十人共市一马，以万骑之众，逐数千之虏，追尾掩截，其道自穷。便民利事，大功立矣。"尚即上言，用其计，遣轻骑击杜季贡于丁奚城，破之。

【译文】怀县的县令虞诩劝告任尚说："兵法中说'弱者是不会攻打强者的，地上走的动物是不会追赶天上飞的动物的'，这是自然规律啊！现在我们面临的敌人都是骑兵，日行好几百里远，说来时就快得像风雨一般，说走的时候就像离弦的箭一样迅速，如果用步兵追赶他们，无论如何都是赶不上的，因此虽然有二十多万驻兵，这么长时间也没有战功。从替你考虑的角度看，不如解散各个郡县的军队，让他们每个人都出几千钱，这样算来二十个人可以买一匹马。这样一来，用有一万骑兵的部队，去追赶几千敌人，追在他的后面去攻击他，敌人自然是没有办法的。这样不仅可以方便人民，而且对事情也有利，与此同时也可以建立大功了！"于是任尚立即根据虞诩的建议呈上奏书，朝廷采纳了虞诩的计策，并即刻派遣轻锐的骑兵在丁奚城攻打杜季贡，并把他打败了。

太后闻虞诩有将帅之略，以为武都太守。羌众数千遮诩于陈仓崤谷，诩即停军不进，而宣言："上书请兵，须到当发。"羌闻之，乃分钞傍县。诩因其兵散，日夜进道，兼行百馀里，令吏士各作两灶，日增倍之，羌不敢逼。或问曰："孙膑减灶而君增之，兵法日行不过三十里，以戒不虞，而今日且二百里，何也？"诩曰："虏众多，吾兵少，徐行则易为所及，速进则彼所不测。虏见吾灶日增，必谓郡兵来迎，众多行速，必惮追我。孙膑见弱，吾今示强，势有不同故也。"既到郡，兵不满三千，而羌众万馀，攻围赤亭数十日。诩乃令军中，强弩勿发，而潜发小弩；羌以为矢力弱，不能至，并兵急攻。诩于是使二十强弩共射一人，发无不中，羌大震，退。诩因出城奋击，多所伤杀。明日，悉陈其兵众，令从东郭门出，北郭门入，贸易衣服，回转数周；羌不知其数，更相恐动。诩计贼当退，乃潜遣五百馀人于浅水设伏，候其走路；虏果大奔，因掩击，大破之，斩获甚众。贼由是败散。诩乃占相地势，筑营壁百八十所，招还流亡，假赈贫民，开通水运。诩始到郡，谷石千，盐石八千，见户万三千；视事三年，米石八十，盐石四百，民增至四万馀户，人足家给，一郡遂安。

【译文】太后听说虞诩有将帅之才后，就任命他做武都郡的太守。几千羌人在陈仓县崤谷拦截攻打虞诩，虞诩马上就停兵不住前走了，而是对羌人放出话说："我会上奏书请求援兵的，而且一定会等援兵到来后才出发。"羌人听说后，就分头去掠夺附近的县了。虞诩趁着他们军队已经分散的时机，日夜兼程，走了一百多里，命令每个战士各造两个灶，并且每天增加一倍的灶炉，这就使得羌人不敢靠近他们。有人问虞诩说："孙膑是每天减少灶的数量，而你却是每天增加灶的数量，兵法上说每天行军不能超过三十里，以此防不测之事，但是你现在每天行军将近两百里，这是什么道理呢？"虞诩说："因为敌人太多，而我们的士兵太少，走得慢的话就容易被敌人赶上，而快速前进的话敌人就会意料不到。敌人看到我们的灶天天增加，一定会以为各个郡的军队都来援助我们了，这样我们军队人数多，行军又快，敌人一定会因为害怕而不敢追赶我们。孙膑向敌人示弱，而现在我向敌人示强，这是形势不同的缘故啊！"虞诩到达武都郡的时候，他的军队还不到三千人，然而羌人的军队有一万多人，包围并攻打赤亭长达几十天。于是虞诩就命令士兵不许发射强劲的弓弩，是而暗中发射比较小的弓弩；羌人认为弓箭的力道弱，是不能射到自己的，于是他们联合兵力紧急进攻。虞诩就每二十支强劲的弓弩集中射一个人，发出的箭没有射不中的，羌人大为惊讶，于是就向后撤退了。虞诩这才出城奋力追击羌人，杀伤了许多敌人。第二天，他把他的军队都排列好，让他们从东城门出去，换过衣服后再从北城门回来，就这样来回了好几次；这样一来羌人就不知道他军队的数量了，于是更加惊恐不安了。虞诩预料到敌人应该退兵了，这才暗中派遣五百多人在河道水较浅的地方设下埋伏，等候在他们逃奔途中的路上；敌人果然大举奔逃，虞诩他们这时迎面突袭，使敌人大败，斩杀、擒获了很多俘虏，敌人由于溃败而离开了。于是，虞诩经过观察地形后，一共建造了一百八十多处营垒，并且招回了在外流亡的百姓，救济那些穷苦的百姓，开通了河道的运输。虞诩刚到的时候，那里的一石米谷要一千钱，一石盐要八千钱，当时存在的百姓一共有一万三千户；任职三年后，一石米谷只需八十钱，一石盐只要四百钱，百姓增加到了四万多户，人口众多，家家富足，于是整个郡都相安无事。

【乾隆御批】 事无定法，何况兵机？使非神而明之，皆赵括之读父书耳。

【译文】 事情没有一定的法则，更何况是军机大事。假如没有神明之见，就都会像赵括读他父亲的兵书一样，属于纸上谈兵。

十一月，庚申，郡国十地震。

十二月，武陵澧中蛮反，州郡讨平之。

己酉，司徒夏勤罢，庚戌，以司空刘恺为司徒，光禄勋袁敞为司空。敞，安之子也。

前虎贲中郎将邓弘卒。弘性俭素，治欧阳《尚书》，授帝禁中。有司奏赠弘票骑将军，位特进，封西平侯。太后追弘雅意，不加赠位、衣服，但赐钱千万，布万匹；兄骘等复辞不受。诏封弘子广德为西平侯。将葬，有司复奏发五营轻车骑士，礼仪如霍光故事。太后皆不听，但白盖双骑，门生挽送。后以帝师之重，分西平之都乡，封广德弟甫德为都乡侯。

【译文】 十一月，庚申日（十九日），有十个郡国发生了地震。

十二月，武陵郡澧中的蛮人造反，州郡派兵将他剿平了。

己酉日（二十八日），司徒夏勤被免职。庚戌日（二十九日），任命司空刘恺担任司徒，光禄勋袁敞担任司空。袁敞就是袁安的儿子。

上一任虎贲中郎将邓弘去世了。邓弘本性俭朴，钻研学习欧阳氏解释的《尚书》，并且在皇宫中教授皇上。有官员上奏书请求追赠邓弘为骠骑将军，官位特进，封他为西平侯。太后追念邓弘平生的志向，于是没有加赠他官位和衣服，仅仅是赐给了他一千万钱，一万匹布；他的哥哥邓骘等人又一次推辞没有接受。于是太后就下诏书封邓弘的儿子邓广德为西平侯。将要埋葬邓弘的时候，有官员再次上奏书请求派出五个营的轻车骑士，葬礼的仪式应该像霍光的那样。太后都没有听从他们的建议，只是用一块白布盖住了车，用两匹马拉着，由邓弘的门生挽送他。到后来，由于他是皇帝老师这一贵重身份，就从西平国分出了都乡，让邓广德的弟弟邓甫德担任都乡侯的职务。

资治通鉴卷第五十　汉纪四十二

起柔兆执徐，尽阏逢困敦，凡九年。

【译文】起丙辰（公元116年），止甲子（公元124年），共九年。

【题解】本卷记录了汉安帝元初三年至延光三年间的历史。这一时期各地普遍发生地震、洪水、暴雨、冰雹等严重自然灾害。人们认为这是由于朝政阴盛阳衰且外戚势力过重上天给予的警示，但邓太后依然恋权不放。司空袁敞不阿附邓氏被迫自杀，太后堂弟邓康因劝谏归政于帝也被罢免。安帝亲政后，邓氏外戚多遭报复，诸皇舅被贬杀，同时江京等佞臣得势，太子及太尉等被陷害。公元一一七年羌人叛乱，羌乱使得国库空虚，班勇受命重开西域。匈奴入侵车师，班勇驻屯柳中。

孝安皇帝

元初三年（丙辰，公元一一六年）春，正月，苍梧、郁林、合浦蛮夷反；二月，遣侍御史任逴督州郡兵讨之。

郡国十地震。

三月，辛亥，日有食之。

夏，四月，京师旱。

五月，武陵蛮反，州郡讨破之。

癸酉，度辽将军邓遵率南单于击零昌于灵州，斩首八百馀级。

越巂徼外夷举种内属。

六月，中郎将任尚遣兵击破先零羌于丁奚城。

秋，七月，武陵蛮复反，州郡讨平之。

九月，筑冯翊北界候坞五百所以备羌。

冬，十一月，苍梧、郁林、合浦蛮夷降。

旧制：公卿、二千石、刺史不得行三年丧，司徒刘恺以为"非所以师表百姓，宜美风俗。"丙戌，初听大臣行三年丧。

癸卯，郡国九地震。

十二月，丁巳，任尚遣兵击零昌于北地，杀其妻子，烧其庐落，斩首七百馀级。

【译文】元初三年（丙辰，公元116年）春季，正月，苍梧郡、郁林郡和合浦郡的蛮夷造反叛变。二月，朝廷派遣侍御史任遄指挥各州郡的军队讨伐他们。

有十个郡国发生了地震。

三月，辛亥日（初二），发生了日食。

夏季，四月，京城闹了旱灾。

五月，武陵郡的蛮人造反叛乱，有州郡的军队来讨伐他并把他打败了。

癸酉日（二十五日），度辽将军邓遵带领南单于在灵州县攻打零昌，斩杀了八百多人。

越巂郡塞外的全部夷人都向汉朝臣服了。

六月，中郎将任尚派遣军队在丁奚城攻打先零羌，并取得了胜利。

秋季，七月，在武陵郡的那些蛮人又一次造反叛变，又有州郡的军队讨伐他，将他平定了。

九月，为了防备羌人的侵犯，就在冯翊郡北界建造了五百处堡寨。

冬季，十一月，苍梧郡、郁林郡以及合浦郡的蛮夷都投降了。

原有的法律制度：不允许公卿、两千石和刺史守丧三年，司徒刘恺觉得"这不能作为百姓的表率，这也不是宣扬美好风俗的做法"。丙戌日（十一日），首次允许大臣守丧三年。

癸卯日（二十八日），有九个郡国发生了地震。

十二月，丁巳日（十二日），任尚率领军队在北地郡攻打零昌，不仅杀死了零昌的妻子和孩子，烧毁了他的住所，而且还斩杀了七百多人。

【申涵煜评】 短丧之制，达于公卿、二千石、刺史，几二百载，至安帝元初三年，始听大臣行三年丧，从恺言也。未几旋行旋止。谁无父母，何良心灭绝至此！

【译文】 短暂服丧的制度，实行于公卿、刺史和两千石俸禄的大臣之中已经有两百多年了，直到安帝元初三年，才开始听从大臣的建议服三年丧期，就是听从刘恺的意见。没过多久，一会儿实行，一会儿又废止了。谁没有父母呢？为什么丧良心到这种地步？

四年（丁巳，公元一一七年）春，二月，乙巳朔，日有食之。

乙卯，赦天下。

壬戌，武库灾。

任尚遣当阗种羌榆鬼等刺杀杜季贡，封榆鬼为破羌侯。

司空袁敞，廉劲不阿权贵，失邓氏旨。尚书郎张俊有私书与

敞子俊，怨家封上之。夏，四月，戊申，敞坐策免，自杀；俊等下狱
当死。俊上书自讼；临刑，太后诏以减死论。

己巳，辽西鲜卑连休等入寇，郡兵与乌桓大人於秩居等共
击，大破之，斩首千三百级。

【译文】四年（丁巳，公元117年）春季，二月乙巳朔日（初
一），发生日食。

乙卯日（十一日），汉安帝大赦天下。

壬戌日（十八日），武库发生了火灾。

任尚派遣当阗种羌人榆鬼等刺杀了杜季贡，朝廷就封榆鬼
为破羌侯。

司空袁敞，廉洁刚正、不阿附权贵，违抗了邓氏的意思。尚
书郎张俊把私人信函给了袁敞的儿子袁俊，他的仇家把这封信
封好，呈给了朝廷。夏季，四月戊申日（初五），袁敞被问罪，下诏
书将他免职，他自杀了；袁俊等人被关在牢中，也应当被处死。
袁俊上奏书为自己诉冤，在临行刑之前，太后下诏书减免了袁俊
的死罪。

己巳日（二十六日），辽西郡的鲜卑族连休等人入侵了本
郡，这个郡的军队和乌桓国的大酋长於秩居等人一同迎战，大获
全胜，并且还斩杀了一千三百鲜卑人。

六月，戊辰，三郡雨雹。

尹就坐不能定益州，征抵罪；以益州刺史张乔领其军屯，招
诱叛羌，稍稍降散。

秋，七月，京师及郡国十雨水。

九月，护羌校尉任尚复募效功种羌号封刺杀零昌；封号封为
羌王。

冬,十一月,己卯,彭城靖王恭薨。

越巂夷以郡县赋敛烦数,十二月,大牛种封离等反,杀遂久令。

甲子,任尚与骑都尉马贤共击先零羌狼莫,追至北地,相持六十馀日,战于富平河上,大破之,斩首五千级,狼莫逃去。于是西河虔人种羌万人诣邓遵降,陇右平。

是岁,郡国十三地震。

【译文】六月,戊辰日(二十六日),有三个郡都下了冰雹。

尹就由于没有平定益州郡而被论罪,他被征召回京城,并关在牢中抵罪;朝廷就派益州刺史张乔接管他的军队驻守在益州郡,张乔招抚引诱那些造反的羌人投降,这才使那些羌人稍稍瓦解。

秋季,七月,京城和其他十个郡国大雨一直下个不停。

九月,护羌校尉任尚又一次征募效功种羌人号封刺杀零昌;封号封为羌王。

冬季,十一月,己卯日(初九),彭城靖王刘恭逝世了。

越巂夷由于郡县频繁征收赋税,十二月,大牛种人封离等人造反,并且杀死了遂久县的县令。

甲子日(二十五日),任尚和骑都尉马贤一起攻打先零羌人狼莫,他们追到了北地郡,在那里僵持了六十多天后,就在富平河上发生了战争,把羌人打败了,并且还斩杀了五千人,但是狼莫却逃走了。于是西河郡一万虔人种羌人都向邓遵投降了,从此陇右就平定了。

在这一年里,有十三个郡国发生了地震。

五年(戊午,公元一一八年)春,三月,京师及郡国五旱。

夏，六月，高句骊与濊貊寇玄菟。

永昌、益州、蜀郡夷皆叛应封离，众至十馀万，破坏二十馀县，杀长吏，焚掠百姓，骸骨委积，千里无人。

秋，八月，丙申朔，日有食之。

代郡鲜卑入寇，杀长史；发缘边甲卒、黎阳营兵屯上谷以备之。冬，十月，鲜卑寇上谷，攻居庸关，复发缘边诸郡黎阳营兵、积射士步骑二万人屯列冲要。

【译文】 五年（戊午，公元118年）春季，三月份，京城和其他五个郡国发生了旱灾。

夏季，六月，高句骊和濊貊入侵了玄菟。

永昌郡、益州郡和蜀郡的夷人都响应了封离而造反叛变，他们的部众达到了十多万人，攻陷了二十多个县，杀死了很多官吏，他们还到处烧杀掠夺，使得尸骨堆积满地，方圆千里都不见人烟。

秋季，八月，丙申朔日（初一），发生日食。

代郡的鲜卑人入侵了郡城，并且杀死了那里的长吏；朝廷就发动边地各个郡城的军队以及黎阳营的士兵一同驻守在上谷郡来防备他们。冬季，十月，鲜卑人入侵了上谷郡，并且还攻打了居庸关，朝廷再次发动边地各个郡的军队和黎阳营的军队、弓弩手、步兵和骑兵两万人，驻守在各个重要的据点。

邓遵募上郡全无种羌雕何刺杀狼莫；封雕何为羌侯。自羌叛十馀年间，军旅之费，凡用二百四十馀亿，府帑空竭，边民及内郡死者不可胜数，并、凉二州遂至虚耗。及零昌、狼莫死，诸羌瓦解，三辅、益州无复寇警。诏封邓遵为武阳侯，邑三千户。遵以太后从弟，故爵封优大。任尚与遵争功，又坐诈增首级、受赇枉法赃千万已上，十二月，槛车征尚，弃市，没入财物。邓骘子侍中凤尝受尚马，骘髡妻及凤以谢罪。

是岁，郡国十四地震。

太后弟悝、阊皆卒，封悝子广宗为叶侯，阊子忠为西华侯。

【译文】 邓遵招募上郡全无种羌人雕何刺杀狼莫，朝廷封雕何为羌侯。在羌人造反叛乱的十多年中，军队共用去了两百四十多亿，这使得府库都空虚竭尽了，边地的人民以及内地各个郡死去的人数是无法计算的。于是，并州和凉州两个州达到了虚弱耗尽的地步。等到零昌、狼莫都死了之后，各个羌族也都瓦解了，三辅和益州郡也不会再有外敌入侵的警报了。于是，朝廷下诏书封邓遵为武阳侯，并把三千个人家每年的田赋封赏给他。邓遵因为是太后堂弟，所以封爵如此优厚隆重。由于任尚和邓遵争夺战功，又谎报了杀敌的人数，并且还收受贿赂赃款千万以上、偏私枉法，因而被论罪，十二月，任尚在囚车中被押送入京，将他处死后遗弃在街头，还没收了他的财物。邓骘的儿子侍中邓凤由于曾经接受过任尚赠送的马，邓骘就把他的妻子和儿子的头发剃去，以此来谢罪。

这一年，有十四个郡国发生了地震。

邓太后的弟弟邓悝和邓阊都去世了，邓悝的儿子邓广宗被封为叶侯，邓阊的儿子邓忠被封为西华侯。

【乾隆御批】 征马防而罪耿恭，封邓遵而戮任尚，事同一辙，何以任将？

【译文】 征召马防而惩处耿恭，封赐邓遵而杀戮任尚，两事同出一辙，怎样任用将帅？

六年（己未，公元一一九年）春，二月，乙巳，京师及郡国四十二地震。

夏，四月，沛国、勃海大风，雨雹。

五月，京师旱。

六月，丙戌，平原哀王得薨，无子。

秋，七月，鲜卑寇马城塞，杀长吏，度辽将军邓遵及中郎将马续率南单于追击，大破之。

九月，癸巳，陈怀王竦薨，无子，国除。

冬，十二月，戊午朔，日有食之，既。

郡国八地震。

是岁，太后征和帝弟济北王寿、河间王开子男女年五岁以上四十馀人，及邓氏近亲子孙三十馀人，并为开邸第，教学经书，躬自监试。诏从兄河南尹豹、越骑校尉康等曰："末世贵戚食禄之家，温衣美饭，乘坚驱良，而面墙术学，不识臧否，斯故祸败所从来也。"

【译文】六年（己未，公元119年）春季，二月，乙巳日（十二日），京城和其他四十二个郡国发生了地震。夏季，四月，沛国和渤海郡刮了大风，下了冰雹。

五月，京城发生旱灾。

六月，丙戌日（二十六日），平原哀王刘得去世了，他没有子嗣。

秋季，七月，鲜卑人入侵了马城要塞，杀死了当地的长吏，度辽将军邓遵和中郎将马续带领南单于追击，大获全胜。

九月癸巳日（初四），陈怀王刘竦去世了，他没有子嗣，于是就撤销了他的封国。

冬季，十二月，戊午朔日（初一），发生日全食。

有八个郡国发生了地震。

这一年，太后征召和帝的弟弟济北王刘寿和河间王刘开五岁以上的儿女四十多人，还有和邓氏近亲的子孙三十多人，为他们建造了馆舍，传授他们经书，并亲自监督考问他们。邓太后下诏书给河南堂兄尹邓豹、越骑校尉邓康等说："末世的皇亲国戚和在朝为官的家庭，他们都有温暖的衣服穿、有丰美的食物可以吃，他们都乘坐坚固的车子，驾驶着良马出行，但对待学术，却如面向墙壁而目无所见，不能有所见解，不能区分善恶是非，这可是祸患发生的原因啊！"

豫章有芝草生，太守刘祗欲上之，以问郡人唐檀，檀曰："方今外戚豪盛，君道微弱，斯岂嘉瑞乎！"祗乃止。

益州刺史张乔遣从事杨竦将兵至楪榆，击封离等，大破之，斩首三万馀级，获生口千五百人。封离等惶怖，斩其同谋渠帅，诣竦乞降。竦厚加慰纳，其馀三十六种皆来降附。竦因奏长吏奸猾，侵犯蛮夷者九十人，皆减死论。

初，西域诸国既绝于汉，北匈奴复以兵威役属之，与共为边寇。燉煌太守曹宗患之，乃上遣行长史索班将千馀人屯伊吾以招抚之。于是车师前王及鄯善王复来降。

初，疏勒王安国死，无子，国人立其舅子遗腹为王；遗腹叔父臣磐在月氏，月氏纳而立之。后莎车畔于寘，属疏勒，疏勒遂强，与龟兹、于寘为敌国焉。

【译文】豫章郡长出灵芝草，太守刘祗就想要把它进献给朝廷，于是就去问本郡人唐檀，唐檀说："现在外戚势力强盛，而国君力量衰弱，这哪里是祥瑞的迹象呢？"于是刘祗因此作罢。

益州刺史张乔派遣杨竦带领军队到楪榆县，攻打封离等人，不仅把他打败了，而且还斩杀了三万多人，捕获一千五百个俘虏。封离等人非常害怕，于是就杀死了他们同谋的首领，向杨竦投降了。杨竦对他加以安慰并且接纳了他的投降，其余的三十六个族也都归降了。杨竦因此上奏书举报长史的奸私狡猾欺压蛮夷，于是侵犯蛮夷的九十人，都被判处轻于死刑一等的刑罚。

那时，西域各国和汉朝断绝关系以后，北匈奴又一次拿军队来威迫役使他们臣服，并且让他们和北匈奴一同入侵汉朝的边界。敦煌郡太守曹宗很是担心这件事，于是就上奏书请朝廷派遣代理长史的索班带领一千多人驻守在伊吾来招抚他们。于是车师前王和鄯善王就再次来投降了。

疏勒王安国去世的时候，由于他没有子嗣，于是国人就立他舅舅的儿子遗腹为王，遗腹的叔父臣磐在月氏国，于是就从月氏国将他送回国并立他为王。后来莎车国背叛了于寘国，臣服于疏勒国，于是疏勒国开始强大起来了，就和龟兹国、于寘国成了敌国。

永宁元年（庚申，公元一二〇年）春，三月，丁酉，济北惠王寿薨。

北匈奴率车师后王军就共杀后部司马及燉煌长史索班等，遂击走其前王，略有北道。鄯善逼急，求救于曹宗，宗因此请出兵五千人击匈奴，以报索班之耻，因复取西域；公卿多以为宜闭玉门关，绝西域。太后闻军司马班勇有父风，召诣朝堂问之。为上议曰："昔孝武皇帝患匈奴强盛，于是开通西域，论者以为夺匈奴府藏，断其右臂。光武中兴，未遑外事，故匈奴负强，驱率诸国；及至永平，再攻燉煌，河西诸郡，城门昼闭。孝明皇帝深惟庙策，乃命虎臣出征西域，故匈奴远遁，边境得安；及至永元，莫不内属。会间者羌乱，西域复绝，北虏遂遣责诸国，备其逋租，高其价直，严以期会，鄯善、车师皆怀愤怨，思乐事汉，其路无从；前所以时有叛者，皆由牧养失宜，还为其害故也。今曹宗徒耻于前负，欲报雪匈奴，而不寻出兵故事，未度当时之宜也。夫要功荒外，万无一成，若兵连祸结，悔无所及。况今府藏未充，师无后继，是示弱于远夷，暴短于海内，臣愚以为不可许也。旧燉煌郡有营兵三百人，今宜复之，复置护西域副校尉，居于燉煌，如永元故事，又宜遣西域长史将五百人屯楼兰，西当焉耆、龟兹径路，南强鄯善、于寘心胆，北扞匈奴，东近燉煌，如此诚便。"

【译文】 永宁元年（庚申，公元120年，本年夏四月改年号）。春季，三月，丁酉日（十一日），济北惠王刘寿逝世。

北匈奴带领车师后王军就一同杀死后部司马和敦煌郡长史索班等人，朝廷攻击并赶走那车师前王，控制了西域北道。鄯善国被逼的形势危急，就向曹宗求救，于是曹宗向朝廷上书请求派出五千人的军队攻打匈奴，以此来洗雪杀死索班的耻辱，因此就再次收回了西域；公卿大多认为应该关闭玉门关，阻断前往西域的道路。太后听说军司马班勇有他父亲的风范之后，就召他来到朝堂并且询问他的意见。班勇上奏折说："先前孝武皇帝担心匈奴强大，于是就开通了西域，有人议论认为这样不仅夺走了匈奴的府藏，而且切断了匈奴的右臂。光武帝中兴，没有空闲顾及国外的事情，于是匈奴就倚仗他的强大，驱使各国臣服；等到永平年间的时候，匈奴又一次攻打敦煌、河西各郡，致使河西各郡的城门在白天都关闭着。孝明皇帝仔细地考虑了遣将制胜的策略，于是命令英勇的战士出征西域，于是匈奴就远远地逃走，边境才得以安定；等到永元年间的时候，西域各族没有不向汉朝臣服的。刚好近来羌人作乱，西域又一次被断绝，于是北匈奴派遣人责备各国，命令他们偿还了所欠的租税，不但提高了价值，并严格要求定期举行集会，鄯善国和车师国的百姓都心怀愤怨，想要和乐地一起侍奉汉朝，但是却找不到路子；以前之所以时常有造反叛乱，都是治理方法不妥当的原因，这反而让他们受到伤害啊。现在曹宗只是羞耻于上一次战争的失败，他只是想要报复匈奴，洗雪杀死索班的耻辱，而没有寻思过去出兵的例子，没有衡量哪些是当时应该做的事情啊！至于说在荒服之外求取战功，一万次中也没有一次成功的，如果接连用兵，就会使得战祸不绝，到时候后悔就来不及了。再说现在府库不充足，军队也没有后援，这正是在向远方的夷族显示自己的弱处，向海内暴露自己的短处，我认为这是不能答应的。以前敦煌郡有三百人的营兵，现在应该恢复了，应该再次设置护西域副校尉，让他驻扎在敦煌，就好像永元时候的旧例，还应该派遣西域长史带领五百人驻守在楼兰，这样西边正对着焉耆国和龟兹国的道路，在南边壮大了鄯善国、于窴国的胆子，在北边防御匈奴，东边靠近敦煌郡，实在是很有利啊。"

尚书复问勇："利害云何？"勇对曰："昔永平之末，始通西域，初遣中郎将居燉煌，后置副校于车师，既为胡虏节度，又禁汉人不得有所侵扰，故外夷归心，匈奴畏威。今鄯善王尤还，汉人外孙。若匈奴得志，则尤还必死。此等虽同鸟兽，亦知避害，若出屯楼兰，足以招附其心，愚以为便。"

长乐卫尉镡显、廷尉綦母参、司隶校尉崔据难曰："朝廷前所以弃西域者，以其无益于中国而费难供也。今车师已属匈奴，鄯善不可保信，一旦反覆，班将能保北虏不为边害乎？"勇对曰："今中国置州牧者，以禁郡县奸猾盗贼也。若州牧能保盗贼不起者，臣亦愿以要斩保匈奴之不为边害也。今通西域则虏势必弱，虏势弱则为患微矣；孰与归其府藏，续其断臂哉？今置校尉以扞抚西域，设长史以招怀诸国，若弃而不立，则西域望绝，望绝之后，屈就北虏，缘边之郡将受困害，恐河西城门必须复有昼闭之儆矣！今不廓开朝廷之德而拘屯戍之费，若此，北虏遂炽，岂安边久长之策哉！"

【译文】尚书又问班勇说："你觉得这事的利害关系怎样呢？"班勇回答说："在永平末年的时候，开通了西域，刚开始派遣中郎将驻守在敦煌，后来在车师国设置了副校尉，不但可以指挥胡人的行动，而且不允许汉人被侵扰，于是外族归心，匈奴都畏惧了。现在的鄯善王尤还，是汉人的外孙，如果匈奴取得势力，那么尤还一定会被杀，这些人虽然如鸟兽一般，但是也知道躲避灾害，如果出兵驻守在楼兰，这就足可以使他们的心归向汉朝，我认为是很有利的。"

长乐卫尉镡显、廷尉綦母参和司隶校尉崔据提出疑问说："朝廷以前之所以舍弃西域，是因为它对朝廷没有利益而且费用庞大难以供应。现在车师国已经屈服于匈奴，鄯善国不可以保证他对汉朝的忠心，所以一旦再次背叛汉朝，班将军就一定能保证北匈奴不会成为边界的祸患吗？"班勇回答说："现在朝廷之所以要设置州刺牧，就是要禁止各个郡县奸私狡猾的盗贼作乱啊！如果州刺牧能够保证盗贼不会起来作乱，我就愿意以腰斩的刑罚来保证匈奴不会成为边界的祸害。现在和西域相互沟通了，那么敌人的势力一定会减弱，一旦敌人的势力减弱了，那么危害就减小了；把这和与西域断绝关系、把宝藏归还给匈奴，并为他接上断掉的右臂，两者比起来，哪一个更有利呢？现在就应该设置校尉来保卫并安抚西域；设置长史来招致各国使其归顺；如果舍弃西域而没有设置校尉来保卫西域，那么西域就会对汉朝绝望，一旦绝望，就会去委屈投降北匈奴，沿边的各郡都将会受到困扰和伤害，恐怕河西的城门一定会再有白天就紧闭的警惕了！现在如果不推广朝廷的恩德，而是局限于驻守防卫的费用，这样的话，北匈奴的势力就会逐渐强盛起来，这哪里是使边地长久安定的计划呢？"

太尉属毛轸难曰："今若置校尉，则西域骆驿遣使，求索无厌，与之则费难供，不与则失其心，一旦为匈奴所迫，当复求救，则为役大矣。"勇对曰："今设以西域归匈奴，而使其恩德大汉，不为钞盗，则可矣。如其不然，则因西域租入之饶，兵马之众，以扰动缘边，是为富仇雠之财，增暴夷之势也。置校尉者，宣威布德，以系诸国内向之心，以疑匈奴觊觎之情，而无费财耗国之虑也。且西域之人，无它求索，其来入者不过禀食而已；今若拒绝，势归北属夷虏，并力以寇并、凉，则中国之费不止十亿。置之诚便。"

于是从勇议，复燉煌郡营兵三百人，置西域副校尉居燉煌，虽复羁縻西域，然亦未能出屯。其后匈奴果数与车师共入寇钞，河西大被其害。

【译文】太尉掾属毛轸提出疑问说："如果现在设置校尉，那么西域就会有使者被络绎不绝地派来，当他们的要求和索取没有得到满足的时候，如果给了他，那么费用就很难供应了；如果不给他，那么就会让他失去对汉朝的忠心，而他们一旦被匈奴所逼迫，一定会再次向汉朝求救，这样一来所引起的战役就更大了。"班勇回答说："如果现在把西域归属于匈奴，就会使匈奴感激大汉的恩德，就不会再做掠夺盗贼的事了，那这样就可以了。假如不这么做的话，匈奴一旦借着西域富饶的租税以及众多的兵马来扰乱沿边各郡，这就增加了敌人的财富，加强了残暴蛮夷的势力。设置校尉是要宣扬朝廷的威望，宣传朝廷的恩德，用来维系各国倾向汉朝的心，使匈奴窥伺汉朝的心思有所改变，但是这并没有花费钱财、使国家虚弱的顾虑啊！再者说来西域的人民进入关来，是没有其他的要求的，他们只不过想得到食物而已。如果现在拒绝他们，受情势所迫，他们一定会向北边臣属匈奴，并合力来入侵并州、凉州，那么朝廷将花费不止十亿。这样看来设置校尉确实是有利的。"

于是太后就听从了班勇的建议，恢复敦煌郡共三百人的营兵，设立了西域副校尉驻守敦煌。虽然这次联系又一次牵制了西域，但是也没能驻守楼兰。匈奴后来果然有好几次和车师国一同入侵掠夺，使得河西地区大受其害。

【乾隆御批】　班勇所议，乃袭超留屯疏勒遗策，然其虚耗特甚，勇说本难尽行。虽后屯田柳中，复通西域，为不出勇所料。然河西被害，实亦有所由也。

【译文】　班勇的建议，是在沿袭班超留屯疏中的旧策，然而因为当时国力特别空虚，班勇的建议本来就很难全部付诸实践。后来虽然屯田柳中，与西域恢复交通，也没有超出班勇的预料。然而河西深受匈奴之害，确实也是势在必行。

沈氏羌寇张掖。

夏,四月,丙寅,立皇子保为太子,改元,赦天下。

己巳,诏封陈敬王子崇为陈王,济北惠王子苌为乐成王,河间孝王子翼为平原王。

六月,护羌校尉马贤将万人讨沈氏羌于张掖,破之,斩首千八百级,获生口千馀人,馀虏悉降。时当煎种大豪饥五等,以贤兵在张掖,乃乘虚寇金城,贤还军追之出塞,斩首数千级而还。烧当、烧何种闻贤军还,复寇张掖,杀长吏。

秋,七月,乙酉朔,日有食之。

冬,十月,己巳,司空李郃免。癸酉,以卫尉庐江陈褒为司空。

【译文】沈氏羌入侵了张掖郡。

夏季,四月丙寅日(十一日),立皇子刘保为太子,更改年号,并大赦天下。

己巳日(十四日),朝廷又封陈敬王的儿子刘崇为陈王;封济北惠王的儿子刘苌为乐成王;封河间孝王的儿子刘翼为平原王。

六月,护羌校尉马贤带领一万人在张掖郡讨伐沈氏羌,把他打败了,并斩杀了一千八百人,俘获活口一千多人,其余的敌人也都投降了。当煎族大酋长饥五等人,由于马贤的军队在张掖郡,就乘虚入侵了金城郡,于是马贤就调回军队追赶他们直到塞外,并且斩杀好几千人之后才回来。烧当羌、烧何羌部落听说马贤的军队返回金成郡了之后,就再次入侵张掖郡,杀死了当地的长吏。

秋季,七月,乙酉朔日(初一),发生了日食。

冬季,十月,己巳日(十六日),司空李郃被免职了。癸酉日

（二十日），朝廷任命卫尉庐江人陈褒为司空。

京师及郡国三十三大水。

十二月，永昌徼外掸国王雍曲调遣使者献乐及幻人。

戊辰，司徒刘恺请致仕；许之，以千石禄归养。

辽西鲜卑大人乌伦、其至鞬各以其众诣度辽将军邓遵降。

癸酉，以太常杨震为司徒。

是岁，郡国二十三地震。

太后从弟越骑校尉康，以太后久临朝政，宗门盛满，数上书太后，以为宜崇公室，自损私权，言甚切至，太后不从。康谢病不朝，太后使内侍者问之；所使者乃康家先婢，自通"中大人"，康闻而诟之。婢怨恚，还，白康诈疾而言不逊。太后大怒，免康官，遣归国，绝属籍。

初，当煎种饥五同种大豪卢怱、忍良等千馀户别留允街，而首施两端。

【译文】京城和其他三十三个郡国闹水灾。

十二月，永昌郡塞外的掸国王雍曲调派遣使者进献乐工以及会幻术的艺人。

戊辰日（十六日），司徒刘恺向汉安帝请求退休，朝廷批准了，给他千石的俸禄让他回乡养老。

辽西郡的鲜卑国酋长乌伦、其至鞬带领他的部众向度辽将军邓遵投降了。

癸酉日（二十一日），任命太常杨震为司徒。

在这一年里，有二十三个郡国发生了地震。

邓太后的堂弟、越骑校尉邓康，因为太后长久亲临朝政，使得邓家在朝为官的人很多，于是他就好几次上奏书给太后，认为应该尊崇王室，削减自己的私权，言语非常诚恳，但是太后并没有听取。于是邓康假装生病自己引退而不上朝，太后派内侍去探问他；而所派去的人是邓康家原先的婢女，她自己通报说是"中大人"，邓康听到之后就开始责骂她。婢女由此怀恨在心，回宫后就向太后报告说邓康假装生病而且出言不逊。于是太后大怒，免去了邓康的官职，并遣使他回到自己的封国，还除去了他的族籍。

起初，与饥五同族的当煎族大酋长卢忽、忍良等一千多户百姓留居在允街，并且还迟疑不决。

建光元年（辛酉，公元一二一年）春，护羌校尉马贤召卢忽，斩之，因放兵击其种人，获首虏二千馀，忍良等皆亡出塞。

幽州刺史巴郡冯焕、玄菟太守姚光、辽东太守蔡讽等将兵击高句丽，高句丽王宫遣嗣子遂成诈降而袭玄菟、辽东，杀伤二千馀人。

二月，皇太后寝疾，癸亥，赦天下。三月，癸巳，皇太后邓氏崩。未及大敛，帝复申前命，封邓骘为上蔡侯，位特进。

丙午，葬和熹皇后。

太后自临朝以来，水旱十载，四夷外侵，盗贼内起，每闻民饥，或达旦不寐，躬自减彻以救灾厄，故天下复平，岁还丰穰。

【译文】建光元年（辛酉，公元121年，本年七月改年号）春季，护羌校尉马贤召见卢忽，然后就把他杀了，并派出军队攻打他的族人，斩杀并俘获两千多人，忍良等人都逃亡到塞外去了。

幽州刺史冯焕（巴郡人）、玄菟郡太守姚光、辽东郡太守蔡讽等人带领军队攻打高句丽，于是高句丽王宫就派遣儿子遂成假装投降而偷袭玄菟郡、辽东郡，共杀伤了两千多人。

二月，皇太后生病，于是在癸亥日（十二日），大赦天下。三月癸巳日（十三日），皇太后邓氏驾崩。还没有大敛的时候，汉安帝就重新提了以前的命令，封邓骘为上蔡侯，并赐给他特晋的官位。

丙午日（二十六日），安葬和熹皇后。

自从邓太后主持朝政以来，在十年间水灾、旱灾没有停止过，四方的夷人在外入侵边地，盗贼在城内兴起，每次听说有百姓挨饿，她都通宵不眠，并亲自减膳节约，用来赈救灾难困厄的百姓，所以天下才能再次太平，恢复了丰收的年景。

【乾隆御批】 无毁无誉，妇人之道。躬自减撤以救灾厄，岂女后之事耶？且前称太后以邓康数谏宗门满盛，大怒，免官，此又称太后诏康等，以贵戚食禄面墙弗学为戒。记载家自相矛盾至此，何以传信？

【译文】 既无毁谤，也无称誉，这便是妇人之道。邓太后亲自裁膳撤乐，拯救灾难，这难道应该是女后所应做的事吗？而且前面称道太后因邓康多次劝谏家族权势太盛而大怒，将邓康免职，这里又称赞太后给邓康等人下诏，让他们以皇亲国戚和官宦不学无术最终导致败亡的事例为戒。记载历史的人自相矛盾到了这种地步，又怎能传给后世，让人们相信？

上始亲政事，尚书陈忠荐隐逸及直道之士颍川杜根、平原成翊世之徒，上皆纳用之。忠，宠之子也。初，邓太后临朝，根为郎中，与同时郎上书言："帝年长，宜亲政事。"太后大怒，皆令盛以缣囊，于殿上扑杀之，既而载出城外，根得苏；太后使人检视，根遂诈死，三日，目中生蛆，因得逃窜，为宜城山中酒家保，积十五年。成翊世以郡吏亦坐谏太后不归政抵罪。帝皆征诣公车，拜根侍御史，翊世尚书郎。或问根曰："往者遇祸，天下同义，知故不少，何至自苦如此？"根曰："周旋民间，非绝迹之处，邂逅发露，祸及亲知，故不为也。"

戊申，追尊清河孝王曰孝德皇，皇妣左氏曰孝德后，祖妣宋贵人曰敬隐后。初，长乐太仆蔡伦受窦后讽旨诬陷宋贵人，帝敕使自致延尉，伦饮药死。

夏，四月，高句丽复与鲜卑入寇辽东，蔡讽追击于新昌，战殁。功曹掾龙端、兵马掾公孙酺以身扞讽，俱没于陈。

【译文】汉安帝开始亲自主持政事，尚书陈忠推荐一直隐居和德行正直的颍川人杜根以及平原人成翊世等人，汉安帝都接纳并任用了他们。陈忠，就是陈宠的儿子。邓太后亲临朝政的时候，杜根正在做郎中，和当时的同僚上奏书说："皇帝已经长大了，可以亲临政事了。"太后听后大怒，于是命令将他们都装入丝袋中，并在殿堂上将他们打死，接着就用车子把他们的尸体送出了城外，杜根这才得以苏醒过来；太后派人检查他们尸体的时候，杜根就假装死了，过了三天，他的眼中都生蛆了，才得以逃走。之后就在宜城县山中的酒家做酒保，总共做了十五年之久。成翊世凭借郡吏的身份，也因为劝谏太后归还政权而被论罪，并被关在牢中抵罪。于是汉安帝都把他们征召到了公车府署，任命杜根为侍御史，任命成翊世做尚书郎。有人问杜根说："以前你遭遇到灾祸的时候，天下百姓都说你有正义感，你的知己老友也并不少，怎么能至于让自己受苦到这样的地步呢？"杜根说："在民间交往的时候，民间并不是踪迹隔绝的地方，万一暴露了身份，祸害便会连累到亲朋好友，所以不能这样做。"

戊申日（二十八日），汉安帝追封生父清河孝王为孝德皇帝，生母左氏被封为孝德皇后，祖母宋贵人被封为敬隐皇后。当时，长乐宫的太仆蔡伦受了窦后的旨意后，就诬陷宋贵人，于是汉安帝就命令他自己前往廷尉受审，而蔡伦服毒自杀了。

夏季，四月，高句丽和鲜卑人再次入侵了辽东郡，于是蔡讽就在新昌县追击敌人，结果阵亡。功曹掾龙端、兵马掾公孙酺由于用自己的身体保护蔡讽，所以就一起死在了阵列中。

丁巳，尊帝嫡母耿姬为甘陵大贵人。

甲子，乐成王苌坐骄淫不法，贬为芜湖侯。

己巳，令公卿下至郡国守相各举有道之士一人。尚书陈忠以诏书既开谏争，虑言事者必多激切，或致不能容，乃上疏豫通广帝意曰：“臣闻仁君广山薮之大，纳切直之谋，忠臣尽謇谔之节，不畏逆耳之害，是以高祖舍周昌桀、纣之譬，孝文嘉袁盎人彘之讥，武帝纳东方朔宣室之正，元帝容薛广德自刎之切。今明诏崇高宗之德，推宋景之诚，引咎克躬，谘访群吏。言事者见杜根、成翊世等新蒙表录，显列二台，必承风响应，争为切直。若嘉谋异策，宜辄纳用；如其管穴，妄有讥刺，虽苦口逆耳，不得事实，且优游宽容，以示圣朝无讳之美；若有道之士对问高者，宜垂省览，特迁一等，以广直言之路。”书御，有诏，拜有道高第士沛国施延为侍中。

【译文】丁巳日（初七日），汉安帝封嫡母耿姬为甘陵大贵人。

甲子日（十四日），乐成王刘苌由于骄淫不符合法令而被论罪，被贬为芜湖侯。

同月己巳日（十九日），汉安帝命令公卿以下直到郡国的太守和相，每个人都要荐举一个有道德学问的人。尚书陈忠也因为诏书已经开启了谏诤的路，但他担心谏言朝政的人一定会有很多语言过激的地方，有的可能甚至连皇帝都不能容忍，他觉得应当首先通达开阔皇帝的胸襟，于是上奏书说："微臣听说仁君就要像山薮一样有博大的度量，愿意采纳诚恳忠直的建议，忠臣要有尽直言的情操，不能因为害怕忠言逆耳的迫害，因此高祖就舍弃了周昌将他比喻成桀、纣之主的芥蒂；孝文帝喜欢袁盎说他视人如豕且虐待别人的讥刺，武帝则采纳东方朔对错用宣室招待公主宠臣的批评，元帝容纳薛广德自刎并将血弄到车轮上的恳切的建议。现在您下诏书就要尊重殷高宗的品行，发扬宋景公的诚意，并亲自承认自己的过失，而且要向群臣询问意见。谏言国事的人由于看到杜根、成翊世等人因为刚刚蒙受朝廷的表彰而被录用，荣耀地在尚书、御使二台任职，就一定会顺着这种风气纷纷响应，并争着向朝廷进谏。如果是好的计谋、特别的策略，就应该加以采用；如果是见地狭隘的小意见，并且是随便讥刺皇上的言论，即使是苦口逆耳的忠言，但是与事实不合，陛下也应该暂且对他们宽容，以此来显示朝廷无所隐讳的美德；如果有道之士对问并且有高明的见解的，就应该对他们表示特别的关注，并晋升一等，以此来推广群臣进谏之路。"奏书呈上去之后，汉安帝就下诏书任命有道德并且成绩优秀的沛国人施延担任侍中的职务。

初，汝南薛包，少有至行，父娶后妻而憎包，分出之。包日夜号泣，不能去，至被驱扑，不得已，庐于舍外，旦入洒扫。父怒，又逐之，乃庐于里门，昏晨不废。积岁馀，父母惭而还之。及父母亡，弟子求分财异居。包不能止，乃中分其财，奴婢引其老者，曰："与我共事久，若不能使也。"田庐取其荒顿者，曰："吾少时所治，意所恋也。"器物取朽败者，曰："我素所服食，身口所安也。"弟子数破其产，辄复赈给。帝闻其名，令公车特征，至，拜侍中。包以死自乞，有诏赐告归，加礼如毛义。

【译文】起初，汝南人薛包，少年时就有很好的德行。父亲娶了后妻之后就不喜欢薛包了，让他出去单独居住。薛包则日夜号啕大哭，不肯离开，以至于到了被殴打的地步，不得已的情况下，就在屋外建造了一间庐舍居住，每天早晨回到家里打扫庭院。父亲很是生气，于是就又把他赶走了，这次薛包就在里门建了一间庐舍居住，每天早晚都请安的礼节从来没有被废除。就这样过了一年多，他的父母因为感到惭愧就把他叫回来了。等到他父母去世之后，他的弟弟的儿子都要求分家产并且单独居住。薛包没有办法劝说他们，于是就平分家产，对于奴婢，他都留下那些年老的，说："他们和我共同生活了很久了，你们是不能差使他们的。"对于田地房屋，他就选取那些荒废的，说："这都是我小时候所建造的，我很是留恋，舍不得离开。"对于器物，他就选取那些破破烂烂的，说："这是我一向穿和用的，我的身体和嘴都习惯它们了。"他的弟弟的儿子有好几次破产，薛包就一次次地救助他们。汉安帝听说他的名声后，就下令要单独征召他，在他来到京城之后，就任命他为侍中。薛包用死来请求不要做官，于是汉安帝就下诏书允许他告老还乡，而对他的礼遇就和章帝对待毛义一样。

帝少号聪明，故邓太后立之。及长，多不德，稍不可太后意；帝乳母王圣知之。太后征济北、河间王子诣京师；河间王子冀，美容仪，太后奇之，以为平原怀王后，留京师。王圣见太后久不归政，虑有废置，常与中黄门李闰、江京候伺左右，共毁短太后于帝，帝每怀忿惧。及太后崩，宫人先有受罚者怀怨恚，因诬告太后兄弟悝、弘、闿先从尚书邓访取废帝故事，谋立平原王。帝闻，追怒，今有司奏悝等大逆无道，遂废西平侯广宗、叶侯广德、西华侯忠、阳安侯珍、都乡侯甫德皆为庶人，邓骘以不与谋，但免特进，遣就国；宗族免官归故郡，没入骘等赀财田宅。徙邓访及家属于远郡，郡县逼迫，广宗及忠皆自杀。又徙封骘为罗侯；五月，庚辰，骘与子凤并不食而死。骘从弟河南尹豹、度辽将军舞阳侯遵、将作大匠畅皆自杀；唯广德兄弟以母与阎后同产，得留京师。复以耿夔为度辽将军，征乐安侯邓康为太仆。丙申，贬平原王翼为都乡侯，遣归河间。翼谢绝宾客，闭门自守，由是得免。

【译文】汉安帝小时候，大家都说他很聪明，所以邓太后立他为皇帝。等到他长大之后，做了很多不道德的事，有些不太符合太后的心意，汉安帝的奶妈王圣是知道这件事的。于是太后就征召济北王和河间王的儿子到京城来。河间王的儿子刘翼，容貌和仪表都很优美，太后对他感到很是惊奇，于是就让他作为平原怀王的后嗣，留在了京城。王圣看到太后迟迟不把政权交给汉安帝，担心会废置汉安帝，于是就常常和中黄门李闰、江京服侍在汉安帝的左右，一起在汉安帝面前说太后的坏话，汉安帝就因此而常常心怀忿惧。等到太后去世之后，先前有受责罚而心怀怨恨的宫人，就诬告太后的兄弟邓悝、邓弘和邓闿以前到尚书邓访那里访取废置皇帝的旧事，并且还商议立平原王为皇帝。汉安帝听到后，因为此事而生气，于是就命令官员奏明邓悝等人的大逆不道，并且废除了西平侯邓广宗、叶侯邓广德、西华侯邓忠、阳安侯邓珍、都乡侯邓甫德的爵位，都将他们贬为普通百姓，因为邓骘没有参与这阴谋，所以他只是被免除了特进的官位，并且命令他前往自己的封国。邓氏宗族有在朝做官的都被免去了官职，并且都回归到了故里南阳郡。把邓骘等人的财产都没收充公，并且将邓访和他的家属贬谪到边远的郡县，郡县的官吏整日对他们威胁逼迫，于是邓广宗和邓忠都自杀了。之后又改封邓骘为罗侯。五月，庚辰日（初一），邓骘和他的儿子邓凤都绝食而死了。邓骘的堂弟河南尹邓豹、度辽将军舞阳侯邓遵和将作大匠邓畅都自杀了，只有邓广德兄弟由于他们的母亲和阎后是亲姐妹的缘故，才得以留在京城。汉安帝再次任命耿夔做度辽将军，任命乐安侯邓康做太仆。丙申日（十七日），平原王刘翼被贬为都乡侯，并遣回到了河间去。刘翼由于谢绝与宾客往来，闭门在家修身养性，因此免受了这次灾祸。

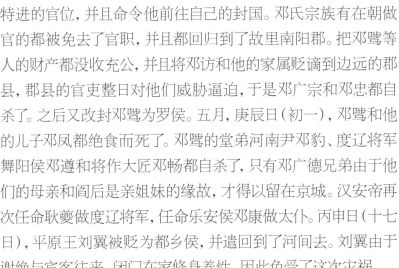

初，邓后之立也，太尉张禹、司徒徐防欲与司空陈宠共奏追封后父训，宠以先世无奏请故事，争之，连日不能夺。及训追加封谥，禹、防复约宠俱遣子奉礼于虎贲中郎将骘，宠不从，故宠子忠不得志于邓氏。骘等败，忠为尚书，数上疏陷成其恶。

大司农京兆朱宠痛骘无罪遇祸，乃肉袒舆榇上疏曰："伏惟和熹皇后圣善之德，为汉文母。兄弟忠孝，同心忧国，宗庙有主，王室是赖。功成身退，让国逊位，历世外戚，无与为比，当享积善履谦之祐。而横为宫人单辞所陷，利口倾险，反乱国家，罪无申证，狱不讯鞫，遂令骘等罹此酷滥，一门七人，并不以命，尸骸流离，冤魂不反，逆天感人，率土丧气。宜收还冢次，宠树遗孤，奉承血祀，以谢亡灵。"宠知其言切，自致廷尉；陈忠复劾奏宠，诏免官归田里。众庶多为骘称枉者，帝意颇悟，乃遣让州郡，还葬骘等于北芒，诸从昆弟皆得归京师。

【译文】邓后被立为皇后的时候，太尉张禹、司徒徐防想和

司空陈宠一同奏请追封邓后的父亲邓训，陈宠由于前代没有被
奏请追封的先例，所以和他们争论了好几天，依然不能决定。等
到邓训追加封谥的时候，张禹、徐防再次约见陈宠，都认为应该
派遣他的儿子向虎贲中郎将邓骘献礼，但是陈宠没有听从，所
以陈宠的儿子陈忠在邓氏当政时就不得志。邓骘等人事败的时
候，陈忠正做尚书，于是他屡次上奏书诬陷他们的恶行。

　　大司农朱宠（京兆人）因为邓骘没有犯罪而遭遇祸害感到
痛心，于是他就赤裸上身、抬着自己的棺木，上奏书说："微臣
深知和熹皇后有圣明善良的美德，就好像是汉朝的文王的母
亲。邓氏兄弟向来忠君孝亲，一同为国事了而忧心，使得宗庙有
人照顾，王室因此而倚重他们；功成之后身退、让国逊位。历代
的皇亲国戚，没有人是可以和他们相比的，这样积善谦让的美
德，应当享有福佑才对。然而被宫人的片面之词所陷害。可以看
出犀利的言辞足够倾覆并且危害别人、扰乱国家；罪行没有明
确的证据，被关入牢中也没有彻底地讯问，就让邓骘等人遭遇
到残酷滥施的刑罚，一家七人全部丧失了性命，他们的尸骨流
离在外而不得安葬，其冤魂也飘游在外不能回归故里，这就悖
逆了天理并深深惊动了人们，天下的人都因为此事而意志消沉。
所以朝廷应该收埋他们的尸骨，并安葬他们，封立他们的子嗣，
告慰他们的灵魂，以此来安慰他们的亡魂。"朱宠知道他自己的
话太过严厉了，于是自己就前往廷尉请求治罪。陈忠再次弹骇
奏明朱宠的罪行，于是汉安帝下诏书免去了他大司农的官职，让
他回归故乡去了。众人大多都同情邓骘，说他是被冤枉了，汉安
帝也悔悟了，于是就责备州郡官吏威胁逼迫的行为，并把邓骘等
人的棺木埋葬到了北芒山，邓氏堂兄弟也都回到京城来了。

帝以耿贵人兄牟平侯宝监羽林左军车骑，封宋杨四子皆为列侯，宋氏为卿、校、侍中大夫、谒者、郎吏十馀人；阎皇后兄弟显、景、耀，并为卿、校，典禁兵。于是内宠始盛。

帝以江京尝迎帝于邸，以为京功，封都乡侯，封李闰为雍乡侯，闰、京并迁中常侍，京兼大长秋，与中常侍樊丰、黄门令刘安、钩盾令陈达及王圣、圣女伯荣扇动内外，竞为侈虐；伯荣出入宫掖，传通奸赂。司徒杨震上疏曰："臣闻政以得贤为本，治以去秽为务；是以唐、虞俊乂在官，四凶流放，天下咸服，以致雍熙。方今九德未事，嬖幸充庭。阿母王圣，出自贱微，得遭千载，奉养圣躬，虽有推燥居湿之勤，前后赏惠，过报劳苦，而无厌之心不知纪极，外交属托，扰乱天下，损辱清朝，尘点日月。夫女子、小人，近之喜，远之怨，实为难养。宜速出阿母，令居外舍，断绝伯荣，莫使往来。令恩德两隆，上下俱美。"奏御：帝以示阿母等，内幸皆怀忿恚。

【译文】汉安帝派耿贵人的哥哥牟平侯耿宝率领羽林左军车骑，封外曾祖宋杨的四个儿子都做了列侯，宋氏家族中有十几人做到了卿、校尉、侍中大夫、谒者、郎吏。阎皇后的兄弟阎显、阎景和阎耀，都做到了卿、校尉的职位，主要掌管宫中的防卫军队。阎氏外戚得到朝廷的恩宠开始兴盛起来。

江京由于曾经在清河王邸迎接汉安帝，被认为有功劳，就被封为都乡侯，封李闰为雍乡侯，李闰、江京都晋升为中常侍。江京兼任大长秋的时候，就和中常侍樊丰、黄门令刘安、钩盾令陈达，以及王圣、王圣的女儿王伯荣煽动皇宫内外的大臣，争着做各种淫虐的事情。王伯荣经常出入宫廷，便从事串通奸恶和传送贿赂的勾当。司徒杨震上奏书说："微臣听说政事的根本是得到贤才，治国的要务是要去除坏人。在尧、舜的时候，只有俊德能治的人才能担任官职，四个罪大恶极的恶人被放逐以后，天下的百姓都顺服，使百姓都能和睦相处。现在有九德的人都没有在位任事，然而被宠幸的小人却充满了朝廷。乳母王圣，出身卑微，遇到千载难逢的机会才得以奉养圣上，她虽然有母亲把干燥地方给儿子住而自己居住在潮湿地方的劳苦，但是赏赐给她的恩惠，足以报答她的劳苦了，然而她还不满足，不守法纪，和大臣往来，到处请托贿赂，做出了很多违法的事情，天下都被扰乱了，并且还损害污辱到了清廉的朝廷，也玷污了皇帝和皇后的名声。一旦有女子、小人和他们接近了，他们就会沾沾自喜，一旦和他们疏远了，他们就开始埋怨，确实是很难养。我觉得应该赶快让乳母王圣出宫，让她住到外家去，并且断绝和王伯荣的往来，不许她与宫中来往。这样皇上的恩德在宫内外都能隆盛，在朝廷上下都能和美了。"奏书呈上之后，汉安帝就拿给乳母王圣等人看，宫内受到汉安帝宠幸的那群小人都心怀愤恨。

而伯荣骄淫尤甚，通于故朝阳侯刘护从兄瑰，瑰遂以为妻，官至侍中，得袭护爵。震上疏曰："经制，父死子继，兄亡弟及，以防篡也。伏见诏书，封故朝阳侯刘护再从兄瑰袭护爵为侯；护同产弟威，今犹见在。臣闻天子专封，封有功；诸侯专爵，爵有德。今瑰无佗功行，但以配阿母女，一时之间，既位侍中，又至封侯，不稽旧制，不合经义，行人喧哗，百姓不安。陛下宜鉴镜既往，顺帝之则。"尚书广陵翟酺上疏曰："昔窦、邓之宠，倾动四方，兼官重绂，盈金积货，至使议弄神器，改更社稷，岂不以势尊威广以致斯患乎！及其破坏，头颡堕地，愿为孤豚，岂可得哉！夫致贵无渐，失必暴；受爵非道，殃必疾。今外戚宠幸，功均造化，汉元以来未有等比。陛下诚仁恩周洽，以亲九族，然禄去公室，政移私门，覆车重寻，宁无摧折！此最安危之极戒，社稷之深计也。昔文帝爱百金于露台，饰帷帐于皂囊，或有讥其俭者，上曰：'朕为天下守财耳，岂得妄用之哉！' 今自初政已来，日月未久，费用赏赐，已不可算。敛天下之财，积无功之家，帑藏单尽，民物雕伤，卒有不虞，复当重赋，百姓怨叛既生，危敌可待也。愿陛下勉求忠贞之臣，诛远佞谄之党，割情欲之欢，罢宴私之好，心存亡国所以失之，鉴观兴王所以得之，庶灾害可息，丰年可招矣。"书奏，皆不省。

【译文】 然而王伯荣却更加骄淫，她和已去世的朝阳侯刘护的堂兄刘瑰有奸情，于是刘瑰就娶她为妻，官就做到侍中的位置，继承了刘护的爵位。杨震上奏书说："传统的制度规定说：父亲死了就该由儿子继承，哥哥死了就应该由弟弟接替，以此来防止不正当的篡位。微臣看到诏书上写道：已经去世的朝阳侯刘护的堂兄刘瑰继承刘护的爵位被封为侯；然而与刘护同母的弟弟刘威，现今还健在。微臣听说天子有封爵的大权，都封给那些有功的臣子；诸侯有任命官员的大权，都任命那些有德行的人。现在刘瑰没有任何功劳德行，只是和皇帝乳母王圣的女儿结为了夫妻，一时之间，不但官位做到了侍中，而且又被封侯。没有查考旧有的法制，是不符合于传统制度所记载的道理的，路人都为这件事而吵闹谈论，百姓都为这件事感到不安，陛下应该以过去的事例为借鉴，顺着先皇的法令去做。"尚书广陵人翟酺上奏书说："先前窦氏、邓氏得到的宠幸，足以使天下动摇，他们不仅在朝廷担任各种官职，而且积累了很多钱财，以至于他们凭借议谋并擅弄天下赏罚的大权，作威作福，试图杀害皇帝，改朝换代，这难道不是因为权势尊贵、威望广大而引起祸害的吗? 等到他们由于事败而被杀死的时候, 人头落地, 虽然只希望做只猪仔, 但是这怎么可能呢? 官位如果不是循序渐进得来的, 那一定都会很快失去的; 官爵如果不是依法得来的, 祸害也一定会很快就到来。如今外戚受到朝廷的宠幸后, 他们的功劳就可以和天地造化万物相等了, 从汉初以来, 是没有人可以和他们相比的。陛下确实是仁恩普及, 以此来亲近九族的人, 但是封赏官位的大权已经不在天子手中了, 现在政权已经被转移到大臣私人手中了, 如果再按照前面翻覆的车子走, 怎么能受不到伤害呢? 这是关乎国家安危最值得警惕的事了, 所以要认真地考虑一下啊! 先前文帝崇尚节俭, 由于爱惜金钱而停止建造露室台, 集取臣子上书的皂囊做成宫殿的帐帷, 有人讥讽他太节俭了, 文帝曾说: "我是在为天下人守护钱财, 我怎么能够随便乱花呢? '现在自从皇上主持政事以来, 还没有多长时间, 花费的钱, 已经远远无法计算了。收敛天下人的钱财, 把它们积聚在没有功劳的幸臣的家中, 国库的钱财已经用尽了, 一旦人民的财物受到损伤或者有意外的事情发生时, 就一定会征收重税, 如此一来, 百姓怨怒背叛的心意一旦产生, 国家的危乱就拭目以待了。希望陛下能努力寻找忠贞的臣子, 诛除并疏远那些谄媚的小人, 阻绝情欲的欢乐, 停止对私宴的喜好, 心中念着国家灭亡的原因, 研究中兴国君之所以兴起的原因, 灾害差不多就可以停息了, 丰收的年份也就到了。"奏书呈上之后, 汉安帝一点都没有理会。

秋, 七月, 己卯, 改元, 赦天下。

壬寅, 太尉马英薨。

烧当羌忍良等, 以麻奴兄弟本烧当世嫡, 而校尉马贤抚恤不至, 常有怨心, 遂相结, 共胁将诸种寇湟中, 攻金城诸县。八月, 贤将先零种击之, 战于牧苑, 不利。麻奴等又败武威、张掖郡兵于令居, 因胁将先零、沈氏诸种四千馀户缘山西走, 寇武威。贤追到鸾鸟, 招引之, 诸种降者数千, 麻奴南还湟中。

甲子, 以前司徒刘恺为太尉。初, 清河相叔孙光坐赃抵罪, 遂增禁锢二世。至是, 居延都尉范邠复犯赃罪, 朝廷欲依光比; 刘恺独以为: "《春秋》之义, 善善及子孙, 恶恶止其身, 所以进人于善也。如今使赃吏禁锢子孙, 以轻从重, 惧及善人, 非先王详刑之意也。" 尚书陈忠亦以为然。有诏: "太尉议是。"

【译文】 秋季, 七月, 己卯日 (初一), 汉安帝更改年号, 大赦天下。

壬寅日 (二十四日), 太尉马英逝世。

烧当羌部落的忍良等人, 由于麻奴兄弟是烧当羌酋长东号的子嗣, 校尉马贤安抚不周到, 就常常心存埋怨。于是他们就相互勾结, 一同率领羌人各个族入侵湟中, 攻打金城郡的各个县。八月, 马贤带领先零羌在牧苑回击他们, 但是战事不利。与此同时, 麻奴等人又在令居县攻打武威郡和张掖郡的军队, 并率领先零羌、沈氏羌各个族的四千多户人家沿着山往西边走, 入侵武威郡。马贤就追赶他们到鸾鸟县, 去招抚引诱他们, 各族投降的有好几千人, 最终麻奴向南回到湟中去了。

甲子日 (十六日), 朝廷前任司徒刘恺做了太尉。想当初, 清河王的相叔孙光因为贪赃而被论罪, 于是被关在牢中抵罪, 因为这加重了处分, 使得父子两代人都不能做官。如今, 居延都尉范邠又犯了贪污罪, 朝廷想要比照对叔孙光的处分来处分他。刘恺认为: "《春秋》的大义, 对善人的奖赏要延及子孙, 对恶人的惩罚只是作恶之人, 这样做为的是鼓励人向善。如今禁止贪污的官吏的子孙做官，轻罪却被重罚了，这使得善良的人感到恐惧，这可不是先王审察刑罚的本意啊！"尚书陈忠也认为这是对的。于是汉安帝下诏书说："太尉的建议是正确的。"

鲜卑其至鞬寇居庸关。九月，云中太守成严击之，兵败，功曹杨穆以身捍严，与之俱殁；鲜卑于是围乌桓校尉徐常于马城。度辽将军耿夔与幽州刺史庞参发广阳、渔阳、涿郡甲卒救之，鲜卑解去。

戊子，帝幸卫尉冯石府，留饮十许日，赏赐甚厚，拜其子世为黄门侍郎，世弟二人皆为郎中。石，阳邑侯鲂之孙也，父柱尚显宗女获嘉公主，石袭公主爵，为获嘉侯，能取悦当世，故为帝所宠。

京师及郡国二十七雨水。

冬，十一月，己丑，郡国三十五地震。

鲜卑寇玄菟。

【译文】鲜卑人其至鞬入侵居庸关。九月，云中太守成严去攻打他们，结果打了败仗，功曹杨穆为了保护成严，就和他一起阵亡了。于是鲜卑人就在马城县包围了乌桓校尉徐常。度辽将军耿夔和幽州刺史庞参发动广阳郡、渔阳郡、涿郡的部队去援救他，鲜卑人解除包围并离去了。

戊子日（初十），汉安帝来到卫尉冯石家，在他家居留宴饮了十几天，就给冯石很丰厚的赏赐，并任命他的儿子冯世为黄门侍郎，让冯世的两个弟弟都做郎中。冯石就是阳邑侯冯鲂的孙子，他的父亲冯柱娶了显宗的女儿获嘉公主为妻，于是冯石就继承了公主的爵位，做了获嘉侯，他很会取悦于人，所以就被汉安帝宠幸。

京城和其他二十七个郡国雨水成灾。

冬季,十一月,己丑日(十二日),有三十五个郡国发生了地震。

鲜卑人入侵玄菟郡。

尚书令祋讽等奏,以为"孝文皇帝定约礼之制,光武皇帝绝告宁之典,贻则万世,诚不可改,宜复断大臣行三年丧。"尚书陈忠上疏曰:"高祖受命,萧何创制,大臣有宁告之科,合于致忧之义。建武之初,新承大乱,凡诸国政,多趣简易,大臣既不得告宁而群司营禄念私,鲜循三年之丧以报顾复之恩者,礼义之方,实为雕损。陛下听大臣终丧,圣功美业,靡以尚兹。《孟子》有言:'老吾老以及人之老,幼吾幼以及人之幼,天下可运如掌。'臣愿陛下登高北望,以甘陵之思揆度臣子之心,则海内咸得其所。"时宦官不便之,竟寝忠奏。庚子,复断二千石以上行三年丧。

◆袁宏论曰:古之帝王所以笃化美俗,率民为善,因其自然而不夺其情,民犹有不及者,而况毁礼止哀,灭其天性乎!◆

【译文】 尚书令祋讽等人上奏折,认为:"孝文皇帝定下的关于节俭、礼仪的制度以及光武皇帝制定的中止吉事、凶事休假的法规,应传承万代是不可以改变的,并且应该停止大臣守丧三年的做法。"尚书陈忠上奏书说:"高祖承受了天命,萧何创立了法制,大臣有亲人死亡而不守丧三年可以告发的法令,这合乎对父母丧事尽心意的道义。建武年初,刚刚经过大乱,各种国政,大都简明扼要,既然大臣们不能拥有吉凶的休假,于是官员们就顾念私情,追求俸禄和地位,却很少有人能遵循三年的丧期来报答父母的养育之情,这样来说礼义的常道,实在是太衰微了。陛下应该让大臣服完丧,这样就有了圣明的功绩和美好的功业,可以说没有比这个更好的了。《孟子》中讲道:'由敬重自己的父母，可以推广到敬重别人的父母；由爱护自己的儿女，也可以推广到爱护别人的儿女，这样天下就可以掌握在手中了。'微臣希望陛下能登上高地并远望北方，以此来探求甘陵的心思，揣量臣子的心意，那么在四海内就都能得到适当的地位了。"宦官认为守丧三年的制度对自己不方便，于是扣压了陈忠的奏章。庚子日（二十三日），朝廷再次规定二千石以上的官员，要取消三年的丧制。

◆袁宏评论说：古代的帝王之所以能深厚教化，美化风俗，率领人民实行善德，是依照人民实际的情况，并且没有转移他们的情感关系的原因，这样一来人民还有做不到的地方，更何况是破坏礼制、阻止哀情这样毁灭他们天性的做法呢？◆

十二月，高句骊王宫率马韩、濊貊数千骑围玄菟，夫馀王遣子尉仇台将二万馀人与州郡并力讨破之。是岁，宫死，子遂成立。玄菟太守姚光上言，欲因其丧，发兵击之，议者皆以为可许。陈忠曰："宫前桀黠，光不能讨，死而击之，非义也。宜遣使吊问，因责让前罪，赦不加诛，取其后善。"帝从之。

【译文】十二月，高句骊王宫带领马韩、濊貊等几千骑兵围攻玄菟，于是夫馀王就派他的儿子尉仇台带领两万多人和州郡联合起来，讨伐并打败他们。同年，宫去世了，他的儿子遂成继位。玄菟的太守姚光上奏书说，想要在他们办理丧事期间，出兵攻击他们，议事的人都认为可以，一致通过了。陈忠说："宫以前狡猾凶恶的时候，姚光不去讨伐；现在死了却要去攻击，这是不合常理的。现在应该派遣使者，前往吊唁，并责备他们先前的罪过，赦免了他们而不施加惩罚，以换来他们日后的向善。"皇帝接受了陈忠的建议。

延光元年（壬戌，公元一二二年）春，三月，丙午，改元，赦天下。

护羌校尉马贤追击麻奴，到湟中，破之，种众散遁。

夏，四月，癸未，京师、郡国二十一雨雹，河西雹大者如斗。

幽州刺史冯焕、玄菟太守姚光数纠发奸恶，怨者诈作玺书，谴责焕、光，赐以欧刀，又下辽东都尉庞奋，使速行刑。奋即斩光，收焕。焕欲自杀，其子绲疑诏文有异，止焕曰："大人在州，志欲去恶，实无它故。必是凶人妄诈，规肆奸毒。愿以事自上，甘罪无晚。"焕从其言，上书自讼，果诈者所为，征奋，抵罪。

【译文】延光元年（壬戌，公元122年）春季，三月丙午日（初二），更改年号，大赦天下。

护羌校尉马贤追击麻奴，追到湟中的时候，取得了胜利，麻奴部落的人逃散了。

夏季，四月，京城和其他四十一个郡国下冰雹，其中河西的冰雹大得像斗一般。

幽州的刺史冯焕和玄菟的太守姚光多次督察举发奸恶的事，于是怨恨他们的人就假造玺书，斥责冯焕和姚光，并赐给欧刀让他们自尽，又下诏让辽东都尉庞奋，立刻执行刑法。于是庞奋立刻就杀了姚光，逮捕了冯焕。冯焕想要自杀的时候，他的儿子冯绲怀疑诏文的真伪，于是阻止冯焕说："大人现在在州中，他是想除去恶人，实在没有别的原因。一定是有凶恶的人，故意欺骗，而想出的邪恶毒辣的策略。希望您能把事实亲自报告给皇上，再甘心承受罪过也不迟。"冯焕听从了他的话，于是就上书为自己争辩，果然是恶人所做的事，于是朝廷征召庞奋，并判处他相应的罪行。

癸巳，司空陈褒免。五月，庚戌，宗正彭城刘授为司空。

己巳，封河间孝王子德为安平王，嗣乐成靖王后。

六月，郡国蝗。

秋，七月，癸卯，京师及郡国十三地震。

高句骊王遂成还汉生口，诣玄菟降，其后濊貊率服，东垂少事。

虏人羌与上郡胡反，度辽将军耿夔击破之。

八月，阳陵园寝火。

九月，甲戌，郡国二十七地震。

鲜卑既累杀郡守，胆气转盛，控弦数万骑，冬，十月，复寇雁门、定襄；十一月，寇太原。

烧当羌麻奴饥困，将种众诣汉阳太守耿种降。

是岁，京师及郡国二十七雨水。

【译文】 癸巳日（十九日），司空陈褒被免除官职。五月，庚戌日（初七），派遣宗正刘授（彭城人）做司空。

己巳日（二十六日），朝廷封河间孝王的儿子刘德为安平王，继承了乐成靖王的后嗣。

六月，郡国发生了蝗灾。

秋季，七月，癸卯日（初一），京城和其他十三个郡国发生地震。

高句骊王遂成将俘虏送还汉人，并前往玄菟投降，后来濊貊也跟着降服了，于是东面边境就很少有乱事了。

虏人羌族和上郡胡族造反叛变，度辽将军耿夔攻击并打败了他们。

八月，阳陵园及寝庙发生火灾。

九月，甲戌日（九月无此日），有二十七个郡国发生地震。

鲜卑多次杀死郡中官员，于是胆子变得更大了，现在有几万骑兵。冬季，十月，再次入侵雁门、定襄。十一月，入侵太原。

烧当羌族首领麻奴饥饿劳累，于是就率领部落向汉阳太守耿种投降了。

这一年，京城和其他二十七个郡国下了大雨。

帝数遣黄门常侍及中使伯荣往来甘陵，尚书仆射陈忠上疏曰："今天心未得，隔并屡臻，青、冀之域，淫雨漏河，徐、岱之滨，海水盆溢，兖、豫蝗蝝滋生，荆、扬稻收俭薄，并、凉二州羌戎叛戾，加以百姓不足，府帑虚匮。陛下以不得亲奉孝德皇园庙，比遣中使致敬甘陵，朱轩骈马，相望道路，可谓孝至矣。然臣窃闻使者所过，威权翕赫，震动郡县，王、侯、二千石至为伯荣独拜车下，发民修道，缮理亭传，多设储偫，征役无度，老弱相随，动有万计，赂遗仆从，人数百匹，顿踣呼嗟，莫不叩心。河间托叔父之属，清河有陵庙之尊，及剖符大臣，皆猥为伯荣屈节车下，陛下不问，必以为陛下欲其然也。伯荣之威，重于陛下，陛下之柄，在于臣妾，水灾之发，必起于此。昔韩嫣托副车之乘，受驰视之使，江都误为一拜，而嫣受欧刀之诛。臣愿明主严天元之尊，正乾刚之位，不宜复令女使干错万机。重察左右，得无石显泄漏之奸？尚书纳言，得无赵昌潜崇之诈？公卿大臣，得无朱博阿傅之援？外属近戚，得无王凤害商之谋？若国政一由帝命，王事每决于己，则下不得逼上，臣不得干君，常雨大水必当霁止，四方众异不能为害。"书奏，不省。

【译文】汉安帝多次派遣黄门常侍和中使伯荣在甘陵和京

城之间往来，尚书仆射陈忠呈上奏折说："现在由于没有获得上天的眷顾，于是水、旱灾害常常发生，尤其是青州、翼州地区雨水过多，漫过河堤。徐州、泰山一带的海滨海水倒灌；兖、豫蝗虫盛多；荆、扬稻作都没有收成；并、凉二州，羌人背叛，再加上人民不富裕，使得府库的财货空虚匮乏。陛下觉得不能亲自敬奉孝德皇帝的陵寝，于是常常派中使到甘陵致敬，朱红色的车、并排行驶的骏马，奔波在道路，连绵不绝，可以说这是孝道的最高表现了。但是微臣听说：使者所经过的这些地方，权势都很显赫，震动了郡县，王、侯、二千石的官员向伯荣在车下跪拜并发动人民修筑道路、修理驿站，设置很多预备的器物，丝毫没有节省地征调劳役，老人和弱者前后相接，动不动就要以万计，还赠送仆人和随从每人几百匹帛，百姓没有不痛心的。河间王托他是陛下叔父的名分；清河王国内有陛下父母陵庙的尊崇，剖符立誓的大臣们都屈辱地跪在伯荣的车下，陛下却没有过问，百姓一定以为是陛下想要这样的。伯荣的威望已经胜过了陛下，而陛下的大权都落在了臣仆婢妾的手中，水灾的发生，一定是由这个原因造成的。从前韩嫣乘坐天子的副车，受命驰往山林观察禽兽，江都王误以为是天子的车驾，于是就向她一拜，韩嫣因此受到了欧刀的诛杀。微臣希望圣明的君主可以重塑天子的尊严，端正朝纲的地位，不应该再让妇女和使者干预朝廷的政事，并且要严察左右侍臣，看是否有石显提前泄露奸情那样的事情发生？尚书进纳的善言，是否有赵昌毁谤郑崇那样的阴谋？公卿和大臣，是否有朱博曲奏傅喜的证据？外戚和亲近，是否有王凤伤害王商那样的计谋？如果国家的政令，都由皇帝颁发，君王大事每件都是自己裁决，那么瞎编的臣子就不能逼迫君主，如果臣子不干预君主，持久的大雨一定会停止，四方的怪异一定不会成为灾害的。"奏折呈上之后，汉安帝却不加理会。

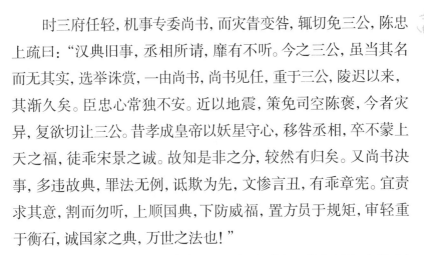

时三府任轻，机事专委尚书，而灾眚变咎，辄切免三公，陈忠上疏曰："汉典旧事，丞相所请，靡有不听。今之三公，虽当其名而无其实，选举诛赏，一由尚书，尚书见任，重于三公，陵迟以来，其渐久矣。臣忠心常独不安。近以地震，策免司空陈褒，今者灾异，复欲切让三公。昔孝成皇帝以妖星守心，移咎丞相，卒不蒙上天之福，徒乖宋景之诚。故知是非之分，较然有归矣。又尚书决事，多违故典，罪法无例，诋欺为先，文惨言丑，有乖章宪。宜责求其意，割而勿听，上顺国典，下防威福，置方员于规矩，审轻重于衡石，诚国家之典，万世之法也！"

汝南太守山阳王龚，政崇温和，好才爱士。以袁阆为功曹，引进郡人黄宪、陈蕃等；宪虽不屈，蕃遂就吏。阆不修异操而致名当时，蕃性气高明，龚皆礼之，由是群士莫不归心。

【译文】当时三府的职务轻，重要的政事专门交给尚书去办，一旦有灾变过失，动不动就责罚三公，陈忠呈上奏折说："按照汉朝以前的典制，只要是丞相请求的事，就没有不听从的。但是现在的三公，虽然有了名号却没有实际的职权，关于选举赏罚，这些事一概都由尚书负责的。现在尚书的权责已经远远超过三公，这由来已经很久了，微臣独自常常感到不安。近来由于地震就下令免除司空陈褒的官职。现在发生了地震，就又想要严厉斥责三公。先前孝成皇帝因为火星占据心宿，于是就把罪过归向丞相，结果还是不能蒙受上天的福祥，独自违背了宋景公的诚心。所以分辨是非，责任就能明明白白地显现着。再者说来，尚书裁决政事，大多违背了以前的例子，其刑罚也是没有前例可循的，以诋毁、欺骗为手段去处罚，其文字惨毒、言辞丑恶，并且还违背了章法。应该深究原意，断绝不听，从上边说应该顺从国家法典，对下面防止作威作福，方圆要用规矩测量，轻重要用秤来衡量，这才是国家的典制，万世的法度啊！"

汝南太守王龚（山阳人），治理政事崇尚宽容平和，喜欢结交人才贤士。他任命袁阆为功曹，举荐郡中人黄宪、陈蕃等。黄宪不愿屈就，陈蕃接受了征召。虽然袁阆不整治特别行为，但是在当时却能拥有名声，由于陈蕃气质高雅，因此王龚都以礼节对待他们，士子们没有不归顺王龚的。

宪世贫贱，父为牛医。颍川荀淑至慎阳，遇宪于逆旅，时年十四；淑辣然异之，揖与语，移日不能去，谓宪曰："子，吾之师表也。"既而前至袁阆所，未及劳问，逆曰："子国有颜子，宁识之乎？"阆曰："见吾叔度邪？"是时同郡戴良，才高倨傲，而见宪未尝不正容，及归，罔然若有失也。其母问曰："汝复从牛医儿来邪？"对曰："良不见叔度，自以为无不及；既睹其人，则瞻之在前，忽焉在后，固难得而测矣。"陈蕃及同郡周举常相谓曰："时月之间不见黄生，则鄙吝之萌复存乎心矣。"太原郭泰，少游汝南，先过袁阆，不宿而退；进，往从宪，累日方还。或以问泰，曰："奉高之器，譬诸氾滥，虽清而易挹。叔度汪汪若千顷陂，澄之不清，淆之不浊，不可量也。"宪初举孝廉，又辟公府。友人劝其仕，宪亦不拒之，暂到京师，即还，竟无所就，年四十八终。

【译文】黄宪世代贫穷，他父亲是牛医。颍川人荀淑来慎阳，在旅店遇见黄宪，他当时十四岁。荀淑对他的不平凡感到惊讶，于是作揖和他谈话，很久都不想离开，很激动地对黄宪说："你就是我的老师。"后来，荀淑前行到袁阆管辖的地方，还来不及寒暄，迎头就说："你的国中有颜子，你认识吗？"袁阆说：

"你看到我们的叔度了？"当时同郡人戴良，才能虽然高超，但态度骄傲，但是看到黄宪后，从来没有不端正容貌的时候，等到回来后，就好像失去了什么似的。于是他的母亲就问他："你又是从牛医的儿子那里来的吗？"戴良回答说："我没有看到叔度的时候，以为自己没有赶不上他的地方；看到他之后，看着他是在前面，忽然又在后面了，实在令人难以揣测。"陈蕃和同一个郡的人周举，曾经相互说："一个时辰、一个月的时间没有看到黄生，心中就萌发了鄙吝的心意。"太原人郭泰，年轻时去汝南游玩，首先拜访了袁阆，结果没有过夜就走了；又前往拜访黄宪，很多天以后才回来。有人问郭泰这样做的原因，郭泰说："袁奉高的器量，好像沈、滥的泉水，虽然清澈，但是很容易获取。黄叔度的气量宽宏广大就好像千顷的湖泊，澄明的湖水，无法使他澄清，也无法使它混浊，这是不可以度量的。"黄宪最初被任命为孝廉，后来又被三公府召集。朋友们都劝他做官，黄宪也没有拒绝，在京师待了短暂的一段时间就回来了，竟什么官也没做，四十八岁就去世了。

◆范晔论曰：黄宪言论风旨，无所传闻；然士君子见之者靡不服深远，去玼吝，将以道周性全，无德而称乎！余曾祖穆侯以为："宪，隤然其处顺，渊乎其似道，浅深莫臻其分，清浊未议其方，若及门于孔氏，其殆庶乎！"◆

【译文】◆范晔评论说：黄宪的言论和作风，虽然没有留下什么传闻，但是君子、士子所有看到过他的，没有不佩服他的高深的。他没有缺点，宽宏大度，品德齐全、保全天性，但是他的品德却没有可以称名天下！我的曾祖穆侯曾说："黄宪，在和顺的境地柔和地居处，他的道德深不可测，其深浅不能如他应有

的本分，清浊没有得当的议论，如果是在孔子的门下，就大概差不多了！"◆

资治通鉴

【乾隆御批】 史称宪言论风旨无所表见，而见者称其深远。夫既无表见，所谓深远者安在？虽宪在当时不失为高蹈，然史论，实启盗虚声者口实，当别白观之。

【译文】 史书上说，黄宪的言论和主张没有惊人之处，但见过他的人无不佩服他的高深。那么，既然没有惊人之处，所谓的高深又来自哪里呢？即使黄宪在当时已经达到了很高的境界，而史书上的评论，其实又为沽名钓誉的人提供了口实，所以应当区别看待。

【申涵煜评】 宪德业文章，一无可述，当时服其雅量，后世仰其丰采，必原有大过人处，非六朝名士高自位置者比，使人展卷辄作尚友想。

【译文】 黄宪的品德和其所写的文章，没什么值得称道的，但是他的雅量，让后世瞻仰其风采，一定是原来大有过人之处，不是六朝名士和位高权重的人可比的，让人忍不住展开书卷就想与这位古人做朋友。

二年（癸亥，公元一二三年）春，正月，旄牛夷反，益州刺史张乔击破之。

夏，四月，戊子，爵乳母王圣为野王君。

北匈奴连与车师入寇河西，议者欲复闭玉门、阳关以绝其患。燉煌太守张珰上书曰："臣在京师，亦以为西域宜弃，今亲践其土地，乃知弃西域则河西不能自存。谨陈西域三策：北虏呼衍王常展转蒲类、秦海之间，专制西域，共为寇钞。今以酒泉属国吏士二千馀人集昆仑塞，先击呼衍王，绝其根本，因发鄯善兵五千人胁车师后部，此上计也。若不能出兵，可置军司马，将士五百人，四郡供其犁牛、谷食，出据柳中，此中计也。如又不能，则宜弃交河城，收鄯善等悉使入塞，此下计也。"朝廷下其议。陈忠上疏曰："西域内附日久，区区东望扣关者数矣，此其不乐匈奴、慕汉之效也。今北虏已破车师，势必南攻鄯善，弃而不救，则诸国从矣。若然，则虏财贿益增，胆势益殖，威临南羌，与之交通，如此，河西四郡危矣。河西既危，不可不救，则百倍之役兴，不訾之费发矣。议者但念西域绝远，恤之烦费，不见孝武苦心勤劳之意也。方今燉煌孤危，远来告急；复不辅助，内无以慰劳吏民，外无以威示百蛮，蹙国减土，非良计也。臣以为燉煌宜置校尉，按旧增四郡屯兵，以西抚诸国。"帝纳之，于是复以班勇为西域长史，将兵五百人出屯柳中。

【译文】二年（癸亥，公元123年）春季，正月，旄牛夷人造反叛乱，益州刺史张乔攻打他们并取得了胜利。

夏季，四月，戊子日（二十日），汉安帝册封乳母王圣为野王君。

北匈奴接连和车师联合进犯河西地区，议事的人想要再次关闭玉门和阳关，以此来断绝他们的祸患。敦煌太守张珰上奏书说："微臣在京师的时候，认为也应该抛弃西域，现在亲自踏上了这块土地，才知道如果抛弃了西域，那么河西地区就不能自保了。我恭敬地献上关于西域的三个策略：北虏呼衍王常在蒲类、秦海地带徘徊，以此来专门控制西域，一同造成侵犯、占领西域的灾害。现在可以派遣酒泉属国两千多官吏、将士在昆仑塞聚集，先攻打呼衍王，阻断他们的根本，之后再发动鄯善军队五千人威胁车师国的后部，这是上等的策略。如果不能出兵的话，可以设置军司、将士五百人，由河西四个郡城供给他们犁牛和粮食，出关占领柳中，这是中等的策略。如果这也不行，就应该放弃交河城，并命令鄯善等人全部回到塞内，这是下等的策略。"汉安帝命令群臣议论他的计策。陈忠呈上奏折说："在西域亲附国内，向东盼望的日子很久了，已经请求进关好多次了，这就是他们不喜欢匈奴而亲近汉朝的表现。现在北方的敌人已经攻破了车师国，按照情势来看，一定会向南攻击鄯善，如果放弃它而不加拯救，那么各国都将顺从敌人。如果是这样的话，那么敌人的财物会更加增多，胆量气势更加强大，如果他们逼近南方的羌族，和他们往来，这样的话，河西四郡就危险了。河西遇到危险以后，如果不去拯救，那么就要征发百倍的劳役，发出不计其数的财物了。参与这件事的人只想到西域非常遥远，抚恤他们既麻烦又耗费财资，但是没有看到孝武皇帝苦心劳作的心意。现在敦煌遇到危险，从远方来告急，如果不帮助的话，于内无法安慰官民，于外无法震慑百蛮，所以减少国土，不是好的策略计策。微臣以为：应该在敦煌设置校尉，按照以前的事例增加四郡驻守的军队，来抚恤西面各个国家。"皇帝采纳了他的意见，于是再次派班勇做西域长史，率领五百人的军队，出关并驻守在柳中。

秋，七月，丹杨山崩。

九月，郡国五雨水。

冬，十月，辛未，太尉刘恺罢；甲戌，以司徒杨震为太尉，光禄勋东莱刘熹为司徒。大鸿胪耿宝自候震，荐中常侍李闰兄于震曰："李常侍国家所重，欲令公辟其兄；宝唯传上意耳。"震曰："如朝廷欲令三府辟召，故宜有尚书敕。"宝大恨而去。执金吾阎显亦荐所亲于震，震又不从。司空刘授闻之，即辟此二人；由是震益见怨。时诏遣使者大为王圣修第；中常侍樊丰及侍中周广、谢恽等更相扇动，倾摇朝廷。震上疏曰："臣伏念方今灾害滋甚，百姓空虚，三边震扰，帑藏匮乏，殆非社稷安宁之时。诏书为阿母兴起第舍，合两为一，连里竟街，雕修缮饰，穷极巧伎，攻山采石，转相迫促，为费巨亿。周广、谢恽兄弟，与国无肺府枝叶之属，依倚近幸奸佞之人，与之分威共权，属托州郡，倾动大臣。宰司辟召，承望旨意，招来海内贪污之人，受其货赂，至有臧锢弃世之徒，复得显用；白黑混淆，清浊同源，天下讙哗，为朝结讥。臣闻师言，上之所取，财尽则怨，力尽则叛，怨叛之人，不可复使，惟陛下度之！"上不听。

【译文】秋季，七月，丹阳郡发生山崩。

九月，有五个郡国雨水成灾。

冬季，十月辛未日（初六），太尉刘恺被罢官；同月甲戌日（初九），汉安帝任命司徒杨震做太尉，光禄勋刘熹（东莱人）做司徒。于是大鸿胪耿宝自己去见杨震，向杨震推荐了中常侍李闰的哥哥，说："李闰是被国家所重视的，想要让公侯征召他的兄长。我只是传达了君主的意思。"杨震说："如果朝廷想要命令三府征召，就应该由尚书发出命令。"耿宝充满怨恨地离开了。执金吾阎显也向杨震推荐了自己的亲戚，杨震也没有听。司空刘授听到后，立刻召集这两个人；杨震因此更加被怨恨。当时汉安帝下诏令派使者为王圣大修住宅；中常侍樊丰和侍中周广、谢恽等人更是相互煽动，震动了朝廷。杨震呈上奏折说："微臣想到现在的灾害更加厉害，百姓都感到穷困，三面边境的骚动不断，府库的财货短缺，这不是国家安宁的时候。您下诏书要求替阿母建造住宅，将两处连接到一起，连接里坊形成街，雕琢修饰，技巧都用尽了，挖山采石，辗转逼迫，花费了巨亿的财物。

周广、谢恽兄弟，和国家没有亲戚的关系，但是依仗被宠信的奸邪小人，一起作威弄权，吩咐州郡，震动了大臣。这是宰臣的征召，并承顺旨意，招来了海内贪污的小人，并接受他们的贿赂，甚至有贿赂成性、被世人唾弃的人，再次获得重用而显赫起来；这就使得黑白混淆，清浊同源，造成天下喧哗不安，对朝廷充满了讥讽。微臣听老师说过，上位所取用的财物都没了，就会产生怨恨；力量用尽了，就会开始背叛，而怨恨、背叛的人就不可以再使用了，微臣希望陛下能思量一下！"汉安帝却没有听从他的意见。

鲜卑其至鞬自将万馀骑攻南匈奴于曼柏，奠鞬日逐王战死，杀千馀人。

十二月，戊辰，京师及郡国三地震。

陈忠荐汝南周燮、南阳冯良学行深纯，隐居不仕，名重于世；帝以玄纁羔币聘之；燮宗族更劝之曰："夫修德立行，所以为国，君独何为守东冈之陂乎？"燮曰："夫修道者度其时而动，动而不时，焉得亨乎！"与良皆自载至近县，称病而还。

【译文】鲜卑人其至鞬率领一万多骑兵到曼柏攻打南匈奴，奠犍日逐王战死，并被杀死了一千多人。

十二月，戊辰日（初四），京城和三个郡国发生了地震。

陈忠推荐学问品德深厚纯正、隐居不出仕做官的汝南人周燮、南阳人冯良，在当时的名声很大。于是汉安帝用玄色、绛色丝绢、羔羊和币帛来聘请他们做官。周燮的宗族们进一步劝他说："修治品德、建立德行，是用来治理国家的，您为什么要独自固守在东冈的坡田呢？"周燮说："修治道德的人是会度量行事时机的，行动不合时机的话，怎么能通达呢？"于是就和冯良都坐车到最近的县治,告病回来了。

三年(甲子,公元一二四)春,正月,班勇至楼兰,以鄯善归附,特加三绥,而龟兹王白英犹自疑未下。勇开以恩信,白英乃率姑墨、温宿,自缚诣勇,因发其兵步骑万馀人到车师前王庭,击走匈奴伊蠡王于伊和谷,收得前部五千馀人,于是前部始复开通。还,屯田柳中。

【译文】三年(甲子,公元124年)春季,正月,班勇到了楼兰,因为鄯善归附过来,于是特别进加君王的绥带,可是龟兹王白英自己仍然犹豫不定。于是班勇就用恩德、信义开导他,白英这才带领姑墨、温宿两国国王,前往班勇所在的地方,把自己绑起来,向班勇归降。班勇发动他们的步兵、骑兵共一万多人到车师前王庭,在伊和谷攻打并赶走了匈奴伊蠡王,收捕了车师国前部先前军队的五千多人,于是前部才又一次地被开放往来。班勇回来之后,驻扎在柳中屯戍垦田。

二月,丙子,车驾东巡。辛卯,幸泰山。三月,戊戌,幸鲁,还,幸东平,至东郡,历魏郡、河内而还。

初,樊丰、周广、谢恽等见杨震连谏不从,无所顾忌,遂诈作诏书,调发司农钱谷、大匠见徒材木,各起家舍、园池、庐观,役费无数。震复上疏曰:"臣备台辅,不能调和阴阳,去年十二月四日,京师地动,其日戊辰;三者皆土,位在中宫,此中臣、近官持权用事之象也。臣伏惟陛下以边境未宁,躬身菲薄,宫殿垣屋倾倚,枝拄而已。而亲近幸臣,未崇断金,骄溢逾法,多请徒士,盛修第舍,卖弄威福,道路讙哗,地动之变,殆为此发。又,冬无宿雪,春节未雨，百僚焦心，而缮修不止，诚致旱之征也。惟陛下奋乾刚之德，弃骄奢之臣，以承皇天之戒！"震前后所言转切，帝既不平之，而樊丰等皆侧目愤怨，以其名儒，未敢加害。会河间男子赵腾上书指陈得失，帝发怒，遂收考诏狱，结以罔上不道。震上疏救之曰："臣闻殷、周哲王，小人怨詈，则还自敬德。今赵腾所坐，激讦谤语，为罪与手刃犯法有差，乞为亏除，全腾之命，以诱刍荛舆人之言。"帝不听，腾竟伏尸都市。及帝东巡，樊丰等因乘舆在外，竞修第宅，太尉部掾高舒召大匠令史考校之，得丰等所诈下诏书，具奏，须行还上之，丰等惶怖。会太史言星变逆行，遂共谮震云："自赵腾死后，深用怨怼；且邓氏故吏，有恚恨之心。"壬戌，车驾还京师，便时太学，夜，遣使者策收震太尉印绶；震于是柴门绝宾客。丰等复恶之，令大鸿胪耿宝奏："震大臣，不服罪，怀恚望。"有诏，遣归本郡。震行至城西几阳亭，乃慷慨谓其诸子、门人曰："死者，士之常分。吾蒙恩居上司，疾奸臣狡猾而不能诛，恶嬖女倾乱而不能禁，何面目复见日月！身死之日，以杂木为棺，布单被，裁足盖形，勿归冢次，勿设祭祀！"因饮鸩而卒。弘农太守移良承樊丰等旨，遣吏于陕县留停震丧，露棺道侧，谪震诸子代邮行书；道路皆为陨涕。

【译文】二月，丙子日（十三日），汉安帝驾车向东巡狩。辛卯日（二十八日），汉安帝驾车来到泰山。三月，戊戌日（初五），汉安帝驾车来到东平；到了东郡之后，经过魏郡、河内就返回京城了。

起初，樊丰、周广、谢恽等人看到杨震接连进谏都没有被采纳，就不再有什么顾虑了，于是假造诏书，调出了司农的钱财、谷米、工匠、现有的徒隶以及材木，各自开始建造庭园、水

资治通鉴

池、庐屋、楼观，所耗费的劳力和财物不计其数。于是杨震又呈上奏折说："微臣位居台辅，不能使阴阳调和，去年十二月四日，京城发生地震，这一天是戊辰日。这三件事都是属土的，处在中宫的位置，这是宫中的臣子、近侍官员掌握大权、专治行政的现象。微臣恭敬地想到：陛下曾因为边境问题不曾安宁，节约俭朴，宫殿、墙屋倾斜了，就用木柱支持，可是亲近被宠幸的大臣，不推崇与陛下齐心协力，却骄横自满，超越法律的界限，请来徒役和工匠，大大整治宅第屋舍，卖弄自己的权威，道路喧哗不安，地震的灾变，大概是因为这个吧。再者说来，冬天时没有隔夜的雪，春天时没有下雨的天，百官心中都很焦虑，却还在不断地修整房舍，这是造成旱灾的象征啊。现在只有请求陛下发扬振奋乾刚的品德，抛弃骄傲奢侈的臣子，以此来承受皇天的警戒！"杨震前前后后的话，变得越来越激烈，汉安帝已经感觉不愉快，并且樊丰等人也都侧目怒视、异常气愤，都因为他是有名的大儒，所以不敢加害他。正好河间男子赵腾上奏书，表述政治上的得失，于是汉安帝发怒了，将赵腾收捕到诏狱进行查问，被定了罔上不道的罪。杨震为救援他呈上奏折，说："微臣听说殷、周明哲的君主，如果小人有了怨恨的言辞，那么自己就反倒更恭谨德行。现在赵腾所犯的，正是用正直的言辞揭发阴谋，造成了诽谤，罪过和亲手刺杀的罪过有所差别，希望陛下能减免他的刑罪，保全赵腾的性命，以此来劝诱百姓的进言。"汉安帝没有听从，结果赵腾死在都市中。等到汉安帝往东巡狩的时候，樊丰等人就趁着汉安帝的车驾在外，争相修整房屋，太尉部的掾高舒召来大匠，命令府史考验并获得樊丰等人假造的诏书，杨震详细地上奏书说明，等待汉安帝巡狩回来后就呈上去，樊丰等人都恐慌害怕了。刚好太史说星辰变化，出现了逆行的现象,于是樊丰等一同诽谤杨震说:"自从赵腾死了之后,杨震就心存怨恨,并且他是邓氏以前的官吏,一直就有怨恨的心理。"壬戌日(二十九日),汉安帝驾车回到京城,在吉时进入太学;晚上,派遣使者没收了杨震的太尉印绶,于是杨震就关上大门、谢绝来宾。樊丰等人再次陷害他,让大鸿胪耿宝上奏书:"杨震是大臣,不认罪并且还心怀怨恨。"汉安帝下了诏书,派遣他回到了本郡。杨震走到城西的几阳亭的时候,意气慷慨地对他的儿子们以及门生说:"死,是士子必须经历的。我承蒙恩德,占有上位,只是痛恨那些狡猾奸邪的臣子,然而我却不能诛除他们;厌恶受宠爱的女子,败乱国家政事,却不能禁止他们,还有什么脸面再看到日月呢?我死的时候,就用杂木做棺材,将布制的单被裁制得刚好盖住躯体,不要送回到墓地,不要举行祭祀的仪式!"说完喝下毒酒就去世了。弘农太守移良奉樊丰等人的旨意,派官吏到陕县停留在杨震的棺木旁,看到其棺木露天地摆在道路旁边,就贬谪杨震的儿子,惩罚他们代替驿吏专门写文书,路上的人看到后,都为他流泪了。

【乾隆御批】 胡寅以杨震自取杀身,在于不能决去,其说非是。明哲保身在小臣不预国政者,或以藉口。震即欲去,亦当在未为太尉时,否则国之三公,犹不知蹇蹇匪躬之义,可乎?故谓震不能有弭变之才,则可;谓震不能有引身之智,则不可。

【译文】 胡寅认为,杨震以自杀了却性命,主要因为不能果断地辞官而去,这样说是不对的。明哲保身对于那些小吏和不参与朝政的人来说,或许可以成为借口。杨震即便想辞官而去,也应当在没有担任太尉的时候,否则身为朝中三公,却不懂得尽忠国君不顾自身的原则,这难道可以吗?所以,说杨震没有消除灾祸的能力还可以,但是说杨震缺乏及时引退的才智, 这就不对了。

太仆征羌侯来历曰: "耿宝托元舅之亲, 荣宠过厚, 不念报国恩, 而倾侧奸臣, 伤害忠良, 其天祸亦将至矣。"历, 歙之曾孙也。

夏, 四月, 乙丑, 车驾入宫。

戊辰, 以光禄勋冯石为太尉。

南单于檀死, 弟拔立, 为乌稽侯尸逐鞮单于。时鲜卑数寇边, 度辽将军耿夔与温禺犊王呼尤徽将新降者连年出塞击之, 还使屯列冲要。耿夔征发烦剧, 新降者皆怨恨, 大人阿族等遂反, 胁呼尤徽欲与俱去。呼尤徽曰: "我老矣, 受汉家恩, 宁死, 不能相随!" 众所杀之, 有救者, 得免。阿族等遂将其众亡去。中郎将马翼与胡骑追击, 破之, 斩获殆尽。

【译文】太仆征羌侯来历说: "耿宝凭借着是元舅的亲属, 他受到的宠幸、荣耀都过分厚重, 然而他不想着报答国家的恩德, 反而却成了倾覆国政的奸臣, 伤害忠诚的大臣, 他们遭受的天祸就要到来了。"来历就是来歙的曾孙。

夏季, 四月, 乙丑日(初二), 汉安帝的车驾进入宫中。

戊辰日(初五), 汉安帝任命光禄勋冯石为太尉。

南单于檀逝世后, 他的弟弟拔立继承单于之位, 成了乌稽侯尸逐鞮单于。当时鲜卑多次入侵边境, 度辽将军耿夔和温禺犊王呼尤徽带领刚刚投降的将士接连不断地出塞攻击鲜卑, 回来之后, 他们驻扎在重要地带。由于耿夔的征调任务比较繁重, 刚刚投降的将士都心存怨恨, 大人阿族等人于是就造反叛变了, 而且威胁呼尤徽, 想要让他和他们一同离开。呼尤徽说: "我老了, 承受了汉家的恩德, 宁愿死了, 也不能跟你们走!" 大家都想要杀掉他，结果有人拯救了他，才免除了一死。阿族等人率领他们的队伍离开了。中郎将马翼和胡人的骑兵追上去攻打他们，并打败了他们，差不多斩杀了全部的俘虏。

日南徼外蛮夷内属。

六月，鲜卑寇玄菟。

庚午，阆中山崩。

秋，八月，辛巳，以大鸿胪耿宝为大将军。

【译文】日南郡边境外的蛮夷之人归附了汉朝。

六月，鲜卑入侵了玄菟。

庚午日（初八），阆中发生山崩。

秋季，八月，辛巳日（八月无此日），朝廷任命大鸿胪耿宝为大将军。

王圣、江京、樊丰等谮太子乳母王男、厨监邴吉等，杀之，家属徙比景；太子思男、吉，数为叹息。京、丰惧有后害，乃与阎后妄造虚无，构谮太子及东宫官属。帝怒，召公卿以下，议废太子。耿宝等承旨，皆以为当废。太仆来历与太常桓焉、廷尉犍为张皓议曰：“经说，年未满十五，过恶不在其身；且男、吉之谋，皇太子容有不知；宜选忠良保傅，辅以礼义。废置事重，此诚圣恩所宜宿留！”帝不从。焉，郁之子也。张皓退，复上书曰：“昔贼臣江充造构谮逆，倾覆戾园，孝武久乃觉寤，虽追前失，悔之何及。今皇太子方十岁，未习保傅之教，可遽责乎！”书奏，不省。九月，丁酉，废皇太子保为济阴王，居于德阳殿西钟下。来历乃要结光禄勋祋讽、宗正刘玮、将作大匠薛皓、侍中闾丘弘、陈光、赵代、施延、太中大夫九江朱伥等十馀人，俱诣鸿都门证太子无过。帝与左右患之，乃使中常侍奉诏胁群臣曰："父子一体，天性自然；以义割恩，为天下也。历、讽等不识大典，而与群小共为讙哗，外见忠直而内希后福，饰邪违义，岂事君之礼！朝廷广开言事之路，故且一切假贷；若怀迷不反，当显明刑书。"谏者莫不失色。薛皓先顿首曰："固宜如明诏。"历怫然，廷诘皓曰："属通谏何言，而今复背之？大臣乘朝车，处国事，固得辗转若此乎！"乃各稍自引起，历独守阙，连日不肯去。帝不怒，尚书令陈忠与诸尚书遂共劾奏历等，帝乃免历兄弟官，削国租，黜历母武安公主不得会见。

【译文】王圣、江京、樊丰等人诽谤太子的乳母王男、厨监邴吉等人，并且杀死了他们。于是他们的家人都迁到了比景，太子非常想念王男、邴吉等人，并多次为他们叹息。江京、樊丰害怕日后会有祸害，于是就和阎后编造出了虚无的理由，以此来陷害太子和东宫的官员。汉安帝听信了他们的话后非常愤怒，于是就召集公卿以下的官员，共同商讨要废除太子。耿宝等人奉承旨意，都认为应该废除。太仆来历和太常桓焉、廷尉张皓（犍为人）建议说："经义上曾说过，一个人如果还没有十五岁，那么过错就不在他本身，再者说来王男、邴吉的计谋，太子可能是不知道的，所以应该选择忠诚善良的太保、太傅，很礼貌地来教导他。废除太子是大事，这真的是圣上应该眷顾的地方！"汉安帝没有听从。桓焉，就是桓郁的儿子。退朝之后，张皓再次上书说："先前贼臣江充虚构话语造成叛乱，颠覆了戾园，孝武皇帝过了很久才觉悟，虽然追悔先前的过错，但后悔哪里能来得及呢？皇太子现在才十岁，对太保、太傅的教导不熟悉，这样就可以立刻责备他了吗？"奏书呈上后，汉安帝却不理会。九月，丁酉日（初七），汉安帝废除了皇太子刘保，让他做济阴王，居住在德阳殿西钟下。于是来历就联合光禄勋祋讽、宗正刘玮、将作大匠薛皓、侍中闾丘弘、陈光、赵代、施延、太中大夫九江人朱伥等十多人，一起到鸿都门证明太子没有过失。汉安帝和左右的大臣都感到很不安，于是就派中常侍奉守下诏书，威胁大臣们说："父子是一体的，这是自然本性；按照义理，割舍亲情，是为了天下百姓。历、讽等人不知道国家的大典，却和小人们一起制造喧哗，表面表现得忠诚正直，可是内心却祈求日后的福祥，于是掩饰邪恶，违背伦理，这哪里是侍奉君主的礼义法度啊！朝廷开放进谏的路子，所以暂且全部宽恕，如果还心怀不轨，不知悔改，就要实施刑罚了！"因此，进谏的人没有不大惊失色的。薛皓首先叩头说："本来就应该按照皇上的明诏行事。"来历很是愤怒，于是当廷质问薛皓说："刚才一同进谏说的是什么？难道现在又要违背？大臣每天乘坐朝车，处理国事，就可以这样地反复不定吗？"于是进谏的官员们都各自稍稍起身走了。只有来历独自守在鸿都门外，好几天都不肯离开。于是汉安帝大怒，下诏书命令陈忠和各尚书共同上奏弹劾来历等人，汉安帝免除了来历兄弟的官职，并削除了来历封国赋税的收入，来历的母亲武安公主也被罢黜了，不许她入宫晋见。

陇西郡始还狄道。

烧当羌豪麻奴死，弟犀苦立。

庚申晦，日有食之。

冬，十月，上行幸长安；十一月，乙丑，还雒阳。

是岁，京师及诸郡国二十三地震，三十六大水、雨雹。

【译文】这时，陇西郡才又归属耿道。

烧当羌酋长麻奴去世，他的弟弟犀苦被立为酋长。

庚申晦日（三十日），发生日食。

冬季，十月，汉安帝巡行，来到长安；十一月乙丑日（初六），回到洛阳。

这一年里，京城和其他二十三个郡国发生了地震，有三十六个郡国发大水，下冰雹。

资治通鉴卷第五十一　汉纪四十三

起旃蒙赤奋若，尽昭阳作噩，凡九年。

【译文】 起乙丑（公元125年），止癸酉（公元133年），共九年。

【题解】 本卷记录了汉安帝延光四年至汉顺帝阳嘉二年间的历史。顺帝封孙程等十九位使自己为太子时免于被废的宦官为侯，增长了宦官气焰。阎太后临朝，外戚专权；阎太后为贪权立幼主，仅半年亡，阎氏倒台。顺帝亲政，征名士，听谏言，但终因才劣接近昏庸。西域用兵，顺帝赏罚颠倒。李固等建言裁撤宦官，重视民生，提倡孝悌，顺帝不纳。

孝安皇帝下

延光四年（乙丑，公元一二五年）春，二月，乙亥，下邳惠王衍薨。

甲辰，车驾南巡。

三月，戊午朔，日有食之。

庚申，帝至宛，不豫。乙丑，帝发自宛；丁卯，至叶，崩于乘舆。年三十二。

皇后与阎显兄弟、江京、樊丰等谋曰："今晏驾道次，济阴王在内，邂逅公卿立之，还为大害。"乃伪云"帝疾甚"，徙御卧车，所在上食、问起居如故。驱驰行四日，庚午，还宫。辛未，遣司徒刘熹诣郊庙、社稷，告天请命；其夕，发丧。尊皇后曰皇太后。太后临朝。以显为车骑将军、仪同三司。太后欲久专国政，贪立幼年，与显等定策禁中，迎济北惠王子北乡侯懿为嗣。济阴王以废黜，不得上殿亲临梓宫，悲号不食；内外群僚莫不哀之。

【译文】 延光四年（乙丑，公元125年）春季，二月，乙亥日（二月无此日），下邳惠王刘衍逝世。

同月甲辰日（十七日），汉安帝车驾向南巡视。

三月，戊午朔日（初一），发生日食。

同月庚申日（初三），汉安帝到宛城时，身体不舒服。三月，乙丑日（初八），汉安帝从宛城出发；丁卯日（初十），到达叶县，在马车上崩殂，年仅三十二岁。

皇后和阎显兄弟、江京、樊丰等人商量说："如今皇帝在道路上驾崩，他的亲生儿子济阴王又在京城内，如果公卿拥立他为君主，那么回去之后一定会成为我们的大祸害。"于是就假称"皇帝病得厉害！"将汉安帝搬进了睡卧的车中。到了另一个地方后，照样摆上饮食、探问其生活起居。就这样奔驰了四天，庚午日（十三日），回到宫中。辛未日（十四日），派遣司徒刘熹到郊庙、社稷以此祭告上天，请求天命，这天晚上回来之后，才发布国丧。于是尊皇后为皇太后，让太后亲临朝廷，管理政事。任命阎显为车骑将军，仪式同三司。太后想要一直专断国家政事，为了扶持幼小的国君，于是就和阎显等人在宫中商定策略，并迎接济北惠王的儿子北乡侯刘懿做继承人。济阴王由于被罢黜，不能亲自上殿看汉安帝的棺木，于是就悲伤号哭，不吃任何东西；朝廷内外的官员，没有不替他感到悲伤的。

甲戌，济南孝王香薨，无子，国绝。

乙酉，北乡侯即皇帝位。

夏，四月，丁酉，太尉冯石为太傅，司徒刘熹为太尉，参录尚书事，前司空李郃为司徒。

阎显忌大将军耿宝位尊权重，威行前朝，乃风有司奏"宝及其党与中常侍樊丰、虎贲中郎将谢恽、侍中周广、野王君王圣、圣女永等更相阿党，互作威福，皆大不道。"辛卯，丰、恽、广皆下狱，死；家属徙比景。贬宝及弟子林虑侯承皆为亭侯，遣就国；宝于道自杀。王圣母子徙雁门。于是以阎景为卫尉，耀为城门校尉，晏为执金吾，兄弟并处权要，威福自由。

己酉，葬孝安皇帝于恭陵，庙曰恭宗。

六月，乙巳，赦天下。

秋，七月，西域长史班勇发燉煌、张掖、酒泉六千骑及鄯善、疏勒、车师前部兵击后部王军就，大破之，获首虏八千馀人，生得军就及匈奴持节使者，将至索班没处斩之，传首京师。

【译文】甲戌日（十七日），济南孝王刘香去世了，由于他没有子嗣，所以封国就此撤销了。

三月，乙酉日（二十八日），北乡侯刘懿即皇帝位。

夏季，四月，丁酉日（十一日），太尉冯石做了太傅，司徒刘熹做太尉，参与尚书的事，前司空李郃担任司徒的职务。

阎显顾忌大将军耿宝地位高贵，权力重大，并在前朝大行权威，于是暗示官员进谏说："耿宝和他的党羽中常侍樊丰、虎贲中郎将谢恽、侍中周广、野王君王圣、王圣的女儿王永等人互相勾结，作威作福，都很大逆不道。"同月，辛卯日（初五），樊丰、谢恽、周广都被判进监狱，先后死去；他的家人流放到了比景。阎宝和弟弟的儿子林虑侯阎承，都被贬为亭侯，派往自己的封国，结果阎宝在路上就自杀了。王圣母子迁到了雁门。于是阎显让阎景做卫尉，阎耀做城门校尉，阎晏做执金吾，兄弟都身居显要地位，作威作福，过得自由自在。

己酉日（二十三日），孝安皇帝安葬在了恭陵，其庙号为恭宗。

六月乙巳日（二十日），朝廷大赦天下。

秋季，七月，西域长史班勇发动敦煌、张掖、酒泉等地的六千多骑兵，和鄯善、疏勒、车师前部的军队，一起攻击车师后部的王军就，大获全胜，消灭和俘虏敌人八千人，并活捉了军就和拿着符节的匈奴使者，将他们带到索班战死的地方，杀死了他们，把头颅送到了京师。

冬，十月，丙午，越巂山崩。

北乡侯病笃，中常侍孙程谓济阴王谒者长兴渠曰："王以嫡统，本无失德；先帝用谗，遂至废黜。若北乡侯不起，相与共断江京、阎显，事无不成者。"渠然之。又中黄门南阳王康，先为太子府史，及长乐太官丞京兆王国等并附同于程。江京谓阎显曰："北乡侯病不解，国嗣宜以时定，何不早征诸王子，简所置乎！"显以为然。辛亥，北乡侯薨；显白太后，秘不发丧，而更征诸王子，闭宫门，屯兵自守。

【译文】 冬季，十月，丙午日（二十二日），越巂郡发生山崩。

北乡侯病重后，中常侍孙程对济阴王的近臣长兴渠说："王侯是嫡子，应该继承大统，本来没有失德的地方，由于先帝听信了谗言，才造成废黜事情的发生。如果北乡侯病情没有好转，那么我和你一同制裁江京、阎显，事情是没有不成功的。"长兴渠觉得是对的。中黄门王康（南阳人），以前做过太子府史，和长乐太官丞王国（京兆人）等人一同附和孙程。江京对阎显说："北乡侯病情还没有减轻，国家的继承人应该及早决定，为什么不早些征召可以继位的人选呢？"阎显觉得有道理。辛亥日（二十七日），北乡侯逝世。阎显将此事禀告给了太后，不发布丧事，另外召集各王子，关闭宫中的门，由军队驻扎，防守坚固。

十一月，乙卯，孙程、王康、王国与中黄门黄龙、彭恺、孟叔、李建、王成、张贤、史汎、马国、王道、李元、杨佗、陈予、赵封、李刚、魏猛、苗光等聚谋于西钟下，皆截单衣为誓。丁巳，京师及郡国十六地震。是夜，程等共会崇德殿上，因入章台门。时江京、刘发及李闰、陈达等俱坐省门下，程与王康共就斩京、安、达。以李闰权势积为省内所服，欲引为主，因举刃胁闰曰："今当立济阴王，无得摇动！"闰曰："诺。"于是扶闰起，俱于西钟下迎济阴王即皇帝位，时年十一。召尚书令、仆射以下从辇幸南宫，程等留守省门，遮扞内外。帝登云台，召公卿、百僚，使虎贲、羽林士屯南、北宫诸门。

【译文】 十一月，乙卯日（初二），孙程、王康、王国和中黄门黄龙、彭恺、孟叔、李建、王成、张贤、史汎、马国、王道、李元、杨佗、陈予、赵封、李刚、魏猛、苗光等人在西钟下集合商讨，都截断了单衣起誓。同月，丁巳日（初四），京城和其他十六个郡国发生了地震。在这天晚上，孙程等人在崇德殿上会合，进入了章台门。这时候，江京、刘安和李闰、陈达等人一起坐在禁门下面，孙程和王康一起上前杀死了江京、刘安和陈达。由于李闰的权威和势力一向都被禁内钦服，所以想要让他做主事的人，因此就举起刀威胁李闰说："现在应该马上立济阴王为皇帝，不能犹豫！"李闰说："好！"于是大家扶起了李闰，一同回到西钟下迎接济阴王刘不识登皇帝位，当时他才十一岁。同时召集尚书令、仆射以下的官员，跟着车辇，来到南宫，孙程等人留下守卫禁门，阻隔内外。皇帝登上云台后，就召集公卿、百官，派虎贲、羽林士分别驻扎南、北所有的宫门。

阎显时在禁中，忧迫不知所为，小黄门樊登劝显以太后诏召越骑校尉冯诗、虎贲中郎将阎崇将兵屯平朔门以御程等。显诱诗入省，谓曰："济阴王立，非皇太后意，玺绶在此。苟尽力效功，封侯可得。"太后使授之印曰："能得济阴王者，封万户侯；得李闰者，五千户侯。"诗等皆许诺，辞以"卒被召，所将众少。"显使与登迎吏士于左掖门外，诗因格杀登，归营屯守。

显弟卫尉景遽从省中还外府，收兵至盛德门。孙程传召诸尚书使收景。尚书郭镇时卧病，闻之，即率直宿羽林出南止车门，逢景从吏士拔白刃呼曰："无干兵！"镇即下车持节诏之，景曰："何等诏！"因斫镇，不中。镇引剑击景堕车，左右以戟叉其胸，遂禽之，送廷尉狱，即夜死。

【译文】 当时阎显在宫中，忧愁急迫得不知道怎么办才好，小黄门樊登劝告阎显可以用太后的诏书召集越骑校尉冯诗、虎贲中郎将阎崇带领军队驻扎在平朔门抵御孙程等人。阎显想引诱冯诗进入内宫，于是对他说："济阴王即位，并不是皇太后的想法，玺印、绶带都在这里。如果你能尽力报效皇太后，就可以得到封侯的地位。"太后派人送来印信，说："能够拿获济阴王的人，就封万户侯；能捉到李闰的人，就封五千户侯。"冯诗等人都答应了，并以"仓促被征召，所率领军众少"为借口离开了。阎

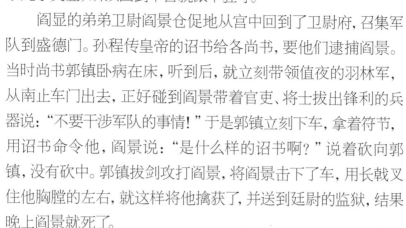

显让他和樊登在左掖门外迎接官吏和将士，由于冯诗在格斗中杀死了樊登，所以回到军营就派军驻守。

阎显的弟弟卫尉阎景仓促地从宫中回到了卫尉府，召集军队到盛德门。孙程传皇帝的诏书给各尚书，要他们逮捕阎景。当时尚书郭镇卧病在床，听到后，就立刻带领值夜的羽林军，从南止车门出去，正好碰到阎景带着官吏、将士拔出锋利的兵器说："不要干涉军队的事情！"于是郭镇立刻下车，拿着符节，用诏书命令他，阎景说："是什么样的诏书啊？"说着砍向郭镇，没有砍中。郭镇拔剑攻打阎景，将阎景击下了车，用长戟叉住他胸膛的左右，就这样将他擒获了，并送到廷尉的监狱，结果晚上阎景就死了。

戊午，遣使者入省，夺得玺绶，帝乃幸嘉德殿，遣侍御史持节收阎显及其弟城门校尉耀、执金吾晏，并下狱，诛；家属皆徙比景。迁太后于离宫。己未，开门，罢屯兵。壬戌，诏司隶校尉："惟阎显、江京近亲，当伏辜诛，其馀务崇宽贷。"封孙程等皆为列侯：程食邑万户，王康、王国食九千户，黄龙食五千户，彭恺、孟叔、李建食四千二百户，王成、张贤、史汎、马国、王道、李元、杨佗、陈予、赵封、李刚食四千户，魏猛食二千户，苗光食千户：是为十九侯，加赐车马、金银、钱帛各有差；李闰以先不豫谋，故不封。擢孙程为骑都尉。初，程等入章台门，苗光独不入。诏书录功臣，令王康疏名，康诈疏光入章台门。光未受符策，心不自安，诣黄门令自告。有司奏康、光欺诈主上；诏书勿问。以将作大匠来历为卫尉。役讽、刘玮、闾丘弘等先卒，皆拜其子为郎。朱伥、施延、陈光、赵代皆见拔用，后至公卿。征王男、邴吉家属还京师，厚加赏赐。帝之见废也，监太子家小黄门籍建、傅高梵、长秋长赵熹、丞良贺、药长夏珍皆坐徙朔方；帝即位，并擢为中常侍。

【译文】戊午日（初五），济阴王派使者进入了内宫，夺取了玺印和绥带。皇帝驾车开到嘉德殿，派遣侍御史拿着符节，逮捕了阎显和他的弟弟城门校尉阎耀、执金吾阎晏，将他们一同判下监狱，杀死了，他们的家人都流放到了比景，将太后迁到了离宫。己未日（初六），打开宫门，撤离了屯兵。壬戌日（初九），皇帝下诏书命令司隶校尉："只要有和阎显、江京亲近的亲戚，都应该接受处罚，其他的人都能请求宽免。"封孙程等人都做了列侯：孙程食邑一万户；王康、王国食邑九千户；黄龙食邑五千户；彭恺、孟叔、李建食邑四千二百户；王成、张贤、史汜、马国、王道、李元、杨佗、陈予、赵封、李刚食邑四千户；魏猛食邑两千户；苗光食邑一千户——这就是所谓的十九侯，并加赠给他们不同等级的车马、金银、钱帛。因为李闰没有先参加计划，所以没有封赠，提升孙程为骑都尉。起初，孙程等人都进入了章台门，只有苗光不肯进入。诏书取录功臣的时候，皇上命令王康写出姓名并呈上，王康将苗光的名字写上了。苗光并没有接受符命和策命，自己感到不安，就前往黄门令自首了。官员上奏书弹劾王康、苗光欺骗皇上，皇帝颁下诏书，不允许再追究。皇帝任命将作大匠来历为卫尉。由于祋讽、刘玮、闾丘弘等人已经死了，于是就任命他们的儿子为郎。朱伥、施延、陈光、赵代也都被提拔重用，后来做到了公卿。皇帝征召王男、邴吉的家人回到京城，并多加赏赐他们。皇帝被废除的时候，监太子家的小黄门籍建、中傅高梵，长秋长赵熹、丞良贺、药长夏珍都因被判而流放到了朔方，皇帝上位后，就一同提升他们为中常侍。

初，阎显辟崔骃之子瑗为吏，瑗以北乡侯立不以正，知显将败，欲说令废立，而显日沉醉，不能得见，乃谓长史陈禅曰："中常侍江京等惑蛊先帝，废黜正统，扶立疏孽。少帝即位，发病庙中，周勃之征，于斯复见。今欲与君共求见说将军，白太后，收京等，废少帝，引立济阴王，必上当天心，下合人望，伊、霍之功不下席而立，则将军兄弟传祚于无穷；若拒违天意，久旷神器，则将以无罪并辜元恶。此所谓祸福之会，分功之时也。"禅犹豫未敢从。会显败，瑗坐被斥；门生苏祗欲上书言状，瑗遽止之。时陈禅为司隶校尉，召瑗谓曰："弟听祗上书，禅请为之证。"瑗曰："此譬犹儿妾屏语耳，愿使君勿复出口！"遂辞归，不复应州郡命。

【译文】起初，阎显想让崔骃的儿子崔瑗做官，崔瑗由于北乡侯的立位不合正统，知道阎显将会失败，想要劝说他废黜北乡侯，改立济阴王为帝，但是阎显却日日沉醉不醒，每天都见不到他，于是就对长史陈禅说："中常侍江京等人迷惑了先帝，于是废弃了正统，扶植旁支。少帝登上皇位的时候，在庙堂中发病了，周勃的预言，现在又看到了。我现在想要和您一同求见阎显，并劝将军禀告太后，一定要收捕江京等人，废除少帝，推立济阴王，这样在上一定符合上天的心意，在下也符合人民的期望，如此一来，伊尹和霍光的功业，不用走下席位就建立了，将军兄弟的福祉就可以无穷无尽地传下去了。如果违背了上天的心意，长时间地空废天子的宝位，我们虽然没有过失，却和极恶的人一同犯罪，这是所谓的福祸的关键，分封功业的大好时机。"陈禅心中有点犹豫，但是却不敢听从。等到阎显败亡，崔瑗获罪受了斥责，门生苏祗想要上书说明情形，崔瑗立刻就阻止了。当时陈禅担任司隶校尉的职务，于是就召来崔瑗，对他说："只要你让苏祗上书，我就替你作证。"崔瑗说："这样就好像小女孩躲着人讲些悄悄话罢了，希望使君不要再这样说了！"于是就辞官回家，并不再接受州郡的征聘了。

【申涵煜评】 瑗父骃曾谏窦宪，瑗复能劝阎显。父子处权贵之门，而相规以大义，胜谷永、班固远甚。惜显本奴侪，不听良言，致成十九侯之功，殆祸来神昧，天纵宦寺以亡汉欤。

【译文】 崔瑗的父亲崔骃曾经劝谏窦宪，崔瑗也能规劝阎显。父子两人位高权重，还能以深明大义去规劝他人，比胜谷永、班固做得要好。只可惜阎显是奴才出身，不听良言相劝，促成皇帝封了十九个侯，危险的灾祸到来时仔细琢磨，这是上天放纵宦官使汉朝灭亡的啊！

己卯，以诸王礼葬北乡侯。

司空刘授以阿附恶逆，辟召非其人，策免。十二月，甲申，以少府河南陶敦为司空。

杨震门生虞放、陈翼诣阙追讼震事；诏除震二子为郎，赠钱百万，以礼改葬于华阴潼亭，远近毕至。有大鸟高丈馀集震丧前，郡以状上。帝感震忠直，诏复以中牢具祠之。

议郎陈禅以为："阎太后与帝无母子恩，宜徙别馆，绝朝见，"群臣议者咸以为宜。司徒掾汝南周举谓李郃曰："昔瞽瞍常欲杀舜，舜事之逾谨；郑武姜谋杀庄公，庄公誓之黄泉，秦始皇怨母失行，久而隔绝，后感颍考叔、茅焦之言，复修子道；书传美之。今诸阎新诛，太后幽在离宫，若悲愁生疾，一旦不虞，主上将何以令于天下！如从禅议，后世归咎明公。宜密表朝廷，令奉太后，率群臣朝觐如旧，以厌天心，以答人望！"郃即上疏陈之。

【译文】 己卯日（二十六日），朝廷用诸王的礼节埋葬了北乡侯。

司空刘授由于依附叛逆，并且举荐的官吏不是合适的人选，于是就被策书免除官职。十二月，甲申日（初一），任命少府陶敦（河南人）为司空。

杨震的弟子虞放和陈翼去宫中诉讼杨震以前的事情，皇帝下诏任命杨震的两个儿子为郎，并赠给他一百万钱，以三公的礼节而改葬到华阴潼亭，远近的人士都来了。有只身高一丈多的大鸟停在杨震的棺木前，郡中的官吏把情形都奏上了。皇帝感激杨震的忠心，于是就下诏再用中牢来祭祀他。

议郎陈禅以为："阎太后和皇帝并没有母子之间的亲情，所以应该让她搬到其他的馆舍，不再朝见。"大臣们商议后，都觉得是应该的。司徒掾周举（汝南人）对李郃说："从前瞽瞍常常想要杀舜，舜却更加恭谨地侍奉他；郑武姜想要谋杀庄公，庄公发誓要在黄泉相见；秦始皇怨恨母亲操守的缺失，于是就长时间地断绝了母子关系，后来被颍考叔、茅蕉的进言感动了，才再次修整做儿子的态度，现在有书传赞美这些事。而如今阎氏刚刚被诛灭，太后被幽禁在离宫，如果因为悲哀愁闷而产生了疾病，一旦发生不测的事，皇上将要怎么样来号令天下啊！如果听了陈禅的建议，后代就要把罪过都归到你身上了。所以你应该秘密上奏朝廷，使得皇上奉养太后，就像以前一样率领臣子们朝见礼拜，以此来满足上天的心意，并由此来满足人民的期望！"于是李郃立刻呈上奏折，表述这事。

汉孝顺皇帝上

永建元年（丙寅，公元一二六年）春，正月，帝朝太后于东宫，太后意乃安。

甲寅，赦天下。

辛未，皇太后阎氏崩。

辛巳，太傅冯石、太尉刘熹以阿党权贵免。司徒李郃罢。

二月，甲申，葬安思皇后。

丙戌，以太常桓焉为太傅；大鸿胪京兆朱宠为太尉，参录尚书事；长乐少府朱伥为司徒。

封尚书郭镇为定颍侯。

陇西锺羌反，校尉马贤击之，战于临洮，斩首千馀级，羌众皆降；由是凉州复安。

六月，己亥，封济南简王错子显为济南王。

秋，七月，庚午，以卫尉来历为车骑将军。

【译文】 永建元年（丙寅，公元126年）春季，正月，汉顺帝到东宫去朝见太后，太后的心这才安定下来。

当月甲寅日（初二），大赦天下。

辛未日（十九日），皇太后阎氏去世。

辛巳日（二十九日），太傅冯石、太尉刘熹，由于巴结权贵，被免除官职。同时司徒李郃也被罢除了官职。

二月，甲申日（初二），安葬了安思皇后。

丙戌日（初四），朝廷任命太常桓焉为太傅；大鸿胪京兆人朱宠做太尉，参录尚书事；任命长乐少府朱伥担任司徒一职。

汉顺帝封尚书郭镇为定颍侯。

陇西锺羌族造反的时候，校尉马贤前去攻打，在临洮开始了战争，斩了敌人一千多级头颅，羌族部众全部投降了，因此凉州再次安定了。

六月，己亥日（十九日），汉顺帝封济南简王刘错的儿子刘显为济南王。

秋季,七月庚午日(二十一日),汉顺帝任命卫尉来历做车骑将军。

八月,鲜卑寇代郡,太守李超战殁。

司隶校尉虞诩到官数月,奏冯石、刘熹,免之,又劾奏中常侍程璜、陈秉、孟生、李闰等,百官侧目,号为苛刻。三公劾奏:"诩盛夏多拘系无辜,为吏民患。"诩上书自讼曰:"法禁者,俗之堤防;刑罚者,民之衔辔。今州曰任郡,郡曰任县,更相委远,百姓怨穷;以苟容为贤,尽节为愚。臣所发举,臧罪非一。三府恐为臣所奏,遂加诬罪。臣将从史鱼死,即以尸谏耳!"帝省其章,乃不罪诩。

【译文】八月,鲜卑入侵代郡,太守李超战死沙场。

在司隶校尉虞诩任职的几个月时间里,上奏书弹劾冯石、刘熹,朝廷罢黜了他们的官职;又上奏弹劾了中常侍程璜、陈秉、孟生、李闰等人,众多官员都为之侧目,说他苛刻。三公上奏弹劾:"在盛夏的时候,虞诩拘禁了很多无辜的人,从而成为吏民的灾患。"虞诩上书为自己争辩,说:"法度禁令,那是对世俗的堤防;刑章罚则,则是人民的缰绳。现在身在州中却说责任在郡中,身在郡中却说责任在县中,相互地推诿远离自己的职责,人民埋怨穷困;苟且容身的,被看做是贤能的;竭尽操守,被看做是愚蠢的。微臣所举发的罪恶可不只一种。三府由于害怕被微臣奏劾,所以就胡乱地给我加上了罪过。就算微臣将要跟随虞诩死去,也要用尸体来进谏!"汉顺帝看到他的奏章之后,就不怪罪虞诩了。

中常侍张防卖弄权势,请托受取;诩案之,屡寝不报。诩不胜其愤，乃自系廷尉，奏言曰："昔孝安皇帝任用樊丰，交乱嫡统，几亡社稷。今者张防复弄威柄，国家之祸将重至矣。臣不忍与防同朝，谨自系以闻，无令臣袭杨震之迹！"书奏，防流涕诉帝，诩坐论输左校；防必欲害之，二日之中，传考四狱。狱吏劝诩自引，诩曰："宁伏欧刀以示远近！喑呜自杀，是非孰辨邪！"浮阳侯孙程、祝阿侯张贤相率乞见，程曰："陛下始与臣等造事之时，常疾奸臣，知其倾国。今者即位而复自为，何以非先帝乎！司隶校尉虞诩为陛下尽忠，而更被拘系；常侍张防臧罪明正，反构忠良。今客星守羽林，其占宫中有奸臣；宜急收防送狱，以塞天变。"时防立在帝后，程叱防曰："奸臣张防，何不下殿！"防不得已，趋就东箱。程曰："陛下急收防，无令从阿母求请！"帝问诸尚书，尚书贾朗素与防善，证诩之罪；帝疑焉，谓程曰："且出，吾方思之！"于是诩子顗与门生百馀人，举幡候中常侍高梵车，叩头流血，诉言枉状。梵入言之，防坐徙边，贾朗等六人或死或黜；即日赦出诩。程复上书陈诩有大功，语甚切激。帝感悟，复征拜议郎；数日，迁尚书仆射。

【译文】 中常侍张防卖弄权威，收取财物接受请托。于是虞诩弹劾他，但是多次被阻止不回报。虞诩因为忍受不了愤怒，于是就将自己捆住，前往庭堂，上奏书说："先前孝安皇帝由于任用樊丰，淆乱了嫡嗣正统，差一点就毁灭了国家。如今张防再度玩弄权威，国家的祸事就要再次来临了。微臣容忍不了和张防处在一个朝廷中，于是就恭谨地将自己捆缚，呈上奏折告诉君主，不要微臣重复杨震的事迹！"奏书呈上的时候，张防就在汉顺帝面前哭诉，于是虞诩就被判定有罪，被贬为左校。张防很坚决地想要害他，于是在两天的时间里，虞诩就被讯问了四次。狱官劝虞诩自杀，虞诩说："我宁愿被刀砍死，以此来向人民表达心意！如果哭哭啼啼地自杀了，百姓还怎么能辨别是非呢！"浮阳侯孙程、祝阿侯张贤一起请求觐见，孙程说："陛下您开始和微臣等人创立大事的时候，就时常怨恨奸邪的臣子，知道他们会使国家败亡。而现在您登上皇位，自己却又这样做了，还怎么指出先帝的不是呢！司隶校尉虞诩为陛下恪尽职守，却反倒被拘禁起来了；然而常侍张防的罪行明确，并且还陷害忠诚善良的臣子。现在客星停留到了羽林星，这种征兆是宫中有邪恶的臣子，所以应该赶快逮捕张防，并将他送到监狱，以此来防止政变。"当时张防就站在汉顺帝的后面，于是孙程就大声叱责张防说："奸臣张防，你为什么还不下殿！"张防不得已，只好急步走到了东厢。孙程说："皇上应该赶快收捕张防，不要让他有机会去向您的乳母求情！"于是汉顺帝就向各尚书询问，由于尚书贾朗和张防一向很友好，所以就证明了虞诩的罪过。汉顺帝犹豫了，于是就对孙程说："你先出去，我考虑考虑！"这时虞诩的儿子虞颛和他的门生共一百多人，举着旗帜等候中常侍高梵的车子，他们叩头叩到流血，并告诉他虞诩被冤枉的情形。于是高梵就进宫禀告汉顺帝，结果张防被发配边疆，贾朗等六人有的被判了死刑，有的被罢官了，并在当天就放出了虞诩。孙程再次上书，陈述虞诩的大功，言辞非常恳切激烈。汉顺帝了解后，就再次征召虞诩，任命他为议郎。几天之后，提升他为尚书仆射。

诩上疏荐议郎南阳左雄曰："臣见方今公卿以下，类多拱默，以树恩为贤，尽节为愚，至相戒曰：'白璧不可为，容容多后福。'伏见议郎左雄，有王臣謇謇之节，宜擢在喉舌之官，必有国弼之益。"由是拜雄尚书。

浮阳侯孙程等怀表上殿争功,帝怒。有司劾奏"程等干乱悖逆,王国等皆与程党,久留京都,益其骄恣。"帝乃免程等官,悉徙封远县。因遣十九侯就国,敕洛阳令促期发遣。

司徒掾周举说朱伥曰:"朝廷在西钟下时,非孙程等岂立!今忘其大德,录其小过。如道路夭折,帝有杀功臣之讥。及今未去,宜急表之!伥曰:"今诏指方怒,吾独表此,必致罪谴。"举曰:"明公年过八十,位为台辅,不于今时竭忠报国,惜身安宠,欲以何求!禄位虽全,必陷佞邪之机;谏而获罪,犹有忠贞之名。若举言不足采,请从此辞!"伥乃表谏,帝果从之。

【译文】虞诩呈上奏折推荐议郎左雄(南阳人)说:"微臣看到当今公卿以下的官员,大多都只是拱手静默,把建立恩德看做是有贤能的;把尽到节操看做是愚蠢的,甚至还相互告诫说:'做事不应该像白璧,和和气气的就会有后日的福祥。'我看到议郎左雄,有着王国大臣忠诚正直的节操,所以应该提拔到进言的官职,一定会对匡辅王室有帮助的。"于是朝廷任命左雄为尚书。

浮阳侯孙程等人带着章表上殿堂争夺功劳,汉顺帝因此发怒了。有官员弹劾上奏说:"孙程等人犯了错误,王国等人都和孙程结成了一派,长时间留在京都,这就增加了他们的骄横放肆。"汉顺帝因此免除了孙程等人的官职,并将他们全部改封到遥远的郡县。不仅遣送十九侯到郡国,还命令洛阳令在限定的期限内把他们遣送出去。

司徒掾周举劝告朱伥说:"皇上在西钟下的时候,如果不是孙程等人,皇帝哪里能被立为帝呢!现在忘记了他们的大德,只记得他们微小的过错。如果在道路上遇到危险,就有皇帝杀害功臣的讥讽了。趁着现在他们还没有离开，就应该赶快上奏书拯救他们！"朱伥说："现在正是陛下愤怒的时候，如果我独自因为这事上表，就一定会招来谴责的！"周举说："您已经超过八十岁了，做到了台辅的位置，如果不在现在这个时候竭尽忠心，以此来报答国家，只想珍惜自己的身份名声，享受被宠幸的待遇，还想要什么呢？官位虽然保全了，但一定是陷入了谗邪小人的讥讽，一旦进谏获得了罪过，就仍然会有忠诚正直的名声。如果进谏的言辞不被皇帝采信的话，我就请求告辞！"于是朱伥上表进谏，汉顺帝果然听从了他的建议。

【申涵煜评】 诩为张防所陷，而孙程、张贤力救之，非忤于彼而暱于此也。盖宦寺争权，互相谮毁，诩乃适逢其会耳。因人苟免，不足为幸，而政柄下移，总非治平之象。

【译文】 虞诩被张防陷害，孙程、张贤倾力相救，这不是忤逆此人而亲昵彼人。宦官之间争权夺利，互相诋毁，虞诩恰好符合他们的利益罢了。因为人情苟且偷生，不能算是幸事，然而政治大权在下级官员手中，不是治世该出现的现象。

程徙封宜城侯，到国，怨恨恚恙，封还印绶、符策，亡归京师，往来山中。诏书追求，复故爵土，赐车马、衣物，遣还国。

冬，十月，丁亥，司空陶敦免。

朔方以西，障塞多坏，鲜卑因此数侵南匈奴；单于忧恐，上书乞修复障塞。庚寅，诏："黎阳营兵出屯中山北界；令缘边郡增置步兵，列屯塞下，教习战射。"

以廷尉张皓为司空。

班勇更立车师后部故王子加特奴为王。勇又使别校诛斩东且弥王，亦更立其种人为王；于是车师六国悉平。

勇遂发诸国兵击匈奴，呼衍王亡走，其众二万馀人皆降。生得单于从兄，勇使加特奴手斩之，以结车师、匈奴之隙。北单于自将万馀骑入后部，至金且谷；勇使假司马曹俊救之，单于引去，俊追斩其贵人骨都侯。于是呼衍王遂徙居枯梧河上，是后车师无复虏迹。

【译文】 孙程被改封为宜城侯。到了郡国之后，对汉顺帝的怨恨就没有停止过，将印绶和符策都退还给朝廷，就逃回京城，在山中来往。汉顺帝下诏书追他回来，恢复了他原来的官爵、国土，并赐给他车马和衣物之后，把他遣送回国了。

冬季，十月，丁亥日（初九），司空陶敦被免除了官职。

朔方以西的地方，关塞大多都被损坏了，鲜卑因为这样就常常入侵南匈奴。单于很是忧愁害怕，于是就上书请求修复关塞。庚寅日（十二日），汉顺帝诏令："黎阳营的军队出兵驻守在中山的北界，命令边界周围的郡县，增加步兵数量，并安排他们驻守在边塞附近，进行军事训练。"

朝廷任命廷尉张皓为司空。

班勇改立车师后部的前王子加特奴为国王，又派遣别校杀死了东且弥王，并且另外立他们部落的人做国王，从此车师六国就全部平定了。

于是班勇就发动各国的军队攻打匈奴，呼衍王就逃走了，并且他的部众两万多人都投降了。活捉了单于的堂兄，班勇就命令加特奴亲手杀死了他，以此来使车师、匈奴结下仇恨。于是北单于亲自带领一万多骑兵进入后部的金且谷，班勇就派假司马曹俊去救援，但是单于率兵离开了，于是曹俊就追上前去，杀掉了他们的贵人骨都侯。从此呼衍王就搬到了枯梧河附近居住，之后，车师后部不再有敌人的踪迹了。

二年（丁卯，公元一二七年）春，正月，中郎将张国以南单于兵击鲜卑其至鞬，破之。

二月，辽东鲜卑寇辽东玄菟；乌桓校尉耿晔发缘边诸郡兵及乌桓出塞击之，斩获甚众；鲜卑三万人诣辽东降。

三月，旱。

初，帝母李氏瘞在洛阳北，帝初不知；至是，左右白之，帝乃发哀，亲到瘞所，更以礼殡。六月，乙酉，追谥为恭愍皇后，葬于恭陵之北。

【译文】 二年（丁卯，公元127年）春季，正月，中郎将张国带领南单于的军队攻打鲜卑其至鞬，将他攻破了。

二月，辽东鲜卑入侵辽东玄菟，于是乌桓校尉耿晔就发动边界各郡县的军队以及乌桓人，一齐出塞攻打他们，斩杀并捕获了众多敌人，于是三万鲜卑人都前往辽东投降。

三月，发生旱灾。

起初，汉顺帝的母亲李氏就葬在洛阳的北面，汉顺帝不知道，到了现在，左右的大臣禀告汉顺帝，汉顺帝这才发布了丧事，并亲自来到埋葬的地方，按照皇后的礼节殡殓。六月，乙酉日（十一日），追尊谥号为恭愍皇后，并将她葬在恭陵的北方。

西域城郭诸国皆服于汉，唯焉耆王元孟未降，班勇奏请攻之。于是遣燉煌太守张朗将河西四郡兵三千人配勇，因发诸国兵四万馀人分为两道击之。勇从南道，朗从北道，约期俱至焉耆。而朗先有罪，欲徼功自赎，遂先期至爵离关，遣司马将兵前战，获首虏二千馀人，元孟惧诛，逆遣使乞降。张朗径入焉耆，受降而还。朗得免诛，勇以后期征，下狱，免。

秋，七月，甲戌朔，日有食之。

壬午，太尉朱宠、司徒朱伥免。庚子，以太常刘光为太尉、录尚书事，光禄勋汝南许敬为司徒。光，矩之弟也。敬仕于和、安之间，当窦、邓、阎氏之盛，无所屈挠；三家既败，士大夫多染污者，独无谤言及于敬，当世以此贵之。

【译文】 在西域建立城郭的各个国家都向汉朝降服了，只有焉耆王元孟没有向汉朝降服，于是班勇呈上奏书请求攻击他。朝廷就派遣敦煌太守张朗带领河西四郡三千人的军队，配合班勇。班勇发动各国军队总共四万多人，兵分两路去攻击他们。班勇从南路进兵，张朗从北路开始进攻，他们约好时间一同到达焉耆。由于张朗之前犯了罪，现在想要求得功绩替自己赎罪，于是就比预定时间先到了爵离关，并派遣司马带领军队上前作战，斩首并捕获了两千多人，元孟害怕自己会被诛杀，就派遣使者前去请求投降。张朗进入焉耆，接受投降后就回来了。张朗免受了诛罚，但是班勇因为耽误时间，被征调回京，关进了监狱，并免除了官职。

秋季，七月，甲戌朔日（初一），发生日食。

壬午日（初九），太尉朱宠、司徒朱伥被免除官职。庚子日（二十七日），任命太常刘光为太尉、参录尚书事，命令光禄勋许敬（汝南人）做司徒。刘光，就是刘矩的弟弟。许敬在和帝、安帝时期任职的时候，正是窦、邓、阎三个氏族势力盛大的时期，他没有屈服过。在三家败亡以后，士大夫大都沾有污点，只有许敬一个人没有受到责备的言语，当时的人都因此而尊崇他。

初，南阳樊英，少有学行，名著海内，隐于壶山之阳，州郡前后礼请,不应;公卿举贤良、方正、有道,皆不行;安帝赐策书征之,不赴。是岁,帝复以策书、玄纁,备礼征英,英固辞疾笃。诏切责郡县,驾载上道。英不得已,到京,称疾不肯起;强舆入殿,犹不能屈。帝使出就太医养疾,月致羊酒。其后帝乃为英设坛,令公车令导,尚书奉引,赐几、杖,待以师傅之礼,延问得失,拜五官中郎将。数月,英称疾笃;诏以为光禄大夫,赐告归,令在所送谷,以岁时致牛酒。英辞位不受,有诏譬旨,勿听。

英初被诏命,众皆以为必不降志。南郡王逸素与英善,因与其书,多引古譬谕,劝使就聘。英顺逸议而至;及后应对无奇谋深策,谈者以为失望。河南张楷与英俱征,谓英曰:"天下有二道,出与处也。吾前以子之出,能辅是君也,济斯民也。而子始以不譬之身怒万乘之主,及其享受爵禄,又不闻匡救之术,进退无所据矣。"

【译文】起初,南阳人樊英,年轻的时候因为有学问和德行,就闻名于天下,但是却隐居在壶山南面,州郡前后的人都按照礼节请他,他并不接受邀请。公卿推举他为贤良、方正、有道,他都没有去。汉安帝赐予策书征召他,他也不来。在这一年,汉顺帝又一次用策书、玄纁,备齐各种礼仪召征樊英,但是樊英以病重为借口坚决推辞了。于是下诏严厉斥责郡县,郡县就把他抬上车去了京城。樊英没有办法,就到了京城,但是他却称有病不肯起床,于是勉强用车子带他进殿,但是他仍然没有屈服。于是汉顺帝就让他出宫,接受太医的医治,并且每月都送来羊酒。后来汉顺帝就替樊英设立了讲坛,并命令公车令在前面引路,尚书作为前车,赠给他几、杖,并用师傅的礼节来对待他,询问政治得失,并任命他为五官中郎将。几个月之后,樊英说自己病情加重,于是诏命让他做光禄大夫,并让他告病回乡,并下令当地官府送给谷米,按照一年四季,送给他牛酒。樊英推掉了官职并不接受,有诏书告诉他君主的心意,没有让他辞职。

　　樊英最开始接受诏书的时候,大家都认为他一定不会接受任命的。由于南郡人王逸和樊英一向友善,所以就写信给他,在信中引用了很多古时候的比喻,并劝告他接受聘任。于是樊英就听从了王逸的建议。他在后来回答汉顺帝的询问的言辞中,并没有出奇的计谋和深远的策略,参与讨论这件事的人因为这个失望了。河南人张楷和樊英一起接受征召,于是对樊英说:“天下有两种处身的道路,即出仕和隐居。以前我觉得你的出仕,能够帮助国君,救济天下人民。但是在开始的时候你就凭借无价可比的声名,激怒了万乘的君主,等到该享受官爵、俸禄的时候,又听不到有匡救的方法了,这就使得你进退没有依据了。”

　　【乾隆御批】　自古求才,必先行实,岂有因其虚名相尚,遽以高爵收之者?东汉自严光绝,卿相无识,竟以隐逸为高。钓名幸进者,得因而中之。范史于樊英入方技,不入隐逸,殊为有见。

　　【译文】　自古以来,访求贤才,一定要先了解他的真才实学。岂能凭借虚名而相互吹捧,顷刻间得到高官厚禄呢?东汉自严光拒绝为官,隐退富春山之后,公卿宰相没有见识,竟相崇尚隐退。那些沽名钓誉侥幸进用的人,因而得到高位。范晔写《后汉书》把樊英列入方技传,而不列入隐逸传,确实颇有见地。

　　◆臣光曰:古之君子,邦有道则仕,邦无道则隐。隐非君子之所欲也。人莫己知而道不得行,群邪共处而害将及身,故深藏以避之。王者举逸民,扬仄陋,固为其有益于国家,非以徇世俗之

559

耳目也。是故有道德足以尊主，智能足以庇民，被褐怀玉，深藏不市，则王者当尽礼以致之，屈体以下之，虚心以访之，克己以从之，然后能利泽施于四表，功烈格于上下。盖取其道不取其人，务其实不务其名也。

　　其或礼备而不至，意勤而不起，则姑内自循省而不敢强致其人，曰：岂吾德之薄而不足慕乎？政之乱而不可辅乎？群小在朝而不敢进乎？诚心不至而忧其言之不用乎？何贤者之不我从也？苟其德已厚矣，政已治矣，群小远矣，诚心至矣，彼将扣阍以自售，又安有勤求而不至者哉！荀子曰："耀蝉者，务在明其火，振其木而已；火不明，虽振其木，无益也。今人主有能明其德，则天下归之，若蝉之归明火也。"或者人主耻不能致，乃至诱之以高位，胁之以严刑。使彼诚君子邪，则位非所贪，刑非所畏，终不可得而致也；可致者，皆贪位畏刑之人也，乌足贵哉！

　　【译文】◆司马光说：古代的君子，如果国家上了正常轨道，就要出去做官，如果国家不上轨道，就退隐江湖。隐居并不是君子所期望的。别人不了解自己所以就不能运行大道，如果和邪恶的人居处在一起，灾害就将要降临到自己身上，所以就隐藏起来，以此躲避灾祸。君王推举隐逸的贤民，显扬低贱的人才，他们原本是对于国家有益的，是不需要在世俗人耳目前得到夸耀的。所以他们有道德，就能足够尊崇君主；拥有智慧和才能，就足够可以保护人民；穿着粗布衣，怀着金玉，深藏不露，也不随便出售自己的才能，那么君王就应该尽到礼仪来召请他，甚至委屈自己来请求他，并且克制自己听从他的话，然后就可以将他的治国方法施行于天下，让功业到达最好。这是要用他的大道，不是要求用他个人，以此求得真正的才能，但不求虚无的名声。

如果这个人备齐了礼仪却还不愿来，心意诚恳却还不动身，圣明的君主就要暂时反省自己，不能把他勉强地召来。君主于是想到：这难道是因为我的德行浅薄，所以就不值得他仰慕吗？是因为政治混乱，就不值得他辅助吗？是由于在朝廷中有小人在，就不敢参加进来了吗？由于没有表达忠心，就因此而担心他的言词不能被信用吗？为什么有贤能的人不跟随我呢？如果我的德行厚重了，政治已经整治了，远离小人了，表达诚心了，他们会敲门求自己的，又怎么会有勤勉地寻求却不愿来的人呢？荀子说过："拿着灯捕捉蝉的人，需要的是他们的火光明亮，并且摇动树木而已；如果火光不明亮，即使摇动树木，也是没有好处的。如果现在君主能修明他们的道德，那么天下就都归向他了，就好像蝉扑向明亮的火光。"有时，君主觉得不能召来贤士是让人羞耻的事，于是就用高贵的职位来引诱他们，用严酷的刑法来威胁他们。如果他们是真正的君子，那么地位根本就不是他们所贪求的，刑法也不是他们所害怕的，始终是不可能召来的；可以召来的人，都是贪求官位以及害怕刑法的人，又哪里值得尊重呢！

若乃孝弟著于家庭，行谊隆于乡曲，利不苟取，仕不苟进，洁己安分，优游卒岁，虽不足以尊主庇民，是亦清修之吉士也。王者当褒优安养，俾遂其志。若孝昭之待韩福，光武之遇周党，以励廉耻，美风俗，斯亦可矣，固不当如范升之诋毁，又不可如张楷之责望也。

至于饰伪以邀誉，钓奇以惊俗，不食君禄而争屠沽之利，不受小官而规卿相之位，名与实反，心与迹违，斯乃华士、少正卯之流，其得免于圣王之诛幸矣，尚何聘召之有哉！◆

【译文】如果说在家庭中表现出了孝顺、友爱的品德，在乡里丰富了美好的行为。如果有利，就不随便求取；如果有机会，就不随便出仕做官，使自己清净，并安守本分，常年过着闲暇自得的生活，虽然不能用来尊敬君主、保护人民，但这也算是清静自修的善士了。君主就应该褒扬优待他们，并照顾他们，使他们能完成自己的心意，就像孝昭帝对待韩福，光武帝对待周党那样，以此来鼓励廉耻之心，并美化风俗，这样就行了，当然不可以像范升那样诋毁，又不能像张楷那样责难怨望。

要说到因为虚伪做作求得名誉，用奇特的动作来惊骇世俗，不享受国君的赏赐，却又争夺屠户及酒市的小利，不肯接受小的官职，却窥伺卿相的位置，名声和实际的才能相反，他们的心思和事迹相违背，这就是华士、少正卯之流的人物，他们能避免圣王的诛杀，就是值得庆幸的事了，哪里又有值得聘任征召的事呢！◆

时又征广汉杨厚、江夏黄琼。琼，香之子也。厚既至，豫陈汉有三百五十年之厄以为戒，拜议郎。琼将至，李固以书逆遗之曰："君子谓伯夷隘，柳下惠不恭。不夷不惠，可否之间，圣贤居身之所珍也。诚遂欲枕山栖谷，拟迹巢、由，斯则可矣；若当辅政济民，今其时也。自生民以来，善政少而乱俗多，必待尧、舜之君，此为士行其志终无时矣。常闻语曰：'峣峣者易缺，皦皦者易污。'盛名之下，其实难副。近鲁阳樊君被征初至，朝廷设坛席，犹待神明，虽无大异，而言行所守，亦无所缺；而毁谤布流，应时折减者，岂非观听望深，声名太盛乎！是故俗论皆言'处士纯盗虚声'。愿先生弘此远谟，令众人叹服，一雪此言耳！"琼至，拜议郎，稍迁尚书仆射。琼昔随父在台阁，习见故事；及后居职，达练官曹，争议朝堂，莫能抗夺。数上疏言事，上颇采用之。

李固，郃之子，少好学，常改易姓名，杖策驱驴，负笈从师，不远千里，遂究览坟籍，为世大儒。每到太学，密入公府，定省父母，不令同业诸生知其为郃子也。

【译文】 那时，朝廷又征召广汉人杨厚、江夏人黄琼。黄琼，就是黄香的儿子。杨厚到了京城以后，首先陈述了汉朝三百五十年的困厄作警戒的事，被任命为议郎。黄琼就要来的时候，李固就提前写了封信送给他说："君子们因为伯夷的心胸狭窄，柳下惠的态度不恭顺。所以不能学伯夷，也不学柳下惠，在两者之间，是贤才居身处世所重视的。真正想要在山林中生活，就学习巢父、许由。如果要辅佐政事、救济人民的话，现在正是时候。自从有了人民以来，善良的政治少了，败乱的风俗却多了，如果一定要等待像尧、舜一样的君主的话，做士子的想要实现他们的志气，一定是没有机会的。我曾经听说过：'峣峣的高山，是最容易崩塌的；皎皎的白玉，是最容易被玷污的。'一旦有了盛美的名声，就不容易有真正的才能与之配合。鲁阳人樊英刚刚接受召集来的时候，朝廷就设置讲坛，对他就好像对待神明一样，虽然没有什么特异的才能，但是他的言行操守，也没有什么缺失的。一旦诽谤的言辞到处流行，名誉就马上降低了，这不就是期望太高、声名太大的原因吗？所以世俗的言论都说：'隐居的人纯粹是为了盗取虚名的。'希望您能有宏大高远的计划、才能使众人叹服，洗雪这一种言论！"黄琼到了之后，就被任命为议郎，没多久就被升为尚书仆射。先前黄琼跟随父亲在台阁中，经常见到日日的典章制度，因此就十分熟悉，等到他后来担当官职的时候，就对尚书诸曹的事务很精通，在朝廷中讨论的时候，都没有人能够驳倒他的话。所以多次呈上奏折谈论政事的时候，君主就经常采用他的建议。

李固，就是李郃的儿子，年轻的时候喜欢学习，他经常改变姓名，拿着皮鞭，骑着驴，背着书箱不远千里，追寻老师，所以就读通了各种书籍，并成为那时的大学者。他每次到太学时，都秘密地进入公府，再回家向父母请安，为了不让同学们知道他是李郃的儿子。

三年（戊辰，公元一二八年）春，正月，丙子，京师地震。

夏，六月，旱。

秋，七月，丁酉，茂陵园寝灾。

九月，鲜卑寇渔阳。

冬，十二月，己亥，太傅桓焉免。

车骑将军来历罢。

南单于拔死，弟休利立，为去特若尸逐就单于。

帝悉召孙程等还京师。

【译文】三年（戊辰，公元128年）春季，正月，丙子日（初六），京城发生地震。

夏季，六月，发生旱灾。

秋季，七月，茂陵园寝殿发生了灾害。

九月，鲜卑入侵了渔阳。

冬季，十二月，己亥日（初四），太傅桓焉被免除了官职。

车骑将军来历也被免职。

南单于拔逝世了，于是他的弟弟休利被立为去特若尸逐就单于。

皇帝命令孙程等所有的人回到京城。

四年（己巳，公元一二九年）春，正月，丙寅，赦天下。

丙子，帝加元服。

夏，五月，壬辰，诏曰：“海内颇有灾异，朝廷修政，太官减膳，珍玩不御。而桂阳太守文砻，不惟竭忠宣畅本朝，而远献大珠以求幸媚，今封以还之！”

五州雨水。

秋，八月，丁巳，太尉刘光、司空张皓免。

尚书仆射虞诩上言：“安定、北地、上郡，山川险厄，沃野千里，土宜畜牧，水可溉漕。顷遭元元之灾，众羌内溃，郡县兵荒，二十馀年。夫弃沃壤之饶，捐自然之财，不可谓利；离河山之阻，守无险之处，难以为固。今三郡未复，园陵单外，而公卿选懦，容头过身，张解设难，但计所费，不图其安。宜开圣听，考行所长。”九月，诏复安定、北地、上郡归旧土。

【译文】四年（己巳，公元129年）春季，正月，丙寅日（初一），朝廷大赦天下。

丙子日（十一日），汉顺帝加上元服，举行成年加冠礼。

夏季，五月壬辰日（二十九日），下诏书说：“海内发生了很多异常的现象，朝廷整治政事，太官应该减少膳食的量，不能要珍奇玩物。但是桂阳的太守文砻，不想竭尽忠诚、宣传本朝的整治政德，却从远方进贡大珠以此来博得君主的欢心，现在就应该封好退回去！”

同月，五个州郡发了洪水。

秋季，八月，丁巳日（二十五日），太尉刘光、司空张皓被免除官职。

尚书仆射虞诩进言：“安定、北地、上郡等地地势险要，有肥沃的原野，那里的土地适合养殖牲畜，河水可以用来灌溉。最近由于遭到元年、二年的灾害，于是羌族内部溃散，郡县发生了二十多年的兵荒。所以抛弃肥沃的土地，就丧失了自然的财货，不能说是有利啊；离开了河山的阻挡，去防守没有天险的地方，很难有巩固的国防。现在三个郡县都没有收成，陵园独自暴露在外，可是公卿软弱，隐藏自己的头颅，超过了身躯，并设立说法为自己辩解，铺设言辞来发难，只是估算了财货耗费，不关心国家的安定。所以应该扩大圣明的听闻，考虑长时间能实行的方法。"九月，汉顺帝就诏命恢复了安定、北地、上郡的郡治，回到了以前的郡土。

【乾隆御批】 郑吉屯渠犁，班超屯疏勒，皆出塞二三千里，是缮边防正，以生内地。岂有三郡逼近西京，转可移民避寇者？况郡县既空，适足逞戎马之足，直揖盗耳！

【译文】 郑吉在渠犁屯田，班超在疏勒屯田时，都是远离边塞两三千里，主要是为了整治巩固边防，保卫内地。怎么可以因为三郡邻近长安，而用移民的方法来躲避贼寇呢？更何况郡县已经撤空，正好给贼寇任意践踏的良机，简直是开门揖盗！

癸酉，以大鸿胪庞参为太尉、录尚书事。太常王龚为司空。

冬，十一月，庚辰，司徒许敬免。

鲜卑寇朔方。

十二月，巳卯，以宗正弘农刘崎为司徒。

是岁，于寘王放前杀拘弥王兴，自立其子为拘弥王，而遣使者贡献，燉煌太守徐由上求讨之。帝赦于寘罪，令归拘弥国；放前不肯。

五年（庚午，公元一三〇年）夏，四月，京师旱。

京师及郡国十二蝗。

定远侯班超之孙始尚帝姑阴城公主。主骄淫无道；始积忿怒，伏刃杀主。冬，十月，乙亥，始坐腰斩，同产皆弃市。

【译文】九月，癸酉日（十二日），朝廷任命大鸿胪庞参为太尉、录尚书事，任命太常王龚为司空。

冬季，十一月，庚辰日（二十日），司徒许敬被免职。

鲜卑入侵了朔方。

十二月，巳卯日（二十五日），朝廷任命宗正刘崎（弘农人）做司徒。

在这一年，于寘王放前杀死了拘弥王兴，让他自己的儿子做了拘弥王，并且派遣使者进贡，敦煌太守徐由呈上奏折，要求征讨他们。汉顺帝赦免了于寘王的罪行，让他回到拘弥国，放前不愿意。

五年（庚午，公元130年）夏季，四月，京城发生旱灾。

同月，京城和十二个郡国发生了蝗灾。

定远侯班超的孙子班始迎娶了汉顺帝的姑姑阴城公主。阴城公主骄横淫乱，不符合正道，班始积聚了很久的怨恨，于是偷偷藏了刀剑，杀死了公主。冬季，十月乙亥日（二十日），班始被判了腰斩，他的兄弟都被判了死刑，处死在闹市中。

六年（辛未，公元一三一年）春，二月，庚午，河间孝王开薨；子政嗣。政憍很不奉法，帝以侍御史吴郡沈景有强能，擢为河间相。景到国，谒王，王不正服，箕踞殿上；侍郎赞拜，景峙不为礼，问王所在。虎贲曰："是非王邪！"景曰："王不正服，常人何别！今相谒王，岂谒无礼者邪！"王惭而更服，景然后拜；出，住宫门外，请王傅责之曰："前发京师，陛见受诏，以王不恭，使相检督。诸君空受爵禄，曾无训导之义！"因奏治其罪，诏书让政而诘责傅。景因捕诸奸人，奏案其罪，杀戮尤恶者数十人，出冤狱百馀人。政遂为改节，悔过自修。

帝以伊吾膏腴之地，傍近西域，匈奴资之以为钞暴；三月，辛亥，复令开设屯田，如永元时事，置伊吾司马一人。

【译文】 六年（辛未，公元131年）春季，二月庚午日（十七日），河间孝王刘开去世，他的儿子刘政继位。刘政傲慢狠毒，不遵守法度，因为侍御史沈景（吴郡人）有强大的能力，汉顺帝就提升他做河间相。沈景到了郡国之后，就立刻进谏郡王，郡王没有穿礼服，盘腿坐在大殿上。有侍郎在旁边唱名，沈景站着却不敬礼，就只问郡王在哪里。虎贲卫士说："这不就是郡王吗？"沈景说："郡王如果不穿上礼服，和一般人有什么区别啊！我是来觐见郡王的，不是来觐见没有礼貌的人的？"郡王很愧疚地更换了礼服，然后沈景才拜见他。出宫之后，他就住在宫门外面，并请来了郡王的师傅，责备他说："我前几天从京师出发，在皇帝那接受了诏书，由于郡王的不恭谨，就任命我为相，来约束并督导他。各位先生空受爵位俸禄，却一点都没有训导礼仪的做法！"因此而上奏汉顺帝并治他们的罪。于是汉顺帝就颁下诏书，斥责刘政，并且还斥责了他的师傅。沈景因此拘捕了各种奸恶的人，上奏书治他们的罪，于是就杀了几十个作恶最厉害的人，并救出了遭受冤枉和关在监狱的共一百多个人。于是刘政改变节操，悔悟过错，开始反省自己。

由于伊吾有肥沃的土地，并且靠近西域，所以匈奴为了掠取资财，就时常骚扰抢劫。三月，辛亥日（二十九日），汉顺帝再次命令开垦屯田，就像是永元时代的做法，并设置伊吾司马一人。

初，安帝薄于艺文，博士不复讲习，朋徒相视怠散，学舍颓敝，鞠为园蔬，或牧儿、荛竖薪刈其下。将作大匠翟酺上疏请更修缮，诱进后学，帝从之。秋，九月，缮起太学，凡所造构二百四十房，千八百五十室。

护乌桓校尉耿晔遣兵击鲜卑，破之。

护羌校尉韩皓转湟中屯田置两河间，以逼群羌。皓坐事征，以张掖太守马续代为校尉。两河间羌以屯田近之，恐必见图，乃解仇诅盟，各自儆备；续上移屯田还湟中，羌意乃安。

【译文】起初，汉安帝轻视典籍，博士也不再讲求和学习，门生看到后，也都懒散了，于是学舍破败了，长出了茂盛的野草，有时会有牧童、樵夫在学舍下割取野草。将作大匠翟酺呈上奏折，请求修理学社，以诱导后进的学子，汉顺帝听从了他的建议。秋季，九月，修整好了太学，一共建了两百四十栋房子和一千八百五十间屋舍。

护乌桓校尉耿晔带领军队攻打鲜卑，并且打败了他们。

护羌校尉韩皓转移了湟中的屯田，将其设置在两河地区，以此来逼近羌族部落。韩皓由于犯法，就被征召回京城，于是让张掖太守马续替代他做校尉。两河地区的羌族由于汉军屯田逼近，害怕会遭到谋害，于是就解除了仇恨，结立盟约，各自分别警戒防备。马续上奏折，命令把屯田地区迁回湟中，羌族的人民这才安定下来了。

帝欲立皇后，而贵人有宠者四人，莫知所建，议欲探筹，以神定选。尚书仆射南郡胡广与尚书冯翊郭虔、史敞上疏谏曰："窃见诏书，以立后事大，谦不自专，欲假之筹策，决疑灵神；篇籍所记，祖宗典故，未尝有也。恃神任筮，既不必当贤；就值其人，犹非德选。夫歧嶷形于自然，俔天必有异表，宜参良家，简求有德，德同以年，年钧以貌；稽之典经，断之圣虑。"帝从之。

恭怀皇后弟子乘氏侯商之女，选入掖庭为贵人，常特被引御，从容辞曰："夫阳以博施为德，阴以不专为义。《螽斯》则百福所由兴也。愿陛下思云雨之均泽，小妾得免于罪。"帝由是贤之。

【译文】汉顺帝想选立皇后，但是他宠爱的贵人就有四个人，不知道要立谁，就让大臣议论，议论的结果，多赞成要立竹筹，并由神明来选择决定。尚书仆射胡广（南郡人）和尚书郭虔（冯翊人）、史敞呈上奏折并进谏说："我们私自看到诏书，觉得立皇后是件大事，谦虚并由不得自己专断，而是想要借着竹筹，由神灵决定，这在相关书籍的记载和祖宗的典故中，是从来没有过的事。凭借神明和卜筮，不一定是可以的，即使选中的正是想要立的人，也不是凭借德行选择出来的。如果拥有聪明和智慧，就自然会表现出来，就好像是贤德的女子，一定就会有特异的表征，所以应该增加良家的女子，选取有德行的人，如果德行相同，就根据年纪，如果年纪相同，就以容貌选人，根据经典，最后要靠圣明的思虑决断。"汉顺帝听从了他们的建议。

恭怀皇后的侄孙女，即乘氏侯梁商的女儿被选进了后宫做了贵人，经常破例被召见去侍奉君主，她从容地推辞说："阳以广博布施而成为美德，阴以不专宠爱为大义。《螽斯》就是各种福祥兴起的原因。希望陛下想到云雨之恩应该大家均沾，小妾才能避免受罪。"汉顺帝因此感到了她的贤能。

阳嘉元年（壬申，公元一三二年）春，正月，乙巳，立贵人梁氏为皇后。

京师旱。

三月，扬州六郡妖贼章河等寇四十九县，杀伤长吏。

庚寅，赦天下，改元。

夏，四月，梁商加位特进；顷之，拜执金吾。

冬，耿晔遣乌桓戎末魔等钞击鲜卑，大获而还。鲜卑复寇辽东属国，耿晔移屯辽东无虑城以拒之。

【译文】 阳嘉元年（壬申，公元132年）春季，正月乙巳日（二十八日），汉顺帝立贵人梁氏为皇后。

同月，京城发生了旱灾。

三月，扬州六郡的妖贼章河等人入侵四十九县，并杀害了地方官吏。

庚寅日（十三日），汉顺帝大赦天下，更改了年号。

夏季，四月，梁商晋升特进的地位，不久之后，就被任命为执金吾。

冬季，耿晔派乌桓戎末魔等攻击鲜卑，大有收获地回来。鲜卑再次入侵辽东属国，耿晔被迁到驻守辽东无虑城，并来抵抗他们。

【申涵煜评】 商让封爵、宽大狱、释王龚、荐周举，行事亦有可称。但生此枭獍儿，生不能教诲，死不能预防，以致败国亡家，实为恨事。然博陆而有云、山，伏波而有廖、防，贤者且然，如商者可与减等。

【译文】 梁商谦让不接受封爵，宽赦大狱犯人，释放王龚，举荐周举，这些事都能令人称道。但他生了一个狼戾忘恩的儿子，活着的时候不能教诲他，死后不能防止他作恶，最终导致国破家亡，实在是令人遗憾。然而霍光有逆子霍云和霍山，伏波将军有逆子马防和马廖，贤能的人尚且如此，梁商这样也情有可原了。

尚书令左雄上疏曰："昔宣帝以为吏数变易，则下不安业；久于其事，则民服教化。其有政治者，辄以玺书勉励，增秩赐金，公卿缺则以次用之。是以吏称其职，民安其业，汉世良吏，于兹为盛。今典城百里，转动无常，各怀一切，莫虑长久。谓杀害不辜为威风，聚敛整办为贤能；以治己安民为劣弱，奉法循理为不治。髡钳之戮，生于睚眦；覆尸之祸，成于喜怒。视民如寇仇，税之如豺虎。监司项背相望，与同疾疢，见非不举，闻恶不察。观政于亭传，责成于期月；言善不称德，论功不据实。虚诞者获誉，拘检者离毁；或因罪而引高，或色斯而求名，州宰不覆，竞共辟召，踊跃升腾，超等逾匹。或考奏捕案，而亡不受罪，会赦行赂，复见洗涤，朱紫同色，清浊不分。故使奸猾枉滥，轻忽去就，拜除如流，缺动百数。乡官、部吏，职贱禄薄，车马衣服，一出于民，廉者取足，贪者充家；特选、横调，纷纷不绝，送迎烦费，损政伤民。和气未洽，灾眚不消，咎皆在此。臣愚以为守相、长吏惠和有显效者，可就增秩，勿移徙；非父母丧，不得去官。其不从法禁，不式王命，锢之终身，虽会赦令，不得齿列。若被劾奏，亡不就法者，徙家边郡，以惩其后。其乡部亲民之吏，皆用儒生清白任从政者，宽其负算，增其秩禄；吏职满岁，宰府州郡乃得辟举。如此，威福之路塞，虚伪之端绝，送迎之役损，赋敛之源息，循理之吏得成其化，率土之民各宁其所矣。"帝感其言，复申无故去官之禁，又下有司考吏治真伪，详所施行；而宦官不便，终不能行。

【译文】尚书令左雄呈上奏折说："以前宣帝认为官吏经

常改换的话，人民就不能安居乐业；任职的时间长，那么人民就服从教化了。其中有政绩的人，就要常常用诏书来激励他们，赠给他们官位，并赐给他们金钱，公卿如果有了缺额，就依次录用他们。所以官员称职，人民就能安业，汉朝优秀的官吏，在宣帝时期是最多的。而现在主管百里的官员，经常变换，每个人都各自怀着一时权宜的做法，不思考长时间任职的打算；认为杀害无辜的人是威风的，能获得财货、会整治办理的就是贤能的人；把修整自己、安定人民，看作是低劣软弱，坚守法度、遵循义理，看作是不知修治；剃发和钳颈刑法，就是由于个人小小的怨恨而产生的，而死刑，是由于个人的喜怒造成的；把人民看作仇敌，抽税的时候就好像豺狼虎豹一般。督察州郡的监司都前后互相照顾，和他们有相同的毛病，看到不正确的也不检举，听到情况恶劣的不对他们进行考察。监司考察政事，都只是在驿站中看一看，要求官员做出政绩，却把期限定在一年之后；谈到官员的善政，并不称举品德，评论功绩的时候，也不根据实情来评论。所以虚妄不实的人就会得到赞美，拘束节俭的人会遭到毁败；有的人因为有罪过，就提前放弃了官位，却还以为品德高超；有的人看到上级官员的脸色不好，就马上辞职，以求得好名声，州中的宰相大臣不审察，就争相征召，踊跃晋升，超越等级；有的人考察、上奏书，被逮捕归案后，却也能逃亡在外，不接受法律的制裁，遇到下赦免令的时候，只要及时使贿，就能洗清自己的罪过，朱紫就能成为同一种颜色，也不能分辨清浊。所以就让奸猾的小人胡作非为，而且还不重视去官和受职，上任、免职都好像流水一样，缺的名额就上百。乡中的官员，部会的官员，职位很低贱，俸禄很微薄，衣食住行都出自人民和廉洁的人，得到的钱财够生活就够了，贪财的人就使全家饱了，特别的挑选以及胡乱的征调，络绎不绝，辞旧、迎新，不仅繁杂而且耗费钱财，并且使政治损伤，还伤害人民。和气不融洽，灾害没有消除，过错都因为这个原因。微臣觉得郡守的辅相和长官，对百姓慈爱祥和是有明显效果的，并可以依照职位增加官秩，不能迁移职位。如果不是父母的丧事，就不能离开自己的职位。不依从法律的禁锢、不听从君王命令的人，是要终身被禁止做官的，即使受到赦免命令，也不能录用。要是被弹劾后，逃亡并不接受法律制裁的人，全家都要到边疆去，以此来告诫后来的人。在乡里亲近人民的官吏，都要选用品德清白、有担当的儒生来担任，宽大地计算他们的负欠和口钱，并增加他们的俸禄。任职满一年之后，宰府和州郡才能召集、举荐。如果能这样做的话，作威作福的路途就会被阻塞了，虚伪不实的事情就会被断绝了，辞旧迎新的差役就减少了，赋税繁重的源头也会停止了，遵循法理的官员就能够完成他们的教化，天下的百姓也都能各自安居乡土了。"汉顺帝认为他的进言是对的，再次严申因为没有缘故就舍弃官职的禁令，于是又下令让官吏查证天下官吏做事真伪的成绩，并详细地执行，但是宦官觉得对他们不利，始终也没有实行。

雄又上言："孔子曰：'四十不惑'，《礼》称强仕。请自今，孝廉年不满四十，不得察举，皆先诣公府，诸生试家法，文吏课笺奏，副之端门，练其虚实，以观异能，以美风俗。有不承科令者，正其罪法。若有茂材异行，自可不拘年齿。"帝从之。

胡广、郭虔、史敞上书驳之曰："凡选举因才，无拘定制。六奇之策，不出经学；郑、阿之政，非必章奏；甘、奇显用，年乖强仕；终、贾扬声，亦在弱冠。前世以来，贡举之制，莫或回革。今以一臣之言，刬戾旧章，便利未明，众心不厌。矫枉变常，政之所重，而不访台司，不谋卿士，若事下之后，议者剥异，异之则朝失其便，同之则王言已行。臣愚以为可宣下百官，参其同异，然后览择胜否，详采厥衷。"帝不从。

【译文】 左雄又上言说："孔子曾说过：'四十岁能明白事理，就没有疑惑了。'《礼记》中记载只要是意志坚定的人，都可以当官。于是就请求要从现在开始，孝廉还不满四十岁的，就不能选举，凡是被推举的，都要先到公府，经过文事官员考验的章表，其副本要被送到端门，以此来辨明他们的虚实，并且来观察他们是否有特殊的才能，以建立美化风俗。如果有不遵守科举法令的人，就要被判定刑罚。如果有秀才具备特殊的才能，自然就可以不受年龄的限定了。"汉顺帝听从了他的建议。

胡广、郭虔、史敞就上书反驳他的理论说："凡是经过选举的人，都是凭借才能的，就不用受到一定制度的限制了。陈平所说的六种奇策，不是经书内记载的学问；郑国和东阿的政治繁盛，并不一定是奏章的效果；对于甘罗和子奇的显赫派任，还没有到意志坚定、可以出任的年纪；终军和贾谊的显赫名声，也是在刚刚成人的时候开始的。自从前代以后，推举的制度，就没有再改革过。而现在却因为一个大臣的言论，就违反了旧的章程，还没有利益显现出来，百姓的心理就不满意。矫正冤枉，改变以前的状态，都是在政治上很被重视的事，但是现在却不询问三公的意见，不和卿士们商讨，假如事情决定之后，参与议事的人有不同的意见，并且和决定不同，那么朝廷的政事就不便进行了。假如和辩驳的议论相同，那么就说明皇上已经听从了左雄的话并实行了。微臣认为可以公开地让百官议论这件事，并听取不同的意见，然后才决定能否实行作出公允的决定。"汉顺帝没有听从。

【申涵煜评】 雄侃侃言事，有谏臣风，唯限年之议不可为训。用人如工师，相木大小长短各有所宜，若膠柱鼓瑟，必致壅蔽。虽朝廷甚重老成人，独不日及锋而用乎？衣不经新，何由得故，可以喻老少矣。

【译文】 左雄谈论事情从容不迫，颇有谏臣风范，只有他提出的限定年龄用人的建议不能当作古训。朝廷用人应该像用工匠一样，树木的大小长短，都能有他们的用处，如果用胶把瑟粘住，必定不能弹出美妙的音乐，不知变通必将导致隔绝蒙蔽。虽然朝廷十分器重任用年老稳重的人，难道不是说因为他经历锋芒才任用他们吗？衣服不经过新的阶段，怎么能变成旧？可以用此来比喻老少的观念。

辛卯，初令"郡国举孝廉，限年四十以上；诸生通章句，文吏能笺奏，乃得应选。其有茂才异行，若颜渊、子奇，不拘年齿。"

久之，广陵所举孝廉徐淑，年未四十。台郎诘之，对曰："诏书曰：'有如颜回、子奇，不拘年齿。'是故本郡以臣充选。"郎不能屈。左雄诘之曰："昔颜回闻一知十，孝廉闻一知几邪？"淑无以对，乃罢却之。郡守坐免。

◆袁宏论曰：夫谋事作制，以经世训物，必使可为也。古者四十而仕，非谓弹冠之会必将是年也，以为可事之时在于强盛，故举其大限以为民衷。且颜渊、子奇，旷代一有，而欲以斯为格，岂不偏乎！◆

【译文】 辛卯日（不知何月的辛卯日），汉顺帝首次下令："郡国推选孝廉，应将年纪限定在四十岁以上。生员们的章句应该通达，文事官员能够写作的，才能被选举。其中有特异才能的秀才，像颜渊、子奇一般的，就不能受年龄的限定。"

时间长了以后，广陵推举的孝廉徐淑，年纪还没有到四十岁。尚书郎询问他，他回答说："诏书上说道：'有像颜渊、子奇一样才能的人，就不用受年龄的限制。'所以选派我为臣下，参与选举。"尚书郎不能说服他。于是左雄就责问他说："颜回闻一知十，那如果孝廉闻一之后，能知道几个呢？"徐淑回答不出来，所以就免除了他的孝廉，郡守也被免除了官职。

◆袁宏评论说：谋划确立制度，以此来治理世事、训化万物，一定要寻求可以作为的人。古代四十岁出仕做官，并不是说做官一定要到年纪，觉得四十可以做官，是因为四十是人的强盛之年，所以举出一个大约的限度，以此来作为人民的标准。再说颜渊、子奇，是万代仅有的人才，如果想要把这种人作为标准，哪里会没有偏差呢！◆

然雄公直精明，能审核真伪，决志行之。顷之，胡广出为济阴太守，与诸郡守十馀人皆坐谬举免黜；唯汝南陈蕃、颍川李膺、下邳陈球等三十馀人得拜郎中。自是牧、守畏栗，莫敢轻举。迄于永嘉，察选清平，多得其人。

闰月，庚子，恭陵百丈庑灾。

上闻北海郎顗精于阴阳之学。

【译文】由于左雄不仅公平正直而且精明能干，还能够辨别真假，所以就决心实行。不久之后，胡广被任命为济阴太守，他和各郡守共十多人都犯了选举失误的罪，于是就被免除官职。只有汝南人陈蕃、颍川人李膺、下邳人陈球等其他三十多人被任命为郎中。从此之后郡县的长官都很害怕，均不敢轻易地举拔人才。一直到永嘉年间的时候，选举才变得公平清正，国家获得了很多人才。

闰月庚子日（二十八日），恭陵百丈庑发生大火灾。

汉顺帝听说北海人郎𫖮十分精通阴阳的学问。

二年（癸酉，公元一三三年）春，正月，诏公车征𫖮，问以灾异。𫖮上章曰："三公上应台阶，不同元首，政失其道，则寒阴反节。今之在位，竞托高虚，纳累钟之奉，亡天下之忧。栖迟偃仰，寝疾自逸，被策文，得赐钱，即复起矣，何疾之易而愈之速！以此消伏灾眚，兴致升平，其可得乎！今选牧、守，委任三府；长吏不良，既咎州、郡，州、郡有失，岂得不归责举者！而陛下崇之弥优，自下慢事愈甚，所谓'大网疏，小网数'。三公非臣之仇，臣非狂夫之作，所以发愤忘食，恳恳不已者，诚念朝廷欲致兴平。臣书不择言，死不敢恨！"因条便宜七事："一，园陵火灾，宜念百姓之劳，罢缮修之役。二，立春以后阴寒失节，宜采纳良臣，以助圣化。三，今年少阳之岁，春当旱，夏必有水，宜遵前典，惟节惟约。四，去年八月，荧惑出入轩辕，宜简出宫女，恣其姻嫁。五，去年闰十月，有白气从西方天苑趋参左足，入玉井，恐立秋以后，将有羌寇畔戾之患，宜豫宣告诸郡，严为备御。六，今月十四日乙卯，白虹贯日，宜令中外官司，并须立秋然后考事。七，汉兴以来三百三十九岁，于诗三期，宜大蠲法令，有所变更。王者随天，譬犹自春徂夏，改青服绛也。自文帝省刑，适三百年，而轻微之禁，渐已殷积。王者之法，譬犹江、河，当使易避而难犯也。"

【译文】二年（癸酉，公元133年）春季，正月，汉顺帝下诏命公车召集郎𫖮，询问他灾害的事。郎𫖮呈上奏折说："三公在上是上天台阶的象征，在下和国君一样重要，如果政事失去了正道，那么阴寒就要违背常规了。现在在位的官员，都假借空虚的名望，接受高额的薪酬，却不担忧天下的大事。生活自在，假装生病求得安逸，一旦接到策文，获得赏赐的金钱，就立刻起身，疾病为什么那么容易生并且好得那么快呢！如果只靠这种做法消除灾害，求得天下太平，这怎么行呢？现在选择郡中的官员，都是由三公负责的，如果长官不好，就斥责郡中长官，如果州、郡有了过错，难道就可以不把责任归罪到选拔的人吗？可是陛下对他们越是优厚，大臣怠慢政事就越是厉害，正所谓：'大网稀疏，小网细密。'三公不是微臣的仇敌，微臣也不是发出狂夫的议论，我奋发起来，忘记饮食，忠诚不止的原因，确实是朝廷要求得到太平政治的关系。微臣上书，口不择言，即使死了也不敢有所怨恨！"因此就分条陈述可以施行的七条政事："一、如果园陵发生了火灾，就应该思念百姓的劳苦，停止修缮的劳役。二、从立春之后，阴寒失去了常态，所以应该选取善良的大臣，来帮助圣上教化人民。三、今年是少阳的一年，在春天会有旱灾发生，夏天一定有水灾的出现，所以应该遵循以前的制度，勤俭节约。四、去年八月，荧惑星出入到轩辕星，这时应该选择宫女，将她们送出宫去，让她们自由婚嫁。五、去年是闰十月，白气从西方天苑星移到参星附近，进入了玉井星，在立秋以后，恐怕会有羌族背叛的灾害，所以应该预先告诉各郡，严加防备。六、在本月十四日乙卯的时候，有道白虹横穿过太阳，所以应该命令朝廷内外的官员，等到立秋以后，就考核政事。七、自从汉朝建立以来已有三百三十九年，已经超过了三个周期，应该大幅度修改法令，所以要有变化。君王处理政事要跟随天道，就好像从春天到夏天，衣服由青色都换成了绛色。从文帝俭省刑政算起，刚好三百年，但是轻微的禁令，已经渐渐累积成重刑了。君王制定的法令，就好像是江河，要能使人民容易躲避，并且还不容易犯错。"

二月，颙复上书荐黄琼、李固，以为宜加擢用。又言："自冬涉春，讫无嘉泽，数有西风，反逆时节，朝廷劳心，广为祷祈，荐祭山川，暴龙移市。臣闻皇天感物，不为伪动；灾变应人，要在责己。若令雨可请降，水可攘止，则岁无隔并，太平可待。然而灾害不息者，患不在此也！"书奏，特拜郎中；辞病不就。

三月，使匈奴中郎将赵稠遣从事将南匈奴兵出塞击鲜卑，破之。

初，帝之立也，乳母宋娥与其谋，帝封娥为山阳君，又封执金吾梁商子冀为襄邑侯。尚书令左雄上封事曰："高皇帝约，非刘氏不王，非有功不侯。孝安皇帝封江京、王圣等，遂致地震之异。永建二年封阴谋之功，又有日食之变。数术之士，咸归咎于封爵。今青州饥虚，盗贼未息，诚不宜追寻小恩，亏失大典。"诏不听。

【译文】同年二月，郎颙再次呈上奏书推举黄琼和李固，觉得应该对他们加以提拔任用。又说道："从冬天到春天这段时间，一直也没有下雨，但是经常有西风，这违反了正常的时令，这就又要烦劳朝廷了，又要广泛地祈祷，祭祀山川，舞龙并将市集迁移。微臣听说：上天能感应万物，但不会由于虚伪而被感动。灾害是反映人事的，更重要的是责备自己。如果能请求降下雨水，但是雨水祭祀过神祇就停了，这样一来每年的水旱就不会没有节度了，太平的日子也就指日可待了。但是灾害不停的病源并不在这里！"上书进奏之后，就被特别任命为郎中，但是他假装生病而推脱了。

三月，汉顺帝命令匈奴中郎将赵稠带领南匈奴军队出塞攻打鲜卑，并将其攻破了。

起初，立汉顺帝的时候，乳母宋娥参与了计划，于是汉顺帝就封宋娥为山阳君，又封执金吾梁商的儿子梁冀为襄邑侯。尚书命令左雄呈上密折说："高帝约定，如果不是刘氏就不封王，没有功的就不封侯。孝安皇帝册封了江京、王圣等人，因此造成了地震的发生。永建二年的时候，封赠参与密谋的人的功绩，于是又有日食的灾害。研究变数的人，就都把罪过归于封赠爵位。现在青州饥荒空虚，盗贼也没有被平息，实在不应该再想细小的恩德，而亏损了伟大的典制。"汉顺帝没有听从。

雄复谏曰："臣闻人君莫不好忠正而恶谗谀，然而历世之患，莫不以忠正得罪，谗谀蒙幸者，盖听忠难，从谀易也。夫刑罪，人情之所甚恶，贵宠，人情之所甚欲，是以时俗为忠者少而习谀者多。故令人主数闻其美，稀知其过，迷而不悟，以至于危亡。臣伏见诏书，顾念阿母旧德宿恩，欲特加显赏。案尚书故事，无乳母爵邑之制，唯先帝时阿母王圣为野王君，圣造生谗贼废立之祸，生为天下所咀嚼，死为海内所欢快。桀、纣贵为天子，而庸仆羞与为比者，以其无义也；夷、齐贱为匹夫，而王侯争与为伍者，以其有德也。今阿母躬蹈俭约，以身率下，群僚蒸庶，莫不向风。而与王圣并同爵号，惧违本操，失其常愿。臣愚以为凡人之心，理不相远，其所不安，古今一也。百姓深惩王圣倾覆之祸，民萌之命危于累卵，常惧时世复有此类，怵惕之念未离于心，恐惧之言未绝乎口。乞如前议，岁以千万给奉阿母，内足以尽恩爱之欢，外可不为吏民所怪。梁冀之封，事非机急，宜过灾厄之运，然后平议可

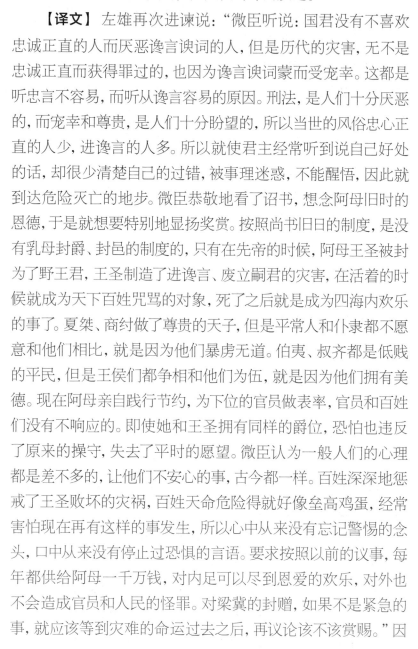

否。"于是冀父商让还冀封；书十馀上，帝乃从之。

【译文】 左雄再次进谏说："微臣听说：国君没有不喜欢忠诚正直的人而厌恶谗言谀词的人，但是历代的灾害，无不是忠诚正直而获得罪过的，也因为谗言谀词蒙而受宠幸。这都是听忠言不容易，而听从谗言容易的原因。刑法，是人们十分厌恶的，而宠幸和尊贵，是人们十分盼望的，所以当世的风俗忠心正直的人少，进谗言的人多。所以就使君主经常听到说自己好处的话，却很少清楚自己的过错，被事理迷惑，不能醒悟，因此就到达危险灭亡的地步。微臣恭敬地看了诏书，想念阿母旧时的恩德，于是就想要特别地显扬奖赏。按照尚书旧日的制度，是没有乳母封爵、封邑的制度的，只有在先帝的时候，阿母王圣被封为了野王君，王圣制造了进谗言、废立嗣君的灾害，在活着的时候就成为天下百姓咒骂的对象，死了之后就是成为四海内欢乐的事了。夏桀、商纣做了尊贵的天子，但是平常人和仆隶都不愿意和他们相比，就是因为他们暴虐无道。伯夷、叔齐都是低贱的平民，但是王侯们都争相和他们为伍，就是因为他们拥有美德。现在阿母亲自践行节约，为下位的官员做表率，官员和百姓们没有不响应的。即使她和王圣拥有同样的爵位，恐怕也违反了原来的操守，失去了平时的愿望。微臣认为一般人们的心理都是差不多的，让他们不安心的事，古今都一样。百姓深深地惩戒了王圣败坏的灾祸，百姓天命危险得就好像垒高鸡蛋，经常害怕现在再有这样的事发生，所以心中从来没有忘记警惕的念头，口中从来没有停止过恐惧的言语。要求按照以前的议事，每年都供给阿母一千万钱，对内足可以尽到恩爱的欢乐，对外也不会造成官员和人民的怪罪。对梁冀的封赠，如果不是紧急的事，就应该等到灾难的命运过去之后，再议论该不该赏赐。"因此梁冀的父亲梁商，谦虚地送返梁冀的封赠。左雄十多次上书之后，汉顺帝才听了他的话。

【申涵煜评】宠嬖害政，如宦戚、女谒、佞幸，历代有之，以乳母而致乱，则自圣始。后世保太后、奉圣夫人之类，尤而效之，又加甚焉。大率此辈淫贱狷暗，与寺婢援结，最易煽惑，又况外廷阿附者实烦有徒哉！

【译文】 得宠的佞幸危害朝堂，外戚宦官、女宠、以谄媚获得宠幸的人，历代都有，而乳母导致祸乱的，却是自汉安帝的乳母王圣开始的。后来的保太后、奉圣夫人这类人，都是效仿王圣，而且更甚于她。这些淫贱态度轻佻的人，与寺庙中的婢女勾结，最容易煽动迷惑君主，况且朝廷之外的阿谀奉承之徒实在是太多了。

夏，四月，己亥，京师地震。五月，庚子，诏群公、卿士各直言厥咎，仍各举敦朴士一人。左雄复上疏曰：“先帝封野王君，汉阳地震，今封山阳君而京城复震，专政在阴，其灾尤大。臣前后瞽言，封爵至重，王者可私人以财，不可以官，宜还阿母之封以塞灾异。今冀已高让，山阳君亦宜崇其本节。”雄言切至，娥亦畏惧辞让。而帝恋恋不能已，卒封之。

是时，大司农刘据以职事被谴，召诣尚书，传呼促步，又加以捶扑。雄上言：“九卿位亚三事，班在大臣，行有佩玉之节，动有庠序之仪。孝明皇帝始有扑罚，皆非古典。”帝纳之，是后九卿无复捶扑者。

戊午，司空王龚免。六月，辛未，以太常鲁国孔扶为司空。

【译文】 夏季，四月己亥日（二十九日），京城发生了地震。

五月，庚子日（初一），汉顺帝下诏命公侯、卿士每个人都公平地谈论这次灾害，并各自举荐一个诚朴的人。左雄再次呈上奏折说："自从先帝封了野王君之后，汉阳就发生了地震，现在陛下封宋娥为山阳君京都洛阳又发生了地震，女人握权，这样灾害就更大了。微臣前后愚昧的言辞，是为了提醒陛下赐封爵位是十分重大的事，君王可以私自地给人财物，却不能给予他们官职，所以应该收回对阿母的封爵，以此来阻止灾祸的发生。如今梁冀已经谦让了，那么山阳君也应该遵从她原本的节操。"左雄的言语十分诚恳，宋娥也因为害怕而辞让了；但是汉顺帝的心意已决，不能阻止了，最终封了官爵。

这时，大司农刘据由于在职务上受到了谴责，所以就召他前去尚书台，并要他赶快向前走，还加以鞭打。左雄进言道："九卿的地位仅在三公之下，在大臣的班次里，走出来的时候有佩玉的礼节，在行动的时候有教育的礼节。孝明皇帝时才有的鞭打的刑罚，这不是古代的典制。"汉顺帝采纳了他的建议，自此以后，九卿就不再受鞭打的刑罚。

戊午日（十九日），司空王龚被免官。六月，辛未日（初二），朝廷任命太常孔扶（鲁国人）为司空。

丁丑，洛阳宣德亭地坼，长八十五丈；帝引公卿所举敦朴之士，使之对策，及特问以当世之敝，为政所宜。李固对曰："前孝安皇帝变乱旧典，封爵阿母，因造妖孽，改乱嫡嗣，至令圣躬狼狈，亲遇其艰。既拔自困殆，龙兴即位，天下喁喁，属望风政。积敝之后，易致中兴，诚当沛然思惟善道，而论者犹云'方今之事，复同于前'。臣伏在草泽，痛心伤臆！实以汉兴以来三百馀年，贤圣相继十有八主，岂无阿乳之恩，岂忘贵爵之宠？然上畏天威，俯案经典，知义不可，故不封也。今宋阿母虽有大功、勤谨之德，但加赏赐，足以酬其劳苦；至于裂土开国，实乖旧典。闻阿母体性谦虚，必有逊让，陛下宜许其辞国之高，使成万安之福。夫妃、后之家所以少完全者，岂天性当然？但以爵位尊显，颛总权柄，天道恶盈，不知自损，故致颠仆。先帝宠遇阎氏，位号太疾，故其受祸曾不旋时，《老子》曰：'其进锐者其退速也。'今梁氏戚为椒房，礼所不臣，尊以高爵，尚可然也；而子弟群从，荣显兼加，永平、建初故事，殆不如此。宜令步兵校尉冀及诸侍中还居黄门之官，使权去外戚，政归国家，岂不休乎！又，诏书所以禁侍中、尚书、中臣子弟不得为吏、察孝廉者，以其秉威权，容请托故也。而中常侍在日月之侧，声势振天下，子弟禄任，曾无限极，虽外托谦默，不干州郡，而谄伪之徒，望风进举。今可为设常禁，同之中臣。昔馆陶公主为子求郎，明帝不许，赐钱千万，所以轻厚赐，重薄位者，为官人失才，害及百姓也。窃闻长水司马武宣、开阳城门候羊迪等，无它功德，初拜便真，此虽小失而渐坏旧章。先圣法度，所宜坚守，故政教一跌，百年不复。《诗》云：'上帝板板，下民卒瘅'，刺周王变祖法度，故使下民将尽病也。今陛下之有尚书，犹天之有北斗也。斗为天喉舌，尚书亦为陛下喉舌。斗斟酌元气，运乎四时；尚书出纳王命，赋政四海，权尊势重，责之所归，若不平心，灾眚必至，诚宜审择其人，以毗圣政。今与陛下共天下者，外则公、卿、尚书，内则常侍、黄门，譬犹一门之内，一家之事，安则共其福庆，危则通其祸败。刺史、二千石，外统职事，内受法则。夫表曲者景必邪，源清者流必洁，犹叩树本，百枝皆动也。由此言之，本朝号令，岂可蹉跌！天下之纪纲，当今之急务也。夫人君之有政，犹水之有堤坊；堤坊完全，虽遭雨水霖潦，不能为变。政教一立，蹔遭凶年，不足为忧。诚令堤防穿漏，万夫同力，不能复救；政教一坏，贤智驰骛，不能复还。今堤防虽坚，渐有孔穴。譬之一人之身，本朝者，心腹也，州、郡者，四支也，心腹痛则四支不举。故臣之所忧，在腹心之疾，非四支之患也。苟坚堤防，务政教，先安心腹，整理本朝，虽有寇贼、水旱之变，不足介意也；诚令堤防坏漏，心腹有疾，虽无水旱之灾，天下固可以忧矣。又宜罢退宦官，去其权重，裁置常侍二人方直有德者省事左右，小黄门五人才智闲雅者给事殿中。如此，则论者厌塞，升平可致也！"

【译文】 丁丑日（初八），洛阳宣德亭的土地裂开长达八十五丈，汉顺帝召集来公卿所推举的诚朴人士，命令他们出谋献策，并专门询问了当世的弊端，以及整治政事应该做的事。李固回答说："孝安皇帝改变了以前的典章制度，封给阿母爵位，因此制造出了妖孽的事，并随意更改了嫡长的继承人，以致让圣上狼狈不安，亲身体会到艰难困苦。从危险困苦中逃离出来之后，才振兴了王业，于是登上皇位之后，天下百姓异口同声，都盼望能使政治风化有所改善。政治历年败坏以来，就容易中兴大业，这确实是应当有广大的胸襟谋求良善的大道，但是商讨政事的人仍然说：'现在的政事，还是和以前一样。'微臣隐居在乡野中，心里很悲痛！确实是由于汉朝建立以来，三百多年间，圣贤互相传承，在十八位君主中，哪一位君主没有阿母哺乳的恩德呢？哪位能忘记尊贵爵位的宠幸？但是在上害怕上天的势力，在下根据经典，就知道不合常理，所以不被加封赠。现在宋阿母虽然有勤勉谨慎的品德，所以只要稍加赏赐，就足够能报答她的劳苦。要说到分赠国土，创建郡国，确实是违背了旧日的典章法度。听说阿母的性情谦虚，有谦让的做法，所以陛下应该答应她辞让郡国的高尚行为，让她成就万世平安的福祥。妃、后的家庭，很少能保全的原因，怎么能说天性就是这样的呢？只是因为官位尊贵显赫，独掌大权，天道充满厌恶，他们却不知道主动谦抑，所以才会败亡。由于先帝宠幸地对待阎氏，地位和名号都封得太快了，所以没多长时间她就遭到大祸了，《老子》记载说：‘前进很快的人，后退得也快。’现在梁氏的亲戚当了皇后，按照礼仪，是不能当臣子来看待的，用显赫的爵位来尊崇他们，这样是可以的。然而梁氏的子弟晚辈，同时赐给他们光荣和显耀，永平、建初时期的事例，大概也不是这样的。我觉得应该让步兵校尉梁冀和各个侍中回到黄门的官职，让亲戚舍弃大权，把政令归还给国家，这难道不是美好的事吗？再说，下诏书之所以禁止侍中、尚书、中臣的子弟成为官吏、举拔为孝廉，是因为他们秉持了权威容易私相请托。中常侍在圣上身边，他的声势震动了天下，子弟们进仕求禄，如果一点限定都没有的话，即使外表假装谦和静默，也不干涉州郡的政治，但是谄媚虚伪的人，一旦看穿风声，就被举拔出来。现在可以为这件事设立永久的禁令，和中臣一样。先前馆陶公主为儿子要求做郎的官职，明帝没有答应，就赐给了他一千万钱，之所以会轻视厚重的赏赐，重视小小的职位，就是因为做官的人如果不是人才，就会伤害到百姓之间的关系。我在私下里听说长水司马武宣、开阳城门候羊迪等人没有其他的功业、德行，刚刚任命就担任官职了，虽然这是很小的过失，却逐渐破坏了旧日的典制。先贤圣哲的法度，是应该坚守的，所以一旦政治、教化有了缺失，就算一百年也不能恢复，《诗经》上记载道：‘如果皇帝违反了上天和先王的常理，百姓可全部要受到伤害了。’用以嘲讽周后王改变了祖先的律法，从而使人民都要受到伤害。现在陛下拥有尚

书，就好像上天拥有北斗星。北斗星是上天的喉舌，尚书也是陛
下的喉舌。北斗斟满了元气，就能在四时运行；尚书掌管了君王
的命令，就会施行天下的政令，权利和势力尊贵，是责任所在，
假如心地不公平，那么灾害就一定会来临，确实应该谨慎地选
择人才，来帮助圣王处理政事。现在和陛下一同治理天下的人，
在外有公卿和尚书，在内有常侍和黄门，就好像是一个门内、一
家的事情。如果平安了，就有福同享；如果危险了，就有难同当。
刺史和两千石的官员，在外治理政事，在内接受法令。如果立了
弯曲的表木，影子一定是歪斜的；源头清澈的河流，下流就一
定是澄清的，就好像敲动树木，所有的枝叶都会摇动。按照这
样说，本朝的诏令，怎么可以有失误呢？重整天下的纪纲，是现
在最紧急的事务。国君拥有政令，就好像水有堤防，如果堤防
完整了，即使遇到雨水洪涝，也不能带来灾害。政治教化一旦建
立，就算暂时遇到凶年，也不值得忧虑。如果堤防穿洞漏水了，
就算万人一起出力，也不能再拯救了；政治教化一旦毁坏了，就
算贤能、智慧的人士奔驰效力，也不能挽回了。虽然堤防现在很
坚固，但已渐渐有了孔洞。就好像是一个人的身躯，朝廷本身就
是身躯的心腹；州郡的政府就是身躯的四肢，如果心腹痛了，那
么四肢就举不起来了。所以微臣担忧的是心腹的疾病，而不是
四肢的毛病。如果堤防能坚固，就能从事政治教化，治理朝廷
本身，即使有盗寇贼匪、水旱的灾害，也不值得放在心上。如果
真要是堤防被毁坏而破漏了，就相当于心腹有了疾病，虽然没
有水患干旱的灾害，但天下原本就是值得忧虑的。就应该罢黜
宦官，并除去他们的重大权势，只需要设置常侍二人，要端正正
直、拥有德行的人在左右管理政事；设立小黄门五人，让有才能
有智慧沉静文雅的人在殿堂中陪侍。如果能这样做，议论的人

就不会再开口，天下就可以求得太平了！"

扶风功曹马融对曰："今科条品制，四时禁令，所以承天顺民者，备矣，悉矣，不可加矣。然而天犹有不平之效，民犹有咨嗟之怨者，百姓屡闻恩泽之声而未见惠和之实也。古之足民者，非能家赡而人足之，量其财用，为之制度。故嫁娶之礼俭，则婚者以时矣；丧制之礼约，则终者掩藏矣；不夺其时，则农夫利矣。夫妻子以累其心，产业以重其志，舍此而为非者，有必不多矣！"

【译文】扶风功曹马融答道："现在的法律规章、等级制度以及四时的禁令用来承顺上天和人民，只要齐备了、详细了，就不用增加了。上天之所以仍然有不太平，人民仍然叹息、怨恨，就是因为百姓经常听到恩泽的声音却没有看到恩惠、和顺的实际效果。古时富足人民的做法，并不是使家家富足、人人富裕，是要度量他们的财物用度，替他们确立制度。如果嫁女、娶妻的礼仪节俭，那么婚配的人家就可以按照时令进行了；丧事、祭祀的礼仪节俭，那么终老去世的人就可以被掩埋了；如果不侵占他的工作机会，那么农夫就能享受利益了。在他心里有妻子、儿女的牵挂，有事业成为他意志的重心，如果他们舍弃了这些还想要为非作歹，即使有也一定不多了！"

太史令南阳张衡对曰："自初举孝廉，迄今二百岁矣，皆先孝行；行有馀力，始学文法。辛卯诏书，以能章句、奏案为限；虽有至孝，犹不应科，此弃本而取末。曾子长于孝，然实鲁钝，文学不若游、夏，政事不若冉、季。今欲使一人兼之，苟外有可观，内必有阙，则违选举孝廉之志矣。且郡国守相，剖符宁境，为国大臣，一旦免黜十有馀人，吏民罢于送迎之役，新故交际，公私放滥，或临政为百姓所便而以小过免之，是为夺民父母使嗟号也。《易》不远复，《论》不惮改，朋友交接且不宿过，况于帝王，承天理物，以天下为公者乎！中间以来，妖星见于上，震裂著于下，天诫详矣，可为寒心。明者消祸于未萌。今既见矣，修政恐惧，则祸转为福矣。"

资治通鉴

【译文】太史令张衡（南阳人）回答说："自从开始举荐孝廉以来，到现在已经有两百年了，一直都是先重视孝行修养；有了孝行之后还有余力，才能够学习文章义法。辛卯日那天的诏书，以通达的章句和章表写作为限度，虽然有很孝顺的，但是也不能接受举荐，这是舍本逐末的做法。曾子非常孝顺，但是确实资质愚鲁，在文学方面比不上子游、子夏，在政事方面不及冉有和季路。现在要想一个人有各种特长，如果外表可观，那么内在就一定会有所缺失，这样一来就违背选举孝廉的本意了。州郡中的长官和州府的辅相，听从任命，并安宁了州境，他们是国家的大臣，一旦罢免了十多人，官吏和人民就会因为辞旧迎新的工作而疲惫不堪，在新、旧交替的时候，就会使公事、私情混淆没有节制，或者在治理政事的时候，有些官吏为了百姓的便利而有了小小的过错，但是却免除了他的官职，这就是夺走了百姓的父母，让他们悲叹呼号了。《易经》上记载：不要走了太远之后才回头。《论语》上记载：有错不要害怕改正，朋友之间的往来，还不记以前的过失呢，更何况帝王是承顺天意并治理万物，以天下作为己任的人呢！最近几年妖星出现在天上，地震和地裂就在地上发生，上天的警诫已经很明白了，这是让人寒心的事。如果明白事理的话，会在灾祸没有发生之前就消解了，现在灾祸已经发生了，如果帝王治理政事的时候小心点，那么灾害就会转变成祥福了。"

上览众对，以李固为第一，即时出阿母还舍，诸常侍悉叩头谢罪，朝廷肃然。以固为议郎；而阿母、宦者皆疾之，诈为飞章以陷其罪。事从中下，大司农南郡黄尚等请之于梁商，仆射黄琼复救明其事。久乃得释，出为洛令，固弃官归汉中。融博通经籍，美文辞；对奏，亦拜议郎。衡善属文，通贯《六艺》，虽才高于世，而无骄尚之情；善机巧，尤致思于天文、阴阳、历算，作浑天仪，著《灵宪》。性恬憺，不慕当世；所居之官辄积年不徙。

【译文】汉顺帝看了众臣的对策后，把李固的放在第一位，并立刻让把他阿母搬出皇宫，送回到原来的屋舍。于是每个常侍都叩头谢罪，朝廷一片严肃。虽然任命李固为议郎，但是阿母和宦官们都埋怨他，于是就假造紧急奏章来陷害李固。当时刑事是由宫中判定的，于是大司农黄尚（南郡人）等人就向梁商请求营救，仆射黄琼接着拯救并查明这件事。很久之后李固才被释放，并被派出做洛县的县令，但是李固辞去了官职，回到了汉中。马融通达经书，并且文辞美丽，回答奏策后，也被任命为议郎。张衡擅长写文章，通晓六艺，虽然在当时才能高超，也没有娇气凌人的心意，他还善于制作精巧的装置，特别致力天文、阴阳、历算的研究，并且制作了浑天仪，写了《灵宪》。他性情淡泊，不希望被用于世，他所担任的官职，经常是好多年都不变动。

太尉宠参，在三公中最名忠直，数为左右所毁。会所举用忤帝旨，司隶承风案之。时当会茂才、孝廉，参以被奏，称疾不会。广汉上计掾段恭因会上疏曰："伏见道路行人、农夫、织妇皆曰：'太尉参竭忠尽节，徒以直道不能曲心，孤立群邪之间，自处中伤之地。'夫以谗佞伤毁忠正，此天地之大禁，人主之至诚也！昔白起赐死，诸侯酌酒相贺；季子来归，鲁人喜其纾难。夫国以贤治，君以忠安。今天下咸欣陛下有此忠贤，愿卒宠任以安社稷。"书奏，诏即遣小黄门视参疾，太医致羊酒。后参夫人疾前妻子，投于井而杀之；雒阳令祝良奏参罪。秋，七月，己未，参竟以灾异免。

八月，己巳，以大鸿胪施延为太尉。

鲜卑寇马城，代郡太守击之，不克。顷之，其至鞬死。鲜卑由是抄盗差稀。

【译文】太尉庞参，在三公中是忠心正直、名声最大的人，但却多次被人毁谤。刚好被举用的人忤逆了汉顺帝的旨意，于是司隶校尉就顺从意旨来弹劾他。在朝廷会见茂才、孝廉的时候，庞参由于受到奏劾，于是就假装生病而不去会见。广汉上计掾段恭凭借会见的机会呈上奏折说："我看到的行人、农夫以及正在纺织的妇女都说：'太尉庞参有竭尽忠诚的品德，他只是为了秉持正道，并没有歪曲的心思，他孤立在邪恶的小人们中间，使自己处在受到伤害的环境里。'进谗言的小人伤害忠诚正直的臣子，这是天地间最大的忌讳了，是君主最需要禁止的事！从前白起被赐令自杀后，诸侯们就举办酒会互相庆祝；季子归来的时候，鲁国百姓因为他纾解了国难就非常喜欢他。由此看来，国家是要靠贤能的人来治理的，国君要靠忠臣的才能才可以心安。现在天下百姓都替陛下拥有这样的忠臣贤士而感到欣喜，只希望能一直宠信他，来使国家安定。"奏书呈上后，汉顺帝就立刻下诏命派遣小黄门探视庞参的病，并让太医送来羊酒。后来，由于庞参的夫人憎恨前妻生的儿子，于是就将那孩子投到井中杀了。洛阳令祝良进谏弹劾庞参。

秋季，七月，己未日（二十日），庞参因为天降灾异被免官。

八月，己巳日（初一），朝廷任命大鸿胪施延为太尉。

鲜卑入侵马城，代郡太守攻打他们，没有战胜。不久之后，其至鞬逝世了。从此之后，鲜卑人的掠夺盗取就减少了。